世紀心理學叢書

台灣東華書局（繁體字版）
浙江教育出版社（簡體字版）

願爲兩岸心理科學發展盡點心力

——世紀心理學叢書總序——

五年前一個虛幻的夢想，五年後竟然成爲具體的事實；此一由海峽兩岸合作出版一套心理學叢書以促進兩岸心理科學發展的心願，如今竟然得以初步實現。當此叢書問世之際，除與參與其事的朋友們分享辛苦耕耘終獲成果的喜悅之外，在回憶五年來所思所歷的一切時，我個人更是多著一份感激心情。

本於一九八九年三月，應聯合國文教組織世界師範教育協會之邀，決定出席該年度七月十七至二十二日在北京舉行的世界年會，後因故年會延期並易地舉辦而未曾成行。迨於次年六月，復應北京師範大學之邀，我與內子周慧强教授，專程赴北京與上海濟南等地訪問。在此訪問期間，除會晤多位心理學界學者先進之外，也參觀了多所著名學術機構的心理學藏書及研究教學設備。綜合訪問期間所聞所見，有兩件事令我感觸深刻：其一，當時的心理學界，經過了撥亂反正，終於跨越了禁忌，衝出了谷底，但仍處於劫後餘生的局面。在各大學從事心理科學研究與教學的學者們，雖仍舊過著清苦的生活，然卻在摧殘殆盡的心理科學廢墟上，孜孜不息地奮力重建。他們在專業精神上所表現的學術衷誠與歷史使命感，令人感佩不已。其二，當時心理科學的書籍資料甚爲貧乏，高水平學術性著作之取得尤爲不易；因而教師缺乏新資訊，學生難以求得新知識。在學術困境中，一心爲心理科學發展竭盡心力的學者先生們，無不深具無力感與無奈感。特別是有些畢生努力，研究有成的著名心理學家，他們多年來的心血結晶若無法得以著述保存，勢將大不利於學術文化的薪火相傳。

返台後，心中感觸久久不得或釋。反覆思考，終於萌生如下心願：何不結合兩岸人力物力資源，由兩岸學者執筆撰寫，兩岸出版家投資合作，出版一套包括心理科學領域中各科新知且具學術水平的叢書。如此一方面可使大陸著名心理學家的心血結晶得以流傳，促使中國心理科學在承先啟後的路上繼續發展，另方面經由繁簡兩種字體印刷，在海峽兩岸同步發行，以便雙邊心理學界人士閱讀，而利於學術文化之交流。

顯然，此一心願近似癡人說夢；僅在一岸本已推行不易，事關兩岸必將更形困難。在計畫尚未具體化之前，我曾假訪問之便與大陸出版社負責人提及兩岸合作出版的可能。當時得到的回應是，原則可行，但先決條件是台灣方面須先向大陸出版社投資。在此情形下，只得將大陸方面合作出版事宜暫且擱置，而全心思考如何解決兩個先決問題。問題之一是如何取得台灣方面出版社的信任與支持。按初步構想，整套叢書所涵蓋的範圍，計畫包括現代心理科學領域內理論、應用、方法等各種科目。在叢書的內容與形式上力求臻於學術水平，符合國際體例，不採普通教科用書形式。在市場取向的現實情況下，一般出版社往往對純學術性書籍素缺意願，全套叢書所需百萬美元以上的投資，誰人肯做不賺錢的生意？另一問題是如何邀請大陸學者參與撰寫。按我的構想，台灣出版事業發達，也較易引進新的資訊。將來本叢書的使用對象將以大陸爲主，是以叢書的作者原則也以大陸學者爲優先考慮。問題是大陸的著名心理學者分散各地，他們在不同的生活環境與工作條件之下，是否對此計畫具有共識而樂於參與？

對第一個問題的解決，我必須感謝多年好友台灣東華書局負責人卓鑫淼先生。卓先生對叢書細節及經濟效益並未深切考量，只就學術價值與朋友道義的角度，欣然同意全力支持。至於尋求大陸合作出版對象一事，迨至叢書撰寫工作開始後，始由北京師範大學教授林崇德先生與杭州大學教授朱祖祥先生介紹浙江教育出版社社長曹成章先生。經聯繫後，曹先生幾乎與卓先生持同樣態度，僅憑促進中國心理科學發展和加强兩岸學術交流之理念，迅即慨允合作。這兩位出版界先進所表現的重視文化事業而不計投資報酬的出版家風範，令人敬佩之至。

至於邀請大陸作者執筆撰寫一事，正式開始是我與內子一九九一年清明節第二次北京之行。提及此事之開始，我必須感謝北京師範大學教授章志光先生。章教授在四十多年前曾在台灣師範大學求學，是高我兩屆的學長。由章教授推荐北京師範大學教授張必隱先生負責聯繫，邀請了中國科學院、北京大學及北京師範大學多位心理學界知名教授晤談；初步研議兩岸合作出版叢書之事的應行性與可行性。令人鼓舞的是，與會學者咸認此事非僅爲學術界創舉，對將來全中國心理科學的發展意義深遠，而且對我所提高水平學術著作的理念，皆表贊同。當時我所提的理念，係指高水平的心理學著作應具備五個條件：(1) 在撰寫體例上必須符合心理學國際通用規範；(2) 在組織架構上必須涵蓋所屬學科最新的理論和方法；(3) 在資料選取上必須注重其權威性和時近性，且須翔實註明其來源；(4) 在撰寫取向上必須兼顧學理和實用；(5) 在內容的廣度、深度、新度三方面必須超越到目前爲止國內已出版的所有同科目專書。至於執筆撰寫工作，與會學者均表示願排除困難，全力以赴。此事開始後，復承張必隱教授、林崇德教授、吉林大學車文博教授暨西南師範大學黃希庭教授等諸位先生費心多方聯繫，我與內子九次往返大陸，分赴各地著名學府訪問講學之外特專誠拜訪知名學者，邀請參與爲叢書撰稿。惟在此期間，一則因行程匆促，聯繫困難，二則因叢書學科所限，以致尚有多位傑出學者未能訪晤周遍，深有遺珠之憾。但願將來叢書範圍擴大時，能邀請更多學者參與。

心理科學是西方的產物，自十九世紀脱離哲學成爲一門獨立科學以來，其目的在採用科學方法研究人性並發揚人性中的優良品質，俾爲人類社會創造福祉。中國的傳統文化中，雖也蘊涵著豐富的哲學心理學思想，惟惜未能隨時代演變轉化爲現代的科學心理學理念；而二十世紀初西方心理學傳入中國之後，卻又未能受到應有的重視。在西方，包括心理學在內的社會及行爲科學是伴隨著自然科學一起發展的。從近代西方現代化發展過程的整體看，自然科學的亮麗花果，事實上是在社會及行爲科學思想的土壤中成長茁壯的；先由社會及行爲科學的發展提升了人的素質，使人的潛能與智慧得以發揮，而後才創造了現代的科學文明。回顧百餘年來中國現代化的過程，非但自始即狹隘地將"西學"之理念囿於自然科學；而且在科學教育之發展上也僅祇但求科學知識之"爲用"，從未强調科學精神之培養。因此，對自然科學發展具有滋養作用的社會科學，始終未能受到應有的重視。從清末新學制以後的近百年間，雖然心理學中若干有關科目被列入師範院校課程，且在大學中成立系所，而心理學的知識既未在國民生活中產生積極影響，心理學的功能更未在社會建設及經濟發展中發揮催化作用。國家能否現代化，人口素質因素重於物質條件。中國徒有衆多人口而欠缺優越素質，未能形成現代化動力，卻已構成社會沈重負擔。近年來兩岸不斷喊出同一口號，謂廿一世紀是中國人的世紀。中國人能否做爲未來世界文化的領導者，則端視中國人能否培養出具有優秀素質的下一代而定。

現代的心理科學已不再純屬虛玄學理的探討，而已發展到了理論、方法、實踐三者統合的地步。在國家現代化過程中，諸如教育建設中的培育優良師資與改進學校教學、社會建設中的改良社會風氣與建立社會秩序、經濟建設中的推行科學管理與增進生產效率、政治建設中的配合民意施政與提升行政績效、生活建設中的培養良好習慣與增進身心健康等，在在均與人口素質具有密切關係，而且也都是現代心理科學中各個不同專業學科研究的主題。基於此義，本叢書的出版除促進兩岸學術交流的近程目的之外，更希望達到兩個遠程目的：其一是促進中國心理科學教育的發展，從而提升心理科學研究的水平，並普及心理科學的知識。其二是推廣心理學的應用研究，期能在中國現代化的過程中，發揮其提升人口素質進而助益各方面建設的功能。

出版前幾經研議，最後決定以《世紀心理學叢書》作爲本叢書之名稱，用以表示其跨世紀的特殊意義。值茲叢書發行問世之際，特此謹向兩位出版社負責人、全體作者、對叢書工作曾直接或間接提供協助的人士以及台灣東華書局編審部工作同仁等，敬表謝忱。叢書之編輯印製雖力求完美，然出版之後，疏漏缺失之處仍恐難以避免，至祈學者先進不吝賜教，以匡正之。

張春興謹識

一九九六年五月於台灣師範大學

世紀心理學叢書目錄

主編　張春興
台灣師範大學教授

心理學原理
張春興
台灣師範大學教授

中國心理學史
燕國材
上海師範大學教授

西方心理學史
車文博
吉林大學教授

精神分析心理學
沈德燦
北京大學教授

行為主義心理學
張厚粲
北京師範大學教授

人本主義心理學
車文博
吉林大學教授

認知心理學
彭聃齡
北京師範大學教授
張必隱
北京師範大學教授

發展心理學
林崇德
北京師範大學教授

人格心理學
黃希庭
西南師範大學教授

社會心理學
時蓉華
華東師範大學教授

學習心理學
張必隱
北京師範大學教授

教育心理學
張春興
台灣師範大學教授

輔導與諮商心理學
鄔佩麗
台灣師範大學教授

體育運動心理學
馬啟偉
北京體育大學教授
張力爲
北京體育大學副教授

犯罪心理學
羅大華
中國政法大學教授
何爲民
中央司法警官學院教授

特殊兒童心理與教育
吳武典
台灣師範大學教授

工業心理學
朱祖祥
浙江大學教授

管理心理學
徐聯倉
中國科學院研究員
陳 龍
中國科學院研究員

消費者心理學
徐達光
輔仁大學副教授

實驗心理學
楊治良
華東師範大學教授

心理測量學
張厚粲
北京師範大學教授
龔耀先
湖南醫科大學教授

心理與教育研究法
董 奇
北京師範大學教授
申繼亮
北京師範大學教授

人本主義心理學

車文博

吉林大學教授

東華書局 印行

自 序

“人”這是個多麼偉大的字眼，又是個多麼難懂的詞彙！早在三千多年以前，古希臘雅典神廟石刻銘文上就曾經提出要“認識你自己”，後來又把心理學界定爲關於人性的科學。僅從科學心理學誕生百多年的歷史來看，雖然心理學經歷了行爲主義與認知心理學的兩次變革，取得了長足的進步，積累了豐富的資料，建構了不少理論的範式，但它的根本的弊端，就是心理學中存在著嚴重非人化的傾向，即在一個世紀的多數時間裏，心理學把人等同於動物而不直接研究活生生的人，按著牛頓-笛卡兒的機械論模式試圖把心理學建構成爲一門純自然科學。

處於這種背景之下，以人爲本、以人爲貴，突出人的本性、尊嚴、價值、潛能和體驗研究的人本主義心理學的誕生是具有歷史意義的。它既是對主流心理學科學主義傳統的一次重大變革，又是促進心理學回歸於人性科學的一種理論思潮。

由於人是一個具有自然性、精神性和社會性的存在系統，既有來自於物屬於自然存在的生命本質，又具有異於他物自我肯定並與萬物一體的超生命的本質，因而把人單純視爲與動物無別的自然存在，企圖完全用自然性來解釋人性的自然主義是不對的；同樣，把人只視爲一種與動物無聯繫的社會存在，企圖完全用社會或階級性來解釋人性也是不妥的。

人本主義心理學雖然在反抗傳統心理學自然科學模式方面，做出了往往被人低估了的重要貢獻，但它自身尚不完整，亦非成熟；特別是從其思想體系來看，既未超越傳統人道主義的理論框架，更未完全跳出傳統自然主義的思想羈絆。儘管如此，人本主義心理學卻提出統合了客觀（實驗）和主觀（經驗）兩種範式的新構想，預示了未來心理學將成爲一種在大心理學觀支持下的更開放更包容的心理學。這一點，頗有啟迪。

十年來，我有幸承擔了《馬斯洛自我實現論研究》、《人本主義心理學研究》兩項國家教委博士點科研項目。在此期間，雖然做了一些研究，發表了一些論著，但深感要想對此課題有所突破必須解決兩個難點問題：一是基本觀點問題。目前國內有少數學者認爲馬斯洛與馬克思是屬一家，特別是有關需要理論頗爲相似。多數學者和國外主流心理學家往往把人本主義心理學視爲“詩人或哲學的心理學”，甚至是“準科學或非科學”的東西。我認爲兩種傾向雖不無道理，但卻都流於極端。因爲人本主義心理學與馬克思主義是兩種不同的思想體系，不宜相提並論。至於把人本主義心理學嗤之以鼻，那恐怕不是誤解也是短視。二是圖書資料問題。目前我國尚無一本人本主義心理學的專著，中文和外文資料可謂奇缺。

於 1995 年，接獲臺灣師範大學張春興教授撰寫此書之邀請，感到自己條件不足，難以承擔。此後張教授多次賜書，盛情難卻，只好勉爲其難。多年來，得到國內外心理學多位好友的熱情支持，經美籍華人學者劉耀中先生的幫助，得到了惟一健在的人本主義心理學創建者布根塔爾博士贈送他的近照和一些新的圖書資料；加州大學高級訪問學者、北京師範大學董奇教授和龐麗娟博士惠寄了人本主義心理學文獻索引和有關資料多種；南京師範大學心理學史研究中心主任葉浩生博士提供了超個人心理學一些寶貴資料。

我的博士生幫助我做了許多工作，姚大志、王天成二位教授從美國寄來一些資料，特別是楊韶剛、高申春和賀嶺峰三位博士在翻譯資料和校閱全書方面幫助很多。另外，廖鳳林副教授和許波講師也做了不少工作。

《世紀心理學叢書》的問世，促進了兩岸心理學的學術提升與文化交流，誠屬心理學界一件大事。主編台灣師範大學張春興教授和臺灣東華書局董事長卓鑫淼先生的宏圖大略、鼎力支持，使這套叢書得以及時出版。在此，除對上述提供幫助的同仁朋友致以謝忱外，並特別對張教授暨卓董事長爲叢書的貢獻深表敬意。

人本主義心理學是一個十分艱難的課題。它既涉及心理學、哲學、自然科學、醫學、文學、歷史、宗教、教育、管理科學等諸多領域，又處於同主流心理學之間、人本主義心理學自己內部之間理論觀點尖銳對立和紛歧爭議之中。我深感自己哲學基礎和學識涵養之不足，故本書缺失、錯誤之處在所難免，尚乞各位專家、學者和讀者不吝賜教！

車 文 博 謹識

二○○一年四月於長春吉林大學

目　次

第 一 章

對人本主義心理學的基本認識

本章內容細目

人本主義心理學 (或人本心理學) 是 20 世紀 50 年代興起於美國，重視研究人的本性、動機、潛能、經驗以及價值的心理學的新思潮。到了 60 年代和 70 年代，人本主義心理學得以迅速形成與發展，成為當代西方心理學主要研究取向之一。

人本主義心理學反對行為主義非人化的**白鼠心理學** (rat psychology)，和精神分析非正常人的**變態心理學** (abnormal psychology)，主張以人為本和以整體人 (或全人) 為研究對象的視角，關心人的本性、價值和尊嚴，研究健康人格和自我實現。因人本主義心理學與心理學第一勢力 (行為主義) 和第二勢力 (精神分析) 相對抗，故它被稱為西方心理學的**第三勢力** (third force)。

人本主義心理學與其說是一個嚴格的心理學流派，倒不如說它是一個觀點相近的廣泛聯盟。它既是後工業社會 (或現代科技文化社會) 反人性化走向的反省和人類潛能運動 (或人性潛力運動) 影響的產物，又是反對傳統科學心理學理念的弊端和現代心理學整體主義思想影響的結果。

人本主義心理學是當代西方心理學中的一種新範式和革新運動。因此，人本主義心理學在學術界和社會上反響巨大，影響深遠。美國著名心理學史家舒爾茨 (Schultz, 1975) 指出：

> 用不了太久就會表明，這個運動在變革心理學的性質上將是多麼成功；而這個運動的追隨者，今天正以馬斯洛創建它時的同等熱情，高舉人本主義的旗幟向前。(李文湉譯，1988，121～122 頁)

本章屬於全書的總論。主要探討下述六個問題：

1. 如何理解人本主義心理學是西方心理學中的第三勢力。
2. 試析人本主義心理學的理論取向。
3. 怎樣理解人本主義心理學產生的時代背景。
4. 為什麼說現象學和存在主義是人本主義心理學的哲學基礎。
5. 現代心理學中的整體主義思想對人本主義心理學有哪些影響。
6. 簡述人本主義心理學發展的歷史。

第一節 人本主義心理學的界定

什麼是人本主義心理學？這既是人本主義心理學所要解決的主題，又是我們研究人本主義心理學必須首先了解的問題。

人本主義心理學雖已創立三十多年，但至今尚無公認的定義，這可能與人本主義心理學內部觀點不一致和人們對人本主義心理學的理解不同有關。

著名人本主義心理學家彪勒 (Charlotte Bertha Bühler, 1893～1974) 曾把人本主義心理學定義為“對行爲、經驗和意向性的科學研究”(DeCarvalho, 1991, p.ix)。

美國心理學家阿特金森等著《心理學導論》認為：“人本主義心理學是强調人的獨特性的心理學説，它注重主觀經驗和人的價值”(孫名之等譯，1994，1052 頁)。

美國心理學家雷伯著《心理學詞典》認為：人本主義心理學是“一門探究高級的人類動機、自我發展、知識、理解與審美的科學”(李伯黍等譯，1996，376 頁)。

我們認為，**人本主義心理學** (或**人本心理學**) (humanistic psychology) 是以人為本研究整體人的本性、經驗與價值的心理學，亦即研究人的本性、潛能、經驗、價值、意向性、創造力、自我選擇和自我實現的科學。簡而言之，因強調以人為本體的價值觀而得名為人本主義心理學。

為了進一步理解對人本主義心理學的這一界定，必須掌握下述兩個基本理論觀點。

一、以人爲本是人本主義心理學的宗旨

最初人們對“人本主義心理學”這個詞感到很奇怪，因為“人本主義”這個修飾詞在和“心理學”這個詞連用時，乍看上去是個累贅。難道心理學沒有把特有的“人”作為自己最核心關注的對象嗎？我們打開西方科學心理學史，顯然，大多數心理學家並沒有把人類當作他們全部研究的主題，而是

把精力放在研究有限的白鼠或鴿子的某些行為上，或者是專注於計算機模型上 (Wertz, 1994)。

我們知道，**行爲主義心理學(或行爲心理學)** (behavioristic psychology) 的研究對象是動物和人的行為。行為學派創始人華生 (John Broadus Watson, 1878～1958) 公然宣稱：

> 行爲主義者企圖獲得一個單一的動物反應圖式。他認爲在人和動物之間並不存在分界線。人的行爲儘管是精細的和複雜的，也只不過是他的整個研究領域的一部分。(Watson, 1914, p.1)
>
> 人的行爲和動物的行爲必須在同一個平面上加以考慮。(Watson, 1914, p.27)

這是抹煞人與動物的本質差別，而把人歸結為動物的**生物學化** (biologicalization) 的典型。即使以**認知-目的論** (cognitive teleologism) 著稱的托爾曼 (Edward Chase Tolman, 1886～1959)，他三十年的實驗研究也是建立在白鼠的學習上，故他以自稱為“白鼠心理學家”而聞名。問題不完全在於研究動物，而在於他們把人與動物相等同、單純用動物行為來說明人的心理所導致的生物學化。

至於那些針對人的心理學研究，也不外兩種情況。一種是在人為的——非人的——實驗室條件下進行研究的。儘管這些心理學家也是通過證明其研究方式而斷言他們主要關心的是人的心理學，旨在增加我們對人的理解，但是他們是脱離人的現實生活而孤立地去研究人。另一種則是研究病人。精神分析就是一個典型。它的研究對象是**神經症(或神經官能症)** (neurosis) 患者或**變態行爲** (abnormal behavior)。精神分析學派創始人弗洛伊德 (Sigmund Freud, 1856～1939) 企圖透過對神經症患者反常行為的了解，去揭示正常人心理活動的奧秘。這既是精神分析的根本目的，也是這一學派問題的癥結所在。

人本主義心理學既反對行為主義以動物與幼兒簡單行為為研究對象，也反對精神分析以患者為研究對象，主張堅持“以人為本”，用“全人”視角研究正常人特別是精英的心理，其目的在於發現那些“人之為人”的東西，實現人的更大價值。

馬斯洛對精神分析的心理學對象觀一直採取批評的態度，他說：

> 如果一個人只潛心研究精神錯亂者、神經症患者、心理變態者、罪犯、越軌者和精神脆弱者，那麼他對人類的信心勢必越來越小，他會變得越來越“現實”，尺度越放越低，對人的指望也越來越小，……因此對畸形的、發育不全的、不成熟的和不健康的人來進行研究，就只能產生畸形的心理學和哲學。(呂明等譯，1987，14 頁)

然而，人本主義心理學家則獨闢蹊徑，提出要以健康人的心理或健康人格為心理學的研究對象。奧爾波特承認弗洛伊德對**病態人格**(或**心理病態人格**) (psychopathic personality) 的研究是一種貢獻，但對於心理學來說，更重要的是研究健康人格。他認為，**健康人格** (healthy personality) 的核心特徵是有意識的目標或抱負。有無長遠的目標，是區別人類和動物、成人和兒童、健康人格和病態人格的一個主要標誌。事實表明，有長遠的目標並能為實現目標而努力的人，就不易受問題和衝突的干擾，而能把人格的一切方面整合起來。相反，缺乏長遠目標的人，往往受潛意識的力量所驅動，使完整的人格化為一些互不聯繫的亞系統。這便是神經症的主要特徵。

和奧爾波特一樣，馬斯洛更重視的是健康人的心理，而不是動物心理和病態心理。這一定向既和他童年的清貧、孤獨的生活有關，更和第二次世界大戰時代悲劇的強烈影響有關。1941 年，日本偷襲珍珠港，馬斯洛在布魯克林講學後返家途中目睹了一次哀傷的市民遊行，促使他下決心致力於心理健康者的研究，以便證明人類最終將有能力戰勝仇恨和毀滅。

應該指出，人本主義心理學家在批評西方心理學局限於研究動物、患者或一般人時，特別強調研究**精英** (elite) 的重要性。馬斯洛也認為研究精神病患者是有價值的，然而卻是不夠的。研究動物是有價值的，然而也是不夠的。研究一般人的情況則無法解決問題。要想了解精神不健全的人，我們應該首先了解精神健全的人。馬斯洛用了一個比喻來說明他的觀點：

> 假如你想知道一個人一英里能跑多快，你將不會去研究一般的跑步者，你研究的應是更爲出色的跑步者，因爲只有這樣的人才能使你知道人在更快地跑完一英里上所具有的潛力。(呂明等譯，1987，19～24 頁)

因此，馬斯洛提出心理學家應該研究人類中出類拔萃之輩，即“不斷發展的一小部分人”。馬斯洛的研究對象都是從他的相識、朋友、在世與去世的名人以及大學生中選出來的。他所研究的第一批年輕人是兩千名大學生，但在其中只發現了一個充分成熟的人。後來他決定在學院全體學生中挑出百分之一最健康的人。但馬斯洛並沒有把完美無缺作為研究對象選擇的基礎。為了可重復進行調查及公佈結論由之而來的材料，他們除了以歷史人物和著名人物研究為主外，還把能公佈於衆的年輕人和孩子們的研究作為補充。

馬斯洛把自己的研究對象分成三類：第一類為完全的案例，如林肯、傑斐遜、愛因斯坦、羅斯福、詹姆斯、斯賓諾莎、赫胥黎等；第二類為不完全的案例，有五位當代人，他們雖然沒有完全達到要求，但仍然可以作為研究對象；第三類為潛在的或可能的案例，馬斯洛選了 20 名朝著自我實現方向發展的年輕人，以及某些歷史名人，如卡佛、歌德、摩根、希爾伯特、斯蒂文森、道格拉斯、華盛頓、海頓、弗蘭克林、惠特曼等等。通過對這些人以及他們的習慣、特點、人格和能力的研究，馬斯洛得出了心理健康的定義和自我實現的內涵，建構了人本主義心理學的基本理論。

可見，“以人為本”的理論內涵，就是在心理學研究中既反對“以動物為本”，也反對“以病人為本”，主張以正常人尤其是心理健康者和精英為本，創建真正人的心理學。

彪勒對西方心理學中三種抽樣做了評論。他説：

> 弗洛伊德從人群的病態中抽樣，使病態的人代表了全人類。統計學者從普通人群中抽樣，使平庸的人成爲人類追求的目標。這對人類本身都是不利的。人本主義心理學家認爲，應當從“最好的品種”中抽樣，從最健康、最高大、跑得最快的人中抽樣，説明人能夠成爲什麼和人應該成爲什麼。在今天的世界裡更應從最有德性、最具倫理的人中抽樣來研究人類精神價值與道德發展的可能性，馬斯洛稱此爲“成長尖端統計學”。他並表示，我們之所以要以最佳品種作爲樣本，是因爲這些人的價值選擇將是人類追求、嚮往的終極價值。(陳寶鎧譯，1990，8 頁)

顯然，人本主義心理學以精英和心理健康者為研究對象，對促進人積極向上，充分發揮自己的價值和潛能具有正面意義。在這一點上，人人都應把品德高尚、心理健康作為人生追求的目標。但在實際生活中，精英和變態總是特殊人群，屬於少數，而多數則屬於常態的一般人群。因此，既不能完全用變態心理的規律去説明常態心理的發展，也不應完全用精英心理的發展水平去規定一般人心理的發展指標。

二、整體人觀是人本主義心理學的方法論

強調研究整體的人或人的整體（人格），是人本主義心理學的基本觀點之一，也是它和元素主義心理學在研究對象上的主要區別。**元素主義心理學** (elementalism psychology)，或稱**原子心理學** (atomistic psychology)，主張將經驗或行為分成若干簡單元素作為心理學的研究對象。**構造主義**（或**結構主義**）(structuralism) 堅持研究意識內容所分解的感覺和感情兩大元素，是屬主觀元素心理學；而行為主義強調研究以反射動作為基本模型的行為，則屬客觀元素心理學。這是強調分解而忽視整體功能的心理學理論。

人本主義心理學家奧爾波特（見第二章第三節）針對**學院心理學** (academic psychology) 在大學中所形成的把心理過程和心理狀態孤立起來進行研究的傾向，強調人的心理是由知、情、意三種過程構成的功能統一體，主張心理學應該以統一的人作為研究對象。在他看來，不論是心理對環境的適應功能或是行為對刺激的反應，都只能從整體的人作為出發點才能理解。奧爾波特說：

> 沒有某人在適應，就不能有什麼適應過程；沒有在感知的人，就不可能有感知過程；沒有人的延續存在，就不可能有記憶；沒有在人中發生的變化，就沒有學習等等。人必須是心理學研究的出發點。(Allport, 1961, p.553)

可見，人本主義心理學和以動物行為的實驗研究來推論人類行為規律的行為主義的做法截然不同。因為人並不是更大一些的白鼠、猴子或鴿子，而是具有完整性、主動性、獨特性和創造性的主體，所以人本主義心理學家明確提出要把人當作人來研究，以整體和統一的人（或人格）作為共同的研究主題，真正建構人化的心理學。

美國人本主義心理學會在其《學會文件》(1962) 中曾對人本主義心理學做了明確描述：

> 人本主義心理學主要是一種朝向心理學整體的傾向，而不是一個不同的領域或學派。它尊重人的價值，尊重不同的研究觀點，坦誠地

對待各種可接受的方法，對探討人類行爲的新的方面感興趣，作爲當代心理學的“第三勢力”，它關心的是那些在現存的理論和體系中沒有什麼地位的主題。(Shaffer, 1978, p.2)

第二節　人本主義心理學的理論取向

每一個心理學派或思潮，都有其特定的理論取向。人本主義心理學是一個觀點相近、組織鬆散、人員廣泛的聯盟。首先，人本主義心理學的思想觀點並不完全一致，只是大體相同。如多數人主張人性本善論，但也有人堅持人性既善既惡論。儘管如此，他們還是把人的本性作為人本主義心理學研究的主題。其次，人本主義心理學並不是一個組織嚴密的學派，而是由許多觀點相近和其他學派有關成員組成的集合體。在這一聯盟中，除了部分文學和生物科學中的人本主義者外，主要有人格心理學家奧爾波特、默里 (Henry Alexander Murray, 1893～1988)、墨菲 (Gardner Murphy, 1895～1979)、凱利 (George Alexander Kelly, 1905～1967)；新精神分析學家霍妮 (Karen Horney, 1885～1952)、弗洛姆 (Erich Fromm, 1900～1980)；存在主義心理學家羅洛·梅 (見第五章)；機體論心理學者戈爾德斯坦 (見第二章第二節)；代表歐洲人本主義傳統的發展心理學家彪勒 (見第 3 頁)、臨床心理學家布根塔爾 (見第六章)；比較心理學家和社會心理學家馬斯洛 (見第三章)；心理諮商學家和教育改革家羅傑斯 (見第四章) 等。其中，戈爾德斯坦、奧爾波特為人本主義心理學的先驅，馬斯洛、羅傑斯、羅洛·梅和布根塔爾為人本主義心理學的主要創建者。

一、人本主義心理學的分類

對人本主義心理學這一聯盟或學派的分類有下述三種：

1. 從內涵意義來分　廣義人本主義心理學指一切具有人本主義傾向的心理學思想理論，如弗洛姆的人本主義精神分析；狹義人本主義心理學為人本主義心理學的主體，以馬斯洛為公認領袖，主要代表還有羅傑斯、羅洛・梅和布根塔爾等。

2. 從哲學傾向來分　有**現象學心理學** (phenomenological psychology)，即主要以現象學為哲學基礎的人本主義心理學，它是人本主義心理學的別稱，馬斯洛、羅傑斯的心理學 (見第三、四章) 均屬於這一範疇；**存在主義心理學** (existential psychology)，即以存在主義為哲學基礎的人本主義心理學 (見第五、六章)，它是人本主義心理學的一個分支，羅洛・梅、布根塔爾為其主要代表。

3. 從研究分支來分　有人本主義心理學，即以個人或自我為本位的人本主義心理學，如自我實現心理學、自我選擇心理學 (見第三、四章) 等；超個人心理學 (見第十一章)，即以超自我為導向的人本主義心理學。

二、人本主義心理學的理論取向

首先，應該指出，對人的研究起碼有五種不同的取向：(1) 是人道意義上的人，布根塔爾和羅傑斯曾談過這種解釋，但就這一意義很難把人本主義心理學和其他心理學派區別開來。無論是華生、斯肯納 (或斯金納) 還是弗洛伊德都聲稱，他們是有人道意向的，為人類利益而工作的；(2) 是人本主義哲學意義上的人，這種解釋和人本主義心理學雖然不無關係，但它帶有反神學的性質和玄學式的**思辨哲學** (speculative philosophy) 的內涵，缺乏具體的實證研究；(3) 是古典人性意義上的人，這種人性觀對人本主義心理學有深刻影響，但它們有著不同的研究取向和研究方式，古典人性觀不是處於哲學層面，就是表現於文學藝術領域；(4) 是人的活動意義上的人，這種解釋雖然涵蓋了人的全部內容，但卻沒有突出心理學研究人的視角和特點，很容易把人類有機體中發生的現象和真正的人類現象混同起來；(5) 是獨特的或真正意義上的人，這是人本主義心理學研究的取向和出發點。它試圖以一種積極態度詳細說明獨特的人究竟是什麼。

薩蒂奇指出人本主義心理學：

> 對那些在實證主義和行爲主義理論中或古典精神分析理論中都沒有系統地位的人類能量和潛能感興趣，例如，創造性、愛、自我、成長、有機體、基本需要的滿足、自我實現、更高價值、自我超越、客觀性、自主性、同一性、責任心、心理健康……(研究這些有趣的問題) 應該極大地加速描繪一幅更適當的── 一種更科學的──關於人類本性中內在的全部能量的圖畫。(Sutich, 1961, p.viii)

人本主義心理學至今尚無完全統一的理論框架，但彪勒、布根塔爾曾概括提出了擁護這一取向的人所具有的共同觀點，即 1963 年人本主義心理學會成立時所宣佈的四項基本原則：

1. 集中注意經驗著的“個人”，因而在研究人的時候，把經驗作為主要對象。經驗本身及其對個人的意義居於首位，而理論解釋與外顯行為均在其次。

2. 把重點放在人類所特有的一些特性上，如選擇性、創造性、價值觀和自我實現，反對根據機械論和還原論的觀點來思考人類的問題。

3. 在選擇研究課題和研究方法時，著重考慮對個人和社會的意義，反對過分強調客觀性而犧牲意義。

4. 心理學主要應關心和重視人的尊嚴和價值，並關心每一個人先天潛能的發展。其核心在於使個人發現他自己的存在，發現他與其他人以及社會團體的關係 (陳寶鎧譯，1990)。

美國心理學家沙菲 (Shaffer, 1978) 認為，人本主義心理學的理論取向有五個核心原則：

1. 崇尚現象學和意識經驗　人本主義心理學家宣稱心理學是主觀經驗的科學，堅持從意識經驗出發，蔑視已被接受的所謂人類邏輯或可能性的標準，確信意識經驗能夠向心理學家提供關於他自己的首要資料。他們熱衷於主觀心理事件，把現實與人的態度及經驗相融合，按照自己的主張去接受被描述的意識經驗，這種**設身處地理解** (或**感情移入**、**同理心**) (empathy) 取向常常被看作是心理學中的一種現象學傾向。

應該看到，人本主義心理學關注**主觀性** (subjectivity) 而並非否認科學觀的正確性。但是，人本主義的科學觀超越了當代許多心理學家所設想的邏輯實證主義 (註 1-1) 的傾向，因為在這種傾向中，凡是不能精確而一致地加以測量，不在標準化的條件之下，沒有相當數量的人作為被試的心理現象都是不予認真考慮的。人本主義心理學家對這一科學觀提出質疑，並提出了究竟以什麼態度和程序科學地研究人的心理學的問題。

人本主義心理學反對傳統主流心理學忽視主觀經驗的研究，主張把意識作為關注中心。他們批評行為主義把意識視為一種不起作用的附帶的**副現象** (epiphenomenon)：它對理解人類行為的重要性，尤如車輪的吱吱叫聲對於理解車輪為什麼會轉的重要性是一樣的。同時，人本主義心理學家也反對精神分析貶低意識而誇大潛意識的主張，如弗洛伊德及其追隨者把意識看作是從潛意識 (或潛能、驅力和情緒) 中派生出來的次要的或外顯的事件。

顯然，人本主義心理學強調意識經驗的研究，這既是西方心理學由客觀的外部行為的研究向主觀的內在意識研究的重大轉變，又是人本主義心理學對行為主義輕視意識傾向的反抗。

2. 堅持人的整體性和完整性　人本心理學家強調整體論，是在人格理論水平上重述了知覺理論發展中的一個早期運動，那時馮特 (Wilhelm Wundt, 1832～1920) 和鐵欽納 (Edward Bradford Titchener, 1867～1927) 的**構造心理學 (或結構心理學)** (structural psychology) 更分子式的元素主義取向被格式塔學派更“塊狀”的整體主義知覺取向所取代。構造主義者對此做了概念化的描述，認為知覺就是人們把它分成許多互不聯繫的感覺“碎片”或成分，通過腦的一般活動，特別是通過大腦皮層的活動，而結合成一個可識別的整體。另一方面，注重塊狀的格式塔學派強調的是知覺活動本身所固有的組織活動的程度，結果一些毫無聯繫的視覺刺激，在一些卡片上相互接近地呈現時，立刻被眼睛用一種“大於部分之和”的有模式的動力的整體所接受了。

註 1-1：**邏輯實證主義 (或邏輯經驗主義、邏輯新實證主義)** (logical positivism) 是 20 世紀 30～50 年代流行於西方的一個哲學學派。反對傳統哲學命題的無意義性，在認識論上堅持可證實原則，主張哲學任務就是邏輯分析，研究物理語言的問題，建立統一的科學。其集大成者卡爾納普 (Rudolf Carnap, 1891～1970) 將邏輯實證主義引入行為主義，被稱為邏輯行為主義。認為心理學的研究對象並不是所謂“內心世界”，而是作為物理事件之一的“經驗行為”。故以經驗行為的描述代替心理活動的研究，既是新行為主義方法論的重要特徵，又是邏輯實證主義的具體表現。

深受格式塔知覺理論影響的心理學家戈爾德斯坦把類似的整體觀運用於**人格** (personality) 和**動機** (motivation)。他 (Goldstein, 1940) 得出結論認為，一個非常基本的人類動機是指向統一和整體。類似的看法在其他具有現象學和人本主義傾向的人格理論家，如奧爾波特、馬斯洛、羅傑斯的著作中也有所體現。這些理論家認為戈爾德斯坦首先強調的這種力求統一的思想，正體現了他們稱之為“自我實現”的一種追求，而自我實現則是個體試圖實現某些未實現的潛能，成為不是當前的個體的過程，其目的不外使人變得更加完滿。在這一方面，人本主義心理學和精神分析的共同之處要多於行為主義，因為精神分析的**心理健康** (mental health) 模型常常等同於整合狀態的心理健康，而**情緒疾病** (emotional illness) 等於精神分裂和內在衝動。

行為主義心理學家的**特質理論** (trait theory) 把個體看作是能夠用諸如清潔——骯髒、誠實——不誠實、強——弱這類普遍的維度，來分類不同習慣的群集。但是，根據人本主義的人格理論，奧爾波特認為行為主義的特質論忽略了主要的一點，即人類有一個基本的核心，它能把表面上孤立的特質整合成一個統一的有模式的整體，這個整體賦予每種特質有其獨特的 (決不會被重復的) 特點。因此，奈德的**外傾** (或**外向**) (extraversion) 在性質上和感受上不同於吉姆的，儘管在一個細心建構的相當標準化的外傾心理測驗中，這兩個人的分數幾乎完全一樣。在這種整體論的概念中，我們的顯著特點或特質都不能和任何其他特質隔離開來，因為它們都是在動力學上相互聯合的。不考慮這個核心的組織者，**核心** (nucleus) 或**自我** (self) 就等於使人成為零散的和空洞的，使他們成為當今非人化的世界中人們經常感受到的那種異化的無核心的人。

人本主義心理學家堅持人的整體性與完整性，除了表現在重視人格及其內在核心特質與次要特質的關聯性上之外，隨著人類潛能運動 (或人性潛力運動) 的發展，最近還特別表現在關注心與身的基本統一上。他們嚴重關切的是心理學太容易忽略身體經驗的重要性了。

3. 承認人的存在中具有明確限制且堅持人類保持著基本的自由與自主　在人本主義心理學看來，人的生活中總會有某種限制存在，但人們往往要選擇自己對限制的態度，試圖排除或超越這些限制。因此，一個知道自己死期將近的婦女會自由地選擇一種心理學的態度，使她能面對這個不能改變的事實。**選擇** (selection) 是存在主義哲學 (見 23 頁) 的一個中心概念，它強調個體應對自己的決定負責，和現象學一樣，它也對人本主義心理學所強調的人的選擇性這一重點提供了關鍵的哲學基礎。法國著名存在主義哲學家薩特 (見 24 頁) 居然認為，人類擁有自由的一個主要方面在於他們有能力在思想上說“不”，就像政治犯，儘管已被完全囚禁，但仍然能選擇對壓迫他的人和施壓者的思想觀念表示藐視，在有些人看來，這種心理上的 (和行為相對的) 自由是無足輕重的。在具有存在主義傾向的人本心理學家看來，這卻是至關重要的。

自由問題一直困擾著心理學：人類是受**自由意志** (free will) 統治的嗎？他們的生活是由先天稟賦和他們在發展的形成期獲得的重大環境影響聯合決定的嗎？人本心理學家確信，我們每個人在很大程度上都受遺傳、風俗習慣和存在本身局限性的影響。但是，人類自以為重要的東西卻是我們在對確定不變的生活條件做反應時和試圖開發這些條件時所具有的那一點點微不足道的自由——這些生活條件構成了海德格爾所謂我們的**投注** (或**被拋**) (thrownness)，指我們出生就有的實際節令、性別、想法和所處的歷史時代。

在說明這些微小的自由時，人本主義者不認為它已經在某種直接的、經驗的或科學的意義上得到證實。相反，他們轉向了現象學，轉向了大多數人的主觀理念，即人類基本上是自由的。例如，在我寫作和修改這個句子時，我毫不懷疑我正在自由地選擇我要寫的詞句，而沒有考慮我參與了潛意識過程和童年情結的精神分析理論。實際上，精神分析、行為主義和人本主義等心理學的三大勢力並沒有向這種觀點挑戰，即一般人在大多數情況下都能主觀地體驗到某種“自由意志”感和積極自主感。精神分析學和行為主義者在贊同這種主觀自由感並沒有精確地反映真實的事態時，在臨床上他們非常關注那些體驗到自己及其生活的**矛盾情感** (或**情感矛盾**) (affective ambivalence) 的人，即他們的每一種情感、思想、行為都受其外部的人或力量的影響與控制。幾乎所有的心理學家們都同意這些人都有嚴重的**偏執狂** (或**妄想狂**) (paranoia) 傾向。

行為主義者雖然承認，把人看作是經常受控制的這種想法不太健康，但他們卻寧願向我們提供這樣一個人的模型。在他們的理論體系中，人類行為主要是由刺激輸入 (或強化) 決定的，對此我們大都意識不到，而我們的意識思維，如我們為什麼做，做什麼，基本上是不重要的，不值得進行科學研究。因此，在他們的理論中所描繪的關於人的模型與我們大多數人所具有的關於我們自己的現象學概念之間幾乎沒有什麼聯繫。另一方面，人本主義心理學家堅持認為在大多數人對自己的經驗感和它所提供的理論模型之間有一種聯繫。他們的目的就是創造一種既能包括人類行為和經驗，又不會產生矛盾的心理學理論，以便提高人類具有的自主感、活力感和尊嚴感。

人本主義心理學嚴厲批評精神分析和行為主義關於人類本性異化與無力感的模型，因為他們不是把人描繪成無生命的死人或機器，就是把人描繪成精神分裂症或神經症患者。因此，人本主義心理學力圖建構一種不會粗暴破壞自由選擇和積極自我的現象學經驗的心理學理論。

4. 堅決反對還原論 (註 1-2) 這是人本主義心理學與行為主義、精神分析在理論取向上的主要區別之一。行為主義者力圖將介於自然科學與社會科學之間的心理學歸結為自然科學，將心理學還原為生理學和物理學。華生認為“人和動物的全部行爲都可以分爲刺激和反應”(Watson, 1914, p.229)。這就是說，全部心理和行為，都不外是由一些物理或化學變化引起另一些物理或化學變化而已。

精神分析的基本出發點，就是把人視為一個與社會根本對立的存在物和非理性動物，堅持用能量守恒和轉化定律解釋心理活動規律，主張先天的本能 (生的本能與死的本能) 是人的一切心理和行為的內驅力。它除了依據**快樂原則** (或**唯樂原則**) (pleasure principle) 及其衍生的**現實原則** (reality principle) 外，還有一條更基本、更符合人的本能的原則，即**強迫重復原則** (repetition-compulsion principle)。它要求重復以前的狀態，恢復到原初的無機物的狀態。弗洛伊德這種單純用物理學定律、生物學範疇説明人的生與死的內在動力和心理活動的規律，顯然這是一種典型的還原論的表現。

人本主義心理學以現象學和存在主義觀點，強調人的整體性、完整性、獨特性、自主性和創造性，堅決反對精神分析和行為主義的還原論傾向。沙菲指出：

人本主義心理學的强烈現象學傾向，使它把意識經驗看作它本來的

註 1-2：**還原論** (或**還原主義**、**化約主義**) (reductionism) 是把高級運動形式簡單歸結為低級運動形式的一種哲學觀點。最常見的表現是用生物、生理、物理和化學的規律解釋人的心理活動的規律：如生物還原論、機械還原論等等。另一種表現是把複雜的高級的心理活動歸結為簡單的低級的心理元素，如把思維歸結為感覺的集合等。這種方法論對人的認識活動雖不無意義，但其錯誤在於抹煞了高級運動形式與低級運動形式的根本區別，容易導致簡單化和機械論。

樣子，不想把它還原爲更基本的驅力或防禦機制 (像精神分析學派那樣)，也不願還原爲副現象 (像行爲主義那樣)，爲此，創造性和兄弟般的愛是一些真正的現象，不需要看作是愛欲驅力的表現，或早期需要滿足狀態的反映。(Shaffer, 1978, p.16)

5. 與存在主義基礎相一致，相信人類本性決不可能完全被限定

因為如果我們決定根據人們實際所做的和實際所是的樣子 (或根據存在主義者所喜歡稱謂的人的“存在”方面) 來限定人類本性，而不是用人的本質的抽象說明來限定，那麼，人類能力的局限性就不可能完全清楚的。

在人本主義心理學家看來，如果人類本性的限度不明確，那麼，人格就是可以無限擴展的。對於擴展和超越自我的可能性的這種強調和人追求 (或奮爭) 自我實現是直接聯繫的，和人類潛能運動的核心傾向也是有聯繫的，因為這一運動促進個體去實現自己尚未實現的潛能。這種觀點向弗洛伊德關於人的概念發起了挑戰，弗洛伊德把人看作是永遠尋求早期更原始的滿足形式的一種具有退行傾向的緊張釋放的機體。因此，人本主義心理學家從潛能論、性善論出發，堅信人的未來發展的可能性及其樂觀前景是把自我選擇、自我實現和健康人格作為人生追求的目標。

綜上所述，人本主義心理學的理論取向是以現象學和存在主義為基礎，堅決反對機械論和還原論，堅持以人為本和以整體人為對象，強調人性、動機、潛能、經驗、價值、意向性、自主性、創造性、自我選擇、自我實現和健康人格等一系列對個人和社會富有重大意義問題的研究，旨在建構具有更大包容性的真正人化的心理學。

第三節　人本主義心理學的興起與發展

每一個人都是歷史的微型拷貝。每一個心理學派或思潮，都是一種歷史的產物。人本主義心理學的產生自然也有其時代背景 (社會背景、哲學背景)

和心理學思想自身發展的內在邏輯。

一、人本主義心理學產生的時代背景

人本主義心理學是西方當代後工業社會 (或科技文化社會) 反人性化走向反省的產物，是存在主義與現象學在心理學中的再現，是評擊行為主義傳統主流心理學的弊端和批判與繼承精神分析學思想的結果，也是美國人類潛能運動和德國整體主義心理學思想影響的反映。

(一) 後工業社會反人性化走向的反省

1. 後工業社會的人性異化 隨著人類社會的發展和進步，人的問題已變得越來越重要。人們越來越認識到：科技進步和人類進步是密切不可分的。科技發展既是人做出的，又是為人做出的。因此，科技進步應當促進社會和人的發展。在第二次世界大戰之後，美國的科學技術和社會經濟得到了迅速發展，廣大民衆在基本生活需要得到滿足的基礎上，進一步產生了追求高級需要的滿足，包括真善美等高級自我價值的實現。在這種物質生產豐富和民衆生活富裕的條件下，弗洛伊德 (見第 4 頁) 所論證的西方傳統的靈魂與肉體的對立觀，才第一次有可能被人的低級生物生活與高級精神生活的統一觀所取代。人本主義心理學家公然宣布：人的科學的"真理"必將與人的進步的"價值"融為一體。因此，人本主義心理學所探討的主題如人性、價值、意義和自我實現，正反映了美國物質生產高度發展的社會需要。

但是，嚴重的社會問題如失業、暴力、吸毒和精神疾病日益增多；犯罪率日益上昇，罪犯日益低齡化和女性化；種族歧視日益嚴重，種族衝突時有發生。這一切使美國社會充滿著不安和動盪。因此，第二次世界大戰後，特別是自 50 年代以來的美國，一方面科學技術突飛猛進，經濟發展異常迅速，物質生活空前富足；另一方面人的精神裂變加劇，心理變態嚴重，人性日益異化。主要表現在：

(1) **價值觀危機**：本來，以"基督教新教倫理"的文化和價值標準為基調的"美國夢"是千千萬萬美國人奮鬥的理想，把進取、勤奮和成功作為追求的目標，把幸福視為物質利益和外在獎賞的激勵。但是，現在這些觀點已不合時宜。在以往的價值觀和幸福觀被拋棄的情況下，有些美國人主張把追求內心的滿足擺在首位，但是許多人卻不知道自己正在追求什麼，也不知道什麼是值得追求的。因而，不少青年人把縱欲、感官快樂和暫時滿足作為幸福的標準和追求的目標。其結果是在獲得一時痛快之後陷入更深的痛苦中。

(2) **孤獨感强烈**：每個人本來都願意與他人建立正常而和諧的關係，但在信仰危機的時代，社會經濟生活的異化，衆多歸屬團體的混亂，使得人與人之間的關係日趨緊張，正常的人際關係無法建立，因而產生被遺棄感、被剝奪感和孤立無援感。實際上，這種孤獨感不是一般人“存在的孤僻”，而是缺乏與別人建立關係的能力的心理**綜合徵(或徵候群)** (syndrome)，即由自我分離和自我拒絕的持久感受所造成的一種神經症反應。

孤獨感今日在西方比較强烈而廣泛，它同樣也是人的一種自我渺小感。人本主義心理學家彪勒指出：

> 由於我們的生活日益變得機械化，由於我們從前對科學的信仰受到懷疑，而今知道宇宙是如此廣袤，人類存在極度的孤獨感，已經深入人心，事實上，已經紮根於我們的文化之中。
>
> 這是一個多麼奇怪的矛盾：一方面我們在內心深處認爲自己作爲個人是無比重要的；另一方面，如果從外部世界來看，我們作爲個人似乎又毫無意義。世界使我們變得一文不值。(陳寶鎧譯，1990，59 頁)

(3) **統合感缺失**：**統合感(或同一性)** (identity) 是代表人格成熟的一種整體狀態，即主體對當前自我、生理特點、社會期待、以往經驗、現實環境和未來希望等六個層面綜合成為一個整體的人格結構。由此使主體對“我是誰？”與“我將走向何方？”的問題，不再有徬徨迷失之感。

然而，缺乏統合感或喪失統合感乃是美國社會的時代精神和特定標誌。現代美國生活的不確定性使人無法建立支撐自我的核心統合感，無法確定自己相信什麼，遵從什麼。結果感到孤立無援、茫然若失、心情沮喪、疑慮重重、悲觀絕望。

彪勒指出：

> 爲什麼我們不知道去向何方？爲什麼我們惶惑，道路通向哪裏？這是現代最普遍、也最震撼人心的問題之一。不但對年輕人如此，實

際上對每一個人都如此。(陳寶鎧譯，1990，63 頁)

懷利斯在其《尋求統合感》(1958) 一書中曾總結說：

統合感是一種自我的協調感……它給解決重大的內心衝突及穩定的生活提供了支撐的框架，但當框架失去時，一切不復存在。一個人無法在沒有支點的情況下使用槓桿。(陳寶鎧譯，1990，61 頁)

(4) **反抗權威性**：本來，美國人出於對基督教倫理的強烈忠誠，曾比較尊重和接受**權威** (authority)。但是，現在權威已成為一種被懷疑的價值。這種對權威的憎恨並不僅是個人對體驗到的困擾之神經症反應，其實大部分是對這樣一種權威所以存在的道理產生的客觀懷疑。

與權威人物的衝突通常來源於家庭內部關係。**代溝** (generation gap) 往往成為青年人反叛長者的原因。他們開始懷疑那些較年長而更有經驗者的智慧，進而遷移到懷疑、憎恨和反抗一切權力制度及其所具有的權威。在這些年輕人看來，領導不再自然而然地具有魔術般的權力來控制甚至影響與指導人們。他們指責當權者在職業道德上的虛偽，並抨擊當權者所建立的一切權力機構都是這一權力集團的堡壘和庇護所。

(5) **意義性喪失**：在人本主義心理學家看來，**意義** (meaning) 指的是一種生活體驗的特殊內容，它使生活變得豐富、充實，更有價值。沒有意義的生活讓人感到沒有價值和空虛。彪勒發現：

當人們爲生活中他們相信的某種東西而生活時，他們稱自己生活得有意義。這種東西也許是一種特殊目標，一種事業，或是另外一個他們爲之獻身的人。這種現象似乎表明：雖然方向感、動機和行爲動力來自健康人的內部，行爲的目標卻是外部的，或者說是超越個人自我的。(陳寶鎧譯，1990，70 頁)

可見，意義似乎是人類存在中的關鍵因素。它決定一個人生活的目的、方向和價值。

然而，在物質繁榮的背後，美國社會內部各種矛盾和不安因素的加劇，失業、暴力、犯罪、吸毒、精神疾病和道德墮落等社會問題的嚴重，人受機械運動和物質奴役現象的進一步發展，使人們越來越感到生活喪失了意義和價值，而意義和價值的喪失又令人感到空虛和絕望。

事實上，人們不時發出“19 世紀上帝死了，20 世紀人死了”的呼聲。這種“人性萎縮”、“人性異化”、“人的死亡”的毒素已經滲透到人類崇高的文化科學事業和廣泛的精神生活之中，導致人們由孤獨而憂傷、由空虛而頹廢、由仇恨而謀害、由絕望而自殺。

日本哲學家梅原猛 (1995) 指出，西方現代化帶來兩個嚴重的問題：一個是對自然的破壞。現代文明科學技術對自然的破壞超過農耕文明時代的幾十萬倍、幾百萬倍。另一個是人的內心的潰崩。在現代化下，人變成了欲望之軀，這樣，靈魂就遭到了破壞。這種破壞或許比自然遭到的破壞更可怕。

上述表明，單憑經濟發展、科技進步，甚至民主政治還不足以解決人類精神生活和價值追求的問題，必須引起全社會對人的尊嚴及其內在價值的重視，進一步由“外部空間”的開拓轉向“內部空間”的探索，充分發展人的潛能，促使人性的完滿實現。

然而，以探索心理生活的“內部空間”為己任，強調對人自身價值與意義認識的人本主義心理學，正是適應改變這一後工業社會反人性化走向的需要所應運而生。人本主義心理學家彪勒明確指出：

> 没有哪種心理學能夠提供面向所有人的一種哲學，而人本主義心理學在這方面也許處在更爲有利的地位……它將幫助我們，慰藉我們在尋求滿意和滿足，體驗個人生活意義時的特殊需要……。(陳寶鎧譯，1990，12～13 頁)

美國人本主義心理學會第一屆 (1962～1963) 主席布根塔爾也明確指出：

> 人本主義心理學的最終目標是準備全面地描述：作爲一個人活著究竟有什麼意義……。這一種全面的描述將必然包括人類先天才能的一系列內容；他的潛在的思想、情感和行動；他的成長、演變和衰老；他與各種環境條件的相互影響……他可能有的經驗的範圍和種類；以及他在世界上的有意義的地位。(楊立能等譯，1981，405 頁)

2. 反戰和反主流文化運動的影響　人本主義心理學的興起也同反戰和反主流文化運動的發展有關。第二次世界大戰使人看到戰爭不是什麼“海邊夏日的野餐”，而是人性不斷走向攻擊和自我毀滅。戰爭摧殘了人類的文明，給整個世界帶來了災難性的影響。

第二次世界大戰後，戰爭的陰影並未消失，特別是 20 世紀 50～60 年代，國際上軍備競賽激烈，越南戰爭仍在進行，核大戰的威脅依然存在，美國人無法擺脫對戰爭的毀滅性恐懼和擔憂。人本主義心理學家彪勒指出，當時，美國人“對人性和道德進步的懷疑，對炸彈的恐懼，對人類可能自我毀滅的擔憂已經產生了。”尼威爾・叔特《在海灘上》這本書，真實而戲劇性地描述了這種無法消除的恐怖。斯坦利・克萊默據此改編的電影真實地揭示了個人存在受到的威脅。當年輕的妻子不願眼睜睜在核輻射威脅下慢慢死去，想以自殺結束自己和孩子的生命時，她對丈夫哭泣著說：

> “我曾非常地愛你，非常地愛你。”這裡所用的是過去時態。好像在說：“我已經得到了許多，我們都擁有許多，可是這一切都要被奪走，並且再也不能回來……生活——人類的生活，將再也不會存在”。(陳寶鎧譯，1990，8～9 頁)

因此，人本主義心理學的產生，正是對蔑視個人尊嚴、價值，使人捲入戰爭表示憤怒和反抗的表現。

同時，人本主義心理學的產生，還和美國**反主流文化** (counterculture) 運動的影響有直接關係。對立文化運動是 20 世紀 60～70 年代在美國風起雲湧的一種反主流文化的青年運動。它是美國歷史上第一次出現的一種**次文化** (或**亞文化**) (subculture) 社會運動。它由社會上許多反主流文化群體所構成，如嬉皮士、耶穌迷、黑豹黨、吸毒癖、同性戀者、摩托車幫、公社群居、東方宗教迷、新左翼激進派等。他們大多出身於中產階級，可以享受到良好的中產階級的生活方式，但作為自身環境和條件的異化，他們厭惡並拋棄這種享受，否定傳統的價值觀念，拒絕接受傳統的道德習俗，反對現代科學技術和工業文明。

反主流文化運動開始的時候，青年們抱著一種淺薄的理想主義拒絕中產階級的文化，抵抗主流社會的價值觀。為了謀求一種新的價值標準，擺脫資本主義社會的無止境的競爭和勾心鬥角，獲得一種精神愉快的、更加自由自在的、無憂無慮的生活，拋棄豪華奢侈的生活，搬到農村或城市中比較破舊的生活區居住。為了表示與美國社會的決裂，抵抗傳統的道德習俗，反抗家長、學校和政府的權威，他們故意留長髮、穿奇裝異服，沈迷於印度大麻、迷幻藥等等。

到 70 年代末、80 年代初，嬉皮士等頹廢主義者才被積極進取的“優皮士”(城市青年職業家)、“雅皮士”(有抱負的青年職業家) 和“英皮士”(地位上升的青年職業家) 所取代 (潘新顯，1988)。然而，這種反主流文化的青年運動不僅改變了人們的服飾和髮型，而且也影響到整個美國文化以及各個思想領域，如爭取公民權利的運動，反對美國在越南的戰爭，人們對教育和大學改革的呼籲，對環境污染的抗議等等。不僅如此，人本主義心理學也受到了反主流文化運動的影響。人本主義心理學家這些“‘新時代’的心理學家卻把這些理論接受過來。他們把享樂主義改造成爲一種提煉過的藝術，使它成爲社會上可以接受的東西”(柏忠信，1983，36 頁)。

反主流文化運動對人本主義心理學的主要影響：

(1) **反對傳統價值觀**：反抗家長、學校和社會，反對傳統價值觀對人的束縛與壓抑是反主流文化運動的一個主要特徵。這個與現實社會相對立的情緒給人本主義心理學的人性觀以深刻的影響。

(2) **堅持人的獨特性**：反主流文化的青年人痛感自我失落於龐大的社會機構中，他們留長髮、穿奇裝異服，不外是表明自己與他人和社會的不同，藉以證明自己的存在。人本主義心理學也強調作為價值中心的個人實現，研究與動物相區別的人的本質的特殊性。

(3) **重視自我展示**：反主流文化的青年主張“個人要把自己的全部所有都展現出來”。人本主義心理學也把自我實現、自我完善視為人的發展的最高境界。

(4) **強調個人的體驗**：反主流文化運動有個強調個人體驗的口號：“覺得好，就去做”，意思是要處於此時此地的人們儘量不受社會規範的約束，要以自己的經驗和體驗為行為準則。人本主義心理學也強調個人的經驗和體驗的重要性。馬斯洛說：“你的感情和我的感情都是很重要的，我們每個人都應當是自由地擁有自己的感情”(Maslow, 1970, p.180)。

(5) **堅持非理性主義**：反主流文化運動的後期，許多青年沈迷於印度大麻和迷幻藥。在吸毒的過程中，他們體驗到一種神秘的幻覺和無可言狀的快感。超個人心理學也強調這種神秘的幻覺和快感。

(二) 人本主義心理學的哲學背景

人本主義心理學的思想淵源和哲學基礎，既同繼承人道主義和人性論的傳統有內在關係，又同西方現代哲學中的人本主義思潮（存在主義和現象學）有密切聯繫。

1. 人道主義和人性論 人本主義心理學繼承了人道主義和人性論的傳統。**人道主義** (humanism) 作為一種時代的思潮和理論產生於 14 世紀歐洲文藝復興時期的意大利，後來又輾轉傳播到西歐及世界各國。主張以人性作為衡量歷史和現實的準則，重視個人的價值，維護個人的尊嚴和權利，解放個性，使個人得到充分的自由發展，實現現實中的個人幸福。人本主義心理學反對禁慾主義，主張人性的解放，強調關心人的價值與尊嚴，促使人得到充分的發展，正是繼承了人道主義的傳統。不同的是，人本主義心理學認為，人的發展的自然傾向不是避苦趨樂的狹隘私利，而是在生活需要基本滿足的基礎上對人類高級需要或真善美等心理需要的追求。顯然，這和物質文明的發展程度有關。

人本主義心理學也是以**人性論** (theory of human nature) 為其重要思想淵源。所謂人性，指一切人所共同具有的特點。對人性問題，西方哲學和倫理學一直存在兩種基本觀點。一種是柏拉圖 (Plato, 427～347 B. C.)、康德 (Immanuel Kant, 1724～1804)、歌德 (Johann Wolfgang Goethe, 1749～1832)、盧梭 (Jeen-Jacques Rousseau, 1710～1778) 的觀點，以及文藝復興以來的西歐人道主義的傳統，認為人具有潛在的善性，主張設計一種理想的社會通過教育使人格得到發展。另一種是亞里士多德 (Aristotle, 384～322 B. C.)、馬基雅弗利 (Niccolo Machiavelli, 1469～1527)、霍布斯 (Thomas Hobbes, 1588～1679) 和邊沁 (Jeremy Bentham, 1748～1832) 的觀點，認為人性是由生物本能所決定，不可能有很大改變；人只有通過法律的約束、文明的行為，才能維持社會秩序。以馬斯洛、羅傑斯為代表的大多數人本主義心理學家的思想可以追溯到第一種哲學人性觀，主張人性本善，且具有建設性，而惡則來自於社會或文化。唯獨羅洛·梅的主張有所不同，認為人性中有內在惡的因素，如不正視這種惡的傾向或僅把惡歸之於環境，都是有害的。

2. 存在主義和現象學　現代西方有兩大哲學思潮：一為科學主義 (實證主義)，包括孔德實證主義、馬赫主義和邏輯實證主義等；另一是人本主義 (非理性主義)，包括意志主義、生命主義、存在主義和法蘭克福學派人本主義等。

存在主義 (existentialism) 是一種人生哲學，故又稱為生存哲學。它是 20 世紀西方哲學中影響最廣泛的流派之一，也是現代西方人學思想中最重要的主脈之一。存在主義對人本主義心理學的影響很大，它既是人本主義心理學家靈感的一個主要來源，又是人本主義心理學內部的一種哲學主流。羅洛·梅被看作人本主義心理學中存在主義取向的發言人。羅洛·梅在 50 年代末就把存在心理學和精神病學介紹到美國，他與安格爾、艾倫貝爾格合編的《存在》一書被視為 60 年代人本心理學家的“聖經”。羅洛·梅還組織了兩次存在心理學的研討會，並創辦兩種存在心理學雜誌。誠然，人本主義心理學家不同程度地受到克爾凱郭爾、海德格爾和薩特的影響，但更直接地是受到 50 年代後存在主義風行於美國時的影響。其中，美國存在主義哲學家布伯 (Martin Buber, 1878～1965) 和蒂利奇 (Paul Tillich, 1886～1965) 對美國人本主義心理學的影響更大。

奧爾波特是從 50 年代末期開始在其著作中探討存在主義。儘管他就一般意義使用存在主義一詞，且很少提及存在主義哲學家的名字，但是奧爾波特卻被認為給美國引入存在主義鋪平了道路。奧爾波特堅信：

> 美國心理學需要“輸血”或“慷慨地注入”存在主義，這主要是因爲美國心理學忽視主體性的研究，這對理解人性是很關鍵的。(DeCarvalho, 1991, p.61.)

在奧爾波特看來，給美國心理學注入存在主義有三個好處：一是存在主義以自由、選擇和責任為研討的主題，它會極大地改進美國心理學堅持以絕對確定的因果規律來解釋心理現象的極端**決定論** (determinism) 傾向。二是存在主義對人與先驗世界、人和自我的關係做了比較全面的分析，它會對孤立研究人類行為並把它們與非人類模型聯繫起來的美國心理學提供某種重要的平衡。三是美國心理學家所信奉的**客觀性** (objectivity) 會被存在主義對**主體性 (或主觀性)**、神秘、命運和人生怪事的研究所調和。此外，有的學者指出：存在主義心理治療家創立的**意義治療法** (logotherapy)，即以精神價值而不以心理生物學為基礎的心理治療法，最早是由奧爾波特介紹到美國的。

其次，許多人本主義心理學家知道歐洲存在主義以前，他們就已經闡述了存在心理學思想的"內核"。因此，簡單地把人本主義心理學視為歐洲存在主義"輸入"的產物是不確切的。在人本主義心理學與存在主義關係的問題上，如用"根源論"的觀點來解釋，倒不如用"平行論"的觀點來說明更合適。因為人本主義心理學和現代存在主義是平行發展的，其基本精神是完全一致或相符的。

其一，**在研究對象和宗旨上，人本主義心理學和存在主義是一致的**。存在主義的中心主題，就是人的自由、選擇和價值。馬斯洛等人本主義心理學家亦強調心理學應把獨特的個人及其尊嚴和成長作為自己的研究對象，以及強調個人的主體體驗、自由選擇、創造與責任等，也和存在主義完全一致。

其二，**在研究方式及其涉及到的心理學問題上，人本主義心理學和存在主義也基本相同**。彪勒曾經指出，人本主義心理學與人道主義以及存在主義有兩個共同點："(1) 批判了僵死的方法論和對某些預定領域與模式的閉鎖性研究；(2) 集中注意人對他的存在的體驗"(陳寶鎧譯，1990，23 頁)。存在主義哲學家對人的理解有很多涉及到心理學問題，已被人本心理學家所繼承和發揮。比如，19 世紀的克爾凱郭爾 (Sören Aabye Kierkegaard, 1813～1855) 曾反對黑格爾 (Georg Wilhelm Friedrich Hegel, 1770～1831) 的宇宙精神決定論，也反對把人看作被動的參與者，並強調人的內部經驗的價值，把人的存在理解為一系列必需的抉擇。20 世紀初的雅斯貝爾斯 (Karl Jaspers, 1883～1969) 強調人的存在本質上是一團混亂，孕育著許多危險，只有承認生活中的挑戰敢於迎上去的人才能生活得富有意義。海德格爾 (Martin Heidegger, 1889～1976) 提出"親在"或"自為存在"(dasein) 的概念，強調人有通過對自身、對他人和對自然界的反思達到了高水平意識和獨特性的能力。後來，薩特 (Jean Paul Sartre, 1905～1980) 曾直接討論當代心理學問題，批評弗洛伊德把人看作是內驅力的靜態集合體，受無意識的力量統治。薩特強調，人的行為受他的目的而決定，他的目的是他的生活的"基礎設計"。依據基礎設計進行的選擇是有意識的，不斷發展的動態變化過程。進行選擇是以積極負責的態度創造人生的意義和方向，如果相信無意識就會放棄選擇，也等於迴避承擔責任 (林方，1989，200～201

頁)。

當然，人本主義心理學家還批評了存在主義的反科學性和反生物性 (或遺傳性) 的問題。人本主義心理學和存在主義的主要區別在於：(1) 人本主義心理學堅持人性中有一種先於存在的生物學內核或本質，認為人均有生物學上的潛能和價值。馬斯洛反對薩特“存在先於本質”的觀點，它否認人的生物本性及全人種的價值存在，把人看作是他自己的一種專斷的、没有價值標準選擇的產物。(2) 人本主義心理學基本上對人類前途命運抱樂觀態度。他們批評德國和法國存在主義過分關注“絕望”、“虛無”和“荒謬”，對人性和人類前景所持的悲觀主義態度。

現象學 (phenomenology) 也是人本主義心理學的哲學方法論之一。現象學的基本特徵，就是現象學方法論原則以及建立在此原則之上的反科學主義的人道主義。因為現象學哲學是以人為目標的崇高事業，它通過對“純粹意識內的存在”的研究，進而揭示人的生活界的本質，從純粹主體性出發達到“交互主體性”(或主體間性) 的世界。現象學的方法和人學的觀點，不僅為存在主義哲學家所接受，而且成為現代西方許多人文科學的基本方法論。

存在主義哲學和人學創始人海德格爾是現象學大師胡塞爾 (Edmund Husserl, 1859～1938) 的弟子，存在主義直接來源於現象學，並成為現象學發展的一個新階段，因而現象學直接或間接地對人本主義心理學發生重要的影響。其一，人本主義心理學創立者們經常把現象學看作是一種研究主體的直接經驗和內省報告的方法，強調心理學研究應該從“回到事物本身去”為開端，把人的心理活動和內部體驗作為自然呈現的現象看待，重在現象或直接經驗的審視和描述而不是因果分析或實證説明。

其二，人本主義心理學也非常重視作為歐洲現象學的核心主題的**意向性** (intentionality) 問題。奧爾波特把意向界定為“個體試圖去做的”或“個體努力的方向”，並以主義價值觀的態度為其基礎。和羅洛·梅一樣，布根塔爾也認為意向性是人類存在的一個基本成分，包含著我們的願望、需要和意志的完全參與，要求行動，獲得實現。它是一個人完全為自己的行動負責的過程。顯然，在這裏，人本主義心理學家也突顯了人的心理活動的主觀性和意識指向性的特點。

可見，存在主義是現代西方人學中的時代精神和主要思潮。在反對客觀主義和極端決定論，突出“以人為中心”的研究主題，強調人的主體性和主觀性，強調直接經驗的描述和意向性，強調自由、價值、選擇、責任、自我和情態諸方面的研究上，存在主義和現象學給人本主義心理學提供了理論支柱，成為人本主義心理學的主要哲學基礎。

此外，人本主義心理學家大多都重視東方尤其是中國道家的哲學思想。他們把老子"道法自然"的自然定義人生觀視為當代人本主義心理學思想的真諦。他們以為，東方哲學思想與人本主義心理學有三點相似之處：(1) 東方解脱自己的目標與西方健康人格的目標相符；(2) 東方引發"頓悟"技術與西方心理治療技術相似；(3) 東方頓然覺悟狀態與西方健康人格狀態一致。

(三) 反對傳統科學心理學理念的弊端

1. 對行爲主義的批判 人本主義心理學是在批判行為主義的背景中產生的。**行爲主義** (**或行爲論**) (behaviorism) 是 20 世紀 60 年代以前西方心理學的主流，號稱心理學中的**第一勢力** (first force)。行為主義是人本主義心理學的主要對立面和反抗的矛頭所向。它和行為主義論戰之時，即是人本主義誕生之始。

自從心理學成為獨立科學以來，西方心理學一直以自然科學為定向，極力彷照物理學來建構心理學的理論模式，堅持機械決定論和生物還原論，這種採用研究物的模式來研究人的傾向，到了行為主義可以說達到了頂峰。行為主義者不僅把自然科學的客觀研究方法絕對化，陷入實驗決定一切的實驗主義，而且在研究對象上削足適履，拋棄對人的內部心理過程的研究，只把可觀察的行為作為心理學的惟一研究對象。所以，在行為主義者眼中，人就變成了一個受外力控制的有機體或機器，幾乎與無生命的物體或低等動物毫無差別。因此，行為主義是没有人、没有心理、没有價值的心理學。

人本主義心理學家幾乎都受過行為主義的傳統教育，大多數人對行為主義都比較熟悉。所以，人本主義心理學家反對行為主義關於人類本性的機械圖式並不是偶然的，而是心理學自身發展的必然結果。從 20 世紀 40 年代末至 60 年代初，奧爾波特就開展了對行為主義的批評；馬斯洛於 40 年代在他的動機理論中，也批評了行為主義；整個 50～60 年代，羅傑斯與斯肯納還展開了論戰；60 年代至 70 年代，羅洛・梅和布根塔爾亦向行為主義進行了挑戰。

人本主義心理學家對行為主義的批評，主要集中在下述四個方面：

(1) **對行爲主義行爲觀的批評**：人本主義心理學者對行為主義 S-R 這一典型的行為機械圖式進行了批評。奧爾波特主張在這個行為公式中引入一個“O”，代表有機體，即 S-O-R。1967 年在他去世前的最後一次談話中，他論證要用一個小“s”和一個小“r”，而“O”則非常大，即 s-O-r。奧爾波特認為，人格中一切有趣的事情就存在於我們必須對這些**中介變量**(或**中介變項**) (intervening variable, 簡稱 I.V.)，如動機、興趣、態度、價值觀等發生的一切所做出的推論中。他特別強調期待原則，因為他認為刺激-聯結是從條件反射的機械論哲學中得出的最有目的性的原則。

馬斯洛對行為主義的批評可以分為三個階段：

① 30～40 年代初，馬斯洛認為人類的行為不僅僅是單一孤立的刺激與單一反應之間的直線聯結，而是受構成完整人格的全部感情、態度和願望決定的。馬斯洛認為這些人格決定因素主要產生於群體的社會信仰和道德常模的**內省** (introspection) 或**內化** (internalization)。

② 40 年代在《動機與人格》中編撰的關於人類動機的重要論文，馬斯洛把這些觀點又組成其人類動機理論完整體系的一部分。他強調指出，關於孤立單一行為的研究和認為這些行為是自我包含的觀點，是理解人格的一種簡單化的誤導取向。

③ 40 年代以後，馬斯洛對行為主義的批評主要是針對一般意義上的**實證心理學** (positive psychology)。1966 年在《科學心理學》一書中，他用一章的篇幅批評了行為主義所謂對人類行為的預測和控制。

羅傑斯對行為主義的批評多集中在 50、60 年代，主要是和斯肯納 (或斯金納) (Burrhus Frederick Skinner, 1904～1990) 就自由、教育與人類行為控制等問題至少進行了五次 (1956、1960、1962、1963、1964) 公開辯論，其中在明尼蘇達杜魯思的一次辯論達九個小時，吸引聽衆 900 多人。羅傑斯反對斯肯納所主張的心理學應強化對人類行為的控制，特別是他把人本主義關於自由的意義與斯肯納的觀點做了比較，並在《自由與抉擇》的講演中著重批評了斯肯納的《沃登第二》(1948) 中所描述的社會控制哲學。

羅洛・梅在 20 世紀 60 年代以前曾對行為主義做了簡要和一般性的批評，他認為美國心理學過份關注行為，不過是企圖模仿物理學和生物學中過時的機械模式而已。他在 60 年代以後對行為主義的批評主要集中在自由、權利和對行為的控制方面。羅洛・梅在 80 年代初對他同行為主義的畢生論戰做了總結，他認為行為主義有三個主要錯誤：① 行為主義假設自我並不存在；② 所有的行為都是受條件控制的；③ 自由是一個幻想。

布根塔爾在 60 年代批評行為主義創始者華生關於心理學只能研究行為的主張是井蛙之見。在他看來，行為是受一個人的**現象場(或現象域)** (phenomenal field) 所決定的。這個現象場"包括個體當時所體驗到的他自己在內的宇宙"。他認為行為主義用膚淺的外部行為的研究取代了主觀生活的豐富性，從而把狹隘和適應 (遵從) 帶到心理學中。70 年代布根塔爾對行為主義的批評也集中在對個體和社會控制的問題上。他很關注斯肯納在《沃登第二》中提出的烏托邦世界。他批評了行為主義對世界重大問題實行控制的概念，認為進行自我指導的控制是保存和創造一個真正合作的社會的惟一選擇。布根塔爾指出，行為主義的客觀主義和科學主義已成為一種病理性的**防禦機制(或防衛機制)** (defense mechanism)。

由上述可見，五位人本主義心理學家都對行為主義的行為觀、人類本性觀及其方法論基礎進行了批評，並堅持對行為的研究不能脱離包含著它的有機體，以前攝的、有意向的、樂觀主義的意象取代行為主義的人類本性觀。

(2) **對行爲主義研究方法的批評**：奧爾波特、馬斯洛、羅傑斯、羅洛・梅和布根塔爾等心理學家都嚴厲批評行為主義模倣精密的科學，過份關注從物理學和生物學中引進客觀的、量化的、可驗證的方法和動物模型。奧爾波特指出：

> 生物學吹來的新鮮空氣威脅要把人本主義的所有痕跡，吹得一乾二淨，只給心理學留下一場鼠疫 (指用老鼠做實驗)。(Allport, 1950, p. 199)

羅洛・梅甚至完全否認科學方法對心理學的價值。但大多數人本主義心理學家主張應該用人文科學的觀點和方法來彌補實證心理學之不足。

行為主義把方法視為高於一切並決定對象的東西，所以行為主義是關注方法的科學。用布根塔爾的話來説，是一種**方法崇拜** (methodolotry)。奧爾波特在 1939 年美國心理學會的講演中把行為主義描述為從極端**唯名論** (nominalism) 和忠誠於方法的**形而上學** (metaphysics) 的預先假設中得出的一種持有偏見的**經驗論**(或**經驗主義**) (empiricism)。人本主義心理學家承認，運用精確的技術和方法給行為主義提供一種科學的合法性。但是，在馬斯洛看來，正是由於這個原因，行為主義者才只是一些“技術員”和“設備操作員”，而不是心理學家。

人本主義心理學家譴責行為主義把那些非器質性的、非物理性的人類本性——即那些無法量化的不確定性的東西，如價值觀、意識、自由和責任感——全部拋在一邊，在某些極端情況下甚至全盤地否定它們。馬斯洛認為儘管行為主義取向是嚴格方法論的，但它阻礙了新技術、新觀點和新問題的發展。簡言之，它把心理學變成了抽象的、形式的和非人化的東西，從而限制了心理學的研究範圍。

(3) **對行爲控制的批評**：斯肯納從嚴格的**社會決定論** (social determinism) 和**環境決定論** (environmental determinism) 觀點出發，否認人具有自我理解、自我指導或控制自己命運的意志或能力，把個體完全視為環境條件作用的產物。他還指出，人類本性完全受環境力量的控制，自由是一種幻覺，我們不應該為無權和無力而感到焦慮。

與行為主義相反，人本主義心理學強調人的主體在行為控制中的作用。馬斯洛把行為分為兩種：一種是**表現行爲** (或**表達行爲**) (expressive behavior)，如藝術創造、遊戲、奇異和愛等。它是人格的一種反映，即內在特性結構的一種衍生物。它是非功能性的，即使得不到獎賞它依然存在。心理學應把這種行為作為研究的主要目標。另一種是**因應行爲** (或**應付行爲**) (coping behavior)，具有功能性、工具性和適應性的特點，它是特性結構與世界相互作用的產物。馬斯洛認為，行為主義者由於過份關注因應行為，因而只看到了人類本性中動物性的一面。在他看來，將人看作是可預測、可控制的，對人簡直是一種污辱。人本主義心理學的目的，就在於將人從控制中解放出來，使人較少受預測和控制。

奧爾波特贊同行為主義這樣一種觀點，即只有“為了人類自己的利益而預測、理解和控制自然過程的那種尚未能解釋的力量”，才能使心理學成為一門科學。但是，和羅傑斯、馬斯洛一樣，他認為自知要求比外部科學控制具有更大的可預測性。奧爾波特把預測分為兩種：一種是**保險統計預測** (actuarial predictions)，指給予某種刺激後甲組的 72% 將按這種方式行為。這只是一種抽象的概括或保險統計的說明，對個體幾乎没做什麼預測，儘管它們在實驗室實驗條件下非常精確；另一種是**個體預測** (individual predictions)，這是指對個體人格的了解，例如，當人們了解到一個人所具有的某些"傾向"、"特質"或"法則"後，在臨床心理學中就能對他做出更有效的預測。另外，人對某種刺激做出的行為反應只有在個體確信不疑和對個體有價值的情況下才有意義。奧爾波特建議，心理學應該把主觀經驗世界視為人類行為的有意義的決定因素，但遺憾的是，當人們採納了極端行為主義的觀點，便自動地把個體排除在外了。

羅傑斯反對斯肯納否定人有能力做出有意義的主觀評價、選擇和決定，把有計畫或無計畫的行為均視為環境強化的產物。行為主義者認為人沒有能力進行自我理解和自我指導，故應該依賴專家進行測量、評價和行動。羅傑斯認為，在這種意義上，科學把人變成了被測量和控制的對象，從而減弱、貶低甚至消除了一個人通過做出負責任的自我決定過程而獲得成長的機會。羅傑斯認為，這種觀點是非常危險的，首先必須解決誰實施控制，實施什麼樣的控制以及控制的最終目標或價值是什麼的問題。

布根塔爾在批評行為主義時指出，對行為進行完全的控制是不可能的，因為行為主義的技術不可能把人類行為中所有的因素都收集起來，進行測量並使之系統化。他認為，行為主義的目的主要是想要為預測和控制別人行為的人服務的。和奧爾波特、馬斯洛一樣，布根塔爾提出了心理學的人本主義目標，即使人能增強其控制和預測自己的經驗和生活的能力，包括抵抗那些不需要的控制。70 年代初，布根塔爾把世界性的重大問題 (如核戰爭的威脅，環境污染，自然資源的耗竭) 與行為主義的人類客觀化聯繫起來，主張通過自我指導的控制鼓勵人們更負責任、更有效地把環境和文明從苦難中拯救出來，創造一個真正合作的社會。

為此，布根塔爾區分了兩種控制：一種是強加的或外部的控制，根本沒有什麼自由和尊嚴，更談不到什麼自我選擇和價值。另一種是自我指導的或內部的控制，便於自我做出有意義的主觀評價、選擇和決定，充分發揮自我的潛能，真正實現主體的內在價值。

(4) **對行爲學派關於人類本性意象的批評**：人本主義心理學幾乎以同樣的方式評述了行為主義關於人性意象的特點。在行為主義者看來，一個人就像一個無生命的客體，即一個不能對自己的行為負責的、純粹反應的、消極無助的東西；一個無所事事，只能對刺激做出反應的空的有機體。在這個意義上説，一個人只是一堆獨立習慣的集合，没有任何組織或**自我同一性**(或**自我統合、自我認同**) (self-identity)。奧爾波特認為，這是行為主義者繼承洛克 (John Locke, 1632～1704) 兩個錯誤哲學觀念的結果。首先，在洛克看來，心靈最初只是一塊白板 (tabula rasa)，外部的印象比內部過程更為重要。奧爾波特認為行為主義者由此而假定，動機需要一個一個來自機體之外的刺激；在有機體的刺激與反應之間發生了什麼則毫無關係。其次，行為主義者還從洛克那裏繼承了小的、分子的和簡單的觀念，且比大的、整體的和複雜的觀念更重要的觀點。因此，行為心理學主要關心的是對行為進行原子論的研究，而不是把人格作為一個整體來研究。

馬斯洛和奧爾波特的論證很相似。馬斯洛認為，即使行為主義者能把單個的行為集合起來，行為主義對人類本性的描繪仍然是不完全的。

> 人本主義者把每個人看作一個整合的整體，認爲不能夠按還原主義的策略來理解作爲整體的個人。(劉力等譯，1992，8 頁)

馬斯洛和奧爾波特認為人類有機體決不是一些孤立的、分解的、部分的總和。在一個相互轉換的持續過程中，部分會影響整體，反過來整體也會影響部分 (Allport, 1961)。羅洛・梅和布根塔爾均把人視為一個單位，即自我、完形、整體或過程。他們都認為，自我是一個複雜的、有內在模式的機構，它能把刺激組織起來，通過有機體發出一種和刺激有關的反應。人本主義心理學家一致堅持我們每個人都有一套獨特的主觀價值觀，它能對生活提供指導。對這些內在態度和動機的理解是理解人類行為和人類本性的一個絕對的前提條件 (DeCarvalho, 1991)。

由於行為主義在心理學中堅持非人化的、絕對客觀化的原則，把可觀察到的行為視為惟一研究對象，把自然科學的客觀法作為惟一研究方法，結果不僅導致拋棄對人的內部心理過程的研究和某些必要的非客觀、非量化方法的應用，而且還導致降低人的尊嚴、價值和地位，喪失人的潛能與自主權，極大地縮小了作為人性探索的科學心理學的範圍。顯然，這是人本主義心理學批評行為主義的根本原因所在。

在人本主義心理學與行為主義的論戰中，布根塔爾 (1967) 提出人本主義心理學與行為主義心理學有下述六個主要區別：

(1) 對人類本性的正確理解不能只是根據 (甚至不能主要根據) 研究動物的結果。而且，人不是“一隻大白鼠”，因此，以動物資料為基礎的心理學顯然排除了人類心理過程與經驗的獨特之處。

(2) 所選擇的研究課題必須是對人類有意義的，而不是僅僅根據它們是否適合實驗室的研究和數量化而作選擇。當前的情形是，不能由實驗處理的課題有被忽視的傾向。

(3) 主要的注意力應集中於人主觀的**內部經驗** (internal experience)，而不應放在外顯行為的要素上。這不是說外顯行為不能作為一種研究課題，而是說不應把它看成惟一的研究課題。

(4) 應該承認所謂**純粹心理學** (pure psychology) 和**應用心理學** (applied psychology) 的不斷的相互影響。把它們截然分開的企圖對兩者都是有害的。

(5) 心理學應當重視單獨的**個案研究** (case study)，而不是側重團體的平均作業成績。由於當前強調團體，從而忽視了非典型的、例外的和偏離平均數的人。

(6) 心理學應當探索，可以擴大或豐富人的經驗的那些東西。

2. 對精神分析的批評與繼承　人本主義心理學是在對精神分析的批評與繼承中興起的。作為第三勢力的人本主義心理學除了反對第一勢力 (主要勢力) 行為主義而外，還反對第二勢力精神分析。人本主義心理學批評兩種勢力的共同點在於，精神分析與行為主義均沒有把人類當作人來對待。德卡瓦胡指出：

> 和對行爲主義一樣，受人本主義心理學批評最多的是精神分析所包含的關於人類本性的獨特觀點——這個概念把人看作是一個處在生物學與社會之間無法解決的衝突中的一個無助的存在。(DeCarvalho, 1991, p.47)

人本主義心理學對待精神分析，和對待行為主義有所不同。如果說人本主義心理學對行為主義批判較多，那麼他們對精神分析則既有肯定和繼承，又有否定和批評。

人本主義心理學的創建者，除了奧爾波特到維也納直接會見過弗洛伊德而外，馬斯洛、羅傑斯、羅洛・梅和布根塔爾等則間接受過古典精神分析的影響。

人本主義心理學家對弗洛伊德比較崇敬，肯定**古典精神分析** (classical psychoanalysis) 有三點主要貢獻：

(1) **發掘潛意識**：發掘**潛意識** (unconsciousness)，肯定人性中非理性成分的存在。羅洛・梅把弗洛伊德看成是所有時代最有影響最有獨創性的思想家之一。認為弗洛伊德和德國哲學家叔本華 (Arthur Schopenhauer, 1788～1860)、尼采 (Friedrich Wilhelm Nietzsche, 1844～1900) 和丹麥哲學家克爾凱郭爾一樣，都承認人性中非理性的、動力學的、潛意識的、本能的和性的意義。他指出，弗洛伊德的主要貢獻“不是在於他的技術 (我對此不贊同) 而是在於他對潛意識的洞見。他回答了十九和二十世紀的主要問題——即怎樣在一個壓抑的時代中生活” (May, 1967, p.25)。

(2) **引入動機論**：引入關注個體活動的內在動因歷程的**動機論** (theories of motivation)，認識到動機，尤其是潛意識動機的作用。馬斯洛讚揚弗洛伊德在人格研究中引入了重視個體行為內在驅力的**動力論**(dynamic theory)等概念，或認識到動機，特別是潛意識動機的基本作用。布根塔爾也常讚揚弗洛伊德發現了**抵抗 (或抗拒)** (resistance) 及其在治療實踐中的意義。

(3) **保護自我概念**：保護**自我** (ego) 概念，使它在實證主義的時代未被完全消滅。奧爾波特認為古典精神分析是研究人格的幾種有用方法之一，並承認他自己就借用過弗洛伊德的觀點。和羅洛・梅一樣，奧爾波特也指出，弗洛伊德的主要貢獻是對潛藏的人性的理解。他注意到在神經症人格的病例中，弗洛伊德提供了最適用的理論框架。1955 年奧爾波特宣稱，正是由於弗洛伊德，心理學家才理解像否認、壓抑、移置 (或轉移，替代) 和移情這類概念的機制。

人本主義心理學家對古典精神分析的批評主要有下述三點：

(1) **潛意識決定論** (unconscious determinism)：即把人的所有行為都看作是由潛意識動機決定的。“弗洛伊德是如此醉心於人類行爲中潛意識的決定因素，以致對病人所陳述的關於他們的行爲的理由幾乎毫不注意” (呂明等譯，1987，17 頁)。馬斯洛認為古典精神分析學家只研究了人格的一半。意思是說，對有意識動機還沒有很好的研究。

(2) **性惡論** (doctrine of evil human nature)：即把人的潛意識看成是黑暗的王國，人的尊嚴喪失殆盡，成為本能衝動的犧牲品。弗洛伊德錯誤地把潛意識描述為非理性的、黑暗的和模糊的。馬斯洛指出，**本我** (id) 衝動不一定是疾病、壓抑和奴役的標誌。潛意識也可以是美好的、漂亮的和必需的。在藝術創造、靈感、幽默、愛等情況下，潛意識確實是人類本性最深層核心的展現。

(3) **悲觀主義** (pessimism)：即只看到人性的陰暗面，且過於悲觀和宿命論。因為弗洛伊德以精神疾病患者或心理變態者作為樣本來收集心理學資料，所以他不可能使心理學家知道人的任何積極品質和特徵，甚至冷酷無情地把人看成是被動無助的東西，幾乎根本不能左右自己的命運。弗洛伊德的思想越來越悲觀，也越來越具有決定論的色彩 (特別是他提出本能的侵犯概念之後) (Royce & Mos, 1981)。

人們都承認歐洲對人本主義心理學發展的影響，但是卻往往把注意力集中於現象學和存在主義方面，而對**新精神分析** (neopsychoanalysis) 或**新弗洛伊德主義** (neo-Freudism) 的影響則有所低估。

由於一些新弗洛伊德主義者是人本主義心理學的先驅和積極成員，加上馬斯洛和阿德勒 (Alfred Adler, 1870～1937)、弗洛姆、霍妮等人有良好的友誼，注意學習他們的著作，經常和他們研討問題，所以，人本主義心理學家受新弗洛伊德主義的影響較深。主要表現在以下四個方面：

(1) **人本主義思想的影響**：許多新弗洛伊德主義者對弗洛伊德的還原論深感不滿，而且不論在治療中還是在日常生活中，對於人的能力、目的和尊嚴，都給予越來越肯定的關注。阿德勒通常被視為人本主義心理學的真正先驅，主要是因為他所強調的人格理論重點包括如下諸方面：獨特性 (體現於生活風格這一概念)、整體、目的或意志以及意識。難怪阿德勒最早的美國學生安施巴赫 (Heinz Ansbacher, 1904～　) 是人本主義心理學會的最先發起人之一。

(2) **自我心理學思想的影響**：古典精神分析雖然保護了自我的概念，但仍屬於**本我心理學** (id psychology) 的範疇。後來，**自我心理學** (ego psychology) 是由新精神分析學家哈特曼 (Neither Heinz Hartmann, 1894～1970) 所創建。奧爾波特對哈特曼、弗洛姆和霍妮等人均有影響，甚至有人認為正是由於奧爾波特的支持態度和以後的認可，促進了學院心理學對新弗洛伊德主義的承認。另一方面，具有自我心理學傾向的新弗洛伊德主義者又影響了人本主義心理學沿著“功能自主性”的方向發展，形成“自我實現”和“自我選擇”等一系列新的自我心理學理論。

(3) **動力心理學思想的影響**：馬斯洛和弗洛姆、霍妮常常一起討論動機觀的問題，他後來承認從他們那裏學到了精神分析，並表示人本主義心理學在一定程度上力圖整合他在精神分析理論中發現的部分的真理。馬斯洛和奧爾波特還區分了兩種動機，認為神經症動機往往受潛意識的支配，固著於過去，而非神經症 (或健康者) 動機則是有意識的，傾向於未來。到了 60 年代末，馬斯洛批評弗洛伊德只研究人和動物的基本需要或低級動機，卻忽視人類獨有的“更高級的人性”。

(4) **心理治療法的影響**：羅傑斯的受輔者中心治療法 (或來訪者中心療法) 就曾受到奧地利精神分析家蘭克 (Otto Rank, 1884～1939) 重視改進醫患關係的**關係治療法** (relationship therapy) 的影響。羅傑斯對蘭克所描述的關係治療印象深刻，特別是他所強調的傾聽患者言語背後的情感，並回饋給患者的重要性。蘭克還認為人有成長的潛能，治療應該依賴於人類本性而不依賴於被證明的智能。羅傑斯說這是治療有苦惱者的一種有效方式。他對關係治療法持認同態度，後來被他所吸收。

羅洛・梅是和精神分析運動聯繫最廣的一位人本主義心理學家。他在大學時期就讀過許多有關精神分析的書，稱讚過分析心理學創始人榮格 (Carl Gustav Jung, 1875～1961) 及蘭克，還在暑假中到維也納跟隨阿德勒學習過，這成為他轉向心理學的一次重要經歷。羅洛・梅批評精神分析理論核心中的決定論和對人格的機械論解釋。和蘭克一樣，羅洛・梅也提到了自由、責任心和創造性意志在心理治療中的關係。羅洛・梅從榮格那裏借用了獨特性、極性的概念；從阿德勒那裏使他確信，人類動機是目的論而不是因果論的。羅洛・梅在撰寫《焦慮的意義》(1950) 的博士論文中還受到許多新弗洛伊德主義者的影響。他並認為美國精神分析社會文化學派的主要代表沙利

文 (Harry Stack Sullivan, 1892～1949) 的"人際關係理論完全可以成爲我們迄今所具有的關於人的統一科學的最一致的基礎"(May, 1958, p.7)。

(四) 人類潛能運動的影響

人類潛能運動 (human potential movement) 是 20 世紀 60 和 70 年代興起的一種旨在充分發揮人的潛在能力的社會運動。先驅者為美國著名心理學家詹姆斯 (見 55 頁)，其主要倡導者為人本主義心理學家和心理治療家，如墨菲、莫雷諾 (Jacob Levi Moreno, 1892～1974)、馬斯洛、羅傑斯等。早在 20 世紀初期，詹姆斯就提出人的潛能尚未得到應有發揮的觀點，認為一般人至多只用了十指中一個小指的作用。後來，美國心理學家和人類學家米德 (Margaret Mead, 1901～1978) 估計一般健康人只利用了其能力的 6%。到了 70 年代，奧托 (H. A. Otto) 又估算人的潛能的利用不是 6%，而只有 4%，因為我們現在所知人的潛在能力遠遠超過過去的估測。原蘇聯科學家在 60 年代曾經對一些高智能者做過測查，認為人的大腦潛力無窮然只要發揮出它的一半能力，就可輕而易舉地學會 40 種語言或學完幾十所大學的課程。

這一運動的研究機構最初定名為愛薩倫，後稱為**人類成長中心** (human growth center)，整個美國已發展到 150～200 個。其目的在於開發人的潛力，提高人生的意義，增進解決心理困擾和創造能力，建立和諧的家庭關係與人際關係。在這個中心裡採用的方法很多，如**交朋友小組 (或會心團體)** (encounter group)、**心理劇** (psychodrama)、**訓練團體 (或學習團體、T-團體)** (training group)、**溝通分析 (或交流分析)** (transactional analysis，簡稱 TA)、**超覺靜坐 (或超覺沈思)** (transcendental meditation，簡稱 TM)、**瑜珈功** (yoga) 等等。

不難看出，人本主義心理學的興起與人類潛能運動是密切相關的。一方面，人類潛能運動是人本主義心理學發展的社會實踐基礎，它提供了人本主義心理學的理論來源，豐富了人本主義心理治療的技術與方法，擴大了人本主義心理學的應用領域與社會影響。另一方面，人本主義心理學又是人類潛能運動的理論支柱，它推動這一運動進一步健康而穩固的發展。

(五)　現代心理學領域內其他學科的影響

整體論心理學 (或整體主義心理學) (holistic psychology) 是心理學研究的一種方法論觀點和理論取向，而不是心理學領域中的一個分支或學科。這一研究取向的基本觀點認為人的心理現象是對事物整體的反映，而非單純決定於個別刺激物的總和；人的行為也不是決定於個別刺激物的性質，而是決定於對事物整體的反映。

美國哥倫比亞機能主義著名心理學家吳偉士 (或武德沃斯) (Robert Sessions Woodworth, 1869～1962) 曾把整體心理學分為兩大類：一類是人格主義心理學 (註 1-3)，多採取社會學或人文科學的觀點，如德國哲學家和心理學家狄爾泰、斯特恩 (或斯騰)、斯普蘭格等，此外，還有美國人格心理學。另一類是**機體主義心理學 (或機體論心理學)** (organismic psychology)，多採取生物學的觀點，如美國精神病學先驅邁耶 (或梅爾)，神經學家科格希爾，美國機能主義心理學家坎特，德國外科醫生和機體論心理學家戈爾德斯坦等。

心理學史表明，德國哲學家和心理學家馮特以意識為研究對象、以實驗為研究方法，而使現代心理學從哲學中分化出來形成一門獨立的科學。這是人類心理學史上的一個新紀元，但卻遇到了一個對內隱的意識如何進行外部實驗控制的難題。解決這一難題可能有兩種方式：一種是從改進方法入手，以適合於心理學研究對象的特點；另一種是改變心理學的研究對象，以便於進行實驗室實驗。行為主義心理學採取的是第二種方式 (即心理學研究對象決定於和服務於研究方法)，而德國整體心理學 (包括機體論心理學和人格心理學) 以及稍後的完形心理學 (或格式塔心理學)、精神分析等，均試圖以第一種方式 (即心理學研究方法決定於和服務於研究對象) 解決這一難題。

1. 人格心理學的影響　德國狄爾泰 (Wilhelm Dilthey, 1833～1911) 是現代西方人本主義生命哲學的奠基人和現代解釋學的理論先驅，也是和馮

註 1-3：**人格主義心理學** (personalistic psychology) 是一種心理學的研究取向，主張個人人格是心理學研究的中心課題。認為只有深入描繪或反映個人生活和個人經驗的心理學才有意義。此詞與**人格主義** (personalism) 是同義詞。而**人格心理學** (personality psychology) 則是心理學領域內理論心理學中的一個重要分支或學科。它所研究的主題包括人格遺傳、人格發展、人格結構、人格動力、人格改變、人格測量等。

特同時代的德國著名心理學家。他雖未和馮特直接交鋒，但卻和艾賓浩斯 (Hermann Ebbinghaus, 1850～1909) 有過爭論。他在哲學和心理學領域中屬於現象學派。主要著作有：《論描述和分析心理學思想》(1894)、《對個體心理學研究的貢獻》(1895～1896) 等。

狄爾泰主張建構一個個人整體精神生活體驗的統一體的科學。它屬於心理學研究的一種整體主義的理論取向，而非心理學領域內的一個獨立學科。因此，狄爾泰反對建構自然科學和實證主義的心理學，即以研究感覺過程、聯想以及意識元素的因果關係為對象的**解釋心理學** (interpretative psychology) 或**實驗心理學** (experimental psychology)。他還把這種心理學稱為“說明性或是構成性的心理學”。

狄爾泰與解釋心理學相反，他倡導創建**理解心理學** (或**領會心理學**、**內識心理學**、**描述心理學**) (understanding psychology)。這一研究取向的特點如下：

(1) 心理學不以自然科學為定向，而以人文科學或社會科學為規範。狄爾泰反對把心理學變成自然科學，力圖建構人文社會科學的心理學。

(2) 心理學不以心理元素及其因果關係為主題，而是以個體的整體人或個體的整個人格為對象。狄爾泰宣稱，正是這種心理的完整性而不是個別因素，才是心理學研究的對象。因此，心理學不宜像自然科學那樣採取片段事象做為分析研究的題材，而必須對個體整個心靈及其生活經歷做全面認識。

(3) 心理學不應偏重對外顯客觀事實的解釋，而應著重對人的內在主觀體驗的理解。狄爾泰認為“我們解釋的是自然，而對精神生活則是理解”。1894 年，狄爾泰在其專著中提出整體與局部的關係問題，他認為整體是一種**結構關係** (structural relation)，對這種結構關係的理解是心理學的出發點，不應從元素分析著手說明因果關係，而應依據體驗到的內在關係，描述並理解精神生活。因此，狄爾泰提出以理解作為認識精神生活完整性的主要方法，他把理解與主體直觀的自我了解其內心世界的感受等同看待。按此見解，心理學應當描述這個“在感受中被理解的”內在現實性 (王玉琴等譯，1981)。因此，心理學不應從實驗和元素分析著手去說明因果關係，而應通過主觀內省及依據體驗到的內在關係描述並理解精神生活。

(4) 心理學不應以非精神生活體驗為標準，應以人對現實生活的高級形式的世界觀作為依據來劃分人格的類型。他認為有三種人格類型：一是官能型。以世俗的享樂為愛好，是自然主義者；建立在感覺認識的哲學立場上。二是英雄型。他的精神生活不受感性所支配，而受意志所決定，能夠克服眼前的障礙，不斷進取為其最大滿足。三是冥想型。以感情支配為特徵，相信一切事物都能調和，是客觀的理想主義的典型代表。

(5) 心理學是一切人類活動的基礎科學，只有先研究心理學才能真正了解人類的政治、經濟、社會、宗教以至文化等各項活動的意義。

狄爾泰把自然科學與社會科學對立起來，否定客觀方法 (包括科學實驗方法) 研究人的心理活動規律的可能性，並且反對實驗心理學等極端看法均難以令人認同。但是，狄爾泰所堅持的人文主義精神、整體主義取向和現象學方法還是頗有啟發的。

人本主義心理學強調以整體分析和經驗描述取代元素分析和實驗說明，正是繼承和發揚了德國狄爾泰、斯特恩、斯普蘭格、戈爾德斯坦等人的整體主義心理學思想的傳統。

從心理學史來考察，人本主義心理學更接近於人格理論，因而人格心理學就成了人本主義心理學的一個重要的理論來源。

德國心理學家斯特恩 (William Louis Stern, 1871～1938) 曾在漢堡大學創建心理學實驗室和心理學研究所，並在應用心理學方面也有所建樹，成為德國現代心理學的創建者之一。1933 年移居美國後，曾在哈佛大學、杜克大學等校任教。主要著作有：《個體差異心理學》(1900)、《差異心理學方法論基礎》(1911)、《證詞心理學》(兩卷，1902～1903)、《從人格立場看普通心理學》(1935) 等。

斯特恩反對行為主義，倡導人格心理學。他認為不應以"刺激-反應"的圖式去觀察人，人是能感受事件並存在於某種道德標準世界裏的生物。他主張心理學是一門關於具有體驗的個人 (person) 的科學。依他來看，個人是許多部分的整體和多元的統一，具有整合性、目的性和真正的價值。從部分來看，個人可根據因果關係和不同因素相互作用來研究；但從整體來看，個人只能依據目的、目標和價值來予以理解。

斯特恩強調人格構成了人的生活的最高定向和程式。在人與其環境的生活關係中共有三種程式：(1) 個人的生命力或者生物層，即營養等生物學水平；(2) 意識經驗，即主觀體驗的心理學水平；(3) 內感，即文化、社會、道德和宗教等價值體系的哲學水平。

斯特恩認為個人是通過內省法來掌握這一體系的。具體來說，心理學透過個人所報告的現象，看出現象所顯示的個人活動，如看見、記憶、欲望等活動；心理學透過暫時的活動，認出穩定的傾向，如能力、性格等；心理學透過多方面的傾向，看出個人統一的人格。斯特恩把人格視為個人的核心，並採納了個人 (或人格) 特徵的概念，以說明個人經常的、有目的的意識活動的特徵。斯特恩從多元綜合的視角，試圖把實驗心理學與理解心理學、自然科學方法與社會科學方法融合起來，對人格的概念做了十分廣泛的解釋，把它推廣到各個相互聯繫、相互依存的整體上去，甚至還推廣到非生物界的某些事物上去。

德國心理學家斯普蘭格 (Edward Spranger, 1882～1963) 曾任萊比錫、柏林和杜賓根等大學教授。他是狄爾泰的學生，深受康德主義的影響，為精神 (社會) 科學、文化哲學、生活哲學奠定基礎。主要著作有：《社會科學概論》(1905)、《威廉・狄爾泰》(1912)、《生活方式》(1914)、《人本主義與青年期心理學》(1922) 等。

斯普蘭格在繼承和發展狄爾泰理解心理學思想的基礎上，進一步反對馮特元素心理學，提倡人格心理學。他認為人是作為一個整體而和環境發生關係的。而社會對他來說只不過是精神文化各個領域的總和而已。在他看來，心理學的任務不在於研究心理要素和生理過程，而在於對真正有意義活動的目的和價值的探究，並由此達到對各種精神現象的理解或內識。

斯普蘭格在《生活方式》(Sprager, 1914) 一書中，從文化社會的觀點出發，把**價值** (value) 共分為六類：經濟價值、理論價值、審美價值、社會價值、政治價值和宗教價值；並根據人追求的目標和精神價值在其生活方式中所占的優勢，把人格相應地分為六種類型：

(1) **經濟型**：即以謀求利益為最大價值。這種人得失心重，處理一切事物均從經濟觀點出發，考慮其獲利程度，他們的生活目的是為了獲得財產，實業家大多屬於此一類型。

(2) **理論型**：即以探究事物的本質為人的最大價值。這種人能夠客觀而冷靜地觀察和沈思，力求掌握事物的本質及其規律，喜好追求各種理念和理想，不大注意具體問題，哲學家、理論家多屬於此一類型。

(3) **審美型**：即以感受事物的美為人生最高價值。這種人往往對實際生活不大關心，並偏重在獲得感覺印象、對世界的內在把握，追求自我實現、物我同一、精神豐滿、如醉如痴的境界，一般藝術家多屬於此一類型。

(4) **社會型**：即以善於人際交往、助人為樂為最大價值。這種人對增進社會福利最感興趣，一般社會活動家多屬於此一類型。

(5) **政治型**：或稱權力型，即以利用別人、掌握權力為最高價值。這種人有強烈的支配和命令別人的欲望，不惜一切獲得權力，處理一切事情總是獨斷獨行，一般領導人物往往多屬於此一類型。

(6) **宗教型**：即以追求超越生活為最大價值。這種人重視探究宇宙的本質和生命的終極意義，堅信聖主的拯救和恩惠，認同整個生存的造化，力圖獲得履行義務的心靈滿足，實現靈魂真正的價值命運，他們多半是內在的神秘論者和超越的神秘論者。

上述六種是典型的類型，而現實的類型則有程度不同的交迭。

斯普蘭格主張的人格結構類型說，由於把社會單純視為各種精神文化的總和，因而忽視了人們的物質生產活動及其各種關係的作用。

人本主義心理學家奧爾波特在德國從事博士後研究時曾受教於斯特恩和斯普蘭格。斯特恩對人本主義心理學先驅者奧爾波特的影響最大，使他牢記在研究一個人時應該關注**特質** (trait) 的組織，而不是描述特質的輪廓。奧爾波特在其《價值觀研究》(1931) 一書中，擴展了斯普蘭格關於人格的六種基本類型的概念。他還和英國心理學家阜南 (Allport & Vernon, 1931) 根據斯普蘭格的價值類型觀點，編製一個關於價值的測驗，在歐美研究**性格** (或**特徵**) (character) 時多用此測驗。

2. 機體論心理學的影響　美國著名精神病學家邁耶 (Adolf Meyer, 1866～1950) 原籍瑞士，後移居美國，長期擔任霍普金斯大學教授。他因首創**心理生物學** (psychobiology) 而聞名於心理學界和精神病學界。其主要理論觀點如下：

(1) **重視整體觀**：認為人是不同層次功能的整合，是不可分割的心理生物學整體。無論內外環境怎樣發生變化，人都是作為整體進行適應的。

(2) **强調心身一元論**：他反對精神病學中流行的心身二元論，認為肉體派和心靈派的分裂既是不現實的又是有害的。他在 1897 年指出，有機體在它從單細胞卵子起的整個發展中，始終是一個單元。"在這單元中，心理的發展同解剖生理的發展，不僅是平行的，而且是幾面一體地同時並進的"(謝循初譯，1962，205 頁)。

(3) **突出人格研究**：他認為，在生長發育過程中，人格是受到生物的、心理的和社會的力量綜合作用的產物。鑒於人格的重要性和複雜性，要了解一個人必須研究其特有的人格。

(4) **提倡傳記法**：他重視個人的背景資料，強調從個人的生活史、身心發展狀況、健康醫學記錄、文藝表現和教育程度等多方面研究分析，然後才能做出結論，此即**傳記法** (biographical method)。在研究人格時，他強調尊重事實，反對虛構概念，切忌單純依靠某個心理測量工具。

(5) **倡導心理治療**：他的心理治療既博採衆長又獨具特色，主張從意識層面出發，採用輔導、暗示、重新教育和社會服務等習慣訓練，並在與病人接觸時增加透明度和心理開放來獲得理解病人內心的一切線索，從而使病人能增進健康並改變不良習性，建立較佳的適應現實的模式。

機體主義者科格希爾 (George Ellett Coghill, 1872～1941) 由對心理學的基本興趣轉到神經系統的研究，最後轉到對同一動物的神經系統早期發展和行為變化的綜合研究。他觀察到蠑螈的卵是在淡水裏發展的，最初成為小而不運動的蝌蚪，然後轉化為游泳者，最後變成陸地行走者。在腿未出現之前，游泳是由軀幹和尾的波浪式的蠕動表現的。當腿出現時，腿的起初運動不是獨自進行的，而是僅僅隨同軀幹運動、作為游泳的組成部分進行的。腿的運動在發展的繼續進程中，逐漸成為"個別化的"，從而能分別進行，如在行走上所表現的。可見，整個機體的運動在先，部分運動在後。整個運動不是由原來分離的運動聯合形成的，發展是由整體到部分。當心理學家開始注意這一有意義的研究時，他們傾向於設想動物學習了從整個運動分出部分運動——正如初學彈鋼琴的人學習分別移動手指一樣 (謝循初譯，1962)。

科格希爾通過對神經組織出生前發展與出生後行為的觀察説明，儘管神經組織的生長與發展在成熟時可以緩慢下來，但它並沒有停止，而且在有機體的整個生活中繼續發展著。他相信，神經元的持續生長導致神經元間潛在的突觸聯繫數量的增加，並因而在高等有機體中形成行為可塑性的基礎。按他的這一說法，經驗與學習並不絕對地影響這些生長過程，確切地說，它們是從無數可能的突觸聯繫中創造機能的聯繫和系統。這一由經驗造成在機能上相聯繫的神經元網路的概念，在以後關於學習的生理學理論中一直是個核心問題，這些理論一直在突觸變化與單個神經細胞的整合作用中尋求學習過程的解釋 (林方等譯，1980)。由此可見，科格希爾和英國生理學家謝靈頓 (Charles Scott Sherrington, 1857～1952) 的觀點一樣，都認為神經系統作為一個整體起作用，生理學和組織學的分析發現神經系統在其整個範圍內都有聯繫。

機體主義心理學最早倡導者之一的坎特 (Jacob Robert Kantor, 1888～?　)，曾任職美國印第安那州立大學教授。首先，坎特極力排除心身二元論，堅持有效環境中有機體的整體觀。他堅持有機體總是作為一個整體、永不分成部分地從事行動。從事反應的總是整個的人。……有機體如果不整個地行動，從生物學和心理學來看，就沒有行動的可能。他所說的整體不是有機體，而是在有效環境中且在一定時間與一定對象發生積極關係的有機體。可見，這種機體主義心理學主要不研究有機體內部所進行的東西，而研究包括有機體和客體在內的場 (地) 中所進行的東西。因此，坎特認為知覺、學習、思維是有機體的機能是不確切的說法；它們都是有機體-客體場 (地) 的機能，如用棒打球的機能既包括球員，也包括球和棒。一切心理機能都依存於有機體-客體情境，非單獨依存於有機體。

其次，坎特反對心理機能在有機體特別是在腦中的**定位說** (positioning theory)，他主張心理事件是有機體與適當客體之間相互作用的結果。他認為腦無疑地有它的機能，但腦的機能是生理機能，和肌肉的收縮或神經的傳導是同等的。在一心理活動中，如同在用棒打球中，各起它們的作用，但心理活動是整個事件，不發生在任何這些器官之中。心理事件是有機體與適當客體之間的相互作用，必不可以由任何形式被看作特殊結構的機能，或是整個有機體的機能。他特別反對心理學家把學習和知覺等心理機能皆歸因於腦的傾向。

另外，坎特還批評其他機體主義者未能徹底堅持一元論的整體觀。坎特曾經指出，邁耶的心理生物學對於“闡明整個有機體活動在一種特定的人的環境中起作用，確實有了大功。……但他和他的追隨者……以舊的二元論留給我們”。他還批評戈爾德斯坦的機體主義心理學，“爲一種客觀的生理心理學提供一個極好的方向。……但這位作者没有拋棄症狀與特定區域相關的思想。在一定意義上，他的整體觀念没有貫徹到底”(謝循初譯，1962，211～213 頁)。

不難看出，機體主義心理學關於人類個體的整體觀、主客體的相互作用觀、重視研究人格的思想、倡導心理治療的思想、運用傳記法的問題等，均對人本主義心理學有著重要的影響。當然，有些機體主義者貶低和否定腦在心理活動中的作用、腦的機能定位的思想是不科學的。

由上述可見，人格心理學與機體論心理學是整體主義心理學的兩種主要表現形式。兩者的共同點在於堅持整體觀和人格研究，不同點在於人格心理學將人視為個體的整體人格，多傾向於社會學研究取向，而機體論心理學則將人視為個體的統一有機體或一個整體的人，多傾向於生物學研究取向。但它們都為人本主義心理學提供了一個整體主義心理學的思想來源。

二、人本主義心理學簡史

人本主義心理學作為一種新的思潮、研究取向和革新運動，經歷了一個逐漸形成的過程。在這一過程中，對人本主義心理學的建立有下述一些頗為重要的事件和活動。

(一) 人本主義心理學的萌芽

人本主義心理學主要創建者馬斯洛 (見第三章)，本來受過良好的正統行為主義的訓練，是一位頗有才華的實驗心理學家，但 20 世紀 40 年代末，他對行為主義的研究定向日益不滿，並開始探討一些“不合傳統”的主題。這是馬斯洛同主流行為主義心理學分化的開端，也是美國人本主義心理學的萌芽。

(二) 人本主義心理學的興起

1. 1952 年，馬斯洛擔任布蘭迪斯大學心理學系主任時，原來因持人本主義心理學觀點而被孤立的情況有了改變，少數未參加行為主義學派的人，均對占統治地位的行為主義心理學發出質疑和抱怨。

2. 1954 年，馬斯洛同 125 名有類似思想的心理學家取得聯繫並進行交流。他們以通訊的方式，交流各自油印的作品和看法。幾年後參加交流的人數越來越多，他們後來成為人本主義心理學會的支柱。

3. 1954 年，馬斯洛的巨著《動機與人格》出版。它是對〈人類動機理論〉(1943) 這一劃時代論文的修訂與發展。該書是馬斯洛人本主義心理學的奠基之作。在這部著作中，包括影響極大的**需要層次論**以及**自我實現**。因此，馬斯洛認為，"本書代表著一種不同的人性觀念，一種人的嶄新形象"(許金聲等譯，1987，1 頁)。

4. 1956 年 4 月，馬斯洛等人發起並創立人本主義研究會組織，第一次討論了人類價值的研究範圍。

5. 1957 年 10 月，馬斯洛以人本主義研究會主席的身份發起組織了以"人類價值新知識"為主題的研討會，並進行了討論。參加討論的還有研究道德、精神文化、美學、經濟學等方面的學者。

6. 1958 年，英國心理學家庫亨 (Cohen, 1958) 首次出版了名為《人本主義心理學》的著作。"人本主義心理學"作為一種專門術語，在 1958 年以前並沒有人賞識它的存在。

7. 1958 年，馬斯洛在薩蒂奇的建議和幫助下創辦《人本主義心理學雜誌》內刊。主編為薩蒂奇 (Anthony J. Sutich, 1907～1976)，編委會包括戈爾德斯坦、羅洛・梅、芒福德 (Lewis Mumford, 1895～1990)、弗洛姆和安傑爾 (Andras Angell, 1902～1960) 等人。

8. 1959 年，馬斯洛把兩年前在研討會上的講演、發言稿編成《人類價值的新知識》一書出版。該書有馬斯洛的發言稿〈心理資料和價值理論〉，他還作了序。這是人本主義心理學開始廣為傳播的重要歷史文獻。

(三)　人本主義心理學的形成

1. 1961 年春，《人本主義心理學雜誌》(JHP) 正式公開出版。該雜誌是人本主義心理學家闡述自己的主張，批評行為主義和精神分析的主要陣地。

2. 1962 年，人本主義心理學家布根塔爾在加利福尼亞心理學會會議上發表題為〈人本主義心理學：一個新的突破〉的演講。1963 年該演講稿被發表在美國心理學權威雜誌《美國心理學家》上。它被認為是對美國人本主義心理學第一次系統闡述的里程碑。

3. 1963 年夏，**美國人本主義心理學會** (American Association of Humanistic Psychology，簡稱 AAHP) 正式建立。該會是在馬斯洛和薩蒂奇的組織、奧爾波特的資助下，於美國費城召開的，出席會議的共有 75 位心理學家。布根塔爾被選為第一任主席。在這次會議上，宣布了人本主義心理學的四項基本原則 (見 10 頁)。美國人本主義心理學會的建立標誌著人本主義心理學的正式誕生。

馬斯洛為大會致開幕詞時，評論了精神分析和行為主義的狹隘性和排外性，並稱它們為低上限心理學 (見 151 頁)。會議持續到深夜，探討了人本主義心理學與精神分析、行為主義之間的關係，探討了方法論問題，以及職業隔離感、孤獨、挫折和價值觀等方面的問題。兩年以後薩蒂奇寫道："我對費城會議的主要印象是，這是一次相互發現的會議。在一天之內，近百名觀點類似的人們發現，他們組成了一個'有歸屬的群體'，職業的和理智的隔裂感消失了" (DeCarvalho, 1991, p.8)。

4. 1964 年夏，美國人本主義心理學第二屆年會在洛杉磯召開，參加者比上屆多兩倍多，大約 200 人。此時，布根塔爾和這場人本主義心理學運動聯繫更加緊密。在這次會議上，還出現了開業者、社會／政治活動家、學術／理論思想家、自由聯繫的個人成長探索者等四個分組，表明了人本主義心理學影響的擴大。

5. 1964 年 11 月，在康涅狄格州的老賽布魯克召開了一次特別會議，專門討論了"新心理學"的基本理論問題，成立了理論委員會。出席會議的除人本主義心理學家奧爾波特、布根塔爾、馬斯洛、羅傑斯、羅洛・梅等人外，還有一些對行為主義和精神分析不滿的頗有名望的心理學家，如巴尊、彪勒、凱利、穆斯塔卡斯、墨菲和默里等。這表明美國心理學界對人本主義心理學的公開支持。

6. 1965 年 11 月，彪勒被選為人本主義心理學會第二屆主席。翌年，會員達 500 人。此時該會仍局限於一個反抗性的群體，仍面臨著人本主義心理學的目的和方法十分混亂的挑戰。

7. 1965 年 12 月，美國人本主義心理學會和《人本主義心理學雜誌》同主辦單位布蘭迪斯大學脱鈎，合併為一個獨立的單位，即教育學院。

8. 1969 年，麥森被選為美國人本主義心理學會主席。此時，人本主義心理學已不再是一個單純的反抗性組織，而是一種有明確綱領的頗有影響的心理學中的第三勢力。

9. 1969 年，美國人本主義心理學會改名為**人本主義心理學會** (Association of Humanistic Psychology，簡稱 AHP)，成為一個國際性組織。

10. 60 年代後期，出版一批有關人本主義心理學的專著。如《心理學中的人本主義觀點》(1965)、《人本主義心理學的挑戰》(1967)，以及一批有關人本主義心理學的通俗讀物等。1967 羅洛，梅編輯出版《存在研究雜誌》(油印)，後改為《存在心理學與精神病學雜誌》。

(四)　人本主義心理學的發展

1. 1970 年，彪勒被選為人本主義心理學會國際顧問委員會主席。同年創辦了《現象學心理學雜誌》。

2. 1971 年，在荷蘭阿姆斯特丹召開了人本主義心理學國際邀請會議，進一步擴大了國際影響。到了 70 年代，人本主義心理學會在歐洲一些國家、以色列、印度和中南美洲諸國都建立了國際分會。

3. 1971 年，美國心理學會正式接納美國人本主義心理學會為美國心理學會第 32 分會。至此，經過 10 年的努力，人本主義心理學終於獲得美國心理學界的正式承認。這說明人本主義心理學在主流的美國心理學中贏得了一個"很小但卻是官方的一席之地"。

4. 1972 年，人本主義心理學會舉辦或參與了在倫敦、斯德哥爾摩、莫斯科、香港、廣州、北京、東京和夏威夷的會議。

5. 1975 年，美國加入人本主義心理學發展中心的有 281 個單位，其他 13 個國家中有 52 個單位也加入了發展中心。它負責傳播人本主義取向的組織、開業人員和發展中心的有關訊息。包括學術和理論觀點 (例如格式塔理論)(或完形理論)、交朋友小組 (或會心團體)、人類潛能小組、心理劇、心理綜合論以及神秘現象等。

6. 教育是人本主義心理學會最關心的一個重要領域。在 20 世紀 60 年代和 70 年代初，教育的主題就在人本主義心理學新聞中心佔有重要地位。1966 年秋在索諾瑪州立學院心理學系制訂了第一個人本主義心理學碩士教學大綱；1969 年在西佐治亞學院制訂了人本主義心理學學士和碩士教學大綱；1970 年在舊金山創建了人本主義心理學學院(HPI)，作為紀念馬斯洛的一個教育和研究機構，1982 年改名為賽布魯克學院。目前，聯合研究生院、菲爾丁學院、底特律人本主義研究中心、沃爾登大學 (佛羅里達) 及杜奎森大學 (匹茨堡) 等均在繼續使用人本主義心理學教學大綱。

7. 人本主義心理學自身發展中，在基本觀點的分歧上有兩種傾向：(1) 自我實現論，堅持人有潛在的善性，強調發現自我和揭露療法的重要意義，不同意自我選擇論把自我看成一項自己的設計，彷彿自我是由個人不斷選擇創造的結果。這一觀點以馬斯洛、羅傑斯等為代表；(2) 自我選擇論，堅持人有潛在的惡性或有善有惡兩種潛能，強調意志在面對未來困境時敢於抉擇的重要作用，不同意自我實現論把人格趨向成熟的發展看作是一種潛在善性的自發實現過程。這種分歧集中表現在 1982 年羅洛・梅和羅傑斯關於人性問題的論戰之中。

8. 在 20 世紀 70 年代左右，從美國人本主義心理學中又分化出來一個新學派，即**超個人心理學** (或**超現實心理學**) (見第十一章)。它是一種以追求人生意義及超越自我為主旨的心理學，是人本主義心理學的一個新發展和新取向。先後出版《超個人心理學雜誌》(1969)、《國際改變意識狀態雜誌》(1973)。

9. 目前，大多數人本主義心理學家仍堅持最初提出的目標和原則，擴大科學研究的領域，研究對於個人和社會都具有意義的精神生活問題。**整體論人格研究** (holistic personality research) 和**畢生發展心理學** (life-span developmental psychology) 很可能會成為今後人本主義心理學研究的兩大主題。

本章摘要

1. **人本主義心理學**是 20 世紀 50 年代興起於美國，60～70 年代迅速發展起來的一種重視研究人的本性、動機、潛能、經驗與價值的西方心理學的思潮、取向和革新運動。

2. 人本主義心理學既反對行為主義的機械決定論，又反對精神分析的生物還原論，強調“以人為本”和“以整體人為對象”，關注人的價值與尊嚴，研究健康人格和自我實現，故稱它為**第三勢力**。
3. 人本主義心理學是一個觀點相近、組織鬆散、人員廣泛的聯盟。有廣義與狹義人本主義心理學、現象學心理學與存在主義心理學、人本主義心理學與超個人心理學之分。
4. 人本主義心理學的理論取向，以現象學和存在主義為基礎，以正常人特別是**精英**為重點，強調研究人的本性、潛能、價值、經驗、健康人格和自我實現。
5. 人本主義心理學是後工業社會人們生活空前富裕而日益精神空虛、人性異化和內心崩潰這一嚴重社會矛盾的產物，也是反戰反主流文化運動和人類潛能運動影響的結果。
6. 現象學對人本主義心理學的主要影響：(1) 關注內在經驗的直接描述而不是因果分析或實證說明；(2) 關注人的心理活動的主體性和意識指向性；(3) 關注從主觀經驗世界去尋找人的價值和意義。
7. 存在主義對人本主義心理學的主要影響：(1) 強調自由選擇和責任，促使美國心理學克服極端決定論；(2) 強調人的主體性和主觀性，促使美國心理學克服客觀主義傾向；(3) 強調自我觀和“我-你關係”模式，促進存在-人本主義心理治療的理論建構。
8. 人本主義心理學的產生是批判傳統科學心理學中非人化傾向的產物，也是心理學中人文科學定向和整體論心理學 (人格心理學和機體論) 思想影響的結果。
9. 人本主義心理學對行為主義的批評：(1) 行為學派的機械主義行為觀及其方法論；(2) 過份關注客觀方法和動物模型；(3) 否定主體價值的行為控制論；(4) 關於人類本性原子論的意象觀。
10. 肯定古典精神分析在發掘潛意識、引入動機論和保護自我概念三方面有貢獻，並有所繼承。但又批評了弗洛伊德的潛意識決定論、性惡論和悲觀主義。
11. 一些著名新精神分析者是人本心理學的先驅和積極成員，他們在人本心理學思想、自我心理學思想、動力心理學思想和心理治療等方面對人本主義心理學影響較深。

12. **整體論心理學**是一種研究心理學的方法論觀點和理論取向。它以人格心理學和機體論心理學兩種理論模式對人本主義心理學產生重大影響。
13. 於 20 世紀 50 年代，人本主義心理學的興起，以馬斯洛的《動機與人格》(1954) 的出版、人本主義研究會的建立 (1956)、《人本主義心理學雜誌》的內部創辦 (1958) 等為標誌。
14. 至 20 世紀 60 年代，人本主義心理學的形成，以《人本主義心理學雜誌》公開出版 (1961)、布根塔爾的〈人本主義心理學：一個新的突破〉講演 (1962) 在《美國心理學家》權威雜誌上發表 (1963)、美國人本主義心理學會正式建立 (1963)、更名人本主義心理學會 (1969) 等為主要標誌。
15. 到 20 世紀 70 年代，人本主義心理學的發展，以在荷蘭召開國際會議 (1971)、正式接納美國人本主義心理學會為美國心理學會第 32 分會 (1971)、召開八個國家或地區人本主義心理學會議 (1972)、建立人本主義心理學研究機構 (1970)、人本主義心理學發展中心增多 (1975)、超個人心理學興起等為主要標誌。

建議參考資料

1. 戈布爾 (呂明等譯，1987)：第三思潮──馬斯洛心理學。上海市：上海譯文出版社。
2. 李紹昆 (1991)：美國心理學界。台北市：商務印書館。
3. 車文博 (1996)：西方心理學史。台北市：東華書局 (繁體字版)。杭州市：浙江教育出版社 (1998) (簡體字版)。
4. 林　方 (1989)：心靈的困惑與自救──心理學的價值理論。瀋陽市：遼寧人民出版社。
5. 高覺敷 (主編) (1987)：西方心理學的新發展。北京市：人民教育出版社。
6. 梅　利 (鄭玄藏譯，1997)：人本心理學入門。台北市：心理出版社。
7. 彪　勒等 (陳寶鎧譯，1990)：人本主義心理學導論。北京市：華夏出版社。

8. 舒爾茨 (楊立能等譯，1981)：現代心理學史。北京市：人民教育出版社。
9. 葉浩生 (主編) (1998)：西方心理學的歷史與體系。北京市：人民教育出版社。
10. Child, I. L. (1973). *Humanistic psychology and the research tradition*. New York: John Wiley.
11. DeCarvalho, R. J. (1991). *The founders of humanistic psychology*. New York: Praeger.
12. Royce, J. R., & Mos, L. P. (1981). *Humanistic psychology: Concepts and criticisms*. New York: Plenum.
13. Shaffer, J. B. P. (1978). *Humanistic psychology*. Englewood Cliffs, NJ: Prentice-Hall.
14. Tageson, C. W. (1982). *Humanistic psychology: A synthesis*. Homewood, IL: Dorsey.

第二章

人本主義心理學的先驅

本章內容細目

人本主義心理學的先驅是指對人本主義心理學的產生起過啟蒙和奠基作用的人物或學派。如果說德國整體主義心理學對人本主義心理學形成的影響是間接的，那麼美國心理學家詹姆斯、霍爾、戈爾德斯坦、奧爾波特和完形心理學思想的影響則是直接的，甚至他們還參與了人本主義心理學初期的一些創建活動。

戈爾德斯坦是德裔美籍神經病學家和精神病學家，是機體論心理學的主要創始者，也是人本主義心理學的主要先驅。戈爾德斯坦主要生活在兩次世界大戰特別是德國法西斯殘酷統治的年代，從胡塞爾現象學和存在主義哲學出發，深受精神分析和完形心理學的影響，通過對腦損傷患者的症狀和行為模式的畢生研究，他提出著名的機體論的整體主義心理學觀、機體動力學思想和自我實現理論。他不僅在人格心理學、思維心理學和語言心理學諸方面做出了貢獻，而且為人本主義心理學奠定了重要的理論基礎。

奧爾波特是美國人格心理學的奠基者，也是人本主義心理學的先驅。他繼承和發展了德國人格主義的思想傳統 (見第一章第三節)，既反對行為主義的刺激-反應的客觀圖式，又反對精神分析的潛意識決定論，提出具有人本主義特色的健康人格心理學或成熟人格心理學。

在這一章裏，我們將分別闡述詹姆斯和霍爾、完形心理學、戈爾德斯坦以及奧爾波特等在美國人本主義心理學興起與產生過程中的奠基作用和歷史貢獻。

1. 簡述詹姆斯和霍爾心理學中的人本主義傾向。
2. 完形心理學對人本主義心理學的產生有哪些重大影響。
3. 如何評價戈爾德斯坦的機體論心理學。
4. 怎樣理解戈爾德斯坦的機體動力觀。
5. 戈爾德斯坦的焦慮觀評析。
6. 評析奧爾波特健康人格的實質及其特點。
7. 如何理解健康人格的動態結構和機能自主說。
8. 試評健康人格的自我統一體及其發展階段說。

第一節　初期人本主義心理學思想

科學心理學初期的人本主義心理學思想，除美國心理學創始人詹姆斯和霍爾的人本主義心理學傾向外，還包括完形心理學思想、美國人格心理學和戈爾德斯坦機體論心理學對人本主義心理學的重要影響。

一、詹姆斯和霍爾的人本主義心理學傾向

早在 19 世紀，詹姆斯 (William James, 1842～1910) 和霍爾 (Granville Stanley Hall, 1844～1924) 就把一種可以恰當地描述為人本主義的傾向引入到美國心理學中，他們都倡導建構一種使個體的完整性、熱情和獨特性保持不變的心理學。特別是，詹姆斯是人類潛能三大領域中的先驅者：(1) 早在 1901 年他就支持進行超自然心理學的研究並認為獲得大的突破；雖然他的樂觀主義至今尚未得到支持，但這一領域已經緩慢地獲得了科學的動力，而且超自然能力的概念肯定是研究人類潛能所必須考慮的核心問題；(2) 他於 1902 年設想了**意識轉變狀態** (見 503 頁)，並強調其重要性；(3) 也是最核心的，他於 1907 年描述了人類潛能的一個項目，強調在該領域中包括兩個主要問題：一是提供個體具有高水平功能的例子；二是設計產生這種功能的研究方法 (Corsini, 1984)。詹姆斯的重要著作《宗教經驗類型》(1902／1929) 一書被視為現代超個人心理學家在這一領域的經典作品。他提出過判斷宗教經驗的有效性的一些標準：它們是否起作用？它們能導致更完滿、更豐富的人類存在嗎？這種人類存在的標誌是，對人生充滿敬畏，對所有的存在物充滿同情與敬意，個人表現安詳，超越純社會習俗等 (Tageson, 1982)。

在 20 世紀 30 年代，像戈爾德斯坦、奧爾波特和馬斯洛這些人格理論家又重新強調了他們的人本主義傾向。

二、完形心理學的重要影響

完形心理學(**或格式塔心理學**)(Gestalt psychology) 也屬於整體心理學的範疇。如完形心理學派反對心理元素的**構造論**(**或結構主義**)(structuralism),主張任何心理現象都是有組織且不可分的整體。完形心理學的創始人韋特海默 (Max Wertheimer, 1880～1943) 認為**似動現象** (apparent motion) 也是個完形,而並非由個別感覺元素拼合而成。這就是說,每一心理現象的整體不是各部分之和,整體不可分為元素,整體先於部分而又決定各部分的性質與意義。

當然,完形心理學與人格心理學、機體論心理學走向整體論取向的途徑各有不同。如果說人格心理學、機體論心理學是從整體 (人格或個體的整個人) 到整體論的,那麼,完形心理學則是從個別 (知覺研究) 到整體論的。

> 因爲完形論雖然也强調意識的整體性,但它們著重於從知覺角度論證這種整體性,而不是從意識經驗自身這一整體出發去開闢新的研究領域。但就方法論說,人本心理學則主要受惠於完形派。人本心理學反對行爲實驗的還原論最得力的論點來自完形派的整體論。(林方,1987,11 頁)

人本主義心理學建立者和完形心理學創始人有直接接觸和交往,完形心理學的整體論對人本主義心理學的影響很大。

奧爾波特在德國做博士後研究時,就接觸過韋特海默、苛勒 (Wolfgang Köhler, 1887～1967) 和勒溫 (Kurt Lewin, 1890～1947),並受到他們思想的強烈影響。他說,完形心理學家證明了自己所直覺到但卻無法表述的東西。1923 年奧爾波特參加萊比錫心理學大會後,向美國介紹了完形心理學簡史。翌年,他寫了一篇完形心理學觀點的文章。在《人格》(1937) 一書中,把苛勒和勒溫視為傳統心理學的"反叛者",因為他們強調的是心理生活的模式與完整性。在手稿的末尾,奧爾波特用人格的統一作為該章的結論,並用大量的篇幅討論了勒溫的成就。作為完形心理學的讚賞者,奧爾波特幾乎在他所有的著作中都討論了完形心理學。後來,奧爾波特在萊布尼茨 (Gottfried Wilhelm Leibniz, 1646～1716) 的唯理論傳統內評述了完形運動，並以此來反對休謨 (David Hume, 1711～1776) 的經驗論。在勒溫去世不久，奧爾波特所寫的獻詞中，把勒溫稱為天才和 20 世紀心理學最有創見的思想家之一。

馬斯洛是在 30 年代末期在紐約市社會研究新學院從韋特海默和考夫卡 (Kurt Koffka, 1886～1941) 那裏聽說完形心理學的。馬斯洛對韋特海默的印象特別深刻。他把韋特海默描述為一位可愛的人——舉止像父親，他允許馬斯洛聽他的課而且總是耐心地回答提出的問題。馬斯洛在發表的主要著作的前言中，都一再地推崇完形心理學，並表達了對韋特海默的感激之情。

馬斯洛強烈批評沒有把完形心理學整合到主流心理學之中。在完形心理學家看來，人是一個不可化簡的整體，人格的每一層面都是在個體內部和個體與環境之間，以不同的關係為基礎的一個相關模式的一部分。馬斯洛在整體動力學理論中討論的**綜合徵 (或徵候群)** 就是他借用完形心理學的實例。馬斯洛強調指出，他的健康與成長心理學是完形心理學、動力論和機能主義心理學的整合。例如，在〈一種人類動機理論〉(1943) 一文中，馬斯洛認為，他的動機理論把機能主義傳統和完形心理學的整體論及精神分析的動力論融合在一起了。

羅洛・梅把勒溫的理論視為新動力運動中最新穎、最有刺激性的研究。羅傑斯也特別提到勒溫倡導的完形心理學。早在 1947 年，當羅傑斯闡述受輔者中心治療對理解人格的理論的含義時，他了解到自己和勒溫一樣，也使用了一種場 (地) 論。他們都認為當前場 (地) 的經驗決定著行為，因此他們研究的是現時的人，而不是歷史發展或發生決定論意義上的人。在〈人格組織的觀察〉(1947) 一文中，既反映了他的思想和研究的一個新方向，也論述了行為與場這一關係。他重新簡述了勒溫的評論，即行為主義是“對覺知到的現實”的一種反應，而自我覺知的改變也改變了行為 (Evans, 1975)。

美國本土固然有其產生人本主義心理學的基礎，但是這並不能排除歐洲思想的影響。可以說：

> 如果沒有歐洲的先驅，心理學的人本主義會不會以任何形式在美國產生則是很可懷疑的。正如華生的行爲主義以巴甫洛夫和別赫切列夫的反射學爲前提條件，奧爾波特人格理論的產生有賴於斯特恩的人格主義，而馬斯洛的理論框架則受到一系列歐洲師長的影響。包

括戈爾德斯坦、勒溫、韋特海默，更不用說弗洛伊德了。(Royce & Mos, 1981, p.298)

第二節　戈爾德斯坦的機體論心理學

戈爾德斯坦的機體論心理學既是德國整體主義心理學的繼承與發展，又是人本主義自我實現心理學的主要理論來源。

一、傳　略

戈爾德斯坦 (Kurt Goldstein, 1878～1965) 生於德國的卡托維茨 (今屬波蘭)。他在大學預科 (或古典中學) 學習過拉丁語和希臘語，培養了對哲學的濃厚興趣。還系統地學習了數學、物理、植物學、動物學和地理等。他獲得大學學士學位後，又考進下西里西亞的布雷斯勞大學。原先打算研究哲學，但其中有一個學期去海德堡大學學習，因而改變了他的人生選擇。從此轉向了醫學，受教於韋尼克，主要致力於**精神疾病 (或心理疾病)** (mental illness) 的研究。他於 1903 年從布雷斯勞大學畢業，並獲得醫學博士學位和開業許可證。

在 1904 年，戈爾德斯坦到法蘭克福的賽根柏吉奇神經病研究所擔任沃爾姆教授的助教。1906～1914 年他受聘於哥尼斯堡大學，開始在精神病診療所工作。1912 年成為該校神經病學和精神病學教授。

戈爾德斯坦於 1914 年又回到法蘭克福大學，擔任賽根伯吉奇神經病研究所的首席助理。此時，正值第一次世界大戰的爆發，由於傷兵不斷增多，他便創建了一所治療腦損傷的軍醫院。他在那裏同一個由神經科醫生和心理學家組成的小組一起致力於腦損傷患者的研究，他們於 1916 年起將這一研究從大腦皮層損傷的原始基礎和感覺受損逐漸轉向知覺問題和對小腦功能的研究，並對失語症問題產生濃厚興趣，為以後研究語言和語言障礙奠定了基礎。由於他在夏普、韋尼克、沃爾姆等人的指導下，對神經症、精神病和腦損傷等的心理治療做了大量的研究，因而為戈爾德斯坦以後的心理學研究奠定了堅實的臨床基礎。

圖 2-1 戈爾德斯坦
(Kurt Goldstein, 1878～1965)
德裔美國心理學家，神經病學家和精神病學家；整體論心理學的重要代表，機體論心理學的主要創建者，人本主義心理學的先驅。他不僅以機體論和自我實現論提供了人本主義心理學的理論支柱，而且還為美國人本主義心理學的創建做出了貢獻。

至 1919 年戈爾德斯坦被任命為法蘭克福大學的神經病學與精神病學的常任教授，並兼任神經病研究所所長和腦損傷軍醫院院長。在此期間，他和德國心理學家蓋爾伯 (Adhelmar Gelb, 1887～1936) 一起工作，他們運用心理學的知識和方法來研究腦功能異常，並取得較好的療效。由此更激起了他把醫學和心理學結合起來研究腦損傷及其治療的決心。多年來從事心理學研究和心理治療使他聲譽日隆。1927 年成為國際心理治療學會的會員。1930 年又被聘為柏林默比特醫院神經病學部主任。1930～1933 年他一直在柏林大學講授神經病學和精神病學，成為這一領域的著名專家。

自 1933 年希特勒上台後，戈爾德斯坦成為納粹逮捕的第一批猶太人教授之一，因而被迫逃亡到荷蘭。翌年，荷蘭阿姆斯特丹大學邀請他擔任客座教授。這一年是他總結其臨床實踐經驗、形成其思想理論觀點的一年。他寫出了著名的代表作《機體論》(1934)，建構了整體論心理學，第一次闡述了**自我實現**的理論問題，企圖從生物學的視角對人的本性做出明確解釋。他的這一理論不僅是馬斯洛自我實現論的理論來源之一，而且也成為人本主義心理學的理論基石。

戈爾德斯坦於 1935 年移居美國，先在紐約精神病研究所工作一年，並兼任蒙特費爾醫院神經生理學實驗室主任。1936 年擔任哥倫比亞大學精神病學臨床教授。1938 年又被聘擔任威廉・詹姆斯哲學與心理學講座，講授《從心理病理學看人類本性》問題。1940～1945 年他在波士頓的塔弗茨醫學院任臨床神經病學教授，致力於神經性精神病和心理治療的個人實踐。他在 1945 年又到紐約州立學院擔任心理病理學訪問教授、紐約社會研究新學院的訪問教授。後又擔任布蘭廸斯大學教授，在此結識了兩位人本主義心理學家安傑爾和馬斯洛，共同的志趣對他們相互之間產生了重大的影響。

戈爾德斯坦直接參與了美國人本主義心理學的籌建工作，是該學會的發起人之一。他的《機體論》著作於 1939 年在美國以英文出版，1951 年又譯成法文。其他重要著作有 1918 至 1961 年間發表 16 篇專題論文，如〈大腦病理症狀的心理分析〉(與蓋爾伯等合著)、〈從心理病理學看人類本性〉(1940)、〈抽象行為與具體行為〉(與舍雷爾等合著，1941)、〈語言和語言障礙〉(1948)、〈幼兒的笑〉(1957)、〈原始的概念〉(1960) 等。此外，他還設計了五套用以測量腦疾病患者抽象思維能力的測驗。

戈爾德斯坦畢生執著的研究，使他贏得了人們的尊敬。1958 年德國法蘭克福大學授予他名譽博士學位。1965 年 9 月 19 日戈爾德斯坦在美國紐約市去世，享年 87 歲。

二、機體論心理學的實質和特點

戈爾德斯坦**機體論心理學** (organismic psychology) 屬於整體論心理學的範疇，不是心理學的一個學門或分支，而是心理學的一種研究取向。如果說邁耶、科格希爾、坎特等人開拓了這一取向 (詳見第一章第三節)，那麼戈爾德斯坦則把機體論心理學系統化和理論化。

機體論是機體論心理學的基本理論和理論基礎。機體論心理學的主要特點如下：

1. 機體論首先把有機體看作是一個有組織的系統。在此原則下，再把整體分成其組成部分並對它進行分析。部分既不能從它所屬的整體中抽離出來，也不能作為一個獨立的實體進行研究。機體論者相信，通過直接研究各組成部分是不可能理解整體的，因為整體是根據那些在部分中所不能發現的規律發揮作用的。

2. 機體論強調正常人格的統一性、整合性、堅韌性和一致性。他認為組織是有機體的自然狀態，非組織化是一種病理狀態，通常是由一種壓抑的或有威脅的環境、或由機體內部的反常現象所引起的。

3. 機體論認為個體的動機是由一個最高的驅力而不是多種驅力所提供的。戈爾德斯坦把這個最高驅力命名為**自我實現**。意思是說，人類不斷地通過任何開放的通路實現他們的內在潛能。目標的單純性給人的生活提供了方向和統一性。

4. 機體論雖然不把個體視為一個封閉系統，但它傾向於把外部環境對正常發展的最初和直接影響降低到最小，並且強調促使有機體發展的內在潛能。有機體選擇他所要反應的環境的特點（在不正常情況下則例外），環境不能強迫有機體以與其本性相悖的方式行為。如果有機體不能控制環境，它也努力使自己適應環境。總之，機體論認為，只要環境允許個體正常發展，那麼有機體的潛能就會產生一種健康且整合的人格，儘管有害的環境力量可能會在某一時刻對個體造成破壞。另外，他認為在有機體內部不存在固有的“惡”，“惡”是由不適當的環境造成的。在這一點上，機體論者和法國哲學家盧梭（Jean-Jacques Rousseau, 1712～1778）的觀點有共同之處。盧梭認為人類的本性是善的，但是環境卻常常使人類無法根據其本性來行動和發展。

5. 機體論經常利用完形心理學的原則，但它認為完形心理學家過份關注有機體的獨立功能（例如知覺和學習），因而對理解整個有機體只提供了一個過份狹窄的基礎。機體論者認為只有把有機體所具有的一切功能都包含到其研究範圍內，才能更完滿地理解整個有機體。

6. 機體論認為在研究方法上對一個人做全面的研究比從許多個體中抽離出一種獨立的心理功能進行廣泛的研究能瞭解到更多的東西。戈爾德斯坦在〈記憶缺失性失語症〉一文中曾例舉過他對一個有語言障礙病人的研究，以表明“一步一步的”研究所獲得的結果可以使我們更接近真理。他認為這是其理論觀點的一個基石。為此，機體論在臨床心理學家中更為流行，而在那些主要興趣在於研究機體過程或功能的實驗心理學家中則不太流行 (Hall, 1978)。

三、機體論心理學的基本理論觀點

(一) 機體整體觀

機體整體觀是戈爾德斯坦機體論心理學的理論前提和首要內容。

戈爾德斯坦由於深受德國古典哲學、胡塞爾現象學和完形學派整體論思想的影響，特別重要的是他自己長期對腦損傷患者的觀察研究和治療實踐，使他形成了**機體整體觀** (science of organic entirety)。

首先，在臨床治療方面，他日益傾向於整體論觀點。戈爾德斯坦說：

> 當今在對待治療的態度上，我們不再專注於無數單一的疾病現象，我們知道這些現象並不是疾病的根本。
>
> 我們一定要根據每一症狀對病人完整人格的功能重要性來考慮該症狀。所以醫生瞭解有機體是一個整體，了解病人的完整人格，以及作爲整體的該有機體由於疾病而導致的變化，顯然是有必要的。(Goldstein, 1940, pp.5～6)

由此可見，他這一整體論思想的核心，認為不能把病人所表現的某一特殊症狀理解為只是一種獨特的機體損傷或疾病的結果，而應該看作是整體有機體的一種表現。

其次，在心理觀方面，他以臨床觀察和治療實踐為基礎，進一步擴展了自己的研究，提出了自己獨特的機體整體觀。他在所著的《機體論》(1934) 一書中做了明確的闡述。其基本觀點：

1. 有機體是一個統一的整體　在他看來，人的有機體是由結合在一起的不同部分組成的，但有機體並不是部分的總和。因為有機體總是作為一個統一的整體，而不是作為一系列分化的部分而行動的。因此，要把有機體視為一個有組織的系統，在對有機體整體的各部分進行分析時，不能把部分從它所屬的整體中抽離出來，也不能把部分作為一個獨立的實體進行研究。

2. 心與身是一個統一的整體　在他看來，心不是由獨立的官能或元素組成的，身也不是由獨立的器官和過程組成的。因此，心與身是一個有機體統一的整體。當心或身某一部分發生變化時，總會或多或少地影響整個有機體。

3. 心理學家與生理學家均應堅持機體論的整體觀　為了要闡明心身統一的整體關係，戈爾德斯坦進一步指出，雖然心理學家從一種觀點來研究有機體，生理學家則從另一種觀點來研究有機體，但是這兩種學科都需要在機體論的框架內開展活動，因為任何事件 (不論是心理事件，還是生理事件)，總是在整個有機體的前後關係之內出現的，除非把它人為地從這種關係中孤立出來。整體的規律支配著有機體各不同部位的活動。戈爾德斯坦認為，我們必須努力發現那些使整個有機體發揮作用的規律，從而理解各不同部位所起的作用。這就是戈爾德斯坦機體整體觀的基本原則 (Hall, 1978)。

(二)　機體動力觀

機體動力觀是戈爾德斯坦機體論心理學的主體和核心內容。

關於機體動力學問題長期以來是一個爭論不休的問題。在戈爾德斯坦生活的時代，主要有兩大主張：一種是**內在動力論** (intrinsic dynamic theory)，即以心理學中第二勢力精神分析為代表，強調人的心靈深處內在的潛意識動機和性驅力 (力比多) 的決定作用。它肯定人的行為的內部動機的驅動功能和潛意識在心理生活中的作用是有正面意義的，但是，古典精神分析陷入了本能決定論的生物主義境地。另一種是**外部動力論** (extrinsic dynamic theory)，即以心理學中第一勢力行為主義為代表，強調人的行為均由外部環境所決定，用 S-R 這一簡單公式來解釋人的一切活動，根本否認人的主觀能動性、自主選擇性和意識創造性。它雖然在把心理學引向開放的客觀化的研究道路上有其歷史功績，但行為主義卻陷入了環境決定論的客觀主義和機械主義的境地。

作為人本主義心理學先驅，戈爾德斯坦既反對弗洛伊德把性本能作為行為的唯一動力，又反對行為主義的機械反射論，主張從內外兩個方面觀察有機體行為的原因，提出他建構的**機體動力觀** (organismic dynamics)，即均等原則、自我實現和有機體與環境協調一致。

1. 均等原則　**均等原則(或均衡原則)** (equalization principle) 是機體動力觀的基本概念之一。戈爾德斯坦假設有機體內部有一種經久不變的、均等分布的、有效的能量供應。他認為能量在這種狀態下代表著有機體的一種"平均"緊張狀態。當有機體受到刺激後，其緊張狀態便會發生改變。正是由於均等原則的作用，才使有機體在受到刺激而改變緊張狀態之後總是重新恢復原狀。戈爾德斯坦把這種恢復到平均緊張狀態的過程稱為**均等過程** (equalization process)。例如，人聽到一個發自右側的聲音時，會把頭轉向右側。頭的轉動使因受聲音刺激而導致不平衡的機體系統中的能量分布，重新處於均等狀態。人在饑餓時吃食物，疲倦時休息等，也都是這種均等過程的實例。

戈爾德斯坦的這種均等過程看起來和弗洛伊德所謂的有機體有一種釋放或緩解緊張的張力系統的論點相類似，其實並不相同。弗洛伊德的緊張緩解論是一種消除緊張論，它既是根本不可能的，也是完全消極的。戈爾德斯坦批評說："緊張緩解論 (例如弗洛伊德的理論) 只知道緩解的驅力，不知道緊張的愉悅。緊張不僅是一切創造活動的基礎，也是相應於所謂低級需求，如饑餓、性需求等愉悅的基本組成部分"。而戈爾德斯坦不但不否認緊張的客觀存在，而且指出適當的緊張具有積極意義。他要求人們"理解緊張體驗的積極意義。機體不僅受緩解傾向的驅動，而且也把緊張作爲積極性體驗加以接受"(林方，1987，154～155 頁)。

戈爾德斯坦進一步論證說，正常的、健康人的目標不僅僅是釋放或緩解緊張，而且要使緊張處於均等狀態。他說："在健康的生活中……正常的均等過程的結果是形成一定水平的緊張，這意思是使更加有秩序的生活成爲可能"(Goldstein, 1939, pp.195～196)。他認為當有機體處於均等狀態時，這表明有機體正處於有核心的狀態。在這種狀態下，有機體能更有效地發揮作用來因應環境，並根據其本性而在未來的活動中實現自我。但是，完全處於核心狀態或均衡狀態只是一種理想的整體狀態，在複雜的人類生活中是很難做到的。在一般情況下，有機體的這種朝向均等的傾向是力圖造成一種使它感到最舒適的情境。

戈爾德斯坦的均等原則表明，儘管經常受到各種刺激的干擾，但有機體的行為仍然能保持連貫性、有序性和一致性。他認為在適當的環境中，有機體總是多少保持平衡的。能量的重新分布和系統的不平衡主要是由環境干擾造成的，有時是由內在衝突造成的。由於機體的成熟和經驗的積累，使人逐漸形成了自己所喜愛的行為方式。在以後的生活中，人往往以這種喜愛的行為方式使各種干擾和衝突處於最低水平，並保持有機體的平衡。隨著個體的成長，他的生命越來越具有核心性，越少依賴內外世界所發生的偶然變化。

2. 自我實現　內在潛能的**自我實現** (self-actualization) 是戈爾德斯坦機體動力觀的一個核心概念。在他看來，正常機體或生命的目的不是維持現狀，而是傾向不斷前進和發展。他說："機體的基本傾向在於儘量實現自身能力，自身人格，即自我實現的傾向" (林方，1987，160 頁)。

戈爾德斯坦利用他對腦損傷患者局部機能喪失後的自我調整的研究來說明他的觀點。

有一個病例是腦枕葉損傷引起的偏盲。偏盲症是雙眼視野對應半圓區失明，雖然他們主觀上意識到視覺有所缺損，但他們仍然能夠看到全物體而不是半個物體。戈爾德斯坦認為，這種現象只能以機體活動的自我實現動機來說明。因為患者為使物體處於視野之內，能經過逐步的自我調整使眼睛略微轉動達到接收各方視刺激的目的，最終形成適應腦枕葉損傷而又獲得最佳視覺的新的組織結構。

另一個病例是小腦某些部分損傷引起的頭部和身體偏斜的姿勢。一般是小腦左側受損傷後的頭和身體向左側傾斜，小腦右側受損傷後的頭和身體向右側傾斜。但也有另外一些患者因為小腦左側受損傷，但頭和身體卻有的向左傾斜，而有的向右傾斜。戈爾德斯坦認為這也是由於患者的自我調整，其目的就在於達到機體潛能最佳的自我實現。他們的研究表明，傾斜是為了體力、智力能進行正常活動。如果強迫患者把頭擺正，他不僅有向左邊跌倒的危險，而且還會感到頭暈、噁心，無法正常地完成體力和智力操作。一般性的左側受損，略向左傾斜就能達到新的平衡，恢復正常活動的能力。但如果受損較嚴重，穩定性會更差，仍向左傾要求的傾斜度會更大，以致會使人跌倒，結果是只有反過來略向右傾斜，才能達到新的平衡，保持正常活動的能力。這裏決定性的因素仍在於整個機體最佳的潛能實現。

戈爾德斯坦強烈反對多驅力觀，主張"促進人類行爲的動機只有一個，這就是自我實現的傾向" (Goldstein, 1940, p.201)。他的這一觀點是從機體論的基本原則出發的，認為既然有機體是一個統一的整體，它就應該只有一種最高的動機力量，這個**內驅力** (或**驅力**) (drive) 就是自我實現。在他看來，人的一切活動都是受這一根本驅力推動的，它驅使整個有機體盡可能完滿地實現其潛能。其他各種不同的驅力，例如饑餓、性欲、權力、成就和好奇心等，只是自我實現這一生活最高目標的不同表現形式而已。當人饑餓時，他通過吃進食物來實現自己；當他需要權力時，他通過獲得權力來實現自己。當任何一種特殊需要的滿足成為整個有機體自我實現的前提條件時，這種滿足便處於有機體活動的突出地位。由此，戈爾德斯坦得出結論說：

> 我們不得不假設只有一種驅力，那就是自我實現的驅力。在不同的條件下，人們進行不同的活動，由於人們似乎是朝向不同目標的，所以他們給人留下的印象是他們是相互獨立存在的。但實際上，這些不同的活動是根據各種不同的能力而表現出來的。這些不同的能力屬於有機體的本性……它是有機體自我實現的必要前提。(Goldstein, 1940, p.142)

戈爾德斯坦強調自我實現是人類本性的一種創造性傾向，它是使有機體得到全面發展和更加完善的一條組織原則。例如，一個沒有知識的人，他在獲得知識之前，往往感到內心是空虛的，他有一種本身不完善之感。通過看書學習和研究，他對知識的渴求得到了滿足，空虛感便消失了。這樣一個全新的人就可以被創造出來，在這一點上這個人也就獲得了自我實現。

在回答有機體為什麼會有自我實現傾向的問題時，戈爾德斯坦認為這是因為有機體具有確定的潛能及其實現的需要決定的。在他看來，人的**需要** (或**需求**) (need) 是有機體的一種匱乏狀態，它促使人去滿足這種匱乏。它就像一個需要充填的洞。這種需要的充填就是所謂**自我實現**。

戈爾德斯坦認為自我實現雖然在本質上是一種普遍現象，但人們所奮力以求的目標卻因人而異。主要有兩個原因：一是人們具有不同的內在潛能，它形成著不同的目標，指導著個體發展與成長的方向；二是人們具有不同的環境和文化，他們必須適應這種環境與文化，並從中獲得發展的必要供應。

戈爾德斯坦指出，要想確定一個人的潛能，就必須發現和確知這個人喜歡做什麼，以及做什麼做的最好。因為他們的愛好與他們的潛能通常是相應的。這就是說，如果我們想要知道人們力圖實現的是什麼，我們就必須熟悉他們喜歡什麼，他們有做什麼的才能。棒球運動員實現藉由打棒球而發展起來的那些潛能，律師是通過法律活動來實現其潛能的。

成人的潛能可以通過他們所喜歡的行為去發現，那麼，兒童的潛能應如何發現呢？戈爾德斯坦認為自我實現的一種特殊形式是完成不完善活動的需要，這種需要可以解釋兒童的許多活動。在他看來，

> 兒童翻來覆去地重復某一活動，並不是毫無意義的驅力的表現，而是一種朝向完成和完善的傾向。(Goldstein, 1940, p.147)

例如，兒童在初學走路時，走路的動作不完善，就會不停地學習走路，經過一段時間學會走路之後，他又朝向新的目標，像學習跑、跳等動作，以達到新的完善。正是這種追求完善的自我實現的需要，才不斷地促使有機體通過人生旅程來取得進步。到成年之後，個體逐漸形成了自己所喜愛的行為和能力。這樣，我們通過對一個人的細緻的觀察就可以發現他的潛能。

但是，在實際生活中，自我實現並不是輕而易舉就可以做到的。戈爾德斯坦強調指出，人的自我實現的阻力主要來自個體的身體機能內部的障礙和與環境的某種形式的相互作用。例如，疾病、焦慮或來自環境的各種干擾都會阻礙自我實現。但是，不論這些干擾如何強烈，自我實現的傾向總是存在的，而且個體總是在力圖排除各種干擾，一旦障礙被克服，人的發展過程又可繼續了。可見，有機體的任務就是努力協調其內部機能，並且和環境建立必要的聯繫，以保證自我實現得以順利進行。

3. 有機體與環境協調一致　在機體論心理學中，儘管戈爾德斯坦強調行為的內在決定因素，強調機體潛能自我實現的價值，但他並沒有否認客觀世界對有機體的重要作用。在他看來，環境一方面是個體必須應對的一個干擾源，另一方面它也是有機體據以實現其目標的一個供應源。也就是說，環境通過刺激或過度刺激而侵入有機體，從而使有機體的平衡遭到破壞；但另一方面這種被破壞了的有機體在環境中尋求它所需求的東西，使其內在的緊張得到平衡。換句話說，有機體與環境之間有一種**相互作用 (或互動作用)** (interaction)。

戈爾德斯坦強調個體必須與環境協調一致。這是因為一方面環境提供了達到自我實現的方法，另一方面環境又包含著以威脅和壓抑為表現形式的阻止自我實現的障礙。有時候，這種來自環境的威脅很大，往往使個體的行為由於焦慮而被凍結，使人無法朝向目標前進。在一些情況下，自我實現之所以受到阻礙，是因為環境中缺乏使自我實現所必需的那些對象和條件。

戈爾德斯坦認為一個正常的、健康的有機體，“其自我實現的傾向發自機體內部，並且要克服由於和世界發生衝突而產生的障礙，這種自我實現的傾向不是發自焦慮，而是發自征服的歡樂”(Goldstein, 1938, p.305)。在他看來，要克服焦慮，一個人就必須在更大的社會關係中看待自己的體驗，並對自己的各種選擇做出自由的決定。也就是說，要實現自我，有機體必須與環境協調一致，其中主要包括對環境加以控制，在克服焦慮的過程中實現自己的最高價值。要是做不到這一點，這個人就必須努力調整自己，以便使自己更好地適應外部現實。如果有機體的目標與環境之間的差異太大，那麼，有機體如果不要崩潰，就必須放棄它的某些目標，努力在一個較低的存在水平上實現自己。

戈爾德斯坦指出，有機體的本質和最終目標是機體潛能的自我實現，它的表現形式則是有機體的活動。正是通過這些活動，有機體才能在與環境的協調作用中逐漸地實現自己。人們在世界上表現自己，同時又保留具有自己特性的能力，這能力是隨著有機體與環境的某種特定的“協調一致”而獲得的。它表現為由環境刺激所引起的有機體的每一次變化，在一定時間之後都要保持均等。這樣可使有機體經常保持這一種“均等”狀態，並且和它的本質相適應。只有在這種情況下才能使有機體產生同樣的變化、體驗和效果，亦才能使有機體保持穩定性和統合感。戈爾德斯坦發現，如果沒有這種均等的適應狀態，那麼，同樣的環境事件就會使有機體發生各種不同的變化。這樣，環境就會失去它對有機體的不變性，有機體也不會產生有序的行為，甚至出現焦慮、威脅感和變態行為。

戈爾德斯坦進一步分析說，如果兒童面對著某種他能因應的環境，通過成熟和訓練會得到正常發展。當新的問題出現時，他會形成新的模式來因應它們，那些對自我實現不再有用的反應將逐漸消退。但是，若環境條件太困難，兒童的能力無法因應，那麼就會形成與自我實現的原則不一致的反應。在這種情況下，發展過程就會從他的生活模式中分離出來。戈爾德斯坦認為這種發展過程的分離是形成病理狀態的主要條件。例如，人類在本質上既沒有攻擊性也沒有服從性，但是為實現人的本性，他們有時不得不表現出攻擊性或服從性，這要依不同環境情況而定。但是，倘若一個人形成了某種強烈的攻擊性或服從性的習慣，它就會對人格產生毀滅性的影響，並且將在不適當的時間或者以和人的興趣完全相反的方式表示出來 (Hall, 1978)。

四、簡要評價

(一)　主要貢獻

1. 奠定人本主義心理學整體論的理論基礎　戈爾德斯坦是機體論心理學的主要創始者，人本主義心理學的先驅。他根據自己對戰爭中腦損傷患者的長期觀察和實驗研究，大聲疾呼應該關注人的本性，第一次提出機體整體說、機體動力說、機體潛能說、機體自我實現說，建構了機體論心理學，為人本主義心理學奠定了整體論的理論基礎。

正如前所述，機體論心理學就是整體論心理學。整體論既是機體論心理學的方法論，又是機體論心理學的內核。因此，戈爾德斯坦把有機體看作是一個有組織有系統的整體，並認為有機體是作為一個整體而發揮作用的，故堅持心理學的對象應該研究整個的人。而心理學的研究方法應拋棄分析綜合法，採取整體分析法。這就是說，在研究心理學問題時，首先必須對行動的有機體有一種整體的印象，然後再從事分離的觀察，校正所求得的材料和擴大第一次的印象。整體的或全局的印象產生一種研究假設的作用，這一種假設無疑能因特殊事實的發現而加以改進。或者說，整體的印象提供一種容納事實的框架，一種不太狹窄而足能容納日益增多的大量材料的框架。戈爾德斯坦說：

> 我們不圖只用磚上加磚來建築有機體的結構，而力求發現實在的“格式塔”，使某些現象可以成爲能理解的。……我們速寫整個有機體的一幅草圖，以便在遇到草圖與實際經驗不符合時，激起進一步的問題和研究。(謝循初譯，1962，208 頁)

人本主義心理學家一致認為，戈爾德斯坦機體論心理學和人格心理學、完形心理學等整體心理學一樣，都對人本主義心理學的概念化做出了貢獻。戈爾德斯坦對羅傑斯、羅洛・梅，特別是馬斯洛都有很大影響。馬斯洛早在 20 世紀 30 年代在紐約市就結識了戈爾德斯坦，多年以後他仍然認為這是一件幸運事。戈爾德斯坦告訴他，完形心理學的某些方面可以與心理動力學相整合。馬斯洛的整體動力學取向源自於戈爾德斯坦的機體論心理學，在這個意義上說，它是整體論的、機能的、動力學的、目的性的，而不是原子論的、分類學的、靜態的和機械的。馬斯洛為了表示感激之情，他在晚年一部重要著作《存在心理學探索》的扉頁上標明“獻給戈爾德斯坦”。

2. 提供機體潛能的自我實現論的理論來源 戈爾德斯坦機體論心理學不僅為人本主義心理學的產生奠定了理論基礎，而且還第一次從機體潛能發揮的觀點出發闡述了自我實現理論。

自我實現作為一個心理學的概念，首次是由戈爾德斯坦提出的。它在機體動力學中居於核心地位。在他看來，自我實現是人的機體潛能發揮的一種內驅力，是人的本性中的一種創造性傾向，是人的主要動機和生活最高目標的表現形式。他強調自我實現在本質上是一種普遍現象，但又認為人們奮力以求的目標不同而自我實現也有個體差異。他仔細剖析了腦損傷患者和正常人在自我實現方面的區別，即存在著**具體態度** (concrete attitude) 與**抽象態度** (abstract attitude) 兩種行為方式的差異。前者是以自動的和直接的方式對某一刺激做出反應，後者則是對有機體發出的刺激做出反應。總之，戈爾德斯坦把自我實現視為一切有機體得到全面發展和更加完善的一條組織原則。

馬斯洛公開承認他從戈爾德斯坦那裏採納了自我實現的概念。他指出，戈爾德斯坦對腦損傷士兵的研究中運用這個概念來解釋人在受傷後有重新組織的能力。就是說，受損傷的有機體在爭取生存的鬥爭中把自己組織成一個將損傷結合在內的新的單位。在這個意義上說，有機體是活躍的，在力求自我實現時生成和重新創造了自己 (Maslow, 1971)。

和馬斯洛一樣，羅傑斯寫道，戈爾德斯坦豐富了他的思想，他特別提到**自我實現傾向** (self-actualizing tendency) 或**成長假設** (growth hypothesis) (見第四章第三節)。羅傑斯相信，有效治療的動機結構、病人的實現或成長傾向類似於戈爾德斯坦的機體論心理學 (Rogers, 1979)。

戈爾德斯坦對形成羅洛・梅的思想有重大的影響，特別是對羅洛・梅撰寫他的博士論文〈焦慮的意義〉。在那一段時期，羅洛・梅和戈爾德斯坦進行好幾小時頗有啟發性的交談。在博士論文中，羅洛・梅寫出戈爾德斯坦關於焦慮、恐懼、自我實現和機體論的觀點。羅洛・梅也常提到腦損傷患者。在《存在》一書中，羅洛・梅把戈爾德斯坦的思想在一種存在背景 (關係) 中做了解釋 (May, 1958)。

至於奧爾波特和布根塔爾，他們也常常提到戈爾德斯坦的自我實現概念與機體論心理學，把戈爾德斯坦和心理學中人本主義範式相認同。布根塔爾把戈爾德斯坦視為人本主義心理學的先驅者，因為在他所謂"行為主義空位的那些年裏"，戈爾德斯坦堅持了個體的獨立性 (Allport, 1968)。

由上述可見，以機體潛能說為前提，以自我實現說為宗旨的戈爾德斯坦機體論心理學，它不僅啟迪了人本主義心理學家的智慧，而且還為人本主義心理學提供了一個重要的理論支柱。

(二)　主要局限

1. 具有機體決定論的生物主義傾向　首先，戈爾德斯坦的機體論心理學在基本出發點上，它不是以社會中的人為基點和對象，而是以有機體為主題和中心。我們知道，**有機體** (organism) 是一個生物學概念，即具有生命的個體的統稱，包括植物和動物。然而，心理學是人學，有機體這一範疇只能表徵生物的共同性，不能突出最高最複雜的人類的特殊性。因此，戈爾德斯坦所闡述的機體整體觀、機體動力觀和機體潛能觀，雖然對人類也有價值，但他主要是從自然科學的視角對人的自然性或生物性的揭示。這樣，戈爾德斯坦的機體論心理學，在很大程度上淡化或忽視了人的社會規定性，而具有明顯的機體主義或生物主義傾向。

其次，戈爾德斯坦的機體論心理學在機體與環境的關係上，它把有機體或內在潛能擺在首位，視為居於主導和決定作用的能源，而環境則是一個消極被動的存在，只有供應、容納和干擾的功能。

誠然，戈爾德斯坦承認有機體與環境的相互作用，並認為有機體與環境協調一致是人的健康成長的重要條件和標誌。但是，戈爾德斯坦往往傾向於把外部環境對正常人格發展的最初的和直接的影響降低到最小程度，而主要強調有機體內在潛能在發展中的決定作用。在他看來，外部環境對有機體只限於"供應源"和"干擾源"兩種作用而已。

不難看出，戈爾德斯坦在有機體與環境的關係上，既沒有看到這一關係是人與社會之間關係的實質，更沒有探討造成人性扭曲的根本社會原因，而是從人的機體潛能和抽象態度出發，認為：

> 社會組織中的所有失敗都是由於低估了抽象態度的意義，由於錯誤判斷了人類特質中的有害影響所致，通過人爲隔離而加以改變所造

成的。因此，借助於抽象態度才能揭示作爲一切錯誤社會組織之基礎的謬誤。(Goldstein, 1971, p.223)

戈爾德斯坦的這一理念，顯然是以機體決定論取代社會歷史決定論的一種生物主義傾向的表現。

2. 缺乏自我實現觀的豐富內涵 正如前述，戈爾德斯坦把自我實現與人的向上、前進和創造性的本性聯結在一起，並視為人的一種最高的內驅力。這一思想既奠定了自我實現論的理論基石，又表現了戈爾德斯坦對人本主義心理學的主要貢獻。

但是，另一方面，我們還要看到戈爾德斯坦自我實現觀的局限。主要表現在：

(1) **比較籠統、空泛**：表面上看，戈爾德斯坦對自我實現有所規定，如"創造性傾向"、"潛能的實現"、"損傷的補償"等。但仔細想起來，他對自我實現內涵的理解似乎過於廣泛和抽象。可以說，戈爾德斯坦連一個起碼的**自我** (self) 概念也沒有。在他那裏，自我就相當於他的所謂有機體。在如何抵禦人的心理衝突方面，我們也看不到自我所發揮的積極作用。至少就作為一種避免發生心理焦慮甚至導致犯罪的自我主動防禦的角色而言，在戈爾德斯坦的理論中是難以找到的。因此，戈爾德斯坦的自我實現觀既是寶貴的、有價值的，又是簡單的、粗糙的。

(2) **缺乏社會內涵和價值規定**：戈爾德斯坦的自我實現觀既沒有明確回答自我是什麼，也沒有具體回答要實現的又是什麼。實質上，戈爾德斯坦把"自我"等同於"有機體"。這樣就使得自我失去了主體性、能動性和社會性，變成了一個無明確社會追求、無具體價值取向、無崇高人生意義的生物學範疇。顯然，這一局限和戈爾德斯坦的機體決定論的生物主義傾向是直接聯繫著的。

3. 有些論述缺乏根據失之偏頗 戈爾德斯坦和弗洛伊德一樣，也是以患者為研究對象的。不同的是，弗洛伊德以**神經症** (neurosis) 患者為樣本，而戈爾德斯坦以腦損傷患者為對象。誠然，變態與常態具有同一性，即變態與常態有著相聯繫的成分、要素和屬性。這些變態患者的行為能在一定程度上揭示正常人的本性。

但是，還必須看到，常態與變態又具有對立性，即變態是與常態相區別的個別存在物，常態則是個別、特殊事物的一般、本質的存在物，因此，我們應當從統一中去把握對立，從對立中理解統一，決不能把特殊與一般、變態與常態等同起來。戈爾德斯坦在腦損傷患者的變態心理研究方面是頗有成就的，但他缺乏對正常人健康心理的研究，有些推論缺乏有力的論據。他的自我實現觀缺乏對健康人格的描述，也沒有提供正式的理論角色作為自我潛能的標準。

另外，有些論斷比較極端、偏頗。例如強調人的生物性，忽視人的社會性；強調先天遺傳潛能的作用，忽視後天環境與教育的重要功能；強調綜合分析的重要性，否定分析綜合的存在價值。

第三節　奧爾波特的健康人格心理學

奧爾波特的健康人格心理學既是美國人格心理學的一種理論模式，又是人本主義心理學的一個有機構成部分。

一、傳　略

人本主義心理學先驅奧爾波特 (Gordon Willard Allport, 1897～1967) 生於美國印第安那州的蒙特祖瑪，在俄亥俄州度過了他的童年。父親是一位具有英格蘭血統、富有人道精神的鄉村內科醫生，母親是一位具有德國和蘇格蘭背景的小學教師。他有三個哥哥，其中弗羅德 (Floyd Henry Allport, 1890～1978) 是一位著名的社會心理學家。他的家庭充滿著愛和信任，一家人過著勤奮、平淡、虔誠的清教徒生活。他在《自傳》中寫道：母親培養了他對探究哲學的熱情。父親曾把自己的家宅變成一個醫院，讓他的兒子也來幫助護理病人。父母培養了他的博愛、責任心和愛好艱苦勞動的美德。這和小奧爾波特後來終生關心人類福利事業以及與他的心理學人本主義取向的形

圖 2-2 奧爾波特
(Gordon Willard Allport, 1897～1967) 美國心理學家，人格心理學家，特質理論和機能自主理論的創始人，人本主義心理學的先驅。他將人本主義與人格心理學相融合，既開創了美國人格心理學的先河，又參與創建了人本主義心理學的理論建構。

成有密切關係。他的唯智主義，在他受教育的早期就已顯露出來，對他有獨特的影響。他認識的詞彙十分豐富，“足以吞下一本字典”。幼年的奧爾波特生活在一個孤獨的小天地中，儘管受到一小群朋友的賞識，但他卻無法加入同伴的活動，他也不善於遊戲和運動。他在高中二年級即以優異的成績畢業了 (Boring & Lindzey, 1967)。

於 1915 年在兄長的鼓勵下，考進哈佛大學，他形容當時“一夜之間改變了我的一生”。大學四年內，接觸到嶄新的知識領域，興奮之餘，收穫頗為豐富。當時，他對於社會服務工作很感興趣，參加多項志願服務性工作。1919 年，他以主修經濟學和哲學，獲得哈佛大學文學士學位。畢業後，在土耳其伊斯坦布爾的羅伯特學院教授英語和社會學一年，在這裏他發現教學和自己的志趣相投。

到 1920 年的夏天，他返回哈佛大學研究院的途中經過維也納時，拜見了聞名世界的弗洛伊德。但這次會見對於 23 歲的奧爾波特來說，是一次令人難堪但又重要的事件。因為會見並沒有增進他對弗洛伊德學說的信念，反而使他對精神分析學的潛意識理論產生懷疑，並傾向於以完全不同的態度去研究人格。這次會見的經過是這樣的：

> 當他走進弗洛伊德的辦公室就座後，弗洛伊德便等待奧爾波特先開口。沈默片刻以後，奧爾波特說到他來訪途中在電車上看到一個四歲的男孩，顯露出明顯的潔癖。這個男孩感到周圍都很髒，不斷地調換座位，不讓別人坐在他的身旁。奧爾波特認爲這個男孩的恐怖症可能來源於他的媽媽，因爲他的媽媽看來是極端整潔而且對孩子又是非常嚴厲的。
>
> 奧爾波特講完以後，弗洛伊德上上下下打量著這個整潔而體面的年輕美國人，然後問他："那麼，你過去也是這樣的小男孩吧？"這表明弗洛伊德堅信，人們無論說什麼和做什麼都不過是他們自己內心衝突和恐懼的潛意識洩露。(Allport, 1968, pp.383～384)

對兩位心理學家之間的這次對話，心理學者有不同的解釋：一種意見認為，例如何甘說，弗洛伊德對奧爾波特的反問是一種擊中要害的真知灼見(李文湉譯，1988)。但奧爾波特本人卻大吃一驚，由此而確信心理學家更重要的是研究有意識的動機而不是陷入深蘊的潛意識之中。當他留學回到美國時，他發現自己遠離了精神分析和行為主義，因為他認為這兩種心理學研究取向都太簡單化了。

奧爾波特在哈佛大學學習時，曾是社會心理學創始人麥獨孤 (William McDougall, 1871～1938) 的學生。1921 和 1922 年分別獲文學碩士和哲學 (心理學) 博士學位。那時他才 25 歲。他的第一部公開發行的著作是與其兄弗羅德 (見 73 頁) 合著的《人格特質——它們的分類與測量》(1921) 一書。他的博士論文題目是〈人格特質的實驗研究〉；這個題目預示著他在人格與社會心理學中兩個終生的興趣。

在 1922～1924 年期間，奧爾波特在德國的柏林大學、漢堡大學和英國的劍橋大學做了兩年博士後研究。在德國，他與斯圖姆夫 (Carl Stumpf, 1848～1936)、韋特海默、苛勒、斯普蘭格、斯特恩和沃納 (Heizn Werner, 1890～?) 的交往對他發展人格心理學具有深刻的影響。他在《回憶錄》中寫道，在德國他發現了"他一直渴求的但卻不知道其存在的"一種心理學。德國心理學的影響幫助他形成了一種人格結構觀的概念，把焦點放在人格組織方面，而不是著重研究個體的心理剖析 (Boring & Lindzey, 1967)。

於 1924 年回到美國後，和他的哥哥一樣，也在哈佛大學任教，做了兩年社會倫理學講師。1926 年受聘為達塔茅思學院助理教授，教了四年社會與人格心理學。在夏季學期裏他還在哈佛大學教學，1930 年又恢復到全日制教學，任教於社會關係學系。整個學術生涯基本上都是在哈佛度過的。

在 30～40 年代是奧爾波特最活躍最多產的年代。他長期擔任《變態與社會心理學》雜誌的編輯、主編 (1937～1948)。自 1937 年起，正式擔任哈佛大學新獨立的心理學系主任多年，1942 年任心理學教授。他是美國第一位開設人格心理學課程的心理學家。他的第一部名著《人格：一種心理學的解釋》(1937) 成為美國人格心理學的教科書。他以研究人格心理問題而馳名。1939 年和 1943 年兩屆當選為美國心理學會主席。1943 年榮膺東方心理學會主席。因促進了美國大學中第一個社會關係學系的建立，並對心理學關注社會問題有積極的影響，故 1944 年被選為美國社會問題的心理學研究協會主席。他對第二次世界大戰期間的平民工作也做出了貢獻。奧爾波特於 1967 年在他的 70 歲生日前夕去世。

奧爾波特畢生致力於尋求一種能使哲學和心理學相互依賴並對人類本性提供恰當意象的理論體系。他認為，這種意象不僅僅是一種理智的說明，而且對於社會服務如個體與社會的改善有著具體的用途。他重視每個人的基本獨特性和完整性，包含著人類的全部經驗，並利用人類的民主潛能。

奧爾波特一生極力避免使用那種研究群體、分析共性的一般規律的研究方法，極力主張創立了對獨特的個人的個案進行深入研究的**形態發生研究法** (morphogenic study methods) 或**特殊規律研究法** (idiographic methods)，以便檢驗他關於人類本性的人本主義觀點，使心理學成為一門實驗科學。他在這些研究中所強調的是常態 (normality) 而不是病態 (pathology)。他認為，心理學没有一種單一的正確方法，一切有助於理解人類的方法都是合理的。他承認理解人類本性是一項困難的任務，指出在研究中可確定某幾種變數，而暫時忽略作為整體的一部分的其他變數。

在 60 年代，奧爾波特與美國心理學中的人本主義運動建立了聯繫。他向薩蒂奇提供了資金，薩蒂奇當時正和馬斯洛一起幫助建立該運動的組織機構。1964 年 11 月，奧爾波特在康涅狄格州賽布魯克參加了關於人本主義心理學理論會議，公開了他對於心理學中新出現的人本主義運動的支持。

奧爾波特就他關於人在心理學中的地位的觀點，做了三次系統的說明。它表現在：(1)《人格：一種心理學的解釋》(1937) 是對奧爾波特思想的第一次全面的闡述；(2)《成長：人格心理學的基本看法》(1955) 是一個理智上更成熟的思想家的精細的闡述。本書於 1961 年修訂，改名為《人格的模式與成長》，並提到東方哲學，特別是古代印度對人性的論述；(3) 針對人在心理學中的不同層面，奧爾波特還編輯了論文選，名為《人格的成長》(1950)、《人格與社會交往》(1960) 和《心理學中的人》(1968)。此外，他還制定了多種評定人格的測驗。例如，他和其兄編有《A-B 反應研究》(1928)；和阜南合編著名的《價值研究》(1931/1951/1960)；與阜南 (1933) 和卡恩廸爾 (1934) 先後對個人獨特的面部表情、走路風格、言談癖性及筆迹等等表述性行為做了詳細的調查研究；並與阜南、林賽 (1960) 編製了用以測定價值取向的人格量表。

奧爾波特終生致力於人格理論和社會心理學的研究，並將這一領域稱為“心理學的人本主義牧場”。他關於人格成分的結構動力學的研究包含著廣泛的主題：人類動機，宗教感情，倫理學和性格特質。他也研究過人格的純社會層面，例如戰時的謠言和士氣，通訊 (無線電與報刊心理學)，以及群體衝突和偏見。他在人格與社會心理學中尋求解決實際問題的應用：輔導，心理健康，教育學，第二次世界大戰期間的民事工作，以及種族偏見的控制 (Boring & Lindzey, 1967)。

奧爾波特認為，人格是個體的普遍態度，也是形成特質的獨特模式或集合體。他分析了這些態度或特質中的幾種，總覺得僅把它們列舉出來不足以全面地描述人格。他論證說，全部完整的人格不僅僅是其部分的總和。在他看來，人格也有“恰當的功能”或“複雜的整合過程”，例如，成長、形成 (或成為)、成熟、學習、知覺和非投射型表達行為。他把健康人當中的人類動機理解為具有未來傾向的，受其變化的價值觀決定的。奧爾波特指出，人類動機在機能上是自主的，在這個意義上說，動機、目標和態度——即人格結構中存在的推動力——經歷著持續不斷的變化。因此，人格的成長是一個永不終止的過程 (DeCarvalho, 1991)。

奧爾波特是美國心理學界的元老。他一生得到許多榮譽和獎勵。1963 年獲美國心理學基金會的金質獎章，1964 年獲美國心理學會的傑出科學貢獻獎。在嘉獎令中寫道：

> 他提醒我們人既不是個野獸，也不是個統計項目，除非我們要把他這樣看，人類的人格在當今時代找到了最重大的測量標準。這就是

說，雖然人生有其粗糙原始的開端，卻有其高貴的終結，這裏有一條分界線——這條線從圖示上描繪了個體與人類的特點。(American Psy., 1964, 19: 942)

除此之外，奧爾波特還是英國、德國、法國和澳大利亞心理學會的名譽會員。

二、人格的實質及其理論特點

(一) 人格的概念

奧爾波特在《人格：一種心理學的解釋》(1937) 一書中，把人格的研究引入美國。該書首先回顧了**人格** (personality) 一詞的歷史，認為它來源於希臘文 persona，即面具的意思。接著，奧爾波特評論了 50 種有關人格的定義。

奧爾波特反對精神分析和行為主義的觀點，深受完形心理學的影響，堅持人本主義心理學的研究取向。他先後對人格做了三種界定：

1. 人格就是"真實的人"(Allport, 1937, p.47)。他認為，這個人格定義比較簡潔，有綜合性，但比較模糊，缺乏確切性。

2. 人格是人所想的和人所做的，它 (人格) 存在於行動的後面，在個人的內部。他已意識到前一定義的缺陷，故做這一補充說明。其目的是為了避開把人格僅僅作為一種假定的實體，提出人格確實存在於人的某些實際的、現實的東西。這樣，在奧爾波特體系中，人格是活生生的、起作用的。但這一界定又存在描述多於概括的問題，故也不太理想。

3. "人格是個體內部決定其獨特的行爲和思想的那些心身系統中的動力組織"(Allport, 1961, p.28)。這是奧爾波特著名的人格定義，它是在總結自己研究的基礎上，針對精神分析和行為主義而提出的。他認為，當時有兩種不正確的理解：一種理論認為人格甚至於不存在，是一種多餘的術語，被人不幸地用來描述行為；另一種理論則認為人格就是每個人 (包括自己) 所應知的心靈幽深陰暗的隱蔽處。為糾正上述有關人格的兩種曲解，完善自己對人格的定義，故提出他關於人格新的綜合定義。

下面讓我們對這一定義加以剖析：

(1) **動力組織 (或動力結構)** (dynamic organization)：意指人格乃是不斷變化的組織結構。在奧爾波特看來，人格不是已經形成的東西而是正在形成 (或變成、成為) 的東西。雖然一個人從一種經驗到另一種經驗具有一定的類似性，以保持其統合感，但在某一種特殊經驗面前他從來不是完全同一個人。奧爾波特引用古希臘哲學家赫拉克利特 (Herakleitos，約 540～480 B.C.) 的名言："没有已成的，一切都在變成中"，"人不能兩次走進同一條河流"(北京大學哲學系外國哲學史教研室編譯，1957，27 頁)。他認為人格也是這樣，是有組織的並保持在人體內的，但它不斷地變化著，或者說變成不同的東西。

(2) **心身系統** (psychophysical systems)：是指人格是一個心理生理系統。它表示人格既不是完全心理的，也不完全是神經的。這一組織包括了身和心的機能，兩者融合成為個人的一個整體。

(3) **決定性傾向** (determination)：意指人格既不是抽象物，也不是任意虛構的東西，而是由具有決定性傾向所構成的實際存在。奧爾波特認為，人格是、並且做某些事物……它處於特殊因素之後和個體之內。他相信，人不是消極地反應環境，人的行為產生於人內部的人格結構。如果適當的刺激激發了人格的傾向性，人的真實本性就在行動中顯現出來。

(4) **行爲和思想的特徵** (characteristic behavior and thought)：指個人行為和思想的獨特性應成為人格研究的主題。奧爾波特在 1961 年修改的人格定義，把他在 1937 年的著作中"對環境的獨特適應"改為"行為和思想的獨特性"。主要是因為原來的提法過分強調了生物性需要的滿足，修改後包括了所有的行為和思想，而不管他們是否與適應環境有關。例如，個人對未來的理想，就像饑餓內驅力需要滿足一樣重要，但是它與當前有機體的生存幾乎没有或根本没有任何聯繫。

(5) **個人獨特性** (personal uniquely)：奧爾波特對於人格定義的幾次陳述中，均強調了個性或個體性的重要性。在 1937 年的定義中，他用了獨特 (unique) 一詞，而在 1961 年則用特徵 (或特點) (characteristic) 一詞。這說明他注重研究個體或獨特性而不注重研究支配全人類的共同規律，它是一個貫穿奧爾波特研究活動始終的永恆主題。他反復多次指出，沒有兩個相同的人，因此要了解一個特定的人的唯一方法，就是對這個特定的人進行個案研究。

奧爾波特還區分了與人格有關的一些術語。

品格(或性格、品行) (character)：奧爾波特認為“品行”這個術語有些含糊，因為它意味著對某人的道德判斷。例如，當我們說某人具有“良好的品行”時，就含有這種道德判斷。他主張把品行定義為對人格的評價，而把人格定義為不帶評價的品行。

氣質 (temperament)：奧爾波特把氣質、智力和體質都看作人格賴以形成的原料 (raw material)，這三者是由遺傳決定的。他認為氣質是人格的情緒組成部分。

類型 (type)：它是一個人對另一個人的分類。當我們描述別人時，就使用類型的術語。如一個人總是顯出攻擊性，我們就說他 (她) 是攻擊型的。人格表示一個人按照某種方式行動，我們可以說人格創造那種能被描述為不同類型的行為模式。

(二) 完備人格理論的特點

在 1960 年，奧爾波特提出，任何完備的人格理論均應有下述五個特點：

1. 完備的人格理論應把人格看作人內部的蘊涵 依奧爾波特的觀點來看，人格是人的內部結構和動力組織，根據人扮演的各種角色或由環境所產生的行為模式來解釋人格的理論是不完善的。人格必須根據內部機制，而不是根據外部機制來解釋。

2. 完備的人格理論應把人看作是充滿著各種變化的人 奧爾波特厭惡把人類行為的正確方式視為對刺激條件 (S) 和對這些條件所做的反應 (R) 進行機能分析。他認為，以研究“空洞有機體”自以為榮的行為主義心理學家如斯肯納，實際上陷入了非人化的境地。任何完備的人格理論必須是動力的，要探討“儲備齊全”的有機體。

3. 完備的人格理論應在現實中而不是在過去中尋求行爲的動機 在奧爾波特看來，神經症患者也許是他們以往歷史的“囚犯”，精神分析追溯童年經驗對他們的治療可能是有用的。但是，對於健康的正常成人來說，他們的動機是能意識到的，如果要求他們追溯童年經驗，他們能正確地進行描述。

4. 完備的人格理論的測量單位應該是活的綜合　奧爾波特認為，完備的理論決不應喪失整個人格的完整性，因為人的心理總是比測驗分數或條件反射的集合複雜，不管用什麼測量單位來測量人，它們都必須能描述完整的、動力的人格。他主張可能的測量單位是活的綜合 (living synthesis)，亦即**特質** (trait)。特質是一種神經心理結構，是構成人格的最小單位。特質組成一個人完整的人格結構，它除了能對刺激產生行為外，還能根據機能等質原則主動對許多刺激產生一致性反應。例如，一個具有謙虛特質的人，對不同情境會做出相類似的反應。因奧爾波特的人格理論以特質為主故亦被稱為**特質心理學** (trait psychology)。

5. 完備的人格理論應能充分地解釋自我意識　人是唯一能覺知到**自我意識** (self-consciousness) 的動物，人格理論必須涉及它、重視它。

上述五個特點也就是奧爾波特為其完備的人格理論所制訂的五項標準，可作為衡量人格理論完善程度的一個參照架構。

三、健康人格的動機

成熟的、健康人的動機是奧爾波特**健康人格心理學** (health personality psychology) 或稱**成熟人格心理學** (maturational personality psychology) 的核心。在他看來，人的行為總有某種力量的牽領、指引和推動，所以應該把闡明動機擺在人格心理學研究中的首位。

正如前述，特質具有指引人的行為能力，它使個人的行為具有指向性，而不是行為指向特質。這說明特質與動機的聯繫，但是並不能由此而把特質和動機完全混同起來。兩者的區別在於：在驅動人的行為方面，**動機**是根本的、內源性的、第一位的動力，而**特質**則是派生的、表徵性的、第二位的原因。因此，在探討人格特質理論之後，進而再研究健康人格的動機問題不僅是完全合乎邏輯的，而且也是深入研究奧爾波特人本主義心理學思想迫切需要的。

(一) 完整動機理論的要求

奧爾波特認為，動機是人格心理學研究的重點，也是心理學中最難處理的問題。迄今，所有的動機理論，皆未臻完備，無法提供圓滿的解釋，即使他自己的動機理論也不例外。

奧爾波特認為，完整的動機理論必須符合下述四項要求：

1. **承認動機是現實的** 奧爾波特不相信弗洛伊德學説所提出的兒童是人類的父親，兒童時代的動機決定他後來的行為。相反的，他主張過去的動機只有在現在還存在，才能解釋行為。以動機作為行動的動力，必須是現實的。

2. **承認動機是多元的** 奧爾波特認為把人類的動機簡單地歸結為一種因素，如內驅力降低或追求優越感都是愚蠢的。事實上“動機的種類是多樣的，我們很難找到它們普遍的共同特性”(Allport, 1961, p.221.)。他認為各家動機學説均有可取之處，要想了解動機，就應採用多種動機的觀點來説明幾種動機同時存在的客觀事實。

3. **承認動機來自個人的認知歷程** 奧爾波特認為，人類不是被動地接受刺激，產生反應，而是根據認知的結果主動地擬訂目標，計畫將來。如果不了解一個人的目標、計畫、願望和價值觀，就不可能真正了解一個人的動機。在奧爾波特看來，了解一個人的人格結構或動機的最好辦法是問他：“從現在起五年內你想做什麼？”在奧爾波特以前從來沒有人像他那樣重視個人的認知歷程。為了了解一個人的人格，我們不能問“你五年前到現在想做什麼來著”，只有知道他現時的願望才能探討他的人格。因為人並不是為過去而是為未來在追求些什麼。

4. **承認個人的動機模式是獨特的** 奧爾波特認為，正像沒有兩個人具有相同的特質一樣，也沒有兩個人具有相同的動機型式。別的學者通常強調人類共同的動機型式，而奧爾波特則強調個人獨特的動機型式。

奧爾波特把動機分為兩種型式：

(1) **慣例動機** (routine motive)，或稱為**需要動機** (need motive)：指自我未介入的、維持體內環境恒定需求的動機。在奧爾波特看來，體內環境恒定原則就是力求消除緊張狀態，恢復平衡。這種動機不包括真正人格的內涵，缺乏新的更高的目標，行為比較呆板，屬於低等動機。顯然，一再重復慣常的行為方式並不適合人類的需要。

(2) **自我動機** (ego motive)，或稱**發展動機** (development motive)：指自我涉入的、實現新目標的動機。這種動機是人類區別於一般動物動機的特徵。在奧爾波特來看，發展動機是以自我為內容的人格的核心，是人具有重要的價值系統的高級動機。它不僅在人的行為中起著主導作用，而且正是在動機與目標當中顯現出來人格形成的遠景和最重要的特徵。因此，自我涉入成分越多，抱負水平相對提高，動機力量也越強。

奧爾波特在審察各種不同的動機理論後，發現他們都不能完全滿足上述四項要求，於是他兼容各家觀點，獨創自己的動機理論。

(二)　機能自主的內涵

機能自主 (或**功能自主**) (functional autonomy)，又稱**動機功能獨立** (functional autonomy of motivation)，是奧爾波特健康人格心理學中最著名和最引起爭論的概念，也是他關於人類動機的基本原理。他把機能自主視為人格理論的"獨立宣言"(Allport, 1937)。

奧爾波特在《人格》(1937) 一書中，給機能自主下了一個定義：機能自主認為成人的動機是變化多端、自我維持的當前系統，這個系統是由先前系統發展而來，但在機能上是獨立的。這一定義包括三個要點：

1. 機能自主屬於成人動機的特徵，至於兒童動機則可用其他心理學派的理論來解釋。
2. 成人動機變化多端說明他們的動機不是一個簡單的和一般化的靜態結構，而是一個複雜的和獨特的動力組織。
3. 當前系統與先前系統兩者只有歷史性關聯，而無機能上相關。

奧爾波特既反對行為主義那種 S-R 注入式的外在動機論，也反對精神分析那種面向過去的童年動機決定論，堅持從人格是人的內驅力與環境因素協調形成的適應模式這一基本觀點出發，認為成年人的行為動機不但已非原初的生物性動機，而且一經形成的現在的社會性或心理性動機就具有自主支配行為的獨立機能。

> 根據奧爾波特的看法，成年人的動機並不是其童年動機的擴展和發揮。成年人的動機是童年期的機能自主化——即：它們是不依賴於先前的境遇的，就像長成的橡樹，是一度養育它的橡子的自主化一樣。我們不是被來源於過去的動機力量從後面推動的。相反的，我們是由我們對未來的計畫和意向在前面拉著的。(李文湉譯，1988，25 頁)

不難看出，動機機能自主是指，原來純屬生物性動機所驅動的行為成為習慣，變成了進行該行為的目的或動機，它會獨立於原來生物性需求滿足之外，自成為一種內在力量，支配個體的行為。奧爾波特以兒童練習彈鋼琴為例，起初兒童可能是出於一種怕受到父母訓斥的緊張心理或迴避懲罰的動機而學鋼琴的，但是，經過長期訓練以後，演奏自身可能成為一種享受。這時的動機已由過去被迫的害怕受到懲罰發展到主動的自發追求了。這說明成人動機往往與他們的過去“脫離”關係。

奧爾波特認為，人格結構中的一些高級心理過程如興趣、愛好、態度和生活方式等都可以用機能自主原理來解釋。例如，一個大學生剛開始學習某一門課時，很可能這門課是必修的，或是能取悅於雙親，或者由於時間寬綽而選學，但是最後完全被它所吸引，甚至終身都為它所迷戀。這裡原發性動機已不復存在，達到目的的手段本身卻變成了目的。人們平時所謂的“為讀書而讀書”、“為研究而研究”、“為藝術而藝術”等現象均可用動機機能自主來加以解釋。價值觀念和生活方式也可能通過早期的訓練由勉強而發展成為機能自主。

奧爾波特在《人格的模式與成長》(1961) 一書中，對其原有的定義稍有修正：機能自主係指任何獲得的動機系統，這種獲得的動機系統所包涵的緊張狀態，和它所源自的先前系統的緊張狀態有三個不同點：

1. 強調機能自主不是原發性動機系統，而是獲得性動機系統。
2. 強調機能自主不是要消除緊張狀態，而是主動因應和增加緊張度。
3. 強調機能自主範圍較廣，既未限於成人，也未把成人動機都視為機能自主。

奧爾波特指出，人類並不是一切行為都是由機能自主動機所驅使的，還有不少行為是受生物因素、外部強化和自身習慣所引起的。他列出有八種行為不屬於機能自主：(1) 生物內驅力：如呼吸、睡眠、饑餓、排泄等；(2) 反射動作：如眨眼、抽筋等；(3) 體質因素：如體格、智力、氣質等；(4) 習慣；(5) 初級強化：即目標達成後，行為即中止；(6) 停滯於嬰兒期或固著：如嬰兒期動機受壓抑所發生的鮮為人知的行為；(7) 神經症者：治療時必須探索過去，追溯原先行為，以便對症下藥；(8) 昇華。

由上述可見，機能自主之所以成為健康人格動機的標誌，就是因它實現了由原發性動機或生物性動機向獲得性動機、社會性或心理性動機的轉化，由被動的、外在的動機向主動的、內部的動機的轉化。奧爾波特認為，由機能自主性動機控制的行為，才是人類行為的特徵，因而應該成為人格心理學研究的中心。

(三)　機能自主的種類

奧爾波特認為，機能自主可分為下述兩種：

1. 持續性機能自主 (perseverative functional autonomy)　指較低層次神經系統的機能自主，適用於癖好、重復、熟悉和習慣性的暫時行為，屬於自足式封閉或半封閉系統，即鮮有外界的強化，卻仍能繼續發生作用。例如，一個人在退休後，仍然每天早晨按著上班時間起床。酒癮、烟癮也屬於此例。

2. 統我性機能自主　統我性機能自主 (或自我統一機能自主) (proprium functional autonomy) 是指較高層次的長期自我奮發的活動，如一個人的興趣、目標、態度、價值觀和情操等。它屬於一個開放系統，預設個人不斷地受到外界的挑戰，而能主動採取適當的因應行為。藝術家梵高一生雖窮極潦倒，仍醉心於油畫的創作就是一個典型。

(四)　健康人格動機的特點

1. 有希望、志向和理想是健康人格動機的核心　奧爾波特認為，健康人格指向未來的意向性具有統一和整合整個人格的功能。因為任何人都難以擺脫被問題和衝突所困擾，所以在某種意義上說，人格可以通過整合其指向完成目標和意向的各個方面，而形成為一個整體。相反，神經症患者則不然，有些因人格分裂缺乏長遠目標，缺乏集中的核心或統一的力量。奧爾波特寫道：

> 擁有長遠目標，對於我們個人的存在來說，被看作是主要的。
>
> 正是它，把人從動物中區分出來，把成人和兒童區別開來，而且在許多情況下，也把健康人格和病態人格辨別開來。(Allport, 1955, p.55)

2. 適當增加個體緊張度是健康人格動機的一個指標　某些動機理論 (包括弗洛伊德) 宣稱，人主要是被減少緊張所促動，把緊張保持在最低程度上，從而維持內部的均勢狀態，或**體內平衡 (或均衡作用)** (homeostasis) 狀態。在這種理論看來，個體是為一種緊張過度所促動，它經常迫使個體活動下降。

奧爾波特認為，人格的這種緊張度縮減模式，僅有部分是正確的，因為它對於多數健康人的動機來說並無價值。人的有機體需要把對於食物、水、性和睡眠等的生理內驅力的滿足，保持在一定水平上 (當然，在我們吃不到食物的時候，我們內部所引起的緊張，必須予以縮減)。可是，奧爾波特指出，健康人對人生的要求，比緊張縮減要更多。他還解釋說：人在停止工作回家，是已經餓了、累了，需要吃飯和休息。但是，當人已經填飽肚子並恢復了體力後，接下去又怎麼樣呢？如果這個人是健康的，那麼他 (她) 就需求新的活動，並轉向一種業餘愛好，如閱讀有益的書籍，或者出去參加晚會 (Allport, 1961)。

3. 能持續接受多樣化、新鮮事物和挑戰是健康人格動機的重要特點　成熟、健康的人往往拋開例行公事而追求新的經驗，他們敢於冒險去探索新事物。奧爾波特認為，只有通過這種新緊張創造的經驗和冒險，人才能成長。

歷史表明，許多人並不滿足於沒有表現出多樣性的、只有最小緊張的日常生活方式。衆所周知，他們之中有的是有十分可靠的職業而去開拓新事業的人，有的是離開家庭去探索並移居未開發大陸的人，有的是擁抱盡量延緩在空中開傘的危險和車賽危險的人。他們為什麼去從事這些事情呢？這並非是減少緊張，而是在增加緊張！

奧爾波特描寫了極地探險家阿曼德森。從 15 歲起，他就被探險的目標所推動。不管有多大的障礙，他都堅持不懈；並且隨著每一次探險的成功，他的抱負水平就進一步提高。他在發現了南極以後，又渴望飛越北極。阿曼德森的視野總是指向未來。他是由意向和理想推動的，緊張的縮減肯定不是他的目標。

4. 動機的相同性是健康人格動機的一個顯著的特點　奧爾波特認為，雖然我們大多數人的抱負和意向，與阿曼德森比較起來很可能是有區別的，但是任何健康的人都是由關於未來的遠見所推進的。這個遠見 (連同它的具體目標) 把人格統一起來，並且使人與日益增長的緊張水平打交道。

奧爾波特認為，指明這一點是很重要的。在他關於健康人格動機的論述中，我們發現他在任何地方都沒有把幸福作為目標。在他看來，幸福本身並不是目標，相反的，幸福可能只是人格在其追求的抱負和目標的基礎上成功整合的副產品。對於健康人來說，幸福不是他們主要考慮的事情，但是，它可以來到有抱負並積極追求實現抱負的人身上。可見，為了成為成熟的、健康的人，幸福並不是必不可少的東西。健康的人格並非一定是無憂無慮、歡欣快樂的人格。實際上奧爾波特認為，對於健康人的一生來說，嚴酷並充滿痛苦和悲哀是可能的。

5. 最終目標不能達到而逐一實現次目標是健康人格的一個特點
奧爾波特指出有一種似乎是自相矛盾的方面：儘管次目標是能夠達到的，但健康人所渴望的最終目標卻是不能達到的。他舉例說，探險家阿曼德森，在他的種種歷程中，不管如何成功，他的探險目標永遠不可能完全達到。每一新發現 (次目標的滿足) 之後，他立即著手部署下一個目標。他的一生總是被持續探險這個總目標所指引 (促動)，但是，只要還有未探險過的領域存在，這個總目標就永遠不會完全達到。

這使我們想起了一句格言：“得隴望蜀，永無止境”。最終的目標拉著人從一個次目標到另一個次目標，但是它本身始終留在未來之中和能及範圍之外，直至死亡到來，或某種同樣不可逾越的障礙介入為止。

我們常聽到有人說：“如果我一年能掙一萬五千元，我就滿足了，我不需要更多了”。人們很可能會發現，當這個既定目的達到的時候，他或她並不滿足；接著一個更高收入水平成了新的目標。最終的足夠收入可能永遠達不到，而人則拉向永遠是更高的水平上去。奧爾波特寫道："福音只會降臨到這種人身上，他不斷地激勵自己去追求那種最終不能完全達到的目的"(Allport, 1955, p.67.)。在他看來，人們就是在這樣的矛盾中生活的。如果完全達到了終極目標，人們就會失去指引我們進一步生活，並統合我們人格的促動力量。由於人們永遠達不到最終的滿足，所以就必須發展新的動機去取代老的動機，以便保證人格的健康。

6. 符合組織能量等級原理是健康人格動機的一項重要準則 奧爾波特認為，如果現存的動機已不再需要或適宜，這就需要創立新的動機，因此他提出**組織能量等級原理** (principle of organizing the energy level)。在他看來，成熟的健康人通常需要足夠強烈和活躍的動機，去消耗他或她的能量。例如，一個婦女可能懷有這種壓倒一切的目標，就是按著適當的標準培養自己的孩子。當孩子還小並正向成熟成長的時候，這個目標對於消耗她的精力是足夠了。由於孩子成功地達到各個發展階段，她沿著這條路線可能已完成了一些次目標，如訓練孩子自理生活，或者使他們順應學校的學習生活。但是，當孩子到達成年的時候，這個婦女原來的目標已經過時，似乎無事可做。因此，她必須依據組織能量等級原理，找到新的興趣和理想，使其精力放在新確定的方向上。

奧爾波特把組織能量等級原理應用於青少年的對抗、破壞以及犯罪行為上，他認為，有些年輕人缺乏消耗其精力在有意義的、建設性的目標。因為精力必須找到釋放的出路，而且如果它没在建設性方面表現出來，那麼它就可能被發洩在破壞性方面。

7. 符合掌握和勝任的原理是健康人格動機必須遵循的一項原則 奧爾波特認為，健康的成人有一種提高效能和渴望精通的先天需要，即**掌握和勝任的原理** (principle of mastery and competence)。因此，對於健康人來說，在平庸的水平上或者只是在適當的水平上執行或完成任務，是不完全令人滿意的。相反的，他們在努力滿足其動機需要的時候，還渴望盡可能最佳地完成任務，達到高水平的勝任和熟練。

8. 符合統我模式性原理是健康人格動機的一項重要的原則 奧爾波特認為，個人的自我統一體是決定個人在生活中追求什麼、排斥什麼的參照框架即**統我模式性原理** (principle of proprium patterning)。這意味著雖然動機在機能上是獨立於過去經驗之外的，但它們都離不開自我統一體。換句話說，所有的動機必須與整個自我（自我統一體）一致。只有這樣，才能確保人格的一致性和完整性。

四、健康人格的統我及其發展

(一)　統我的概念

統我（或**自我統一體**）(proprium) 是奧爾波特主張的人格心理學中的一個新概念。

奧爾波特認為，**人格**是一種動力組織。它由心理和生物的結構組成，即個人傾向。人格的各方面都是連續的，正在組織建構之中，這就假定有一種發生作用的動因或力量。在古代稱為靈魂或心靈，後來有些心理學家稱之為**我**（或**自我**、**自性**和**自身**）(self)，或**自我** (ego)。奧爾波特認為，自我一詞有兩個問題：(1) 各個心理學家用法不一，含義不明；(2) 自我概念過於狹窄，只涉及到個體自我感的一部分。因此，奧爾波特在 1955 年又提出統我（自我統一體）概念，相當於 self 和 ego 的統一體，亦即用統我代替自我。在他看來，統我"包括人格中有利於內心統一的所有方面"(Allport, 1955, p.40)。這就是說，統我指人格本體的統一體和獨特性。它既是人格統一的根源，又是人格特徵的統帥。

奧爾波特的統我是以自我的意識性、一致性、統合性和獨特性為其主要特徵。奧爾波特的統我與弗洛伊德的理論不同，他認為自我並不是源於潛意識，而是來自意識，即統我是個人所意識到的包括其身心一切特徵的自我。奧爾波特的統我與斯肯納的 S-R 機器人式的模型也不同，他認為統我是個人覺知到的自我一致性與統合性的內在組織。

(二)　統我的發展

奧爾波特指出，統我這種內在組織和自我意識並非一生下來就有的，而是後天逐漸發展起來的。完整的統我機能，從出生到成年，經過八個發展階段完成的。

1. 軀體感　**軀體感(或軀體我)** (sense of bodily self) 乃是 1 歲時嬰幼兒最早出現的一種自我感，也是統我發展的第一個階段，它指一個人對自身軀體的覺知。人不是生下來就具有這種覺知的。嬰兒誕生後並不能立即在我和周圍環境之間進行區分。這要在嬰兒不斷與外界包括他人和他物的接觸中，亦即"在我之中"的某種東西和"在我之外"的其他東西之間的辨別中逐漸體驗才能形成。

軀體我的這種意識，例如嬰兒對他自己的手指和抓在他手中的物體的辨別，是自我統一的最初體驗，還不是人對自我的全部體驗或人的全部自我。但是，奧爾波特卻把軀體我看作是"我們的自我意識的終身依靠"(Allport, 1961, p.114)。這就是說，人格的發展開始於軀體自我感、機體內部活動如臟腑、肌肉、關節和其他活動，這是自我最基礎的東西，也是自我意識發展的生理依據。

2. 自我認同感　**自我認同感(或自我同一感、自我確證)** (sense of self-identity) 乃是 2 歲時出現的自我感，也是統我發展的第二個階段。它指幼兒對自身的存在形成了一種連續感。雖然他們的高矮大小在變化，經驗在變化，但兒童總感到他們是同一個人。就是說，他們已開始懂得"今日之我"為"昨日之我"的延續，而"明日之我"與"今日之我"並無二致，均是時間上連續一貫的自身，主要基於自我認同的結果。

奧爾波特認為，語言的發展、人際交往與自我同一感的發展相聯繫。特別是兒童在使用自己名字的過程中，以名字作為支撐點或制動器，它成為一個人存在的符號，識別著一個人的自我，從各種不同的經驗中獲得自我同一感。不僅如此，它還可以把他同世界上所有別的自我區分開來。除了名字以外，衣物、玩具及其他重要的所有物也可以成為他們自我認證的憑藉。

3. 自尊感　**自尊感(或自重)** (sense of self-esteem) 乃是 3 歲時開始出現的一種自我感，也是統我發展的第三個階段。它指幼兒獨自做了某些事情時產生的得意感、自豪感、自尊感或自重感。在這一個發展階段上，兒童往往要求去做事、去探索，並滿足他對環境的好奇心，以及去因應環境的需要。好奇而敢做敢為的幼兒，由於這種抓住東西進行處置和探索的衝動，可能是非常有破壞性的。奧爾波特認為，這是兒童發展的關鍵階段。兒童尋求完全獨立，以擺脫成人的監護。此時，如果父母阻撓兒童的探索需要，他們的自重感可能被損毀，則會產生羞辱、憤怒和卑微情緒。

兒童的自主需要，對於自尊感的形成是非常重要的。不同年齡階段的兒童，在不同的情境下其自尊感表現的方式也不同。2 歲左右的兒童，如反抗父母要他做每一件事時，其自尊感往往以消極行為表現出來。以後，到 6 歲或 7 歲的時候，自尊感則以與其同伴競爭的方式，更明確地表現出來。

4. 自我擴展感　**自我擴展感** (或**自我擴伸感**) (sense of self-extension) 是兒童 4 歲左右時開始出現的一種自我感，也是統我發展的第四個階段。它指兒童把自我意識擴展到外部事物上。兒童已經開始意識到環境中的其他人和物，也開始意識到它們之中有一些是屬於他的這個事實。就是說，兒童不僅發現自己的身體是隸屬於他的，而且某些玩具、遊戲、父母、姐妹、衣服、小動物等身外的事物也是屬於他的。例如，"這是我的家"，"那是我的筆"等等。正如體現在"我的"(mine) 這個奇妙的詞中那樣，兒童正在認識著"佔有"的意義和價值。然而，在這個發展階段上，被確定為是"我的"人和物的範圍是有限的，更大的實體 (諸如國家、職業或宗教) 變成為"我的"過程，還剛剛開始。這是人把他或她的自我，廣泛地擴展到不僅包括具體事物，而且也包括抽象思維、價值觀和信念上去的開端。

5. 自我意象　**自我意象** (或**自我形象**) (sense of self-image) 是在 4 至 6 歲時開始出現的一種自我感，也是統我發展的第五個階段。它指兒童對自己所持有的看法，包括兒童怎樣看自己的能力、角色、行為以及未來的理想等意象。在這個發展階段上，兒童開始以道德感作為行為的參照標準，知道了"好的我"和"壞的我"，形成了自我意象感。這個意象 (或意象系列) 的發展，來自父母與孩子之間的相互作用，兒童對自己所做的 (真正自我) 與別人要求他做的 (理想自我) 之間的相互比較。特別是通過讚揚和處罰，孩子認識到，他父母期望他發揚某些行為和避免另一些行為。父母可以在某些行為的反應中，稱讚兒童"好"，而對另一些行為則申斥"壞"。通過學習這些父母的期望，兒童就發展了道德責任感，並形成更遠目標與意向的基礎。

6. 理智自我　**理智自我** (或**理性運用者的自我形成**) (sense of self as rational coper) 是 6～12 歲時開始出現的一種自我感，也是統我發展的第六個階段。在這一階段，兒童能夠運用邏輯推理或理性思考來解決比較複雜的問題。兒童開始上學以後，作為理性獲得者的自我開始形成。從教師和同學那裏學到新的準則和期望，而且更為重要的是，智力的活動和挑戰向他提出來了。兒童開始認識到思維是解決生活中各種問題的方法，他們開始想到思維，進行“想一想”的活動。但還是武斷式地相信自己的學校、家庭、同伴是對的、好的。

7. 追求統我的形成 **追求統我的形成 (或自我統一追求的出現、本體奮力的浮現)** (emergence of proprium striving) 乃是從 12 歲至青年期出現的一種自我感，也是統我發展的第七個階段。它指青少年幾乎完全表現出追求自我統一、注重未來目標、奮發上進的趨向。

奧爾波特認為，青春期是特別關鍵的時期。這時，人忙於重新追求自我統一，這個自我統一與兩歲時的自我認同不同。“我是誰？”的問題是首要的。已經被父母和同伴推入和拉到不同方向上的青少年，用假面具和角色做實驗，測驗自我意象，試圖發現成年人的人格。這種對統合感 (或同一性) 探索最重要的方面是生活目的的確定。其探索的意義在於，它是人第一次關注未來，關注長遠的目標與理想。奧爾波特寫道：

> 長遠目標的獲得，被認爲是一個人的個人存在的關鍵，它把人與動物、兒童與成人區分開來，而且在許多情況下，把病態人格與健康人格區分開來。(Allport, 1955, p.51)

可見，追求統我的形成，實際上是創造、籌劃和形成長遠的目標作為自己生活的目的和自我統一的結構。

8. 知者自我開始出現 **知者自我開始出現 (或認知者自我的形成、自我作爲認識者的出現)** (emergence of the self as knower) 乃是成年時代的一種自我感，也是統我發展的最後階段。它指自我作為認知者意識到自我已經統一並超越上述七個階段而綜合了所有統我的功能。我們不僅要認識事物，而且要認識我們自己。這就是說，統我既包括作為認識對象的自我，也包括作為認識者的自我。在這個階段，其特點是自我被認識到，使自我八個層面統合化。統我的發展概括在表 2-1 中。

奧爾波特在《成長：人格心理學的基本看法》(1955) 一書中認為，統我 (或自我統一體) 是由上述八個方面所組成的。奧爾波特 1961 年在《人格的模式與成長》一書中做了部分修訂：

表 2-1 統我的八個發展階段及相應的機能

發展階段	年　齡	統 我 的 發 展
一	1 歲	嬰兒通過體驗到的許多感知而知道自己的存在
二	2 歲	兒童知道雖然環境變化但他的統合感却没有改變
三	3 歲	個人的成就產生自豪感
四	4 歲	兒童通過認識到某些屬於他的物體而擴展自我意象
五	4～6 歲	形成良心和超我，並能運用對和錯的概念
六	6～12 歲	兒童能用推理和邏輯思維來解決比較複雜的問題
七	12 歲至青年期	兒童形成更遠的目標，並以此來組織自己的生活
八	成年期	綜合各個發展階段的個體生成

(採自 Hergenhahn, 1984)

(1) 將認知者從統我的內涵中分出，以統我表示認知客體，稱之為“Me”；以認知者表示認知主體，稱之為“I”。

(2) 統我專指人格的前七個方面，而以**自我** (self) 一詞指第八個方面。這就是說，統我的發展由八個階段改為七個階段。

奧爾波特指出，統我從嬰兒期到青年期的發展；經過了**個性** (selfhood) 的七個階段。當所有這些發展著的方面都已完全出現的時候，它們在自我統一體的單一概念中是統一的。因此，統我是由個性的這七個方面組成的。在任何一個階段上，其挫折與失敗均會削弱下一階段的出現，並阻礙它們協調地整合到統我之中。如果說童年經驗對於健康人格的發展是非常重要的，那麼統我的形成則是健康人格必不可少的。

(三) 健康人格的標準

奧爾波特既不是精神分析學者，也不是心理治療家。他對人性的看法是樂觀的。弗洛伊德認為精神病人與健康人之間只有量的差異，而没有質的不同。奧爾波特則認為精神病人與健康人之間根本就沒有機能上的類似性。因此，奧爾波特對精神疾病的患者沒有什麼興趣，而且堅持認為支配健康成年人的人格規律不能從研究動物、兒童、過去、神經症患者那裏獲得，必須把健康成人作為主要的研究對象。在他看來，健康人是在理性和有意識的水平上活動，他們的驅動力量是完全能夠意識到的，也是可以控制的。特別是健康者和神經症患者的動機不同之處在於，他們的視線是向前，指向當前和未來，而不是向後，指向童年和過去。

奧爾波特認為，並非所有的成人都具有成熟人格。至於什麼樣的人格才算成熟，這不單是科學或心理學所能解答的，勢必要藉助倫理道德的價值判斷。同時他又指出在談論成熟人格時也不能忽略個別差異的問題。奧爾波特提出，成熟人格有如下七條標準，它表現了健康人格的主要特徵。

1. 自我感的擴展 指健康成人能參與豐富多彩的活動，他們有許多朋友、愛好，並且在政治、社會和宗教活動方面也頗為積極。他們不僅關心自己的福利而且也關心他人的福利。

奧爾波特認為，隨著自我的發展，自我感就會擴展到人和物的廣泛領域上。最初，自我只是集中在個人身上。後來，由於人的經驗的增多和成熟，他 (或她) 的興趣就超出了自身的範圍，自我就擴大到包括抽象的價值觀和理想上，成為“人類努力的某種重大領域”的真正參與者。

奧爾波特認為，一個人越是認真捲入和參與各種有意義的活動，他的心理健康水平也就越高。這種真正參與的意義，適用於我們的工作、我們與家庭和朋友的關係、我們的愛好以及我們的政治或宗教的活動。在他看來，自我變成了對這些富有意義的活動的投資，而這些活動則成為自我感的延伸。

2. 人際關係融洽 指健康成熟的人能夠與他人保持親密關係，同時能尊重他人的隱私和權利，並且富有同情心，對他人溫暖、理解和寬容，沒有佔有欲和嫉妒心。

在自我與他人的關係上，奧爾波特主張建立兩種類型的溫暖：

(1) **親密** (intimacy)：他認為，心理健康的人對於父母、孩子、配偶和朋友均能保持親密關係。這既可充分發展自我擴展感，又可充分發展自我統合感。他說，健康人的愛是無條件的，不會束縛人的，不會使人喪失活動自由的。人在其所愛的人那裏，表現真正的參與，並關心他人的幸福，把這種幸福變得像自己的幸福那樣重要。

(2) **同情心** (sympathy)：包括對於人的基本狀況的同情，以及與一切人的親屬感。他認為，心理健康的人有理解別人的痛苦、恐懼、挫折和失敗的能力，並能容忍他人的缺陷和不足。

3. 安全感 **安全感** (security) 指個體對環境的一種複雜態度，包括對自我有信心，對事有把握，對人得信賴，能夠忍受生活中的挫折和不幸。具有安全感是健康人格的必備品質。

奧爾波特認為，要想保持安全感首先要有**自我接納** (或**自我認可**、**自我承認**) (self-acceptance) 的品質。自我接納指個體對自身的一切持有積極態度。一個心理健康的人既能確認自身的正面價值，不因某種優點而驕傲；也能承認自己的弱點和不足，不因某種缺點而自卑和自我否定。他特別強調自我接納不僅表現在敢於承認自己的缺點、欲望、情緒和性驅力，而且還表現在能夠控制而不是壓抑自己，並把不良情緒引向建設性的活動上去。

奧爾波特認為，要想保持安全感還要具有**挫折忍耐力** (或**挫折容忍力**) (frustration tolerance)。這一特質表明人怎樣反應需求、欲望的壓抑及挫折。在奧爾波特看來，健康人對這些阻礙有忍耐力，既不是使自己聽命於挫折，更不是使自己喪失活動的能力，而是能夠代之以達到同樣目標或替代目標，設計不同且沒有阻礙的道路。

奧爾波特認為，如果成熟的人没感受到安全感的重大意義，他們就不可能如此耐受挫折、如此自我接納，或在這樣大的程度上控制他們的情緒。他們已經學會用**均衡感** (sense of proportion)，去處理人生的憂慮和**自我威脅** (ego-threat)，而且他們也發現這樣的壓力並不總是引向災難。健康人並非擺脱了不安全感和憂慮，但他們更少感受到威脅，並且能夠比神經症患者更好地更妥善地處理它們。

4. 現實性知覺 **現實性知覺** (realistic perception) 指心理健康的人能客觀地知覺周圍現實，而不是把它們看成自己所希望的東西。相反的，神經症患者則經常歪曲現實，以便使它適合自己的需求和憂慮。成熟的人不需要適合個人關於現實的先入之見，而認為其他的人和境遇全是壞的，或者全是好的。他們按現實的本來面貌承認現實。這種人是“明白人”，不是“糊塗人”。

5. 技能和任務　指一個心理健康的人具有一定的技能和能力，熱心投入工作，高水平地完成任務。

奧爾波特強調工作的重要性，和在工作中丟開自身的必要性。他認為工作上的成功包含一定的技能和能力——勝任的程度——的發展。但是，只掌握有關的技能還不夠，我們必須以全神貫注的、熱心的和獻身的方式運用它們，並把自己完全投入到工作之中。

奧爾波特指出，一個掌握了技能的人可能是神經症者。然而，不可能找到對於他們的工作沒有指揮技能的健康成熟的人。奧爾波特寫道：“生命持續的唯一道路，是有任務去完成”(Allport, 1961, p.290)。在他看來，工作和責任心為人生提供持續的意義和道理。沒有重要的工作去作，沒有獻身和承擔義務的精神，以及沒有做工作的技能，要達到成熟的和積極的心理健康是不可能的。

6. 自我客觀化　**自我客觀化** (self-objectification) 指一個心理健康的人能洞察自己，自我幽默。就是說，他們對自己所有和所缺都十分清楚，既能正確理解真實自我與理想自我之間的差別，又能知道自己看待自己和別人看待自己之間的差別。此外還具有積極的幽默感。

這個標準早在古希臘就在“認識你自己”這個艱難的任務中提出。客觀自知的探索從生命的早期就已開始，並且永遠不會終止。但是在任何年齡階段上達到自我客觀化的某種有益的水平，卻是可能的。健康人格所達到的自我理解水平，比神經症者所達到的要高。

一個心理健康的人的自我形象是客觀的、公正的，他們能夠正確地知道自己的現狀和優缺點，並樂於接受別人的意見。如果洞察真實自我與理想自我之間差距愈是接近、符合，那麼這個個體的成熟度和健康水平就愈高。

擁有高水平的自我客觀化或自我洞察力的人，他們傾向於正確地評價他人，並且通常能被別人較好地接受。一般他們不大可能把個人的消極品質投射到其他人身上。奧爾波特指出，有更高的自知之明的人，比缺乏自知之明的人更為明智。

此外，奧爾波特認為，在自知之明的程度和幽默感間存在著高度相關。這種幽默感包含著洞察不一致和荒謬的能力以及嘲笑自己的能力。它同那種涉及性別和侵犯行為的粗俗而滑稽的幽默是不同的。

7. 統一的人生觀　指一個心理健康的人具有遠大的目標、堅定的價值觀和成熟的道德心，並成為他們生活和工作的精神動力。他們有相當清晰的自我意象和一套指導行動的標準。

奧爾波特認為，統一的人生觀包括三個方面：

(1) **遠大的生活目標**：健康人格是向前看的，是被長遠的目標和計畫推動的。這些人有目的感，有完成工作的使命感，這是他們生活的柱石，並對他們的人格提供連續性。在奧爾波特看來，沒有指向未來的志趣和方向，就不可能有健康的人格。

(2) **堅定的價值觀**：這一點是區別健康人與神經症者的重要標誌。神經症者沒有價值觀，或者僅有片段的和短暫的價值觀。然而，健康人可能有許多具體目標的框架是價值觀念。奧爾波特強調說，價值 (與目標一起) 對於統一人生觀的發展極端重要。個體可以從種種價值中進行挑選，它們可能是與個人有關的，也可能是和許多人共同具有的愛國主義有關的。

(3) **成熟的道德心**：奧爾波特認為，道德心有助於人生觀的統一。他把道德心分為兩種：一種是不成熟的道德心或神經症的道德心，它像兒童的道德心一樣，是馴服和盲從的，充滿了限制和禁律。這種道德心從童年到成年都有。不成熟的人說的是“我必須這樣行動”。另一種是成熟道德心，由於成熟的人說的是“我應該這樣行動”，因而成熟的道德心是由對自己和對他人的義務感和責任心所組成，並且可能深深紮根於宗教和倫理的觀念之中。奧爾波特把個人對宗教的信仰看作健康人格不可缺少的一部分。

五、簡要評價

(一)　主要貢獻

1. 參與創建人本心理學　人本主義心理學並不像行為主義和精神分析那樣具有嚴密體系的學派，而是由許多持有相近觀點的廣泛聯盟。主要創始人是比較心理學家和社會心理學家馬斯洛，但早年共同發起的人卻不少。最近，德卡瓦胡 (DeCarvalho, 1991) 又提出，奧爾波特是人本主義心理學的五位創建者之一。

首先，奧爾波特明確規定以人為本體的人本主義定向。他堅持人必須是心理學研究的出發點，主張心理學應該以統一的人為研究對象。奧爾波特強調說：

> 如果沒有人這一協調一致的概念，就不能說明各種心理過程的相互作用。記憶影響知覺，願望影響意義，意義決定行動，行動又形成記憶，如此等等，以至無限。這一不斷的相互滲透發生在某種界限以內，這界限即我們所說的人。(Allport, 1961, p.553)

因此，奧爾波特強調把健康人的整體性、獨特性和統合性作為人本主義心理學的研究對象。

其次，奧爾波特極力崇尚人的尊嚴與價值。他強調心理學要著重研究人的長遠目標和價值觀念，發展自尊心和自重感。他說：

> 沒有人與人之間的尊重，社會就不能得到長期的安定團結。今天，個人甚至在壓迫之下，仍然進行著不懈的鬥爭，嚮往和規劃一個更爲美好的民主社會，在那種社會中，每個人的尊嚴和人格的發展都將受到至高無上的重視。(Allport, 1961, p.537)

奧爾波特提出的機能自主理論是有積極意義的。主要表現在：

(1) **提高了人的地位**：他強調人具有自主的能力，能支配自己的行為，並且自我負責。顯然地，這是對主流心理學中非人化傾向的一種反抗，也是對人的價值與尊嚴的一種弘揚。

(2) **指出人的社會化的價值**：奧爾波特把人的新動機的形成解釋為活動手段向著活動目的和動機的一種轉化。換句話說，以前只是作為一個人達到特定目的的手段的那些客體或行為，本身開始引起人們的興趣，從而獲得了自身的動機力量。他認為，這一主要原理能夠說明“自然人”的兒童如何轉變為社會化成人的道理。他還批駁說，如果根據遺傳起源來說明成人動機，那麼對恐怖症、強迫症等精神疾患的行為，以及工匠技藝、藝術事業和天才等複雜活動背後的驅力的解釋，就會對人性做出一種牽強附會、不合邏輯的說明。

奧爾波特重視人的生活目標與意義的追求，促進個人價值觀的建立。他

藉用斯普蘭格 (見 40 頁) 的六種價值類型為基礎，設計出一套著名的價值研究人格測驗，目的在評定理論、經濟、社會、政治、藝術、宗教等六種不同的基本價值，對個人生活的相對影響力。

可見，奧爾波特除了參與發起和資助人本主義心理學組織的建立而外，還在反對美國主流心理學中的非人化和生物主義傾向，建構人本主義心理學基本理論方面做出了一些奠基性的貢獻。

2. 開創美國人格心理學　奧爾波特的人格理論既是人本主義心理學的主要支柱之一，又是心理學中“人本主義的牧場”。奧爾波特代表著現代心理學的一個早期傳統——德國人格心理學在美國的發展，是在美國學院心理學中使人文科學心理學和自然科學實驗傳統分立的第一個關鍵人物。人本主義心理學能發展成為既脱離精神分析傳統又與行為主義取向對立的心理學的第三勢力，在許多方面都和奧爾波特的貢獻分不開 (林方，1989)。

奧爾波特將人本主義與人格心理學相融合，開創了美國人格心理學的先河。奧爾波特在人格心理學方面有兩大貢獻：

首先，奧爾波特奠定了人格心理學在美國的學術地位，使人格心理學成為科學心理學中的主要分支之一。他認為人格是心理學的當然主題，一切其他研究課題，如人的學習等，離開學者的人格因素將是無法説明的。奧爾波特的人格理論是一種創造性的綜合研究。奧爾波特是美國第一位開設人格心理學課程的心理學家，也是作為美國第一部人格心理學教科書的作者。奧爾波特以研究人格心理學而著稱於世。

其次，奧爾波特建構了一套人格心理學的理論。主要包括：(1) 給人格概念做了界定，強調人格的動力性、組織性和獨特性；(2) 創建人格特質理論，主張個體的人格係由其獨具的特質組成，強調研究個人傾向；(3) 建構健康、成熟人格理論，如健康人格的動機，動機機能自主，健康人格的統我及其發展階段，健康人格的標準，提倡人格定量研究和個別研究法 (日記、自傳、書信和談話記錄) 等方面的理論。

美國心理學家查普林和克拉威克 (Chaplin & Krawiec, 1979) 在總結奧爾波特的人格理論時指出：

> 這一理論對主要興趣在人格領域的心理學家已產生了廣泛的影響。也許它在這方面取得成功的一個理由是奧爾波特一方面 (從一開始

就）堅持人格的個別性，而同時又承認通過他的機能自主原理和他的特質理論定向、定量法則研究也是有可能的。(林方譯，1984，274 頁)

3. 奠基人本主義自我論 弗洛伊德精神分析是屬於**本我心理學** (id psychology) 的範疇。美國功能主義心理學先驅詹姆斯 (見 55 頁)、美國社會心理學家鮑德溫 (James Mark Baldwin, 1861～1934)、德國完形心理學家苛勒 (見 56 頁) 等人雖對"自我"有出色的見解但沒有系統化，唯獨新精神分析的社會文化學派把主要鋒芒指向自我心理學。其中，安娜·弗洛伊德 (Anna Freud, 1895～1982) 發揮了他父親弗洛伊德後期蘊含著的自我心理學思想，成為自我心理學的奠基者。但自我心理學體系的創建者則是哈特曼 (Eduard von Hartmann, 1842～1906)，他被譽為"自我心理學之父"。後來相繼對自我心理學有建樹的，還有斯皮茨 (Rene Arpad Spitz, 1887～1974)、瑪勒 (M.S. Mahler)、雅各布森 (Edmund Jacobson, 1888～?) 等，而艾里克森 (Erik Homburger Erikson, 1902～1994) 則是當代自我心理學的最大理論權威，並根據他的人格發展**漸成說** (或**後成說**、**衍生說**) (epigenesis)，把自我心理學發展為**畢生發展心理學** (或**生命全期發展心理學**) (life-span developmental psychology)。

奧爾波特另闢蹊徑，為人本主義自我心理學奠定了基礎。他在《成長：人格心理學的基本看法》(Allport, 1955) 一書中，著重指出了自我的重要性，認為自我是個體人格一致性、動機、記憶連續性的基礎。他的自我理論不同於精神分析取向的自我心理學，其主要特點有：(1) 它不是以患者和病態人格的自我為研究對象，而是專門探究健康人的自我，並且是第一個對成熟人格自我內涵的剖析者；(2) 它不是以潛意識和前意識自我為探討主題，而是集中研究有意識自我；(3) 它不是以孤立的僵化的自我為探討內容，而是致力於研究自我統一體或統我的形成與發展。奧爾波特認為，健康人格的發展是自我統一的追求，以軀體我為最初的體驗，進一步是自我同一意識的出現，代表人格的延續性，最後是個人道德觀念和理智力量的發展。這是自我統一連續不斷的演變過程，由嬰兒期到青年期以及成人期，經歷八個發展階段，發展的成熟是達到自我統一的認識，這時個人成為知者的自我。

美國心理學家查普林和克拉威克在總結奧爾波特的人格理論時曾指出：

> 奧爾波特堅持一種以自我爲中心概念的心理學——儘管他的攻勢是在主觀概念仍然不受歡迎的時期發動的——這已經證明是正確的。如他自己指出的，自我近年來已經又潛回到心理學中。然而，值得讚許的是，奧爾波特從未接受一種擬人化的自我。在他後期的著述中，他曾强調他對這一危險的擔心，並爲此提出自我統一概念，以表達傳統上歸屬於自我機能的那些行爲方式。由於他强調我與自我機能，奧爾波特的理論已成爲注重臨床方法的心理學家所接受的學院理論。(林方譯，1984，274～275 頁)

此外，奧爾波特對社會心理學的一些重要問題，如宗教、社會態度和謠言等方面的研究也有重要貢獻。他與波斯特曼合著《謠言心理學》(Allport & Postman, 1947)。奧爾波特的研究表明，人們對於某人某事的極度關切和有關某人某事的信息極度缺乏，是謠言產生的具體條件。他提出**謠言强度公式** (rumor-intensity formula)：R＝I×A，其中 R：rumor，謠言；I：importance，重要性；A：ambiguity，曖昧性。意思是說，謠言的強度隨謠言內容的重要性 (群衆關心度) 與曖昧性 (無法證實) 兩個因素的乘積而定。如等號之後兩者之一為零，就不會產生謠言了。奧爾波特還著有《國際緊張局勢》(1950)、《個人及其宗教：一種心理學的解釋》(1950)、《偏見的性質》(1954)，並講授過心理學歷史和方法高級課程，為他的同事和學生林賽編輯著名的《社會心理學手冊》(1951) 奠定了基礎。

(二)　主要局限

1. 缺乏完整體系與確證　奧爾波特致力於人格心理學的研究 30 多年，有六本著作專門討論人格或與人格有關的問題。他對人格的獨特性、人格的特質、人格的動機和人格特徵的兩極性等問題均有重要見解，但卻缺乏理論的系統性與完整性。美國心理學家霍爾和林賽指出："奧爾波特的著作以生動第一，結構第二，可讀性固然高，頗受歡迎；但是缺乏完整的理論體系，顯出漏洞" (Hall & Lindzey, 1978, pp.470～471)。

奧爾波特的機能自主理論雖有其獨到的見解和可取之處，但是也遭到許多批評。主要表現在：

(1) 機能自主的概念不易進行經驗證明。當大多數人承認早期經驗和成人人格之間聯繫的理論觀點時，奧爾波特卻宣稱這種聯繫根本不存在。他聲稱現在行為的動機存在於現在，而不存在於過去。此種觀點受到非難，原因是它缺乏可證性因而沒有科學價值 (何謹等譯，1986)。如果說弗洛伊德堅持以過去決定現在、童年決定成年的觀點是武斷的，那麼奧爾波特完全否定過去對現在的影響，堅持現在決定現在的觀點也是片面的。

(2) 機能自主原理涉及的是潛伏在構成人格的“心身系統”下的動力學如何發展並為成人所利用，但是它還不能說明人格的一切複雜現象。

(3) 機能自主的概念描述多於解釋，特別是關於動機如何達成機能自主並未提供令人滿意的解釋。

(4) 機能自主機制還不能涵蓋人的新動機和新目的產生的整個機制。應當承認，目的變為手段，動機變為目的機制，確實是存在的。但是，這種機制只在一定條件下才起作用，決不能把它看作是產生新動機和新目的的唯一的和根本的機制。

2. 忽視人格的社會根源 奧爾波特承認“沒有任何人格的東西不同時也是物理的、社會的或文化環境的反應”(Allport, 1961, p.176)。看來，他不否認社會環境是形成人格結構“自我”的因素，但是他所謂的社會環境不過是種缺乏社會生產關係內容的社會文化環境的存在。實際上，這是企圖用社會文化系統的模糊概念來代替關於社會結構或社會關係系統的科學概念。結果在奧爾波特的人格理論中，就缺乏了具體的、歷史的和社會的內涵。

另外，奧爾波特還把人格中新的動機和新的目標僅僅看作是活動發展的產物。然而，活動發展的社會決定作用卻被他忽視了。誠然，活動是能夠自我發展的，但是活動或人格動機水平發展的基本條件，乃是把人包括到社會關係系統中去，正是這種社會關係引起了人的動機的產生。因此，人的動機發展的社會根源，既被奧爾波特所忽視，他更沒有進行研究。

3. 有些論述過於極端化 奧爾波特在反對行為主義的外部環境決定論和無個性化傾向，反對精神分析以變態取代常態研究和潛意識決定論方面是有正面意義的。

但是，奧爾波特在處理常態與變態、意識與潛意識、內在與外在、特殊與一般等諸層面關係時，不但失之全面，甚至過於極端化，主要表現在：

(1) 奧爾波特把人與動物、變態與常態、兒童與成人等方面的對立完全絕對化，對兩者的區別性研究較多，而對它們之間的連續性和同一性則研究不夠。因此，有些學者批評奧爾波特割裂了人類與動物、變態與常態、兒童與成人之間的聯繫。

(2) 奧爾波特過份強調人的意識和積極層面的研究，忽視潛意識或生物性動機的研究；過分強調個體內在因素對行為的影響，忽視外在因素對行為的作用。

(3) 奧爾波特過份強調人格獨特性的研究，極端忽視人的共同性和普遍性的研究。許多批評常常認為奧爾波特是一個非科學的理論家，因為所有科學通常用共同規律研究法去發現普遍規律。而奧爾波特則強調運用個案法，深入細緻地研究個別例子，探尋特殊規律。但也有人認為這很滑稽，因為斯肯納實際上也是在動物身上進行個體研究的典型，而他卻被看作一個十分嚴格的科學家。當前關於"一般科學——特殊科學"的問題，尤其是在人格心理學中仍在繼續熱烈地進行討論。孔圖以"獨特人格的謬論"來說明大多數社會科學家對奧爾波特的反駁。他們認為從共同或普遍性原則的角度，也能用來說明"人"。如果心理學將焦點放在個人與獨特性上，會使心理學的發展失之貧瘠，枯燥乏味 (Hall & Lindzey, 1978)。

我們認為，應把每個具體的科學研究對象，看作是普遍的、特殊的和個別的統一。只有認識到客體的普遍的和特殊的東西，才能發現其中的個別的東西。心理學家關於人格形成的一般規律的概念越豐富，他就越能對該人格特徵做出更恰當的評價。

縱然奧爾波特學說有其瑕疵，但是敢於違抗心理學中第一勢力行為主義和第二勢力精神分析，與馬斯洛、羅傑斯、羅洛・梅、布根塔爾一道建構第三勢力人本主義心理學，創立健康人格心理學，無異在弘揚人類的尊嚴與價值方面做出了貢獻。

本章摘要

1. 詹姆斯和霍爾早在 19 世紀就把人本主義傾向引入美國心理學之中，並且是人類潛能運動的先驅者。
2. 完形心理學 (格式塔心理學) 也屬於整體論心理學的範疇。它不同於其他整體論心理學 (人格心理學與機體論心理學)，即完形心理學不是從整體 (人格或全人) 而是從個別 (知覺) 走向整體論的。
3. 完形心理學對人本主義心理學具有重要的直接影響。韋特海默影響了馬斯洛和奧爾波特，而勒溫則影響了奧爾波特、羅傑斯和羅洛・梅。
4. 戈爾德斯坦是**機體論心理學**的主要創始者和人本主義心理學的先驅。機體論心理學是心理學的一種整體主義的研究取向。**機體整體觀**是機體論心理學的理論前提。包括有機體、心與身的統一整體和堅持機體論的整體觀等方面的內容。
5. **機體動力觀**是機體論心理學的理論核心。戈爾德斯坦建構機體動力觀，包括：(1) 均等原則；(2) 自我實現；(3) 有機體環境協調一致。
6. 戈爾德斯坦機體論心理學的主要貢獻：(1) 奠定人本主義心理學的理論基礎；(2) 提供機體潛能自我實現論的來源。其重要局限：(1) 具有機體決定論的生物主義傾向；(2) 缺乏自我實現觀的豐富內涵。
7. 奧爾波特是美國人格心理學的創始人和人本主義心理學的先驅。動機理論是奧爾波特人格心理學研究的重點。完整動機理論必須符合動機現實性、多元性、認知性以及獨特性等四項要求。動機分為**慣例動機**和**自我動機**。
8. **機能自主**是奧爾波特人格理論的"獨立宣言"。它指成人的行為動機一旦由原初的生物性動機形成為現在的社會性動機就具有自主支配行為的獨立機能。機能自主包括**持續性機能自主**和**統我性機能自主**兩種。
9. **統我**是指人格本體的統一體和獨特性。它以自我的意識性、一致性、統合性和獨特性為其主要特徵。統我發展的八個階段：(1) **軀體感**；(2) **自我認同感**；(3) **自尊感**；(4) **自我擴展感**；(5) **自我意象**；(6) **理智自我；(7) **追求統我的形成**；(8) **知者自我開始出現**。

10. 健康、成熟人格的標準：(1) **自我感的擴展**；(2) **人際關係融洽**；(3) **安全感**；(4) **現實性知覺**；(5) **技能和任務**；(6) **自我客觀化**；(7) **統一的人生觀**。

11. 健康人格動機的特點：(1) 有志向和理想；(2) 適當增加緊張度；(3)對多樣化、新鮮的事物和挑戰具有持續不斷的需要；(4) 動機的相同性；(5) 最終目標不能達到而推動次目標逐一實現；(6) 符合組織能量等級原理；(7) 符合掌握和勝任的原理；(8) 符合統我模式性原理。

12. 奧爾波特**健康人格心理學**的主要貢獻：(1) 參與創建人本心理學；(2) 開創美國人格心理學；(3) 奠基人本主義自我論。其主要局限有：(1) 缺乏完整體系與確證；(2) 忽視人格的社會根源；(3) 有些論述過於極端化。

建議參考資料

1. 戈爾德斯坦 (1971)：從機體角度探討動機問題。見林方 (主編)：人的潛能和價值。北京市：華夏出版社。
2. 車文博 (1996)：西方心理學史。臺北市：東華書局 (繁體字版)。杭州市：浙江教育出版社 (1998) (簡體字版)。
3. 林　方 (1989)：心靈的困惑與自救——心理學的價值理論。瀋陽市：遼寧人民出版社。
4. 陳仲庚、張雨新 (編著) (1986)：人格心理學。瀋陽市：遼寧人民出版社。
5. 葉奕乾 (1990)：人格心理學。西寧市：青海人民出版社。
6. 赫根漢 (何瑾等，1986)：人格心理學導論。海口市：海南人民出版社。
7. Allport, G. W. (1961). *Pattern and growth in personality*. New York: Holt, Rinehart & Winston.
8. Allport, G. W. (1968). *The person in psychology: Selected essays*. Boston: Beacon Press.

9. DeCarvalho, R. J. (1991). *The founders of humanistic psychology*. New York: Praeger.

10. Goldstein, K. (1971). *Human nature in the light of psychopathology*. Schocken Paperback Edition, 3rd priniting.

11. Goldstein, K. (1959/1934). *The organism —A holistic approach to biology derived from pathological data in man*. New York: American Book.

12. Hall, C. S., & Lindzey, G. (1978). *Theories of personality* (3rd ed.). New York: John Wiley.

第三章

馬斯洛的自我實現心理學

本章內容細目

馬斯洛是美國社會心理學家、人格理論家和比較心理學家，是人本主義心理學的主要創始者，被譽為“人本主義心理學之父”。

作為心理學第三勢力的首領，馬斯洛既批評居於第一勢力的行為主義心理學是**幼稚心理學** (immature psychology) (因主要研究動物與兒童)，又批評第二勢力的精神分析心理學是**殘疾心理學** (**或缺陷心理學**) (cripple psychology) (因主要研究病人)，第三勢力的人本主義心理學則旨在研究正常人從而增進人類幸福，故屬於健康人心理學的範疇。

馬斯洛深受戈爾德斯坦的機體論心理學 (見第二章第二節)、完形心理學派的整體論 (見第二章第一節) 和精神分析學派的動力論思想的影響 (見第一章第三節)，因而馬斯洛心理學思想早期被稱為**整體動力論** (holistic-dynamic theory)，後來則被稱為**自我實現心理學**。

馬斯洛的自我實現心理學是人本主義心理學的主體與核心。主要包括自我實現論的三大理論支柱 (性善論、潛能論、動機論或需要層次論)、自我實現的理論內涵 (自我實現者的含義、類型、人格特徵與途徑)、高峰體驗等。我們學習和研究馬斯洛的自我實現心理學，不僅對開展心理學改革與建構科學心理學模式具有重要的理論價值，而且對教育、醫療、法制和企業管理等領域也具有廣泛的實踐意義。

因人本主義心理學的人性觀、價值觀、教育觀和方法論將有專章闡述，故在本章中只集中評介馬斯洛自我實現的主要理論基礎及其基本理論。本章旨在探討下列八個問題：

1. 馬斯洛自我實現的內涵。
2. 馬斯洛自我實現者的類型及其特徵。
3. 馬斯洛的需要層次理論。
4. 匱乏需要與存在需要的區別及其意義。
5. 馬斯洛自我實現的主要途徑。
6. 高峰體驗的實質、特點及其價值。
7. 馬斯洛的理想精神國。
8. 馬斯洛的自我實現心理學的主要貢獻與根本缺陷。

第一節　馬斯洛傳略

一、童年生活

馬斯洛 (Abraham Harold Maslow, 1908～1970) 生於紐約市一個俄國移民的猶太人家庭。他是七個孩子中的老大，家境不寬裕，父母教育程度也不高，他們夢想孩子能有更美好的人生。因此，馬斯洛幼小的心靈中早已埋下了在學業上嶄露頭角的心願。

馬斯洛在家裏和父母的關係不太親密，從小就缺乏母愛；在學校因為是猶太人而受到壓抑，他的童、少年時代非常孤獨和苦悶。馬斯洛在《自傳》(1970) 中回憶說：很奇怪，母親是精神分裂症者，而他本人竟然沒有精神疾患。他在紐約市上小學，9 歲時全家搬到一個非猶太人聚集的地區，由於外貌很像猶太人，因此他在那裏受到了反猶的歧視，正如一個小黑人單獨

圖 3-1　馬斯洛

(Abraham Harold Maslow, 1908～1970) 是美國社會心理學家、人格心理學家和比較心理學家，也是人本主義心理學的主要創始人，心理學第三勢力的領導者。被譽為"人本主義心理學之父"。他開創了人本主義心理學研究的新取向，構建了需要層次論和自我實現論，促進了以人為中心管理理論的發展。

進入白人學校就讀一樣痛苦。馬斯洛把自己的前 20 年的個性描述為神經質、羞怯、緊張、抑鬱、孤獨和沈思。

馬斯洛幼年這段不幸的經歷，使他從尋求安慰而轉向讀書、研究和渴望追求美好的生活，並願意幫助人們生活得更充實，這種“己立立人，己達達人”情操的孕育，恐怕就是這位大師童年萌發的謀求自我改善、自我發展及自我實現動機的開端。

馬斯洛在學校裏離群索居，幾乎沒有什麼朋友。他學習成績優異，經常埋頭於圖書館的書堆中。他開始欣賞懷特海德 (Alfred North Whitehead, 1861～1947)、柏格森 (Henri Bergson, 1859～1941)、傑斐遜 (Thomas Jefferson, 1743～1826)、林肯 (Abraham Lincoln, 1809～1865)、柏拉圖 (Plato, 427～347 B.C.)、斯賓諾莎 (Benedict Spinoza, 1632～1677) 等先哲的著作。

但馬斯洛並沒有把早年生活全部用來面壁深造。相反的，他也有參與實際生活的經驗。他很早就開始工作，最初當報童，後來好幾個暑假在父親的公司裏做事。馬斯洛成熟後仍然具有重視實際的優點，恐怕和這段生活不無關係。

二、大學教養

馬斯洛進入大學的時候，由於父命難違而選擇攻讀法學專業。但不到兩個星期，他就斷定自己不適於當律師。在父親勉強同意下，他在康乃爾大學涉獵不少學科。到了大學三年級時，又轉至威斯康辛州麥迪遜大學，正式接受了完整的心理學專業教育，先後獲得學士 (1930)、碩士 (1931)、博士 (1934) 學位。

在 1928 年年底，馬斯洛剛 20 歲，還在大學讀書時就與他高中時代的情人 (表妹) 古德曼結為夫妻。兩人同在一個大學讀書。他說：“生命對我而言，似乎從我結婚並轉學至威斯康辛州麥迪遜大學時，才算真正開始” (Hall, 1968, p.37)。

馬斯洛在威斯康辛州麥迪遜大學攻讀心理學時，首先接觸的是馮特和鐵欽納所創建的**構造主義 (或結構主義)**，即研究意識經驗的組成元素和構造原理的心理學。由於構造主義把心理現象與化學現象視為大同小異，力圖用化學方法探究心靈的奧秘。馬斯洛認為這種方法枯燥無味。

馬斯洛雖然另闢蹊徑，開創人本主義心理學新的研究取向，但是他並沒有完全否定其他心理學派的成就，反而採取認真學習、批判、吸收與融合的態度。馬斯洛曾認真研究過實驗心理學、比較心理學、神經心理學和社會心理學。

特別是，馬斯洛十分仰慕行為主義大師華生 (John Broadus Watson, 1878～1958)，深信行為主義可以解決世界所有問題，因而專注於用狗和黑猩猩進行古典的行為主義實驗室方法的研究與原理的應用。他最早的論文就是研究狗的厭惡情緒和類人猿靈長目的學習歷程。馬斯洛在美國著名比較心理學家哈洛 (Harry Frederrick Harlow, 1905～1981) 教授的指導下完成了博士論文，專門研究了恒河猴 (rhesus monkey) 的社會行為與性行為的支配作用。繼而他還從事過人類的性及其支配作用，尤其是**同性戀** (homosexuality) 的研究，以期有助於深入了解人性。馬斯洛發現，猴子在飽餐之後，仍然有努力不懈地解決問題的現象，豬也有類似的行為。強壯的豬比瘦弱的豬更喜歡探索周圍環境。由此他又察覺早期一項實驗結果，即如允許鷄隨意選擇食物，有些鷄會選擇有益健康的食物。這些研究所得到的啟示，覺得動物似乎具有一種邁向健康的基本驅力。後來，他終於相信，人類也具有這種追求知識、權力和開拓的動機。因此，馬斯洛早期所做的動物行為研究，就提供了他自我實現論的某些實驗根據。

馬斯洛還在美國人類學家本尼迪克特 (又譯為潘乃德) (Ruth Fulton Benedict, 1887～1948) 的指導下，對美國北部黑足印第安人進行過現場調查。馬斯洛對兩位恩師韋特海默和本尼迪克特的敬愛，促使他致力於自我實現的研究，並藉以發現研究人類最高潛能的有效方法。著名美國心理學史家舒爾茨指出：

> 某些個人的事件，再一次而且是直接地影響了馬斯洛。他要了解這二人的願望的產生，大約與他遭遇戰時遊行 (指抗議日本不宣而戰的遊行——作者注) 在同一時間，後面這個經驗向他提出了強制性的需要，要求他去研究最好的人性，了解人所能達到的頂峰，而韋特海默和本尼迪克特提供給他的，恰恰正是這些人性高峰可能是多麼高大的第一批模式。(李文湉譯，1988，122 頁)

三、學術生涯

馬斯洛在威斯康辛州麥迪遜大學曾擔任過心理學助教 (1930～1934) 和講師 (1934～1935) 等職位。他取得博士學位後，轉至哥倫比亞大學，擔任著名教育心理學家桑代克 (Edward Lee Thorndike, 1874～1949) 的研究助理 (1935～1937)。他從事的研究是想發現人類行為中有多少是受遺傳所決定，有多少是受文化因素所控制。馬斯洛發現這種研究計畫非常愚蠢，因為他相信人類任何行為均會受到這兩種因素的交互影響。他將自己的看法告訴桑代克，而令他喜出望外的是，桑代克竟然同意他所選擇的研究課題。馬斯洛對桑代克的這種開明學風，一直敬佩不已。

馬斯洛於 1937 年由哥倫比亞大學轉至紐約布魯克林學院擔任副教授，直到 1951 年。他的第一個教學和學術職位就是在這裏取得的。在 30 年代後，特別是第二次世界大戰期間，許多學術界的泰斗紛紛從納粹德國流亡到美國，當時紐約成了世界心理學界的中心。馬斯洛在這裏邂逅了完形心理學的創始人韋特海默，著名精神分析學家霍妮、阿德勒、弗洛姆，機體論心理學家戈爾德斯坦 (見 58 頁)，以及著名人類心理學家本尼迪克特。在與這些傑出學者的交往中，奠定了馬斯洛人本主義心理學的學術基礎。阿德勒、蘭克、榮格、以及新弗洛伊德主義者 (或新阿德勒主義者) 和後弗洛伊德主義者 (如精神分析自我心理學家、猶太教法典精神分析學家等) 的社會文化說 (見第一章第三節) 和自我說 (見第一章第三節) 對他理解弗洛伊德學說的缺陷有很大幫助。如果說上述的學習、考察和學術活動足以說明馬斯洛曾受到多方面影響的話，那麼對他的思想影響最深刻的則是戈爾德斯坦的機體論 (見第二章第二節)。馬斯洛認為，早年學過的完形心理學的整體論和古典精神分析的動力論，以及新弗洛伊德主義者與後弗洛伊德主義者的社會文化說和自我說三者有內在的聯繫，可結合起來建構一個完整的人格理論，而機體論則是聯結整體論和動力論的橋樑。這就是馬斯洛人本主義心理學的主要思想理論來源。

由於受完形心理學和精神分析學，特別是他長女出生之影響，使他對行為主義的信念喪失殆盡。他認為，鼠、猴的實驗研究都不足以解釋嬰兒的複雜行為，而刺激和反應的理論只能解釋一些低等動物的行為，但卻不能說明人類的經驗。因此，馬斯洛指出，“行爲主義顯得荒謬無比，我對這種學說再也無法忍受。它是不能成立的。”“我敢說，任何有過孩子的人，都不會成爲行爲主義者”(Hall, 1968, p.55)。

第二次世界大戰深深地影響了馬斯洛的思想，明顯地改變了他的生活方向以及研究取向。在他看來，這次戰爭是人類的偏見、仇恨和卑鄙心理的縮影。在 1941 年 12 月 7 日珍珠港事件發生不久，馬斯洛從他執教的布魯克林學院回家途中，被童子軍和穿著舊衣服的老人的遊行隊伍所攔阻。他們用長笛吹著走了調的愛國歌曲，並高舉標語抗議日本不宣而戰的醜行。

馬斯洛是一個有強烈同情心的人，看到這些拖著被泥水弄濕衣服的遊行者走過他的車子，並且高呼口號，大聲哭泣。他寫道：“淚水開始從我臉上流下來”，“那一瞬間改變了我的整個生活，而且決定了從那時以後我新做的事情”(Hall, 1968, p.54)。馬斯洛決心獻出他的一生，試圖尋找一種關於人類行為的普遍理論，即建構一種**和平之桌心理學(或和談心理學)** (psychology for peace talk)，以促進世界和平之實現。他開始著手綜合他研究過的許多觀點，在揚棄行為主義和精神分析的基礎上形成了人本主義心理學理論。舒爾茨 (Schultz, 1977) 指出：“這種心理學要論述最好的和最崇高的理想，以及人的潛能”(李文湉譯，1988，119 頁)。其目的在於，“我想證明人類有能力完成比戰爭、偏見和仇恨更美好的東西”。“我要使科學開始考慮迄今爲止不是科學家所處理的問題——如宗教、詩歌、哲學和藝術”(呂明等譯，1987，11 頁)。馬斯洛的這種決定和獻身感指引他以與心理學既定法則和自己過去所受教育相對立的模式，去探索人格的各個層面。

從馬斯洛對其畢生學術生涯的回顧中，我們深深感受到他的精力、熱情和謙虛的美德。影響馬斯洛的主要經驗，既不是抽象理論，也不是分析性研究、而是令人十分感動的個人事件。馬斯洛認為這些經驗使他愈加堅強，而且特別提到三件人生經驗：結婚 (本身就是一所學校)、初為人父及他對衆多恩師的敬愛。

於 1951 年，馬斯洛應邀出任布蘭迪斯大學新建的心理學系主任，直到 1961 年，共十年，後轉為專任心理學教授。在這段時間，馬斯洛除了繼續發展和昇華他的自我實現人格理論外，還成為美國心理學界人本主義運動的主要組織者和首席發言人。

馬斯洛也是 50 年代末經羅洛・梅等人的介紹而開始接觸存在主義的。

誠然，要馬斯洛接受存在主義很困難，因為他有某些不同的觀點，但是到了60 年代初他已承認存在主義會豐富美國心理學，對人本主義心理學具有重大影響。馬斯洛批評薩特的人性觀是完全錯誤的，但他卻十分贊賞德國著名神學存在主義哲學家布伯 (Martin Buber, 1878～1965)，認為“布伯的我-你關係模式是在心理學中產生人本主義範式的一個實例”(DeCarvalho, 1991, p.62)。在布伯看來，神是一個“絕對的個人”，人與神的關係不是信仰者與信仰對象的關係，神永駐於你我之中，與你我同一。人的存在或是一種直接的、相互性的兩個人的現在關係，或是間接的、非相互性的本質上已觀念化了的關係；前者是個人真實存在的顯現，因為個人只有以他的全部個人角色投入到人際關係之中，他才是他而不是其他人，通過滲入**我-你關係** (I-Thou relationship) 之中，我才成為一個人。人總是在關係中實現價值和人生超越。布伯關於人的存在關係或關係存在哲學屬於宗教存在主義人學的範疇，故對人本主義心理學的影響很大。

至 1969 年春，馬斯洛請假離開布蘭迪斯大學，出任加利福尼亞州洛林慈善基金會的首任常駐研究員，自由地研究其民主政治和倫理哲學。

馬斯洛晚年思想有一個值得注意的方面。他的年紀越大，變得也越哲理化。他發現，不可能把心理學真理的探尋和哲學問題分割開。一個人怎樣思考不能不和他是什麼人有密切的聯繫，而他想像“他是怎樣的這個問題”和“他實際是怎樣的”又是分不開的，儘管這在理智上可能是一個不能解決的問題 (林方譯，1987)。

在人本主義心理學創造人中，馬斯洛經常談到東方思想，特別是中國道家學説。他最初知道道家學説是在韋特海默的一次研討會上。1949 年他就用過“道家”一詞來描述行為成分中有目的的自發性。後來，他把“道”看作是理解本性和自我中順從與被動性的同義詞，並認為西方心理學家在研究人性時應該學習“道家風範”。馬斯洛推崇老子“道法自然”和“聖人”的作用在於“輔萬物之自然”的思想。他説：

> “道家的”意味著提問而不是告訴。它意味著不打擾、不控制。它强調干預的觀察而不是控制的操縱。它是承受的和被動的，而不是主動的和强制的。它好像在説，假如你想瞭解鴨子，你最好是向鴨子提問，而不是告訴鴨子是什麼。對於人類兒童也同理。(林方譯，1987，20 頁)

事實上，馬斯洛也認為人的自然潛能有自發實現的傾向，理想社會的職能在於創設條件促進人類的普遍實現。因此，自然主義的人生觀既是老子哲學思想的核心所在，也是現代人本主義心理學的主導思想。

在 1970 年 6 月 8 日，馬斯洛終因心臟病猝發而去世，享年 62 歲。

馬斯洛一生積極參加過許多學術性團體。他曾任社會問題心理學研究會委員、馬薩諸塞州心理學會主席，做過美國人格與社會心理學會主席、美學分會主席，並且在 1967 年被選為美國心理學會主席。他是《人本主義心理學》和《超個人心理學》兩個雜誌的創刊編輯，並且是許多學術刊物的諮詢編輯。

四、主要成果

馬斯洛一生勤於寫作和講演，把寫作視為與世界相互溝通的最佳方式。馬斯洛著作等身，其中主要著作有：

1.《動機與人格》(1954) 是馬斯洛劃時代的論文〈人類動機理論〉(1943) 的豐富與發展。在本書中他系統地闡述了需要層次論 (見本章第二節) 和自我實現論 (見本章第三節)。它被視為馬斯洛的奠基之作，標誌著人本主義心理學理論體系的形成。此後美國的管理學和心理學文集曾多次轉載，並被譯為多種文字在其他國家出版。

2.《存在心理學探索》(1962) 是馬斯洛對人類社會心理與價值理論的一種探索。馬斯洛在此書日文譯本序言中稱他的著作是建立**社會倫理心理學** (social moral psychology) 新學科的一種嘗試，旨在揭示人類社會道德心理形成與發展的規範。

3.《宗教、價值觀和高峰體驗》(1964) 是馬斯洛倡導科學地探討真、善、美及其價值論問題的著作。他主張宗教應被視為常態的潛能上健康的現象，並加以科學的研究。他指出人們能夠在自我實現者身上發現人們所賴以生存的指導性價值觀或最高價值觀，它是倫理科學的基礎。同時他還概述了高峰體驗的內涵。

4.《健康的心靈管理》(1965) 是馬斯洛探討組織心理學新領域的著作。他在本書的總結中說，他不可能通過心理治療來改善世界，但提出了一種健康的心靈管理或良好的心理學管理的觀點。

5.《科學心理學》(1966) 是馬斯洛關於科學觀和科學與社會關係問題的專著。

6.《人性能達的境界》(1971) 是馬斯洛生前 (1969) 親自選定而去世後出版的一部有關人性與社會關係問題的文集。在本書中，他進一步論證說，在自我實現的需要之外，還有一些需要——這就是超驗的需要或超個體的需要，其核心是宇宙、宗教和神秘的存在領域 (DeCarvalho, 1991)。作為西方心理學第四勢力的超個人心理學思想已孕育而生。

第二節　自我實現的理論支柱

自我實現 (self-actualization) 原為哲學 (philosophy) 和倫理學 (ethics) 中的一個概念，在哲學上主要指實現人自己的本質，在倫理學 (或稱道德哲學) 上則主要指人的德行在個人行為中的實現，以達到"內在的我"與外在事物的完美統一。在他們看來，人的能力的完美發展是善的最高標準，最高的善就是自我實現 (黃楠森等，1990)。但在心理學中最早提出自我實現並進行實證研究者則為戈爾德斯坦 (見 58 頁)。

馬斯洛的主要功績在於把自我實現理論化和系統化，創建了**自我實現心理學** (self-actualization psychology)。如果我們說戈爾德斯坦的自我實現是以機體論為理論根據的話，那麼馬斯洛自我實現心理學則有人性觀 (性善論)、價值觀 (潛能論) 和動力觀 (動機論) 三大理論基礎。

馬斯洛自我實現的三大理論支柱，既有不同的功能，又有密切的聯繫。它們的區別在於：性善論說明**人性** (human nature) 是積極的、有建設性的、樂觀的；潛能論說明**人的價值** (human values) 是內在的、固有的、有傾向的；動機論則說明**人的活動** (human activity) 是有追求的、有動因的並有內驅力的。它們的聯繫在於：性善論和潛能論規定了動機論或需要層次論的性質、導向和發展的可能性，而需要層次論提供了性善論的具體內涵與潛能發展的動力。可見，三者在自我實現活動中是相互依存和相互作用的。

一、自我實現的三大理論基礎

(一)　性善論

性善論 (或**人性本善論**)(doctrine of good human nature) 是人本主義心理學的主要人性觀，也是馬斯洛自我實現心理學的重要理論支柱之一。

自我實現的人格理論是以對人的本性的理解為基礎。馬斯洛的人性觀和我國孟子 (約 372～289 B.C.) 以及法國盧梭 (見 22 頁) 的觀點相類似，即人的本性是善良的、端正的、仁愛的。他不否認世上有邪惡，但邪惡不是人性所固有，而是不良的環境所造成。在馬斯洛看來，人作為生物進化的產物，有高於一般動物的發展，人已成為富有社會性和創造性的動物，人性基本上是建設性的，破壞和侵犯行為是人的基本需要遭受挫折後而引起的。因此，人性中具有成長和實現的傾向，就成了馬斯洛建構自我實現心理學的一個主要的理論根據。

自我實現者總是選擇對他們來說是美好的東西，這主要是因為他們相信真正自我的內核是美好的，值得信任的和有道德的。在馬斯洛看來，薩特的“煩惱”、“孤獨”、“絕望”的人性觀是“完全”錯誤的。美國人本主義心理學家基本上都批評德國和法國存在主義者過分關注“絕望”、“虛無”和“荒謬”，對人性和人類前途所持的是悲觀主義態度。

(二)　潛能論

潛能論 (或**機體潛能論**) (organic potential theory) 是人本主義心理學價值觀的表現，也是馬斯洛自我實現心理學的重要理論支柱之一。

和其他人本主義心理學家一樣，馬斯洛也認為任何有機體都有一種**內在傾向** (intrinsic tendency)，以便於維持和增強機體活動的方式，發展自身的潛能。在馬斯洛看來，**潛能** (potentiality) 是指個人未來可能發展的潛在能力。潛能不僅僅“將要是”或“可能是”，而且它們現在就存在著。人除了一般的生物潛能外，還有人所特有的心理潛能。**心理潛能** (mental potentiality) 既是人體的遺傳構成，又是人求得發展的內在傾向。它是一種不同於**本能** (instinct) 的**似本能** (**或類似本能**) (instinctoid)，即人類的一種高級需要或衝動，如對友愛、合作、求知、審美、創造、公正等的需要，這些需要雖然不像生理需要那麼強烈，但作為一種內在的潛能，只要環境條件適當，就能發展到可能達到的程度，對人的行為起支配作用。由於人的內在潛能是一種人的內在價值，因而**內在價值觀** (見 401 頁) 就成了馬斯洛建構自我實現心理學的主要理論支柱之一。

(三) 動機論

動機論 (motive theory) 或**需要層次論** (need hierarchy theory) 是人本主義心理學的動力觀，也是馬斯洛自我實現心理學的主要理論基石。

1. 動機是人類生存和成長的內在動力 **需要** (**或需求**) (need) 是動機產生的基礎和源泉，而**欲望** (desire) 則是人想得到某種東西或達到某種目的的內在要求，它既是對需要的一種體驗形式和指向，能夠滿足需要的對象的行為傾向，又是將需要轉化為活動動機的中介。可見，需要是動機產生的最根本的心理基礎，動機則是直接推動人的行為活動的內部原因和動力。例如，一個口渴的人，會出於飲水的需要而產生相應的動機，並導致尋找水喝的行為活動。因此，需要與動機緊密地聯繫在一起。離開需要的動機是不存在的，同時只有當需要具有滿足的對象與條件時，需要才以動機的形式客觀地表現出來。所以，馬斯洛也常常把需要、欲望和動機看作同義語。動機引發的行為，既有意識的，又有潛意識的。

2. 人的動機是一種統合性活動 馬斯洛強調人是一個統合的整體，主張以整體動力觀揭示動機的性質。他說：

> 是整個人都受到動機的驅使，而不僅僅只是人的一部分。當一個人餓了，那麼，他所有的器官都感到饑餓；他整個人都需要食物，不只是他的胃。(呂明等譯，1987， 39 頁)

3. 人類的需要是一種似本能需要 馬斯洛批評弗洛伊德主義的**本能決定論** (instinctive determinism)，認為他們強調要用人的本能去解釋人的全部特性和行為，其嚴重錯誤在於他們過分強調人與動物世界的連續性，而沒有看到人種與其他物種的深刻區別 (許金聲等譯，1987)。由於他們的理論所使用的範例是動物的本能，這必然導致認為“本能是強大的、牢固的、不可更改、不可控制、不可壓抑的”的觀點。這種觀點對低等動物來說也許是真的，但對人類來說卻並非如此。同時，馬斯洛也批評行為主義的**反本能論** (anti-instinctive theory)，認為其錯誤在於他們把人描繪成為一種在環境面前消極被動且毫無主觀能動性的機械結構，而事實上，僅僅用刺激-反應概念是不能解釋任何重要的人類完整品質或完整活動的。

馬斯洛指出，本能論者和反本能論者的嚴重錯誤都在於用非此即彼的兩分法，而不是按程度的差別來考慮問題。一整套複雜的反應，怎麼能夠說完全是由遺傳決定的，或者完全不是由遺傳決定的呢？為什麼不能有殘存的本能，不能有似本能的某種尚屬行為的東西，不能有程度不同，不能有不完全的本能呢？在這一方法論的指導下，馬斯洛提出了一個極為重要的似本能的概念，即

> 我們的主要假說是：人的欲望或基本需要至少在某種可以覺察的程度上是先天給定的。那些與此有關的行爲或能力、認識或感情不一定是先天的，可能是 (按我們的觀點) 經過學習或引導而獲得的，或者是表現性的。(許金聲等譯，1987， 91～93 頁)

這就是說，人類的基本需要就是似本能的。人類似本能的基本需要在某種程度上是由人種遺傳決定的，但它們的表現和發展卻是後天的。與它們有關的行為、能力等則是通過後天學習獲得的。

馬斯洛指出，作為人類的需要，即使是最基本的對食物的需要，也與動物有很大區別。當我們沿著種系發展的階梯上升，口味變得越來越重要，饑餓變得越來越不重要。例如，對於食物的選擇，猴子比白鼠更具有變異性，而人又比猴子更具有變異性。似本能需要只有在適宜的社會條件下才會順利表現出來。因此，需要層次越高，其需要的表現和滿足就越要求有更佳的外部條件；需要層次越高，其需要的變異性、可塑性就越大，與本能的區別就越鮮明，似本能的性質也就越突出。

4. 需要的性質決定動機的性質　需要的強度決定動機的強度，但需要與動機之間並非簡單對應的關係，人的需要往往是多種多樣的，但只有一種或幾種最占優勢的需要成為行為的主要動機。

二、需要層次論的基本要義

因需要、欲望、動機是人性的表現，是價值觀的必要前提，也是善性和潛能發展的內在動力，故需要層次論就成了馬斯洛自我實現心理學的重心和精髓。

馬斯洛畢生力圖為人的心理活動提供一個積極的動機理論，這就是**需要層次論** (need hierarchy theory)。早在 1943 年馬斯洛在《心理學評論》上首次發表他的〈人類動機論〉(後收入《動機與人格》一書) 就提出人類動機理論的雛形，1954 年他又提出需要層次論，後經多次修改，1970 年則將這一個理論定型化和完善化，形成由低到高按著不同層級排列的需要系統，開始時為基本的生理需要，逐漸滿足以自我實現為最高目標的超越性需要，以便更高地達到人類本性。實質上，這是馬斯洛試圖揭示人類行為的內在動力結構，以及人類需要發展不斷上昇的規律性問題。

(一) 人類的兩大需要

馬斯洛在《存在心理學探索》(1962) 一書中把人類需要分為兩大類：

1. 基本需要　**基本需要** (或**基本需求**) (basic need) 是指個體不可缺少的普遍的生理和社會需求。它不是某一社會文化所特有的，而是人類共同具有的。馬斯洛認為，當個人存在這類需要時，主觀上可以體驗到某種缺失感。基本需要因缺乏而產生，如缺水而感到渴，故又稱之為**匱乏需求** (或**缺失性需要**) (deficiency need)，簡稱 **D-需求** (D-need)，包括馬斯洛需要層次論中所指的七層的底下四層，即生理需要、安全需要、歸屬與愛需要、尊重需要。

馬斯洛認為，解決匱乏需求的途徑，不能靠主體自身自然而然地自我補給，必須由他人從外部提供滿足的條件。因此，個體在一定程度上需把自己視為**因變量** (或**依變項**) (dependent variable)，把環境視為**自變量** (或**自變項**) (independent variable)，必要時應調整自己以適應外部環境。

馬斯洛指出，人類生存的基本需要是人類保持自身存在的基本條件，也是參與現實生活的必備條件。這些需要如同人體對於氨基酸、鈣等的需要一樣，它們的缺失立刻會引起人的疾病。馬斯洛把基本需要對人的關係劃定如下一個標準系列：(1) 缺少它引起疾病；(2) 有了它免於疾病；(3) 恢復它治癒疾病；(4) 在某種非常複雜的、自由選擇的情境中，喪失它的人寧願尋求它，而不是尋求其他的滿足；(5) 在一個健康人身上，它處於不活躍的、低潮的或不起作用的狀態中 (李文湉譯，1987)。

人類基本需要除了上述五條客觀標準外，在主觀方面還有兩種有意或無意的主體嚮往和欲望：一方面是這些需要尚未滿足的缺少感或匱乏感；另一方面是滿足後的愜意感 (美好體驗)。

馬斯洛認為，基本需要不同於在其滿足後衍生出來追求較高目標的**享有動機** (abundancy motive)，它屬於低層次需要。人類需要是由低而高逐漸發展的。在馬斯洛看來，其中低層次需要未得到基本滿足難以產生高一層次的需要。這一類匱乏需求一旦滿足後便停止需要。

2. 成長需要　**成長需要** (或**成長需求**) (growth need) 指由個體自身的健康成長和自我實現趨向所激勵的需要。它是在低層次的基本需要得到滿足後出現的高層次的**心理需要** (mental need)，故又稱之為**超越性需要** (或**衍生需求**) (metaneed)、**存在需要** (或**存在需求**) (being need)，簡稱 **B-需求** (B-need)。包括馬斯洛需要層次論中所指的七層的上面三層，即認知需要、美的需要和自我實現需要。

馬斯洛認為，成長需要有五個主要特點：

(1) 從對待動機的態度來看，成長需要者均採取積極、歡迎和認可的態度。人們對匱乏性需要是煩惱的、不愉快的，並持排除的態度。例如，感到饑餓，需要食物；感到孤獨，需要同情和理解等。但具有成長需要的人往往是興致勃勃地從事他的活動，例如，某位科學家全神貫注地進行科研，某位運動員摩拳擦掌地準備參加比賽等。

(2) 從滿足需要的效果來看，成長需要會產生**正效應** (positive effect)，增進動機強度、身心健康和人生樂趣。匱乏性需要的滿足，其結果是消除緊張，降低興奮，避免疾病，感到寬慰。而成長需要的滿足卻反而提高抱負水平，增加動機強度，導致心身健康，獲得高級愉悅。如果說低層基本需要旨在維持人類生存的話，那麼高層需要則是追求生存得更好，自我成長和發展得更有意義和價值。因此，缺乏或剝奪成長需要，就會使人的生活缺乏價值觀，缺乏意義和充實感，甚至導致精神疾患或人性萎縮。

(3) 從它與環境的關係來看，成長需要較少依賴於環境和他人的給予。但是，匱乏性需要的滿足條件往往完全來自個體之外，例如滿足生理動機需要食物、空氣和水；滿足安全動機需要沒有威脅的環境；滿足歸屬與愛的動機需要有一個可依附的團體，需要有丈夫或妻子及孩子；滿足自尊動機需要有他人的認可等等。可見，匱乏性需要的滿足在很大程度上依賴於環境和他人。然而，受成長性需要支配的人則對環境和他人的依賴相對要小得多，因為滿足成長需要主要靠個人的努力，並在自身成長中逐步得到。如智能和稟賦的發揮，知識的增進，職責的完成，個性的實現，人格的整合等。

(4) 從它與自我的關係來看，成長需要往往不以自我而以問題為中心。受匱乏性需要支配的人由於需要有一個外部的東西來滿足自己，他總是把注意力集中在那些與自己利益密切相關的事物上，而受成長需要驅動的人，處於發揮潛能和創造力的最佳狀態，他會專心致志地去解決問題，經常進入執著、入迷和忘我的境界。

(5) 從它與基本需要的區別來看，成長需要具有較大的個別差異。基本需要是屬於低層需要，儘管它也受文化因素的制約，但因依賴於外部環境程度很大，不論從基本需要滿足的對象、內容，或從其發展層級和方式來看，均具有明顯的共同性和普遍性的特點。然而，由於人的高層心理需要的複雜性、多樣性和獨特性決定了成長需要具有較大的個別差異。馬斯洛指出，本能性的低層需要是一般動物和人類所共有，較高層需要是人類和接近人類的動物所共有，而最高層需要如創造性等則為人類所獨有。在馬斯洛看來，越是高層需要，越帶有人性的特徵。不過，即使人類高層需要也因文化的差異和自身的不同而日益個性化。

(二) 高層需要與低層需要的區別

為了弄清人類需要的特點及其高層需要的重要價值，馬斯洛對高層需要與低層需要進行了比較研究，並在《動機與人格》(1954) 一書中做了詳細闡述。馬斯洛認為，高層需要與低層需要之間的主要區別如下：

1. 在進化過程中，越是高層需要，就出現得越遲 所有的生物都有“饑則食，渴則飲”的生理需要，類人猿 (猩猩) 或許具有愛的需要，然而唯有人類才具有自我實現的需要。

2. 在個體發展中，高層需要出現也較晚　任何個體自呱呱墮地即有生理需要和初步發展的安全需要。只有幾個月之後，嬰兒才表現出與人親近的跡象。再晚些，嬰兒才表現出對尊重和表揚等的需要。至於自我實現的需要，即使莫札特也要到三、四歲時才開始展現出來。特別是有些高層需要一般到中年才會出現。

3. 高層需要對於人的生存較不具迫切性　譬如，人們對於食物、安全的需要一般就比對於自尊的需要更偏執、更迫切。剝奪高層需要不像剝奪低層需要那樣會引起緊急反應甚至瘋狂抵禦。與食物、安全相比，尊重是一種非必需的奢侈品。

4. 高層需要的滿足能得到更深刻的幸福感，達到精神安寧和內心充實　人們為了實現遠大的理想 (或高層需要的滿足)，對於低層需要受剝奪，常能淡然處之。例如，他們為了維護社會正義而不顧生命危險，或為了自我實現而捨棄名利的追逐。

5. 高層需要的出現和滿足，要求更多的先決條件及更好的環境
譬如，尋求尊重、地位與尋求友愛相比，前者涉及更多的人，需要有更大的舞臺，更長的過程，更多的手段與分段的目標，以及更多的從屬步驟和預備步驟。另外，要讓人們彼此相愛，而不僅是免於相互殘殺，需要有更好的環境條件，如家庭、經濟、政治、教育等條件。

(三)　人類的需要呈等級系統

在 20 世紀 50 年代，馬斯洛提出人類需要的五個層次，後來他提出七個層次，70 年代又歸併為五個層次，見圖 3-2 所示。

各種需要的性質和特點：

1. 生理需要　**生理需要** (physiological need) 是維持個體生存和種族發展的需要，也是人的各種需要中最原始、最基本、最需優先滿足的一種需要。它是人與動物所共有的，包括食物、水、性交、排泄和睡眠等。

馬斯洛指出，如果這類需要中的一種不能得到起碼的滿足，它就會完全支配這個人的行為。例如，一個人長期處於饑餓狀態之中，大量的食物就會成為他追求的目標。在現代社會中，對大多數人來說，生理需要是容易滿足

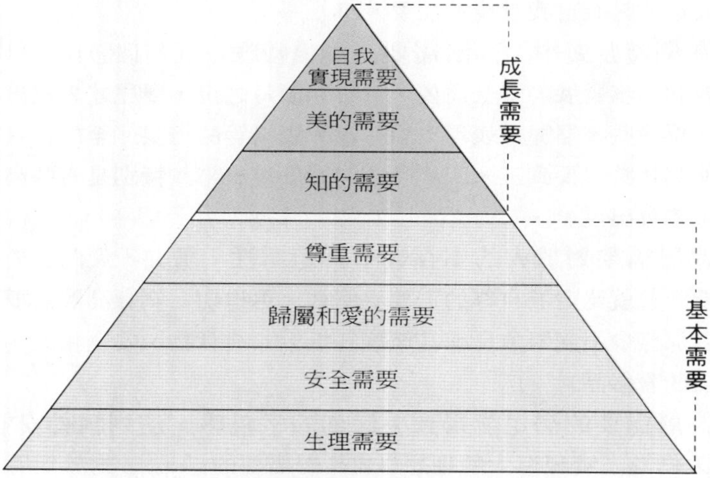

圖 3-2 馬斯洛的需要模式

(採自 Maslow, 1970)

的。在馬斯洛看來，問題在於生理需要滿足後會發生什麼情況，他說：“在沒有麵包吃時，人只是爲了麵包而生活，這是正確的。但是，一旦有了麵包後，肚子已經填滿時，人類期望什麼呢？”(許金聲等譯，1987，43 頁)。

馬斯洛認為，這時人類就會被更高一層需要所支配。但他指出，並不是要這一層次的需要完全滿足後才能去追求更高層次的需要，而是這一層次的需要必須持續不斷地給予必要的滿足。一個人可能有時會遭受饑餓，仍能追求更高層次的需要，但是有一個前提是這個人的整個生活不能長期籠罩在饑餓之中。

2. 安全需要 **安全需要** (safety need) 是個體希望獲得穩定、安全、秩序、保障，免受恐嚇、焦慮和混亂的折磨等的需要。當生理需要基本滿足後，安全需要就會作為支配動機出現了。處於這一需要層次的人，首要目標是減少生活中的不確定性。安全需要普遍存在於人的各個年齡階段，而在兒童身上則表現得更為明顯。如兒童需要各種生活常規，否則就會表示焦慮。父母爭吵、離婚、意外事件的干擾，都會給兒童帶來不安，影響他們健康成長。在成人，則經常表現為盼望社會安定、人身安全、職業有保障等。在學校中，教師的苛責、同學的冷落和秩序的混亂等等，均可使學生感到安全受到威脅。

馬斯洛認為，安全需要的滿足可以確保人能生活在一個免遭危險的環境之中。健康成人的安全需要往往都能得到充分的滿足，所以安全需要不再作為他們活動的主要動機。但是在精神疾患和兒童身上，經常會有安全需要的表現。

3. 歸屬和愛的需要　**歸屬和愛的需要** (belongingness and love need) 是個人對友伴、家庭的需要，對受到組織、團體認同的需要。當生理需要和安全需要基本滿足後，個人就會受歸屬和愛的需要所支配。例如，人希望歸屬於某一團體，成為其中的一員；希望有知心朋友，能和同事保持友好的關係；渴望得到愛，並把愛給予別人。這種需要如得到滿足，人們就會產生良好的歸屬感，感到集體的溫暖，否則便會引起孤獨感和愛的缺失感。

馬斯洛指出，歸屬和愛的需要不能得到滿足乃是當代發達國家中的一個嚴重問題。由於人口的流動，傳統的團體瓦解，家庭破裂，兩代人之間的代溝，不斷地都市化等等，都使人們更加陌生和疏遠，因此，人們對於歸屬、親密、接觸的需要更為迫切。

4. 尊重需要　**尊重需要** (或**自尊需求**) (esteem need) 是個人對自己尊嚴和價值的追求。上述三種基本需要滿足後，個人生活就會受尊重需要所支配。這種需要包括兩個方面：一是希望得到別人的尊重，如得到關心、承認、賞識、讚許、支持和擁護等，由此產生認可、威信、地位等情感；二是個人對自己的尊重，由此產生勝任、自信、自強、自足等情感。這兩種情感通常都產生於對社會有益的活動之中。因此，尊重是努力的結果，是贏得的回饋。健康的自尊來自別人對他的尊敬，而不是靠名聲、地位和吹噓諂媚。

馬斯洛指出，尊重需要如能得到滿足，那麼人們就會產生自信心，覺得自己是有價值、有實力、有能力、有成就的人，否則就會引起自卑感、軟弱感和無能感。

5. 認識與理解的欲望　**認識與理解的欲望** (desire to know and understand) 亦稱**知的需要** (need to know)，是一種在功能上如同滿足基本需要的能力相關聯的先天好奇心。馬斯洛認為，人生來就有這樣一些積極衝動：滿足好奇心、瞭解、解釋、理解。在他看來，認識需要是二者之中更強的，而且它在理解需要出現以前必須得到滿足。在認識不斷深化和擴展的過程中，人又會出現一些欲望：理解的欲望、系統化的欲望、組織的欲望、分析的欲望、尋找聯繫和意義的欲望、創立一個價值系統的欲望。

馬斯洛認為，“認識與理解的欲望本身就是意動的，即它們具有力爭的特點，並且如同基本需要一樣，也屬於人格需要”(許金聲等譯，1987，55～58 頁)。

馬斯洛認為，幼兒對於周圍世界就擁有一種天然的好奇心，他們自發地進行探索，而且渴望以他們的嘗試去認識和理解它。健康的成年人對於他們的世界仍然是好奇的。他們想要去分析它，並且在逐漸形成的結構之中去理解世界。如果不能滿足這些認識和理解周圍世界的需要，我們就不可能有效地同它相互作用，去獲得安全感、愛、尊重以及得到自我實現。因此，求知與理解的欲望是在世界上獲得基本安全的一種方法，是自我實現的一種表達方式，也是全面發展人類潛能的一個前提。

6. 美的需要　**美的需要** (aesthetic need) 是包括了對秩序、對稱、閉合、結構以及存在於大多數兒童和某些成人身上的對行為完滿的需要。馬斯洛指出，**審美需要** (aesthetic judgement need) 在每一種文化中，甚至洞穴人的文化中都是存在的，但它在自我實現者身上得到最充分的體現。

馬斯洛認為，審美需要與意動、認知需要的重疊之大使我們難以將它們分開。秩序的需要、對稱的需要、閉合性的需要、行為完美的需要、規律性的需要和結構的需要，可以全部歸因於認知的需要、意動的需要或者審美的需要、甚至可以歸於神經過敏的需要。他還指出，雖然生理、安全、歸屬與愛、尊嚴和自我實現等需要形成一個層級，而且求知與理解的需要在功能上也同這些需要的滿足密切相關，但是美的需要和其他需要相聯繫的機制並不清楚。然而，有兩點是明確的：(1) 馬斯洛認為審美需要是人的本性或似本能；(2) 這種本性在自我實現的人身上才能得到最充分的表現。

馬斯洛認為，美的需要對於人的健康成長如同需要水和空氣一樣重要。美的需要雖然不像基本需要那樣強烈，但它可以滋潤人生，陶冶情操，豐富生活，增加樂趣。

7. 自我實現需要　**自我實現需要** (self-actualization need) 是個體成長中對未來最高目標和境界追求的動機或願望。如果上述基本需要都獲得充分的滿足，便開始處於那種為數極少的自我實現者的狀態。馬斯洛說：

> 就動機層級而論，健康人的安全、歸屬、愛、尊重和自尊等基本需要已得到充分滿足，因此，他們現在主要是被自我實現的傾向所驅

使了。這種自我實現被定義爲人的潛能、智能和天資的不斷實現，被定義爲人的終身使命的達到與完成，被定義爲人對自身內在本性的更充分的認識與承認，被定義爲不斷地向個人內在統一、整合或協同邁進的過程。(Maslow, 1968, p.25)

(四) 低層需要是高層需要的基礎

對於低層需要與高層需要的關係，馬斯洛說：

人的高級本性依賴於人的低級本性，需要它做基礎，沒有這個低級的基礎高級就會倒塌。這就是說，對於人類總體來說，如果沒有已經獲得滿足的低級本性做基礎，人的高級本性就是不可想像的；發展人的高級本性的最好方法，是首先實現和滿足人的低級本性。(李文湉譯，1987，157～158 頁)

一般來說，只有低層需要獲得充分滿足後，高層需要才能出現。例如，只有生理需要基本得到滿足時，安全需要才會產生；只有生理和安全的需要基本得到滿足時，歸屬和愛的需要才會產生；而只有在前四種基本需要得到足夠滿足的基礎上，才會相繼出現認識與理解的欲望、美的需要，一直到自我實現的需要。據馬斯洛的估計，社會中各種需要滿足的比例如下：生理需要為 85%，安全需要為 70%，愛的需要為 50%，自尊需要為 40%，自我實現的需要為 10%。可見，高級需要比低級需要滿足程度小，這可能同滿足高級需要的對象複雜、條件較多和時間較長等多種因素有關。

表 3-1 會談資料和滿足程度等級評定的平均數

需要	平均數	
	會談資料	滿足程度
生理	14.23	4.14
安全	12.69	3.35
社交	9.00	3.73
自我實現	7.20	3.00

(採自 Graham & Balloan, 1973)

根據馬斯洛需要層次的理論假設，格雷厄姆等人 (Graham & Balloan, 1973) 實驗研究表明，低層次需要的滿足程度大於高層次需要的滿足程度。見表 3-1。

從表中可見，研究者求出的等級值越低表示被試者越關心這種需要，而越關心某種需要説明該需要越未得到滿足。因而實驗結論與假設相符。但社交需要的滿足程度大於安全需要的滿足程度和假設不符。這是否與人的社會性本質及其投入大量時間與精力有關，尚需要證實。

(五) 人類需要層次呈波浪式發展

馬斯洛的需要層次理論最初帶有一定的機械性，需要由低級到高級按層次自然出現。有些心理學家對馬斯洛的這種看法曾給予批評。但是，後來馬斯洛有所改變，認為基本需要的各個層次的固定程度並非那樣刻板，實際上有許多例外，甚至常見顛倒的情況。例如，有些人某一種需要，即使獲得了適當的滿足，仍固著於這一需要的追求；有些創造性較強的人不顧基本需要的匱乏而執著追求科學和藝術的創造；有些具有遠大理想的人，可以犧牲自己的一切，堅持真理，造福人類。對於這些人來說，自我實現需要超越於低層基本需要的優先地位而成為生活的主導動機。

馬斯洛進一步指出，個人需要結構的演進不像間斷的階梯，低一層次的需要不一定完全得到滿足才產生高一層次的需要，大多數人在正常情況下，只能得到基本需要的部分滿足。一種需要有部分滿足，新的需要就有可能出現，這個人的動機就可能受新的需要支配。馬斯洛寫道：

> 一個新需要在優勢需要滿足後出現，並不是一種突然的、跳躍的現象，而是緩慢地從無到有。譬如，假定優勢需要 A 滿足了 10%，那麼，需要 B 也許還不會出現。然而，當需要 A 得到 25% 的滿足時，需要 B 可能顯露出 5%；當需要 A 滿足了 75% 時，需要 B 也許顯露出 50% 等等。(許金聲等譯，1987，62 頁)

不難看出，馬斯洛所描述的需要的發展，並不是間斷的、階梯式的跳躍的過程，而是一種連續的、重疊的、波浪式的演進，見圖 3-3 所示。

從這一圖解我們可以明顯地看出馬斯洛需要層次論三點重要含義：(1) 不同層次的需要是可以同時存在的。高一層次的需要，並不一定在低一層次

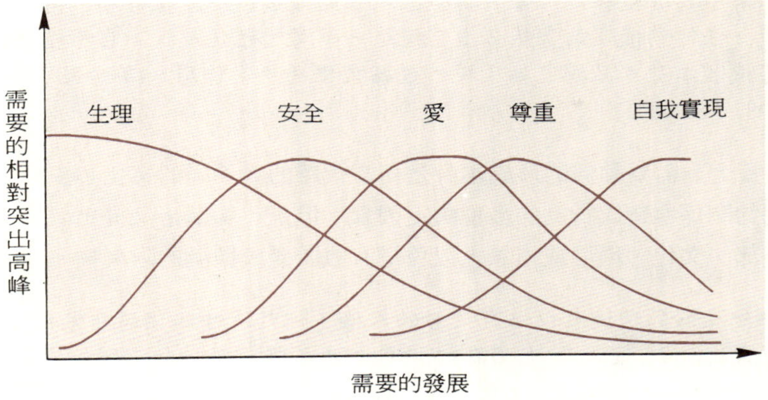

圖 3-3 需要層次的演進
(採自 Maslow, 1954)

需要的優勢出現後才出現。例如，自我實現需要，甚至在歸屬和愛的需要尚未達到高峰時就初見端倪；(2) 不同時期各種需要對人的行為的支配力量是不同的。需要對人行為的支配力量稱為**需要的優勢** (dominance of need)，而對行為支配力量最大的那種需要稱為**優勢需要** (dominant need)；(3) 一般來說，高一層次需要的優勢的出現，是在低一層次需要的優勢出現之後。或者說，隨著低一層次需要的滿足，高一層次需要的優勢就逐漸上昇，直到成為優勢需要，然後其優勢又逐漸減弱。

應當指出，“需要”與“需要的優勢”是兩個完全不同的概念，把這兩個概念混為一談，正是一些研究者對馬斯洛需要層次論的需要發展模式產生誤解的根源。嚴格說來，馬斯洛需要層次論所講的需要發展模式，講的是“需要的優勢”的更替，而不是“需要”的更替 (許金聲，1988)。

(六) 不同層次需要的發展與許多因素相關

不同層次需要的發展既與個體年齡增長和發育相關，又與社會的經濟、文化、教育程度相關。嬰兒期主要是生理需要占優勢，而後產生安全需要、歸屬與愛的需要，到了少年、青年初期，尊重需要日益強烈。青年中、晚期以後，自我實現需要開始逐漸占優勢。

馬斯洛也承認環境在需要發展中的作用。他說：

如果不與環境和他人發生聯繫，人類動機幾乎不會在行爲中得以實現。任何動機理論當然必須重視這一事實，也就是說，它不僅包括有機體本身，且應包括環境，包括文化的決定作用。(許金聲等譯，1987，33 頁)

事實上，需要動機的形成本身是相當複雜的，不同的文化和多種不同的外部制約關係會造成行為的多種決定因素。但是，馬斯洛又提出要防備過份注重外部、文化、環境或情景，以免把有機體變成環境的附屬物。他說：

雖然良好的環境可以培育良好的人格，但是這種關係遠非完備 (指現實社會遠非完美──作者註)，此外，爲了强調精神和心理的力量而不是物質和經濟的力量，必須顯著地改變良好環境的解釋。(許金聲等譯，1987，331 頁)

因此，無論如何，馬斯洛仍堅持需要動機是人的生存發展中最根本的內在動力。

第三節　自我實現的理論內涵

馬斯洛心理學思想早期稱為**整體動力論**，後來則稱為**自我實現心理學**。其主要內容：(1) 自我實現的本質論，包括自我實現的內涵及自我實現者的特徵；(2) 自我實現的人性論，即主張人性本善論，指出人的似本能或潛能具有建設性的成長和實現的傾向；(3) 自我實現的價值論，即堅持對價值觀的自然主義理解，把符合人性的最大價值視為最高的善；(4) 自我實現的動機論，即提出需要層次論，並以此解釋人類自我實現的內在動力機制；(5) 自我實現的類型論，即劃分健康型和超越型兩種自我實現類型；(6) 自我實現的高峰體驗論，即提出自我實現或超越自我狀態時會出現高度的喜悅感；(7) 自我實現的途徑論，即提出自我實現的八條途徑，作為通向自我實現的步驟和標誌；(8) 自我實現的社會理想論，即主張改造病態社會，並建立一個“心理學烏托邦”。上述內容 (1)、(4)、(5)、(6)、(7) 將在本章做詳細評析，其他部分 (2)、(3)、(8) 將設專章討論。

一、自我實現的含義與類型

(一)　自我實現的含義

自我實現論是人本主義心理學的基本理論的核心，也是馬斯洛心理學的主旨所在。

馬斯洛認為，**自我實現** (self-actualization) 就是一個人力求變成他能變成的樣子，即“成為你自己”。他說：

> 一位作曲家必須作曲，一位畫家必須繪畫，一位詩人必須寫詩，否則他始終都無法安靜。一個人能夠成爲什麼，他就必須成爲什麼，他必須忠實於他自己的本性。(許金聲等譯，1987，53 頁)

也就是說，自我實現者是：

> 更真實地成了他自己，更完善地實現了他的潛能，更接近於他的存在核心，成了更完善的人。(李文湉譯，1987，88 頁)

可見，馬斯洛充分地“表現自身”的真實存在，成為“自己力所能及高度的人”。在這裏，“人成爲目的本身，成爲‘神’，成爲一種完美，一個本質，一種存在”(Maslow, 1962, p.37)。

在馬斯洛看來，自我實現有兩層含義：

1. 完滿人性的實現　**完滿人性 (或豐滿人性)** (full humanness) 指人類共性的潛能，包括友愛、合作、求知、審美、創造等特性或潛能。由於此種潛能都得到了充分的發展，他的內在本性自由地表現自己而沒有被歪曲、壓抑或被否定，因而自我實現是完善的真正的人性的實現。

2. 個人潛能或特性的實現　個人潛能或特性的實現是指作為個體差異的個人潛能的自我實現。所謂**個人潛能** (personal potency) 是指個人未來可能發展的潛在能力，亦可稱**個人特性** (personal feature)。馬斯洛把人的潛能或本性視為共性與個性的統一體。他說：“每一個人的內部本性部分地是他自己所獨有的，部分地是人類普遍具有的”(李文湉譯，1987，1 頁)。因此，自我實現“這種傾向可以說成是一個人越來越成爲獨特的那個人，成爲他所能夠成爲的一切”(許金聲等譯，1987，53 頁)。具體來說，“自我實現也許可大致被描述爲充分利用和開發天資、能力、潛能等等。這樣的人似乎在竭盡所能，使自己趨於完美”(李文湉譯，1987，176 頁)。

在馬斯洛看來，自我實現有兩個標準：

(1) 承認並表述了內部核心或自我實現，即那些天賦能力、潛能、完善的機能、人類和個人實質有效性的現實化；
(2) 它們全都意味著極少出現不健康、神經症 (或神經官能症)、精神病、人類和個人基本能力的縮減或喪失。(李文湉譯，1987，178 頁)

從馬斯洛上述界定來看，儘管自我實現的定義各式各樣，但一致同意的堅實核心不外乎兩條：一是從正面來說，自我實現就是將自己先天的稟賦、潛能最大限度地顯現和發揮出來，“成為你自己”；二是從負面來說，自我實現就是極少出現不健康、心理疾病和能力缺陷。

(二) 自我實現的類型

馬斯洛晚年把自我實現劃分為兩種類型：

1. 健康型自我實現 (healthy self-actualization)　主要指更務實、更能幹的自我實現者。此類型者除具有一般自我實現的特徵外，很少有超越的體驗，主要是入世主義者，以實用的態度待人接物和處理問題。他們往往是實踐家，而不是思想家。馬斯洛曾舉羅斯福總統夫人、杜魯門和艾森豪威爾等為例說明這一類型。

2. 超越型自我實現 (transcendental self-actualization)　指更經常意識到內在價值、生活在存在水平或目的水平而具有豐富超越體驗的人。此類型者除具有一般自我實現的特徵外，還有下述一些超越自我或出世主義者的特徵：(1) 更重視**高峰體驗**和**高原體驗** (兩者見本章第四節) 的意義；(2) 能夠從永恆的意義上觀察和理解人和事；(3) 真善美的統一是他們最重要的動機；(4) 更重視整體論的世界觀；(5) 有更強的協同傾向；(6) 能超越自我，超越人我之間的分歧；(7) 更重視創新、創造和發現；(8) 更關心人類的命運；(9) 更尊重他人，更能平等待人；(10) 更重視精神生活。

二、自我實現者的人格特徵

馬斯洛對自我實現者的調查和研究的興趣，是從他對兩位導師韋特海默和本尼迪克特的崇拜開始。馬斯洛發覺這兩位有共同的人格模式，或許能推廣到更多人的身上。結果他如願以償，發現了這種自我實現者的人格模式。

馬斯洛發現這些人都能充分施展其才能、全力以赴地出色工作。他選出 48 位人士做進一步研究，其中有他的學生、熟人和一些歷史知名人物。他認為，其中有 12 人是“很有可能的”自我實現者，10 人是“部分的”自我實現者，26 人是“潛在或可能的”自我實現者。在自我實現者中有：科學家愛因斯坦、經濟學家亞當斯、哲學家詹姆斯、生物學家赫胥黎、哲學家斯賓諾莎、美國總統林肯和傑斐遜等人。

經過廣泛的觀察和整體分析，馬斯洛概括出自我實現者 15 種共同的人格特徵。

1. 準確和充分地認知現實　自我實現者能夠面對現實採取客觀的態度，他們不是按照自己的主觀需要、欲望或防禦去歪曲現實，而是按著事物的本來面目去認知世界，因此也能有效地預見未來。換句話說，自我實現者認知世界是由**存在認知** (being cognition)，簡稱 **B-認知** (B-cognition)，決定的，而不是由**匱乏認知** (deficiency cognition)，簡稱 **D-認知** (D-cognition) 決定的。他們對外界的觀察很客觀，並能同它保持適合的、融洽的關係。這種非凡的知覺特點也能滲透到他的生活中的各個方面，包括從事的工作、文娛、音樂和哲學等等。

2. 悅納自己、他人和周圍世界　自我實現者承認並接受一切事物均有正負兩個方面，故他們沒有必要否定任何人或事物的消極方面，具有較大的寬容。他們知道自己的長處，也承認自己的不足，不護短，不遮掩。他們也能容忍他人的缺點，承認這是人性的自然。他們把身心現象也看成自然的一部分而樂於接受，對衰老也不覺得苦惱。但是，他們對於妨礙人性發展的缺點，如懶惰、偏見、妒嫉、猜疑等惡習則極為敏感，力求改正。

3. 自然地表達自己的情緒和思想 自我實現者坦率、自然，傾向於真實表現自己的感情，他們感到什麼，就說什麼和做什麼。他們不矯柔造作也不落社會俗套，按著自己的本性行動。他們既有足夠的自信心和安全感，又不放縱自己和傷害別人。

4. 超越以自我爲中心，而以問題爲中心 自我實現者以問題為中心而不以自我為中心。這就是說，他們一般不太關注個人，具有高度的使命感和強烈的工作責任心，全力以赴地將自己的一切獻身於事業。這與以自我為中心的非自我實現者形成鮮明對照。自我實現者為工作而生活，非自我實現者是為生活而工作。馬斯洛指出，自我實現者均有其熱衷的事業，如哲學家和科學家通過工作能尋求真理，藝術家可以尋求美，法學家可以尋求正義。他們不是為了金錢、名譽或權力而工作，是由於工作能滿足他們的超越性需要或存在需要，工作既向他們的能力提出了挑戰，又為他們的潛能高度展現提供了機遇。因此，工作對他們來說，就是最高的享受。

5. 具有超然獨立的性格 自我實現者具有獨處與獨立的強烈需要。他們不怕與人接觸，但不依賴他人。他們能夠自己拿主意，做決斷，按照自己的意願行事。他們超然於世，不願交往，沈默寡言，平靜安詳。

6. 對自然條件和文化環境的自主性 自我實現者主要不受環境和文化的支配而進行自主活動。馬斯洛認為，自我實現者主要不是受低層需要的匱乏動機的外部滿足所局限，而是由高層需要的存在動機的內在激發，因此他們與環境的關係也由被動轉為主動。他們較少地依賴外部世界，更多地依賴自己的內心世界。他們能夠自我指引，自我管理，自我負責。例如，一個自我實現的大學生，完全可以超越學制、教學計畫、傳統慣例等限制，在學業上取得突出成績。

7. 清新永雋的鑑賞力 自我實現者能以敬畏、驚奇和愉悅的心情體驗和鑑賞一生中所遇到的各種事件。每一個嬰兒，每一次黃昏，都像第一次見到時那麼美妙，那麼動人心弦；年過花甲的老夫妻，還如同初戀時那樣甜蜜。自我實現者對以往的生活經驗從來不會感到煩惱，相反的，他們還會從中得到巨大鼓舞和心馳神往。

8. 常有高峰體驗　所有的人都有享受高峰體驗的潛能，但只有自我實現者才可能常得到這種強烈的入迷、極樂和敬畏的情緒體驗。他們不會因這種體驗而感到惶恐，也不會以任何方式去壓抑或抵制它們。一般地說，高峰體驗是蘊涵於**存在價值** (being value)，簡稱 **B-價值** (B-value) 之中。馬斯洛指出，自我實現者的高峰體驗頻率也不相同。高峰體驗出現少的人往往是比較重實際、重效能的人，而高峰體驗出現多的人則往往是更富有詩意的人，他們更加超脫、富有審美和神秘傾向。

9. 眞切的社會感情　自我實現者對所有的人都有強烈而深刻的認同感和慈愛心。他們所關心的不僅限於自己的朋友和親戚，還包括全世界各種不同文化氛圍中的人。他們具有一種"天下興亡，匹夫有責"的強烈意向，對全人類都表現出憐憫、同情和真切之愛。

10. 深厚的人際關係　自我實現者對他人具有更強烈的愛、深厚的友誼和更良好的人際關係。他們傾向於尋找其他自我實現者作為親密的朋友。這種朋友在數量上雖然不多，但在感情上卻很深厚充實。因為他們以共同的價值觀作為友誼的基礎。他們以高尚的存在愛 (註 3-1) 取代單純性需要的缺失愛，他們對愛情是無私的，把給予愛和獲得愛視為同樣重要，並且能夠真誠地關心自己愛人的健康成長。

11. 具有民主風範，尊重他人意見　自我實現者易於接受民主的價值觀，不僅對人寬容，而且能平等待人。他們能與任何性格相投合的人友好相處，而不管其出身、教育程度、政治、宗教信仰、種族或膚色如何，彷彿沒有覺察到這些差異。他們極少偏見，能夠隨時傾聽別人的意見，虛心向任何人學習。

12. 具有強烈的道德感及倫理觀念　自我實現者的是非善惡觀往往和習俗觀念不同，但是，他們都認識到自己行為的內在倫理價值，並且能夠在一切情境下恪守這些倫理道德標準。

13. 具有哲理氣質及高度幽默感　自我實現者的幽默感是頗富有哲理的。他們不願意開玩笑去傷害或貶低他人，相反的，他們卻常取笑自己或取

註 3-1：存在愛和缺失愛均是馬斯洛自我實現論的術語。**存在愛** (或**存在之愛**) (being love)，簡稱 **B-愛** (B-love) 是關心別人但不依賴別人的一種自然、純真、無私、無妒的愛；而**缺失愛** (或**匱乏之愛**) (deficiency love)，簡稱 **D-愛** (D-love)，是依賴、占有、不關心對方幸福而只要自我滿足的愛。

笑人類。這種幽默感既引人發笑，又富於哲理，更令人深思。

14. 具有創造力不墨守成規 馬斯洛把創造力視為自我實現者人格的"絕對必要的方面"或是"規定性的特徵"。馬斯洛認為，**創造力** (creativity) 有兩種，即**自我實現型的創造力** (creativity of self-actualization) 和**特殊天才型的創造力** (exceptional genius creativity)。前者指創造性人格的創造力，後者則指具體的創造活動和成果。他指出，自我實現型的創造力主要特點：

(1) 它首先是人格，而不是成就。成就不過是人格實現的副產品，即第二位的東西。

> 自我實現的創造性强調的是性格上的品質，如大膽、勇敢、自由、自發性、明晰、整合、自我認可，即一切能夠造成這種普遍化的自我實現創造性的東西，在創造性生活中那些表現自身的東西，或者說是强調創造性的態度、創造性的人。(林方譯，1987，253 頁)

(2) 它是充分"表現自身"的真實存在，不是藝術家和科學家的特權。馬斯洛既不同意單純從"成果"考慮創造性，也不贊成把創造性只局限於某些傳統領域的所有活動，他認為家庭婦女、木匠也可以有創造性，詩、畫也不一定都有創造性。馬斯洛曾說："第一流的湯比第二流的畫更有創造性"(林方譯，1987，244 頁)。依他的看法，創造性是自我實現者實現最完滿的人性，或實現自我實現者的真實存在。因此，天才型創造性也許與先天遺傳因素有更密切的聯繫，而自我實現型創造性則與存在價值或存在動機有更多的相關。人在自我實現中創造了人的自身，也創造了人的世界。

15. 對現有文化具有批判精神 自我實現者具有自主性，能夠抵制現存不完美社會文化類型的束縛和限制。在他看來，自我實現者不受外在或他人定向，而由內在或自我定向。他們在一般生活習慣上並不一定是反對常規的人，但如果一種文化規範與他們的價值觀相反，他們決不消極順應而會奮起抵制。

馬斯洛認為，自我實現者除了上面所述積極的特徵之外，還有一些弱點和缺點。在他看來，"金無足赤，人無完人"。儘管自我實現者是健康的、創造性的、民主的與自主的個體，但是“決不存在完人”(Maslow, 1970, p.176)。自我實現者的消極特徵有：

1. 他們往往有揮霍、憨直或粗心的習慣。

2. 他們可能剛愎自用、易煩惱和令人厭煩。

3. 他們還有一點虛榮、自誇和偏袒親人的毛病，有時也會發脾氣。

4. 他們有時還會表現出令人吃驚的冷酷無情和鐵石心腸。如果發現自己長期信賴的朋友不忠實時，就會果斷地與其斷交而毫無痛苦之感。他們之中的一些人在親人死亡的悲哀中恢復得如此迅速，以致讓人看來有些無情。

5. 他們也未完全擺脱內疚、焦慮、煩惱和衝突。因此，我們必須拋棄對人性不切實際的幻想，自我實現的人畢竟也是人，他們不是完美無缺的，只是比其他大多數人更接近完善罷了。

如果自我實現的趨向是天賦的，那為什麼不是每個成熟的成年人都能達到自我實現，而僅僅是馬斯洛估計的唯有百分之一的人呢？馬斯洛對這個事實做了四點重要解釋：

1. 由於自我實現是處於需要層級的頂端，它是所有需要中最嫩弱的，因而很容易受到阻抑。馬斯洛說：

> 人的這種內在本性，不像動物的本能那樣，是强的、佔壓倒優勢的和清楚明白的，它是弱的、嬌嫩的和微妙的，而且容易被習慣、文化壓抑和對它的錯誤態度所壓制。(李文湉譯，1987，2 頁)

因此，不幸的童年經驗會阻礙人的自我實現。社會的習慣勢力和傳統文化等也會這樣或那樣地壓抑和壓制人的自我實現。

2. 大多數人害怕自我實現所需要的那種對自己的知識，這種知識要求他們放棄傳統的、已知的東西而進入一種不確定的狀態。馬斯洛認為，自我實現需要足夠的勇氣去為了個人的成長而拋棄平庸的安全感，所以沒有任何其他知識比我們對於能改變我們自我尊重和自我設計的有關自身的知識更為恐懼了。可以說，越是接近自己的知識，他們就越是感到害怕。因而，缺乏勇氣、缺乏堅持精神、缺乏長期的艱苦努力就不可能完成自我實現。

3. 文化環境能夠通過強加於人的某些行為規範，而窒息個人自我實現的傾向。例如，通過闡釋“男子漢氣概”，我們的文化總是傾向於阻止男孩發展同情、善良、仁慈等品質，而這些品質正是自我實現者所應具備的。

4. 童年環境往往影響一個人完成自我實現的可能性。正如前所述，為了自我實現，一個人選擇的必須是成長，而不是安全。馬斯洛觀察到來自溫暖、安全、友愛的家庭中的兒童比來自無安全保證家庭的兒童更傾向於選擇成長的途徑。同時，馬斯洛感到過於優越的環境也是對兒童自由的限制，過多的嬌慣幾乎與過多的控制一樣對兒童有害，真正需要的是兩者兼顧。

馬斯洛指出，要想完成自我實現，除了能滿足生理需要、安全需要、歸屬與愛需要外，其環境還必須具備其他一些特徵，包括言論自由、行動自由 (在不損害他人的前提下) 、探究自由、自衛自由，以及秩序、正義、公平和誠實等。稍後，馬斯洛又增加了“挑戰性”(適當的競爭刺激) 作為有助於自我實現的環境特徵之一。

從這些環境中的必備條件，和前述大多數人不能達到自我實現的四條理由來看，我們就很容易理解為什麼自我實現者僅占全部人的百分之一，而其餘大多數人只是在歸屬與愛需要或自尊需要之中渡過一生。

三、自我實現的途徑

馬斯洛認為，要想達到他所勾畫的人的自我實現的理想圖景，除了必要的客觀環境條件外，還需要通過人主觀的努力才能完成。馬斯洛在《人性能達的境界》(1971) 一書中，提出了通向自我實現的健康人格的八條途徑：

1. 無我地體驗生活，全身心地獻身於事業 馬斯洛說：“自我實現意味著充分地、活躍地、無我地體驗生活，全神貫注，忘懷一切”(林方譯，1987，52 頁)。這就是說，必須在生活中擺脱青春期萌生的那種以個人為主不考慮他人的**自我中心主義** (self-centeredness)，消除那種太多的自我意識和自我覺知，在生活中達到無我 (selflessness)，或者盡可能從“小我”走向“大我”。實際上，這是要求人們能在生活中“忘記他們的偽裝、拘謹和畏縮”，超越自我，徹底獻身。

2. 做出成長的選擇，而不是畏縮的選擇　馬斯洛說：“讓我們把生活設想爲一系列選擇過程，一次接著一次的選擇”(林方譯，1987，52 頁)。正像法國存在主義哲學家薩特 (見 24 頁) 所說的，人不過是他一系列自由選擇行為的總和。不過，馬斯洛又提出選擇有“前進”和“倒退”之分，而人如果能做出成長的選擇而不是畏縮的選擇，就是趨向自我實現的運動。人每天做出多少次這樣的選擇，也就有多少次趨向自我實現。自我實現就是這樣一個連續不斷的奮進過程。

3. 承認自我存在，要讓自我顯露出來　在馬斯洛看來，人不是一塊白板，也不是一堆泥或代用粘土。人是某種已經活生生存在的東西，至少是一種軟骨的結構或素質。類似於大理石中的紋路。這裏有一個“自我”。在人生的歷程中，我們每一個人都應時刻注意“傾聽內在衝動的召喚”，讓自我得以顯現。但是，我們大多數人 (特別是兒童和青年) 在許多時候不是傾聽自己的呼聲，而是傾聽爸爸媽媽的教訓，或老師、教會、權威或傳統的聲音。因此，要達到自我實現，就必須真正顯現自我。譬如，我們品嚐一杯酒的味道，首先不要看酒瓶上的商標，或從商標上得到什麼暗示，只需閉上眼睛，面向自身內部，避開外界的嘈雜干擾，用自己的舌頭品酒，並訴諸自己身內的“最高法庭” (指理性自我)，這時，我們才可以說：“我喜歡它”或“不喜歡它”。

4. 要誠實，不要隱瞞　就是說，在有懷疑時，要誠實地說出來不要隱瞞。在生活中不要作戲，不要裝模做樣，而應時時反躬自問，承擔責任。馬斯洛認為，承擔責任本身就是邁向自我實現的一大步。

5. 能從小處做起，要傾聽自己的志趣和愛好，勇氣與選擇　我們上述的四點如不帶自我意識的體驗、做出成長選擇、傾聽衝動的聲音、誠實和承擔責任等都是邁向自我實現的步驟，所以我們務必時時一一從這些小事做起，逐漸把這些經驗統合起來，將來在素質上就能做出最佳的選擇。要傾聽自已的志趣和愛好，經過理智的思考，如果認為自己真正對，要敢於與衆不同，不要顧慮重重，即使暫時失去了人緣也罷。

6. 要經歷勤奮的、付出精力的準備階段　馬斯洛說：“自我實現不只是一種結局狀態，而且是在任何時刻在任何程度上實現個人潛能的歷程” (林方譯，1987，55 頁)。要想達到自我實現，就是要運用自己的聰明才智，當然這並不是說要做一些遙遠不可企及的事，而是說要實現一個人的可能性往往需要經歷勤奮的、付出精力的準備階段。自我實現正存在於你的不懈努力之中。在馬斯洛看來，只想成為一個二流的醫生，那還不是一條通向自我實現的正確途徑。你應該要求自己成為第一流的大夫，或是要求竭盡你自己所能。所以他說："自我實現在一生中是自始至終進行著的"(李文湉譯，1987，22 頁)。

7. 高峰體驗是自我實現的短暫時刻 同時，這也是我們自己的人性世界瞬間真實映射出來的時刻。每個人在生活中都能體驗到這樣的時刻。我們既可失去這些體驗，也可設置條件使高峰體驗更有可能出現。如果我們能用高峰體驗中的那種人性最高境界去努力渡過人生中的每一時刻，人生就將是美好的，那個本來應該屬於我們自己的真我就能實現出來。

8. 發現自己的先天本性，使之不斷成長 通過以上的步驟，最後是發現自己的生物學的先天本性，那是不可逆轉或很難改變的。自我實現就是這樣的成長過程。馬斯洛指出，弄清一個人的底細，他是哪種人，他喜歡什麼，不喜歡什麼，什麼對於他是好的，什麼是不好的，他正走向何處，以及他的使命是什麼——向一個人自身展示他自己——這意味著對防禦心理的識別，並在識別後有勇氣放棄這種防禦。這樣做雖然是痛苦的，但放棄防禦卻是值得的。為此，馬斯洛提出兩種新的防禦機制：

(1) **去聖化** (**或去極化、低俗化**) (desacralization)：即懷疑和拋棄某種價值觀和美德的可能性或者說它是任何一種歪曲人性，使人比實際上更低級和更庸俗的過程。從原來尊崇到"看破紅塵"，一切神聖和美好的東西都被拋棄。例如，當今西方青少年已經使性"去聖化"，性在很多場合失去了它的詩意，性已變成"無所謂"的東西。自我實現意味著放棄去聖化這一防禦機制並學會再聖化。

(2) **再聖化** (resacralization)：即願意再次看到人或對象神聖的、永恆的和象徵的意義。例如，以尊敬的態度看女性內涵的價值與意義。再聖化，對青年人來說，往往把它看作一大套"非常古板"的過時談論；但對心理諮詢家來說，它卻成為幫助人趨向自我實現的最重要途徑。

由上述可見，馬斯洛並沒有把自我實現視為一種超於現實生活的某種偉大的時刻。絕不能說，在星期四下午四時，當號角吹響的時候，你永遠地、完完全全地步入萬神殿了。自我實現是一個程度問題，是人在一生中許多次向人性理想微小進展一點一滴積累起來的。自我實現者不過是從這樣一些小路上走過來的：

> 他們傾聽自己的聲音；他們承擔責任；他們是忠誠的；而且，他們工作勤奮。他們深知他們是何許人，他們是什麼，這不僅是依據他們一生的使命說的，而且也是依據他們日常的經驗說的。(林方譯，1987，57～58 頁)

馬斯洛認為，人人都有自我實現的潛能，其區別不過是多一點少一點罷了。他相信，人能活著就能進入天堂；人能夠在瞬間感到永恆；人能夠在某一點上達到人性的最高境界。因此，馬斯洛是一位樂觀主義的人本心理學的代表。

第四節　高峰體驗

高峰體驗 (或**高峰經驗**) (peak experience) 是馬斯洛 1962 年首創的人本主義自我實現心理學中的一個重要的概念。它既是自我實現者的重要特徵，又是自我實現的重要途徑。因此，領悟和擁有高峰體驗均是感悟人生價值、塑造自我心靈和開發創造潛能的重要條件。

一、高峰體驗的概念

馬斯洛有關高峰體驗的資料是從下述三個方面搜集的：

首先，馬斯洛同 80 名個人進行個別談話，並對 190 名大學生按照下述指導語做了問卷調查。

> 我希望你想一想你生活中最奇妙的一個體驗或幾個體驗；最快樂的時刻，著迷的時刻，銷魂的時刻，可能是由於戀愛，或者由於聽音樂，或者由於突然被一本書或一幅畫所震撼，或者由於某種巨大的

> 創造契機。首先列出這些體驗。然後，請你盡力告訴我，在這樣的瞬間，你的感受如何？你這時的感受同其他時候的感受有何不同，在這種時刻，你是否覺得自己在某些方面變成一個全然不同的人？(李文湉譯，1987，63 頁)

其次，馬斯洛曾收到 50 位讀者因看過他發表的論文，而主動陳述個人高峰體驗的來信。

此外，馬斯洛還對大量有關神秘主義、宗教、藝術、創造、愛等方面的文獻做了廣泛而深入的分析。從這些資料的研究中，馬斯洛發現了各種不同形式的高峰體驗。

馬斯洛認為，高峰體驗是人在進入自我實現和超越自我狀態時所感受到的一種豁達與極樂的瞬時體驗。他說：

> 這種體驗可能是瞬間產生的、壓倒一切的敬畏情緒，也可能是轉眼即逝的極度强烈的幸福感，或甚至欣喜若狂、如醉如痴、歡樂至極的感受。
>
> 最重要的一點也許是，他們都聲稱在這類體驗中感到自己窺見了終極真理、事物的本質和生活的奧秘，彷彿遮掩知識的帷幕一下子給拉開了。……突然步入了天堂，實現了奇蹟，達到了盡善盡美。(林方譯，1987，366～367 頁)

隨著研究的深入，馬斯洛發現人的高峰體驗是一個多水平、多層次的系統。主要有兩種類型：

1. 普通型高峰體驗 (general peak experience)　即是狹義的高峰體驗，指所有人 (包括病人在內) 在美妙的時刻極端愉悦的情緒。這些人尚未達到自我實現，或者說正向自我實現高峰上攀登的人，他們主要受滿足基本需要的缺失性認知的驅動。在馬斯洛看來，高峰體驗可以發生在不同層次的人身上，由不同的情境所引起，他認為每一種基本需要的滿足，給予我們許多高峰體驗，而每一個高峰體驗的本身就是絕對的樂事和完美，足以證明人生不需要比它們自身更多的東西了。幸福不在於目標是否達到，而在於追求的過程。在這一過程中，一種需要的滿足，一個心願的實現，一項目標的達到，都可能帶給人高峰體驗。正如馬斯洛所描述的：

> 一位年輕母親在廚房裏爲丈夫和孩子準備早餐而轉來轉去，奔忙不止。這時一束明媚的陽光灑進屋裏。陽光下孩子們衣著整潔漂亮，一邊吃東西，一邊嘰嘰喳喳地說個不停，丈夫也正在輕鬆悠閒地與孩子們逗樂。當她注視著這一切的時候，她突然爲他們的美所深深感動，一股不可遏止的愛籠罩了她的心靈，她產生了高峰體驗。
>
> 對一個男子來說，這種體驗可能產生在與友人共進了一頓美餐，然後點上一支高級雪茄時。對一位女性來說，她可能在打掃廚房後，望著周圍清潔無瑕，閃閃發光的炊具器皿而進入這種體驗。
>
> 幾乎在任何情況下，只要人們能臻於完善，實現希望，達到滿足，諸事如心，便可能不時產生高峰體驗。這種體驗可能產生在非常平凡低下的生活天地裏，……在任何行業中的任何常人都可能在生活中得到這種體驗。(林方譯，1987，369～370 頁)

2. 自我實現型高峰體驗 (peak experience of self-actualization) 即廣義的高峰體驗，指健康型和超越型自我實現者擁有的一種寧靜和沈思的愉悅心境。馬斯洛對這種高峰體驗並不清楚，只是在研究中發現人們在報告高峰體驗時有兩種心理反應：一種是激動和高度緊張，發狂，想大喊大叫，抑制不住的狂喜，甚至無法入睡、噁心、没有食欲、便秘等；另一種反應則是放鬆、平和、寧靜和從容，深深的睡眠。近來才逐漸明確這是另一種類型的高峰體驗，即**高原體驗** (plateau experience)。兩者的主要區別在於：(1) 高峰體驗 (狹義) 是所有人擁有的，受基本需要和缺失性認知驅動的，而高原體驗則是自我實現者特有的，受超越性需要和存在認知激勵的；(2) 高峰體驗是強烈情緒的、頂點的、自動的反應，而高原體驗則是寧靜而平和的反應；(3) 高峰體驗情緒成分占主導地位或者說純情緒性的反應，而高原體驗總是帶有明顯的理性或認知的因素，並且它比高峰體驗更多地依賴意志的作用。

馬斯洛認為，高峰體驗有五個主要特點：

1. 產生的突然性　高峰體驗都是毫無預料、突如其來的方式自然產生的，人們既無法預計高峰體驗會在什麼時候出現，也不能用意志強迫、控制或支配它。我們至多根據以往經驗大體估計在何種情境下可能出現或不可能出現。

2. 程度的強烈性　高峰體驗壓倒一切，既有體驗的強度，又有認知的深度，可說欣喜若狂，如醉如痴，歡樂至極，幾乎達到忘我與超越的境界。

3. 感受的完美性　高峰體驗中的人會達到個人最佳狀態，他會感到比平時更聰明、更敏感、更有才智、更有力量和更優美。高峰體驗猶如突然步入了天堂，創造了奇蹟，達到盡善盡美。

4. 保持的短暫性　高峰體驗一轉即逝，而非永存不變，雖然其影響可能長期存在，但是這種體驗出現的時間卻是短暫的。

5. 存在的普遍性　它比預料的要普遍得多，儘管高峰體驗是自我實現者的特徵，但是一般人甚至心理病態者也可能出現，幾乎每一個人都有這種體驗。

馬斯洛曾列舉人產生高峰體驗的一些情境和時刻：(1) 愛情，和異性的結合；(2) 審美感受，特別是對音樂的欣賞；(3) 創造衝動和創造激情 (偉大的靈感)；(4) 領悟和發現真理；(5) 順產和母愛；(6) 與大自然的交融，如在森林裏，在海灘上，在叢山中；(7) 體育比賽，如籃球、足球、游泳等比賽；(8) 翩翩起舞時，……。

馬斯洛認為，高峰體驗的內容很多，主要包括神秘體驗、宇宙意識、海洋體驗、審美體驗、創作體驗、愛情體驗、父母情感體驗、性體驗、頓悟體驗、欣賞自然體驗、運動完成的某種狀態等等。馬斯洛還認為，這些體驗全都交叉重疊，具有相當程度的類似性，甚至同一性。

事實表明，高峰體驗可以是音樂家的一次成功的譜曲和演出，也可以是工匠精湛手藝的完成；可以是某一哲學或科學真理的發現，也可以是愛情和家庭幸福生活的感受；可以是一次令人陶醉的文藝欣賞，也可以是對大自然景色的迷戀等等。

二、高峰體驗的結構

如果說狹義的高峰體驗是指高峰時刻的情緒體驗，那麼廣義的高峰體驗則屬於認同體驗與存在認知的複合狀態。

(一)　認同體驗

認同體驗 (或同一性感受) (identity-experience) 是高峰體驗中的主要

成份。馬斯洛認為，高峰體驗是強烈的認同體驗，馬斯洛說：

> 處於高峰體驗的人具有最高程度的認同，最接近其真實自我，最富有個人特色。高峰體驗能將人帶進"人性能夠達到的境界"。(許金聲等譯，1987，256、274 頁)

由於自我實現作為人的本性的實現是人與自然的合一，因而高峰體驗本身也是人回歸自然或人與自然合一的認同體驗。這就是說，像東方人那樣，人生的目標要追求自我超越、自我摒棄、自我意識和關照、與世界相融達到天人合一、人我一體。

真實自我既是高峰體驗的對象，又是認同體驗的內容。馬斯洛發現真實自我有 16 個特徵：(1) 更加整合 (統一、完整、渾然一體) 的自我感；(2) 更能與世界、與非我相融合；(3) 最佳和最充分地發揮自己的潛能；(4) 行動輕鬆自如；(5) 更富有責任心、主動精神和創造力；(6) 最大限度地擺脫阻滯、抑制、謹小慎微、畏懼、疑慮、控制、自責；(7) 行動更具自發性、表達性和純真性；(8) 更具有創造性；(9) 具有別樹一幟的獨特性；(10) 具有最強的當下之感；(11) 具有更純粹的精神；(12) 超越一般需求；(13) 富有詩意；(14) 主觀的終極、圓滿或完美的體驗；(15) 存在性愉悅；(16) 謙卑與高傲並存等等。

馬斯洛對認同體驗和真實自我的描述，實際上觸及到人類心靈最精微、最絕妙之處，將人們帶到了神奇的、令人嘆為觀止的人性最高境界。當然，其局限還是在於過份強調了人類先天潛能的內在價值，忽視了社會環境對人性及自我的歷史制約性。

(二)　存在認知

存在認知 (或**存在觀**) (being cognition) 是自我實現者高峰體驗中的重要成份。當人們處於高峰體驗時，似乎總有一種超越感，彷彿"我即是佛" (即達到"覺行圓滿"的境界)，而不再 (暫時) 是原先那個"小我"。當我領悟了貝多芬第九交響樂中那種崇高英雄歡樂的心境，我就拋棄了在現實生活中那個為了謀生而唯唯諾諾的謙卑面具；當我醉心於大海那寬闊無邊的雄壯氣勢時，我會把世俗中無法擺脫的苦惱一掃而光。在高峰體驗中，我們看到了一個高大的且與上帝並肩的"我"和一個在世俗中忙碌的"小我"。馬斯洛認為，後者為**匱乏認知（或缺失認知）**(deficiency cognition)，它只能在其生存的基本需要的缺失中與對象發生認知關聯，即匱乏需要和動機引導著人們帶著濃厚的功利價值取向去認識“為我”的對象，屬於利己認知。馬斯洛主張，在高峰體驗中，應該要拋棄匱乏認知，抓住存在認知。存在認知是“目的認知”、“終極認知”或“超越認知”。它類似於東方道禪意境中“大我”或“無我”的狀態。它是擺脱一切偏狹功利取向而以堅持存在價值為本體的真正人的認知形式。在他看來，存在認知是：

> 人們按著對象自身的真象和它自身的存在，不涉及它滿足需要或挫折需要的性質，即基本上沒有涉及對象對於觀察者的價值，或它在他身上的作用。(李文湉譯，1987，183 頁)

由於這種認知排除主體的偏好，真實地去透視和把握客觀世界的本質和各種客觀特性，因而馬斯洛把存在認知看作是一種高級的認知形式。

馬斯洛在高峰體驗中發現存在認知有 19 個特徵：(1) 體驗或對象傾向於被看作是一個整體，超然獨立於任何關係；(2) 知覺對象被充分而完全地注意到；(3) 使對象脱離人的利害關係；(4) 感知愈益豐富；(5) 感知相對超越自我、忘我和無我；(6) 自我確證內在價值的時刻；(7) 超越時間和空間；(8) 更全面、深刻地把握事物的本質；(9) 有較多的絕對性和內在給予性，可擺脱任何文化、歷史框架和外部的制約；(10) 被動接受而不主動佔有；(11) 具有特殊的驚異、敬畏、崇敬、謙卑、降服的情緒色彩；(12) 不同的體驗（如宗教體驗與愛情體驗等）蘊涵著存在價值的領域；(13) 更能從感知事物的具體特殊的本質出發來把握對象；(14) 許多二歧式、兩極化和衝突被融合、超越和解決；(15) 更能完全地、熱愛地、同情地和自娛地認可世界和人；(16) 知覺強烈傾向於獨特性和非分類化；(17) 感知具有更大的開放性；(18) 內在與外在世界之間的動態同型性增進；(19) 使人能夠達到最高度成熟的健康回歸，在所有水平上（自我、本我、超我和自我理想，意識、前意識和潛意識，原發過程和繼發過程）實現真正的整合。

從馬斯洛對存在認知的描述可以看出，人的高峰體驗（存在認知）那轉瞬之間，幾乎實現了人異化給上帝的一切超常和最完善的認知上的萬能。他把存在認知的形式看成是一種接近東方佛學和道禪頓悟的境界，把存在認知的內容則看成是認識論上的最終頓悟即真正的終極真理。

馬斯洛明確指出，並非所有高峰體驗都能達到存在認知的新視界，而只能是少數達到人性最高境界的自我實現者，才具有此種高峰體驗。因此，高峰體驗的結構主要是單一的情緒體驗，少數則是由認同體驗和存在認知構成的複合結構。

三、高峰體驗的價值

1. 高峰體驗對自我實現的重要意義　馬斯洛認為，高峰體驗既是最為誘人的，也是最為令人興奮的。它不僅對增強心理健康，提高心理生活質量有重要價值，而且對人的自我實現和社會發展也有重要意義：

(1) 高峰體驗是自我實現者的重要特徵：馬斯洛說：

> 任何一個人在任何一種高峰體驗中都暫時具有我在自我實現者身上發現的許多特徵。這就是說，此刻他們成了自我實現者。(許金聲等譯，1987，315 頁)

事實表明，一方面自我實現者能更多地產生高峰體驗，另一方面高峰體驗更具體地表現自我實現的時刻。因此，在高峰體驗中，一個人能夠更真實地成為他自己，更完全地實現他的潛能，更接近於他的存在狀態，更充分地具有人性。可見，高峰體驗是自我實現者的一個重要的方面和特徵。

(2) 高峰體驗是達成自我實現的重要途徑：在馬斯洛看來，自我實現不是一種終止的狀態，而是一個連續不斷的發展過程。趨向自我實現的每一步都有高峰體驗的出現。它似乎是一種引導，引導人更積極地追求自我實現和超越自我的價值，促使人達到更豐滿的自我實現。馬斯洛指出：

> 幾乎每一個人都確實有過高峰體驗，但並不是人人都能夠認識到這一點。……幫助人們在這些微小入迷的時刻到來之時認識到它們是諮詢家或超諮詢家的任務之一。(林方譯，1987，55 頁)

2. 高峰體驗的後效　高峰體驗對個人心身的影響，目前尚無嚴格控制的研究加以佐證，但馬斯洛的被試者特別是一些作家對愛情、頓悟、創造、審美和神秘等體驗的問卷調查，都一致肯定高峰體驗的影響。馬斯洛在《存在心理學探索》(1962/1968) 一書中概括了七點後效。現歸納下述三個方面：

(1) 高峰體驗具有心理治療的作用：馬斯洛根據心理學家和人類學家關於神秘體驗、海洋體驗“深切永久地消除某些神經症症狀的報告，認爲高峰體驗可能有而且的確有某種治療效果”(李文湉譯，1987，92 頁)。其療效產生的原因，很可能和高峰體驗時的心身反應有關。馬斯洛的被試者報告，高峰體驗時有兩種心身反應：一種是變得更活躍、更激動、更興奮；另一種是變得鬆弛、平靜、安詳，甚至進入深度睡眠狀態。顯然，高峰體驗可以有助於病人調整情緒，喚起活力，增強信心，戰勝疾病。馬斯洛進一步指出，這種治療的轉化經驗當然在人類歷史上的記載很多，但迄今還未得到心理學家和精神病學家應有的注意。

(2) 高峰體驗具有改變世界觀、人生觀和自我觀的作用：馬斯洛曾指出：

> 由於使人產生了意義重大的頓悟、啟示或宗教皈依而使其整個人生觀發生了永久性的變化。這點很容易理解，因爲高峰體驗就像使我們暫時步入了天堂，而後我們又在這索然無味的人世上不時回想起那美好的時刻。一個人很有特色地說：我知道生活可以是美妙的，值得我活在世上；在那些冷酷的日子裏，我就竭力回憶那些美好的時刻。(林方譯，1987，375 頁)

事實表明，高峰體驗向人們開啟了一扇可以用凡胎肉眼窺見“聖靈”的天窗，驚奇地看到一個全新的天地視界，可以改變一個人對世界、對人生、對他人、對自我的看法，對人的性格、人生觀、世界觀產生影響。

(3) 高峰體驗具有開發人的創造力的作用：馬斯洛認為，高峰體驗時的人更聰明、更敏感、更有才智、更強而有力、更優美，處於最佳狀態和創造中心。因此，高峰體驗能夠充分發揮主動精神和自由意志，“解放一個人的創造力、自發性、表現性和特質”(李文湉譯，1987，92 頁)。

應當承認，馬斯洛指出高峰體驗對人生觀塑造、自我實現和心理健康的價值是有正面意義的。但是，人格完善與自我實現受到主客觀許多因素的制約，就是其中的主觀因素也不能只局限於高峰體驗。因此，我們既要肯定高峰體驗的價值，又不能過高估計高峰體驗的作用。在這一點上，馬斯洛不免有高估高峰體驗價值的傾向。

第五節　簡要評價

自我實現心理學既是馬斯洛心理學的理論建構，又是人本主義心理學的理論核心。在我們闡明了馬斯洛自我實現心理學的理論基礎、理論內涵和高峰體驗學說以後，就有必要進一步評論一下馬斯洛自我實現心理學的主要貢獻及其局限。這樣，對我們正確理解馬斯洛自我實現心理學在西方心理學史特別是人本主義心理學史上的地位、作用及其影響是頗有意義的。

一、主要貢獻

作為人本主義心理學的開山祖馬斯洛的貢獻是重大的、主導的和多方面的。他不僅在打破西方心理學第一勢力行為主義和第二勢力精神分析的理論模式，創建人本主義心理學的輿論陣地和學術組織方面有歷史功績，而且在構建人本主義心理學的基本理論和核心內涵、並將其應用於教育改革、企業管理和社會改造等方面均有很大的貢獻。

(一)　開創人本主義心理學的新取向

人本主義心理學是反西方主流心理學的一種新的取向、思潮和運動。雖然創建人本主義心理學的人不少，但是馬斯洛卻以“人本主義心理學之父”的譽稱而載入史册。

首先，馬斯洛是西方心理學中第三勢力的開拓者。本來，馬斯洛最初對華生的刺激-反應 (S-R) 學說很感興趣，並受過行為主義的嚴格訓練，40年代末他已被視為頗有才華的實驗心理學家。但由於馬斯洛相繼受到霍妮社會文化精神分析理論、弗洛姆人本主義精神分析 (見第一章第三節)，以及韋特海默完形心理學 (見第二章第一節)、戈爾德斯坦機體論心理學 (見第二章第二節) 的深刻影響，加之他自己用行為主義方法教育孩子不成功，因而馬斯洛既批評第一勢力行為主義的**幼稚心理學**，又批評第二勢力弗洛伊德精神分析的**殘疾心理學**，最早舉起了第三勢力人本主義心理學的旗幟。

應該看到的是，在行為主義占統治地位的年代，開拓心理學研究的新道路是非常艱難的。早在四十多年前，馬斯洛開始探討那些“不合傳統的”主題時，他卻受到了主流心理學團體的排斥。在布魯克林學院時，儘管他很受學生歡迎，但因他對非正統心理學研究的興趣，使他在系裏不受賞識，並遭到一些同事的迴避。一直到 50 年代初，他應邀主持布蘭迪斯大學新建立的心理學系的工作時，這種情況才發生改變，但在和一般心理學團體的關係方面仍有很強的孤獨感。他深感在主流的美國心理學會雜誌上發表文章的艱難，儘管如此，馬斯洛仍然堅持團結一切志同道合的人，猛烈抨擊行為主義和古典精神分析的機械決定論與生物還原論，終於開拓出以研究人的本性、潛能與價值為主旨的第三勢力的人本主義心理學。馬斯洛被公認為心理學第三勢力的領袖。

其次，馬斯洛是人本主義心理學著名的理論家。如果說有些人本主義心理學家主要致力於心理治療的事業上，那麼馬斯洛的功績則主要表現於對人本主義心理學基本理論的建構上。早在 40 年代初，馬斯洛就發表了〈人類動機理論〉這一劃時代的論文。特別是 1954 年他的《動機與人格》一書的出版，成為人本主義心理學理論體系正式形成的標誌。他對人本主義心理學基本理論的建樹是多方面的。主要表現在：

1. 在心理學對象上，馬斯洛十分明確地既反對以動物或兒童為主要樣本，又反對以病人為研究對象，主張以健康的人、成熟的人、完整的人、優秀的人為研究樣本，提倡建立以研究人的本性、潛能、尊嚴、價值為主題的人化心理學。

2. 在心理學方法上，馬斯洛較早地既反對元素主義的方法論 (見第七章第三節)，又反對還原分析法 (見第一章第二節) 所導致的心理學的低俗化 (見本章第三節) 和約拿情結 (註 3-2)，提倡運用整體分析法 (見第七章第二節) 研究人性的問題。

3. 在基本理論上，馬斯洛幾乎創建了人本主義心理學的主要理論，如人性本善論、需要層級論、內在 (存在) 價值論、自我實現論、高峰體驗論、教育改革論、Z 管理 (尤賽琴管理) 論、“善心國”論 (見註 3-6) 等等。在

註 3-2：**約拿情結** (Jonah complex)，指對自己能力和潛能的疑慮和恐懼，它最終會阻礙個人的成長。引伸之意為畏懼美好的神聖的東西。

人本主義心理學範圍內，其理論建樹不僅功不可沒，而且首屈一指。

此外，馬斯洛還是人本主義心理學組織的主要締造者之一。為了建立人本主義心理學的機構，馬斯洛做了大量的組織建設工作。

1. 在 50 年代初，馬斯洛就開始對主流心理學不滿、並與具有人本主義心理學思想傾向的人建立聯繫。1954 年還和具有非凡組織能力的薩蒂奇共同編輯了一份 125 人的通訊錄，並通過互相郵遞油印作品的方式加強交流和聯絡。不到幾年又增加了許多人，後來他們就成了《人本主義心理學雜誌》的第一批訂户、撰稿人和贊助者，以及美國人本主義心理學會的第一批會員。

2. 於 1962 年，馬斯洛和羅洛‧梅、羅傑斯在加州桑諾瑪州立學院舉辦了一個研討班。此時，馬斯洛對行為主義的批判精神深深感染了後來被稱為“美國人本主義心理學會接生婆”和此學會第一任秘書羅西奎斯特 (Norma Rosenquist)。

3. 於 1961 年春在馬斯洛的堅持下，布蘭迪斯大學校長同意為辦刊擔保風險，以薩帝奇為主編的《人本主義心理學雜誌》第一期正式問世。當時提出許多刊物的名稱，如《矯行心理學雜誌》、《第三勢力》、《自我心理學》和《存在》等，最後確定的刊名是馬斯洛的女婿、布蘭迪斯大學心理學系四年級學生科漢提出的。馬斯洛和薩蒂奇組織的編委會中，還有戈爾德斯坦、羅洛‧梅、繆福德、弗洛姆、安傑爾和穆斯塔卡斯等。

4. 隨著隊伍的壯大，由馬斯洛和薩蒂奇發起，於 1963 年夏在費城正式建立了**美國人本主義心理學會** (American Association of Humanistic Psychology，簡稱 AAHP) (其中第一個“A”代表美國，幾年後把它去掉了)。任命布根塔爾為第一屆主席。馬斯洛在大會致開幕詞中，評論了精神分析和行為主義的狹隘性與排他性，他稱之為低上限心理學 (註 3-3)。大家對人本主義心理學、精神分析和行為主義的關係以及方法論問題一直討論到深夜。第二天，他們便有了一種團體的歸屬感。

註 3-3：**低上限心理學** (low-ceiling psychology) 係馬斯洛自我實現心理學術語。指行為主義和精神分析不是以動物就是以病人為研究對象，不像人本主義心理學以精英為研究對象，那真正能認識和開發人的最高潛能，只能在低閾限內最大限度發揮人的潛力，故馬斯洛認為西方第一勢力和第二勢力的心理學是低上限心理學或幼稚心理學和殘疾心理學。

5. 在 1968 年任美國人本主義心理學會主席的吉布也深受馬斯洛的薰陶。吉布曾寫到，他加入“第三勢力”，主要是因為在和亞伯 (對馬斯洛的暱稱) 的通信中感受到的激動所致。此時，馬斯洛對人本主義心理學的新發展更加熱情起來，並堅信人本主義心理學“已經在美國心理學中作爲一種可行的第三替代者而確定下來了”。他認為人本主義傾向是一場革命，它會帶來“新的感知和思維方式，對人和社會的新意象，關於道德觀和價值觀的新概念，新的前進方向”。在他看來，它是“一種普遍世界觀的一個方面，一個新的人生哲學，一種新的人的概念，一個新的工作世紀的開端”(DeCarvalho, 1991, p.11)。總之，“人本主義心理學機構的建立，在很大程度上是馬斯洛和薩蒂奇努力的結果”(DeCarvalho, 1991, p.136)。

(二) 建構人類系統化的需要理論

需要層次理論是馬斯洛對動機理論的一個貢獻。我們知道，心理學上有很多不同的動機理論，主要有四大類：

1. 精神分析動機論 即以**力比多** (或**慾力**) (libido)、**生的本能** (或**生之本能**) (life instinct)、**死的本能** (或**死之本能**) (death instinct) 以及**本我** (id)、**自我** (ego) 和**超我** (super-ego) 三者之間的互動作用解釋個體行為的內在動力。

2. 行爲主義動機論 即以**強化** (或**增强**) (reinforcement) 學得的經驗説明個體行為的原因。

3. 認知動機論 即用分析行為產生原因的**歸因論** (attribution theory) 與用心理平衡理論解釋態度改變的**認知失調論** (cognitive dissonance theory) 等解釋個體行為的內在動力。

4. 人本主義動機論 即以人性的潛能説明人的行為的內在歷程。

馬斯洛的需要層次理論不僅是西方心理學史上的四大動機理論之一，而且是探討人類動機理論方面的一個新的里程碑。

首先，把需要、動機系統化。以往對於需要的研究比較片斷、零碎、不系統，而馬斯洛則堅持從整體論與動力論的統一觀點出發，把動機視之為一個不同層級的發展系統。基礎層首先是生理需要，依次向上是安全保障、歸屬、尊重、認識、審美，直到最高層自我實現。他認為需要系統是有序的，一般是由低而高依次發展而形成的；又是呈波浪式的，特殊情況會出現例外和顛倒。馬斯洛一方面肯定低層需要的基本滿足是高層需要產生的條件和基礎，另一方面認為高層需要對低層需要有影響和制約。可見，馬斯洛的需要層次理論比較全面而系統地反映了人的需要的多樣性、豐富性、複雜性和動態性。

其次，試圖發現人的需要的某些特點和規律。以往心理學對動物需要、低級需要和病人的需要研究較多，對人特別是健康人的需要、高級需要則研究較少。馬斯洛填補了這方面的一些空白，他不僅專門研究了健康人格的動機，而且著重探討人的高級動機。他認為，低級需要如食物、水、性、空氣和睡眠等需要是人與一般動物所共有的，較高級需要如安全、友愛、合作等需要是人與近似人類的動物所共有的，而最高級需要如自我實現需要則是人類所獨有的。特別是馬斯洛把人的動機又分為匱乏動機與成長動機，他指出成長動機不同於匱乏動機就在於它主要不依賴外部滿足、緩解緊張，而是靠自我滿足、製造緊張來實現預期目標。顯然，它不僅高於弗洛伊德只有一類本能需要的動機理論，而且也優於一般心理學中關於尋求緊張緩解的動機理論。因此，馬斯洛的需要層次理論是人性本質實現的理論，它比傳統心理學中的本能論和內驅力理論都有進步意義。

此外，需要層次理論"不僅揭示了人類行爲的動力結構，而且爲我們提供了一個樂觀的、積極進取的人生觀"。這一理論的"重大意義還在於它爲達到健康人格提供了一個參照系，利用這一參照系，我們可以更清晰、更有條理地研究人格的發展，以及向理想境界接近的過程"(許金聲著，1988，120～121 頁)。

(三) 創造自我實現的心理學理論

自我實現理論是馬斯洛的另一個獨特的重大貢獻。

1. 把自我實現心理學化 正如前述，本來自我實現是哲學和倫理學的範疇，主要指對人的本性的全面占有或自我完美的發展 (善)。顯然，這和馬斯洛自我實現的內涵有相通之處。但是，它畢竟屬於哲學思辨而不屬於心理學的表述。在心理學中首先使用"自我實現"一詞是戈爾德斯坦 (見第二章第二節)，不過，他主要以腦損傷患者為研究對象，對自我實現的內涵則未給予明確的規定。然而，馬斯洛根據自己的經歷，兩位恩師的原型啟發和幾十年的實證研究，把原來作為哲學的一個命題自我實現變成了人本主義心理學的理論核心。馬斯洛寫道，他的"資料"和理論基礎"是通過十二年的心理治療工作和二十年人格研究搜集起來的"(李文湉譯，1987，17 頁)。同樣，他的自我實現理論的演進和分析是按著實驗科學的道路行進的，而且他的最終結論也是"以一種能夠經受檢驗的形式提出的"(林方譯，1987，257 頁)。所以馬斯洛在心理學中是力圖建立起一個既"以經驗爲依據，同時又包含著人性的深度和高度的人本主義心理學體系"(林方譯，1988，6 頁)。因此，把自我實現心理學化對心理學理論的建樹是有意義的。

2. 把自我實現理論化和系統化 馬斯洛所建構的理想人格模式確實和其他人格心理學家的觀點相符合，例如，它與奧爾波特 (見第二章第三節) 所倡導的成熟人格 (或健康人格)、榮格所倡導的個性化人格 (註 3-4)、弗洛姆所倡導的生產性性格 (註 3-5)、羅傑斯 (見第四章) 所倡導的機能充分發揮的個體等均頗為相似。但馬斯洛所倡導的自我實現理論較其他學者卻更為系統、更為完整。馬斯洛不僅把自我實現變成了一個人本主義心理學的基本理論，而且還建構了一個自我實現心理學的理論體系。它包括：(1) 自我實現的概念；(2) 自我實現的三大理論支柱；(3) 自我實現的兩種類型；(4) 自我實現者的 15 種人格特徵；(5) 自我實現的八條途徑；(6) 高峰體驗和自我實現等。

3. 弘揚人的尊嚴與價值，使人性能達到最高境界 馬斯洛認為，人們對"自我實現"一詞往往產生下述幾種顛倒的看法：(1) 似乎它含有利己的而不是利他的意思；(2) 似乎它忽視了對人生的義務和貢獻；(3) 似乎它忽略了與別人和社會的聯繫，忽略了個體的實現決定於"健康的社會"；(4) 似乎它忽略了非人的現實所具有的需求特性及其固有的迷惑力和影響；(5) 似乎它忽略了無私和超越自我；(6) 似乎它強調的是能動性而不是被動

註 3-4：**個性化人格** (individuation personality) 係榮格分析心學術語，指意識心靈與潛意識內容融為一體的過程，亦稱自性實現或心理健康者。

註 3-5：**生產性性格 (或創造性性格)** (productive character)，係弗洛姆人本主義精神分析的理想。他反對非生產性性格，主張塑造生產性性格，其特徵是愛工作，喜創造，好奉獻，善合作，愛人如己。它是實現自性的一種健康人格，也是人類社會發展的一個目標。

性和接受性。針對這些誤解，馬斯洛明確指出：“自我實現的人是利他的、獻身的、超越自我的、社會性的人”(李文湉譯，1987，9 頁)。因此，自我實現的人既是完善的真正的人性的實現，又是在事業中直接獲得價值的實現。這種肯定人的價值，要求充分發揮人的潛能，讚揚健康、樂觀、獻身的人生觀，顯然是有積極進步的意義的。

(四) 促進以人爲中心管理理論的發展

馬斯洛的人學理論與傳統人本主義的最大區別在於，他使人學直接成為干預現實生活的實用性理論，具有現實的泛化力量。馬斯洛晚年比較關心人本主義的社會改良，包括建構理想精神國、推行 Z 管理理論、開展人本主義教育改革、組織心理諮商治療團體 (如辛那儂之類的吸毒者治療團體) 交朋友小組 (或會心團體) (見第四章第五節)，以及工商業改造等。

我們知道，西方管理理論是以人性假設理論為根據。19 世紀末至 20 世紀初，西方古典管理理論把人視為**經濟人** (economic man)，提出 **X 理論** (X-theory)，主張管理的重點在於只重視物質因素和工作任務，輕視人的作用和人際關係。到了 20 世紀 20 年代，西方科學管理理論把人視為**社會人** (social man)，提出 **Y 理論** (Y-theory)，主張關心人的自尊、交往和自我實現的需要，實行民主管理。

馬斯洛本人並不是一位專業管理學家，但他為了尋求需要層次理論和自我實現理論的落點，於 1962 年夏，隨著馬斯洛在美國加州的一家數字儀表工廠中擔任訪問研究員，他的科學人本主義的觸角開始伸向了管理科學。馬斯洛認為，新的管理與傳統管理的區別就在於，不把人作為物或機器來看待，而是要把人作為人來管理。人不同於物的一個根本點，就是人有自己的內心世界，除了基本需要外，還有自我實現和對真、善、美追求的人的高級需要。因此，20 世紀 60 年代初，馬斯洛主張現代管理學變革的重點是還管理學以應有的人性，提出更高層次的 **Z 理論** (Z-theory) (馬斯洛的 Z 理論和日裔美籍管理學家大內 20 世紀 80 年代提出的 Z 理論是不能混同的)。在馬斯洛看來，X 理論、Y 理論和 Z 理論是一個連續的系統，是管理理論三個層次。X 管理在低層次的社會生活中是完全必要的，關注人的 Y 理論是 X 管理之上的一種發展，而 Z 理論是既重視物更重視人的整合管理，是強調超越型自我實現的管理。因此，它不僅是對豐滿人性的嶄新見解，而且也是對人學管理者的更高要求。

馬斯洛指出，Z 管理，亦稱尤賽琴管理 (註 3-6)。他認為，這種高水平管理的主要特徵：(1) 能同下屬打成一片；(2) 知識越多，越虛懷若谷，越能傾聽意見；(3) 賞識創造精神；(4) 能對人的過失做客觀的分析，更有效地戰勝邪惡；(5) 對工作負責，既能當仁不讓，又能主動讓賢；(6) 能掌握報酬的等級，低級形式的報酬如金錢將隨著生活的改善和人格的發展成熟而退居次要地位，高級形式的報酬將變得更重要；(7) 熱愛工作，能從工作本身得到內在的滿足。Z 管理不僅會促進個人的自我實現，而且還會推動單位或企業的興旺發達。

目前，馬斯洛的 Z 理論 (尤賽琴管理) 已成為西方行為科學的主要基礎理論之一。美、歐、日本和東南亞地區許多國家的企業乃至整個社會的管理均重視應用這一理論，以促進企業的改革、科學技術的革新和社會不斷的發展。

馬斯洛認為，人類的一切需要，包括自我實現的需要，都是似本能的，因此，究竟一個人能夠達到哪一需要層次，必然最終取決於環境 (社會和文化)。馬斯洛承認現實社會並不如意，而且根本没有現實的整體的“存在王國”，再加上其他限制 (如社會分工)，在現在的社會 (包括“豐裕社會”) 中，人實現自我的可能性還是很小的。所以，要想真正成為自我實現者，就必須改革現實不合理的社會，創造未來理想的社會。

馬斯洛設計了一個新的理想國或烏托邦，他說如果把一千户精神健康的家庭遷移到一個他們可以決定自己命運的荒島上，就能建立起這種理想的完美境界。馬斯洛稱這種可能的烏托邦為理想精神國，即**尤賽琴社會** (Eupsychia society)。馬斯洛堅信，理想精神國是一個高度無政府主義的團體。其中，每一個人都熱愛文明，有比現在的資本主義社會大得多的自由選擇的機會；基本需要和存在需要都更受重視，人們不像現在這樣相互干擾，幾乎不再有把自己有關觀點、信念、人生觀或者衣、食、藝術、異性的情趣強加於他人的現象。那裏的人的風俗習慣更趨於像中國道教那樣效法自然、回歸自

註 3-6：尤賽琴是“Eupsychia”的音譯，這個詞析義為 Eu 意為理想、善良，psych 意為精神、心理，ia 意為國家、地方，整個詞義為“理想精神國”、“善良心靈之國”、“善心國”。**尤賽琴管理** (Eupsychia management)，具有共同勞動制 (synergy) 的認同性。它既是馬斯洛提出的 Z 管理模式，又是他設計改造現實社會的一個新的理想國。

然，只是在某些確定的條件下，才會阻撓人們的某些行為；人們相互間更為尊重、寬容，更少支配、壓力和暴力。在這樣的條件下，人性的最深層能夠自己毫不費力地顯露出來。

在 1963 年，墨菲 (見第 8 頁) 根據馬斯洛的思想在美國加利福尼亞州某地建立了一個靜修所 (ashrams，音譯為阿西拉姆)，後來稱之為伊瑟蘭 (Esalen) 研究所。其宗旨是直接實踐馬斯洛理想精神國的主張，使其成為健康的人 (而不是病態的人) 尋求他們自己及其存在價值，並使他們的日常生活變得更加有效的地方。據説，在那裏，健康的人會更加健康。正像神經症去尋求心理治療那樣，健康的人也要成全最高的需要。人們可在那裏住一天、一星期、或一個月、一年都可以。馬斯洛自然而然地成為這種機構中第一個指導者。這種指導個人成長的理想中心或機構在西方世界目前已經為數不少，它們都是信奉自我探求，生命再創造，以求個人成長。

馬斯洛的理想精神國雖然反映他對現實的某些不滿和改良社會的美好願望，但是由於他没有改造社會的科學設計與正確道路，不僅無力與強大的罪惡世界抗爭，而且也難以擺脱傳統人本主義的浪漫主義色彩，最終只能在僅屬於自己理念的淨土上營造一個空想的世外桃源。

二、根本缺陷

誠然，馬斯洛的貢獻是開創性的，功績是很大的，但是，由於他的哲學基礎和歷史的局限性，對人的本質尚未達到完全科學的認識，加之他的理論建構與實證工作尚有相當距離，因而馬斯洛的自我實現心理學也必然有其重要缺陷。

(一) 未擺脱生物決定論的羈絆

本來，馬斯洛既反對弗洛伊德那種把人降低到動物水平的本能決定論，又反對把人變成為機械結構的環境決定論，是有正面意義的。

但是，馬斯洛把需要層次論的邏輯起點還是放在似本能論這一基本假設上。這樣就暴露出它缺乏堅實可靠的理論基礎，自然要出現三個嚴重問題：

1. 基本假設難以證實 何謂似本能？馬斯洛認為，似本能就是微弱的、殘存的、不完全的本能。由此看來，似本能和本能只是量度和力度的差別，兩者並無本質上的區別。既然似本能屬於本能的範疇，本能是純粹先天的東西，怎麼把似本能（或潛能）又能分成心理的和生理的兩種呢？至今似本能究竟是什麼，恐怕誰也說不清楚，更不可能證實。難怪連馬斯洛也承認“不幸的是，關於這些需要，我們實際上沒有實驗的或臨床上的資料，雖然它們顯然是很重要的”(許金聲等譯，1987，106 頁)。可見，這些需要層次關係及內在聯繫機制，在很大程度上是概念演繹的結果，其中不難看出有邏輯混亂之處。

2. 沒有闡明人的基本需要產生和發展的客觀前提 誠然，人具有生物性需要，然而它幾乎一開始就是在社會中產生的，可以說只有在一定的社會環境教育下它才能變為人的行為有內涵的動機。無論滿足需要的內容或方式，都受著人所處的具體的社會歷史條件與文化氛圍的制約。馬斯洛把個體動機似本能化，不但模糊了人的需要的有目的地形成的必然性，反而卻接近於被他批評過的弗洛伊德精神分析的觀點，即把人的動機歸結為不受意志支配的本我無意識的東西。可見，馬斯洛的需要層次理論沒有反映出社會歷史發展的制約性。

3. 沒有完全跳出生物主義的基本框架 雖然馬斯洛用似本能來代替本能的概念，藉以說明人類的需要不同於動物的需要。但是他卻認為人類的基本需要是由體質或遺傳決定的，是與生俱來的。馬斯洛說：

> 人的欲望或基本需要至少在某種可以覺察的程度上是先天給的。(許金聲等譯，1987，91 頁)
>
> 這是一種個人自己內在的生物性、動物性和種族性。它通過體驗生物性而去發現生物性。(許金聲等譯，1987，111 頁)

可見，儘管馬斯洛似乎也承認人的需要的社會性，並且把人和動物的需要加以區分，但是歸根結底，他不是從人的本質的社會歷史制約性而是從生物性或遺傳性出發，因而必然把人的需要的產生與發展視為人類自然性或生物性的展示和實現，而陷入生物主義的誤區。

(二) 忽視社會條件的決定作用

馬斯洛的自我實現理論雖然對激勵人的奮發進取有積極意義，但是他在自我實現什麼、怎樣進行自我實現兩個重要問題上卻有失誤。

首先，馬斯洛把自我實現看作是人的"潛能"或"族類特徵"的展開、發揮和顯露。在他看來，"一個人並不想成爲什麼：他本來就是如此這般"(許金聲等譯，1987，112 頁)。這樣，自我實現的內涵就不是什麼先天和後天的合金或社會規定性，而是先驗內在規定了的人的自然本性。馬斯洛說：自我實現的動力是"人的內部存在著一種向一定方向成長的趨勢或需要"(林方譯，1987，75 頁)，自我實現是人的內在本性的最充分的展現。顯然，這是一種人本主義的自然主義 (註 3-7) 的觀點。

其次，馬斯洛的自我實現理論滲透著個人本位主義的精神。應當承認，馬斯洛的自我實現不但不是我行我素和利己主義，相反地，他還提倡利他、忘我和獻身的精神。但是，馬斯洛自我實現的出發點和落腳點是從個人考慮的，即以個人價值的實現為本位的，以個人的完善為目的的。實質上，自我實現是在自我與非我、個人與社會的對立統一的關係中完成的。這就是說，自我實現並不是一個人在孤立封閉的王國中自我完善的過程，而是一個自我與他人、與社會相互作用、相互促進的開放運動的過程。德國著名哲學家卡西爾 (Ernst Cassirer, 1874～1945) 曾指出："人只有以社會生活爲中介才能發現他自己，才能意識到他的個體性"(甘陽譯，1985，282 頁)。事實表明，一個人只有在社會實踐和社會交往活動中，才能夠發現自己的真實需要和潛能，發展自己的體能、智能和個性。

馬斯洛忽視社會價值的實現，忽視個人自我實現的社會歷史制約性，把個人自我實現與社會發展截然對立起來。按照他的意見，每個人應該反省自身的"內在本性"，探尋"內在法則"，認識自己先天的"潛能"，同時培養堅強的"自尊"，然後超脫環境的影響，使"真實的自我"顯露出來，並充分發揮自己的"潛能"，從而達到自我實現。在這裏，我們看到馬斯洛所提出的方法和他要達到的目的竟然完全同一了：達到自我實現的方法，就是努力實現自我。澳大利亞學者赫勒在評論馬斯洛這一方法時頗有風趣地說：

註 3-7：**自然主義** (naturalism)，廣義的自然主義泛指一切用自然原因和原理說明一切現象觀點。如斯賓塞的社會有機論、社會達爾文主義等。狹義的自然主義指 20 世紀初至 70 年代在美國流行的一種哲學思潮。有多種理論表現形式，其中之一是人本主義的自然主義，以胡克、蒙太格為代表，認為世界是一切自然事物的總和，主張用自然主義的方法說明意識現象，宣稱認識和它的對象屬於同一世界，屬於主觀唯心主義學說。

這是一種企圖“通過牽拽自己的頭髮將自己從沼澤地中解救出來”(邵曉光等譯，1988，116 頁) 的童話式的想法。

此外，馬斯洛的自我實現理論也有脱離現實的**理想主義** (idealism) 的色彩。恩格勒指出，首先，馬斯洛所描繪的自我實現者看來簡單，但卻忽略了發展自我實現的艱鉅歷程。其次，馬斯洛所討論的自我實現是敍述性的而不是功能性的，他只述及自我實現者的特徵，但並未曾說明達成自我實現的具體方法 (Englar, 1979)。許多學者認為，馬斯洛所發現的自我實現者的特徵，可能是依據自己的理念或價值觀所建構的結構，並非是真實的人所具備的特性。這些特徵所指涉的可能不是所謂的自我實現，而是馬斯洛心目中的理想人格 (莊耀嘉，1982)。

(三) 缺乏客觀的標準和嚴謹性

馬斯洛的理論雖然也有非議，但他的研究方法則遭到最激烈的批評。舒爾茨認為，馬斯洛的研究方法缺乏科學的嚴謹，他所選擇的自我實現，其標準是主觀的；而其建構的一些概念如**衍生需求** (或**超越性需要**) (見本章第二節)、超越性病態 (註 3-8) 和高峰體驗，尤其是自我實現等，缺乏一致性，或意義不明 (Schultz, 1976)。赫根漢認為，馬斯洛使用了非控制的和非可靠性的研究方法，他有關自我實現者的結論是以很少的樣本為依據的，按照他自己關於自我實現者的直覺標準來選擇被試，使用含糊的術語，如存在價值、超越性病態等等。還有人指責馬斯洛把倫理觀念與理論邏輯相混淆。也有些人把馬斯洛視為一個社會改革家而不是一個科學家。如柯斯密評論道：“顯然，馬斯洛是一個典型的‘行善者’，他可能在本質上是一個宗教改革者，而不是一個客觀的研究者”(何瑾等譯，1986，470 頁)。

註 3-8：**超越性病態 (或存在病態)** (metapathology)，係馬斯洛自我實現心理學術語，指由於不允許超越性 (或存在) 動機的適當表現而產生的心理紊亂。

本　章　摘　要

1. 馬斯洛是美國社會心理學家、人格心理學家和比較心理學家，是人本主義心理學的主要創始人，是**第三勢力**的首領。
2. 馬斯洛心理學早期稱為**整體動力論**，後來則稱為**自我實現心理學**，其理論基礎：(1) **性善論**；(2) **潛能論**；(3) **動機論**。
3. **動機論**是人本主義心理學的動力觀。包括：(1) 動機是人類生存成長的內在動力；(2) 人的動機是一種統合性活動；(3) 人類的需要是一種似本能需要；(4) 需要的性質決定動機的性質。
4. **需要層次論**是自我實現心理學的主要理論基石。人類需要約可分為兩大系統：(1) **基本需要**，包括生理需要、安全需要、歸屬和愛的需要、尊重需要；(2) **成長需要**，包括知的需要、美的需要、自我實現需要。
5. 高層需要與低層需要的區別：(1) 在進化過程中，越是高層需要，就出現得越遲；(2) 在個體發展中，高層需要出現也較晚；(3) 高層需要不如低層需要那麼同人的生存直接相關，因而對它們的滿足就相對地不那麼迫切；(4) 高層需要能得到更深刻的幸福感，更值得追求；(5) 高層需要的出現和滿足，比低層需要要求有更多的先決條件和更好的環境。
6. 人類需要發展的規律，主要包括：低層需要是高層需要的基礎；人類需要層次呈波浪式發展；不同層次需要的發展既與個體年齡增長和發育相關；又與社會的經濟、文化教育程度相關。
7. **自我實現論**是人本主義心理學的理論核心，也是馬斯洛心理學的主旨。自我實現就是一個人力求變成他能變成的樣子，即“成為你自己”。它包括兩層含義：(1) 完滿人性的實現；(2) 個人潛能的實現。它包括兩條標準：(1) 人的實質和潛能的現實化；(2) 沒有或極少出現不健康、精神疾患和基本能力欠缺。
8. 自我實現的兩種類型：(1) **健康型自我實現**，指更務實、更能幹的自我實現者；(2) **超越型自我實現**，指更經常意識到內在價值、生活在存在水平或目的水平而具有豐富超越體驗的人。

9. 馬斯洛概括出自我實現者 15 種共同的人格特徵：(1) 準確和充分地認知現實；(2) 悅納自己、他人和周圍世界；(3) 自然地表達自己的情緒和思想；(4) 超越以自我為中心，而以問題為中心；(5) 具有超然獨立的性格；(6) 對自然條件和文化環境的自主性；(7) 清新永雋的鑑賞力；(8) 常有高峰體驗；(9) 真切的社會感情；(10) 深厚的人際關係；(11) 具有民主風範，尊重他人意見；(12) 具有強烈的道德感及倫理觀念；(13) 具有哲理氣質及高度幽默感；(14) 具有創造力不墨守成規；(15) 對現有文化具有批判精神。
10. 自我實現的八條途徑：(1) 無我地體驗生活，全身心地獻身於事業；(2) 做出成長的選擇，而不是畏縮的選擇；(3) 承認自我存在，要讓自我顯露出來；(4) 要誠實，不要隱瞞；(5) 能從小處做起，要傾聽自己的志趣和愛好，要有勇氣而不要怕這怕那；(6) 要經歷勤奮的、付出精力的準備階段；(7) 高峰體驗是自我實現的短暫時刻；(8) 發現自己的先天本性，使之不斷成長。
11. **高峰體驗**是人瞬時感受到一種豁達、完美和極樂的體驗。其特徵是突然性、強烈性、完美性、短暫性和普遍性。其結構多為情緒體驗，少數則有認同體驗和存在認知相伴隨。高峰體驗對開發創造力，塑造世界觀和人生觀，促進自我實現，增進心理健康具有重要作用。
12. 高峰體驗主要有兩種類型：(1) **普通型高峰體驗** (狹義)，為所有人擁有的，受基本需要和缺失性認知驅動的，強烈而自動的情緒反應；(2) **自我實現型高峰體驗** (廣義)，即**高原體驗**，為自我實現者特有的，受超越性需要和存在認知激勵的，平和且帶有理性成分與意志作用的反應。
13. 理想精神國既是馬斯洛對現實某些不滿和改良社會的美好願望的表現，也是他為心理健康成人設計的一個空想的世外桃源。而 **Z 理論 (尤賽琴管理)** 是強調超越型自我實現的管理。它不僅是行為科學的主要基礎理論之一，而且是西方企業乃至整個社會管理的基本理論之一。
14. 馬斯洛自我實現心理學的主要貢獻：(1) 開創了人本主義心理學的新取向；(2) 建構了人類系統化的需要理論；(3) 創造了自我實現的心理學基本理論；(4) 促進了以人為中心的管理理論的應用與發展。
15. 馬斯洛自我實現心理學的根本缺陷：(1) 未能擺脫生物決定論的羈絆；(2) 忽視社會條件的決定作用；(3) 缺乏客觀的標準和嚴謹性。

建議參考資料

1. 戈布爾 (呂明等譯，1987)：第三思潮——馬斯洛心理學。上海市：上海譯文出版社。

2. 車文博 (1996)：西方心理學史。台北市：東華書局 (繁體字版)。杭州市：浙江教育出版社 (1998) (簡體字版)。

3. 林　方 (1989)：心靈的困惑與自救——心理學的價值理論。瀋陽市：遼寧人民出版社。

4. 馬斯洛 (許金聲等譯，1987)：動機與人格。北京市：華夏出版社。

5. 馬斯洛 (李文湉譯，1987)：存在心理學探索。昆明市：雲南人民出版社。

6. 馬斯洛 (林方譯，1987)：人性能達的境界。昆明市：雲南人民出版社。

7. 陳仲庚、張雨新 (編著) (1986)：人格心理學。瀋陽市：遼寧人民出版社。

8. 莊耀嘉 (編譯) (1982)：人本心理學之父——馬斯洛。台北市：允晨文化實業公司。

9. 彭運石 (1999)：走向生命的巔峰——馬斯洛的人本心理學。見車文博 (主編)：20 世紀西方心理學大師述評叢書之一。武漢市：湖北教育出版社。

10. 葉浩生 (主編) (1998)：西方心理學的歷史與體系。北京市：人民教育出版社。

11. 赫根漢 (何瑾等譯，1986)：人格心理學導論。海口市：海南人民出版社。

12. DeCarvalho, R. J. (1991). *The founders of humanistic psychology*. New York: Praeger.

13. Royce, J. R., & Mos, L. P. (1981) . *Humanistic psychology: Concepts and criticisms*. New York: Plenum.

14. Shaffer, J. B. P. (1978). *Humanistic psychology*. Englewood Cliffs, NJ: Prentice-Hall.

15. Tageson, C. W. (1982). *Humanistic psychology: A synthesis*. Homewood, IL: Dorsey.

第四章

羅傑斯的人格自我心理學

本章內容細目

羅傑斯是美國人本主義心理學的主要創建者之一，是人格自我理論取向的最重要代表，也是非指導式諮商和以人為中心療法的一代宗師。

羅傑斯的人格自我心理學和馬斯洛的自我實現心理學一樣，既是人本主義心理學運動的主流，又是西方心理學第三勢力的主體。誠然，主張人性本善論、自我實現論是羅傑斯與馬斯洛的共同理論基礎，但是，他們又有各自的理論構建與特殊貢獻。

如果說馬斯洛的貢獻主要表現在人本主義心理學的理論取向與基本理論的開創，特別是對人本主義心理學的組織和領導上，那麼羅傑斯的貢獻則集中表現在他把在實踐中總結出來的以人為中心的人本主義心理學的理論，廣泛地應用於醫療、教育、管理、商業、司法等諸多社會生活領域以及國際關係當中，成為人本主義心理學最有影響的代表人物之一。

羅傑斯的**人格自我心理學** (personality self-psychology) 包括三大理論：(1) 自我概念理論，如自我概念的內涵、特點和測量方法；(2) 人格理論，如自我實現傾向、自我機能完善者、人格自我的發展；(3) 羅傑斯治療理論，如以人為中心療法、會心團體治療。因此，學習和研究羅傑斯的人格自我心理學，不僅對把握羅傑斯以人為中心的人本主義心理學的基本理論內涵有極大的理論價值，而且對樹立當代新的醫學模式、促進教學改革、增進心理健康、造福人類社會有廣泛的實踐意義。

在這一章裏，主要闡述羅傑斯的人格自我理論和以人為中心療法及會心團體治療，並對其主要貢獻與局限做出評價。關於羅傑斯的人性觀與教育觀將在以後有專章評述。本章旨在討論下列八個問題：

1. 羅傑斯自我概念的內涵及其特點。
2. 自我概念的測量方法。
3. 自我發展的主要機制。
4. 羅傑斯與馬斯洛在自我實現論上的主要區別。
5. 充分發揮機能者的含義及其人格特徵。
6. 以人為中心療法的實質、特點及其治療過程。
7. 會心團體治療的性質、組織及其實施過程。
8. 羅傑斯的人格自我心理學主要的貢獻和局限。

第一節　羅傑斯傳略

一、家庭薰陶

具有重大影響的人本主義的人格理論家和心理治療學家羅傑斯 (Carl Ransom Rogers, 1902～1987) 生於美國伊利諾州芝加哥郊區一個經濟富裕的家庭，他在六個孩子中排行老四。父親是一個很有成就的土木工程師和承包商，母親朱麗婭也讀過大學，父母是農場主。羅傑斯一家和朱麗婭娘家都是 17 世紀從歐洲遷往新大陸的早期移民，在美國這個年輕國家都算得上世家了。

羅傑斯從小就生活在一個宗教氛圍濃厚的家庭，父母篤信基督教新教，十分虔誠，恪守道德。羅傑斯把他父母的價值觀的特點描述為“嚴厲的清教徒”。父母對孩子關懷備至，但這種關懷是既有分寸又合禮教的。隨便表達

圖 4-1　羅傑斯

(Carl Ransom Rogers, 1902～1987) 美國著名心理學家，心理治療學家，人格心理學家，教育改革家，人本主義心理學最有影響的代表人物之一，非指導式諮商、以人為中心治療和會心團體治療的宗師。他的以人為中心的人本主義心理學理論廣泛應用於醫療、教育、管理、商業、司法等諸多社會生活領域以及國際關係當中，羅傑斯在當代西方心理學家中，具有很高地位。

感情，過份親暱均被視為不妥。父親對子女管教很嚴，規矩和限制甚多，不許喝酒 (甚至汽水)、不許跳舞、不許去戲院、還不許玩牌。許多年後，他還記得第一回喝汽水時心裏那種微微的墮落感。羅傑斯認為“在家稍感壓抑的氛圍”是他 20 多歲時患潰瘍病的原因。

同時，在這樣的家庭中，最怕的就是社交活動。父母總是認為自己的家庭和鄰里不同，對周圍人的言行舉止也看不慣，認為他們不曉事理。因此，家裏禁止羅傑斯兄弟同他們親近的交往，要求在自己家裏過自己的日子。這樣，基督教的精神和倫理觀念就在羅傑斯幼小心靈中留下了烙印。

二、學習生活

羅傑斯在直接插入小學二年級之前就會讀書了。他喜歡學校的活動，並且讀了許多書，包括聖經故事、百科全書和字典。在青少年時期，由於家庭教育的影響，加上體質又弱，個性孤僻，只知勤奮學習，有時還在家裏農場從事養鷄、羊等飼養勞動。為了做好飼養工作，他還讀過一部多卷本的《飼養學》。在此期間，他幾乎没有參與家庭以外的任何社交活動，不跳舞，不玩牌，不看戲，滴酒不沾。後來，羅傑斯回憶到，整個高中階段，他一共才有兩次與女孩子的約會，這在當時同學中可不是什麼光彩的事。

為了避免都市的誘惑和邪惡，在他 12 歲時，全家遷往芝加哥西部的農村。羅傑斯喜歡農場的生活，到了高中階段，他對農業科學發生了興趣，致使他於 17 歲時考入威斯康辛大學攻讀農學。但是，由於他具有強烈的宗教傾向，大學二年級時轉攻歷史，以便從事基督教的研究和牧師職業。因他在校參加了一個基督教青年會社團，1922 年他被選為美國十所大學學生代表之一到中國北京參加世界青年基督教聯盟大會，並在北京居留半年之久。這一經歷對羅傑斯產生了深遠的影響。直接接觸到具有不同宗教及不同文化的人民之後，他寫信對他的雙親宣稱他不贊同他們保守的宗教觀點。

於 1924 年大學畢業，獲得歷史學士學位之後兩個月，他便和少年時的戀人海倫結婚，並有兩個孩子。之後，他考入當時比較自由的紐約市聯合神學院。在那裡他開始接觸到臨床工作，他發現**諮商 (或諮詢)** (counseling) 比宗教工作更符合他的志趣。1925 年，他開始到哥倫比亞大學師範學院選修心理學，影響他最大的是臨床心理學中與兒童問題有關的課程。此時，羅傑斯先後結識兩位美國著名心理學家華生和紐科姆 (Theodore Newcomb, 1903～)，1926 年他毅然地轉入哥倫比亞大學主修臨床心理學與教育心理學，又結識了著名精神分析學家阿德勒和臨床心理學家霍林沃斯。1928 年獲得碩士學位，同年他受聘於紐約州羅契斯特防止虐待兒童協會的兒童社會問題研究部工作，兩年後則擔任該部主任。與此同時，他兼顧工作與學習，於 1931 年以關於兒童人格適應的測量問題的論文獲得博士學位。

三、教育生涯

從 1928 到 1939 羅傑斯在防止虐待兒童協會的十二年裏，從事廣泛的心理學服務工作，包括犯罪兒童的診斷和治療。此時，他深受奧地利精神分析學家重視治療人員與受輔者良好關係的關係治療法 (見第一章第三節) 的影響。羅傑斯不願加入傳播主流傳統的學院心理學 (見第 7 頁) 的隊伍，因為他認為學院心理學毫無效果和具有"白鼠傾向"，但他卻越來越多地參與到社會工作的職業中。

羅傑斯於 1939～1940 年擔任紐約市羅契斯特兒童指導中心主任。1940～1945 年受聘任俄亥俄州立大學心理學教授，從此羅傑斯才把自己看作一位心理學家。他在此完成了**諮商心理學 (或諮詢心理學)** (counseling psychology) 學術訓練計畫中的第一門實踐課或監督治療。1945～1957 年任芝加哥大學心理學教授，創建芝加哥心理諮商中心。1957～1963 年返任威斯康辛大學精神病學與心理學教授。他發現此兩系都是重實驗並具有"白鼠傾向"的，並對臨床心理學不重視，以致對他的觀點持懷疑的態度。他對該校那種原始的和過時的研究生的教育結構深感失望，於是他辭去了心理學系的職務，致力於研究精神病患者。羅傑斯把在威斯康辛的這七年視為他的職業生涯中最苦惱和最痛苦的時光，但是他卻形成了受輔者中心療法的整個理論體系，並對精神分裂症者的心理治療取得一些新的結論 (Boring & Lindzcy, 1967)。1961 年起擔任美國藝術與科學研究院研究員。1962～1963 年任斯坦福大學行為科學高級研究中心研究員。1964～1968 年任加利福尼亞州西部行為科學研究所 (WBSI) 常務研究員。該所是由一批志趣相投的、不同學科的人員所組成的非營利機構，主要致力於人本主義人際關係的研究。羅傑斯在這裡進行了會心團體 (或交朋友小組) 和教育設計的研究。1968 年又在人的研究中心 (Center for Studies of the Person，簡稱 CSP) 任常務研究員。該中心也在加州，它是培養未來組織的“領導人研究中心”，也是共有 45 個人的鬆散組織，負責提供訓練會心團體指導者的教學計畫。

四、學術業績

羅傑斯在 40 年代深受奧地利精神分析學家蘭克 (見 35 頁) 等人的影響，但在 50 年代以後他則沈浸在克爾凱郭爾和布伯的著作中。存在主義對羅傑斯的影響主要有兩點：其一，克爾凱郭爾的自我觀成為羅傑斯的自我思想和心理治療思想的基石。羅傑斯從克爾凱郭爾的《致死的疾病》(1849) 一書中發現，他認為生命的目的是“成為一個人真正想成為的自我”。據羅傑斯的理解，最普遍的絕望不是由於對成為一個人真正想成為的東西所負責的，而是由於渴望成為別的什麼東西所造成的。換句話說，羅傑斯認為人應該使自己內心深蘊的本性浮現到表層上來。其二，布伯的我你關係理論為羅傑斯建立真誠、和諧、溝通的新型醫患關係提供根據。在 1953～1960 年期間，羅傑斯所發表的許多論文中指出，心理治療家要想在治療中獲得成功，除了治療者的真誠一致、無條件的積極關注及設身處地的理解而外，治療者與患者之間深刻的**溝通** (communication) 和**共識 (或一致感)** (consistency) 是極為關鍵的。在這種意義上，羅傑斯認為治療是一種真正的人對人的體驗。這也正是布伯在**我-你關係**中所描述的。布伯認為，與一個人真誠地交談而不必扮演某種“角色”(role)，即兩個人在一種深刻而有意義的水平上相會——這種深刻的相互體驗有一種治療的效果。布伯把這一過程稱之為**通過會面而治癒** (healing through meeting)。羅傑斯認為這一過程是在治療關係最有效的時候體驗到的 (DeCarvalho, 1991)。70 年代初，羅傑斯發現以人為中心的哲學與佛教禪宗之間有很大的類似性。他認為，禪把個人的經驗作為一種學習方式。他贊賞禪強調應避免操縱人而是允許人成長的觀點。有一次他還用禪的故事教授進行會心團體訓練的諮商者，並對其結果非常滿意。

羅傑斯是美國應用心理學會的創始人之一。他先後任美國心理衛生協會副會長 (1941～1942)、美國應用心理學會主席 (1944～1945)、美國臨床與變態心理學分會主席 (1949～1950)、美國心理學會第 55 屆主席 (1946～1947)、美國心理治療家學會主席 (1956～1958) 等。1950 年英國《不列顛百科全書》率先承認他對社會的貢獻，列入名人錄。1956 年他獲美國心理學會首次頒發的傑出科學貢獻獎，1972 年又獲美國心理學會的傑出專業貢獻獎。在美國心理學史上，一人兼獲兩項殊榮者，至今只有羅傑斯一人。20 世紀 70 年代末，根據吉爾根 (Gilgen, 1979) 等人的調查，羅傑斯在第二次世界大戰後最有影響的 100 名心理學家中排名第四位。80 年代，根據史密斯 (Smith, 1982) 對 800 名臨床和諮商心理學家的調查，對“誰是當代心理治療最有影響的心理學家”這一問題，被訪者 415 名的回答是，羅傑斯超過弗洛伊德而名列第一。90 年代，根據揚 (Young, 1993) 的調查，在心理諮商中最有影響的理論家、最有影響的著作和作者等調查項目上，羅傑斯仍遙遙領先。

羅傑斯一生辛勤耕耘，論著等身，出版 16 部專著，發表 200 餘篇論文。主要著作有：

《問題兒童的臨床治療》(1939) 是羅傑斯十餘年兒童指導工作總結性著作。在這部處女作中雖然尚未形成“非指導性諮商”和以受輔者為中心療法，但可以看到一些思想端倪，特別強調了治療者的作用，並提出治療者對受輔者的態度應具備四項條件：(1) 客觀性，包括不過份的同情，真誠的接納與關心，超越判斷的理解等等；(2) 對個人的尊重，對正趨向獨立自主的少年人，要有一種讓他對自己負責的態度；(3) 對自己的理解，諮商者要有自知之明，並接納自己；(4) 心理學的知識。從前三者可以看出，它和後來羅傑斯對治療者條件的要求有多麼密切的聯繫。

《諮商與心理治療：新的概念和實踐》(1942) 是羅傑斯 20 世紀 40 年代關於心理諮商和心理治療的一部開拓性與指導性的著作。其中除詳細批判了傳統的心理治療特別是在治療中直接給予指導、勸告的做法，介紹了蘭克、霍妮等人的“新嘗試”，以及剛剛問世適用於兒童的**遊戲治療** (play therapy) 和通過群體互動作用的**小組治療** (**或團體治療**) (group therapy) 而外，首次闡述了自己提出的非指導式諮商的新模式：(1) 新的療法對解決問題不感興趣，主要是如何幫助個人成長和發展，使其從根本上更有能力去面對生活；(2) 更重視人的情緒和感受層面而不是認知層面；(3) 諮詢關係本身是來訪者成長的重要因素等等。出版商接到書稿後，感到內容新穎，頗有意蘊，但考慮不是按教材寫的，怕出版後銷售有困難，結果完全相反，到 1961 年共發行了七萬冊。

《來訪者中心療法：它的實踐、含義與理論》(1951) 是羅傑斯最重要的代表著作之一。它涉及以個人為對象的**個別治療** (individual therapy)、遊戲治療、團體治療，甚至組織管理與領導，以及以學生為中心的教育思想之外，主要是以來訪者為中心的觀點對其諮商和心理治療做系統化的整理，並提出人格及其變化的理論 (或稱自我理論)。因此，本書是《諮商與心理治療》一書的深化與發展，也是第一次闡述來訪者中心療法的專著。

《心理治療與人格改變》(Rogers & Dymond, 1954) 是與戴蒙德合編的一部關於來訪者中心療法的研究報告文集。其中各項研究均是支持羅傑斯關於來訪者中心療法的理論架構及治療關係這一從不被研究者關注的主題。這部書出版後使羅傑斯的名聲日隆，由諮商和心理治療領域逐漸發展到整個心理學界。

《在來訪者中心框架中發展出來的治療、人格與人際關係》(1959) 是羅傑斯一部更系統地闡釋人格理論的著作。他通過臨床研究，從來訪者的治療經驗中總結出以自我為中心、自我實現為驅動力的人格結構理論，又把它應用於治療本身，促進人格結構的改變。該書不僅對人格自我心理學的理論建構有重要學術價值，對開展以人為中心的心理治療也有重要實踐意義。

《論人的成長》(或譯為《論人的形成》、《論人之成為人》) (1961) 是羅傑斯自 1955～1961 年間的學術論文集。最初書名為《一個醫師的心理治療觀》，由於全書並未局限於心理治療，全書涉及對人的生存目標、健全生活、人際關係、人學 (註 4-1)、教育和家庭生活等方面的許多哲理和實際問題的探討，出版者建議他改為《論人的成長》。後來此書成為他的一部代表性著作。本書採用第一人稱，表達風格與一般科學論文迥然不同，更富表達力、感染力和個人色彩。該書出版後立即轟動於世，引起成千上萬的教育工作者、心理治療家、哲學家、藝術家、科學家、以及無數男男女女的關

註 4-1：**人學** (homonology) 是關於作為整體的人及其本質的科學。它既不同於泛指人的各種科學的**人的科學** (sciences of man)，又不同於以人類為對象的**人類學** (或**人本學**) (anthropology)，也不同於應用性的**人的哲學** (philosophy of man)，而屬於人的總體的基礎科學。包括對人性、人的本質、人的存在、人生意義、人的價值、人的地位、人的發展等一系列問題探討。

注，羅傑斯的影響遍及美國乃至全世界。

《學習的自由》(1969) 是羅傑斯晚年有關人本主義教育改革思想的一部重要著作。以人為中心已經不僅僅是一種心理治療方法，而昇華為一種人生哲學、社會哲學和教育哲學。羅傑斯從以人為中心思想出發，闡述了教育目標、教學模式、學習理論、師生關係等一系列的改革問題。該書共銷售了三十萬册，影響遍及世界。

《羅傑斯論會心團體》(1970) 是羅傑斯有關團體治療的一部專著。交朋友作為一種教育和消遣活動自古以來早已存在，但作為一種心理治療的形式卻是羅傑斯的創舉。本書主要論述了**會心團體** (或**交朋友小組**) 的實質、組織過程、活動內容、實施方法及促動者條件等。該書共銷售二十五萬册。

《擇偶：婚姻及其選擇》(1973)、《卡爾・羅傑斯論個人權力》(1977)、《一種存在的方式》(1980)、《八十年代〈學習的自由〉》(1983) 等是羅傑斯晚年研究家庭、婚姻、教育、政治、存在主義 (或生存主義) 哲學 (見第一章第二節) 等方面的著作。

儘管年事已高，羅傑斯直到 1987 年 2 月 4 日去世前仍然十分地活躍。他在晚年探討了將會心團體的技術應用於解決國際衝突，主要是在中美洲和與原蘇聯的文化交流方面 (DeCarvalho, 1991)。

羅傑斯在《自傳》中對自己做了如下的描述：

> 我是一位心理學家。作爲臨床心理學家，我當然是一位人本主義取向的心理學家；作爲心理治療學家，我對人格變化的動力學持有濃厚的興趣；作爲科學家，我研究這種變化的能力是有限的；作爲教育家，促進學習的可能性向我提出了挑戰；作爲樸素的哲學家，我探討科學哲學和人類價值的哲學與心理學；……我認爲我自己……在浩瀚的學術生涯中有點像一隻孤獨的狼。(Boring & Lindzey, 1967, p.343)

第二節　自我概念

自我理論 (或自我論) 是羅傑斯的人格心理學的基本理論，也是羅傑斯心理學的理論基礎與核心。羅傑斯認為，**自我** (self) 是人格形成、發展和改變的基礎，是人格能否正常發展的重要標誌。因此，學習自我理論是掌握羅傑斯人格自我心理學的理論前提。

羅傑斯自我理論包括自我概念、自我實現傾向、充分發揮機能的人、人格自我發展等內容。在這一節裏，我們將從自我概念入手，先剖析自我概念的本質及其特點，然後介紹一下自我概念的測量方法。

一、自我概念的內涵

自我概念的內涵是探討自我概念的首要課題，包括自我概念的形成、自我概念的界定兩部分內容。

(一)　自我概念的形成

自我概念是羅傑斯人格自我理論中的一個核心概念。羅傑斯最初是反對使用自我的概念。在他看來，自我是主觀自生內在經驗的**內省心理學** (introspective psychology) 的詞彙，含糊不清，模稜兩可，是不科學的。但是，後來他在對來訪者沒有任何指導和解釋的情況下，提供機會讓他們用自己的術語來表達他們的問題和態度時，他們總是傾向於用自我這一術語來交談。例如“我真想知道我是誰”、“我覺得我不像真實的自我”、“我不希望任何人知道我的真實的自我”、“我從來也沒有獲得表現自我的機會”等等。由此羅傑斯逐漸承認自我的存在，並把自我視為人的經驗中的一個極重要的要素。因此，自我概念的確立就成了羅傑斯理論的基石和里程碑。由此他的人格理論通常被稱為**自我理論** (或**自我論**) (self-theory)。

一般認為，自我可分為兩大類：

1. 主體自我 (subjective self)　指人的行為和心理經驗的主體，它是行動者和觀察者，相當於英文“我”的主格“I”。弗洛伊德人格結構中的**自我** (ego) 就是主體自我，它作為行為和心理的發動者和支配者，以區分經驗的主體是否屬於自己。在弗洛伊德看來，自我是指潛意識中能夠接近外界的部分。它根據外部世界的需要來活動，一方面執行**超我** (super-ego) 的任務，一方面又對**本我** (id) 加以控制和壓抑，按照現實原則活動。

2. 客體自我 (objective self)　指人對自己本身的看法和想法 (態度、感情、知覺等等)，也稱**自我概念** (或**自我觀念**) (self-concept)，此時自我是被動者和被觀察者，相當於英文“我”的賓格“Me”。曾子曰：“吾日三省吾身”，前一“吾”字是主體自我，後一“吾”字是客觀自我。

於 1947 年，羅傑斯在一篇論文中首次使用自我概念一詞。1951 年，在《來訪者中心療法》一書中又提出人格及其變化的理論，即**自我理論**。羅傑斯認為，**自我** (self) 是人格形成、發展和改變的基礎，是人格能否正常發展的重要標誌。這裡的自我與弗洛伊德的**自我** (ego) 有兩點區別：一是它指個體對自己心理現象的全部經驗，不像精神分析學説那樣是動力性的東西；二是它強調客體自我，屬於描述性的，不同於弗洛伊德人格結構中的主體自我，屬於解釋性的。

(二)　自我概念的界定

1. 羅傑斯把自我看作是現象場的產物和昇華。在羅傑斯看來，與其説個人生活在一個客觀環境裏，不如説他生活在自己所能夠感受到的主觀經驗世界之中。他把個體所能覺知到的那部分整體經驗稱之為**現象場** (或**現象域**) (phenomenal field)。它包括兩種知覺經驗：一種是有意識的知覺經驗，指可以用語言符號表達的知覺經驗；另一種是無意識的知覺經驗，指不能用語言符號表達的知覺經驗。每個人都以獨特的方式知覺世界，現象場是個人的主觀資料框架，各人的現象場都是不同的。而這個主觀的現象世界才是這個人的真正的現實，因為他的行為、思想、感情等均直接決定於這個主觀世界或現象實在，而不是客觀的物理世界。

羅傑斯認為，儘管現象場是不能為他人所知道而只能為個人所了解的內心世界，但是我們可以藉助於臨床資料或情感資料等嘗試去了解他的內心世界。最近，他把知識分為三種：(1) 主觀的知識，指通過我們從自己內在參照框架獲得的知識；(2) 客觀的知識，指經過別人的觀察、驗證而得到的知識；(3) 人際關係的知識，又稱現象學的知識，指我們設身處地去了解別人的現象場而獲得的知識。

他認為這種知識應該成為心理學必要的組成部分，並主張心理學應同時容納這三種知識。

羅傑斯認為，自我是一個人現象場中分化出來的一部分，即在一個人的現象場中具有核心意義知覺經驗的完形或總體。它雖屬主觀世界的一部分，涉及人的行為、意識等一切心理經驗的主體，但它主要涵蓋主體意義的客觀性心理內容，即指作為文化行為規範經內化後左右一個人行為的心理部分。羅傑斯曾明確指出，客觀性自我並不是存在於人們頭腦中的另一個人，它不指揮人們去活動，只是表徵那些能夠被個體所覺知和意識到的自己的經驗。如文化規範中道德、習俗等的內化，自己的欲望、情感、才能、性格等等。

2. 羅傑斯把個人對自己及其與相關環境的關係的了解和看法稱為**自我概念** (或**自我觀念**)。在他看來，自我不等於自我意識，而是自我知覺 (或意識) 與自我評價的統一體。它的結構主要包括：

(1) 個人對自己的知覺及與之相關的評價：例如，“我是個優秀教師”。“教師”是知覺認識，“優秀”是評價。

(2) 個人對自己與他人關係的知覺和評價：例如，“同學們都不喜歡我”(知覺)。潛隱的評價可能是，“我不好”，“這很令人傷心”等等。

(3) 個人對環境各方面的知覺及自己與環境關係的評價：例如，“公關工作最能發揮我的才幹”。可見，自我是個人對自己和環境 (他人、事物) 及其關係的知覺與評價，也就是個人在經驗中由主格“我”、賓格“我”和所有格“我的”等詞所區分出來的那部分現象場。

二、自我概念的特點

自我概念是羅傑斯的人格自我理論的結構基礎。自我概念具有下述四個特點：

1. 自我概念屬於對自己的認知範疇，包括對“我”的特點的知覺，以及與“我”有關的人和事物的知覺的總和。它遵循知覺的一般規律，並納入傳統心理學的理論體系之中。

2. 自我概念是有組織的、連貫的、有聯繫的知覺模型。雖然自我是開放的、變動的，但它總保持相對的穩定性和連貫性的結構。自我並不是由許多條件反應的堆積，而是一個有結構的、和諧一致的“概念的完形”。新的成分會使其變化，但始終保持它的完形的性質。

3. 自我不是指在我們頭腦內部存在另一個小人。自我只能表徵那些關於自己的經驗，並非指控制他的行為的主體。所以，羅傑斯的自我概念是覺知性和描述性的，而弗洛伊德的自我具有動力性和解釋性。

4. 自我作為一種經驗的整體模型，雖然也包括潛意識的東西，但主要是有意識的或可以進入意識的東西，它通常可以為人所覺察。

羅傑斯區分了經驗和意識。他認為，**經驗** (experience) 是指一切正在發生於有機體的環境中的，並在任何特定的時刻都可能意識到的東西。這種對機體發展起作用的經驗亦稱為**機體經驗** (organismic experience)，而**意識 (或覺察)** (awareness) 則是指這些潛在的經驗被符號表示時，進入意識而成為人的現象場的一部分。有時人們會拒絕或者歪曲某種經驗，從而阻止這種經驗進入意識，或者以歪曲的形式進入意識。這部分能意識到的有限經驗，又稱為**現象經驗** (phenomenal experience)。此種分類不同於弗洛伊德的意識與潛意識，而更像勒溫 (見 56 頁) 表述個人內在世界的**生活空間** (life space)。

羅傑斯區分了自我概念和現實自我、理想自我。他認為，**自我概念**是指個人認知到的自我，如我覺知到自己是什麼樣的人，即個人獨特的知覺、看法、態度和價值觀的總和。有時人們也把自我概念與自我 (self) 視為同義語。**現實自我 (或真實我)** (real self) 是指真實存在中的自我，如我真正是什麼樣的人，即個體目前的真實狀況。有時人們把當前表現出來的顯在自我稱為**現實自我** (actual self)，把自我擁有的一切潛能與呈現的存在統稱為**真實自我** (real self)。而**理想自我 (或理想我)** (ideal self) 指期望中的自我，如我希望將來成為什麼樣的人，即個體嚮往的自我形象。

自我概念、現實自我與理想自我三者既有區別又有聯繫。自我概念直接影響個人對世界和自己行為的認知。自我概念強的人和自我概念弱的人，對世界的看法截然不同。自我概念不一定能真實反映現實自我，一種非常有成就的人，可能認為自己並非是一個成功者，甚至認為自己是失敗的。同樣，一個人現實自我與理想自我越接近，他就越感到幸福與滿足。這是人格健康發展的標誌之一。相反的，現實自我與理想自我差距很大，就會感到不愉快和不滿足，甚至造成人格障礙或心理疾病。

三、自我概念的測量方法

為了給自我概念提供一個特質性的定義，羅傑斯力圖製定一套測量方法和一種研究工具。他最初常用**面談法** (**或訪問**) (interview) 將談話中所搜集的資料記錄下來，然後通過語意分析，把資料中與自我有關的詞彙加以分類，以考察其自我概念的變化。

後來，羅傑斯採用在芝加哥大學時的同事斯蒂芬森 (Stephenson, 1953) 所創造的、布洛克 (Block, 1961, 1971) 使其標準化的 **Q 分類法** (或**Q 分類**) (Q-sort method)，或稱 **Q 技術** (或 **Q 分類技術**) (Q-sort technique)。它是一種自我概念的測量方法。Q 分類法的實施步驟：

1. 先建立 Q 分類資料，一般多採用 100 張 (60 至 120 張均可) 載有人格特質的卡片，例如“我愛沈思”，“我常常焦慮”，“我是個敏感的人”，“我很容易交朋友”，“我與其他人的關係比較融洽”，“我能真實地表達自己的情感”，“我對自己感到滿意”等等。

2. 把卡片交給被試，讓他們按自己的“現實自我”與卡片上描述的人格特徵相對照，依同意程度把卡片分成 9 堆 (5、7、11 堆均可)，從“最不像我”到“最像我”，並要求按一定比例分類，使分類接近正態分布，兩端是較小比例，而多數卡片介乎兩個極端之間。圖 4-2 是 100 張卡片分為 9 堆的正態分佈圖示。

卡片被分到不同的堆裏，就獲得相應的等級，也是相應的分數。例如，某些卡片被分到第 8 堆 (此圖為 7 張卡片)，則這些卡片均為第 8 等級，也均得 8 分。等級或分數也可是圖示橫軸的相反方向，即從橫軸的最小數字起表示“最像我”直到“最不像我”。這樣，被分配到第 8 堆的卡片則為第 2 等級，獲得分數也是 2 分。

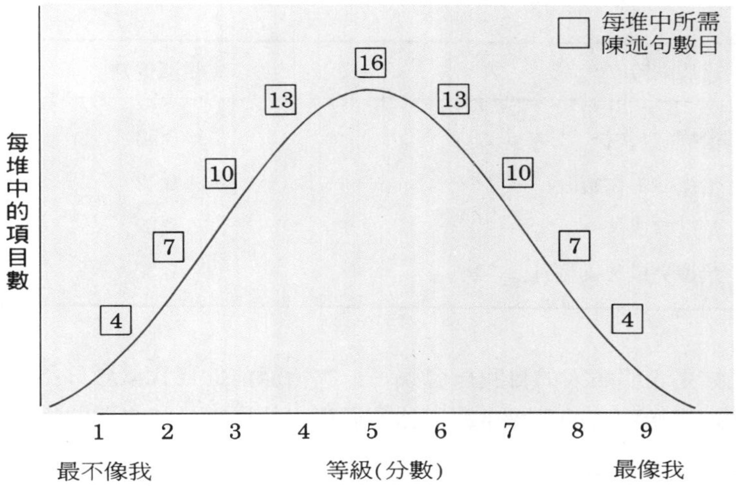

圖 4-2　對自我陳述的一種强迫性 Q 分類

(採自 Phares, 1991)

3. 用步驟 2 使用過的相同卡片，再讓被試按自己的“理想自我”對卡片進行分類，也是從“最不像我”到“最像我”分為 9 堆，分別得到每張卡片的分數 (理想自我的)。

4. 求“現實自我”與“理想自我”兩種分類的分數之相關。如相關係數為正，並較大，說明被試的“現實自我”與“理想自我”是和諧一致的。反之，相關低或負相關則表示自我-理想的極大差距，即表示“現實自我”與“理想自我”是矛盾的、分類的，表明較低的自尊感和缺少人格價值。這是適應不良的一種指標。

同時，羅傑斯還把這種技術用於檢驗治療前後的病人的“現實自我”與“理想自我”的相符程度。基本程序是治療前讓病人做“現實自我”與“理想自我”的分類，求兩者相關 (一般很低)。然後在治療中和治療後的不同時期，如半年後、一年後等等，再讓被試依治療前的相同程序對卡片分類，也求兩種分類的相關，此時的相關係數若比治療前有提高，說明治療是有效的，患者向著“現實自我”與“理想自我”的一致的人格方向發展。

羅傑斯 (Rogers, 1954) 曾報告了一組病人在治療前的現實自我與治療過程中的現實自我相比較的相關係數的變化：

治療階段	相關係數
治療 7 次後	0.50
治療 25 次後	0.42
治療完成後	0.39
治療完成後兩個月	0.30

以上結果表明病人的自我概念與每一次治療前的自我概念日益不同。羅傑斯還測定了治療後的理想自我與治療過程中的現實自我之間的相關係數：

治療階段	相關係數
治療前	0.36
7 次治療後	0.39
25 次治療後	0.41
治療結束	0.67
治療結束後 12 個月	0.79

上面相關係數清楚表明，隨著治療的進展，現實自我也日益與理想自我相一致。這有力表明心理治療正實現羅傑斯所期望的結果。

其他學者應用 Q 分類評價治療效果表明，25 位病人在治療前在現實自我和理想自我之間的相關為 −0.01，但治療之後，相關升至 +0.58。沒有接受治療的控制組的這一負相關毫無改變 (Butler & Haigh, 1954)。這充分說明治療極大地減少了這些人認知中現實自我與理想自我之間的差距，他們正在趨向理想中的自我。

第三節　人格理論

人格理論 (personality theories) 是探討人格本質、結構、形成和發展的理論，也是羅傑斯人格自我心理學的重要組成部分。

就人格理論而言，羅傑斯既反對弗洛伊德先天本能衝動驅使人格發展的**動力論** (dynamic theory)，也反對行為主義後天外在環境決定人格發展的**機械論** (mechanistic theory)，建構了以自我為中心，以自我實現傾向為動力，以成為充分發揮機能 (作用) 的人為目的的人本主義的人格理論。

一、自我實現的傾向

自我實現傾向既是羅傑斯人格自我心理學的動機理論，又是羅傑斯機能完善者的自然基礎。因此，在研究羅傑斯人格理論時，首先探討一下自我實現傾向問題是完全必要的。

(一)　自我實現傾向的含義

羅傑斯把**自我實現傾向** (self-actualization tendency) 稱為**實現的傾向** (actualization tendency)。這是羅傑斯人格理論的基本假設，即有機體具有一種天生的自我實現 (見第三章第三節) 的動機，它表現為一個人力圖最大限度地實現自己各種潛能的趨向。1951 年，他在其代表作《來訪者中心療法》中曾指出：有機體有一種基本的趨向和努力，就是力求實現、保持和發展經驗著的有機體 (Rogers, 1951, p.487)。1959 年在其著作中宣稱：這種基本的實現趨向是這個理論體系中提出的惟一的動機 (Rogers, 1959, p.196)。在 1963 年他又指出：在人類有機體中有一個中心能源，它是整個有機體而不是某一部分的機能。……對有機體的完成、實現、維持和增強的一種趨向 (Rogers, 1963, p.6)。由此可見，實現傾向是自我形成與發展的基本動機和核心動力。

(二) 自我實現傾向的特點

羅傑斯的實現傾向和戈爾德斯坦、馬斯洛的自我實現論的共同點在於：強調人的生物學基礎、人性本善論和內在價值論。這就是說，他們都堅持人生來就有一種追求成長的建設性傾向。

但是羅傑斯和戈爾德斯坦、馬斯洛在自我實現問題上又有區別。羅傑斯自我實現傾向的特點如下：

1. 理論基礎不同　戈爾德斯坦以機體論 (見第二章第二節) 作為潛能自我實現的理論根據；馬斯洛以需要層次論 (見第三章第二節) 為自我實現論奠定了**心理動力學** (psychodynamics) 的理論基礎；羅傑斯則是以**人際關係** (interpersonal relations) 的體驗和心理治療的實踐論證潛能實現的自我指導原理。在羅傑斯看來，人類行為的動機已不再是盲目地為"生涯"或"事業"，而是在人際關係中人對人的一種承諾。"人類對他人關懷的自然趨勢已不是我關懷你只因爲你與我相同"，而是"我讚賞你、珍愛你，因爲你與我不同"(DeCarvalho, 1991, p.89)。

2. 理論內涵不同　戈爾德斯坦的自我實現指的是有機體普遍具有的一種盡量實現自身能力和人格的本性或傾向；馬斯洛的自我實現指的是多層次的動機系統中最高級的動機，包括完滿人性和個人潛能兩方面的實現；羅傑斯的自我實現則是指人類有機體的一種核心的動機，其他動機例如求食或藝術創造的需要都不外是自我實現需要的不同表現形式。可見，羅傑斯是就廣義上使用自我實現這一概念，既像弗洛伊德的**力比多** (或**慾力**、**性本能**) (libido) 和阿德勒的**追求優越** (striving for superiority) 競爭向上的人生目標，更像戈爾德斯坦的自我實現機能，這種無所不包的單一動機論被有些人稱之為**一元動力論** (monistic dynamism) (Viney, 1993)。

3. 理論地位不同　戈爾德斯坦是自我實現觀的首倡者，其功績在於第一次提出自我實現的心理學思想，但外延過寬，把有機體一切基本需要都歸結為自我實現。馬斯洛把自我實現置於多層次的動機系統之中，首次建構了自我實現心理學。馬斯洛對自我實現論貢獻最大，影響最廣。羅傑斯雖然在對自我實現理論的建樹上不如馬斯洛那樣大，但是他最突出的是把自我實現看作人類有機體的"中心能源"、自我理論的基本理論前提，並為自我實現注入了“自由選擇”的思想。

二、充分發揮機能者

羅傑斯把**充分發揮機能者**(或**機能完善者**、**機能健全者**) (fully functioning person) 作為他所倡導的人格模式。在他看來，能夠充分發揮機能 (作用) 的人不會做假，他們展現真實的自我。這種人很像一個小孩，因為他們按照自己的機體評估過程，考察個體經驗是否同自己的實現傾向這一參考系相符合，不依賴於外在的**價值條件** (conditions of worth) 來生活。他們認為幸福不是在於個體所有生物性需要得到滿足或個人所追求的目的如房子、財富的實現而帶來的安寧。幸福是積極參與實現趨向，拼搏於持續不斷的奮鬥之中。

(一)　充分發揮機能者的內涵

羅傑斯認為，充分發揮機能者的內涵有三個要點：

1. 充分發揮機能者不是指人的發展狀態和終點，而是指人的發展趨勢和過程 (Rogers, 1961)。自我實現是不斷進行的過程，它永遠不是完成的或固定的狀態。這個目標和方向引導著個體向前，進一步分化和發展自我的各個層面。

2. 充分發揮機能是一個困難乃至痛苦的過程。它意味著自己要生活在激流之中，包括經受各種壓力、考驗和挑戰，需要自己極大的勇氣和全身心地投入。羅傑斯認為，快樂本身不是目標，而是努力自我實現的副產品。自我實現的人使生活過得豐富多彩，有挑戰性，而且富有意義，但是，他們並非任何時候都是歡愉的 (李文湉譯，1988)。

3. 充分發揮機能者確實是實現他們的真實自我 (或真我)，絕不隱藏在假面具或者門面的後面。羅傑斯認為，自我是人格的主人，方向的選擇、行為的表現不是依賴於別人的規範和習俗的約束，而是完全由他們自己獨立的抉擇。

(二) 充分發揮機能者的人格特徵

羅傑斯認為，充分發揮機能者或自我實現者必須具有下述五個主要的人格特徵：

1. **經驗的開放性**　充分發揮機能者能夠以開放的態度對待經驗。他們不僅對生活提供的經驗具有接受能力，而且能把這些經驗運用到開闢新的感知和表現的途徑上。因此，這種人不具有封閉性，既不以**防禦機制** (或**防衛方式**) (defense mechanism) 歪曲經驗，也不以某種固定的價值條件否定經驗，能夠將一切經驗正確地**符號化** (symbolization)，以便進入意識之中並因而使機能健全者的人格更寬容、更充實和更靈活。

2. **自我與經驗和諧一致**　充分發揮機能者的自我結構與經驗能夠相協調，並且具有不斷的應變能力，以便同化新經驗。這種充分發揮機能的人具有很強的適應性，沒有預定的和僵化的自我，他們並不控制或擺佈經驗，因而能夠自由地分享這些經驗。羅傑斯認為，這種更富存在感的生活品質是健康人格最本質的部份。

3. **信任機體評估過程**　充分發揮機能者以自己的實現傾向作為評估經驗的參考系，對強加於世人的價值條件不屑一顧。羅傑斯認為，健康的人格猶如一切有關資料都已程序化了的電腦。它考慮到問題的各個方面、可能的選擇和後果，並對行動的過程迅速做出決定。在他看來，只是在理智或智力的基礎上進行操作的人，在一定的意義上說是不利的，因為在做出決定的過程中，情緒的因素被忽視了。有機體的一切方面 (有意識的與無意識的、情緒的與智力的) 都必須作為手頭的問題予以分析。因為用於做出決定的資料是準確的，加上整個人格參與了決定過程，所以健康人應像信任他們自己那樣信任他們做出的決定。

4. **更富自由感**　充分發揮機能者相信自己能夠掌握自己的命運，在自己的生活中有很大的行動自由和選擇餘地，並感到自己所希望的一切，自己都有能力去實現。羅傑斯認為，人的心理越是健康，他體驗到的自由度也就越大。由於有這種自由感和權力感，健康人就在生活中察覺到巨大的選擇自由，而且感到有做他想做的任何事情的能力。

5. **高度創造力**　充分發揮機能者都具有高度的創造力。羅傑斯指出，那些對一切經驗完全開放的、信任他們自己有機體的和靈活地做出他們的決定與行動的人，就是將在他們生活的各個領域中，以創造性產品和創造性生活表現他們自己的人。因此，在自我實現的過程中，他們總伴隨有某種獨創和發明，而不是由遵循或者消極適應社會和文化的傳統而著稱的。

羅傑斯關於充分發揮機能的人的主要人格特徵，和奧爾波特、馬斯洛等人本主義心理學家的思想有些相同，但他更強調人格的動態性和應用機能，突出“我”和我的“現在”以及經驗的開放性和情緒體驗的強烈性。但是，他過份強調“以自己的機體經驗為依據”，否認“外在價值條件”的作用，則表現了他的**機體論心理學** (見第二章第二節) 的傾向。

三、人格的自我發展

人格自我發展 (personality self-development) 是指個體自嬰兒到成年一生人格成長的機制和歷程，也是羅傑斯人格自我心理學的重要內容之一。

(一)　自我發展的過程

在論述人格的自我發展時，羅傑斯不像其他心理學家那樣側重於人格發展階段的劃分，而更重視人格自我發展方式的探討。

在羅傑斯看來，個體自我概念的發展，主要包括三方面的內容：

1. **自我認定** (或**自我統合**) (self-identity)　即能認定自我的存在。
2. **自我評價** (self-evaluation)　即個人對自己價值的判斷。
3. **自我理想** (self-ideal)　即個人對未來自我的期望。

自我 (self) 是個體把我與非我區分開來並成為自己心身活動的主體時的產物。嬰幼兒開始並無自我，與外界渾然一體。但是，個體在與周圍環境中他人的交互影響下，由於使用語言符號如主語“我”和賓語“我”的經驗的豐富，他逐步發展了自我概念。例如，能區分出我是誰，什麼是屬於我自己或我自己的一部分，什麼是我看到、聽到、觸摸到和嗅到的客體，想像我應當是什麼樣子或者我希望能夠成為什麼樣子，我覺得自己和別人做得對或不對，我知道別人對我的看法等等。

由上述可見，自我發展是一個使有機體傾向於更分化或者更複雜的實現傾向的重要形式。實現傾向在自我形成之前，它表現了有機體的總體特徵；在自我形成之後，它也表現了自我的特徵。換句話說，那些被看作能增強個人自我概念的經驗得到了肯定的評價；那些被看作會損害自我概念的經驗得到了否定的評價 (何瑾等譯，1986)。

(二) 自我發展的機制

羅傑斯認為，影響兒童自我發展的因素很多，其中自我發展的主要機制如下：

1. 條件性積極關注 **條件性積極關注 (或條件性正向關懷)** (conditioned positive regard) 是自我發展的方式之一。它是一種具有外在價值條件的關注體驗。例如溫暖、喜歡、尊重、同情、認可、愛撫、關懷和讚許等等。

在兒童社會化的過程中，羅傑斯認為，條件性積極關注既是個體自我發展的普遍需要，又是促進自我發展的外在價值條件。大人對兒童“好行為”給予的積極關注如肯定、讚許，就會使他們逐漸懂得應該做的事和不應該做的事。如果兒童多次獲得父母積極關注的體驗，他們就會將價值條件內化為自我結構的一部分，以“良心”或“超我”的形式指導兒童的行為。這時即使父母不在場，它們也一樣起作用。例如，兒童罵人常常受到消極關注，遭到否定性評價，逐漸地他就會覺得罵人不對，每當他想罵人時就會有這種感覺，儘管父母不在身旁。

羅傑斯認為，自我發展除了先需要他人的積極關注外，繼而還需要自己對自己的積極關注。兒童對自己行為肯定性或否定性的評價，其內部參考框架是與兒童親近的人對兒童行為積極關注的價值條件投射到兒童自我結構中產生的。所以，兒童評價自己行為時，就受到了與周圍積極關注相聯繫的價值條件的約束。

羅傑斯認為，條件性積極關注常常出現兩種情況：

(1) **自我概念與機體經驗相一致**：指自我價值觀與實際行為的統一。羅傑斯認為，這是保持自我概念一致性的方式，也是增進心理健康的關鍵。萊

基 (Lecky, 1945) 明確指出，有機體並不在於趨樂避苦，而是在維持以價值觀為核心的自我結構。即使有的現實行為並沒有給人帶來愉快的機體經驗(見本章第二節)，人們仍以能夠維持自我概念的方式去行動。例如，一個見義勇為的人，雖然有生命危險，但仍能挺身而出與歹徒搏鬥。很明顯地，這種行為方式與自我評價相一致，是由於他依據自我中內化了的社會價值觀去同化機體經驗的結果。

(2) **自我概念與機體經驗不一致**：指自我概念與機體經驗之間的矛盾所出現的不協調狀態。例如，你平常被認為是一個比較老實的學生，沒有違紀行為，一旦你考試中出現打小抄的現象，你就會處在老實與不老實、喜悅與怨恨的矛盾的情感體驗之中。羅傑斯認為，這種自我不協調，是導致強化防禦、焦慮不安、自我混亂，甚至人格障礙的一種方式。

當機體經驗與自我概念不協調時，人們或者否認此經驗的存在，或者以**曲解 (或變相)** (distortion) 的形式將此經驗接受下來。例如，一個兒童本來已有了一種“好孩子”的自我形象，但他又愛打他的小弟弟，結果受到父母的批評，這時他會以下述幾種方式掩蓋真實自我：(1) 我是個壞孩子；(2) 父母不喜歡我；(3) 我並不願意欺負弟弟。前兩種方式是對經驗的曲解，而最後一種方式則是對他真正情感的否認。其實，否認並不等於這種經驗不存在，而是排斥於自己的意識之外。羅傑斯認為，機體經驗與自我的矛盾不僅會引起防禦的加強，而且還會因為防禦的人往往以敵意的方式對待他人而引起人際關係的惡化。

2. 無條件積極關注　**無條件積極關注 (或無條件正向關懷)** (unconditional positive regard) 是自我發展的方式之一。它是一種沒有價值條件的積極關注體驗，即使自我行為不夠理想時，他覺得自己仍受到父母或他人真正的尊重、理解和關懷。

羅傑斯認為，個體社會化的過程中，外在價值條件的影響雖是不可缺少的和難以迴避的，但是人總是有意識地生活在條件性關注中，因此就不可避免地會產生對發展的被動感和局限性，出現順應不良和自我異化 (註 4-2)。為了形成健康人格，最基本的必需品是在嬰幼兒時期得到無條件積極關注。

註 4-2：**自我異化 (或自我疏離)** (self-alienation) 指人的自我活動及其產物變成異己力量，反過來反對或支配、統治人自身。包括人的自我本質及各種心理過程、心理狀態和心理特性的異化。如自我畸形發展，人格裂變，心理異常等。

當母親給予嬰幼兒以溫暖和慈愛而較少注意他們如何行動時，這種滿足也就實現了。在無條件積極關注的氛圍中成長起來的兒童，不會顯現出價值的條件；在一切情況下，他們都感覺到他們自己的價值，而且也就没有了防禦的需要，在自我與現實知覺之間也不會有不一致。因此，這種人在自我實現的道路上，會無拘束地發展一切潛能，達到最終指向的目標，變成充分發揮機能的人。

羅傑斯指出：

> 如果個體體驗只是無條件積極關注，那麼就不會形成價值條件，自尊也將是無條件的，關注的需要和自尊的需要就不會同機體估價過程相矛盾，因而個體就會不斷獲得心理上的調節，成爲一個機能完善者。(Rogers, 1959, p.224)

在強調無條件積極關注的重要性時，並不意味著羅傑斯認為應當允許兒童去做他們想做的任何事情。因為如果把人真正變成游離於社會之外的純粹自我主義者，這樣的人恐怕也很難被社會所接納。

羅傑斯認為，用理性的、民主的方法來處理行為問題是最好的方法。在他看來，價值條件是一切人出現適應不良問題的中心，因而應當千方百計避免它們。羅傑斯建議處理不軌行為的兒童應掌握無條件積極關注的策略。

如果某個幼兒總是得到鼓勵的話，即使一些行為是被禁止的，他自己的感情也會被人接受，因而各種價值條件就不會形成。假如父母的態度是如此的真誠，那麼在這樣情況下至少可以在理論上獲得：

> 我能夠理解你打了你弟弟所感到的滿足 (或請你澄清時間、地點、或所毀壞的東西等)，我愛你，很樂意你具有這些情感。但是我也樂意具有自己的情感，當你弟弟受到傷害時我感到十分痛苦……因此我讓你不要打他。你我的感情都是很重要的。我們每一個人都應當是自由地擁有自己的感情。(Rogers, 1959, p.225)

羅傑斯認為，應把下面這句話的意思轉達給這個兒童：

> 我像你一樣深深地愛你，但是你的所做所爲是令人不安的，所以假如你不這樣的話，我們雙方都會更加愉快。

兒童應當永遠得到愛，儘管有時他或她的某些行爲或許不是這樣。
(何瑾等譯，1986，411 頁)

第四節　以人爲中心療法

心理治療是羅傑斯一生的主要學術活動，也是他建構人格自我理論的實踐基礎。誠然，我們不瞭解羅傑斯的人格自我理論就難以把握他的心理治療的精神實質，但是，我們不瞭解羅傑斯的心理治療也難以具體掌握他的人格自我理論的豐富內涵。因此，只有瞭解羅傑斯的以人為中心療法，才能進一步深入地理解他的人格自我理論。

以人爲中心療法 (或**當事人中心治療法**) (person-centered therapy) 是羅傑斯人本主義心理學的主要內容之一，也是他的自我理論在心理諮商與心理治療中的具體應用。其基本假設是：如果給來訪者提供一種最佳的心理環境或心理氛圍，他們就會動員自身的大量資源去進行自我理解，改變他們對自我和對他人的看法，產生自我指導行為，並最終達到心理健康的水平。

一、以人爲中心療法的實質和特點

為了正確地理解和運用以人為中心療法，首先必須把握羅傑斯以人為中心治療的精神實質和主要特點。

(一)　以人爲中心療法的實質

以人為中心療法是促進和協助來訪者，依靠自己的能力自己解決問題的療法。

根據吉利蘭德 (Gilliland, 1989) 等人的看法，以人為中心療法的發展可分為四個階段：

第一階段：開創階段　1942 年始稱**非指導式諮商** (nondirective counseling)，或**非指示療法** (nondirective therapy)。它以該年羅傑斯出版的《諮商與心理治療》一書為標誌。該書的副標題為“新的概念和實踐”，這說明羅傑斯提出一種與傳統治療模式不同的新的治療理念，即相信來訪者在適當的條件下完全可以依靠自己的力量來解決自己的問題。這裏應該說明，指導與非指導，僅僅是程度上的差異；嚴格來說，任何諮商或多或少均帶有指導的性質。

第二階段：修訂階段　1951 年改為**來訪者中心療法** (或**案主中心治療法**、**受輔者中心療法**) (client-centered therapy)。它以該年羅傑斯出版的《來訪者中心療法》一書為標誌。因為諮商者在治療過程中既要提供一種非常適宜的心理氛圍，又要幫助來訪者澄清自己的思想，所以諮商者對來訪者還是具有指導作用，由此他把非指導式療法改為來訪者中心療法。此書全面而系統地闡述了來訪者中心療法的理論與實踐。其中，在理論上更清晰、更深入地分析了“自我概念”、“自我概念與機體經驗的關係”等問題；在實踐上也從重視反映來訪者所訴說的事實內容轉為同時重視反映隱蔽的情感，從而真正準確、深刻地“進入”來訪者的“現象世界”。

第三階段：體驗階段　或稱檢驗階段，1957 年羅傑斯從芝加哥大學轉任威斯康辛大學心理學和精神病學教授。他的主要研究對象 (來訪者) 已從正常人改變為精神病人。這時，他開始有意識地探索治療中使來訪者發生改變所依賴的條件，並力圖使自己的理論受到嚴格的經驗檢驗。在這一階段，羅傑斯體驗到諮商者和來訪者之間建立深厚感情的“伙伴關係”的重要性，所以特別重視諮商者的態度對來訪者的影響，重視雙方的情感體驗的交流。

第四階段：發展階段　1974 年羅傑斯又把來訪者中心療法改稱為**以人爲中心療法**。實際上，他以新的雙向的互動作用的，即治療員與案主平等地位的人-人關係模式，取代了傳統的單向的被動作用的幫助者-被幫助者的模式。這一改變不僅進一步使羅傑斯的理論和方法有可能應用到家庭、婚姻、教育及社會其他人際關係領域之中，而且在心理治療中更充分地體現了他主張人的本性是積極向上的、自我實現的人本主義心理學思想。

霍迪斯托克與羅傑斯認為：

> 向以人爲中心的這種重心轉換所表明的東西，比起這一理論本身的廣泛應用來得更爲重要。它企圖强調這樣一點：正是在作爲人、作爲自我、作爲存在者的意義上，一個個體才是一切相互關係的有機整體。這一名稱的改變表達了每一個人的極其複雜性，也表明了每個個體大於他的各個組成部分的總和。(Holdstock & Rogers, 1977, p.129)

(二)　以人爲中心療法的特點

以人為中心療法與精神分析療法均屬領悟心理治療 (註 4-3) 的範疇，如重視通過面談的方式來洞悉症狀產生的原因和找出解決問題的辦法，強調揭示病人的情感活動。但是，以人為中心療法與精神分析療法、行為療法又有根本區別，在於人性假設、哲學基礎、角色扮演、醫患關係和實施方法等方面均有自己的特點。

1. 人性假設：人具有完善機能和自我實現的傾向　各種心理治療都是以不同的人性假設作為出發點的。行為主義治療堅持環境決定論，依據“人之初，性本無”的人性假設，重視治療中外界情境的刺激作用，主張通過一系列正強化或負強化手段塑造或消退人的一些行為。精神分析治療堅持“人之初，性本惡”的人性假設，強調挖掘和調整潛意識中的經驗或情結。羅傑斯的人本主義心理治療則另闢蹊徑，堅持“人之初，性本善”的人性假設，深信人具有完善機能或自我實現的傾向。羅傑斯治療的要旨在於，只要心理醫生幫助創造一個充滿關懷和信任的氛圍，來訪者就能充分發揮自身機能的作用，使其原已被扭曲的自我得到自然的恢復，更好地適應現實生活。因此，堅持性善論、機能完善論以及自我實現論是以人為中心療法的一個根本特點。

2. 哲學基礎：重視來訪者的主觀現象世界　人本主義心理治療依據的哲學基礎，既不同於行為主義治療的 S-R 式的機械唯物論和邏輯實證論

註 4-3：**領悟心理治療** (insight psychotherapy) 是通過交談和解釋引導患者對其潛隱的內心衝突及其根源能夠領悟並找到解決辦法而得以康復。精神分析治療，羅傑斯心理治療均屬於這一範疇。

(註 4-4)，也不同於弗洛伊德精神分析的唯能論 (註 4-5) 和排除偶然性的極端決定論 (註 4-6)，它堅持存在主義和現象學 (見 25 頁) 的立場。羅傑斯認為，一個人的主觀經驗世界或稱現象場(見 175 頁) 是他的真實的存在。一個人為什麼會愉悅歡樂、痛苦悲傷，這一切都只有"進入"他的現象世界才能理解。以人為中心療法之所以反對用一些外在的指標、標準來衡量、評估來訪者，其原因就是因為這種診斷或評估是"從看臺上觀察來訪者"的做法，很容易使諮商者見"病"不見人，根本無法瞭解來訪者獨一無二的主觀現象世界。因此，重視洞悉來訪者的主觀經驗世界是以人為中心療法的主要特點之一。

3. 角色扮演：來訪者主導治療過程 行為主義治療把人視為被動的"裝置"或"大一點的白鼠"，精神分析把人視為"一個受本能支配的低能弱智的生物"，心理醫生在整個治療過程中居於支配地位。人本主義治療則與此根本不同，他們把自己的工作和服務對象稱作**來訪者 (或當事人、受輔者、案主、諮客)** (client) 而不稱為**病人 (或患者)** (patient)，把心理醫生稱為**促動者 (或促進者)** (facilitator) 而不稱為**治療者** (therapist)，這表現了新的醫學模式與傳統醫學模式在工作對象觀上的重要區別。羅傑斯從現象場的理論得出一個結論，即只有個人自己才能真正完善地瞭解自己的經驗世界，別人 (包括治療者) 永遠不可能像來訪者自己那樣好地瞭解來訪者。在他看來，來訪者是自己問題的專家，他有能力找到解決自己問題的辦法。這就是羅傑斯為什麼在整個治療過程中，堅持不以諮商者指令為中心而以來訪者來主導的根本原因。因此，堅持來訪者在治療中的主體地位與決定作用是

註 4-4：**邏輯實證論** (logical positivism) 是 20 世紀 30～50 年代流行於西方的一個哲學派別。它反對傳統哲學命題的無意義性，在認識論上堅持可證實原則。主張哲學的任務就是邏輯分析，研究物理語言的問題，建立統一的科學。其集大成者卡爾納普 (Rudolf Carnap, 1891～1970) 將邏輯實證主義引入行為主義，被稱為邏輯行為主義。新行為主義的哲學基礎**操作主義** (operationalism) 就是邏輯實證主義與**實用主義** (pragmatism) 相結合的產物。

註 4-5：**唯能論** (energetics) 是 19 世紀末在歐洲出現的一種曲解物質運動的理論。其主要代表德國物理化學家奧斯特瓦德 (Wilhelm Ostwald, 1853～1933)，認為能量是唯一的客觀實在和世界的本原，宣稱萬物都是能量的派生物，甚至意識的能量造就了外部世界。弗洛伊德也是一個唯能論者，企圖用精神能量解釋人的心理和行為。

註 4-6：**極端決定論** (extreme-determinism) 是一種將因果制約性的決定論絕對化的理論，即排除任何隨機性和偶然性，認為任何事物都有必然決定的原因和絕對必然的結果，最終倒向絕對主義和宿命論。如弗洛伊德就是一個極端決定論者，把潛意識和性本能片面地、誇大地歸因為脫離了物質、脫離了自然、神化了的絕對，故陷入生物決定論和精神決定論。

以人為中心療法的主要特點之一。

4. 諮商者與來訪者之間的關係：朋友和伙伴　傳統醫學模式把醫患關係看作是治療者與被治療者之間的工作關係，其中治療者常以專家或權威自居，發號施令，被治療者經常處於消極被動的地位，服從治療。以人為中心療法則不把來訪者視為病人，認為諮訪雙方都是享有同等權利的參與者。由此他把傳統的醫患關係改變為諮商者與來訪者的關係，亦即詢問、商議、幫助等顧問或朋友間的關係。在人本主義治療中，諮商者有意識地避免擔負“專家”的角色，把諮商者個人的觀點強加於來訪者。應當主要致力於幫助創造一種讓來訪者能夠自由體驗情感、探索自我的氛圍，建立和發展雙方之間的情感聯繫。因此，建立諮訪雙方之間的朋友和伙伴關係是以人為中心療法的一個重要的特點。

5. 實施方法：尊重、寬容、理解、鼓勵　以人為中心療法既不像精神分析那樣為來訪者解釋過去被壓抑於潛意識中的經驗與欲望，也不像行為治療那樣採用獎勵、懲罰等行為控制手段來治療當事人，整個過程都著眼於“此時此地”，強調創造良好的心理氛圍，樹立諮商者的正確態度，建立諮訪雙方的融洽關係，注重尊重、關懷、同情、寬容、理解、鼓勵和支持，不解釋、不指引、不重過去、不下診斷，動員來訪者自我理解、自我指導和自我治療。羅傑斯把自己的治療觀視為一種人生哲學，而不是“異常治療”，這種哲學觀使得來訪者學會自己解決問題。羅傑斯十分推崇東方哲學尤其是中國道家學說，他說：

> 能概括我的許多更深刻的信仰是老子的一段話：我無爲而民自化，我好靜而民自正，我無事而民自富，我無欲而民自樸〈道德經，第57 章〉。(Rogers, 1980, p.42)

以人為中心療法也有點像禪宗的修煉方法：讓修行者“自悟”。佛教修行者認為，靜坐斂心，專注一境，久之達到身心輕安，觀照明淨的狀態。這是佛教徒修習的基本功，不僅能制伏煩惱，且能引發智慧。

二、一個典型的治療案例

下面所介紹的個案實例，可以具體說明當事人中心療法的性質、歷程和療效。

來訪者 (以 T 表示)，20 歲，女，由她的母親帶來找諮商者 (以 C 表示) 。T 的問題是對生活失去興趣和信心，大部分時間是睡眠，聽收音機或獨自沈思。她辭掉工作，不參加社交活動，甚至終日衣冠不整。她第一次與諮商者的交談幾乎完全抱消極冷淡的態度，惟一積極的表現是同意下次再來就診。下面是 T 與諮商者的第一次交談內容：

T：……每當我把自己與其他女孩比較時，總是好像——我總是覺得完全比不上。……她們所做所爲似乎都很正常，世界上的人應該怎麼做，她們也就怎麼做，而在我想到自己時，我總想，“唉，天啊！我還差得遠呢”，正是這種精神上的打擊——我開始認識到我走岔道了——我意思是説我没有什麼進展。

C：妳是説妳並不嫉妒，而是逐漸覺察到她們已爲新的生活做好準備，而妳呢，還没準備好。……

T：……我好像總是在往後倒退。真的，我真不明白我爲什麼應該活著……很奇怪，我能夠明白爲什麼別人都應該活著，但是我——我對別人的能力都有足夠的信心，就是對自己的能力缺乏信心。……

C：妳能夠理解爲什麼別人願意生活，但是妳自己卻找不出生活的理由。……

T：有一件事我拿不準主意——我一直琢磨著——我老是這樣墨守成規，一籌莫展，我究竟圖的是什麼，我反躬自問還是弄不清我要的是什麼。只有當我看別人在追求什麼時，我才想，哦，也許這就是我所要的。這事很古怪，我不喜歡這樣。這使我感到——是這樣，使我感到，那是——那是因爲我實在不知道我要什麼，我才不能做我想要的事。……

C：妳一直覺得，在這件事上妳充其量只能選擇似乎對別人合適的目標，但是妳自己要什麼妳卻總是拿不準主意。……

在第五次談話中，T 自己開始談出她改進目前狀況的初步想法，但仍有許多保留，到了第八次談話，她開始比較客觀地看待自己的行為了。

T：如果在家庭中，兄弟上了大學，別人也都很聰明，我真不知我這樣看待自己對不對，我真的不能像他們那麼嗎，我總是試著像別人要求我做的那樣去做，但是我現在弄不清我是不是應該認爲我就是這個樣。……

C：妳感到在過去妳總是按照別人的標準去生活，而且不知道該做什麼事才對，但是妳現在開始感覺到最好還是如實地接受妳自己。……

T：我想是這樣。我不明白是什麼東西使我產生這麼大的變化。是的，我改變了。我們的多次談話很有幫助，還有我讀過的那些書。是的，我看出有一點不同。在我對事物動感情時，甚至在我感到怨恨時，我也不怕了，我不在乎。我覺得比較自由。對事情不再覺得內疚。(Ruch, 1967, pp.509～510)

從上例中可以看到，在治療過程中，諮商者不指出來訪者有什麼問題，不勸告，不說教，不分析產生問題的歷史原因，只是重復和澄清來訪者自己的感情和態度，使其更好地理解自我、接受自我，從而更好地適應生活。

三、治療的目標與條件和過程

(一)　治療目標

心理治療的目標大約可分為兩類：

1. 人格成長型目標　常用這樣一些概念來表述人格成長的心理治療目標，如“發展積極的生活方式”、“減少人格衝突”、“增強人格整合”，其主旨在於促進人格的改變。

2. 問題解決型目標　常用這樣一些概念來表述問題解決的心理治療目標，如“減少徵狀痛苦”、“增強自信”、“選擇更好的職業”等。

羅傑斯堅持把人格成長作為心理治療的目標。主要表現在減少內在的衝突、增強自尊心和自我整合能力，提高對生活方式的滿意度，真正成為一個機能完善者，為了達到這些目標，首先必須實現一些次級目標，如改變自我結構，以開放的態度對待經驗等。在羅傑斯看來，諮商和心理治療的目標之一就是填平真實自我與理想自我的溝壑。

羅傑斯還認為，以人為中心療法的最終效果在於人性的實現和人格的改變。他說：

> 在治療過程中，個體實際上已成為一個具有一切豐富內涵的人類有機體。他能夠現實地控制自己，他的欲求不可逆轉地社會化了。在人的本質中，沒有獸性，只有人性。這樣，我們才能獲得自由與解放。(Rogers, 1963, p.67)

許多研究表明，正確運用以人為中心療法會使來訪者的人格和行為發生積極的改變。這些改變主要表現在：

1. 來訪者更加協調，防禦機制減少，對體驗願意公開，提供更多的資料，並且更加可靠。
2. 來訪者心理適應日漸改進，能妥善處理生活中的問題和改善關係。
3. 來訪者的現實自我與理想自我漸趨一致，自我與經驗也更趨一致，所有緊張和焦慮也都減少。
4. 來訪者瞭解自己是評價的主體，因而感到更加自信，也更加能夠自我指導。
5. 來訪者的情緒生活和心理上的自我形象更加協調，知覺更實在，體驗更積極，他變得更具適應性和創造性。
6. 來訪者變得更能自制，行為更加成熟，與人的關係更為融洽。

(二) 治療條件

以人為中心療法的實施依賴於一些必要的條件。在治療時，如何形成以來訪者為中心的最佳的諮商氛圍，顯然是最重要的條件。要想形成理想的諮商氛圍，通常需要兩方面提供的條件：

1. 來訪者本身必先承認自己在自我概念上有矛盾之處，如自己覺得興趣和能力適合學文科，而又不得不順從父母的期望勉強去學醫科，而且願意向諮商者坦誠地說出自己的感受，並希望獲得他的幫助。
2. 來訪者與諮商者之間要建立良好關係，一方面來訪者對諮商者懷有良好的印象，向他表露自己內心世界時有足夠的安全感；另一方面諮商者要具有堅實的專業素養和廣博的知識經驗，以及協助來訪者解決問題的實際能力和技巧。

除上述兩方面的必要條件外，羅傑斯著重指出，諮商者本身在人格與態度上必須具備以下三大要件：

1. 眞誠一致 (congruence; genuineness)　指諮商者表裏如一，言行一致，不造作，不虛假。只有諮商者在同來訪者接觸時不擺專家的架子或持驕矜的態度，以自己的本來面目出現，特別是敢於把自己的情感與行為毫無保留地暴露在來訪者面前，才會導致和諧或融洽的治療關係，消除交流上的障礙，使來訪者產生信任感，坦率地表露完整的自我，真正促動他進行自我探討和健康成長。可見，坦誠、表裏如一不僅會從根本上改善治療關係，而且會起到治療的作用。羅傑斯指出，“治療者與自己的情感和態度的一致性及其表達程度，也就決定了來訪者通過治療所取得的進步的程度”(Rogers, 1977, pp.11～12)。

在治療中要想做到真誠一致地交流，就必須注意下述五項：

(1) **從角色中解放出來**：治療者無論是在生活中或是在治療關係中都是真誠的，不必隱藏在自己專業角色之後。

(2) **自發性交流**：治療者與來訪者的言語交流與行為應是自然的，不應受某些規則和技術的限制。而這種自然的言語表達和行為表現是建立在治療者的自信心基礎之上的。

(3) **非防禦的態度**：治療者應努力理解來訪者的消極體驗，幫助他們深化對自我的探索，而不是忙於抵禦這些消極的體驗對自己的影響。

(4) **一致性**：治療者應言行一致，表裏如一。

(5) **自我暴露**：治療者應以真誠的態度，通過言語和非言語行為表達其情感 (Gilliland, 1989)。

2. 無條件積極關注 (或**無條件絕對尊重**) (unconditional positive regard)　指諮商者對來訪者表示真誠和深切的關心、尊重和接納。當來訪者在敍述某些可恥或令人焦慮的感受時，要尊重他自由表達的權利，以關注的態度接納他，既不鄙視或冷漠，也不給予評價或糾正，相信來訪者自己能夠找到改正的途徑和方法。在羅傑斯看來，我們之所以尊重和幫助來訪者，是因為相信來訪者具有成長的潛力，相信他們具有自我指導的能力，支持他們去發展自己的潛力，支持他們發展其獨特的自我。因此，在治療的每一個時刻，治療者都需要樂於接受來訪者可能會有混亂、恐懼、憤怒、蔑視、痛苦以及其他各種各樣的情感。這種關注是無條件的，不管來訪者的情感正確與否或合適與否。但是，無條件積極關注既不是一種包攬一切，也不是說在所有的時間裏對一切均採取這種態度，而是指在治療過程中治療者應表現出無條件的積極關注。羅傑斯 (Rogers, 1977) 等人的研究表明，在治療中無條件積極關注的態度出現得越多，治療就越容易成功；而這種態度出現得越少，來訪者的創造性和積極的變化就可能越少。

事實上，在治療過程中，諮商者往往會發現來訪者的問題不少是明知故犯，或者是咎由自取，在這種情況下，諮商者很可能就會產生對來訪者的不滿甚至否定的情緒，使治療馬上中斷。為了防止這種現象的出現，應採取兩種辦法：(1) 要有高度的自覺，隨時敏銳地了解個人當前的感受，以便最快地加以調整；(2) 要明確我們所接納的所尊重的是來訪者個人，並非他的不適應的乃至反社會的思想和行為。因此，我們必須堅持對來訪者的溫暖和關心，堅持對他們的無條件的接納和無占有欲。

3. 設身處地理解 (或**同理心**) (empathy)　是指諮商者深入了解並能設身處地體會受輔者的內心世界。諮商者應該敏感地傾聽和設身處地的理解受輔者當時的心境、痛苦、恐懼等情緒，幫助和鼓勵他更充分地、自由地加以宣洩，表露其隱藏在內心的鬱結，既可認識自己問題的所在，又可使自己的人格和行為發生良性變化。

應當指出，同理心與同情心是不同的。**同情心** (sympathy) 指能主觀地體驗到別人內心的感情。如體驗到別人的痛苦或快樂，自己也感到痛苦或快樂。實際上，同情心多用於表達痛苦方面者較多。同理心指設身處地以別人的立場去體會當事人心境的心理歷程。它與同情心的區別在於：同情心重在“感人之所感”，以“情”為主，主要是靠個人的生活體驗；而同理心則是“感人之所感”和“知人之所感”兩者的統一，既有情感的因素，更有認知的成份，並要靠認知能力來實現心理換位或將心比心。

要想具有正確的同理心，須要依賴一些條件。主要有：

(1) 諮商者要放棄自己主觀的參考標準，設身處地去從來訪者的參考標準來觀察和感受事物。正如羅傑斯所說的：

> 諮商者要盡自己所能代入來訪者的內心參照標準，從來訪者的角度

看世界，看來訪者有如他看自己一樣；透過這種做法，諮商者一方面可以放下所有其他的成見，另一方面又可以將這種同理心的了解傳達給來訪者。(Robert, 1969, Vol. 1 & 2)

(2) 諮商者必須踏上一條與來訪者的體驗同步的情感旅程，但又不能對此進行判斷或受到它們的感染。因為把同理心變成按照自己的標準的判斷或評價，不但不能傳達諮商者設身處地的理解，而且還會使來訪者採取防禦措施。同樣，不能以同情或被感染來取代同理心，因為這樣會使諮商者無法抓住來訪者所表達的情感內涵，陷於表面的理解，表現出諮商者的無助感，甚至超越了同理心的程度，自己不是體驗到而是擁有了來訪者的情感。羅傑斯在〈導致治療性人格改變的必要條件和充足條件〉(1957) 一文中將同理心的定義修改為“體會來訪者的內心世界，有如自己的內心世界一般，可是卻永遠不能失掉‘有如’這個質素——這就是同理心”。

(3) 諮商者不僅要體會到來訪者難以覺察到的意義，而且也不能把這種處於來訪者潛意識中的意義很快提出來與來訪者對峙。這樣做既會對來訪者造成威脅，也不是同理心的真正含義。相反，設身處地的理解，就意味著不斷地與來訪者進行交流，以確證來訪者的知覺，而不是停留於來訪者所表達的內容，或尋找來訪者所表達的內容下面的含義。為此，諮商者要有能力面對那些在來訪者看來是可怕的事情，而自己不會感到害怕。從某種意義上來講，這也就意味著及時把自己放在一邊，要做到這一點，諮商者才能逐漸步入來訪者那有時會很危險的內心世界 (王登峰等，1993)。

(4) 諮商者要善於運用言語和非言語行為表現自己的同理心。例如，諮商者身體姿勢、面部表情、語氣語調、目光接觸等非言語行為，均可反映出諮商者對來訪者的態度與理解。同時，吉利蘭德 (Gilliland, 1989) 等人認為設身處地的理解就是要理解來訪者的言談話語所反映的情感和認知信息。來訪者的理解可分為表層理解和深層理解。如下例：

來訪者：那次考試之後我感覺非常壞，我沒想到我考得那麼差。
治療者 ①：你對這次考試感到很失望。
治療者 ②：你對你這次考試的情況感到驚訝和失望。特別是因爲你曾希望自己做得更好一些。

在這裏，治療者 ① 的反應只是重復了來訪者原話之意；而治療者 ②

的反應有助於來訪者理解自己的情感的更深一層的含義。治療者的後一種反應有助於啟發來訪者對其自我、自我概念及自我體驗之間的關係進行深入的探索。而治療者 ② 的反應相當於高級準確的同理心反應。來訪者中心的治療者借助於對來訪者體驗的同理心反應，一步步引導來訪者使之在自我的探索歷程上不斷向前邁進。而由於治療者對於來訪者的深刻理解，來訪者更加信任治療者，治療關係也進一步得到改善。

從 20 世紀 40 年代起一直到羅傑斯去世為止，他多次強調，設身處地的理解在人類活動中具有特別重要的意義。在當今，這種基本的治療條件的重要性已由醫療領域擴展到所有涉及人際關係的許多方面。

(三) 治療過程

為了幫助來訪者取得最佳的治療效果，達到自我實現的理想人生境界，羅傑斯 (Rogers, 1942) 提出治療過程的 12 個程序：

1. 來訪者主動求助　這是心理諮商和心理治療的前提。因為來訪者是主體，也是解除心理疾患的主導力量，促動者只能起著幫助的作用，居於輔導的地位，所以來訪者必須有主動尋求幫助的需要。否則，來訪者不承認自己需要幫助，若沒有在很大壓力下希望有某種改變，諮詢和治療就很難獲得成功。

2. 諮商者說明情況　諮商者要向來訪者說明，對他所提出的問題並無現成的答案，諮商者只能提供一個有利於來訪者成長的氛圍和場所，幫助來訪者自己尋找答案或自己解決問題。因此，諮商和治療的時間屬於來訪者自己，可以自由支配，解決問題的方法可共同商討。

3. 鼓勵來訪者自由表達情感　來訪者在開始時總有許多疑慮和負面情緒，如懷疑、焦慮、羞愧、敵意等，往往成為諮商和治療的第一道難關。因此，諮商者務必採取友好、誠懇、接受對方的態度，掌握會談的技巧，有效地促進對方自由表達自己的情感。

4. 諮商者要能夠接受、認識和澄清對方的負面情感　諮商者不只是被動接受來訪者提供的訊息，僅對其表面內容做出反應，而應深入對方內心深處，注意發現對方影射或暗含的情感和情結，如矛盾、敵意或不適應的情感。不管來訪者講的多麼滑稽可笑或荒誕無稽，諮商者均應以接受對方的態度加以處理，努力創造出一種氛圍，使對方感到這些負面情緒也是自身的一部分。必要時對這些負面情感也應加以澄清，但不是解釋，更不是教訓，目的是使來訪者對此有更清楚的認識。這是很難又很微妙的一步。

5. 促進來訪者的成長　一旦來訪者將負面情感表達、暴露出來，模糊的、試探性的、積極的情感便不斷萌生出來。諮商者要有敏感的眼光，善於發現這種兆頭，並促進其成長。

6. 接受來訪者的正面情感　諮商者如同對來訪者的負面情感一樣，也應接受其正面情感。但不宜加以讚許或表揚，也不應進行道德評價。要提供來訪者在其生命中有一次自己了解自己的機會。這樣，既無須為其負面情感而採取防禦措施，也無須為其正面情感而感到驕傲自滿，促使來訪者自然達到真正領悟與自我瞭解的境地。

7. 來訪者開始接受真實自我　由於社會評價和輿論的影響，人們做出任何反應總有幾分考慮乃至保留，加之價值條件化，人們往往有一個不正確的自我概念，因而總會否認、歪曲某些情感和經驗。顯然，這與人的真實自我相差很大。在治療當中，來訪者因處於良好的能被人理解與接受的氛圍中，有一種迥然不同的心境，能夠有機會重新考察自己，對自己的狀態能夠領悟，進而達到接受真實自我的境地。這種對自我的理解與接受，就為來訪者進一步在新的水平上達到**心理整合** (mental identity) 奠定了基礎。

8. 幫助來訪者澄清可能的決定及應採取的行動　來訪者在領悟的過程中，必然涉及新的決定及要採取的行動。此時，諮商者要幫助來訪者澄清其可能做出的選擇。諮商者不能勉強對方或給予某種勸告。但對來訪者此時往往會缺乏勇氣，不敢做出決定甚至恐懼的心態應有足夠的認識。

9. 療效的產生　來訪者通過自我領悟，達到了對問題的新的認識，找回失去的信心，走出自己的天地，從親身的體驗中形成自己的價值觀，某種積極的嘗試性的行動便應運而生，自然就產生了療效。

10. 進一步擴大療效　當來訪者已能有所領悟，並開始進行一些積極的嘗試後，諮商者應幫助來訪者發展更深層的領悟，並擴大領悟範圍。如果來訪者對自己能達到一種更完全、更正確的自我理解，就會具有更大的勇氣面對自己的經驗、體驗並考察自己的行動。

11. 來訪者全面成長　來訪者的自我價值觀和自我成長能力的發展，他能夠克服對選擇的恐懼，勇於探索自我發展的新行動。此時，諮訪雙方的融洽關係達到了高峰，來訪者會主動提出各種問題與諮商者討論。

12. 治療結束　來訪者感到無需再尋求幫助時，治療即告結束。通常，來訪者會對占用了治療者許多時間而表示歉意。治療者應採用同以前程序中相似的方法澄清這種感情，接受和認識治療關係即將結束的事實 (錢銘怡，1995)。

第五節　會心團體治療

會心團體治療(或交朋友小組治療) (encounter group therapy) 是羅傑斯療法之一，也是自我發展治療 (註 4-7) 和團體治療的一種形式。它不僅對克服心理障礙、增進心理健康、發揮個人潛能、促進自我實現有重要作用，而且對改革學校教育、改進人際關係、提高管理效能、解決各種衝突也有廣泛意義。

一、會心團體治療的性質和組織

會心團體治療既是心理治療的方法，又是自我教育和集體教育的形式。在闡述會心團體治療具體運作之前，我們先考察一下會心團體治療的性質和組織是非常必要的。

(一)　會心團體治療的性質

會心團體治療是利用團體力量來解決心理問題和改變不良行為的一種途徑。它試圖創造良好的人際環境使團體成員最大限度地利用個人潛能和團體互動作用，消除心理障礙，達到自我實現。

註 4-7：**自我發展治療** (self-developmental therapy) 是以人為中心，著眼於調整自我的結構與功能的一種非指導式的治療。其理論基礎是人本主義心理學的自我發展觀，其具體方法則有多種。

會心團體 (或交朋友小組) (encounter group) 是一種教育、自我教育和消遣活動，這種活動有史以來就已存在。但作為一種心理治療的形式卻是近二十年的事。會心團體的興起和擴展，既是世態炎涼、孤獨無援的社會文化的折射，又是宣揚拯救人的尊嚴、自由和個性的存在主義哲學的表達。

羅傑斯於 20 世紀 60 年代下半葉至 70 年代上半葉曾以極大的熱情投入到會心團體的運動中，索自担任團體的領導人，並和同事們一道推動這一事業的發展。羅傑斯 (Rogers, 1970) 指出，會心團體在美國創始於緬因州的貝思爾，後傳至加州的艾迪威爾德，一直擴展到全國各地，目前美國就有 500 萬人自願參加基本會心團體 (或基本交朋友小組) (basic encounter group) 或研討班 (workshop) 兩種主要形式，還有數百萬人參加其他類似的小組，如自助小組、敏感性訓練小組、塔維斯托克小組訓練、馬拉松集體治療 (註 4-8)。這些小組在法國、英國、荷蘭、日本和澳大利亞等一些國家也都存在。1970 年羅傑斯出版的《卡爾・羅傑斯論會心團體》的專著，可謂會心團體運動的一部經典著作。

(二)　會心團體治療的組織

1. 活動場所　會心團體一般在一個房間裏舉行聚會，房間裏有地毯，但無家俱。所有參加者席地而坐或坐在墊子上。

2. 人員數量　一般為 8～18 人。他們的年齡是 15～75 歲，多數參加者在 20～50 歲之間。

註 4-8：**自助小組** (self-help group) 是最近幾十年在國外發展起來為有特殊困難者提供充分服務的組織，如飲酒者互誡會、吸毒者互誡會、賭博者互誡會、虐待子女的父母互誡會、精神分裂症者自助小組、精神病患者康復協會等。

敏感性訓練小組 (或感受訓練團體) (sensitivity training group) 簡稱 **T-小組** (或 **T-團體**) (training group)，它是由布雷福德倡導的一種藉助於自由的集體討論以改善人際關係的組織，首次於 1947 年在美國國家訓練實驗室進行訓練的。風行於 20 世紀 60 年代，尤其是在美國被廣泛地應用於社會問題 (如商業、工業等)，以增進相互信任和溝通。

塔維斯托克小組訓練 (Tavistock group training) 是倫敦塔維斯托克人類關係研究所根據精神分析理論建立的一個小組學習的模式。類似 T-小組訓練一樣，它不是集體心理治療形式。

馬拉松集體治療 (Marathon group therapy) 是斯托勒 (Stroller, 1963) 在精神病院中首次採用，後來在紐約和加州地區進一步加以修改。目前，它已被應用於交朋友小組、敏感性訓練小組等方面。

3. 活動時間 每次聚會大約持續 2 小時左右，活動時間一般安排在週末。T-小組把時間擴展為 3～4 週，每日會面 6～8 小時。還有些小組把 20 多小時的聚會集中在兩天半進行。最近的一項革新是“馬拉松”週末，從週五開始到週六晚上結束。

4. 參加對象 (1) 大公司的主管；(2) 大學生和教職員；(3) 心理諮商者和心理治療學家；(4) 準備接受醫療服務的護士、教育工作者、校長和教師；(5) 已婚的夫婦；(6) 退學者、有過失的青少年或者可能犯過失的青少年；(7) 吸毒成癮者；(8) 被判刑的罪犯等。可見，參加人員非常廣泛，有正常人、有病人、也有犯人。

5. 活動宗旨 (1) 解決心理上的問題，促進人際關係的改善，提高工作能力與效率；(2) 克服心理障礙，促進不良人格的改變，幫助劣跡行為的矯正；(3) 擴大人際溝通，促使人生活得更豐富多彩、更快活、更有意義，達到人性完滿的實現。

6. 理論基礎 (1) 以勒溫**團體動力學** (group dynamics) 和羅傑斯以人為中心療法為建立會心團體最主要的理論根據；(2) **格式塔治療** (或**完形治療法**) (Gestalt therapy) 和其他各種精神分析學說也起了一定的理論奠基作用。

7. 活動內容 (1) 集中於人際關係的特殊訓練；(2) 非常類似團體治療，對過去經驗和人的發展動力學做大量的探討；(3) 通過繪畫或表達活動而集中於創造性的表現；(4) 主要集中於一種基本的個體之間的交朋友和關係 (Bugental, 1967)。

8. 活動原則 (1) 自願參與性原則，指每個人可自願參加團體，亦可隨時退出；(2) 自由交流性原則，指團體中非常自由，沒有多少嚴格限制，個體感到很安全，可拋棄某些防禦和面具；(3) 坦誠性原則，指每個成員要抱著誠實、坦率和開放的態度，不掩飾真實情感的表達；(4) 自我決定性原則，指小組活動不由促動者指導，而由成員們自己抉擇、自己負責。

二、會心團體治療的過程與方法和條件

在明確了會心團體治療的性質和組織以後，會心團體治療的實施過程、採用方法和促動者條件就成了主要探討的課題。

(一) 會心團體治療的過程

基本會心團體的活動過程，大體上可分為下述三個階段：

1. 第一階段：相互接受階段　團體開始活動時，新成員總會有陌生感和懷疑感，出現沈默或兜圈子。此時，促動者要親切而友好地疏通，啟發大家談出參加團體的目的和希望，並介紹團體的性質和典型經驗等。除了通過言語手段求得瞭解外，特別要重視以真誠態度進行情感交流。當每一個成員漸漸地都互相公開而達到相互瞭解後，隨著相互抵抗或混沌狀態的打破，他們就會由互相信任而進入相互接受。

2. 第二階段：探求理解階段　進入這一階段，參加者對自己既有高度的評價，也有真誠的坦露，相互都聽到對自我的真實的理性聲音。在團體成員的幫助下，在探求和發現自我中，一方面提高了自我認識的能力，動搖了舊的自我，另一方面又加深了人際關係，促進了相互設身處地的理解或同理心。

3. 第三階段：成長變化階段　到了最後階段，參加者和促動者既能正確認識自我，直率表明自我，又能熱心關心別人，願意傾聽意見，整個團體出現了強烈的依賴感和共存感。在這種親切和諧、情緒高漲的氛圍中，每個成員的焦慮和症狀明顯緩解，人際關係顯著改善，自我創造力有了表現，工作效率也有了提高。在心身兩方面放鬆、舒暢與提高的基礎上，在互相理解與互相關懷的友好感情中大家相互告別。當然，也有的團體氣氛不熱烈、不和諧，談話的內容達不到一定深度，往往在不了了之的氣氛中結束。有些團體在治療者的努力下雖然完成了各個階段，但缺乏充實感和深度。究其原因很複雜，既有社會因素，又有參加者的個人原因，必須探索解決辦法。

人本主義心理學理論家布根塔爾在總結會心團體治療的過程時，曾概括出 15 個發展步驟：

(1) **兜圈子**：因團體有著異乎尋常的自由，並非是一個促動者將為其直接負責的組織，開始往往會出現一段混亂時期，如令人尷尬的寂靜，有禮貌的表面相互交流，鷄尾酒會似的談話、挫折、極端缺乏持續性等。此時既有冷場的情況，也有相互兜圈子、各談其是的問題，這樣就會引起好幾個小時的討論，其實潛在的主題就是“誰是領導者？”“誰為我們負責？”“誰是團體成員？”“團體的目的是什麼？”

(2) **對個人表達或探索的抵抗**：在兜圈子期間，團體成員往往出現矛盾的反應。有一個成員在寫到他的體驗時說：“存在著一個我向世界提供的自我，和另一個我更感親密的自我。和別人在一起時我試圖表現得能幹，知道很多事、沈著、沒有什麼問題。為了證實這種**心象** (image)，我的行動方式在目前和以後似乎表現為虛假的和造作的，或者‘並不是真正的我’，或者我將自己保留著一些想法，若是把這些想法表達出來，就會顯示出一個不完善的我。”團體成員想要互相揭示的正是“我更感親密的自我”，而且他們往往是緩慢地、慌恐不安地、矛盾地採取一些措施來揭示內在世界中的某些事情。可見，團體成員既有表達完整自我的心願，又存在著害怕揭示自我的內心抵抗。

(3) **過去情感的描述**：隨著對團體信任感的加強，自我暴露恐懼感的消解，各個成員用討論的大部分時間開始表達了自己的真實情感。如行政管理人員講述了他在企業中所遭受到的挫折，家庭主婦傾訴了對丈夫的不滿等。他 (她) 們描述的情感現在仍然存在，但卻都放在過去，在時間和地點都位於團體之外作為“彼時彼地”的情感而加以描述的。

(4) **消極情感的表現**：奇怪的是，團體成員第一次表達“此時此地”的情感往往都是負面情感。如對領導者的指責，對團體成員的攻擊等。為什麼最初表達的情感是一些消極的聲調？有些人推測這是團體的自由和值得信賴的方式之一。各個成員感到團體比較安全，不會受到懲罰，故發洩憤怒也就無所顧忌。另一個完全不同的理由是，認為深刻的正面情感比負面情感在表達上要困難和危險得多。“如果我說，我愛你，那麼我就會受到攻擊，遭到最尷尬地拒絕。如果我說，我恨你，我充其量會受到攻擊，對此我卻可以抵抗。”無論是什麼原因，這些負面情感往往都出現在團體的開始。

(5) **有意義人格資料的表述和探索**：令人疑慮不解的是，在經過上述歷程之後，最有可能出現的事件就是在某一個人身上表現為以某種有意義的方式向團體揭示自己。因為他感到這裏是自由的，開始出現了信任的氛圍。於是他開始利用這個機會並冒險讓團體成員都知道自己某些內心深處的東西。如有一個人講到他發現自己處於一個圈套之中，感到他和他妻子之間的溝通毫無希望；一位主持一大型研究部門的科學家發現自己有勇氣講述他痛苦的孤獨，他告訴團體他一生當中從未有過一位朋友，講完後他悲傷的淚水盡情地流淌下來。有人把它稱為一種“朝向自我核心的旅行”。這不是一個輕而易舉的過程，而是一個痛苦的過程。團體也並非總是接受這種自我展示，有時也可能被人拒絕接受。

(6) **會心團體中直接人際感情的表達**：團體遲早都必須明確地使情感開放，這些情感是當時每個成員都直接感受到的。它們有時是正面的，有時卻是負面的。

(7) **會心團體中治癒能力的發展**：任何深入的會心團體體驗最迷人的方面之一是，許多團體成員表現出用一種有幫助的有促進和治療作用的方式來對待其他人痛苦這樣一種自發的能力。

(8) **自我接受和改變的開始**：許多人覺得自我接受 (註 4-9) 一定會阻礙變化。實際上，在這團體體驗中，和在心理治療中一樣，都是改變的開始。這種態度的某些表現為：“我是一個喜歡控制別人的支配型的人。我的確想把這些人塑造成合適的樣子”。另一個人說：“在我的心理確實有一個受到傷害的、負擔過重的小人，他為自己感到慚愧。我就是那個小人，除了我還是一個有競爭力的、負有責任的經理之外”。

(9) **假面具的揭開**：隨著討論的繼續，許多事情往往相互交織在一起出現；其中一條線索是他們對防禦越來越不耐煩。伴隨時間的流逝，團體裏發現要是哪個成員還是戴著假面具，那是不可容忍的。在他們看來，老練圓滑和掩飾自己已不是什麼好事了。團體一些成員對自我的表述已清楚地表明，更深刻、更基本的交流是有可能的，團體也開始直覺地和無意識地朝著這一目標努力了。

(10) **個體得到反饋**：在這個自由表述的互動作用過程中，個體迅速獲得了大量關於別人怎樣看待他的信息。這有助於個體現實自我的建立。

(11) **對抗**：有時候使用反饋 (feedback) 來描述所發生的互動作用有點太溫和了，最好是說一個人對抗 (reactance) 另一個人，與他開誠布公地交談。這種對抗可能是積極的，但常常是帶有消極性的。例如，在團體的一

註 4-9：**自我接受** (或**自我接納**) (self-acceptance) 指個體對自身及其特徵所持的一種積極態度。包括對自己的身體、能力、性格諸方面正面價值的確認，對現實自我的欣然接受。不因自身優點而驕傲，不因某種缺點而自卑。一般認為，自我接受是心理健康的基礎。

次討論中，愛麗絲對約翰說了一些粗俗、傲慢的話，當時約翰正在講述宗教活動。第二天早上，諾爾瑪，她是團體中一個非常沈靜的人，做了發言。諾爾瑪 (長聲地吸了口氣)：我可根本不尊敬妳，一點也不 (停頓)。我心裏能有 100 件事給妳說，我對天發誓我希望把它們都講出來，首先妳要想讓我們大家尊敬妳，那麼昨天晚上妳為什麼不能尊敬約翰的感情呢？妳比我大好幾歲——我尊重年齡，我也尊敬那些年齡比我大的人，但是我卻不尊敬妳，愛麗絲，一點也不！我受到了傷害，感到十分混亂，因為妳做了一些令人感到傷害和混亂的事……。讀者可以放心，這兩個人在討論快要結束之前開始相互承認了，儘管還不完全，但卻能理解得多了，但這就是一種對抗。

(12) **在團體討論之外的幫助關係**：如果不提到團體成員間相互幫助的方式，那麼對團體過程的任何說明都是不確切的。一個團體成員能花好幾個小時傾聽或對另一個成員談話，這個成員能理解他自己的一種痛苦的新知覺，這種現象並非不常見。有時候只是提供一些具有治療作用的幫助。

(13) **基本交朋友**：經過上述幾個步驟後，人們開始建立比日常生活所習慣地更加緊密和直接的相互聯繫。這似乎是一種最核心、最強烈、最具有改變作用的團體經驗。他舉例說，一個男子用眼淚講述了他痛失孩子的悲劇，他第一次完全地體驗到不以任何方式抑制他的感情。另一個對他說，眼裏也含著淚，“我從未感受到和另一個人如此親密過，我以前從未感受過另一個人的痛苦會在我身上引起真正的身體傷害，我感到完全和你在一起了。”這種“我-你關係”(用布伯術語，見 114 頁) 就是一種基本交朋友。

(14) **正面情感的表現與親密**：當情感獲得表達並且能在某種關係中得到承認時，就會引起許多親密和正面的情感。這樣隨著團體過程的進展，會日益增長溫暖感、團體精神和信任感。它不僅源自積極的態度，而且源自包括正負情感的一種真誠。有一個成員想捕捉這種情感，他在討論之後即寫道：要是讓他總結一下的話“……這好像和我所謂肯定有關——一種對自我的肯定 (confirmation)，一種對人的獨特性和普遍性的肯定，一種當我們能作為人類相聚在一起產生某種正面情感時的肯定”。

(15) **團體中的行爲改變**：從觀察中可以發現在團體本身就能發生許多行為變化。姿態改變了，說話聲調也改變了，有時變得強勁有力，有時又變得溫柔，通常是更自發的、非人為的、更帶有感情的。個體顯示出一種驚人的思想性和相互之間的幫助。但是，我們主要關心的是在團體經歷之後所出現的行為變化。正是這種變化構成了最有意義的問題，對此尚需進行更多的研究 (Bugental, 1967)。

上述各個步驟不是孤立存在和絕對不變的，而是相互依存和緊密交織在一起的。

(二)　會心團體治療的方法

會心團體在上述的發展階段和步驟中，其交朋友的技術可各不相同。但基本會心團體都重視當時的情感，相互之間提供的正、負反饋，以及去除妨礙開誠布公交談的掩飾。一般常見的有六種方法：

1. 自我描述　即讓每個成員在紙條上寫出最能説明他自己的三個形容詞。然後把全部紙條混合在一起，由團體討論每張紙條上所描述的是怎樣一個人。

2. 定睛對看　即讓兩個成員互相凝視對方的眼睛 1～2 分鐘，盡可能多地互相交流，以後再評述他們的感情。

3. 盲人散步　即把所有團體的成員分成雙人小組，一個人領著，另一個人把眼睛遮起來，“盲人”在室內或室外四處走動，使自己對周圍環境敏感起來。做這種練習的另一種方法是讓“盲人”設法僅用觸摸來傳遞思想和感情。

4. 信任練習　即讓團體成員圍成一個圈，每個成員輪流被舉起來，並被繞圈傳遞。

5. 熱座　即讓某團體成員坐在一張專門的椅子上，其他的人就此人對他們的影響給予誠實的反饋。

6. 正負反饋　這種技術類似於“熱座”技術，給予團體成員反饋，但規定或以正反饋為主，或以負反饋為主。

(三)　促動者的必備條件

會心團體能否順利開展工作與促動者的素質密切相關。會心團體的促動者應具備下列條件：

1. 促動者要有自我追求，善於自審，能夠發現新的自我，與人真誠相處，直率表達自我。這樣，才會使參加者愉快接受，正確理解，使開展的各項活動向健康方向發展。

2. 促動者善於聽取不同經歷、不同背景的人的不同言論，信賴參加者發自內心深處的感情、言語和想像。這樣才會使參加者相互尊重，具有安全感，並能充分發揮自己的潛能。

3. 促動者要以身作則，平等待人，和大家打成一片，敢於將自身的缺點、矛盾的焦點赤裸裸地暴露在參加者的面前。這樣，才會取得參加者的信任，使他們也以開放的態度對待自我。

4. 促動者要經過一定的訓練，並具有廣博的學識和一定的社會閱歷與實際工作經驗。這樣，才會敏銳地發現問題，有效地解決問題。

5. 促動者要掌握正確的價值取向和判斷標準。這樣，才能保證團體活動的正確方向，並對其效果做出適當的評估 (車文博，1990)。

第六節　簡要評價

人格自我心理學既是羅傑斯心理學的基本特徵，又是人本主義心理學的一大基本理論。在我們分別闡述了羅傑斯的自我理論、人格理論、以人為中心療法、會心團體治療以後，我們有必要從宏觀上評論一下羅傑斯人格自我心理學的主要貢獻及其局限。這樣，對我們深刻理解羅傑斯人格自我心理學在西方心理學中的重要地位及其巨大影響是頗有意義的。

一、主要貢獻

本來人本主義心理學是非主流心理學，根本沒有得到應有的學術地位。但是，羅傑斯則不然。他是以人為中心心理治療的一代宗師，人本主義心理學的巨匠，當代教育改革人學思想的大師，在西方心理學世界中羅傑斯已被公認為是地位最高、貢獻最大、影響最廣的一位人本主義心理學的領袖。羅傑斯以人為中心的思想為主線，構建了人本主義心理學的基本理論，開創了人本主義心理治療的新模式，開闢了諮商心理學的新領域，提出了當代教育改革的人學綱領，推動了心理學為社會和人類造福的事業。因此，羅傑斯在當代西方世界百名心理學家中名列前茅。據凱恩 (Cain, 1987) 調查，羅傑斯的著作被譯成 12 種文字，在 25 個國家發行。

(一)　建構人本主義的人格自我理論

人格理論是闡明人格的本質、結構、形成和發展等問題的概念系統。不同學派的人格心理學家對人格理論有各自的研究重點和獨特的建樹。人格理論多達幾十種，但最為著名的不過數種。例如，人格結構論、人格類型論、人格分層論、人格特質論、人格社會學習論、人格自我論等等。

人格自我論是關於人格內容的理論，是當代西方人格心理學研究的重要領域。它主要包括兩大派的理論：

1. 精神分析的人格自我理論　弗洛伊德人格心理學中雖已蘊含著自我心理學的思想，但從總體上說仍屬**本我心理學** (id psychology) 的範疇。而新精神分析則把主要鋒芒指向**自我心理學** (ego psychology)，其中，哈特曼 (Hartmann，1939 德文版，1958 英文版) 的《自我心理學與適應》一書的出版是自我心理學理論體系建立的標誌。艾里克森 (Erik Homburger Erikson, 1902～1994) 是當代精神分析自我心理學的傑出代表。其主要理論成就：

(1) **在功能上**：強調自我的自主性與適應性，指出自我在有意識地調節機體與外部環境交互作用中具有重要功能。

(2) **在動力觀上**：逐漸擺脱潛意識性 (或力比多) 驅動觀，提出心理社會因素的自我發展動力觀。

(3) **在發展觀上**：打破自我發展的狹隘階段論，並強調自我發展的畢生性，把自我心理學擴展為一生成長心理學。

2. 人本主義的人格自我理論　人本心理學家在批判行為主義和精神分析的基礎上，建構了人本主義的人格自我理論。其主要成就：

(1) **在功能上**：擺脱了潛意識決定論，強調自我的意識經驗或體驗，突出自我的主動性、整體性、統合性和創造性。

(2) **在動力觀上**：擺脱外部環境決定論和生物決定論，強調性善論和內在價值論，堅持自我實現的動力觀。

(3) **在發展觀上**：堅持人的潛能和價值與社會環境內外因素統合觀，強調潛能是自我發展的價值基礎和主導因素，而環境是限制或促進潛能發展的條件。

如果說人本主義人格自我理論的先驅奧爾波特 (第二章第三節) 的主要貢獻在於提出自我統一體 (或統我) 的概念及其八個發展階段，而馬斯洛的主要貢獻在於建構了一個以性善論和需要層次論為基礎的自我實現人格心理學的理論體系。那麼，羅傑斯的整個理論都可以概括為“人格自我理論”，它具有很大的價值和吸引力。舒爾茨說：

> 我認爲羅傑斯的觀點中有一種特殊的吸引力。這種吸引力使得羅傑斯的觀點達到如此普及的地步。他的號召就是“我”和“現在”。……充分而公開地表現一個人的自我效能，是有吸引力的。(李文湉譯，1988，76 頁)

霍爾和林賽指出：

> 羅傑斯的理論重新把自我引進心理學，並使之成爲實驗研究的有效對象，這已經產生了强烈的影響。就這方面而言，羅傑斯應和奧爾波特、後弗洛伊德學派、以及那一小組使“人”又回到人格理論中並佔據合法地位的人本主義動機理論家分享榮譽。(林方譯，下册，1984，288 頁)

羅傑斯對人格自我理論的主要貢獻：

1. 提出自我概念說　他把自我視為人格的核心，並從自我與他我、經驗與自我、現實與理想幾個維度揭示了自我的內涵、結構及其主要特徵，特別突出自我選擇、自我指導和自我負責的功能，強調現實自我與理想自我的和諧一致是人格健康的重要標誌之一。

2. 提出充分發揮機能 (或自我機能完善者) 的人格模式　舒爾茨

在《成長心理學》(1977) 一書中指出，健康人格 (註 4-10) 具有七種人格模式：(1) 成熟的人——奧爾波特的模式，亦即成熟的、健康的機能自主的人格模式 (見第二章第三節)；(2) 充分起作用的人——羅傑斯的模式，亦即充分發揮機能 (或機能完善者) 的健康人格模式；(3) 創造性的人——弗洛姆的模式，亦即富有生產性性格的健康人格模式 (見第三章第五節)；(4) 自我實現的人——馬斯洛的模式；亦即自我實現者 (健康型和超越型) 的健康人格模式 (見第三章)；(5) 個體化的人——榮格的模式，亦即將意識心靈與潛意識融為一體的健康人格模式 (見第三章第五節)；(6) 超越自我的人——弗蘭克爾的模式，亦即追求生命意義的健康人格模式 (註 4-11)；(7)“此時此地”的人——佩爾斯的模式，亦即追求實現當前真實自我的健康人格模式 (註 4-12)。羅傑斯不僅指出了充分發揮機能的人格模式就是自我實現傾向的人格模式，而且還概述了機能完善者的六個主要人格特徵。

3. 力圖把自我概念、機體經驗等變爲可操作的實驗研究和定量考查　這是羅傑斯在臨床實踐中應用 Q 分類法的主要貢獻。他以自我理論為基礎，進行差異性自我概念測量，認為自我概念是現實自我與理想自我間的差異。他的典型操作方法共有兩種：一是分別測量理想自我與現實自我，然後用理想自我評分減去現實自我的評分。兩者之差越大，則自我概念越低。二是用一個包括 300 個形容詞的自評人格評定工具**形容詞檢核表** (或**形容詞鑒定法**) (adjective check list，簡稱 ACL) 勾出他認為能描繪了他本人的形容詞，做理想自我的 Q 分類，然後根據現實自我與理想自我兩種分類所得分的相關，確定其一致性，當兩者越一致時，則自我概念越高 (見本章第二節)。

註 4-10：**健康人格** (healthy personality) 是人本主義心理學中特定的研究對象和中心主題，也是同以動物或病人為研究對象的行為主義和精神分析的一大主要區別。舒爾茨 (Schultz, 1977) 總結了各種健康人格的研究，提出了健康人格具有五個特徵：(1) 有意識地控制自己的生活；(2) 了解自己的實際情況；(3) 堅定地立足於現在；(4) 渴望生活的挑戰和刺激，渴望新的目標和新的經驗。

註 4-11：**超越自我的人** (self-transcendence) 是弗蘭克爾 (見圖 11-1) 提出的人格模式。他從**意志自由** (freedom of will)、**意義意志** (will to meaning) 和**生命意義** (meaning of life) 三個理論支柱出發，主張人應該具有意義感和目的感，他把超越自己、獻身事業、成為完美的人作為健康人格發展的最終目標。

註 4-12：“此時此地”的人 (now-and-here) 是美國格式塔心理療法創建者佩爾斯 (Fritz Perls, 1893～1970) 提出的人格模式。他從存在主義出發，既反對固著過去的追溯性格，又反對面向未來的預期性格，強調集中注視當前，努力將自我意識和世界意識統一起來，成為真實自我的人。

(二) 開創以人爲中心的治療模式

開展以人為中心的心理治療是羅傑斯自我理論在臨床實踐中的應用，是人本主義心理療法的典型模式。

如果說弗洛伊德是現代心理治療的開創者，那麼可以說自弗洛伊德以後在心理諮商和心理治療領域的影響至今沒有哪一個人能夠超過羅傑斯。並且他的以人為中心的方法已被廣泛地應用於醫療、教育、管理、家庭、商業、司法等諸多領域，盛行於西方各國。

凱恩 (Cain, 1990) 把羅傑斯的貢獻概括如下 10 項：

(1) 強調在心理治療過程中，治療關係作為一種有治療作用的要素的重要性；

(2) 闡明這樣一種觀點：人天生具有潛能，趨向自我實現；

(3) 開創與發展傾聽和理解的藝術，並證明它對於當事人的治療效用；

(4) 引用“來訪者”一詞而摒棄“患者”一詞，以維護求助者的尊嚴、平等及表達對他的尊重；

(5) 首創將治療面談錄音，以便學習和研究；

(6) 開創採用科學方法研究心理治療過程和結果之先河；

(7) 為心理學家和其他非醫學出身的專業人員從事心理治療舖平道路；

(8) 對會心團體運動的發展做出重要貢獻；

(9) 為教育領域的變革貢獻一種激進的理念和實踐；

(10) 將以人為中心的理念和實踐應用於化解衝突和促進世界和平。

我們認為，羅傑斯以人為中心療法的最主要貢獻：

1. 提出一種新的治療觀 即對人性持積極的、樂觀的態度，主張促進來訪者依靠主體的自我力量放鬆心身、調整情緒、改變人格、恢復健康。羅傑斯指出：

> 個人對其自我理解、對其自我概念與態度和自我指導行爲的改變具有巨大潛力。(Rogers, 1974, p.116)

在他看來，一旦諮商者對人性及其潛能懷有這樣堅定的信念去對待來訪者，它本身就會創造一種神奇的力量，協助他找到自己解決問題的辦法。

2. 重視建立良好的諮訪關係　羅傑斯在諮商實踐中發現諮訪關係對心理治療和人格改變的至關重要的作用，然後又從理論上闡明融洽諮訪關係導致心理治療的良好療效和人格的積極變化的機制，最後令人信服地概括出最佳的諮訪關係的一些基本要件。正如我們多次所闡述的，治療的成功並非依賴治療者技巧的高低，而依賴於治療者是否具有良好的態度。良好的諮訪關係決定於諮商者的真誠一致、無條件積極關注和同理心的人格與態度。它現已成了心理諮商者在實踐中必須遵守的準則。

3. 在心理治療時首先使用錄音機、攝影（像）機進行現場記錄　這是羅傑斯在研究方法上的一項重大改進。它使研究者可以觀察到諮商者與來訪者互動作用的情況，又可從雙方的表情、姿態和聲調捕捉到許多細微的重要資料，還可避免事後追記諮商過程的扭曲和偏差。特別值得提出的是羅傑斯均事先徵得來訪者的同意後才進行攝影（像）或錄音，嚴守職業道德，足為研究者的楷模。

特別應該指出的是，羅傑斯晚年，以人為中心的方法遠遠不只是一種心理治療的新模式，它已昇華為一種關於人類生存的目的、價值、意義根本理念的人生哲學。羅傑斯指出：

> 以人爲中心療法是一種觀點，一種哲學，一種生活的方式，一種存在的方式，它適合於任何情境，只要這一情境的目的是促進某個個人、團體或社會的發展。(Rogers, 1980, p.8)

羅傑斯除了從事心理治療工作之外，還以較大的熱情投入到社會活動和世界和平的事業。在他看來，以人為中心的方法和人際關係三原理（真誠一致、無條件積極關注、同理心）是解決文化偏見、種族歧視、民族矛盾、國際衝突的一種切實可行的有效途徑。羅傑斯雖已八旬，但身體還好（除視力較弱），他帶領“人的研究中心”的同事在美國和世界各地舉辦一個又一個宣講和練習以人為中心方法的研討班。他們的足跡遍及巴西、委內瑞拉、意大利、北愛爾蘭、南非、荷蘭、法國、波蘭、俄羅斯。1983 年左右，羅傑斯等人通過以人為中心方法所倡導的交流，緩和了北愛爾蘭清教徒和天主教徒兩方狂熱分子之間的矛盾和仇恨。1985 年，羅傑斯在各方面的幫助下，竟然把中美洲七國、美國以及其他九個國家的政府要人 (領導人、外交官) 和社會名流 (議員、作家) 組織到維也納舉行了一次團體活動。這些人對用心理學辦法解決民族矛盾和國家衝突既不在意，更不感興趣，靠這項活動當然不會產生什麼戲劇性的效果，但若能讓這些人坐在一起，不說假話、客套話和恨話，而說心裏話，就足以令人吃驚了。1986 年，羅傑斯在去世前一年，在南非非常成功地舉行了一次具有深刻的仇恨和苦難的黑人與具有偏見和恐懼的白人的團聚活動。可見，羅傑斯已將以人為中心的方法廣泛地應用於社會生活的各個領域，他已成為一位知名的社會活動家，為人類社會和世界和平做出了貢獻。為此，羅傑斯在 1987 年曾獲得諾貝爾和平獎提名。

(三) 創造團體心理治療的新形式

在羅傑斯看來，會心團體是採取團體治療的形式所組成的一種小團體，也是他“對當代社會發明的一種重大嘗試”。實驗證明，羅傑斯在自由的氛圍中，通過討論班的方式開展團體治療，直接有助於學習自我知覺、自我負責，樹立坦誠、開放的態度，訓練處理人際關係的技巧，增進對團體動力的理解和凝聚力。

布根塔爾在總結這一團體治療的經驗時曾指出：在人際關係日益疏離甚至失去人性的工業社會裡，會心團體是“使人際關係重新具有人性”、“通往 (自我) 實現的一條大路”，也是“針對當代生活的隔絕而進行的一種文化嘗試”。經驗過“我-你關係”的人，進入過基本會心團體的人，不再是一個與世隔絕的人。曾有一個討論班學員用一種非常富於表情的方式對此做了說明：

> 討論班似乎至少對當代人的孤獨以及他所尋求的生活的新意義做了部分的回答。簡言之，討論班似乎非常迅速地允許個人成爲他想要成爲的人。
>
> 它展示了一種全新的生活維度，爲我與我自己的關係以及與我最親密的人的關係開闢了無限的可能性。
>
> 它使家庭、教育、政府、行政機構、工廠企業中的關係更富有意義及人情味。(Bugental, 1967, p.275)

二、主要缺陷

誠然，羅傑斯的貢獻是重大的，影響是深遠的，但是，由於他深受存在主義和現象學 (見第一章第三節) 以及戈爾德斯坦機體論 (見第二章第二節) 的影響，對人的自然性與社會性的關係尚缺乏完全科學的認識，加之從事實際應用研究較多、投入基本理論研究與理論建構不足，因而羅傑斯人格自我心理學也自然有其缺陷。

(一)　具有個人本位主義傾向

羅傑斯從存在主義和現象學的立場出發，堅持“存在先於人的本質”，強調人的“先驗意識”和“此時此刻”的心理體驗，過份誇大人的主觀能動性和突出人的“絕對自由”，重視自我選擇、自我設計，而忽視人的心理和行為的社會制約性。著名心理學史家舒爾茨對羅傑斯的評論很對，他說：

> 看來羅傑斯缺少：(1) 對他人的責任感；(2) 明確的目標和目的。這個理論似乎是要把個人引到完全自私和自我放縱的生活狀態上。重點完全放在爲自己而體驗、感受和生活上，而没有把重點也相對應地放在除了“我”和“我的”每一瞬間的新鮮體驗之外的，對事業、目的或人的熱愛、獻身或義務上。……這個機能完善者似乎是世界的中心，而不是世界中一個相互作用的、負有責任的參與者。他所關心的事情似乎僅僅是自己的生存，而不是促進他人的成長和發展。(李文湉譯，1988，78 頁)

如果說這種自我中心或個人至上的價值取向在美國還有人批評的話，那麼在重視社會價值、重視個人的社會責任感的東方，特別是中國文化就更難以相容。恐怕自我中心主義者在這種集體主義價值取向的東方文化氛圍中很難有真正自由的生活空間。

(二)　具有重情主義傾向

在羅傑斯看來，人對生活價值的選擇和評價，既不根據他們認為這種選擇的正確性，也不根據邏輯的合理性，而主要依靠情緒體驗。這就是說，他把人的主觀經驗世界特別是情緒感受擺在第一位，理性的力量則退居次要的地位。舒爾茨指出：那種浸透羅傑斯的全部見解，表現為反智力偏見的東西(李文湉譯，1988)。這種重情輕智的傾向，不僅我們難以接受，而且也遭到西方學者的批評。

(三) 羅傑斯療法的不妥之處

羅傑斯療法雖然在心理諮商和心理治療史上享有特別的聲譽，但也有不少值得研究的問題和明顯的缺陷：

1. 對人具有完善機能或自我實現傾向的假設未予證明，其概念含混不清，忽視人的性與攻擊驅力的作用，把人性明顯導向宗教化和過份簡單化。

2. 來訪者中心療法把諮商者的角色變得太消極，有時簡直像易受來訪者操縱似的。這對一些輕度心理失調者或內省能力較好的來訪者可能合適，而對另一些來訪者可能使諮商曠日持久地拖延下去，療效甚微。

3. 拒絕使用診斷學上的術語和分類，例如**精神病** (psychosis)、**神經症** (或**神經官能症**) (neurosis)、**躁鬱性精神病** (或**躁鬱症**) (manic-depressive psychosis)；忽視潛意識觀念和夢，過於信賴那些不可靠的患者的自我報告；忽視來訪者言語上 (書面上) 可能改變但在行為上未有改變的事實，如他填寫 Q 分類問卷可能有所變化，而他的行為問題也許並沒有改變。這樣，來訪者中心療法往往對在人格理論、變態心理學和普通心理學上未受過正式訓練的諮商工作者缺乏吸引力。顯然，由於缺乏心理學專業基礎，不懂得來訪者中心療法的精神實質及其優越性，因而也就難以自覺地學習和運用這一療法。

4. 會心團體也有風險和失敗的教訓。在問卷調查的 48 名小組參加者中，有四分之三的人認為非常有幫助。但有百分之四的人認為這是“非常無效的、胡鬧的或混亂的”。其中最主要的問題是行為變化往往不能持久，有時出現“舊病復發”的現象，甚至產生消極的變化。如深深地陷入自我表露之中，然後留下無法解決的問題。又如原本掩蓋著的婚姻緊張關係公開化而威脅到婚姻的維持 (Bugental, 1967)。

儘管羅傑斯的人格自我理論和以人為中心療法受到不少批評，他自己也深有感慨地說："關鍵是要有過硬的研究"(Rogers, 1985)。但羅傑斯仍以當代具有重大影響的心理學家而載入史册。

正如美國心理學會在頒發他傑出專業貢獻獎，褒揚他的卓越成就時，稱羅傑斯為：

> 研究人格的革新者、會心團體運動的先驅和組織心理學的促進者，並爲心理學留下了不朽的印跡。(郭為藩，1984，189 頁)

本章摘要

1. 羅傑斯是美國心理治療學家和人格心理學家，是人本主義心理學的主要創建者之一。
2. 羅傑斯人本主義心理學的特點：(1) 以心理治療實踐作為其主要理論來源；(2) 以自我理論為其主要人格理論；(3) 以人為中心療法和會心團體療法為羅傑斯治療的兩種主要形式；(4) 以主觀知識與客觀知識的結合、自我觀察與他人觀察的結合為其主要研究方法。
3. **自我概念**是羅傑斯人格理論中的一個核心概念。它是個人對自己和環境及其關係的知覺與評價，亦即個人在經驗中由主格"我"、賓格"我"和所有格"我的"等詞所區分出來的那部分現象場。把 **Q 分類法**作為檢測自我概念的現象學的評定工具。
4. **現象場**是指個體所能覺知到 (包括意識到和未意識到) 的那部分經驗，亦即個人的內心世界或經驗世界。正是這種主觀現實而不是自然現實指導著一個人的行為。而自我是個體現象場中分化出來的一部分，即個體現象場中具有核心意義的知覺經驗的完形或總體。
5. 自我概念的特點：(1) 自我屬於對自己的知覺範疇；(2) 自我是有組織的、連貫的、有聯繫的知覺模型；(3) 自我只能表徵那些有關自己的經驗，並非我們頭腦中存在另一個小人；(4) 自我主要是有意識的或可進入意識的東西。

6. 自我發展的內容，包括**自我認定**、**自我評價**和**自我理想**。自我發展的機制，包括**條件性積極關注**、**無條件積極關注**。
7. **自我實現傾向**是羅傑斯人格理論的基本假設，是自我形成與發展的基本動機和核心動力。其特點：(1) 以人際關係的體驗和心理治療的實踐論證潛能實現的自我指導原理；(2) 把實現傾向看作有機體的一種核心動機，即**一元動力論**；(3) 為它注入了“自由選擇”的思想。
8. **充分發揮機能者** (或**機能完善者**) 是羅傑斯所倡導的人格模式。其基本要點：(1) 它指人的發展趨勢和過程，不是指人的發展狀態和終點；(2) 它是一個困難乃至痛苦的過程，並非任何時候都能得到歡愉；(3) 它是真實自我 (或自我) 的實現，絕不保留面具。
9. **充分發揮機能者**的人格特徵：(1) 經驗的開放性；(2) 自我與經驗和諧一致；(3) 信任機體評估過程；(4) 更富自由感；(5) 高度創造力。
10. **以人爲中心療法** (或**當事人中心療法**) 是促進和協助來訪者依靠自己的能力自己解決問題的療法。它經歷四個階段：(1) 開創階段，1942 年始稱**非指導式諮商** (或**非指示療法**)；(2) 修訂階段，1951 年改為來訪者療法；(3) 體驗階段，1957 年開始特別重視雙方情感體驗的交流；(4) 發展階段，1974 年又改稱為以人為中心療法。
11. 以人為中心療法的特點：(1) 堅信人具有完善機能和自我實現的傾向；(2) 重視來訪者的主觀現象世界；(3) 來訪者主導治療過程；(4) 建立朋友和伙伴的諮訪關係；(5) 注重尊重、關懷、同情、寬容、理解、鼓勵和支持。
12. 以人為中心療法的目標：人性的實現和人格的改變。為了達到這一個目標，諮商者在人格與態度上必須具備三個要件：(1) **真誠一致**；(2) **無條件積極關注**；(3) **設身處地的理解** (或**同理心**)。這也是處理人際關係的三原理。
13. **會心團體治療** (或**交朋友小組治療**) 是利用團體力量來解決心理問題和改變不良行為的一種形式。活動內容集中於人際關係的訓練、對過去經驗和人的發展動力學的探討、各種創造性的表現、個體之間交朋友等。以自願參與性、自由交流性、坦誠性和自我決定性為活動原則。包括相互接受、探求理解和成長變化三個階段。治療方法有自我描述、定睛對看、盲人散步、信任練習、熱座、正負反饋等。

14. 羅傑斯**人格自我心理學**的主要貢獻：(1) 建構人本主義的自我理論和機能完善者的人格模式；(2) 開創以人為中心的治療的新模式；(3) 創造團體心理治療的新形式。

15. 羅傑斯人格自我心理學的主要局限：(1) 具有個人本位主義傾向；(2) 具有重情輕智傾向；(3) 羅傑斯療法也有些不妥之處，如對人具有完善機能的假設未予證明，諮商者的角色顯得太消極，排斥使用診斷學上的術語和分類，會心團體也有風險和失敗的教訓。

建議參考資料

1. 王登峰、謝　東 (1993)：心理治療的理論與技術。北京市：時代文化出版公司。
2. 江光榮 (1999)：人性的迷失與復歸——羅傑斯以人為中心的理論。見車文博 (主編)：20 世紀西方心理學大師述評叢書之一。武漢市：湖北教育出版社。
3. 車文博 (主編) (1990)：心理治療指南。長春市：吉林人民出版社。
4. 車文博 (1996)：西方心理學史。台北市：東華書局 (繁體字版)。杭州市：浙江教育出版社 (簡體字版) (1998)。
5. 林　方 (1989)：心靈的困惑與自救——心理學的價值理論。瀋陽市：遼寧人民出版社。
6. 林孟平 (1986/1998)：輔導與心理治療。香港：商務印書館。
7. 柯永河 (編譯) (1982)：人性的園丁——羅嘉思。台北市：允晨文化實業公司。
8. 梅　利 (鄭玄藏譯，1997)：人本心理學入門。台北市：心理出版社。
9. 舒爾茨 (李文湉譯，1988)：成長心理學。北京市：三聯書店。
10. 錢銘怡 (1994/1995)：心理諮詢與心理治療。北京市：北京大學出版社。
11. 羅傑斯 (劉焜輝譯，1990)：諮商與心理治療。台北市：天馬文化事業有限公司。
12. DeCarvalho, R.J. (1991). *The founders of humanistic psychology*. New York: Praeger.
13. Rogers, C. R. (1961). *On becoming a person: A therapist's view of psychotherapy*. Boston: Houghton Mifflin.

14. Rogers, C. R. (1963). Actualizing tendency in relation to motives and to consciousness. In M. R. Jones (Ed.), *Nebraska Symposium on motivation*. Lincoln: University of Nebraska Press.

15. Rogers, C. R. (1966). Client-centered therapy. In S. Arieti (Ed.), *American handbook of psychiatry*. New York: Basic Books.

16. Rogers, C. R. (1980). *A way of being*. Boston: Houghton Mifflin.

第五章

羅洛・梅的存在心理學

本章內容細目

羅洛・梅是人本主義心理學的建立者之一，也是美國存在心理學的創始人，被譽為“美國存在心理學之父”。

人本主義心理學自覺不自覺地均以存在主義和現象學為哲學基礎，但相對來說，人本主義心理學又可分為兩大研究取向或分支：(1) **現象學取向** (phenomenological approach)，或稱**現象學心理學** (phenomenological psychology)，即對人的本性和體驗以無偏見的純粹描述的現象學方法 (見第一章第三節) 進行研究的人本主義心理學，以馬斯洛、羅傑斯為主要代表，以自我實現論 (見第三章) 為其理論內涵；(2) **存在主義取向** (existential approach)，或稱**存在主義心理學** (或**存在心理學**) (existential psychology)、**存在分析心理學** (psychology of existential analysis)，即以存在主義哲學 (見 23 頁) 為指導研究現代社會中人的存在價值及解決其心理困境來實現本真自我的人本主義心理學，以羅洛・梅、布根塔爾為代表，以自由選擇為其理論特徵。

羅洛・梅的存在心理學是人本主義心理學的一個新的重要研究取向，是探討人的現時存在價值、自由選擇、實現自我的心理學理論和治療方法。

學習和研究羅洛・梅的存在心理學，不僅有重要的理論意義，而且也有重要的實踐意義。它一方面直接有助於理解存在心理學的理論建構與理論價值，樹立正確的人化心理學的理論架構；另一方面還有助於瞭解存在心理學在臨床實踐中的具體應用，正確評估**存在心理治療** (existential psychotherapy) 的價值。本章內容旨在討論下列六個問題：

1. 羅洛・梅的存在心理學的實質和特點。
2. 羅洛・梅的存在分析理論。
3. 羅洛・梅的焦慮理論的實質及應對焦慮的方式。
4. 羅洛・梅關於人格概念、人格特徵及人格發展階段的學說。
5. 羅洛・梅的愛與意志理論的內涵及其在存在心理學中的地位。
6. 羅洛・梅的存在心理學的貢獻與局限。

第一節　羅洛・梅傳略

一、學習生活

羅洛・梅 (Rollo May, 1909～1994) 生於美國俄亥俄州的阿達鎮。他的童年大多是在密西根州的馬林市渡過的。他認為父母對他的教養是建立在維多利亞式的禁律和衛理公會信仰的基礎上，是很嚴厲的。由於父親和中西部人的普遍心態，使他的童年生活一直處於充滿反理智主義的氛圍之中。他害怕“過多思考”，後來更痛恨地稱此為一種“疾病”，認為這是非人性的和具破壞性的。

羅洛・梅最初所受的高等教育是在密西根州立大學，但因編輯一份激進的學生雜誌而被中止學業。後轉學至俄亥俄州的奧柏林大學，1930 年畢業並獲英語文學學士學位。在上學期間，對古希臘藝術和哲學就很感興趣，多

圖 5-1　羅洛・梅
(Rollo May, 1909～1994)
美國心理學家，心理治療學家，人本主義心理學建立者之一，存在主義心理學理論取向的創始人和領導者，美國當代最值得重視的思想家之一。他創建了美國本土的存在主義心理學，深化了人格心理學的理論研究，促進了存在心理治療的發展。

年以後他把這描述為“對古希臘一往直前精神執著的愛”的開端，比他在中西部地區培養起來的反理智主義更帶有精神性、更真實。這種興趣終生伴隨著羅洛・梅，形成了獨具藝術特色的存在心理學。

二、學術生涯

基於對希臘的強烈好奇心，大學畢業後不久，羅洛・梅便隨同一個美術家旅行團漫遊歐洲，學習繪畫。之後在希臘的薩洛尼卡市的美國公學任教三年 (1930～1933)。在他看來，薩洛尼卡成為他夏天到波蘭、羅馬尼亞、土耳其和希臘森林地帶去遠足的基地，他做了大量的繪畫，研究了土著人及其藝術。羅洛・梅還參加了阿德勒在維也納山區的一個避暑勝地舉辦的短期研討班，並與阿德勒進行了親切的討論。羅洛・梅的人格理論中對未來因素的重視就可追溯到阿德勒的影響，但他覺得阿德勒的理論有些太簡單化。這是羅洛・梅把興趣轉向心理學的一個重要的轉折點。

羅洛・梅在 1933 年返回美國後曾任密西根大學的學生心理諮商員。翌年，考入紐約市聯合神學院，其目的並不是想做個牧師，而是想通過研究神學來理解真正人類的生活維度。在此期間，他深受從德國逃亡到美國的兩位學者的重大影響：首先通過聆聽羅洛・梅的“精神之父”神學存在主義哲學家蒂利奇 (見 23 頁) 博士的講課和密切交往，使他對克爾凱郭爾和海德格爾 (見 24 頁) 的存在主義哲學發生了興趣，認為存在主義提供了理解人的最基本假設，並逐漸把存在主義作為自己心理學的理論基礎。蒂利奇曾利用“存在的勇氣”等概念取代了存在的“恐懼”、“遺棄”、“死亡”等傳統存在主義範式，力圖洗刷存在主義的悲觀色彩，這使羅洛・梅以樂觀主義的基調廣泛地吸收了存在主義的思想精髓：(1) 從克爾凱郭爾 (見 24 頁) 的存在 (dazein) 和薩特 (見 24 頁) 的自為 (pour-soi) 的觀點出發，羅洛・梅十分重視單獨個人的存在，個人的情感及內在體驗的研究；(2) 從克爾凱郭爾的“人之所以偉大在於他有自由”、薩特的“人是自由的”觀點出發，十分重視個人自由選擇的探討。同時，羅洛・梅反對以成見、理論和臆想去觀察患者，他將以直接描述為特徵的現象學方法 (見第七章第三節) 作為自己研究的根本方法，強調應“在完整現象的框架與內在聯繫中查明和描繪他們所要調查的現象”(Binswanger, 1963, p.206)。其次，通過取得戈爾德斯坦 (見

58 頁) 的指導和交談，羅洛・梅接受了他關於自我實現及基本焦慮等觀點。1938 年獲得神學學士學位後，羅洛・梅和費理斯結婚，育有一男二女。接著，他在新澤西州的維羅納擔任兩年公理會教區的牧師，但很快他就發現自己對心理學的興趣高於宗教，於是他又考入哥倫比亞大學研究院。

在 1942 年，羅洛・梅撰寫博士論文期間，因患肺結核病而中斷學業，到紐約州北部地區的薩拉納克療養院休養了一年半。由於當時肺結核是難以治癒的疾病，他正面臨著死亡的威脅，這是他的理智發展與個人發展中最重要的事件之一。在患病期間，他研讀了兩部有關焦慮的書籍：一本是弗洛伊德的《焦慮的問題》；另一本則是克爾凱郭爾的《恐懼的概念》。他認為，弗洛伊德精闢地分析了人由於受到威脅而產生焦慮，而克爾凱郭爾則更為深刻地闡明了這種威脅是"非存在"的威脅。在這種對比分析中，羅洛・梅深感克爾凱郭爾的理論更符合自己和其他病友的實際體驗。多年以後，羅洛・梅還說："面臨死亡是一種有價值的體驗，因爲在這種體驗中，我學會了面對生活"(May, 1970, p.66)。

恢復健康之後，1943～1944 年羅洛・梅任紐約州立大學學生心理諮商員。同時，他又到紐約市威廉・阿蘭遜・懷特學院攻讀精神分析學，該院院長為著名新精神分析學家沙利文 (見 35～36 頁)，另一位著名新精神分析學理論家弗洛姆 (見第 8 頁) 則為客座教授。羅洛・梅的存在心理學深受新精神分析，尤其是存在分析學派的影響。首先，羅洛・梅批判了古典精神分析性欲決定一切的**泛性論** (pansexualism)、**還原論** (見第一章第二節) 和堅持必然因果性決定一切的**決定論** (determinism)，指出了弗洛伊德扭曲人性和人的本質的弊端。其次，羅洛・梅直接受到了新精神分析大師的薰陶，特別是吸收了阿德勒、沙利文、弗洛姆等人的一些思想。例如，阿德勒的動機目的論和自我創造者的思想，認為最有效地運用個人力量要受社會利益的指導；沙利文的權力動機的思想，認為人們從社會文化中學會為了獲得安全、地位和威望而如何通過改變人際關係來保護自我。所不同的是，羅洛・梅不認為自我是一個保護系統，而贊同霍妮 (見第一章第一節) 關於自我是一種真正潛能的觀點，並在此基礎上把**自我肯定** (或**自信**) (self-confirmation) 看作存在本性的本體論的特點。羅洛・梅在論及存在的三個世界 (環境、共境、我境) 時，認為沙利文的理論是對**共境** (with-world) 的最好的詮釋。羅洛・梅倡導的社會-文化觀和重視建立良好諮商關係的思想，都曾受到弗洛姆、沙利文的直接影響。羅洛・梅也接受了弗洛姆的**自我意識** (self-consciousness) 和**個人同一性** (**或個人統合**) (individual identity) 的觀點，認為在別人的幫助下，通過發掘自己的內在資源和力量，來確立方向感，克服孤獨感，建立起個人同一性，才能和他人建立有意義的聯繫。另外，他還吸收了瑞士學者賓斯萬格 (Ludwig Binswanger, 1881～1966)、鮑斯 (Medard Boss, 1903～) 的**存在分析學說** (existential analysis theory)。他們的所謂**存在分析** (existential analysis)，就是與存在主義相結合的精神分析，亦即以存在主義哲學為基礎的精神分析心理治療的理論與方法。它促使羅洛・梅最終實現了從精神分析到存在分析的轉變。實質上是用存在主義改造了精神分析，或者說，把精神分析存在主義化。

羅洛・梅直言不諱地說：

> 目前在心理學上所迫切需要的，正如賓斯萬格以及其他心理學家所强調的，不是人的某種特殊行爲，而是分析及理解一切行爲背後的基本假定，使我們從這些基本假定中，發掘任何臨床心理學家都可作爲依據的人的基本結構。(May, 1967, p.3)

羅洛・梅多次讚譽賓斯萬格和鮑斯，並吸收了他們關於“在場 (地)”的思想、關於焦慮的學說以及三種世界的學說。《存在》(1958) 一書的出版，則是羅洛・梅採納和同化兩者存在心理學思想的標誌。

至 1946 年，羅洛・梅自己開業治療心理疾病，同時準備哥倫比亞大學的博士論文。1949 年 40 歲時獲得該校第一位臨床心理學的博士學位。

羅洛・梅於 1952 年任紐約市懷特學院的研究員，1958 年任院長，1959 年任督學和訓練分析員。曾在哈佛大學、耶魯大學、普林斯頓大學、哥倫比亞大學、達特茅士大學、瓦薩大學、奧柏林大學、紐約大學和社會研究新學院擔任過專門講座 (Ewen, 1980)。

三、豐碩成果

羅洛・梅一生著述豐碩，共出版 20 餘部專著，發表 120 餘篇論文。其主要著作有：

《諮商的藝術》(1939/1967)，書名原為《如何增進心理健康？》，是羅洛・梅的處女作。

《焦慮的意義》(1950/1977) 是修改博士論文後出版的專著。許多學者認為，這部巨著奠定了羅洛・梅的學術地位。

《人尋求自我》(1953) 是一部進一步闡明諮商原理和如何促進自我實現的著作。在本書中，論述了在一個焦慮、疏離與冷漠的時代裏，意義的喪失和尋求。在他看來，現代社會的困境在於缺乏一種能把這些困難與有意義的人類結構和諧地結合起來的框架。解決的辦法是要重新發現自我和自我實現。羅洛・梅在本書的結尾寫道：

> 就在我們所處的時代裏，生活的變化無常教會了我們最爲重要的一課——終極的標準是在這特定的一刻裏誠實、正直、勇敢和富於愛心。如果沒有這些，我們所構建的將來便是虛無飄渺的，如果有了這些，我們就能信賴將來了。(馮川譯，1996，709 頁)

《存在：精神病理學與心理學的新維度》(1958/1967) 是一部有重要價值的合著。在羅洛・梅撰寫的〈存在主義心理學運動的起源和意義〉以及〈存在心理治療的貢獻〉這兩章中，他第一次向美國公衆介紹在歐洲起領導作用的存在主義與現象學心理學家如賓斯萬格等人，試圖通過解決西方對客觀世界和主觀世界的錯誤劃分，而把心理學和本體論結合起來。他說，人類的意義沒有把個體和本體論存在分開。不存在一個和客觀世界相並列的人的主觀世界，而只有一個能設計和富有創造意義的主體。他還討論了這種存在觀對心理治療的含義。

《心理學與人類困境》(1967) 是羅洛・梅從 1951 到 1965 年的論文集。認為人類的最大困境是人同時是主體與客體，人同時是有意識的自由人與被生理及社會所約束的奴隸，人同時有向上的理想及向下的惰性，人同時想實現自我又想摧殘自我。這些觀點表明羅洛・梅不倦地關注人的自我實現及其創造潛能的同時，也始終沒有忽視人性的陰暗面和人生的悲劇性。他的全部學術活動旨在以這一暴力衝突的背景，試圖使人在更加深刻地認識自己的基礎上，朝向職權的、建設性的目標做頑強不懈的努力。因此，羅洛・梅的全部探索，正如他在《愛與意志》一書中所說的那樣，“乃是一種道德上的追求”。羅洛・梅還說，自我需要一種只有通過自我指導和自我肯定才能保留的核心性。在此情況下，焦慮是喚醒自我以滿足人們發現內在中心性需要的一種方式。

《愛與意志》(1969) 是羅洛・梅最有創造性與建設性和最直言不諱的巨著 (Spiegelberg, 1972)。他在本書中著重討論了愛的意義及其與意志、願望、選擇和決策的關係。他認為意志是自我賦予事物意義的能力，因而與選擇及決策有關。另一方面，疾病是意志無能的表現。此書成為最暢銷的名著之一，1970 年榮獲愛默生獎，並已被譯為多種語言在世界上廣為流傳。

《權力與純真》(1972) 是一部討論權力的建設性與破壞性的著作。羅洛・梅把人類在焦慮的時代中的困境解釋為與權力的性質有關。他論證說，無力感使人們趨向冷漠，這種冷漠和受壓抑的意義感的需要一起造成攻擊和暴力失控。但那些有權力的人則不想承認這個事實 (DeCarvalho, 1991)。

《創造的勇氣》(1975) 是有關創造性方面的論文集。該書再次證實了羅洛・梅一貫堅信有勇氣的自我肯定這一本體論的特點及其重要性，強調人有能力控制無意識中的消極因素對人的影響，強調人應該面對生命的挑戰勇敢前進。

《存在的發現：存在心理學著作》(1983) 是探討存在這個基本主題與人本主義價值觀的重要著作。

《我追求的美》(1985) 是將存在主義思想同藝術美、人生美巧妙結合起來闡發其獨特美學思想的著作。

《政治與純真》(1986)是關注當代社會政治生活的著作。

《神話的呼喚》(1991)是把古代神話的教條與諸如女權運動、太空探索和尋找人類同一性這類當代問題聯繫起來研究的專書。

《存在心理學》(May & Schneider, 1994)是羅洛・梅最後與施奈德把人生的體驗應用到對人類同伴進行心理治療的合著。他們從人類本性既善又惡的觀點出發，既看到人類生活中許多令人失望之處，又發現人類的美和希望。他說："當我們覺知到死亡時，生命才更有活力，更有趣味，死亡之所以具有意識，只是因爲有了生命" (Krippner, 1995, p.9)。

羅洛・梅一生獲得許多殊榮。他歷任美國心理健康理事會理事，美國心理治療與諮商協會主席，高等教育全國宗教委員會委員，存在心理學與精神醫學協會會長，紐約心理學會會長等職。1971 年獲美國心理學會臨床心理學科學與專業卓越貢獻獎，1987 年獲美國心理學會為其對心理學做出的終生貢獻而授予的金質獎章。

羅洛・梅於 1994 年 10 月 22 日在美國加州提布倫去世，終年 85 歲。

第二節 存在本體論

存在本體論 (ontology of being) 是羅洛・梅存在心理學的出發點和理論基礎。我們知道，**本體論** (ontology) 是探討世界的存在及其本質的哲學理論。

西方現代一些哲學流派反對研究本體論問題，認為哲學的任務在於對科學所使用的語言作邏輯分析。而存在主義者則是本體論者，他們既否定探究世界始基和本質的傳統哲學，又不同意取消本體論的研究，強調描述人的本質的存在本體論在哲學中的首要意義。羅洛・梅正是根據存在主義哲學，把存在本體論擺在存在心理學中的首位。“因此，存在分析的鮮明特點就是，它關注的是本體論，是存在的科學，關注的是此在，是坐在心理治療學家對面的這個特殊存在的存在”(May, 1958, p.37)。

羅洛・梅的存在本體論，包括存在分析論、焦慮本體論和愛與意志本體論。並在此基礎上，建構了存在人格理論和存在心理治療。

一、存在分析論

存在分析論 (theories of existential analysis) 是存在本體論的基礎和核心。包括存在、人所存在的三個世界和存在感等三部分內容。正確了解存在分析論不僅有助於深刻理解焦慮本體論和愛與意志本體論，而且還有助於從整體上把握羅洛・梅的存在心理學的理論架構和精神實質。

(一) 存 在

存在 (existence) 是羅洛・梅存在分析論中一個最基本的概念。

存在主義者反對傳統哲學不解釋"存在"的意義，而把"存在"同一般的"物質"或"精神"等"存在者"相混同，且認為存在指的是人的具體存在，即作為意志或行動主體的個人存在。

羅洛・梅繼承並發展存在主義的存在觀，把人理解為一種特殊的存在。主要包括下述六層含義：

1. 個人的具體存在　和存在主義學者一樣，羅洛・梅也認為存在總是"我的存在"，即作為具體單個人的存在，絕不是一般的存在者。他們把個人存在作為真正的存在，認為探討人的問題，特別是人的尊嚴、價值等問題具有頭等重要意義。

2. 此時此地的存在　羅洛・梅認為，人的存在意即"在那裏"(out there)，"是一個特定的人所處的特定位置，是指他的存在在時間和空間座標上瞬時且特定的一點"(Chiang, & Maslow, 1977, pp.59～74)。這也就是海德格爾所說的此在(或定在、親在) (見 24 頁) 的意思。

3. 意識到自己的存在　羅洛・梅認為正是人具有認識自己的能力，才使人有別於其他的存在，能對自己的存在負責。存在治療家不僅將人視為潛在中的"自在的存在"，而且將其視為顯露出來的"自為的存在"，猶如種子和果實一樣。但人的存在絕不僅僅是**意識** (consciousness) 的體現，而且還包括能領悟到自己的潛意識中的存在和**非理性經驗** (irrational experience) 中的存在。

4. 自由選擇的存在　羅洛・梅和薩特的思想一樣，認為人既不應服從任何權威的約束，也不應受任何必然性和客觀性的約束，強調自由是人的本質，人有選擇的自由，每個人都必須對自己的選擇負責。在羅洛・梅看來，人具有自我意識，能充分認識到自己是自由的，能確定自己的人生價值並自由選擇自己的未來。

5. 與非存在統一的存在　羅洛・梅認為存在無時無刻不與**非存在** (或**不存在**) (nonbeing) 辯證地聯繫在一起，非存在 (包括死亡、焦慮等) 是存在的一部分。如果人没有對這種非存在的意識——意識不到死亡、焦慮對存在的威脅，意識不到在"遵奉"中有失去個人潛在性的威脅，存在就必定索然無味、虛無縹緲，尤其是缺乏堅實的自我覺知。正是面對著非存在的挑戰，存在才獲得了生機和現實性。

6. 發展中的能動的存在　在羅洛・梅看來，存在並非靜止的存在，而是由**潛能** (potentiality) 走向**形成** (或**成長**) (becoming) 的動態存在。他指出：

> 在談論人的存在時，它總是有"發展中的人"、"正在成爲某種的人"的能動內涵。……也許"形成"一詞更能夠表達存在一詞的意思。只有當我們看見一個人在發展及變化的時候，才能理解他的存在；也只有當我們在行動中發揮自己潛能的時候，才能認識自己。於是，對人類存在的有意義的時態是未來式——就是說，關鍵問題在於我前進、變化的目標，在於我在最近的將來會變成什麼樣子。(Chiang & Maslow, 1997, pp.65～66)

總之，存在主義心理學所說的**存在**，不是指客觀世界的存在，而是個體主觀精神的存在。他們雖然看到了人的存在的能動性、覺知性、選擇性和可變性，但是由於從人的主觀精神狀態如情緒、體驗、衝動、煩惱、畏懼、悲觀、意志等出發去強調主觀精神存在的第一性，因而最終陷入了否定物質世界和客觀規律存在的、主觀決定一切的**主觀唯心主義** (subjective idealism) 境地。

(二)　人所存在的三個世界

羅洛・梅認為，每一個人並非生活在真空之中，總是在世界中存在 (或存在於世界中) (being-in-the-world)，並希望成為自主而獨特的存在體。這種存在於世界的觀念愈強烈，其人格亦愈健康。

在存在心理學家看來，人在世界中存在有三種方式：

1. 周圍世界　**周圍世界** (或**環境**) (world around) 指組成生物與物理環境的內部和外部世界。它除了有關的自然環境之外，還包括生理的內在環境，如生理需求、本能、驅力等。這是一個被投入的世界，它不依人的意志為轉移而客觀存在著。我們被迫進入這個世界，只能接受和適應自然規律的支配。

2. 人際世界 **人際世界（或共境）**(with-world) 是指由人或他人構成的世界。如果說人與物的第一世界的特徵是接受與適應，那麼，與他人建立關係或社會整合則是人與人之間這個第二世界的標誌。羅洛·梅認為，人際世界是屬人的、雙向的、互動的意義結構，因而我們既不能把人與人的關係與團體對個人的影響相混淆，也不能把人際世界與團體精神或社會主宰一切的社會決定論相混淆。他強調指出："人際關係的關鍵，在於在相互作用之際，彼此都受到影響，彼此都促進發展，大家都更趨於成熟"(Buber, 1957, Vol. 20)。

3. 自我內在世界 **自我內在世界（或我境）**(own-world) 指人類獨有的自我意識世界。它在我們精確地判斷我在做什麼、我厭惡什麼、需要什麼時，表現得最為明顯。自我意識不僅是人瞭解自我的先決條件，而且也是瞭解人際世界和周圍世界的基礎。羅洛·梅說：

> 自我內在世界已假定自我意識、自我關係的存在，也只有人才有這種體驗。但這種體驗不僅僅是主觀的、內在的，它也是一種基礎，在這一基礎上，我們可以真實地觀察世界，並與之發生關係。這是一種理解，理解世界上的事物，如一束花或某個人，對我所產生的意義。(May, 1967, p.63)

因此，只有在認識自我的基礎上，才能揭示人的內心世界，才能理解周圍世界對我來說具有什麼樣的意義。同樣地，没有自我世界，人際關係就會變得平淡和缺乏活力。

羅洛·梅強調，上述物-人-己三個世界彼此不但息息相關，而且同時存在。它們不是三個孤立的不同世界，而是人的相互依存的三種存在方式。因此，若僅僅強調其中之一，而忽視或放棄其他兩種存在方式，都會妨礙對自我真實面目的理解，甚至造成人格障礙，產生心理疾病。

羅洛·梅的三種世界學說拓展了心理學的研究範圍，正像他自己評價的那樣，正統精神分析只強調物的世界，如致力於本能、驅力的生物決定論的研究，忽視人際世界和自我內在世界；新精神分析雖然注意到人與人之間的世界，但他們所關心的也僅僅是人如何需要他人來滿足自己的本能需要，實際上是把人與人的關係蛻變為人與物的關係，甚至變為物的世界的附屬品。

自然，人的真實性必受到嚴重的損害 (May, 1967)。而羅洛・梅卻闡釋了人的內心世界，並試圖以此學說消除以往理論所造成的世界與自我的對立。當然，羅洛・梅對自我內在世界的解釋也很簡單和表面化。究竟什麼是“自我與自我的關係”？“自主意識”究竟是何種經驗？“自我認識自我”究竟有何意義？他坦承深入解釋這些問題也頗感困難 (呂漁亭，1983)。

(三)　存在感

存在感 (sense of being) 是個人對自身存在的意識和體驗。為了深入了解存在感，我們還必須弄清兩個關係：

首先，在存在感與他人、社會習俗和倫理規範的關係上，羅洛・梅雖然承認個人存在感與社會關係互相交織在一起，但它絕非依賴他人定下的模式而總是取決於**個人世界** (或**自我內在世界**) (own-world)。在他看來，存在感是人生的目標、支柱和基礎，它賦予人自尊的基礎，這基礎也不是別人對他看法的反映。他說：某些人身上的強制性和僵化的道學純係缺乏存在感的結果 (Chiang, & Maslow, 1977, p. 67)。

其次，在存在感與自我的關係上，羅洛・梅認為決不能把存在感或“我在體驗”同自我或“自我作用”混為一談，兩者的主要區別在於：

(1) 自我是人格的一部分，在傳統意義上 (如精神分析)，把自我視為較弱、不定、被動的部分或副產品，而存在感則包括一個人有意識和無意識的全部經驗。

(2) 自我是外部世界的反射，或是外部世界的代表，而存在感則紮根於一個人存在的經驗之中。他認為，一個人的存在感不是他觀察外界、衡量外界、估價外界的能力，而是認識他是世上的一種存在，是能做這些事情的那種存在的能力。

(3) 自我是主客關係中的主體，而存在感的出現是先於這一主客對立關係的。他認為，存在的意思並非“我是主體”，而是在衆多存在之中我是能認識到自己正在發生的事件的主體。就其本質而言，存在感並不跟外部世界處於敵對狀態，但是它必須包括必要時跟外界對抗的能力。

(4) 自我在孩提時期特別弱，這與他們對現實的認識有限及跟現實的聯繫薄弱相一致，而存在感此時卻可能異常強烈，這與他們受社會關係的影響有限有關。

羅洛・梅認為，存在感在個體發展和心理治療中具有重要的作用。在他看來，存在感亦即**本體感** (ontological feeling)，即人對自己存在本體的體驗。它產生於更基本的心理層次，可以統整與連貫個人的各種經驗。因此，存在感不僅是自我發展的先決條件，而且也是解決其他問題的必要條件。

羅洛・梅認為，健康的人對自己的存在有真實而強烈的體驗，而心理疾病患者則對自己的存在感覺模糊，所以易受外界的影響，對自己的行為逐漸失去控制。因為現代人的心理疾病不是由於性本能的壓抑，而是感到自己喪失了人生的意義和存在的價值，所以羅洛・梅強調心理治療的目的在於幫助病人增強自我存在的意識，認識和體驗自己的存在感。為此，治療者的任務不僅要瞭解病人當前的症狀，給予診斷和開出處方，而且要掌握開啟病人內心世界的鑰匙，真正發現和闡明病人的存在感。

正是在上述認識的基礎上，羅洛・梅提出應該建立一門關於“人的工作科學”(May, 1940)，亦即關於人的存在的科學。其主要特點如下：

(1) 人的科學它不是某一專門的人文科學或所有這些科學的拼湊，而是關於人及其存在整體理解與研究的理論。羅洛・梅批評西方作為主流心理學行為主義以自然科學為模式，竭力向物理學、化學、生理學等學科學習，將人與動物、機器相類比，一味追求客觀化和數量化以及實驗與儀器的精密，其結果將人肢解化與非人化，越來越遠離人的整體性與獨特性的本體論存在的特點。在羅洛・梅看來，人是一個多義性的複雜的存在。在人的身上既有歡樂，又有痛苦；既有愛，又有恨；既有喜悅，又有悲哀；人既高貴睿智，又庸俗愚蠢；既能創造人間奇蹟，又能毀滅地球和我們自己。因此，對人的研究，既不能單純依靠一門人文科學來進行，更不能完全依靠自然科學來完成，必須有多學科或跨學科的視角，堅持建構一門全面而完整地研究和理解人的存在的理論。

(2) 人的科學不應局限於實驗、數量化和測量方法，而應把描述科學與現象學方法看作最適宜的方法。羅洛・梅雖然不反對實驗、數量化與測量方法在心理學研究中的作用，但他認為這些方法還不能全面研究人類的本性。他以人的性行為為例，說明人在產生自我意識之前，其性行為只能是一種本能的需要，類似動物一樣，絲毫不考慮對方是否需要，更談不到什麼人性與尊嚴。但是，人區別於動物的主要標誌在於人有主體對意識自身狀態、活動本質認識的**自我意識** (self-consciousness)，有自我選擇的**意志自由** (will freedom)。人類的心理和行為表現是以其現實存在的生活經驗為依據的，像自我意識、焦慮、愛與意向性等人的存在本體論的特點，必須採用現象學的經驗描述方法，才能擴展科學研究的視野，使我們本真地理解人類現實存在的本質及其結構。

(3) 人的科學不應停滯於瞭解人的表面，而旨在於關注人存在的結構方式，發展強烈的存在感，促使其重新認識自我存在的價值。羅洛・梅之所以強調這一點，有兩個原因：一是發現和探索人的自我存在體驗的存在感是人的科學的最終的目的。在他看來，人的科學能使人產生鼓舞和指導思維的**頓悟** (insight)，這種頓悟就是人的存在感。正是這種獨特的存在感才把個體正負面統合在一起。如果占優勢的是正面存在感，這個人就會形成健康的人格結構；如果占優勢的是負面存在感，這個人就可能形成變態的甚至毀滅性的人格結構。心理治療的根本目的就在於，喚起人對自己存在的體驗 (存在感)，用正面的存在感統攝自己的心靈，把自己獨特的潛能和價值充分發掘出來，使之成為一個健康存在的現代人。二是強調存在感的自我體驗是和人的基本本體論特點密切聯繫著的。堅持本體論視角，是羅洛・梅存在心理學理論與治療實踐的基本原則。他把個體性和參與看作人存在於世界以及存在感賴以建立的終極結構。一方面，其結構典型地表現在象徵、神話和夢中，它是人參與社會生活的中介。另一方面，這種結構方式還可能受焦慮方式的支配和控制，使自我可能成功地面對焦慮，也可能形成一種有秩序的參與、同愛和意志相聯繫的存在感。因此，能使人體驗到這種存在感的科學才是真正關於人的科學。

羅洛・梅為創建這樣一門人的科學幾乎付出了畢生的精力。他在 80 多歲高齡時仍充滿信心地說，當這門新的科學真正建立之時，“我們和所有其他人所獲得的將不是一種令人窒息的完滿狀態，也不是誰都無法容忍的‘全面意識’狀態，而是使每一個人的聰明才智都得到高度的評價，每個人都需要的世界” (May, 1986, p.90)。這是一個既保持人的個體性，又體現了社會合作性的世界。在這個世界上，悲觀主義和樂觀主義將互相抵消，人的價值將得到最大程度的實現，人的自由意志將得到最充分的體現。這就是羅洛・

梅所勾畫的人的科學的藍圖 (楊韶剛，1999)。

二、焦慮本體論

焦慮本體論 (ontology of anxiety) 是存在本體論的組成部分之一。羅洛・梅根據自己的理論觀點以及臨床實踐，在批判吸收弗洛伊德的“內在衝突”焦慮觀和克爾凱郭爾的“人的存在固有的威脅”焦慮觀的基礎上，建構了他特有的焦慮理論。這一理論有兩個明確的特點：

1. 所探討的並不是純心理學意義上的焦慮，而是一種更為重要的哲學的、生物學的和社會文化的焦慮理論。羅洛・梅的《焦慮的意義》(1950) 一書是他從社會學、心理學、精神病學、生理學、哲學和文學等多維視角出發，全面而系統地闡明了他的焦慮觀。

2. 把**焦慮** (anxiety) 視為人的一種本體論結構加以探討，並逐步形成一種本體論的焦慮理論。在 20 世紀的現代生活中，人們普遍面臨著嚴重的焦慮。他在《人尋求自我》(1953) 一書中，羅洛・梅指出了現代西方人嚴重的心理困境，分析了造成這一困境的社會和心理根源，試圖“發現能夠據以抵抗我們時代不安全感的方式，發現我們自身內在的力量源泉”(May, 1953, p.8)，以徹底解決焦慮、空虛等問題。他在《存在》(1958) 一書中，將焦慮規定為人的本體特徵，與人的存在同在，伴隨人存在的始終。

(一) 焦慮的理論淵源

首先，羅洛・梅批判吸收了弗洛伊德的焦慮理論。

弗洛伊德早期焦慮論，即第一種焦慮論，包括兩個要點：一是認為焦慮是由於被壓抑的力比多 (註 5-1) 所轉變而來的，即人格結構中最原始的部分**本我** (id) 是焦慮的根源。二是認為焦慮是現實神經症 (註 5-2) 的特徵，

註 5-1：**力比多** (或**慾力**、**性力**) (libido) 是精神分析的核心概念和理論基礎，指和天生的體能相聯繫的潛在能量或內驅力。弗洛伊德最初將力比多視為性力，後來又擴展到人具有生的本能與死的本能兩種行為的推動力。榮格進一步擴大了力比多的概念，認為力比多是人類生命的內在動力。

註 5-2：**現實神經症** (或**真性神經症**) (real neurosis)，是弗洛伊德劃分的一種神經症類型，指現時性功能紊亂導致的神經症。其中，神經衰弱是性活動過度造成的，焦慮性神經症則是刺激未消除而引起的。

即神經症 (註 5-3) 首先出現為因，而後焦慮再出現為果。弗洛伊德早期把焦慮視為神經症的關鍵因素，認為焦慮主要是對不可發洩的性衝動的一種有害反應。

羅洛・梅反對把焦慮的根源簡單地歸結於軀體方面，或是由於性物質代謝物的"中毒"，或是由於性能量沒有得到充分釋放而受到的壓抑，認為不僅歷史上許多著名人物一生節欲而沒有焦慮現象，就是一般心理健康的人也並非因對其性欲的壓抑而必然導致焦慮的發生。但是，他贊同弗洛伊德的焦慮主觀說，認為人的焦慮與人的主觀世界或內在經驗有密切的關係。不過，弗洛伊德對第一種焦慮論也不太滿意，把焦慮視為性欲被壓抑的結果，看來很簡明，其實並不符合他的本我-自我-超我的三部人格結構說。

弗洛伊德後期焦慮論，即第二種焦慮論，包括兩個要點：一是認為自我 (ego) 是焦慮的根源。在他看來，焦慮是對自我發出危險信號的反應，故稱為**焦慮-信號說** (theory of anxiety-semiotic)。二是認為由潛意識中產生的**神經症焦慮 (或神經質焦慮)** (neurotic anxiety) 是一切神經症的基礎，即焦慮先存在為因，而其他症狀為果。可見，弗洛伊德的後期焦慮論，不再把神經症焦慮視為來自於危險的、內在的、本能的力比多衝動，而是來自於表現這種衝動的外部危險。換言之，對外部危險的內部知覺引起了內心衝突和焦慮 (車文博，1992)。

羅洛・梅指出，弗洛伊德這種把焦慮的重心由內在轉向外在、由力比多轉向自我之所以重要，是因為他開始把產生焦慮的原因由內在心理因素轉移到外在情境因素。這也就是說，由於外在的現實環境以及代表社會道德的超我，不許自我滿足力比多的要求，自我面臨危險的情況下，不得不壓抑衝動而產生焦慮。但是，羅洛・梅認為由於弗洛伊德過份強調力比多論及人格三部結構論，使他無法更上一層樓，把社會因素正式引進他的人格理論之中，至為可惜 (May, 1967)。

其次，更重要的是羅洛・梅直接接受了克爾凱郭爾的焦慮觀。

註 5-3：**神經症** (或**神經官能症**)(neurosis) 指因心理因素導致的較輕的心理疾病，包括神經衰弱、焦慮症、強迫症、恐怖症、疑症、抑鬱症、癔症等神經症。18 世紀認為神經症是神經方面的疾病，19 世紀通常認為神經症是神經系統的功能性障礙。後來弗洛伊德發現，癔症並非神經障礙而是性格障礙。此後則把神經症明確界定為一組非器質性的精神障礙。弗氏當時把神經症劃分為精神神經症和現實性神經症兩種，目前精神病學界已廢這兩種診斷名稱，一律稱為神經症。

如果說弗洛伊德的焦慮論主要回答焦慮的結構，以及焦慮與力比多的關係，那麼克爾凱郭爾的焦慮論則主要說明了焦慮的實質及其癥結問題。其主要觀點：

1. 焦慮是自由的產物　“焦慮是個人面臨自由選擇時所必然存在的現象”(Kierkergaard, 1969, p.69)。克爾凱郭爾在《恐懼的意義》一書中對焦慮的實質做了這樣明確的規定。這就是說，焦慮為自由的產物，當人面臨自由選擇時，焦慮必將同時出現。在他看來，人為了發展與成長，必須面臨新的經驗與新的選擇，既有衆多可能性的選定，又有未知路上的風險，往往就會產生焦慮。羅洛·梅完全贊同克爾凱郭爾的看法，把焦慮視為“人面對其自由時的一種狀態”(May, 1950, p.33)。他也認為自由是一種可能性 (possibility)，新的可能性的出現均帶來焦慮，人的自由選擇的可能性越多，他的焦慮也就越多。因此，羅洛·梅認為，自由選擇及其所帶來的焦慮是人的成長的必經之路，也是自我成熟的積極標誌 (Kierkergaard, 1969)。

2. 自我意識帶來焦慮　克爾凱郭爾認為人之一切衝突均起源於自我意識。天真的小孩只有害怕而沒有焦慮，但他一旦具有自我意識，出現善惡之分，且長大成熟及面臨選擇的痛苦時，他就開始產生焦慮。如自由選擇時必有內在衝突，總怕掛一漏萬，出現“要又不要”的矛盾等等，人的自我意識使人覺知到這種進退兩難的衝突，故產生焦慮。羅洛·梅非常欣賞克爾凱郭爾對焦慮的分析，並強調在其臨床經驗中這種反映在自我意識裏的進退兩難的內在衝突的焦慮事實比比皆是。

3. 焦慮與責任、罪疚感緊密相聯　克爾凱郭爾認為，每一種選擇和創造性行為都必然與現成的事實相衝突，即使選擇一旦決定，人們也會前思後量，患得患失，責任、罪疚感與焦慮必將同時出現。個人選擇能力越大，他越富有創造力和敏感，他所負的罪疚感和焦慮也越大 (Kierkergaard, 1969)。他還認為，要想逃避焦慮與罪疚感，那將是緣木求魚，無濟於事。因為焦慮與罪疚感的根源存在於人的潛能或可能性之中，人也不可能把潛能或可能性消除，相反，否認潛能或可能性只能使焦慮與罪疚感加重，這樣，人就會陷入一種可怕的封閉式的 (shut-up-ness) 循環之中。他不再是有意識的、有思想的人，而變成了一個畏縮、膽怯、不自由的人。羅洛·梅曾研究過這些“自我封閉”的惡劣現象，認為逃避自由選擇所帶來的困擾，往往不是變成僵化的獨斷者或狂熱者，就是終日沈醉在“行動主義”之中 (May, 1950)。

4. 最大的焦慮是虛無的恐懼 克爾凱郭爾把焦慮看作是一種內部狀態，它所攻擊的對象是人的存在的核心，甚至威脅要毀滅自我。相反地，弗洛伊德的焦慮則是毫無具體目標的恐懼感。羅洛・梅認為，這兩位學者的看法與蒂利希的觀點十分相似，蒂利希把非存在的恐懼看作人生最大的焦慮，即可體驗為死亡的威脅，包括身體的死亡，心理的死亡，亦即人生失去意義的精神死亡 (Tillich, 1952)。羅洛・梅指出，這實際上是對成為**虛無的恐懼** (fear of nothing)，是對消滅自我的恐懼。他又說，對消滅自我的恐懼是一種脆弱性的恐懼，是對自由的恐懼，是對有可能喪失人的潛能的恐懼，這就是焦慮。

5. 焦慮具有雙重意義 克爾凱郭爾認為，焦慮的負面意義在於，我們必須面對所有存在的事實，接受有限的人生，接受死亡的來臨，以及接受一切不可避免的意外事件。焦慮的正面意義在於，我們可以利用焦慮來建立自我，肯定自我，在豐富的焦慮經驗中，勇敢地實現無限的潛能。羅洛・梅極力突出焦慮的積極面，強調焦慮與自由的因果關係，強調敢於面對一切困難、阻礙、選擇與焦慮，走上人生無限美好的坦途——成熟、負責、堅強、歡樂和自我實現。

(二) 焦慮的實質及其種類

1. 焦慮的實質 焦慮究竟是什麼？羅洛・梅從焦慮與威脅、焦慮與基本價值、焦慮與恐懼、焦慮與內心衝突等關係的多層面揭示了焦慮的本體論的實質。

羅洛・梅認為，焦慮是“個人的人格及存在的基本價值受到威脅所產生的憂慮”(May, 1950, p.180)。他還認為，焦慮是“人類對威脅其存在或威脅使他與其存在相認同的某種價值的基本反應”(May, 1953, p.35)。

從上述兩個焦慮的定義來看，必須明確以下五點：

(1) **焦慮是個人存在受威脅的一種憂慮心理狀態**：這種威脅既可能與生命危險有關，如疾病、災禍、死亡等；也可能與生命有同等價值的信念及理想有關，如地位、名譽、職業及養家能力、教育子女的責任感等；還可能與其重要價值觀或象徵有關，如愛國主義、社會成功、商業安全、家庭或社會結構、宗教或政治結構等。可見，焦慮是對人的存在構成威脅或失去安全感的一種基本心理現象。

(2) **焦慮是對人的存在的基本價值受到威脅的反應**：羅洛・梅認為，不管是什麼價值受到威脅，最主要的是，個人必須主觀上認為這些價值是屬於他的基本價值，如果這些個人深信的基本價值一旦受到威脅，他就會產生強烈的焦慮 (May, 1950)。可見，焦慮是對人的存在至關重要的基本價值受威脅的反應。而這一威脅實質上是對人之基礎即存在中心的打擊。

(3) **焦慮是對迫在眉睫的非存在的威脅的一種體驗**：是“在個體覺知到其存在將被毀損，他將失去自我和世界，他將變爲虛無 (非存在) 時的主觀狀態”(May, 1953, p.50)。正如前述，非存在是存在的一部分，它時時刻刻與存在相聯繫。羅洛・梅曾舉例說，一個大學生退學，此時退學者會感到有一種威脅或焦慮感在其自我感的中心奮力掙扎，他似乎感到失去了自己的存在。所以說焦慮植根於人的存在本身，是人存在的本體特徵。正像戈爾德斯坦強調的，焦慮不是我們“所有的”，而是我們“所是的”。因此，“焦慮只能被體驗爲對存在的一種威脅”(May, 1953, p.51)。

(4) **焦慮與恐懼有明顯區別**：在羅洛・梅看來，**恐懼** (fear) 並沒有直接威脅到人的基本價值或存在基礎，恐懼的對象比較確定和具體，且可通過適宜的行動來應對，當恐懼對象消失時恐懼也就隨之消失。相反，焦慮的對象模糊不清，人無法指出他所擔心的究竟是什麼，它所涉及的都與人的存在本身及其基本價值有關，故消除焦慮相當緩慢。羅洛・梅在臨床中發現，焦慮是一種“主觀的、沒有明確對象的經驗……焦慮直接打擊心理結構的基礎”(May, 1950, p.192)。它不僅可以影響生理系統的正常功能，如呼吸困難、血壓昇高，而且可以打擊人的心理結構，擾亂人的意識，例如採用病態的防禦機制，歪曲現實等。

(5) **焦慮是人的內在衝突的反映**：羅洛・梅指出，焦慮的顯著特徵是焦慮包含著內在衝突，它正是人的存在與非存在之間的衝突。因為焦慮產生於個體面對出現的可能性或潛能之際，某些可能性將實現個體的存在；但是也正是這些可能性將破壞個體暫時的安全感，這使個體產生否定這些可能性的傾向。如果沒有可能性的選擇，我們就不會體驗到焦慮。在羅洛・梅看來，如果個體沒有自由去實現新的可能性與潛能，他就不會感到焦慮，所以他將

"人面對實現其潛能的狀態" (May, 1958, p.52) 稱為焦慮。

2. 焦慮的種類　根據人們對焦慮所做出的反應，羅洛・梅把焦慮分為兩種：

(1) **正常焦慮** (normal anxiety)：與威脅相均衡的一種反應，而且不產生壓抑和內部心理衝突。

(2) **病態焦慮 (或神經症焦慮)** (morbid anxiety)：對威脅的一種反應，而且往往有壓抑和心理衝突的表現。

羅洛・梅覺得，這種劃分似乎不太全面，應當等待威脅及焦慮現象出現後，再從個人的經驗及行為中來確定反應是否正常。但他的觀點也有一定的道理。譬如內在心理衝突本身就是一種不均衡的反應，其中就包含著神經症的成份，不產生內在心理衝突則是正常人的均衡反應。不過，在這兩種不同的情況下，威脅均被認為是對自我 (self) 的一種危險信號，或者會對個體自己的存在感造成破壞，而不管這種存在是安全的和自由的 (是正常的，因而是能解決的)，還是不安全的和有限制的 (是神經症的，因而是防禦性的)。可見，羅洛・梅雖然力圖對這兩種焦慮做認真的劃分，但卻難以完全分開。他也承認在大多數人身上，這兩種焦慮是混合在一起的 (May, 1950)。

(三)　焦慮產生的原因

1. 焦慮與文化的關係　羅洛・梅認為，焦慮雖然具有本體的意義，但焦慮與文化又有著密切的關係。

(1) **焦慮的形成及其種類和形式都受到文化的巨大影響**：因為對一個人存在至關重要的價值觀或目標，在很大程度上是傳統文化及社會制度的產物 (May, 1950)。這一點可從維多利亞時代 (1819～1901) 得到證明，那時由性禁忌、性壓抑引發的焦慮現象極為普遍，所以弗洛伊德把力比多 (原欲) 的壓抑歸結為導致焦慮的原因。按著羅洛・梅的觀點，進入 20 世紀，社會發生了巨大的變化，在上個世紀可以使人安身立命的價值觀已不再適用，導致人們精神上生活空虛，倍感孤獨，這就造成了現代社會焦慮日漸嚴重的現象。

(2) **焦慮的性質和種類受文化的統一程度及其穩定性的制約**：在羅洛・梅看來，只要有一個穩定的文化環境，個體就會有時間、有精力給自己一個定向，他才能從造成焦慮的環境中解脱出來，並在他的存在感中重新獲得啟示。因此，一個人對自己和對世界的感覺越強烈，他的焦慮反應就相應地越不強烈，但是，如果個體的文化環境處於創傷性的變化狀態或不統一狀態，他一貫信奉的堅定信念受到懷疑與動搖時，他就會無所適從，體驗到深刻的焦慮。此時，他無法求助於社會或"權威"，如把自我盲目投入到人群中，他就會喪失自己的存在。羅洛・梅認為，他必須努力在自己心理內部找到勇氣和力量的核心，作為重大抉擇的標準，以免產生人格萎縮和病態焦慮。

2. 焦慮產生的原因

(1) **價值觀的喪失**：羅洛・梅認為，我們生活在一個劇烈變化的時代。在這個時代裏，舊的倫理觀、價值觀逐漸崩潰，而新的人生價值取向尚未確立。由此使人產生極度的焦慮，主要表現在以下五種價值觀的分裂和崩潰：

① 健康的個人競爭觀念的改變：這是現代西方社會失去價值觀的第一種表現。本來，個人競爭作為推動經濟生產發展的手段，對社會的發展曾起過積極的作用。但今天旨在最大限度地謀求利益的健康的個人競爭觀念的改變，個人競爭已喪失了原來的價值。羅洛・梅指出，目前我們採納了一種不健康的開發式的 (即剝削的) 競爭形式，這"使得每個人成爲他鄰居的潛在敵人……導致人際間的敵意與怨恨，從而增加了我們的孤獨與焦慮"(May, 1953, p.48)。他更進一步指出，為了掩蓋內心的敵意感，我們加入各種組織和團體。同時我們內心也產生一種被別人接受、為他人喜歡的強烈願望。因而導致了自我疏離和獨立性的喪失，更加重了人們的焦慮。

② 失去正確的理性功效信念：這是現代西方社會價值觀崩潰的第二種表現。這就是説，解決問題時片面強調理性的功效而否認非理性的價值。當 17 世紀斯賓諾莎 (Baruch Spinoza, 1632～1677) 使用**理性** (reason) 這一個概念時，他指的是包含人的情感以及心理其他方面對生活的一種態度。在 18 世紀啟蒙時代，對理性的強調曾導致科學與文學藝術的巨大進步。到了 19 世紀，這種信念發生了崩潰，人們開始把理性和情感割裂開來，把理性看作是積極的、可接受的，而把情感看作是非理性的、消極和不可接受的。到了 20 世紀，理性被普遍認為可以提供解決一切問題的答案。但羅洛・梅認為它實際上並沒有做到這一點。理性與非理性繼續分裂，在弗洛伊德的人

格模式中表現得尤為明顯。其中，代表人類非理性的本能和情感，時刻受到來自理性的自我和超我的控制與壓抑。理性與情感的這種分離，迫使人們不得不在兩者之間做出抉擇，從而造成人格或人性的分裂，給人精神上帶來極大的痛苦。

③ 喪失人的價值與尊嚴感：這是現代西方社會價值觀崩潰的第三種表現。這兩種感受均屬於自我感的核心範疇，它們的喪失是因為人們感到自己在龐大的社會機構面前無力改變政府和有關部門的控制。同時，災難性的戰爭、經濟危機、通貨膨脹、失業、社會治安的日益惡化等，使一般人深感難以承受。在這樣一個威脅人類生存的混亂世界裏，人們苦悶、彷徨，不能發現自己的價值與尊嚴，因而引起極度焦慮。

④ 人與自然關係感的喪失：這是現代西方社會價值觀分裂的第四種表現。在羅洛・梅看來，西方社會過份關注控制自然的技術力量的發展，而不關心如何理解我和自然的關係。目前許多有識之士強調人類應回歸大自然，還地球的本來面目。人們強烈要求保護環境，保護自然資源的呼聲，可以視為對一味追求技術、掠奪大自然財富的傳統觀念的一種反抗。由於我們經常對這一嚴峻現實感到焦慮和空虛，從而使我們失去了對大自然的敬畏感 (May, 1953)。羅洛・梅指出，我們當前的任務是要用我們自己的活力和意識來填充大自然的非人性，同時我們也必須正視大自然的力量，努力創造性地把自我與自然聯繫起來，使兩者得到和諧的發展。

⑤ 失去以成熟愛的方式同他人建立聯繫的能力：這是現代西方社會失去價值觀的第五種表現。現代社會的人往往把性同愛混淆起來，以為人的性伴侶越多，他就越善於同他人發展友好關係，這個人的價值也就越大。羅洛・梅對此觀點持強烈的反對態度，他認為性是一種麻醉劑，儘管過度的性放縱有時可以減少焦慮，但它的作用是短暫的，最終只能導致人的精神萎靡和無價值感以及社會的混亂。在羅洛・梅看來，成熟的愛的方式表現在對他人利益的關心和願意給予。性愛只是兩性之間對這種和諧關係的自然表達，而不是人們在未做好心理準備之前強加於他 (她) 的一種體驗。當然，他也相信，在現代西方這樣一個充滿憂煩和焦慮的世界上，這種教訓也是難以汲取的。

(2) **空虛和孤獨**：現代社會價值觀的崩潰與混亂，其主要後果就是導致人們內心的空虛與孤獨。在他看來，**空虛感** (feeling of unreality) 並不意味著一個人確實空虛或沒有表現情感的潛能，而是對自己、對他人、對世界的一種無力感與失望感。面對紛繁複雜的社會形勢，經濟生活的衰退，道德觀念的淪喪，以及各種複雜的家庭、個人因素等，使人們似乎感到既不能對外部事件加以控制，也無法對別人施加影響，更無力改變我們的周圍世界。這種無力感與失望感緊密交織在一起，使人們不得不放棄一切追求，變得更加冷漠無情，深感空虛和孤獨，陷入痛苦的焦慮之中。

羅洛・梅指出，空虛和孤獨之間有著密切的聯繫。我們正生活在價值觀劇變和混亂的社會裏，人生不知在追求什麼，內心嚴重空虛之際，我們總想依賴他人的幫助來解決困境。然而令人失望的是，我們對他人的依賴程度越大，我們就越感到孤獨和絕望。但如果沒有一個“關係相當確定的伙伴”也難以承受社會輿論的壓力，於是人們不得不默默地忍受痛苦，不得不虛意地奉迎別人。這樣人們便學會了去適應他人，包括自己不喜歡的人。結果卻壓抑和窒息了我們自己的個性和存在感，必然產生更大的焦慮。

(四) 應對焦慮的方式

焦慮是本體性的、不可避免的，但是焦慮畢竟是一種令人緊張、憂慮的情感狀態，因而人人都想排除這種內在的心理困境。羅洛・梅根據臨床的考察，把人應對焦慮的方式概括為兩種：

1. 變態型的應對方式 或稱消極的避慮方式，指神經症患者通常採用壓抑、禁忌的方式，或以避免任何引起困難的機會來逃避焦慮。實際上，它是企圖通過“縮小自己的意識範圍”來消除心理衝突。但正常人偶爾也會採用這種消極的避慮方式。例如通過恪守一套嚴格的規則 (不論是道德的、科學的，還是宗教的) 來避免焦慮，甚至不惜犧牲自由和真理。

2. 正常或健康的應對方式 或稱建設性或積極的避慮方式，指個人既不逃避焦慮，也不死守成規地避免焦慮，而是鼓起勇氣面對焦慮。羅洛・梅認為這種積極面對焦慮須有一個先決條件，那就是他必須堅信：“*在勇往直前面對焦慮中所獲得的結果，遠比處處逃避大得多*” (May, 1950, p.229)。當個人深信自己賴以存在的基本價值時，他就會為保持這些價值而不惜任何犧牲，而不在乎任何威脅，更不會貪圖由於逃避焦慮而獲得的一時之安。因此，只有建設性地抵抗焦慮，才能增強人的存在感，充分發揮自己的潛能，最終達到自我實現。

三、愛與意志本體論

從 20 世紀 60 年代起，羅洛・梅進一步發展了存在心理學，即在存在分析論、焦慮本體論的同時，他又提出了**愛與意志本體論** (ontology of love and will)。

羅洛・梅認為，我們當代正面臨著人的內在價值崩潰的危機，主要表現在兩個方面：一是愛的全面異化，即以性取代了愛，並導致性的放縱、愛的壓抑和人的冷漠；二是意志的普遍淪喪，即人越來越陷入外在技術決定論與內在潛意識決定論，並導致放棄個人責任、喪失個人願望、意志與決心。在這種背景下，他把研究重點轉向了對愛與意志的探討，以便為解決西方現代社會人生困境提供一個理論依據與基礎。

(一)　愛的本體論

1. 愛欲論　羅洛・梅認為，西方傳統中愛的類型有四種：(1) **性欲** (或**性**) (sex)，即我們所謂的**肉欲** (lust)、**慾力** (或**力比多**) (libido)；(2) **愛欲** (eros)，即導向生殖或創造的愛的驅力，亦即古希臘人所說指向更高存在形式和關係形式的精神性愛的內在動力；(3) **友愛** (或**友誼**) (philia)，即兄弟般的愛或友誼；(4) **博愛** (或**利他之愛**) (agape)，即獻身於他人幸福的愛。羅洛・梅強調指出，"每個人對真實的愛的體驗，都是這四種類型的不同比例的混合" (馮川，1996，41 頁)。

由於現代社會中的人往往用性來避免愛欲涉入可能產生的焦慮，其結果導致"性欲與愛欲的分離"，這更增添了內在的焦慮。因此，對於這四種類型的愛，羅洛・梅在其相互區別與統一中著重探討愛欲問題。

羅洛・梅的**愛欲論** (theory of eros) 是以存在本體論為出發點的，他既反對弗洛伊德將愛欲歸入能量系統之中，對愛欲只做生理學或者生物學的解釋，也反對柏拉圖將愛完全視為有意識的精神的體現，作為一種純粹抽象的作用。他認為，弗洛伊德強調情感回歸性的一面，重視個體體驗與背後的動力、過去的情結、決定論、滿足和鬆馳相關聯，而柏拉圖則強調情感前行性的一面，重視個體體驗與前方的召喚、未來的追求、自由、永恆的拓展相關聯。他並不否認性的意義，始終強調性不能與愛欲分離，試圖把上述的兩種觀點統合起來，建立自己獨特的愛欲理論。

羅洛・梅認為，愛欲是人的一種固有的心向、存在狀態和內驅力，是形成自我、建立關係、創造世界的內在動力和基石。

> 它推動我們與我們所屬之物結爲一體——與我們自身的可能性結爲一體，與生活在這個世界上並使我們獲得自我發現和自我實現的人結爲一體。
> 愛欲是人的一種內在渴望，它引導我們爲尋求高貴善良的生活而獻身。(馮川譯，1987，73 頁)

可見，愛欲是使人與自己、他人、萬物、真善美結合起來的一種內在動力。在羅洛・梅看來，奉獻自己的愛就是把自己的內在存在向對方敞開，和對方共享世界，並在共享中一起成長。

愛欲是一種“最佳的結合元素”，它在人所存在的三個世界中具有重要的作用。

首先，在環境中，愛欲把人和萬物結合在一起，給予萬物生氣和活力。通過愛，人將自身與被愛對象結為一體，使主客融為一體。羅洛・梅認為：

> 愛欲是一種把人和萬物結合在一起的力量，也是一種予萬物以生氣的力量。
> 生氣這個詞意味著給予一種內在形式，通過愛的奉獻去發現被愛者或被愛對象的獨特形式，並將自身與該形式結爲一體。(馮川，1996，89 頁)

其次，在共境中，愛欲作為一種內驅力，以性和其他形式的愛推動一個人與另一個人的結合，羅洛・梅認為：

> 愛欲力圖在喜悅和激情中與對方融爲一體，力圖創造出一種經驗層面，這種經驗層面將拓展和深化雙方的生存狀態。(馮川譯，1987，73 頁)

在羅洛・梅看來，愛欲是區別於性的一種關係模式，是整合我們分裂的凝聚力和一種共享的狀態，它使個體戰勝生而固有的分離性和孤獨感，使雙方參與到一種真正的結合關係中，成為一種新的經驗統一體，創造一種新的存在狀態。

最後，在我境中，愛欲是"聯結存在與形成的橋樑，它同時結合著事實與價值"(馮川譯，1987，79 頁)。羅洛・梅進一步指出，愛欲不僅關聯著過去和現在，而且關聯著未來。愛欲使人趨向於自己與對象結合起來，並使個人在某種程度上已參與到他所追求的知識和他所眷戀的愛人之中。它表明個體從自己的瞬時存在出發，走向理想和形成的歷程。同時，愛欲是自我發展與不斷更新的動力，它使我們愉快地生活在世界裏，接受自己的命運，安於自己的存在，並注意選擇更為可靠的價值，達到人的自我實現。

由上述可見，羅洛・梅的愛欲論從統合愛欲生理的與心理的特徵的觀點出發，將愛欲理解為人所存在的三個世界的一種動力基礎，一種關聯人存在的過去、現在和未來的本體特徵；而羅洛・梅強調愛欲的本體性，將更充分地說明把愛欲與性欲分離 (或將愛欲抽象為純精神的東西，或將愛欲僅僅還原為性欲) 都導致人的存在走向分裂與冷漠，使人無法達到自我實現。

2. 愛與死　羅洛・梅認為，我們現在正面臨愛的一個最深刻且最有意義的悖論。愛欲在創造的同時，也進行著毀滅，毀滅著人的即時存在。一方面，死亡 (非存在) 的意識強化了我們對愛 (愛欲的表現) 的渴望，另一方面，愛又同時增強了我們的死亡感。

羅洛・梅生動地描述了人的存在與非存在的這種矛盾體驗：

> 當我愛的時候，我放棄了自我的中心。我們從先前的存在狀態被拋入到一團虛無之中。儘管我們希望獲得一個新的世界，一種新的存在，我們卻沒有任何把握。(馮川，1996，117 頁)

我們擔心是否還能夠重建自己。在愛意中，我們深刻地體驗到自己的脆弱，認識到自己終有一死。這種意識同時也使我們更珍惜自己的愛。如果我們知道自己永遠不死，我們就不可能熱烈地去愛。愛與死亡的體驗永遠是交織在一起的。

羅洛・梅強調愛與死的關係是試圖説明愛與焦慮的不可分離性，因為焦慮是存在與非存在衝突的體現。愛不是當下即成的自我滿足，所以人們不可能不含有焦慮。為了純粹的感官享受，避免焦慮而放棄愛欲與激情，也就失去了人類之愛的真正意義。在此，羅洛・梅猛烈地抨擊了將性滿足作為鎮定焦慮的手段的行徑，認為這只能導致人的冷漠、空虛與孤獨。同時，他呼喚著真正的愛的回歸，以解決現代西方人的心理困境。

3. 愛與原始生命力 羅洛・梅指出：

> 原始生命力並不是一種實體，而是人類經驗中基本的原型功能，是現代人以及一切人的存在現實。(馮川，1996，142 頁)

要深入瞭解**原始生命力** (daimon, demon) 的本質，我們應該明確以下五點：

(1) **原始生命力是人的自然力量或功能**：羅洛・梅指出，原始生命力不同於良心或超我跟社會文化習俗密切相關，而是與超越於善惡之外的自然力量相關聯。性與愛、激昂、對強力的渴望等便是主要例證。

(2) **原始生命力是自身的內在動力**：羅洛・梅認為，原始生命力雖然來源於人的自身存在，但它並非來自自我的意志。因此，原始生命力不是自我或自我的指導作用，而是"一切生命肯定自身、確證自身、持存自身和發展自身的內在動力"(馮川譯，1987，127 頁)。

(3) **原始生命力是一個人的整合狀態**：羅洛・梅認為原始生命力雖有生物學基礎，但不能把它與弗洛伊德的力比多 (慾力) 相等同，因為力比多的充分滿足具有自毀性並最終導致死亡。然而，原始生命力的完滿結合則意味著"人的潛能、人的存在的各個方面與人的行爲處於整合狀態"(馮川譯，1987，129 頁)。在這一點上，愛欲與原始生命力具有同一性。

(4) **原始生命力具有兩重性**：在羅洛・梅看來，它既具有創造性，也具有破壞性，關鍵看其是否整合於整體的人格中。當這種自然性的力量誤入歧途，支配了整個人格時，它就會成為一種惡，並表現出富有攻擊性，充滿敵意和殘酷；而這種力量整合於整體的人格時，它就代表著建設性的力量，成為創造性的源泉。

(5) **原始生命力需要指引和疏導**：在羅洛・梅看來，原始生命力中破壞因素乃是其建設性的對立面，如對其採取壓抑或否認的態度，就會壓抑自身獨特整體的欲望與情感，並拋棄原始生命力之一的愛欲，最終必導致冷漠與空虛。

(二)　意志本體論

羅洛・梅指出，我們正生活在一個意志危機的時代，一方面人類作為整體變得異常強大 (原子能和其他形式的能源突飛猛進)，而另一方面作為個體的人卻往往變得軟弱無能、喪失意志。為了解決西方現代社會這一大人生困境，他專門探討了意志本體論的問題。

首先，羅洛・梅批評了以前流行的兩種意志論：

1. 理性主義的唯意志論　**唯意志論** (rational voluntarism) 即認為人類的精神能夠對外部世界和自我進行控制，肉體只是其附屬物，可以完全被意志所支配。

2. 非理性主義的反意志論　**反意志論** (irrational anti-voluntarism) 弗洛伊德認為在力比多的能量系統中，人的心理動力來源於潛意識，意志只具有發動抵抗和壓抑力比多的消極功能，人無法對偶然性做出創造性反應，無法對自己的行動負責。

羅洛・梅認為，以上這兩種觀點都是偏頗的。唯意志論忽視了人類本性的客觀必然性和極大豐富性，以自由意志反對決定論，必然導致對人的本能和欲望的扼殺，最終造成人格系統的崩潰、自我的異化和人性的喪失；反意志論忽視人的意識性和能動性，以徹底決定論反對自由意志，用無意識取代意志力，必然導致意志淪喪和個人責任感的喪失，剝奪人的尊嚴，貶低人的價值。

羅洛・梅認為，**意志** (will) 是人類存在的本體論意向或基本傾向，其任務是塑造和形成個體存在及其內心世界，向愛的創造性活動提供秩序和一致性。意志與未來密切相關，與有意識或無意識的**願望** (wish)、朝向某一目標的**意向** (intention) 密不可分。羅洛・梅指出，一個人在認真考慮、做出選擇和採取行動之前，他沒有把自己的存在變為現實，這時的“我”只是一個模糊的、不真實的概念。正是運用意志，人才能夠實現其價值、達到其目標，持續不斷地以更大的力量和自由來肯定自我的存在。

羅洛・梅認為，願望既包含著意義又包含著力量。它的動力就在於這種意義與力量的結合。意志和願望是相互關聯、相互作用的。意志給願望以自我指導和成熟性，保護願望，使之持續下去；願望給意志以溫暖、滿足、新鮮感和豐富性。如果你只有意志而沒有願望，你就是一個乾癟的清教徒；如果你只有願望而無意志，你就是願望的奴隸。

羅洛・梅認為，願望、意志、**決心** (determination) 三者之間是密切相關的。願望是發生在覺知水平，意志發生在自我意識水平。在覺知的願望水平上，人體驗到自身的存在，體驗到愉悅，而在自我意識的意志水平上，人的愉悅變得更為廣泛和深刻，並在此基礎上產生了創造性；其最高層面是決心和責任感。它們是那些走向自我實現、走向整合和成熟的人所特有的意識形式。羅洛・梅指出，只有理解願望、意志、決心的關係結構，個人才能獲得自我實現。

羅洛・梅認為，愛與意志都是人的經驗的聯結形式。也就是說，愛與意志都表現了個人向對方的延伸、拓展和趨進，表現了個人希望影響他人並被他人所影響。因此，愛與意志是塑造、形成和聯繫世界的方式，它希望通過我們所愛的人，從這個世界得到一種回應。

但是，羅洛・梅指出，如果不能正確處理愛與意志之間的關係，意志可以阻礙愛。他反對沒有愛的意志，也反對沒有意志的愛，認為：

> 與意志分離的愛，排除了意志的愛，其特徵乃是一種與情欲分離，不與它同時增長的消極和被動。(馮川譯，1987，314 頁)

因此，他主張人的任務就是把愛與意志結合起來，使我們指向成熟、整合與統一。當然，完成這一任務不能靠生物性的自然成長，而必須成為我們自覺發展的一個組成部分。

第三節　存在人格理論

作為存在心理治療學家羅洛・梅非常重視心理健康與存在人格的關係，他畢生致力於探索人的基本特徵，堅決反對行為主義與精神分析將人非人化的還原論的傾向，努力建構了存在人格理論。它包括人格構成和人格發展階段兩部分內容。

一、存在人格構成論

存在人格構成 (existential personality construct) 是羅洛・梅存在心理學人格理論的一個重要組成部分。它由早期存在人格構成論和晚期存在人格構成論所組成。

(一)　早期存在人格構成論

在 1939 年，羅洛・梅的《諮商的藝術》一書中曾對人格的概念做了界定，認為**人格** (personality) 是“個體的內在組織”。他說：“人格是與社會整合且占有宗教緊張的自由、獨特的個體生活過程的現實化”(May, 1967, p.45)。從這一定義中可以看出人格包括四種要素：

1. 自由　羅洛・梅認為，**自由** (freedom) 既是人存在的基本條件，又是人格構成的一個基本要素。在他看來，正是因為人有自由，能夠進行自由選擇，人才同刺激-反應的動物區別開來，並能對自己的行為負責。不難想像，一個人如果沒有自由，那麼在他身上起作用的只有弗洛伊德的性本能和達爾文的生物決定論的原則了。因此，人類的潛能和責任是和本體論的自由相互依存的。

在羅洛・梅看來，人格中的自由並非不受約束和控制，相反地，還有許多因素在影響和制約著人格的形成和發展。他指出，這種本體論的自由要受時空的限制、遺傳和環境的限制，如時代、社會、國家、經濟狀況、種族、家庭等諸多因素均對人格的塑造起著重要作用。因此，自由不是無條件的、無約束的，而是在這個有限的範圍內，人能夠隨時自由地做出自己的選擇。實際上，自由就是人能夠把歷史-文化處境聯繫起來進行抉擇的創造能力。羅洛・梅說：

> 每個人都有能力利用他的遺傳與環境，鑄造自我的獨特模式，反對自由的存在僅更有力地證明自由的存在，因爲事實上，任何反對或

質詢都預先假定了自由。(May, 1967, p.52)

可見，儘管在時空限制和遺傳、環境的制約下，人仍然能夠自由地塑造自己的存在。

羅洛・梅重視人格的自由要素不是從哲學的視角出發的，而是從心理治療的需要考慮的。他認為自由是人的創造性意志和自我選擇的能力，也是心理治療和心理健康的先決條件。在心理治療過程中，我們應當引導病人重新獲得責任感，重新決定自己的生活道路，勇敢承擔自由選擇的結果，努力發展自由選擇的能力。

2. 個性　羅洛・梅認為，**個性**(或**個體性**) (individuality) 是自我區別於他人的獨特性，也是人格構成的第二個基本要素。他反對精神分析那種千篇一律的人格模式，也反對諮商者把自己的人格特徵或某種特殊文化氛圍下的人格標準強加給來訪者，主張自由的個體是充分**個體化** (或**個性化**) (individuation) 或**個別化** (individualization) 的。因為每個人的自我是各不相同的，在認識到自我的獨特性之前，我們都應這樣接受自我。這是心理健康的一個主要條件。相反的，如果感覺自我不是自我，不能接受和容忍自我，通常是人格障礙的主要因素之一。羅洛・梅認為心理醫生應幫助患者發現其真實自我，發掘自我獨特的本質。只有這樣，心理治療才能取得實效。

羅洛・梅指出，要想發現個體真正的自我，有賴於“把意識的自我和他的無意識中的各種水平結合起來”(May, 1967, p.57)。在這裏，他一方面肯定了無意識包括弗洛伊德的個體潛意識 (註 5-4) 和榮格的集體潛意識 (註 5-5) 的各種不同的水平，另一方面又把無意識定位於人的存在的全面的本體論的建構之中。因此，任何一個完整而自由的個體，只有在接受了自我內部各種意識與無意識水平的影響之後，才能通過施展自我的自由來實現個性，成為一個與衆不同的、自由決定自己命運的真正的人。

註 5-4：**個體潛意識** (或**個人潛意識**) (individual unconscious)，指個人被壓抑的欲望和本能衝動及其替代物 (如夢、癔症)，是人格結構中最深層的心理基礎和人類活動的內驅力。它決定著人的全部有意識的生活，甚至個人和整個民族的命運。

註 5-5：**集體潛意識** (或**群體潛意識**) (collective unconscious)，是榮格分析心理學的術語，指人格或心靈結構最底層的潛意識部分，是在生物進化和文化歷史發展過程所獲得的心理上的沉澱物，包括祖先在內的世世代代的活動方式和經驗等存在人腦結構中的遺傳痕跡。包括種族本能共同傾向的**原型** (archetype) 和原型象徵表示的**原始意象** (primordial image)。

3. 社會整合　羅洛・梅認為，**社會整合** (social integration) 是指個人參與社會生活、進行人際溝通的過程中，既要以個人影響力作用於社會，更要接受強力的社會影響，實現個體的社會化。這是人格構成的第三個基本要素。

在羅洛・梅看來，人格的形成和發展不能離開社會，離開了社會聯繫，就不能正確理解人格。一個人要想成為他自己或實現個體化，就必須與他人建立聯繫，與社會相互依賴。羅洛・梅反對以自我為中心而忽視社會對人格的塑造作用，也反對只注意人對社會的適應而忽視個人對社會的影響，他強調人的自我實現既依賴於強烈的個體性，又依賴於個人對有意義世界的成熟責任感。

羅洛・梅認為，如果把人的自由、個體性和社會整合對立起來，人就難以發現對社會有建設性的、令人可以接受的活動方式，並以這種方式表現自己的存在。同時，它還必然會使人喪失責任感，不能保持健康人格，個人的獨特性也就不復存在。正如他所說的：

> 健康的個人，認識並且欣然接受對社會的責任感；反之，自私的個人，並不自由，正因爲他過份强調自我，使他與社會產生疏離並形成孤獨。(May, 1967, p.68)

4. 宗教緊張　羅洛・梅認為，**宗教緊張** (religious stress) 是存在於人格中的一種不平衡的緊張狀態，是人追求完善而未能實現的一種罪疚感體驗。在羅洛・梅看來，每個人都不可避免地體驗到罪疚感 (註 5-6)，而罪疚感正是人格中的宗教緊張感的一個證明。

人為什麼會產生宗教緊張狀態呢？他認為，我們每個人經常遇到各種挑戰，但往往不可能做到盡善盡美，也不可能完全實現自己的一切理想，由此必然導致自己不能達到完善境界而引發的罪疚感，使人不斷產生心理緊張。

羅洛・梅堅信，宗教緊張是人的最深刻的道德感，是對人生意義的最基本的信念，也是人格發展的一個重要的動力源。

在人格發展的動力上，精神分析主張人的心理的平衡和統一、人格內部的和諧是人格健康的動力，而心理衝突則是人格不健康的原因。精神分析治

註 5-6：**罪疚感** (或**內疚**、**罪惡感**) (guilt feeling)，指一種自責及認為應受懲罰的情緒狀態。精神分析學認為罪疚感是自我與超我發生衝突而產生的愧疚心態。

療的關鍵在於，幫助患者把潛意識的衝突引導到意識層面上來，以便消除心理緊張，達到心理平衡。而羅洛・梅恰恰相反，他認為人格發展的動力不是消除衝突、保持平靜，而是把破壞性的衝突轉化為建設性的心理衝突。這就是說，人由於不可能完全實現自己的理想，因而人總有一種罪疚感或“終極緊張”，它推動著人格不斷向前發展。

因此，把宗教緊張視為人格構成的基本要素之一。他雖然承認心理組織的破壞足以導致人格的分裂，但是他要求心理醫生不要把消除心理衝突、心理緊張作為心理治療的根本目的，而要把緊張狀態轉變為往建設性方向發展的動力。這種觀點顯然是有積極意義的，但把緊張狀態歸因為上帝不斷作用於人的心靈的結果，則是他受神學存在主義影響的表現。

(二) 後期存在人格構成論

羅洛・梅在〈心理治療的存在基礎〉(1960) 一文中，以存在本體論為基礎，又闡述了人格的六大基本要素，回答了“什麼是構成存在著的人的本質特徵”這一困惑許多人的難題。他認為，人格有下述六大基本要素或基本特徵：

1. 自我中心性 (self-centeredness)　指個體在本質上是與衆不同的獨特存在。羅洛・梅認為，每個人都是獨一無二的，沒有人可以占有他人的自我。因為人的存在需要保持自我中心，以自我的存在為中心點，而使自我與他人和環境區別開來。這是一切生物的基本要素，所有的生物都具有這一特點。他指出：“每個人都生活於自我中心，誰攻擊這個中心，誰就攻擊其存在本身”(May, 1960, p.76)。

羅洛・梅認為，接受自我中心性或自我獨特性是心理健康的首要條件。他在心理治療實踐中逐漸認識到，諮商者和心理治療者的作用就是幫助病人認識和成為他的真正自我。一個人的自我中心是會發生變化的，他應當有勇氣把自己看作是獨立於周圍其他一切事物的一個單獨的核心，並且以這種角色來確定自己。後來，他根據這一原則，對神經症又做了新的界定。羅洛・梅不再認為神經症是由於人對環境適應不良所造成的，而認為神經症本身就是一種適應，即保護自我中心免受外部威脅的一種嘗試。就是說，神經症是一種逃避威脅的企圖，其目的還在於保存自我中心性。羅洛・梅曾寫道：

> 難道神經症不正是一種方式，一種使個人能夠保持自我中心及自我存在的方式？他對外界的接觸開始隱退，其目的就是爲了逃避由接觸所引起的威脅，使他的自我中心暫得倖存。(May, 1969, p.75)

在談到一切生物均有“潛在中心”時，羅洛・梅指出一般生物建立“中心”是自動的，如一棵樹奇蹟般地長得又高又大。但是，一個人的“中心”卻不是自動給予的，而要依賴於人有沒有勇氣去肯定它。

2. 自我肯定 (self-affirmation)　是指保持人的自我中心的勇氣，故羅洛・梅有時把它亦稱為“成為自我的勇氣”。他曾寫道：

> 所謂自我肯定，係指一種保持自我中心的需要，是人之所以爲人的基本特徵之一……人是一種較特殊的動物，他的存在有賴於他的勇氣——自我肯定的勇氣；倘若由於疾病，或外在環境的壓力，使他缺乏這種勇氣，則必然逐漸損害他的存在。(May, 1967, p.90)

因此，自我肯定也就是強調人應該有勇氣在自由選擇的過程中實現自我的價值。

在羅洛・梅的早期著作中，他把自我肯定稱為個體化 (或個性化)，意即個人為了存在，保持他的自我，他必須發展和實現其潛能，使他成為一個獨特的個體，心理諮商的目的即在於此 (May, 1967)。其實，“個體化”一詞在一定意義上或許比自我肯定更恰當，因為羅洛・梅力圖說明自我的肯定與否定的兩極結構和人類存在的世界。而用“自我肯定”一詞很容易把它的意義簡化為僅僅是自我的肯定。這樣，在人的自我世界中所隱含的人與人之間的相互依賴關係就模糊不清。羅洛・梅曾說過：

> 成爲自己，使自己具有個體化的勇氣是真正實現人類自由的一個方面，諮商者或心理治療者的作用就是幫助病人發現真正的自我，幫助病人看到他的中心性或同一性，幫助病人勇敢地肯定這個自我。(May, 1967, p.61)

羅洛・梅認為，**勇氣** (courage) 不僅是在失望中向前邁進的能力，而且是一切美德的基礎。如果缺少勇氣，個人就無法建立自我，更不能達到自我實現。羅洛・梅把自我肯定的勇氣分為下述四種：

(1) **身體勇氣** (physical courage)：指與體格有關的勇氣，如暴力、獷悍、粗野等，這屬於最低層並易於被人發現的勇氣。羅洛・梅主張現代人應發展一種新的身體勇氣，他稱之為**敏感性培養** (sensibility cultivation)，即發展個人對身體知覺的敏感度。最近美國開展的一些活動如瑜伽、打坐、坐禪等就有助於這種敏感性的發展。

(2) **道德勇氣** (moral courage)：指與同情心密切相關的勇氣，羅洛・梅把道德勇氣看作人的一種正義感，它促使我們對他人所面臨的痛苦不但有所同情，而且有勇氣獻出自己、犧牲自己，設法減輕或解除他人的困苦。

(3) **社會勇氣** (social courage)：指社會冷漠的反面，表現在人際交往上的勇氣，敢於同他人建立密切關係。羅洛・梅認為現代人害怕人際關係親密，因為他們缺乏社會勇氣，所以許多男男女女在人際關係上往往被肉體關係的滿足所取代。其結果是個人的疏離感不但沒有消解，反而更增強人們心靈上的孤獨與空虛。

(4) **創造勇氣** (creative courage)：指發展出一種新模式、新象徵的勇氣。羅洛・梅認為這是四種勇氣中最難實行、最難修養的勇氣。在他看來，每種職業如商業、政治、外交、教師等，或多或少地均需要創造勇氣。至於藝術事業則更需要新的象徵、啟示、靈感，這本身就是創造性的行為。

3. 參與 (participation)　指"所有存在的人都具有從自我中心出發，去參與到他人之中的需要與可能性" (May, 1960, p.78)。羅洛・梅早期把參與當作社會整合來看待，後來他在闡述人所存在的世界的三種方式時又做了更詳細的探討。在羅洛・梅看來，雖然人是一個自我中心性的獨立個體，但是由於他生活於社會之中，必然與其他存在體，特別是與由人組成的共境世界發生關係，因此個體必然參與到與他人相互依賴和相互聯繫的活動中並與他人分享這一世界。

羅洛・梅認為，在參與和分享人際世界的過程中，一方面個體必須保持獨立，以維護自我中心性；另一方面個體又必須投入到共境中，與他人分享這一世界。因此，獨立與分享是人格中相輔相成的兩個方面，兩者必須配合得當。如果過度強調獨立，缺少正常的人際交往，把自己封閉在狹小的自我世界，必然會損害正常人格的發展，導致產生倒退型神經症狀的原始心態與幼稚行為。反之，如果由於順從、依賴、參與過多而失去個體生活的平衡，必然會遠離自我中心，損害自我的存在，成為一個過份外向型的人，甚至感覺空虛、無聊和生活無意義。可見，過份的獨立或者過份的參與都是人所存在的各部分之間發生扭曲的表現，也是導致人格障礙的原因。

因此，神經症者在與治療者晤面時，正是以他的參與水平來調整其平衡的。按著羅洛・梅的看法，患者為了以更完整的方式肯定他的自我，他往往藉助於某種更完全、更整合、更有效的方式來接受治療，並以參與來克服他的困境。所以參與的作用能夠把人的存在感加以整合，以便恢復自我的各部分之間的關係，以及它們和世界之間的關係。

4. 覺知 (或**意識**) (awareness)　指自我中心的主觀方面，即發現到外在威脅或危險的能力。在羅洛・梅看來，人格不僅具有自我中心性、自我肯定、參與等特徵，還有能覺知這一基本特徵。他把這種覺知與動物防衛式的**驚覺** (vigilance)，以及它對受到攻擊威脅的預防感聯繫起來，認為覺知是人與動物所共有的能力，不過在人身上，可以轉變為焦慮。

羅洛・梅認為，覺知是比自我意識更直接的體驗。它包含著對具體存在的更直接體驗，如獲得開車、打字或書寫等技能的覺知。覺知雖屬初級的經驗形成，但自我意識必須通過覺知這一直接經驗的媒介才能形成。

羅洛・梅認為覺知作為感覺、願望、生理需要和欲望的體驗，是心理治療的重要環節。所以，治療的目的是幫助病人體驗自己的存在。例如，一個試圖否認他有生理需要的人，或者一個把生理需要只限於愛欲的人，實際上是忽略或壓抑了他的存在，以及他在世界上的全部意識。因此，治療者要努力幫助他恢復這種覺知。

5. 自我意識 (self-consciousness)　指人所獨有的本質特徵，即人領悟自我的一種能力。羅洛・梅把人格的前四種特徵 (自我中心性、自我肯定、參與、覺知) 均看作一切生物共有的特點，故稱之為"生物水平的特點"，而自我意識才是人類進化而來的獨特特徵。他通常把自我意識和**意識** (consciousness) 作為同義語來使用，有時甚至用**自我覺知** (或**自我覺察**) (self-awareness) 或**自我關係** (self-relationness) 來取代自我意識。

羅洛・梅指出，自我意識與覺知有兩個顯著區別：

(1) 覺知是對外在威脅的一種認知能力，而"自我意識不僅可以意識到外在威脅，並且也是認識到我是'被威脅者'的一種認知能力" (May, 1960, p. 78)。

(2) 覺知是直接的、具體的認知能力，而自我意識則具有間接的抽象的認知功能。羅洛・梅曾說過：

> 自我意識使人有能力超越直接具體世界，而生活在“可能”的世界之中。面對這個世界，自我意識給人類啟示了許多種選擇途徑。它是心理自由的基礎。(May, 1960, p.78)

有了自我意識，人就可以憑藉言語與象徵符號系統，利用人類的歷史經驗，形成獨特的內心世界，領悟自我、回顧自我和規劃自我，進入其他沒有自我意識的動物所不能達到的境界。羅洛・梅曾寫道：

> 自我意識是人對自我領悟的一種能力，是人類最基本的特徵。是自我意識產生我之所以爲我，我即是自我意識的一種經驗，經由這種經驗，自我才能領悟他是擁有這個世界的存在者；自我意識使我能跨越自己，有能力擁有抽象觀念，能用言語及象徵符號與人溝通，再經由這些能力，面對自我、他人或世界時，能從多種可能的選擇中決定某種反應的行爲模式。(May, 1967, pp.96～97)

羅洛・梅指出，自我意識也給人類帶來一些困擾。如自我意識的出現使人類產生主體與客體的對立現象；自我意識也使“我”這個感覺無限、超越時空的主體卻面臨有限的存在與必然的死亡這一無法逃避的事實。這就導致人類痛苦的體驗即焦慮的產生。

6. 焦慮 (anxiety)　指人的存在面臨威脅時所產生的一種痛苦的情緒體驗。因為每一個人隨時面臨選擇並要為選擇結果承擔責任，加之遲早人非存在的死亡無法避免，因此，焦慮的產生是必然的，一定程度和數量的焦慮也是正常的、無法迴避的。

從上述對人格構成要素的分析可知，羅洛・梅一方面反對行為主義的機械論，堅持整體論的觀點，強調人格的主觀性、獨特性、意識性、選擇性、參與性等特徵；另一方面則反對精神分析的還原論，著重探討健康人格的特徵，突出人格中的社會整合性、生活目標、充實感與自我實現的意義以及奮發向上的積極力量。羅洛・梅以存在本體論為基礎的人格構成理論，不僅為其心理治療提供理論基礎，並且也為研究人的科學尋找一個理論根據，使人們研究人格時不至於分裂或毀滅人性及人之基本存在。

二、存在人格發展階段論

羅洛・梅認為，人格決不是固定不變的，而是活生生的、不斷變化的。人格的發展是內在的，是一種力圖達到平衡狀態的持續過程，亦即羅洛・梅所謂的“一種張力的調整”，其目的在於迎接新的情境，並隨時適應不斷變化的環境；但他並沒有把人格視為自動適應環境的結果，而把人格看作是一個創造性的、自由的、內在的過程。

羅洛・梅對人格發展過程的研究，主要集中在我們和我們的父母或其他有密切關係的人 (如朋友、教師、牧師等) 之間的生理和心理的關係，並著重闡述人格發展過程中獨立與依賴這對矛盾的發展過程。在他看來，生理和心理的依賴關係影響著人格的發展，自我意識、獨立性同樣也影響著人格的發展。能否順利地解決依賴與獨立這一問題，在很大程度上決定著我們是否會趨向人格成熟和健康發展。

在人格發展過程中，每個人都存在著擴大自我意識、獲得成熟、自由和責任感與還希望像一個孩子般尋求父母及他人的保護這兩種需要的矛盾。羅洛・梅說：“這種依賴與發展的矛盾是對弗洛伊德的伊諦普斯 (戀母) 情結的重新解釋” (Richard, 1985, p.453)。在弗洛伊德學說中，這種衝突在本質上是性欲的，但在羅洛・梅看來，這是一種力量的反抗。其鬥爭的焦點是我們在與那些具有更強大力量的人建立聯繫時怎樣確立自主性和同一性。

羅洛・梅根據自我意識發展的水平，將人格劃分為下述四個發展階段：

第一階段：人格發展的天真無知階段　此時嬰兒還沒有形成自我意識，人格尚處於朦朧階段。

第二階段：尋求內在力量的反抗階段　它發生在 2～3 歲和青少年時期。此時反抗是他們獲得獨立性、發展自我意識的一個必要步驟，但我們不能把反抗與自由相混淆。羅洛・梅認為，反抗是對父母或社會規則的輕蔑、否定或拒絕，它屬於自發的、激烈的和反射性的行為；而真正的自由則包含著一種“開放性、成長的準備狀態”，自由表現為靈活性，隨時準備為了獲得更大的人生價值而進行改變 (May, 1953)。

第三階段：日常自我意識的發展階段　它和上一階段在時間上有某些交叉，大體上從兒童期至青少年前後期。此時通常能夠理解我們自身的某些不足，認識到我們的某些偏見，能夠從失誤中學到一些東西，並為自己的行動承擔責任。但是，羅洛・梅認為這種意識狀態絕不是真正的存在，也不意味著人格的成熟與健康。如果在這一階段出現問題，也會導致**人格障礙** (或**人格異常**) (personality disorder) 或**心理變態** (psychological deviation)。

第四階段：自我的創造意識階段　到了這一階段，人格發展才真正達到成熟。在羅洛・梅看來，這是一個超出通常意識界限的階段，我們能夠毫無歪曲地看到真理，產生深刻又令人愉快的頓悟，儘管這種情況只是偶然才會發生。從以上的描述中，我們可以說這種創造意識和馬斯洛所謂的“高峰體驗”相類似。這一階段實際上是人格發展的最高階段，即自我實現。

從上述中可以看出，羅洛・梅的人格發展階段論雖不如艾里克森 (見第四章第六節) 人格發展八階段論那麼豐富、具體，但卻有相似之處，他們都強調人格發展中獲得同一性的重要意義，艾里克森強調“關係”的協調，而羅洛・梅更強調自我意識的發展及自由選擇的作用。

羅洛・梅的存在人格理論表明，在人格發展過程中，如果個體的存在受到威脅，正常個體會運用清晰的自我意識，進行自由選擇，不逃避自己的責任，不拒絕自己潛能的實現，使人格得以健康的發展。相反的，如果在遇到威脅時，採取縮減自我意識的方式，就會壓抑或歪曲我們的經驗，不利於人格之健康，往往導致神經症和精神病。這一點，無論對個體心理生活，還是對心理病患的治療都具有重要意義。

第四節　存在心理治療

存在心理治療不僅是羅洛・梅心理學理論的實踐基礎，也是他的存在心理學的重要組成部分。存在心理學深受他個人心理治療實踐以及生活體驗的影響。他曾經毫不諱言地說，存在心理學直接來源於我的心理治療的經驗、理解和思想，存在主義和精神分析只是提供一些支持與解釋。羅洛・梅多次強調，他所提出的"本體論原則"完全是他自己的發現，他稱為"我的核心原則"。在他看來，只有瞭解自己的存在，通過自我的反思，看到自己的存在價值，達到自我肯定，才能解除心理疾病。存在心理學就是這種治本的存在治療的理論昇華。下面我們將分別介紹一下存在心理治療的實質、原則、方法和過程。

一、存在心理治療概述

存在心理治療 (existential psychotherapy)，或稱**存在主義治療** (existential therapy) 是以存在主義為指導的心理治療方法。這一方法強調有關存在的直接問題，重視個人的經驗和意識以及重建病人的生活，並讓他了解存在的意義。它共有兩類：

一類是指歐洲的存在心理治療。它的早期形式是瑞士心理學家賓斯萬格 (見本章第二節) 於 1930 年在《夢與存在》一書中首先創建的存在分析療法。20 世紀 30 年代末，瑞士心理學家鮑斯又將精神分析改造成探索個體心理生活並進行心理治療的經驗方法，被稱為**存在精神分析** (existential psychoanalysis)。作為日益流行的存在主義心理治療，其代表人物還有維也納精神病學家弗蘭克爾 (見第四章第六節) 在第二次世界大戰後進一步倡導的存在分析治療。這些歐洲成長起來的存在主義心理治療家因受海德格爾存在主義的直接影響，他們主張心理治療的重點不應固著於潛意識的挖掘，而應該著眼於人類存在的分析，幫助患者發現和發揮自身獨特存在的價值與意義。雖然他們用存在主義改造了精神分析，但他們仍保留了弗洛伊德的一些理論觀點和治療方法如重視童年經驗、夢的分析 (當然這裡也滲透了存在主義的內容) 等，因此他們仍屬於弗洛伊德**精神分析學派** (psychoanalytic school) 的分支**存在 (主義) 分析學派** (existential analysis school)。故亦將他們的存在心理治療稱為**存在-精神分析心理治療** (existential-psychoanalytic psychotherapy)。

另一類則是美國本土興起的**存在-人本主義心理治療** (existential-humanistic psychotherapy)。羅洛・梅的存在心理治療則屬於此類。兩者的共同點是均以存在主義哲學為其理論基礎，其思想理論內涵也基本一致。正如羅洛・梅所說的："早在我聽說歐洲的當代存在精神病學之前，我就對這些思想觀點的發展給予了很高的評價。"馬斯洛也說過："歐洲的存在心理學所強調的每一種觀點在美國都有相同的看法"。羅傑斯更開誠布公地說，他"發現 (大約在 1957 年) 這裏有我從不認識的朋友"，因此，他對"把我的治療工作的核心方面合理地標上存在 (主義) 和現象學的標籤"深感驚訝 (DeCarvalho, 1991, p.65)。

美國本土存在心理治療與歐洲存在心理治療也有不同之處。主要區別有以下四點：

1. 心理學取向不同 歐洲存在心理治療雖然承認人的存在的價值和自由選擇的意義，具有人本主義傾向，但從總體上看仍屬於西方心理學第二勢力精神分析的範疇。而美國本土存在心理治療如羅洛・梅等人儘管受到阿德勒、沙利文、弗洛姆等新精神分析的影響，在治療中也採取某些精神分析的技術，但他們更多地是同人本主義心理學家聯繫在一起，並對人本主義心理學做出了貢獻。因此，美國本土存在心理治療也稱為人本主義心理治療。

2. 受存在主義哲學的影響不同 歐洲存在心理治療與歐洲存在主義哲學有直接關係。賓斯萬格是根據他對海德格爾關於"此在世界之中"的理解，把人規定為在世界中的三種存在 (周圍世界、人際世界、自我世界)。鮑斯與海德格爾有深厚的友誼，因而對心理治療採取強烈的存在主義取向。和賓斯萬格一樣，把自由選擇視為人類固有的本性，成為人的存在不可分割的部份。而歐洲存在主義哲學家對於美國本土存在心理治療的影響則是間接的，他們更多地是受美國本土存在哲學家和逃亡美國的歐洲存在主義者的影響。其中，蒂利奇、布伯對羅洛・梅的影響最大 (見第一章第三節)。

3. 對存在與本質的理解不同 在歐洲存在心理治療家贊成薩特的主張，認為"自由就是存在"、"存在先於本質"。他們相信，人性中沒有本質，沒有任何界定人類本性的內在現實結構。人類存在是一種"虛無"，一種"非真實的絕對"或"為自己的存在"。在這個意義上說，人類的存在主要是由它的自由界定的，是我們在生活中進行"設計"的結果。而美國本土存在治療家則觀點不同，羅洛・梅指出，人創造自己的力量已經是人性的一種性質或本質了。它是先於存在的生物學內核或本質。因此，存在不是非人的客觀存在，而是人的純粹主觀性。另外，他還認為，自由包含著使人據以行動的某種結構。如果沒有這種結構，人就不會有自由。當然，人的本性或本質並不是被決定的，而是一個主動成長的過程。在這一點上，歐美存在心理治療家又有一致之處。

4. 對人性觀的看法不同　歐洲存在心理治療家和存在主義哲學家一樣，對人類本性基本上均持悲觀主義態度，他們在理論上大談所謂悲觀、失望、焦慮和虛無，認為焦慮和絕望在人的生活中具有特殊的意義。如雅斯貝爾斯 (見第一章第三節) 認為，個體只有在極端絕望的“邊緣狀態”下，才可能覺察出真正的自我。而美國存在心理治療家則認為歐洲存在哲學的悲觀主義不適合主張“有用即真理”的實用主義 (pragmatism) 和樂觀主義的美國人的口味。羅洛・梅曾指出，人性是既善又惡的，它們都是人的潛能。“從我認真看待的那些情景看，在人類的發展中既有善也有惡”(May, 1982, p.18)。因此，心理治療不能只注意人性中惡的方面，也要注意善的方面，才能更全面地理解人類本性 (楊韶剛，1998)。

羅洛・梅的存在心理治療是指以存在主義觀點為指導，通過病人主體對自己現實存在及其生活意義的解釋、理解和體驗，並重新獲得存在責任感的心理治療方法。由於這一治療強調整體論、意向性和體驗性，因此，存在心理治療屬於重視整個人而非只注意其身體上、外顯行為上或內蘊潛意識的一些零碎問題的**整體治療** (holistic therapy)、指向一定有意義目標的**意向治療** (intentional therapy) 和**領悟心理治療** (見 191 頁) 的範疇。

早期，羅洛・梅的心理治療主要致力於人生意義的探索。他把健康的自我選擇看作人生的目的，認為心理治療就是尋求正確理解人究竟是什麼，人生的意義何在，通過分析闡明每個病人的存在方式，以便幫助病人意識到自己的存在，並且學會如何確立、維護和掌握自己的存在及其在日常表現中的不可分割的結構。誠然，羅洛・梅在心理治療一開始就提出了和人的存在、自由選擇的聯繫問題，但還未有形成明確而完整的存在心理治療。其宗教色彩還相當濃，把人對價值觀的追求歸結為對宗教的追求，基督卻成了“人類的內科醫生”。

到了 20 世紀 60 年代，羅洛・梅轉向對人的意向性和整體存在的研究，在存在心理學理論的基礎上，把心理治療與人的存在感、人的意向性緊密聯結起來，完成了存在心理治療的建構。

二、存在心理治療的原則

1. 理解性原則 存在心理治療強調的是理解而不是技術。羅洛・梅認為，西方主流心理學力圖模仿自然科學模式，把人作為計算、擺布、分析的對象，認為理解來自於技術，先有正確的方法然後才能得到準確的理解。這種對技術過份強調的科學主義觀點恰恰妨礙了對人的正確理解。而存在心理學則相反，它堅持心理學的人本主義取向，認為技術來自理解，心理醫生的主要任務是理解患者在自身世界中的存在，而一切技術問題都應從屬於這一理解。

羅洛・梅由此得出的一般規律是：存在（治療）技術的靈活與變化，它隨著對患者的理解不同而改變，對不同患者採用不同技術，對同一患者在不同階段採用的技術也有所不同 (May, 1958)。

2. 在場性原則 羅洛・梅強調“在場”關係的重要性 (May, 1958)。存在分析把醫生與患者的關係視為患者心理場（註 5-7）的一部分。醫生是作為一個活生生的人在此時此刻與患者相逢的。存在心理治療的真理必須體現在這種關係之中。心理醫生只有親自進入患者的關係“場”，才能真正理解患者的存在情境。在這一點上，羅洛・梅的存在心理治療與羅傑斯的來訪者中心治療不謀而合，羅傑斯早就指出醫生和來訪者的關係必須是人與人之間的真誠關係，只有這種關係才有助於來訪者內在的自由和成長。

“在場”關係雖然如此重要，但這種關係也引起醫生與來訪者雙方的焦慮。羅洛・梅認為，弗洛伊德給患者準備躺椅可能就是因為估計到患者禁不住長時間的注視。而作為醫生最容易減少自身焦慮的辦法也就是用技術的眼光（而不是理解）去看待來訪者。雖然這種做法是合法且便利的，但單純地利用技術往往會妨礙在場關係的正常發展。羅洛・梅指出，醫生一旦發現自己的反應有生硬表現或有進入先定模式的傾向，最好馬上問問自己是否想要避免焦慮，是否有可能因此在與來訪者的關係中失去某些存在分析上的真實

註 5-7：**心理場**（或**心理場地**）(psychological field) 是勒溫人格理論中的一個核心概念，指個體覺知到的環境，亦即個體活動當時的**生活空間** (life space) 或人及與有關的**心理空間** (psychological space)。

價值。

3. 體驗性原則　羅洛・梅堅持從存在本體論的觀點出發，認為心理動力學來自患者的自身生活的存在情境，"治療的目的是使患者真正體驗到他的存在"(May, 1958, p.85)。在他看來，治療應使患者體驗到他自己的"我境"，而不是醫生的"我境"，這種體驗應該是充分的，包括意識到他的潛能，並使這些潛能發揮作用。

體驗性原則涉及如何確定心理治療療效這一更為深層的問題。按羅洛・梅的觀點來看，醫生的作用不在於"治癒"患者的症狀，而是要解決更根本的問題——幫助患者體驗存在，因為對任何症狀的持久療效只能是這種體驗的副產物。他指出，如果把重點轉移到"治癒"症狀上，其療效表現為對社會文化的順應，那是可以用治療技術得到的。但此時，患者接受的是一個沒有衝突的有限的世界，完全放棄了曾引起他的焦慮的那些前景。這是以放棄他自身的存在為代價的，是以限制他的存在來達到療效或緩解症狀的，因而不可能從根本上解決患者的心理問題。

4. 信奉性原則　羅洛・梅十分重視信奉和獻身的重要意義。他認為真理只有當個人實踐它時才存在，信奉和獻身的重要不在於它僅是一件好事，需要在倫理上規勸去做，還在於它是認識真理所必需的先決條件。在羅洛・梅看來，抉擇先於知識，這種抉擇是趨向存在的態度，只有在患者選定了生活方向，並沿著這一方向做出初步抉擇時，他才能促使自己去尋求知識，探索真理及回憶過去。他堅信，一個人的現在和未來，即他此時此刻如何獻身於未來，決定著他對自己的過去能做怎樣的回憶，以及他選擇過去的哪些部分來影響他的現在。

三、存在心理治療的方法與過程

在我們了解了存在心理治療的一般概念、美國本土存在心理治療與歐洲存在心理治療的聯繫與區別、存在心理治療的原則以後，有必要介紹一下存在心理治療的方法和步驟。

(一)　存在心理治療的方法

羅洛・梅強調，心理醫生應把個體作為其整個生活過程中的一個整體來理解，心理治療的核心目標就是幫助個人體驗他的真實的整體的存在。一個人的真實性可以在不同方式中體驗到，他把對意向性的了解看作是達到人類存在的一條根本途徑。

意向性 (見 25 頁) 這一概念首先是由布倫塔諾引入心理學的，它把認知與意動聯合起來。意向性包括兩層意思：一是指人的心理活動集中於某種事物的意義結構；二是指人使自己的注意對某種對象的指向。羅洛・梅曾引用胡塞爾 (見 25 頁) 的話："意義是心靈的一種意向"，它包括意義和趨向某物的意動。羅洛・梅總結說：意義包括一種投入其中的趨向，意向是認知 (或覺知) 與意動 (或意願) 的結合。他反覆強調：

> 意向性既包含著我們的認識，也包含著我們對現實的塑造，而這兩者又是彼此不可分割的。(馮川譯，1987，256 頁)

羅洛・梅將意向性這一概念應用到他的心理治療中，由此證明了患者看出自身問題的能力為什麼只發展到他能夠對這一問題採取某些措施的程度。他說："直到患者能夠對自己的心靈創傷採取措施時，他才允許自己感受到這一問題"。羅洛・梅認為，在患者的心中進行的是一種他與自己有趣的內在對話："我知道以後我能看到這一問題，但現在不行"。這句話簡單地說就是"我知道這是真的，但現在我不允許自己看到它"(馮川譯，1996，275 頁)。在此，羅洛・梅曾引用梅洛-龐蒂 (Maurice Merleau-Ponty, 1908～1961) 的話：

> 每一種意向都是一種注意，而注意則意味著"我能"。因此，直到我們以某種方式對某事體驗到"我能"時，我們才注意到它。(馮川譯，1987，257～258 頁)。

在心理治療的過程中，所發生的是一種患者與世界關係的改變，這種改變一般表現為他有能力增加自信及對治療者的信任上。在羅洛・梅看來，意向性是一種存在狀態，是人的有意識意向和無意識意向的基礎。它在不同程度上涉及到個人某段時間內價值定向的總體，而後者又影響著自信及對他人的態度。

基於上述的認識，羅洛・梅強調指出，心理醫生的任務是要意識到在特定時間內患者的意向性究竟是什麼。心理治療家不僅應該理解和闡明這種意向性，而且應該使患者也意識到它並為此負起責任。因此，羅洛・梅認為，治療的目標就是幫助患者去感覺和決定他自己的存在，通過對特定情況下他的意向性及其朝向全部存在的主要傾向進行探索和闡述，最終使患者體驗到他的特殊存在是什麼，他是怎樣展示或否定的，使患者體驗到自己希望做什麼，以及使自己具有什麼樣的心理傾向。總之，使患者學會如何看待自己未來的存在。

(二)　存在心理治療的階段

那麼，在治療過程中應怎樣幫助患者意識到自己的意向性呢？羅洛・梅認為，對個別患者的治療是一個完整的過程，它"把願望、意志和決心這三個不同的層面集合起來"(馮川譯，1987，296 頁)。實際上，每一個層面就代表一個治療階段，雖然每一個階段不可能被另一個階段所取代，但一個階段可以被另一個階段所超越、保留與結合。這三個層面 (或階段) 都有一個共同的基礎，這就是一種基本的意向性，一種朝向有意義的積極的**自我重建** (self-reconstruction) 的治療傾向。現將存在心理治療的三階段概述如下：

第一階段：願望階段　這一階段和人的覺知有關，為意志和決心提供內容。羅洛・梅指出，今天"人們儘管懷著大量的願望，但他們卻只能消極地對待這些願望或把它們隱藏起來"(馮川譯，1987，299 頁)。患者往往無休止地把一切理性化，並相信對願望的否認會導致願望的滿足，患者逐漸把這種文化中的流行病形成為"不要去希望"的目標，這是一種不再願望任何東西的絕望。他根據自己的經驗認為，這種情形往往伴隨著迷惘、強迫的人格特徵。醫生必須幫助患者，使他們產生願望和願望的能力，藉此獲得某種情感上的活力和真誠。羅洛・梅認為，這並不是心理治療的終結而只是最基本的開端。

第二階段：意志階段　它被稱為"使認識變為自我意識"的階段。這一階段心理治療的目標是使患者"產生自我意識的意向"，把上一階段產生的願望合併和提升到一個更高的意識水平。羅洛・梅對這一階段的描述是，使患者承認自己是具有這些願望或欲望的人，是擁有這個世界的人，是能為自己及其世界做點事情的人，是能夠傳達他所感覺、思考、看到和聽到的事物的人。總而言之，就是使他成為一個有創造性的人。

第三階段：決心與責任感階段　這一個階段是走向自我實現、整合和成熟人的特有的意識形式，它使患者認識並實現著自己的潛能。在他看來，這一階段的實現，不是靠否認願望或否認自我確證的意志，而是要合併和持存先前的兩個層面。羅洛・梅指出：

> 決心從先前的兩個層面中，創造出一種行動模式和生存模式，這種行動模式和生存模式被願望强化和豐富，被意志肯定和確證，並對那些在人長遠的自我實現目標中有重要意義的他人作出反應和承擔責任。(馮川譯，1987，302 頁)

羅洛・梅認為，只有醫生與患者建立真誠的“在場”關係，患者才能漸漸體驗到自己的存在是真實的，才能意識到自己的潛能，並鼓起勇氣採取行動，才能達到意向性三個階段的目標，治癒其心理疾病。

羅洛・梅在《存在的發現》(1983) 一書中，曾舉了一個典型的案例：

> 赫欽斯夫人是位 30 多歲的農村婦女，她患有喉部癔病緊張症，結果老是用嘶啞的聲音說話。羅洛・梅對其病情分析時發現，患者經常感到她向別人尤其是她父母講一些她確實相信的東西時常會受到否認。這種尬尷的局面使她認爲，還是守口如瓶最安全。羅洛・梅認爲，患者的心理問題有其童年根源；因爲她過去常受到母親和祖母的嚴厲批評，爲了保護自己，反而導致了喉部緊張症。但是，羅洛・梅感到對她的治療最重要的還不是做出這種解釋，而是應該認識到她現在是活生生地“生存和出現在……這間房子裏”。她和大家一樣，也是自我中心的。實際上，她通過以嘶啞的聲音講話而試圖保護她的存在。另外，她通過對自己行爲的過份控制，使她看起來比較恰當來保護自己免受批評。(May, 1983, p.25)

在分析過程中，赫欽斯夫人說，她曾做過一個夢：她在飛機場的一座尚未建成的樓房內逐個房間地尋找一個嬰兒。當她找到這個嬰兒時，就抱起孩子，並把他包在自己的衣服裏。這時她的心裏充滿了焦慮，因為她擔心這樣會把嬰兒悶死的。回來後，她高興地發現嬰兒還活著。但隨後她卻產生一種可怕的想法：“我會殺死他嗎？”

羅洛・梅在分析這個夢時發現，這棟房子位於一個機場附近。赫欽斯夫人在 20 歲時曾在那個機場學習過單飛，這使她脫離了自己的父母。夢中的那個嬰兒可以看作是她的小兒子，她經常把兒子和她自己相認同。這樣看來，夢中的嬰兒似乎就是她自己，這個嬰兒也可以看作是她的發展中的意識的象徵。赫欽斯夫人認為這種意識就是她夢中的“殺人”。

那麼，為什麼她會產生這種意識呢？進一步地分析發現，當赫欽斯夫人大約六年前來做心理治療時，她已經脱離了父母的宗教信仰。然後她加入了另一個教會，但她不敢把此事告訴嚴厲的父母。雖然在治療過程中，每當羅洛・梅提到這個問題時，她就認為應該告訴自己的父母。為此她感到自己的精神十分虛弱，內心十分空虛，她不得不時常在躺椅上躺上幾分鐘。最後，她終於寫信給她的父母，告訴他們她已經改變了宗教信仰，並在信中聲明想要讓她再改變主意是不可能的了。此後，赫欽斯夫人的心理疾病有了較大好轉。在後來的另一次治療期間，她告訴羅洛・梅她有時感到非常焦慮，不知道她是否會得神經症。羅洛・梅安慰她說，這種結果幾乎是不可能發生的。

羅洛・梅最後分析認為，赫欽斯夫人的虛弱和焦慮原是企圖撲滅浮現在頭腦中的殺人意識。她正在力求接受她對其母親的痛恨，以及母親對她的痛恨，力求把自己從母親的痛苦支配下解脱出來，並且為自己的行動和選擇承擔責任，儘管這樣做並不一定總能獲得最好的結果。總之，赫欽斯夫人正在逐漸認識到自己的意向性，正視自己的存在，從而使自己有可能在將來的生活中獲得完整的獨立性，獲得積極成長和健康發展的生活方式 (May. 1983)。

第五節　簡要評價

在我們全面而系統地介紹了羅洛・梅的存在心理學以後，一般對他的存在心理學的基本理論如存在本體論、存在人格理論，以及它的主要應用存在心理治療都有了一個基本了解。現在一個迫切需要解決的問題，就是如何評價羅洛・梅的存在心理學在西方心理學史特別是在人本主義心理學史發展中的地位與作用。下面我們分別評論一下羅洛・梅的存在心理學貢獻與局限。

一、主要貢獻

羅洛・梅不是一個單純拘泥於臨床的心理治療家和一般的人本主義心理學家，而是一個人本主義心理學的建立者、美國本土存在心理學的首領，頗有理論建樹和深邃睿智的思想家，因此他在人本主義心理學史上具有重要的地位和開創性的貢獻。羅洛・梅的影響已超出了美國和心理學界而擴大到了世界的許多國家。

(一) 創建美國本土的存在心理學

自 20 世紀 30 年代以來，存在心理學先產生於瑞士，後在法國、德國、荷蘭等地也有一些人進行研究。40 年代以來，美國的一些學者也開始研究這方面的問題，但影響不大。這除了和美國傳統與歐洲傳統不同外，它還同歐洲存在心理學的理論和概念尚不系統和明確直接相關。

羅洛・梅將發源於歐洲的存在心理學引入美國，開創了美國本土的存在心理學，成為美國人本主義心理學的重要組成部分。

羅洛・梅對美國存在心理學的創建和人本主義心理學的發展起了下述三方面的重要作用：

1. 把歐洲存在心理學全面引入美國 羅洛・梅和安傑爾、埃倫貝格合編了《存在：精神病學和心理學的新維度》(May, Angel & Ellenberger, 1958)。該書評介了歐洲各國存在心理學的理論觀點，發表了歐洲存在心理學家主要著述的英譯，闡明了存在分析對心理治療的重要意義，剖析了來自美國傳統的一些妨礙存在心理學傳播的阻力。這是一部全面而系統地評介和論述存在心理學的重要著作。許多學者認為，正是《存在》(1958) 一書的出版，開始了存在心理學和存在心理治療在美國的迅速傳播。

2. 開創美國本土存在心理學和存在心理治療的研究 羅洛・梅在自己的研究和治療實踐中，建構了存在心理學的理論體系。以下是羅洛・梅的存在心理學的主要特點：

(1) **以探討人的存在及其意義爲存在心理學的主題**：不同於主流行為心

理學既不談“人”又不談“心”的弊端，特別強調要研究“人之所以為人”的真理。正如一位西方學者所說的那樣：

> 帶到諮商室的來訪者，已不再是身心症狀，也不完全是心理問題，而是一個很深的哲學問題：如何找回人生的意義？當他們面臨無聊與失望的經驗時，他們唯一的目標，是如何解決無意義的生活。(Reeves, 1977, p.24)

(2) **以存在主義爲存在心理學的理論基礎**：即羅洛・梅用存在主義哲學回答了“我個人的生存，或者我個人的存在究竟有何意義”這一中心問題。他不僅直接而廣泛地在其心理學中使用存在主義哲學的術語，如“存在”、“存在的意義”、“在世界中存在”、“時間觀念”、“人的三種存在模式”等，而且還用存在主義觀點解釋人的極為複雜的心理現象，如未來意象、自由選擇、焦慮、罪疚感、責任、超越瞬時情境等。羅洛・梅畢生的目標，就是重建個體人格的尊嚴、安全感和個人存在的價值。

(3) **以存在本體論、存在人格理論與存在心理治療爲存在心理學的理論內容**：其中，存在分析論為其存在心理學的基礎與核心，焦慮理論為存在本體論的表徵與延伸，存在人格理論為存在分析論的擴展與豐富，愛與意志為存在分析論的進一步發展與研究重點的轉向，存在心理治療則為存在分析論在臨床實踐中的應用與推進。

(4) **以現象學爲主要方法**　羅洛・梅指出：

> 現象學對我們有極大的幫助。現象學告訴我們如何接受事物的直接現象，如何排除一切以往的理論與假定，面對病人時，又如何叫我們不要有任何固定的理論或成見。現象學促使我們站在事物之前，毫無保留地去經驗它，接受它。(May, 1969, p.20)

羅洛・梅將現象學方法應用於心理學及心理治療中時，強調：(1) 直接觀察與直接體驗，認為只有這樣才能正確地認識人的本來面目；(2) 科學世界與現象世界應該分開，現象世界在科學世界之前就已存在，並作為科學世界的最後根基；(3) 在心理治療中，必須讓患者經驗自己的自我、自己的世界，要求治療者接受患者的經驗，接受並尊重患者的自我。

誠然，存在心理學的理論前提是不能苟同的，但是它作為對人類社會心理和價值理論的探索還是有啟發作用的。存在心理學要求把心理學真正變成研究人的科學，注重個體和社會問題，集中探討人生的價值追求、自我實現及其障礙、個人自由發展、人際關係中對他人的關愛、責任感、意向性、意志、生活的最終目的，應對日常生活的壓力和緊張等，這些思想對心理學將科學精神與人文精神融為一體不無重要藉鑒意義。

羅洛・梅不僅在創建美國存在心理學方面有歷史功績，而且影響了一大批心理治療家成為後來著名的存在心理學家和存在心理治療家。其中主要有英國精神病學家萊因 (Ronald David Laing, 1927～　)、美國心理學家簡德林 (Eugence Gendlin, 1926～　) 和馬迪 (S. R. Maddi, 1933～　) 等。

3. 爲人本主義心理學的產生與發展做出了特殊的貢獻　首先，羅洛・梅既堅持存在心理學的獨特立場，又參與人本主義心理學的創建，被譽為"美國存在心理學之父"。近年來，他又被認為是美國人本主義心理學的"三領袖之一"(馬斯洛、羅傑斯和羅洛・梅) (林方，1989) 或"五位建立者之一"(馬斯洛、羅傑斯、奧爾波特、羅洛・梅以及布根塔爾) (DeCarvalho, 1991)。

羅洛・梅是促成存在心理學與人本主義心理學兩種思潮結盟的核心人物之一。1959 年，羅洛・梅在辛辛那提會同馬斯洛、羅傑斯、奧爾波特等召開首屆存在心理學研討會，這次會議的論文匯集為《存在心理學》(1961)。存在心理學與人本主義心理學的聯盟主要是因為兩者都反對精神分析和行為主義還原論的傾向，並且都強調人的主體自我的決定作用。由於羅洛・梅和其他人的努力，不僅擴大了存在心理學的影響，而且也壯大了人本主義心理學的勢力。

其次，羅洛・梅還開闢了人本主義心理學研究的新方向。從人本主義心理學的理論範式和發展趨勢來看，大體上可分為兩大系統和類型：

(1) 自我實現論的人本心理學，或稱現象學心理學 (見第 9 頁)，以馬斯洛、羅傑斯為主要代表，屬於人本主義心理學的主體和正宗。

(2) 自我選擇論的人本心理學，或稱存在心理學 (見第 9 頁)，以羅洛・梅、布根塔爾為主要代表，屬於人本主義心理學發展的新領域和新趨勢。

羅洛・梅的存在心理學與馬斯洛的現象心理學的主要區別：

(1) 存在心理學和存在主義哲學有直接的關係，現象心理學雖然也受到存在主義哲學的影響，但兩者没有理論上的承續關係，而且在某些觀點上也並不完全一致。

(2) 存在心理學主張人性有善有惡論，現象心理學主張性善論。

(3) 存在心理學堅持自我選擇論，強調意志在未來抉擇時的重要作用；現象心理學堅持自我實現論，雖然不否認自我選擇，但卻認為潛能可以自發實現，或只要他人和社會不加約束、干擾或懲罰就能實現。

(4) 存在心理學在需要圖式中把心理、社會、生物三種不同類型的需要同時體驗著人格，一種需要的滿足必然影響另外兩種，三種需要是互為因果的關係，所有這些需要在人的一生各個階段都能體驗到；馬斯洛現象心理學則把各種需要組織在一種等級系統中，強調高級需要的出現和優勢依賴於低級需要的先期滿足。

誠然，羅洛・梅的存在心理學與馬斯洛的現象心理學在理論觀點上有若干區別，但是在研究取向、理論基礎、方法論以及研究原則與主要問題基本上是一致的。如把人擺在心理學研究的首位，重視人的尊嚴、價值、體驗、責任、選擇性、創造性、自我實現，堅持存在本體論和現象學方法論，反對還原論、機械論和實驗主義等。因此，羅洛・梅的存在心理學不但没有背離人本主義心理學的共同綱領和基本原則，反而更進一步堅定、豐富和發展了人本主義心理學的理論建構，代表 20 世紀 70 年代以來人本主義心理學發展的新趨勢。美國心理學家赫根漢曾指出，從目前發展趨勢來看，“存在心理學仍然具有强大的影響，有跡象表明它將在很長時間內繼續保持這種影響”(Hergenhahn, 1984, p.356)。

美國人本主義心理學會首任主席、唯一健在的人本主義心理學的建立者布根塔爾在致羅洛・梅的悼詞中，對羅洛・梅做了高度評價。他說：

> 羅洛・梅是一位神話幻覺般的和富有奉獻精神的人，探討了我們的藝術和心理科學的領域……，你給了人類靈魂的研究……(通過)對愛、意志、勇氣、明確表述你的觀點，和豐富你的概念方面成爲堪與（威廉）詹姆斯相比的值得尊敬的後繼者。(Bugental, 1996, p.41)

(二) 推進人格心理學的理論研究

羅洛・梅首先嚴肅地批判了西方人格心理學中的自我理論，認為其要害之處在於“它集中體現了現代思潮中的主客二元關係。”“自我理論反映了那種把人在本質上看成是某些力量的被動承受者的普遍傾向”(林方，1987，282 頁)。

羅洛・梅在存在本體論的基礎上提出了存在感、意向性、焦慮、個人責任、愛與意志等概念，剖析了人格的六大基本要素及人格發展階段，著重闡述了人的自我意識和自由選擇。他不僅為人格理論研究提供了一個嶄新的視角，而且還建構了自己的存在人格理論。

羅洛・梅的存在人格理論的主要特徵：

1. **強調人格的完整性** 羅洛・梅認為，人是生理、心理和倫理的統一體，是自我中心、自我肯定、參與和分享、覺知、自我意識及焦慮的統一體，是同時存在於周圍世界、人際世界和自我世界的統一體，也是處於不同發展階段的統一體。

2. **強調自我意識** 羅洛・梅反對以刺激-反應的模式看待人，反對把個體人格作為外界力量的被動接受者，強調把人的自我意識視為推動人格向全面發展的內在根本動力。

不難看出，羅洛・梅的存在人格構成及其發展階段學說，不僅推進了人格整體性、社會整合性、意識性和選擇性的理論研究，而且還為人格心理學和心理治療學提供了一個理論根據。

(三) 促進心理治療理論的深化

作為著名心理治療家羅洛・梅一生對精神病學和心理治療的貢獻頗多，影響深遠。他根據存在心理學的理論，提出**存在神經症** (existential neurosis) 一詞，以說明具有長期疏離感和無意義感的人，對心理醫生在診斷上有很大幫助。此外，他還廣泛吸收了各種心理治療方式，如弗洛伊德所用的面談、釋夢、躺椅上的自由聯想、重視童年經驗；沙利文所用的參與觀察；羅傑斯所主張的無條件積極關懷等，把歐洲存在-精神分析治療美國本土化，建構了人本主義的存在心理治療模式。

應當指出，羅洛・梅的突出貢獻不在於心理治療的具體技術上，而在於為心理治療提供了一個新的理論基礎，進一步深化了心理治療的理論建構。正如羅洛・梅自己所說的：

> 存在療法的主要貢獻在於它將人理解爲一種存在。這一種療法並不否認精神動力的有效功能，也不反對在適當場合對特定行爲模式的研究。但是它主張，各種動力論的驅力概念，無論人們給它冠以何種名稱，只有放到我們接觸的人的存在結構中才可以理解。這樣，存在分析的顯著特點是：它與本體論即研究存在的科學發生關係，它的研究對象是“此在”(又譯實存、親在、定在、限有)，那坐在精神病醫生面前的特定的人的存在。(林方譯，1987，268 頁)

羅洛・梅之所以特別重視關於人的存在的理論建設，是因為他看到所有的心理治療都不可避免地涉及到人生意義的哲學問題。在他看來，沒有對人的概念的正確理解，往往會導致心理醫生與患者心靈的隔閡，常常會驚人地歪曲事實。若沒有關於人的正確理論，就不會有心理健康的正確標準，也就很難理解心理治療過程、手段及療效的關係，總之，也就不會真正達到心理治療的目的。

羅洛・梅將人理解為一種存在，在其存在本體論的基礎上，建構了存在心理治療基本原則和意向療法。並且他提出了自己獨特的心理健康標準，突出人類存在的精神生活的意義，重視建立良好的醫患關係，強調對患者這一基本存在的尊重、理解與引導，力圖幫助患者理解自己的意向性、體驗和存在感，充分發揮患者的潛能、自我意識、價值追求、個人責任、生活勇氣和樂觀自信的精神，從根本上解決患者自己的心理困境，以達到心理治療的最終目的。

羅洛・梅這種治本而非治標的領悟療法在心理治療領域的貢獻，得到了美國及世界心理學界的肯定和好評。羅洛・梅的存在心理治療理論不僅影響著對病人的正確認識，而且也激發了人們去重新理解健康與疾病，尋找存在的真諦，解除存在的困惑，去追求人格的完滿與實現。

二、根本局限

誠然，羅洛・梅對人本主義心理學做出了重要的貢獻，在美國本土存在心理學界中首屈一指，但是由於存在主義哲學及其本人歷史的局限性，他還不可能完全科學地解讀人及人的存在，因而羅洛・梅的存在心理學也必然有其難以克服的缺陷。

(一) 具有主體化的本體論傾向

存在本體論是存在心理學的理論基石。無論研究抽象的理論，還是與社會生活密切聯繫的現實問題，羅洛・梅始終都是圍繞著存在本體論展開的。關於建立“人的科學”的設想、焦慮的意義、愛與意志的分析、人格的構成與特徵、心理治療的目標與結構等，無一不是建立在這一基礎之上的。

應當看到，羅洛・梅的存在本體論原則，重視人的生存、本質、尊嚴、價值、自由等問題，促使人們去思考人生意義，揭露了現代西方社會的某些弊端，具有一定的積極意義。

羅洛・梅的存在心理學中居首位的存在本體論，表面上打著反對“主客二元論”幌子，實際上認為存在不是客體而是主體，也就是人的存在即是人的主體性存在。具體來說，羅洛・梅所謂的存在是作為意志或行動主體的個人的存在或生存。他特別強調個人的具體存在並不是指在社會關係中的人的具體存在。相反的，他認為在社會關係中的“普通人”並不是真正的存在；因為“存在先於本質”，個人是首先存在著，然後規定和選擇自己的本質。顯然，羅洛・梅的存在本體論是一種以人的存在為核心的主體化的本體論，或者說是一種人化本體論的主體主義哲學。因此，這種存在本體論擬在擺脱“麻煩的主客二元論”的時候，羅洛・梅擺脱的卻是唯物主義，從而成為典型的主觀唯心主義。

(二) 具有非理性主義傾向

羅洛・梅反對弗洛伊德的泛性論、還原論和潛意識決定論，崇尚人的意識、意向性和自我意識，表面看來似乎是堅持理性主義，其實並非如此。

誠然，近代西方思想界是理性決定一切的**理性主義** (rationalism) 盛行的時代，人們堅信人類唯有依靠理性才能解決所面臨的各種問題。但是隨著現代西方社會各種矛盾和危機的出現，兩次世界大戰的爆發，以及科學技術負面後果的顯露，人們日益發現理性並不能支配人的行動，而人的需要、欲望、情感、意志才是人的行為動力。於是，傳統的理性主義就被宣揚情感、意志、意向性、直覺決定一切的**非理性主義** (irrationalism) 所取代。而羅洛・梅的存在心理學就是在非理性主義的存在主義影響下產生的。

強調人的非理性存在是羅洛・梅的存在心理學的非理性主義傾向的首要表現。在他看來，作為人的科學的心理學並非探索外在空間或者無生命的東西，而是研究有心靈的人或主體的內在世界，其中人的直覺、體驗、情感和意志居於重要地位。似乎外層理性之下的欲望與意志才是人真正毫無偽裝的“自我”，對這樣的“自我”，決不能單純用理性或邏輯方法來規定，而必須用直覺、體驗等非理性方法來把握。在他看來，没有通過對煩惱、孤獨、絕望等非理性心態的直接體驗，就不能領悟自我的內心世界。

強調人的意識自由是羅洛・梅的存在心理學的非理性主義傾向的另一個主要表現。誠然，他反對弗洛伊德誇大潛意識的作用，主張意識的作用高於潛意識的作用，但並不能説明這是理性主義的表現。相反的，他的意識觀具有明顯的非理性主義的傾向。首先，從意識的來源來看，羅洛・梅認為意識是一種受非理性“原始生命力”的愛欲驅策的自我意識。而這種“原始生命力”實質上就是把善與惡相統一、創造性與毀滅性集於一身的一種欲望和潛能，它的存在為殘酷的非理性的和非人的行為提供了持續的動力。人類社會中的許多善行與惡舉，甚至病人的變態行為，都是這種原始生命力的作用。這樣，人類所有有意識的理性行為均受制約於這種非理性因素了。因此，意識就是對自我存在的意識。其次，從意識的構成來看，羅洛・梅認為意識的主要成份是意志，自由選擇能力的主宰者也是意志，而意志的核心成份則是作為人內心深處的一種潛在結構的意向性。它們具有內發性和隨機性，往往是不受限制的，每個人對自己的本質都有絕對的選擇自由，顯然這種不受規律制約的意志本體論也是非理性主義傾向的表現。

(三)　具有神秘主義傾向

由於深受宗教神學教育的薰陶，羅洛・梅的存在心理學具有明顯的宗教色彩。他不僅在早期極力為所謂“上帝”、“基督”的存在尋找心理學的根據，而且還把“宗教緊張”作為人格構成的六大要素之一。

羅洛・梅認為理想人格是人的一部新的宗教信仰。在他看來，人格心理最終結構的描述，是上帝的心靈和原則。只有宗教和世俗的聖人，以及具有巨大創造力的偉人，才能生活在理想人格的水平上。顯然，這種論述具有神秘主義的色彩。不過，羅洛・梅並不是一個盲目的宗教信奉者，如果剝去其神秘的外衣，不難獲得某種啟示。羅洛・梅指出：

> 個體要想達到人格健康，就必須相信他的生活是有目標的。要是沒有目標，就不可能有意義，要是沒有意義，人最終就無法生活。(May, 1939, p.216)

在羅洛・梅看來，健康的宗教就是相信人的存在是有目標和意義的。神經症患者正是喪失了生活的目標和意義，也就是喪失了健康的宗教。可見，他所謂的宗教就是對人生意義的肯定與信念，使個人與宇宙協同。在這個意義上説，宗教便成為一種導引性的精神動力。

存在心理學儘管有其難以克服的弊端，但是它的影響是不能漠視的。在羅洛・梅去世前後，存在心理學有兩種發展傾向：

一種是強調沿著羅洛・梅開創的道路，繼續探討個人的自由選擇和自由意志在人類心靈中的作用，力求促使心理學與社會生活實際問題結合起來，闡發人類存在的意義，以實現人的“本真的存在”。

另一種傾向是試圖用實證的方法改造存在心理學，用科學的、有控制的實驗方法來驗證存在心理學的某些假設，以提高其科學性，使之符合當代科學研究的潮流。當然，要做到這一點是非常困難的。不僅目前的實驗手段不可能完全達到，即使在某些方面能做出實驗結論，也很難説明人類複雜多變的現實情境。

因此，存在心理學的研究取向在今後很長時間內仍將發揮其影響 (楊韶剛，1998)，正如美國人格心理學家霍爾和林賽所說：

> 不論存在心理學的未來可能是怎樣的——在目前看來它有足夠的活力和生機長時期地存在下去——它已經至少起到了一個非常重要的作用。這種作用是把心理學從溺入理論之海中挽救出來，這些理論失去了與日常世界的聯繫，失去了和經驗‘假設’的聯繫……存在主義正在幫助一門科學重新煥發生機，許多人感到這門科學已成爲

理論上垂死的。它這樣做是通過堅持使用一種嚴格的現象學方法。它曾試圖發現實際存在那裡的東西，並且用具體的術語描述人類的存在……不論存在心理學的未來可能是什麼……現在它顯然提供了研究和理解人類的一種深刻的新方式。正是由於這個原因，它引起了學習心理學的一些嚴肅的學者的最密切的注意。(Hall & Lindzey, 1978, pp.343～344)

本章摘要

1. 羅洛・梅是美國存在心理學和存在心理治療的創建者，也是人本主義心理學的建立者之一。他的存在心理學是人本主義心理學的一個新的分支和研究取向，是探討人的現時存在價值、自由選擇、實現自我的心理學理論和治療方法。
2. 羅洛・梅的存在心理學形成的主要原因為：(1) 深受存在主義和現象學的影響；(2) 深受新精神分析特別是存在分析學派的影響；(3) 深受羅洛・梅的個人心理治療實踐與生活體驗的影響。
3. 羅洛・梅的**存在心理學**的主要特點：(1) 以探討人的存在及人生意義為主題；(2) 以存在主義為理論基礎；(3) 以存在本體論 (存在分析論、焦慮本體論、愛與意志本體論)、存在人格理論與存在心理治療為主要內容；(4) 以現象學為主要方法。
4. 美國存在心理學與人本主義心理學的共同點：(1) 反對精神分析的生物還原論和行為主義的機械決定論；(2) 研究對象多為正常人或心理健康者、精英、名人；(3) 研究的內容為人的本性、潛能、尊嚴、價值、體驗、創造性等；(4) 研究方法多為整體分析與現象學方法。
5. 美國存在心理學與現象學心理學的區別：(1) 存在主義哲學對存在心理學有直接影響，對現象學心理學則有間接影響；(2) 存在心理學主張人性有善有惡論，現象學心理學主張性善論；(3) 存在心理學突出自我選擇論，強調意志的作用，現象學心理學突出自我實現論，強調潛能的自發實現；(4) 存在心理學強調心理、社會、生物三種需要的同時體驗與互為因果，現象學心理學把需要視為一個不同等級的系統，高級需要的出現與優勢依賴於低級需要的基本滿足。

6. **存在分析論**是**存在本體論**的核心和基礎。主要內容：(1) 人是一種特殊的存在，存在有六層含義：即個人的具體存在、此時此地的存在、意識到自己的存在、自由選擇的存在、與非存在統一的存在、發展中的能動的存在；(2) 人存在的三個世界：即人在世界中存在的三種方式，包括周圍世界 (**環境**)、人際世界 (**共境**)、自我內在世界 (**我境**)。羅洛・梅認為物-人-己三個世界相互依存、同時存在；(3) 存在感。

7. **存在感**是指個人對自身存在的覺知和體驗。它紮根於個人世界，受社會關係影響有限，包括個人有意識和無意識的全部經驗，能夠認識自己的存在並有在世上做事情的存在能力，以及必要時跟外界對抗的能力。存在感是人生的目標、支柱和基礎，它對個體發展和心理治療具有重要作用。

8. **焦慮本體論**是羅洛・梅的存在本體論的重要組成部分之一。主要內容：(1) 焦慮是個人存在及其基本價值受威脅的反應，是與恐懼相區別的、焦慮的對象模糊且是消除緩慢的體驗；(2) 焦慮的種類有**正常焦慮**與**病態焦慮**；(3) 焦慮除具有本體的意義外，同文化有著密切的關係。主要原因是價值觀的喪失、空虛和孤獨；(4) 應對焦慮的方式有積極避慮和消極避慮兩種方式。

9. **愛與意志本體論**也是存在本體論組成部分之一。其主要內容：(1) **愛的本體論**，包括愛欲論、愛與死、愛與原始生命力；(2) **意志本體論**，認為意志是人類存在的本體論意向或基本傾向，其任務是塑造和形成個體存在及其內心世界，向愛的創造性活動提供秩序和一致性。

10. **存在人格理論**是羅洛・梅的存在心理學的主要內容之一。其主要內容：(1) **人格構成論**：早期人格包括**自由**、**個性**、**社會整合**、**宗教緊張**等四要素，晚期人格包括**自我中心性**、**自我肯定**、**參與**、**覺知**、**自我意識**、**焦慮**等六大基本要素；(2) **人格發展階段**：經歷天真無知、尋求內在力量的反抗、日常自我意識的發展、自我的創造意識等四個階段。

11. **存在心理治療**是羅洛・梅的存在心理學的重要部分，其主要內容：(1)

存在心理治療：指通過由病人對自己現實存在及其生活意義的解釋、理解和體驗而重獲存在責任感的治療法，屬於整體治療、意向治療和領悟治療的範疇；(2) 存在心理治療的原則：理解性原則、在場性原則、體驗性原則、信奉性原則。

12. 存在心理治療的方法和過程。(1) 方法：心理醫生通過幫助患者對自己在特定時間內意向性的理解，使患者體驗到自己的希望，以喚起患者對未來存在的責任感。羅洛・梅把意向性的理解和存在感的重建視為進行存在心理治療的關鍵；(2) 過程：包括願望階段、意志階段、決心與責任感階段。

13. 羅洛・梅的存在心理學的主要貢獻：(1) 把歐洲存在心理學引入美國，創建美國本土的存在心理學；(2) 參與創建美國人本主義心理學，開闢自我選擇論的人本主義心理學的新定向和新範式；(3) 創建存在主義的人格學說，推進人格心理學的理論建構；(4) 創建美國存在心理療法，促進心理治療理論的發展。

14. 羅洛・梅的存在心理治療的根本局限：(1) 崇尚主觀、思辨，具有主體化本體論哲學傾向；(2) 崇尚情感、意志，具有非理性主義傾向；(3) 崇尚宗教、信奉，具有神秘主義傾向。

建議參考資料

1. 車文博 (1996)：西方心理學史。臺北市：東華書局。(1996) (繁體字版)；杭州市：浙江教育出版社 (1998) (簡體字版)。

2. 呂漁亭 (1983)：羅洛・梅的人文心理學：人之基本結構的探討。臺北市：輔仁大學出版社。

3. 林　方 (1989)：心靈的困惑與自救——心理學的價值理論。瀋陽市：遼寧人民出版社。

4. 馮　川 (主編) (1996)：羅洛・梅文集。北京市：言實出版社。

5. 楊韶剛 (1999)：尋找存在的真諦。見車文博 (主編)：20 世紀西方心理學大師述評叢書之一。武漢市：湖北教育出版社。

6. 葉浩生 (1994)：現代西方心理學流派。南京市：江蘇教育出版社。
7. 羅洛・梅 (馮川譯，1987)：愛與意志。臺北市：志文出版社 (繁體字版)；北京市：國際文化出版公司 (簡體字版)。
8. DeCarvalho, R. J. (1991). *The founders of humanistic psychology*. New York: Praeger.
9. Ewen, B. R. (1980). *An introduction to theories of personality*. New York: Academic Press.
10. May, R. (1960/1969). *Existential psychology*. New York: Random House.
11. May, R. (1950/1977). *The meaning of anxiety*. New York: Ronald Press.
12. May, R. (1967). *Psychology and the human dilemma*. New York: Norton.
13. May, R., Angel, E., & Ellen Berger, H. F. (1958/1967). *Existence: A new dimension in psychiatry and psychology*. New York: Basic Books.
14. Reeves, C. (1977). *The psychology of Rollo May*. San Francisco: Jossey-Bass.

第六章

布根塔爾的存在分析心理學

本章內容細目

布根塔爾是美國存在分析心理學家和心理治療家，也是美國人本主義心理學的建立者之一。

最近，美國心理學家德卡瓦胡 (DeCarvalho, 1991) 在其著作中曾列舉奧爾波特、馬斯洛、羅傑斯、羅洛·梅和布根塔爾等五位人本主義心理學的創立者。其中，布根塔爾雖然年紀最輕、唯一健在、人們不太熟悉，但是他卻被選為美國人本主義心理學會的第一任主席，並為美國人本主義心理學做出了重要的貢獻。

布根塔爾和羅洛·梅一樣，也是人本主義心理學中存在主義取向的主要代表。由於他們既深受存在主義哲學的影響，又批判繼承精神分析的思想，加之他們主要從事存在分析心理治療的工作，因而常常把他們的心理學思想稱為**存在分析理論** (existential-analysis theory)，或**存在分析心理學**。儘管他們的理論內涵本質上是相同的，但從其論著來看又有不同的稱謂。羅洛·梅曾把自己的理論統稱為存在心理學，而布根塔爾則把自己的理論明確稱為存在分析心理學。

布根塔爾的存在分析心理學是人本主義心理學的一個重要的研究取向，也是美國存在主義心理學發展的一個新的階段。它主要探討存在給予、存在意識、存在焦慮、存在價值、存在成長、存在危機等一系列存在心理學的基本理論問題，以及存在心理治療方法。

學習和研究布根塔爾的存在分析心理學，不僅有深遠的理論意義，而且也有重要的實用價值。它一方面直接有助於了解布根塔爾對人本主義心理學的理論建構與整體貢獻，以及對美國存在主義心理學的新發展；另一方面還有助於了解布根塔爾對存在心理治療理論內涵的擴展，以及存在心理治療在臨床中的實施。本章內容旨在討論下列六個問題：

1. 布根塔爾存在分析心理學的實質和特點。
2. 布根塔爾存在分析心理學與羅洛·梅存在心理學的聯繫與區別。
3. 布根塔爾對人本主義心理學總體上的理論架構。
4. 布根塔爾關於人的存在分析的基本理論。
5. 布根塔爾的存在-人本主義心理治療。
6. 布根塔爾的存在分析心理學的貢獻與局限。

第一節　布根塔爾傳略

一、教育薰陶

布根塔爾 (James Frederick Thomas Bugental, 1915～　　) 生於印第安納州的韋恩堡。他在俄亥俄、伊利諾斯和密西根州渡過了童年早期。他的父親自認為是個精明能幹、渴望成為顯要的人，但其一生中的主要年華卻消磨在大蕭條的年代。他的母親是一位很有抱負的鋼琴家，結婚後主要靠她教授音樂來維持家庭生活。布根塔爾把她描述為“有教養的人”中值得讚賞的人 (DeCarvalho, 1991)。

布根塔爾幼年宗教教育是很混雜的，新教教派和異教“新思想教會”的活動他都參加。他從小就是個讀起書來廢寢忘食的人，上中學時幾乎把圖書館裡的書全讀過了。12 歲時家遷至加利福尼亞州，他在那裡讀完了高中和初級學院，此時他很偏科，只對他所喜歡的學科學得很好。畢業後，他參加的幾份工作都不甚滿意。結婚後，他又進入西德克薩斯州立師範學院，1940 年獲該院教育學學士學位。他優異的學習成績和能力，使他獲得了田納西州喬治·皮博迪學院贊助的一項研究基金。布根塔爾於 1941 年獲得皮博迪學院的社會學碩士學位，並開始攻讀博士學位。

二、主要經歷

在攻讀博士學位期間，布根塔爾還擔任田納西州公務員預備考試中心的一個職位。一年後，他成為該中心的主任。因戰爭的關係，皮博迪學院心理學系的成員被遣散，他被迫放棄了研究生的學習。翌年，他又到喬治亞州亞特蘭大聯邦公務員考試系統任職。1943 年他應邀出任喬治亞理工學院的心理學助教授和退伍軍人指導中心的代理主任職務。1945 年應徵入伍，接受基本訓練之後，作為一名心理學家被分配到亞特蘭大的洛森陸軍總醫院。

圖 6-1 布根塔爾
(James Frederick Thomas Bugental, 1915～) 美國心理治療學家，人本主義心理學的建立者之一，美國人本主義心理學會的第一任主席，美國存在主義心理學的主要代表，心理學服務協會的創建者。他不僅建構了人本主義心理學的理論框架，而且促進了存在心理學和存在心理治療的發展。

布根塔爾在 1945 年拜讀了羅傑斯的《諮商與心理治療》(1942)，從此打開了他的一個嶄新的天地。1946 年退役不久，他到俄亥俄州立大學攻讀心理學博士學位。多年以後布根塔爾寫道，他在這裏發現了對自己理智能力的一種新的自信。他和美國臨床心理學家雷米 (Victor Raimy, 1913～) 及美國人格心理學家凱利 (George Alexander Kelly, 1905～1967) 一起學習，並在幾個系任過職。1948 年他以〈概念模型與自我概念的關係調查〉的論文獲取博士學位。

此後幾年，經博士後研究，布根塔爾就在洛杉磯加利福尼亞大學擔任教師和研究人員，他主要集中在通過晤談者與來訪者之間的**心理面談** (或**心理交談**、**心理訪談**) (psychological interviewing) 進行心理治療的領域。不久，他便在洛杉磯開業，從事個體和團體的臨床實踐。在 1954～1968 年期間，他是洛杉磯心理學服務協會的創建者之一，該組織主要提供臨床和工業方面的服務。

在 60～70 年代是布根塔爾最活躍的時期：他離婚又再婚；參與加州和美國心理學會的職業與學術活動；出版了大量具有人本主義心理學定向的論

著。1960～1961 年他任加利福尼亞州心理學會主席，1962～1963 年又任人本主義心理學的會第一任主席。

目前的學術活動：加州綜合研究院洛克菲勒（講座）學者、塞布魯克學院名譽教授、斯坦福醫學院精神病學名譽臨床教授、存在-人本主義心理治療總監、從事教學和著述工作。此外，在國內外學院、大學、診所、醫院、專業組織等 200 多個機構進行講座和教學。

三、學術成就

布根塔爾在理論上和實踐上成就頗多。他的主要著作有：

《人本主義心理學：一種新的突破》(以下簡稱《新突破》) (1963) 是第一次正式闡明人本主義心理學研究取向和基本觀點的代表性論著。它對於幫助新建立的人本主義心理學會闡明其宗旨和策略產生了重大的影響。

《人本主義心理學的挑戰》(以下簡稱《挑戰》) (1967) 是由布根塔爾主編的一部 75 位人本心理學家關於人本主義心理學的著作，包括六部分：(1) 人本主義心理學的性質與任務；(2) 人的經驗；(3) 研究領域與方法；(4) 若干研究成果；(5) **成長遭際 (或成長遭遇、成長際遇)** (growthful encounter)；(6) 心理學與人文科學的重新結合。

《尋求本真 (或真誠)：一種心理學的存在分析取向》(1981/1965) 是他一部最重要的闡述存在分析心理學理論體系的專著。布根塔爾在此書中提出了他所謂的"人格心理學的存在定向"。他的存在心理學的定向所強調的是，一個人必須與他的在世存在的被給予性以及與此相聯的焦慮真正地聯繫起來。從這個觀點來看，若一個人具有**機體意識 (或機體覺知)** (organismic awareness) 時，就可以說這個人是本真的。布根塔爾把這種覺知 (或意識) 視為人類存在的一個核心事實。但是，逃避這種存在事實和本真自我就會產生焦慮、苦惱和無意義感。心理治療的價值就在於減少這些扭曲，恢復更大的本真。

《尋求存在同一性》(1976) 是布根塔爾《尋求本真》一書中存在心理學思想的進一步發展。他在該書中生動地描述了六個典型案例 (布根塔爾稱為"對話")，更深入地闡明了《尋求本真》中提出的存在心理學定向。

《心理治療與過程：一種存在-人本主義取向的基礎》(1978)，布根塔爾在此書中進一步向學習心理治療的人擴展了這種定向。

《心理治療學家的藝術》(1987)，此書正像書名的涵義，布根塔爾把心理治療的工作看作是藝術家的創造性活動 (DeCarvalho, 1991)。

第二節　人本主義心理學的理論架構

布根塔爾對人本主義心理學總體的理論架構，既是人本主義心理學家的理論綱領，也是他的存在分析心理學的理論起點。

一、人本主義心理學的基本假定

布根塔爾和其他人本主義心理學家一樣，堅持心理學是研究人而不是研究物的科學。因此，他認為，弄清對人的界定是理解和把握人本主義心理學取向的前提。

布根塔爾在《尋求本真》一書中提出人本主義心理學的五個基本假定。

1. **人的存在大於其各部分的總和**　布根塔爾認為，人是一個統一的整體，且具有獨立**本體論的給予性** (ontological given)。這就是說，從存在主義來看，是一個被給予的完整的存在本體。因此，人本主義心理學在談到"人"時，既反對把人只看作是一個"有機體"，也反對把人看作是各部分功能相加的總和，特別強調要從更完整的視角看人，從更富有人性的視角關注人，重視人的個別差異和個性化的意義。

2. **人是在人際情境中存在**　布根塔爾認為，人的存在及其獨特性是在**人際情境** (human context) 中表現出來的。因此，人本主義心理學非常關注**人際關係** (interpersonal relations) 中的人。即使在論及類似人的孤獨這樣的問題時，說的也是人際關係中的人。

3. **人具有意識**　布根塔爾認為，意識 (或覺知) 是人類經驗的中心事實。在他看來意識具有兩個特徵：一是意識連續性，即意識是連續有序的，不是跳躍中斷的。他不同意行為主義的主張，認為被試在進入實驗情境之前預先是沒有意識的。二是意識的多水平性，按個體內省知覺的內涵與狀態來分，意識可分為六個層次：(1) **意識** (consciousness)，指人覺知到的心理活動；(2) **焦點意識** (focal consciousness)，指集中而明確的意識；(3) **邊意識** (marginal consciousness)，指不太注意時獲得的模糊意識；(4) **下意識 (或半意識)** (subconsciousness)，指邊意識之下的注意層次所得的模糊不清的意識經驗；(5) **無意識** (nonconsciousness)，指對事物無所覺知的狀態；(6) **潛意識** (unconsciousness)，指潛伏在意識之下並且受意識控制而不自知的情欲 (張春興，1989)。布根塔爾也把潛意識看成是意識的一個水平。這與弗洛伊德主義貶低意識、獨尊潛意識是完全不同的。

4. 人具有選擇能力　布根塔爾認為，人是經驗的主體。就是說，人不是被動的客體和經驗的觀察者，而是主動的行動者和經驗的參與者。由此他推論人的潛能超越了生物的界限，具有選擇的能力。

5. 人具有意向性　布根塔爾認為，人在選擇中顯示其意向。但意向並不意味著驅力，而意味著定向。人的意向活動是通過擁有目標、價值給予、創造並體認意義而表現出來的。人的意向性是建立在自己存在同一性及其把自己與他人的特性區分開來的基礎之上。他還指出，人的意向是多樣的、複雜的，甚至是獨特的 (Bugental, 1965)。

二、人本主義心理學的定向

布根塔爾剖析了人本主義心理學與行為主義心理學的根本區別，並闡明了人本主義心理學定向的主要特徵。

1. 關注人　布根塔爾認為，人本主義心理學必須堅持在人類對自身的關注中發現自己。他反對把人與動物相混淆，投身於人的自身處境之外去研究人。他指出："如果將對人的功能活動和人的經驗的描述完全基於人類以下的物種之上，則是不合適的，甚至是錯誤的" (Bugental, 1967, p.9)。他強調，人本心理學必須尋求人的而不是非人的效度。

2. 意義比方法更重要　布根塔爾認為，雖然人本主義心理學應當找到適合自己的方法，有效地運用這些方法為人的境況提供相關的知識。但人本主義心理學反對行為主義的方法中心或方法至上的主張，絕不會把方法置於人的境況的意義之上。在他看來，意義的價值大於方法和過程。布根塔爾堅持認為，“在選擇研究的問題、設計與實施研究以及解釋研究結果時，意義比方法更爲重要”(Bugental, 1967, p.9)。布根塔爾不反對運用統計方法和實驗測量，但他堅持這些方法和測量必須是有意義的，而且最終的標準必須是人類的經驗。

3. 重視主觀經驗　布根塔爾認為，傳統心理學有一個錯誤的假設，就是將**主我**、**客我**、**自我**、**人**這四個詞指的是同一心理實體。他發現四者有區別，並指出：

(1) **主我** (I)：是純粹的統一的主體，它與“主我過程”、“意識流”、“主觀存在”等詞同義，指存在主義意義上人的一種純粹的主觀性的存在。

(2) **客我** (Me)：是純粹的客體，指作為知覺對象的人的存在，包括物質的身體存在、被觀察到的習慣行為模式、對過去行為和感情的記憶等等。“客我”在性質上是惰性的，沒有意識，不可能像主我那樣進行自我肯定。

(3) **自我** (Self)：可視為“客我”的同義詞，他同意雷米的觀點，認為“自我是一個習得的知覺系統，它是作爲行爲者知覺場中的一個對象、客體而起作用”(Raimy, 1943, p.371)。實際上，“自我”也就是個體生活歷史的心理文化積澱。因此，自我的發展必然構成對意識的種種拘限(或壓制)(constraints)，主要包括抵抗、習慣與文化因素的影響。

(4) **人** (Person)：是指稱任何一個個體，即指一個人的“主我”、“客我”、“自我”(或自我概念) 等鬆散地組織在一起的整體。

在此區分的基礎上，布根塔爾明確指出，心理學並不是研究客體的客觀性的科學，而是研究人的主體的主觀經驗或體驗的科學。因此，他強調：人本主義心理學“主要關注於人的主觀經驗，其次才關注人的行動，認爲主觀性的首要地位在人的任何活動中都是基本的”(Bugental, 1967, p.9)。

4. 科學與應用兼顧　布根塔爾認為，人本主義心理學必須注意到“科學”與“應用”之間持續不斷的相互影響，因而兩者都不斷地為對方做出貢獻，並且任何將兩者分離的企圖都將阻礙心理學理論與應用的進步。他主張尋求那些能夠擴展或豐富人的經驗的方式，而拋棄這種脫離實際的“僅是思考”(nothing but thinking) 這種致命的觀點。

5. 關注個體 布根塔爾和許多人本主義心理學家一樣，關注於個體、關注於特殊、關注於不可預測的方面，而不僅是試圖研究規則的、普遍的以及趨同的方面。

三、人本主義心理學的任務

布根塔爾分析了人本主義心理學的現狀和問題，並提出了人本主義心理學面臨的挑戰和任務。

1. 創造自己的研究方法是當務之急 因為人本主義心理學家更關注的是研究有意義的問題，而目前所採用的方法往往又不太能夠做到研究程序上與統計上的精確。所以，當今急需解決的是發展自己的研究方法與標準，以使其研究結果的普遍性與精確性能得到更好地確定和證實。只有這樣，才能把人本主義心理學變成一門以人為取向的真正的科學。

2. 確證對人的基本假設 機械形態觀的心理學把人看成為客體或容器，往往只局限於幾種外部的、顯在的、表面現象的研究，如本能、反射、條件反應、習慣、學習等，而人本主義心理學關於人的模型與機械形態觀的心理學截然不同，他們將人視為自己生命過程中的主體，人作用於世界，改變自身及其周圍的一切。雖然人本主義心理學也認識到人的客觀反應性的意義，但他們更關注的是人將自己與物理客體、動物以及他人相區別的方面，如概念思維、替代性體驗、想像、溝通、發明與發現、對神秘現象的關注與探討、藝術創造等等。布根塔爾認為，人本主義心理學第二個任務，就是要證明他們對人的觀點是可行的，並且在豐富人的生活方法上，這種觀點比機械形態觀對人的觀點將更富有成果。

3. 填補空間 布根塔爾批評傳統心理學非人性的物理主義傾向，提出人本主義心理學填補它與物理科學之間的空隙，以使人能夠生存下去，並且是富有尊嚴地生存下去。

4. 擴展主觀領域 布根塔爾提出心理學要抵消那種非人性的、將人當成客體的觀點對廣大社會和民衆的影響，以便使人能夠重新獲得並擴展他的主觀領域。

5. **全面實現人的潛能** 機械形態觀的心理學家典型地關注於證明，人類任何新的行為或經驗只不過是業已知曉的和較為簡單的現象如條件化反應和強化程序的一種變式。而人本主義心理學家典型關注的不僅是描述人類經驗的現存方式，而且還要問："如何才能擴展、豐富人的經驗或使之更具意義？它可能還具有什麼樣的更大潛能？"這就是說，人本主義心理學的一項重大任務，就是幫助人的成長與發展，以更全面地實現其潛能。布根塔爾提出，要探討人目前基本上處於潛在狀態的 75～90% 的潛能，以便完滿人性的實現，創造人類的輝煌。

總之，行為主義心理學以描述、預測和控制客體對象 (動物：人與人以外的動物) 的能力作為自己的目標，而人本主義心理學則試圖以上述的方式來描述人及其經驗，以使人們能夠更好地預測與控制他們自己的經驗 (因此也就隱含了這樣一層含義，即人們能夠更好地抵制別人的控制) (Bugental, 1967)。

第三節　存在分析心理學的形成及其體系

在了解布根塔爾對人本主義心理學整體理論建樹以後，我們有必要對他自身的存在分析心理學的形成原因、主要特點和理論體系加以詳細地探討。

一、存在分析心理學的來源

布根塔爾的存在分析心理學的形成主要有三個方面的原因：

1. **存在分析心理學深受存在主義與現象學的影響** 如果說奧爾波特、馬斯洛、羅傑斯的人本主義心理學與存在主義哲學是平行發展的，他們接受存在主義的影響是自發的和間接的 (第一章第三節)，那麼作為布根塔爾與羅洛・梅所倡導的人本主義心理學的一個新定向——存在心理學則受存在主義哲學的影響相對來説就更直接和自覺。布根塔爾曾讀過克爾凱郭爾、薩特、蒂利希、賓斯萬格、鮑斯的著作和羅洛・梅在《存在》(1958) 一書中的兩篇文章，認為存在主義給人本主義心理學提供了一個“合理的基礎”(Bugental, 1965)。他的存在焦慮、本真 (或真誠) 兩個概念與薩特哲學頗為相似，對意識 (或覺知) 成分和焦慮形成的分析與蒂利希的思想也有某種相似性 (Bugental, 1965)。至於布根塔爾藉由羅洛・梅的著作而接受存在主義與現象學的影響就更為突出。布根塔爾承認，閱讀羅洛・梅的《存在》一書對他接受存在主義與現象學具有轉變性的影響 (DeCarvalho, 1991)。因此，布根塔爾直截了當地把自己的研究命名為存在分析心理學、存在-人本主義心理治療。

2. 存在分析心理學是在反對行爲主義與批判繼承精神分析的基礎上形成的　他認為，行為主義不能正視人的主觀性，把心理學局限於行為的研究，這不僅是一種膚淺的井蛙之見，而且必然陷於客觀主義與機械主義的弊端。他還指出，行為主義企圖完全控制人的行為是不可能的。只有按照人本主義心理學的定向，堅持進行自我指導的控制，才能使人增強其預測和控制自己經驗和生活的能力，包括抵抗那些不需要的控制。

在 20 世紀 60 年代中期和 70 年代中期，布根塔爾還批評弗洛伊德精神分析的心理決定論、力比多概念、人格三部結構 (本我、自我、超我) 説，以及把治療者的理想視為一個“空白的屏幕”。同時，布根塔爾接受了弗洛伊德的潛意識理論，並且常常稱讚弗洛伊德是發現被壓抑的潛意識力量的**抵抗 (或抗拒)** (resistance) 及其在臨床治療實踐中的意義的先驅者。後來，他對抵抗概念做了存在主義的解釋，認為患者抵抗治療的方式和他脱離其存在於世界上這個現實的方式是一致的 (Bugental, 1976)。

新精神分析對存在分析心理學的影響更大。除歐洲存在精神分析派的影響外，著名新精神分析學家弗洛姆還為布根塔爾理解人的存在、境況、需要提供了一套基本概念和理論圖式。布根塔爾承認，弗洛姆關於人的給予與奉獻 (或獻身)、人的境況、四種基本需要 (尋根性、同一性、超越性、關聯性) 等創造性的觀察與分析，有助於我們理解共同的人類經驗以及對這些經驗的反應方式 (Bugental, 1965)。這些我們在後面將詳加論述。

3. 存在分析心理學也是在其長期心理治療實踐中逐漸形成的 也和羅洛・梅一樣，布根塔爾強調他不是歐洲存在主義那種“深奧文獻”意義上的學者，而是一個具有存在主義觀點的“臨床觀察家”或心理治療家。在他看來，一般心理學家往往過份倚重書本或文獻，而他則更重視心理治療中的經驗、患者的心聲和自己的理解。可以說，布根塔爾的存在分析心理學並不是什麼空中樓閣，而是依據存在主義觀點對其多年來心理治療經驗的理論建構。因此，布根塔爾深有感觸地說：“作爲一個治療家，他涉足到芸芸衆生之中，這對於構成其基本特點和理解人類本性是一種强有力的推進力量”(DeCarvalho, 1991, p.30)。

二、存在分析心理學的特點

1. 建構人本主義心理學的基本理論 對人本主義心理學從總體上做了理論架構。他批判了心理學中第一勢力行為主義的刺激決定反應的**機械形態觀** (mechanomorphic view) 和第二勢力精神分析的**生物還原論** (biological reductionism)，闡明了第三勢力人本主義心理學的研究領域和主要特徵，分析了人本主義心理學的現狀及其面臨的挑戰，提出了人本主義心理學的迫切任務。如此全面而系統地論述人本主義心理學的基本理論架構，可謂布根塔爾存在心理學的一大特點。

2. 開展對人的存在分析與存在-人本主義心理治療 對人的存在分析和存在心理治療是存在分析心理學的基本內容。布根塔爾除繼承了羅洛・梅的存在心理學的人格中心性、意向性、同一性等思想外，他還進一步把存在心理學系統化和理論化。他從存在主義的立場出發，通過對人的存在、本真和人的境況的分析，深入地探討了存在給予、存在意識、存在焦慮、存在需要、存在價值、存在成長、存在對抗、存在危機等一系列存在心理學的基本理論問題，並建構了一套旨在促進人的潛能實現的存在心理治療法。

3. 採用現象學研究方法 現象學方法是存在分析心理學基本的研究方法。在布根塔爾看來，人本主義心理學是關注人的主觀經驗的科學，因而他把作為“本質直觀”的現象學方法 (見 345 頁) 擺在人本主義心理學方法中的核心地位。為此，他很重視有關個體特徵研究的各種方法，如個人傳記、訪談、問卷、測驗等。不過，在運用這些方法時，布根塔爾強調參與體驗及其理解的意義。

三、存在分析心理學的體系

布根塔爾從存在主義觀點出發，在羅洛・梅的存在心理學基礎上，通過剖析人的境況和存在給予性，建構了以探討人的存在方式、特徵、價值、功能及其相互關係為內容的存在分析心理學。

存在分析是布根塔爾心理學的中心命題，同時也是理解存在分析心理學的基點。

1. 什麼是存在　在什麼是存在的問題上，布根塔爾和羅洛・梅一樣，認為存在不是指非人的客觀存在，而是指人的純粹的主觀性，包括人的理性與非理性的精神活動。布根塔爾指出：

> 人本主義心理學的崛起意味著，科學的注意點又一次指向主觀事件的重要性上 (當然，它並不排斥對客觀方面以及對行爲的關注)，因此，更爲關注的，關於人的主觀經驗的心理學，將又一次得到探究。(Bugental, 1967, p.7)

2. 怎樣進行存在分析　在如何進行存在分析的問題上，羅洛・梅著重對人存在的特徵、三種存在方式 (環境、共境、我境) (見 233～234 頁) 以及存在感的分析。而布根塔爾則根據存在主義的理論觀點，又預設了一套從人的境況 (指人所處的環境狀況) 和存在給予性出發，經存在意識、存在焦慮等一系列中介環節，最終回歸到人的存在本真狀態的理論內涵。

(一)　人的存在的基石——存在給予性

布根塔爾認為，**存在給予性** (existential given) 是指人具有本體論意義的存在條件或狀態。顯然，如果沒有有機體作為存在的先決條件，沒有相關的生活條件 (境況) 的給予，人的存在是不可能的。但是，布根塔爾所關注的存在給予性，並不是有機體的物理存在及其與將人和物區分開來的主觀性之間的聯繫，而是人主觀經驗的存在。他說：“存在是所有經驗的基本被給予” (Bugental, 1965, p.27)。又說：

> 人格和心理治療的存在主義取向，將人的經驗看作是存在的中心事實，它從存在的基本性質出發對這一經驗的變化進行檢驗，並與生命的整體相一致，將其旨在誘導成長的努力指向最大值。(Bugental, 1965, p.1)

布根塔爾認為，人的存在給予性有四個主要特徵：

1. 有限性　有限性 (finiteness) 指人的主觀存在是有限的、特定的和不完整的，亦即人的意識總是覺知的世界的那一部分。他打個比方說，就像我站在一個岩石角上，腳下是一條寬闊河流沖下的瀑布，我只能看到河流的這一部分，並看著它消失在瀑布下面的薄霧之中。可見，**意識流 (或覺知流)** (stream of awareness) 只是一個更廣大的潛在意識流的一部分。人的存在或意識的有限性是存在本體論給予性的第一個特徵。

2. 行動潛力　行動潛力 (potential to act) 指人的存在具有改變世界的行動潛力。在布根塔爾看來，人存在的有限性並不是固定、僵化、被動地決定於外部世界，他可以採取行動影響、改變人的主觀存在。譬如，我們可以從不同的視角來觀察那條河流，這樣我們對上游或下游看得更多，我們也可以在河流上築一大壩或開一分流渠道等。可見，具有採取行動的潛力是人的存在或意識給予性的第二個重要特徵。

3. 選擇　選擇 (choice) 指人的存在具有自主選擇性。布根塔爾認為，人從自身的有限性出發，面對無限的未知世界，總是按照自己的價值取向，利用行動的潛力，力圖建立與保持自己存在的同一性與主體地位。為此，人必然要通過自主選擇而採取相應的行動。存在選擇表明，人具有本體論的自由。可見，具有選擇能力是人的存在或意識給予性的第三個主要特徵。

4. 疏離　疏離 (separateness) 指人在與他人相互聯繫的存在中日益具有很大的疏離感。布根塔爾根據對人的存在關係的考察，認為不同的主觀存在之間有聯繫性，可以相互溝通；但兩個個體的主觀存在間又不完全相同，表現出與他人相分離。因此，人的存在既聯繫又疏離的情感是存在本體論給予性的第四個主要特徵。

(二)　人的存在的過程——意識

布根塔爾認為，**意識 (或覺知)** (awareness) 是人的存在的基本經驗和事實。在他看來，人的存在是意識到的存在，而意識則是人的存在的體現。這種看法與美國其他存在心理學家的觀點是一致的。羅洛・梅曾說過："人是這樣一種存在，他能意識到自己的存在，並因而對自己的存在負責"(May, 1958, p.41)。布根塔爾也說："意識就是我們的存在"(Bugental, 1965, p.283)。

布根塔爾認為，意識是人存在的過程。在他看來，世界是絕對的沈默，是巨大無邊的黑暗和空虛，"意識正是這一黑暗與空虛之上的一扇窗户"，"人的存在就在這裏開始"(Bugental, 1965, p.219)。世界從人的意識中突現出來，並隨著人的經驗的發展而成長。人正是通過意識才發現自己與世界，才能評估他與世界之間的關係。因此，意識是人區別於物 (包括動物) 的存在的主要標誌，是人的存在的首要條件和過程。

布根塔爾認為，意識是我們自身存在的中介。意識作為人存在於黑暗的"光明之窗"，它既不是感覺本身，也不只是感覺的主觀方面，而是以機體感覺為中介自成一體的存在，是一個主動的意識流或人的主觀性存在的**主我過程** (I-process)。在他看來，在同一時間中，可以有很多不同形式的意識在進行著。對於這些不同形式的意識，一個人可以選擇將其注意集中於某一形式，也可以選擇將注意力從這一形式轉移到另一形式。

布根塔爾認為，人的意識包括七個方面：(1) 與人談話時的外顯內容；(2) 自我持續的知覺；(3) 情感-評價；(4) 意識預期或意動方面；(5) 遠時和近時記憶；(6) 與幻想有關的方面；(7) 表現人的意識全過程的意識流 (Bugental, 1965)。雖然我們可以把意識描述為具有意義、情感以及行動潛力等不同的方面，但他強調意識是一個統一的、不可分割的整合過程，絕不能像傳統心理學那樣沈醉於對人進行感覺、記憶等部分機能的分割研究而損毀了人的整體存在。

布根塔爾認為，意識是逐漸進化的過程。當意識最初在個體生命中閃現時，它只能反應宇宙中極有限的部分。在個體成長過程中，除非他成熟到超越的程度方能應對宇宙之無限大，初期往往由於社會化的要求以及文化訓誡的約束，意識的進化會受到玷污 (contaminated) 而與其過程不一致，從而導致意識的扭曲。

布根塔爾認為，意識具有巨大的潛在性。雖然我們無法知道這種潛在性究竟能達到怎樣的境界，但通過考察各種變化的經驗，我們可以對此獲得某些啟示。其變化的經驗主要有：夢、神秘的宗教體驗、瑜伽與靜坐修行、高峰體驗、心理藥物的運用、感覺剝奪過程中的某些超常體驗 (見第十一章第一節) 等等。在布根塔爾看來，全面而充分地把人的意識表達出來是擴展與深化人的意識的方式之一，也是他自己成長與豐富的一種強有力的措施。

布根塔爾認為，人的意識的擴展與深化在很大程度上依賴於個體獲得本體論自由。他並指出，**本體論自由** (ontologic freedom) 是指人進入一種新的非常態的存在領域，"即內在於我們每個人之中的人類潛能的更大實現" (Bugental, 1965, p.253)。它共有下面三種形式。

1. 解放　**解放** (emancipation) 指打破主我與客我相混同的意識開放過程。它有助於以多種不同的方式對自己的生活經驗加以體驗，並產生更大的選擇可能性。實質上，解放意味著現在把自己看成是自己經驗的主體而不是客體。

2. 實現　**實現** (actualization) 指人的存在潛能比通常情況下得到更大的實現。這裏的"實現"概念與馬斯洛對這一概念的使用意義相當，亦相當於羅傑斯所謂"充分發揮機能作用"概念。布根塔爾指出，實現是人的本真存在的一個層次，即人的潛能更充分地展現出來。實現有八個特徵：(1) 關注在性質上的改變，即個體由關注於外在對象而轉化為關注於自身的內在體驗；(2) 生活活動選擇性的增強，即人的自由選擇和獻身能力的增強；(3) 參與感的增強，即關注於對更廣闊更富挑戰性的前沿事業的投入；(4) 幸福目標的降低，即放棄追求個人優厚物質生活的傳統幸福觀；(5) 對"如性"存在的欣賞，即將自己的本真存在體驗為一個良好的"完形"；(6) 對經驗整體性的體認，即具有對內在經驗整合性的體驗；(7) 從主-客體分裂中解放出來，即以一種嶄新的主我自由的方式全面開放他的生活經驗；(8) 中心性，即意識到自己的存在同一性和主體地位。

3. 超越　**超越** (transcendence) 指人全面本真存在的一個假設理想狀態。在他看來，超越意味著對各種形式存在焦慮徹底全面的正視與整合。其核心問題是克服主-客分裂，既克服個體內的主-客體分裂，也克服個體與世界之間的分裂。實質上，超越是全面徹底的覺知 (或意識)。它也許最近似於佛教的**頓悟** (insight)，即對真理的頓然覺悟。

布根塔爾認為，在本體論自由這三種形式中，超越對解放與實現具有至關重要的作用，因為超越為我們將意識開放於我們內在的巨大潛能進一步提供更大的價值。但是也不能貶低解放與實現的意義，它們兩者每一個都表達了我們尚未意識到的對生命的更為真實的肯定 (Bugental, 1965)。

(三) 人的存在的體驗——焦慮

布根塔爾認為，**焦慮** (見 238 頁) 是人的存在和人的境況的伴生物，是人的一種主觀認識和體驗。他說：

> 威脅是某一知覺引起的意義，而焦慮則是一種與其本身就是威脅的意義相伴生的主觀體驗，它是一種情感狀態。(Bugental, 1965, p.94)

布根塔爾把焦慮分為兩大類：

1. 存在焦慮　**存在焦慮** (existential anxiety) 又稱**自然焦慮** (natural anxiety)，即在對人的境況終極給予性 (指人所處的最根本的生活條件和狀況) 以及隱含於這些給予性之中的威脅反應所產生的焦慮。他說，我們習慣於將焦慮視為令人不快的、具有病理意義的。但存在焦慮卻不應這樣理解，它是人對人生活於其中的境況的一種合適的反應。當然，合適的反應並不一定是傳統意義上令人愉快的反應。他提出，存在焦慮有四種形式，即命運與死亡焦慮、罪疚與懲罰焦慮、無意義與空虛焦慮、孤獨與疏離焦慮。

2. 神經症焦慮　**神經症焦慮** (neurotic anxiety) 係指放棄我們在世界中本真的存在，而求助於一些幻覺性希望以獲得安全並逃避悲劇而引起的焦慮。神經症焦慮與存在焦慮的根本區別，就是歪曲現實，毀壞人的存在的本真性。當然，神經症焦慮最終也往往可以解析為存在焦慮，因為它是隨著存在焦慮的防禦失敗之後，新的對人的境況的意識扭曲被用來抵擋存在焦慮時產生的。

布根塔爾認為，“焦慮是 20 世紀特有的存在困境。多少世紀以來，我們一直在創造著我們的世界，結果導致焦慮成了我們生命的一個部分” (Bugental, 1978, p.23)。而其原因就在於，人永遠生活在不確定的偶發性之中，在尋求人生的意義和存在同一性、規律與秩序時，人對自己的現實生活與未來命運不可能不思慮和擔憂。具體來說，存在焦慮是個體以勇氣面對生存境況，承認自己的有限，擔起選擇的責任，並接受可能由選擇而導致悲劇性結果的主觀體驗。實際上，存在焦慮是人的生存境況和本體論給予性決定的，是人在面對自身與世界給予性及其關係時自然的主觀狀態。因此，存在焦慮是人本真的存在方式。而神經症焦慮則是人不敢面對生活的偶發性、無力承擔選擇的責任、深感可能導致悲劇的威脅時，力圖通過**意識扭曲**(或**覺知扭曲**) (distortions of awareness) 和**防禦機制**(或**防衛機制**) (defense mechanism) (如否認、移置、合理化或其他抵抗等方式) 來否認嚴酷的現實，以求得虛幻的安全與肯定性而迴避選擇與悲劇的產物。可見，神經症焦慮是非本真的存在方式。

布根塔爾認為，非本真的存在就是非存在，非存在就是死亡。心理治療的目的就是幫助患者走出非本真的誤區，重新獲得本真存在的勇氣，以便實現人的內在價值與潛能。因此，布根塔爾把焦慮的意義看作是人的存在與非存在、生命與死亡的分化基點。

(四) 人的存在的理想——本真

本真(或**真誠**) (authenticity) 是布根塔爾存在分析心理學中的一個核心概念，即用以表示人**在世存在** (being in the world) 的一種理想方式。在他看來，本真就是個人的存在與他自己的本性以及世界給予性處於完全協調的狀態。換句話說，如果一個人的在世存在與他自己以及世界給予性協調一致，那麼他的存在就是本真的、理想的。反之，如果他的存在與他自己以及世界給予性相衝突，那麼他的存在就是非本真的、不理想的。顯然，在這裏有兩層含義：一是說明本真是一種與自己、與自然、與社會完全融為一體的存在狀態，主客分裂、自我與世界分裂完全消解，類似於中國儒學所謂的"天人合一"狀態。布根塔爾把這種進入本真存在視為人存在的理想狀態或終極狀態，有時也稱為**如性** (suchness)。二是說明在現實生活中我們經常在某種意義上並不是完全本真的。他指出："尋求本真在存在分析心理學取向中具有核心的重要意義" (Bugental, 1965, p.102)。

布根塔爾指出，人們往往對本真有兩種誤解：(1) 把本真與適應或順應相混淆。他認為，"適應"和"順應"是發展心理學和心理病理學的概念，而本真則是存在分析心理學的概念。事實上，一個人與之**適應** (adaptation) 的世界只是包容在本真存在世界的一部分，**順應** (adjustment) 也不過是對諸如競爭進取、積累物質資源、隱秘、分離等價值觀的接受。某些傳統心理治療家認為適應和順應是心理健康的表現，而存在分析心理治療家則認為它們是人的非存在狀態，即病態。在布根塔爾看來，如果治療者幫助患者“被動地”接受社會價值觀而迴避衝動，這很可能促使患者形成一種僵化的**性格障礙** (character disorder)，它將會損毀他的人性並扼殺他的創造性 (Bugental, 1965)。顯然，“適應”和“順應”的目標與存在主義的本真觀是完全不相容的；(2) 把“本真”視為神秘的非現實的彼岸世界所具有的東西。布根塔爾認為，把本真看作是純粹玄學的 (註 6-1) 或唯靈論的 (註 6-2) ，這是一個很大的誤解。在他看來，我們所熟識的世界包容在更廣闊的本體論世界之中。本真並不要求一個人放棄其熟識的世界，而是要求他在認識到他確實生活在其所熟識的世界之中的同時，還必須認識到相對於人的經驗而言其所熟識的世界卻是一個不完整的景象。即使人想逃脫這個熟識的世界，但確實是無法逃脫的。對此需要有一個正確的認識，也許人們所常用的一句話的含義正是如此，即“他在世界之中，但不是世界”。

布根塔爾認為，本真是意識的潛在本性，它只有通過意識的進化才能表現出來。非本真即神經症，是由於意識的扭曲而造成的。就現實個體生命而言，本真與非本真不是非此即彼的兩極對立，而是從非存在到存在間二維的**連續統 (或連續體)** (continuum)。其中，他強調意識的“發現”過程，認為這是我們理解人存在的痛苦、治療過程以及本真性質的出發點。

布根塔爾認為，本真與存在給予性、存在焦慮具有同一性。實際上，個體的本真與非本真、存在與非存在都取決於人對焦慮的態度。他說，人如何對焦慮進行反應——是以**恐懼**還是以**勇氣**來反應——就決定了他的非存在或存在、非本真或本真。如果以恐懼迴避存在焦慮，那麼他的存在就是非本真的。相反，如果以勇氣面對存在焦慮，那麼他的存在就是本真的。

布根塔爾認為，人的存在給予性和本真的實現是以**存在需要** (existential needs) 即**勇氣** (courage) 為基本動力。他接受弗洛姆 (見第 8 頁) 的

註 6-1：**玄學** (metaphysics) 是“形而上學”的另一譯名，指所有專門研究超感官不可達到的思辨學說。這裏把人與世界和諧發展的本真狀態與玄學思辨混為一談。

註 6-2：**唯靈論** (spiritualism) 是宗教和唯心主義哲學學說。主張世界的本原和本質是靈魂或精神，物質只是靈魂的顯現和外觀，並不真實存在。宣稱一切物體都有靈魂。所謂“世界靈魂”也就是上帝，它創造一切，主宰一切。現代西方哲學中的**人格主義** (personalism) 認為，世界萬物的本質是人格、精神，整個現實世界是以上帝為主宰的人格的世界體系。唯靈論和宗教、神秘主義以及降靈術、精神感應術有直接聯繫，妄圖通過迷信手段來證明神和靈魂的存在。

影響，將勇氣稱為存在需要，並在他關於人的生存境況分析的框架中，也提出勇氣有四種表現形式，即尋根性、同一性、意義性與關聯性 (註 6-3)。相應地，布根塔爾以勇氣反應焦慮亦有四種方式，此即存在的全面本真所具有的四個特徵：信念、獻身、創造、愛，見表 6-1。

表 6-1　勇氣與本真反應

存在給予性	有　限	行動潛力	選　擇	疏　離
體認 (存在對抗)	偶發性	責　任	自主性	分離性
存在焦慮	命運與死亡	罪疚與懲罰	無意義與空虛	孤獨與疏離
勇氣 (存在需要)	尋根性	同一性	意義性	關聯性
本真反應 (存在)	信　念	獻　身	創　造	愛

(採自 Bugental, 1965)

布根塔爾認為，面對自己的有限和世界的無限與偶發性，個體體會到自己的卑微。只有當個體重新發現自己的存在與宇宙的合一而在宇宙中尋求到自己的根基時，他才有勇氣面對命運與死亡的焦慮，此時的反應方式就是**信念** (faith)，它是一種內在的沒有對象的信念，是主我過程的自我肯定，即"我就是我。這就是我的起點。這就是我的肯定性" (Bugental, 1965, p.329)。

個體是否採取某一行動，實際上是尋求主我過程與建立自身存在同一性的過程。**獻身** (commitment) 是主我對某一事業的覺知、認同、選擇和奉獻。他說：

> 獻身是一種覺知，是一種態度，是對自己在此刻呈現清晰而充滿激情的認可，是對此刻做出的選擇，並且承受這些選擇造成的結果，

註 6-3：布根塔爾關於勇氣 (存在需要) 的四種表現形式，來源於弗洛姆的社會心理需要論。他認為人有五大需要：(1) **關聯性** (relatedness)，指人與人相聯結的共生需要；(2) **超越性** (transcendency)，指人有一種超越生物被動狀態的創造需要；(3) **尋根性** (rootedness)，指人具有找到他與自己伙伴的新的關係的依存需要；(4) **同一性** (identity)，指人具有通過理性和愛強烈追求達到同一或一致性的自我意識的需要；(5) **獻身** (commitment)，指人具有實現目標的獻身需要。布根塔爾的存在需要 (勇氣) 論實質上是弗洛姆的社會心理需要論的再現。不同的是，布根塔爾在更廣泛的意義上使用"超越"一詞，故將超越性改為**意義性** (meaningfulness)，使其更自覺地存在主義化了。

不管這些結果是自己所希望的還是不希望的。(Bugental, 1965, p. 338)

他還認為，一個人只有真正接受他生命中的**責任** (responsibility) 時，他才有可能獲得本真的獻身。在獲得本真的獻身前，必須克服一系列障礙，如對承認罪疚的抵抗、罪疚與責備的混同等。因此，獻身也是個體對罪疚與懲罰焦慮的本真反應。

創造 (creativity) 是對無意義的存在焦慮的本真反應。如果人僅僅作為創造物存在，那麼人生必然失去意義而充滿荒誕。布根塔爾認為，人在實施選擇時，就參與了創造過程，並克服了他的創造物地位，從而變成其經驗世界的主體。人作為主體和創造者，他創造出了意義。人在選擇中最偉大的成就是：人在具有空虛與荒謬的恐懼之處創造了意義。可見，正是在選擇基礎上的創造，顯示了人的主體地位和存在的同一性，為人超越自己的創造物地位提供了廣闊的天地。在布根塔爾看來，世界是無限的、開放的，恰似一塊畫布，有待畫家在其中創造意義。作為對空虛與無意義焦慮的本真反應，他強調創造並不是指創造的結果，而是指創造的活動或過程，是指潛在於人的內在創造力。

布根塔爾贊同弗洛姆關於愛具有核心意義的觀點，並指出他們所談論的**愛** (love) 是同流行歌曲與電影中所說的愛相對立的一種真正的愛。它有三個本質特徵：(1) **存在的愛** (existential love)：是指一個人的整體存在與大全 (註 6-4) 關係中的表達。由於存在的愛是對“大全”的徹底參與，主客分裂彌合，與“大全”內在合一，因而信念、獻身與創造性才能最終能得到表達；(2) **超越性的愛** (transcendent love)：是指人類潛能終極實現的一個方面。它把愛作為對分離性體驗的一種反應，並看成是對孤獨與疏離焦慮的對抗與整合；(3) **實現的愛** (actualizing love)：是指個體在與他人關係中對自身存在的肯定，即主我過程與主我過程之間的相互參與。正像布伯 (見 114 頁) 所謂的“我-你關係”。在他看來，在自我-自我的關係中，一個人是什麼樣的人以及他做了些什麼，對於保持兩者之間的愛是至關重要的。

從上述可見，當人面對他的存在給予時，他就會體驗到存在焦慮。人究

註 6-4：**大全** (all being) 的字面意義為全部存在，是布根塔爾對人生存於全部宇宙的總稱，類似於中國“天人合一”中的“天”。

表 6-2 基本動力過程

我通過意識 (或覺知) 發現了世界，我在世界中，我是……有限的……能夠行動……能夠選擇……分離的 (這些就是存在給予) 正因為如此，我發現我從屬於……命運……罪疚……空虛……孤獨 (這些是存在焦慮的形式) 我無法迴避存在焦慮。我能夠正視它。正視焦慮意味著將……整合到我的在世存在之中。 偶發性……責任……自主性……分離性 (這些是存在的正視) 如果我發現這些太難於接受，我可能就會試圖迴避存在焦慮。因此我就會感到…… 卑微……自責……荒謬……疏遠 (這就是神經症焦慮或恐懼) 但是，如果我真的正視並整合存在焦慮，我就可以通過……實現我的在世存在 信念……獻身……創造……愛 (這些是本真存在或勇氣的形式) 如果我的在世存在是本真的 (或真誠的)，那麼我就能夠實現…… 尋根性……同一性……意義性……關聯性 (這些是存在需要)

(採自 Bugental, 1965)

竟是以恐懼還是以勇氣來應對這一焦慮，就決定人的非存在或存在。從存在主義的立場來說，人生的十字路口就位於面對存在焦慮的那一時刻。表 6-2 概括了一個人是體驗到實現還是體驗到他的需要受到阻礙的基本動力過程。見表 6-2。

表 6-2 明確地說明了布根塔爾是如何利用表 6-1 中所提出來的幾個存在方面 (如存在給予、存在對抗、存在焦慮、存在需要、本真存在)，給上述基本動力過程的框架以實際內容，並探討了這些對抗過程及其結果的基本輪廓。

我們可以這樣來理解：一旦我們認識到了我們的存在給予，在我們的內心深處就會引起存在焦慮。存在焦慮對我們的存在而言是自然的，但有時這些焦慮可能過於強烈而令人無法承受。對存在焦慮的正視意味著意識到我們自己在世存在的某些特徵，而這又會超出我們的承受力。在這種情況下，我們可能會通過改變存在給予的性質，以免被這種焦慮所壓倒。當我們這樣做時，我們就會體驗到恐懼和神經症焦慮。相反，如果我們以真誠的方式來正視存在焦慮，並會將存在的那些看來令人恐懼的方面整合到我們自己的經驗之中。當我們的存在是本真的，我們才能真正滿足基本的存在需要。圖 6-2 說明了這一整個過程。

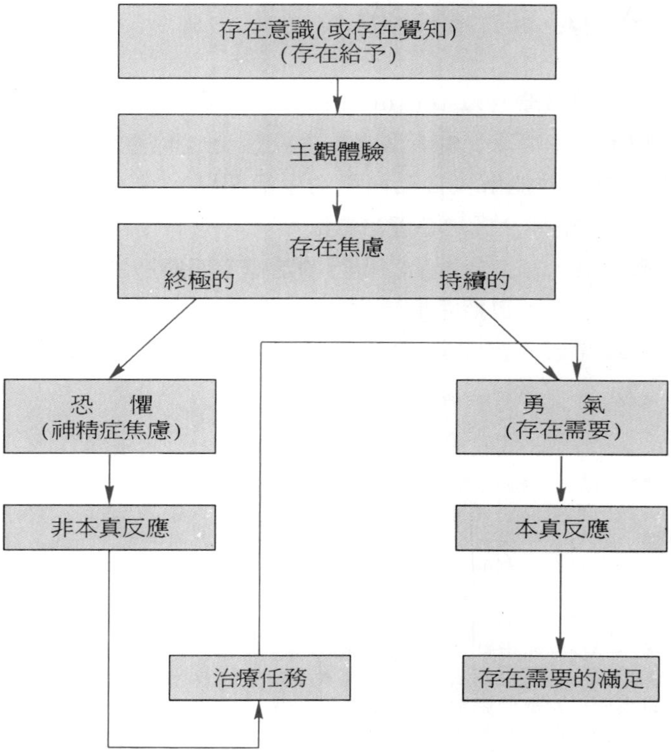

圖 6-2　正視勇氣或恐懼
(採自 Bugental, 1965)

第四節　存在分析心理治療

存在分析心理治療是布根塔爾存在分析心理學的實踐來源，也是他的人本主義心理學的重要組成部分之一。下面我們將分別介紹一下，存在分析心理治療的性質、目標與行動治療的主要區別，以及它的整個實施過程。

一、存在分析心理治療概述

存在分析心理治療 (existential-analytic therapy) 是以存在-人本主義為取向的心理治療，尊重受輔者個人的主觀感受，重視其自由意志，相信其本身有能力選擇，並能解決自己面對的生活問題。它不同於**行動治療** (action therapy) 和精神分析的心理治療法。

布根塔爾認為，存在分析治療與行動治療有明顯區別。在他看來，行動治療比行為治療要廣，包括完形治療、生物能量分析、原始療法、行為塑造和交流分析 (或溝通分析) 等 (註 6-5)。存在分析治療與行動治療主要區別有三點：

註 6-5：(1) **完形治療 (或格式塔療法)** (Gestalt therapy) 是運用完形心理學原理進行心理治療的方法。由美國心理學家佩爾斯 (見第四章第六節) 所首創。它把人看成一個統一的機體，認為心理疾病是因失去生活意義與和諧而產生焦慮所致。故強調重視患者此時此地的意識和即刻的體驗，幫助患者恢復心理的統整和平衡。(2) **生物能量分析** (bioenergetic analysis) 是一種強調心理和身體能量和功能的統一的治療方法。如對其動作和肌肉張力的型式進行分解，揭示其性格內涵，並有針對性地按照規定做動作或喊叫等方式消除肌肉緊張，亦可用按摩方法來調節能量流通，以達到治療目的。(3) **原始療法** (primal therapy) 是由賈諾夫 (Janov, 1970) 提出的一種治療方法。主要集中注意人們已割斷的兒童時期因受到父母拒絕而形成的情感，目的在於重新體驗和清除長期內心積澱的痛苦，以改變軀體緊張和神經性症狀。(4) **行為塑造** (behavior shaping) 或稱逐漸接近法或連續漸進法，是根據操作條件反射的原理，通過強化逐漸接近並形成某一新的行為的方法。(5) **交流分析 (或溝通分析)** (transactional analysis，簡稱 TA) 是美國醫生伯恩 1961 年所創造的一種心理動力學的治療方法。主要從自我內在的人格結構去探討在群體中的人際關係，幫助來訪者知己知人，建立統整和諧的人格，扮演適當的社會角色。

1. 治療注意的焦點不同　行動治療注意的焦點是治療者與來訪者以及對來訪者做了一些什麼。通常治療者建議運用身體動作、**角色扮演** (role playing) 及與自己或與來訪者在生活中所模仿的重要人物間的對話。而存在分析治療屬於**內部探究治療** (inner search therapies)，它把更多的注意放在來訪者在他自己的意識流中發現了什麼，治療者盡可能少侵入 (污染) 這種意識流。

2. 誘發治療的動因不同　一般說來，行動治療相信，治療的動因或誘發成長的動因是**矯正的情緒體驗** (corrective emotional experience)，這種矯正的情緒體驗，是來訪者釋放以前被束縛的情感，並自由地**發泄** (abre-action) 當前情感的結果。治療者努力向來訪者提供能夠喚起他情感的刺激——通常基於下列假設，即一旦來訪者體驗到**宣洩** (或**宣泄**) (catharsis) 作用，那些重要的意識內容就會自動地呈現出來，以便找到各種形式的情緒釋放。而內部探究取向不僅看重宣洩對被抑制情緒的釋放作用，它認為如果這種體驗是通過來訪者自己解決抵抗並因而釋放被抑制的情感和思想，那麼它就更富有意義和建設性。內部探究取向當然承認矯正情緒體驗的價值，但它主張對於這種體驗是否具有矯正作用而言，這種體驗是如何產生的具有至關重要的意義。

3. 來訪者參與的最理想方式不同　行動治療力圖使來訪者盡可能強烈地情緒捲入，同時強調情緒體驗的重要性。而在內部探究治療中，來訪者的理想狀況是真切的**存在** (presence)，即真實而幾乎全身心地對此刻以及所發生的事情的投入。"此在"的來訪者完全沈浸於主觀世界，這種沈浸不是對個體自我的"思考"或"描繪"，相反，它更是一種對內部發現的開放，就像是沈思或閱讀一部強烈吸引人的小說，而不像是做算術題 (Bugental, 1978)。

布根塔爾認為，存在分析治療與精神分析治療既有區別又有聯繫。他不贊成精神分析的**心理玄學** (metapsychology)，反對弗洛伊德的人格結構學說、本能學說和力比多學說。但是，布根塔爾深信在臨床觀察中沒人能在一致性、深度和連貫性上達到精神分析的程度。他具體肯定精神分析有三點值得借鑒之處：一是認為潛意識概念對於描繪容易證實的臨床現象是非常有用的。他也越來越多地表明潛意識可能是我們的文化定向與訓練中的一個人為事實，我們的諮商面談就是在此基礎上進行的。二是他證實了抵抗與移情的發現在臨床方面具有突出的意義。他認為任何一個與來訪者深入接觸一段時間的心理治療醫生都不得不同意，這兩種現象會反復出現，而且非常重要。三是認為人格作用中的動力性也一次又一次地在臨床中得到驗證 (Bugental, 1965)。

存在分析治療的主要特點：(1) 重視來訪者整個人或人的整體，而非只注意其身體上的、外顯行為上的或內蘊潛意識的個別部分和某些機能；(2) 重視個人的內在探究和主觀體驗，既肯定潛意識的功能，更強調意識的主導作用；(3) 重視來訪者的現實處境，相信他本身有能力選擇，強調人勇於面對現實解決意識與人格的扭曲，以實現人的潛能和本真的存在。

二、存在分析心理治療的性質與目標

在對存在分析心理治療的內涵有了初步了解以後，我們進一步探討一下這一治療的性質與目標是極其必要的。它有助於我們深入理解存在分析心理治療的精神實質，正確運用這一療法。

(一) 存在分析心理治療的性質

布根塔爾的存在分析心理治療與他關於健康人格的人本主義思想是一致的。他反對傳統的疾病 (illness) 概念和病理學意義上的治療觀，認為健康是每個人天生具有的，而疾病則隱含了健康的一種狀態。就是說，患者的症狀 (symptoms) 不僅能表示出疾病，也能表示出通常所說的健康。如果不充分認識到這一點，我們就等於不承認這樣一個假設，即在症狀背後潛藏著正常。因此，疾病的概念對存在分析治療家來說是完全不現實的。

布根塔爾認為，心理治療不是對疾病的治癒過程，而是一項哲學的探險事業。因為他的存在分析心理治療的適應症不是軀體疾病，而是由精神因素所誘發的**神經症 (或神經官能症)** (neurosis)。在他看來，神經症是由於意識扭曲而導致的非本真的存在方式，亦即某種程度的非存在或死亡。如前所述，現代人存在的基本困境是焦慮。作為人存在的組成部分，它主要表現為存在焦慮。當它超過個人承受能力的極限，既無法改變現實，又不可能迴避存在焦慮時，他惟一可利用的就是改變自己經驗世界的方式，扭曲存在的性質，從而在主觀上否認現實的嚴酷和存在焦慮，以找到虛假的肯定性與安全感。這就是神經症產生的存在主義的動力過程或機制。可見，神經症直接產生於人在與其自身的生存境況的對抗關係中的焦慮。在這種存在方式中，來訪者通過放棄選擇、自由與創造而逃避責任，因而也就失去了自己潛能實現的機會。因此，神經症的安全感是以來訪者在一定程度上放棄自己的存在或人性為代價的。

(二)　存在分析心理治療的目標

布根塔爾認為，存在分析心理治療的主要任務就是要幫助患者：(1) 排除那些為了迴避存在焦慮而產生的意識扭曲；(2) 接受自己在世界中本真存在所具有的責任與機會。這兩個階段的中心主旨都在於本真性 (Bugental, 1965)。

布根塔爾把心理治療的目標分為兩種不同的水平：

1. 治療目標的匱乏水平　**治療目標的匱乏水平** (deficiency levels of therapeutic goals) 是指個體因內在生存基本需求缺乏而失去平衡時所產生的心理治療動機。其目標主要關注減輕人的負面體驗，以尋求恢復人在世上的存在方式。這是心理治療目標的初級水平。它包括三個不同層次的具體治療目標：

(1) **順應** (adjustment)：是心理治療的第一個目標，即幫助來訪者找到某些症狀的來源，改變已有的不良習慣 (如戒烟)，以便順應得更好，減少人們與環境不協調所造成的焦慮等不愉快的體驗。誠然，這種治療目標是低層次的，但是對那些因自身原因而不準備進行深入諮商的人來說，它還是一種值得讚賞的目標。**行爲矯正術** (behavior modification techniques) 是這一水平的典型療法，它們經常是有用的。

(2) **因應 (或應對)** (coping)：是心理治療的第二個目標，即幫助來訪者學習提高自己應付環境的本領。因應與順應有兩點明顯區別：一是順應往往以消極被動的態度來適應環境的要求並對付情境性的煩惱，而因應則指個體在遭遇困難時能主動採取一些較為積極的應付手段。二是順應既有有意識的活動又有潛意識的作用，而因應 (包括行動與思想) 則是有目的意識行為，而非潛意識的防禦作用。布根塔爾又指出，**因應諮商 (或應對諮詢)** (coping

counseling）經常通過考察來訪者的主要生活領域如家庭、工作、朋友，來揭示那些帶來負面體驗的復發模式，努力提高他們積極應對環境的能力，以導致生活的改變。一些**團體治療** (group therapy)、交朋友小組、家庭與婚姻治療的效果，都直接有助於這一水平治療目標的實現。

(3) **更新** (renewal) 或稱**自我更新** (self renewal)：是心理治療的第三個目標，即幫助來訪者修正自我概念，增強個人的獨特性，減少自我疏離的極大危害。更具體地說，就是要幫助來訪者意識到和呈現出大量的**自我意象** (self-image)，讓他們逐漸認識到自我的某些部分是過時的或被壓抑的，進而修正其自我概念，使他們變得更現實、更能接納自己和他人，更能發揮個人的獨特力量，減少自我疏離的破壞性影響。布根塔爾指出，在此水平的治療中，一個相關的重要問題就是必須去應對來訪者的信念，如在生活處境中什麼是可能的，在與他人的生活中能要求什麼，以及對個人的態度，如自我貶低、自我怨恨、生存厭煩感等。對這些問題的態度直接影響著"自我"更新。其典型療法是**一般心理治療** (general psychotherapy)。

2. 治療目標的存在水平　**治療目標的存在水平** (being levels of therapeutic goals) 亦稱**治療成長目標的存在水平** (being levels of therapeutic growth goals)，指個體為了達成自我實現而產生的內在心理需求。主要特點：一是成長性，即它不是從基本需要的匱乏性的滿足出發，而是從自我實現的多種需要的達成考慮。因此，成長性意味著人的發展的豐滿、拓展和提昇。二是教育性，即它不是尋求讓人回到假定的先前美好的情境之中，而是從存在中實現更多的目標，把人推向更豐富、更有意義的生活。因此，成長諮商是教育性、喚起性的，而不是治療性、補救性的。可見，這是在匱乏性治療目標完成以後而形成的一種高級的心理治療目標。它包括三個不同層次的具體目標：

(4) **成長** (growth)：是心理治療的第四個目標，即幫助來訪者識別和消除已經形成的抵抗模式，使他們在人際關係中得到增強，在現實生活中變得豐富，實現以前被壓抑的潛能。在布根塔爾看來，每個人從出生到成人的發展過程中，為了生存於世上，盡可能避免受到傷害，尋求適當滿足需求的方式，因而形成一定的生活結構和生活模式。其中，既包括許多令人滿意的、經得住時間考驗的內容，但也包括一些被壓抑的、衝突的和過時的東西。他所說的抵抗，比弗洛伊德的概念要廣泛，不限於抗拒那些令人痛苦、焦慮的欲望、情緒和記憶進入意識之中的潛意識動機，主要是指來訪者力圖尋求迴避和排除存在焦慮的各種生活方式，例如對死亡、意外事故、責任、分離、宇宙空虛的恐懼等存在焦慮的抗拒。他認為，這些抵抗在心理治療中，對自由、開放的自我探索和內部交流產生阻礙作用。因此，只有更多地排除抵抗才能在個人和人際能力中、在豐富多彩的生活中、在展開以前被壓抑的潛能中得到本真的成長。

這一層次確實達到了非常真實的治療效果。來訪者發現生活中的潛能和感情有所提高，存在的中心多被帶入自我之中，從對他人觀點的依賴和別人強加的成就中解放出來。通常來訪者在工作、家庭情境和生活活動中會有所改變。由於這一原因，這一層次的治療者經常鼓勵來訪者的生活伙伴也具備同等的體驗——**個人治療** (personal therapy)、交朋友小組、家屬訪談、指導閱讀——這樣來訪者與同伴的關係就不會在治療中受到傷害。其典型療法是自我分析 (註 6-6)、深層治療法 (註 6-7)。

(5) **解放** (emancipation) 或**存在的解放** (existential emancipation)：是心理治療的第五個目標，即放棄舊的生活方式，開始全新的生活。在布根塔爾看來，這一水平是針對尚未完全達到上一水平、仍困擾於存在焦慮情境中的人，如果來訪者和治療者堅持不懈，隨著大多壓抑被釋放，他們就會發現怎樣迎接生活的新視野，儘管其中也會面臨一段危機，但來訪者會坦誠地放棄舊的生存方式，即那種融進個人認同的結構和建立認同感的世界之中的生存方式，進入一種真實的新的存在方式，開始擁有最深刻意義的新生活。它超越了補救水平，也不限於建立一個新自我，打開了通向自我充分認同的自由之門。其典型療法是存在心理治療。

把自我的自由作為一種目標，在幾年以前看起來還是胡思亂想，而今天心理學研究所提供的證據已越來越多。譬如，關於意識的選擇狀態、關於高峰體驗、關於人類學的報導、關於精神導師、關於深層心理治療家及其病人

註 6-6：**自我分析** (ego analysis) 是一種精神分析的治療法。指對患者人格結構中的自我層面加以分析，找出個人在現實環境適應中的優缺點，以便幫助個人解除心理上的困擾，較好地適應環境。弗洛伊德曾運用過，但後來又有修正和發展。主要強調整合的積極的自我功能，而不是深層的被壓抑的本我機能的分析。

註 6-7：**深層治療法** (depth therapy) 是根據深蘊心理學原理進行心理治療的方法。主要是幫助來訪者挖掘內心深處潛意識的問題，以改變其人格適應。

的發現等等。

(6) **超越** (transcendence)：是心理治療的第六個目標，即超越過去特別是超越生活中的二分法，從更包容的範圍看待一切，進入一個無法描繪的新世界，在完全開放的意識中存在。在布根塔爾看來，“超越”這個詞的中心意思就是“向前超過去”——特別是要超越生活中的二分法：好/壞、對/錯、真/假、我/他、健康/疾病、成長/衰落、生/死、神/人。我們不是說要放棄這些比較，而是從更具包容性的範疇來看待它們。他認為，從個人的經

表 6-3　心理治療目標的六個水平的比較

項　目	匱乏性水平			成長性水平		
	諮商		治療		喚起	
	順　應	因　應	更　新	成　長	解　放	超　越
心理領域	意　識	意識和前意識	前意識	前意識和潛意識	潛意識	內　觀
注意焦點	內　容	內　容	內容多於過程	過程多於內容	過　程	內部探索
對現象的假定	自我-世界概念的一致	自我-世界概念的一致	相同，但自我稍有改變	自我-世界概念的重構	不固定的自我-世界概念	超　然
目　標	改變行為以適應世界的要求	發展與世界互動的本領	取消不起作用的自我知覺	生活的重組與新生	從自我支配中獲得自由，流動的存在	對終極覺知的開放
危　機	無	無	創傷性的宣洩	不完全	幾乎總有	死亡與新生
聯盟性質	專業性分離	專業性友好	有些移情	移　情	移情神經症	未知中的同伴
時期與承諾	短期 最小投資	中期 中等投資，團體療法往往特別有效	中期 中等投資，團體療法往往特別有效	長期 重要的生活投資	主要的生活承諾， 即使在治療結束後，生活的真實改變亦可能	主要的生活承諾， 即使在治療結束後，生活的真實改變亦可能
生活意義	微小的	對更好的生活有幫助	重要的生活變化	生活變化豐富	生活前景的徹底改變	生活前景的徹底改變
症　狀	症狀減輕	症狀減輕	症狀解除	症狀解除	症狀不重要	症狀不重要
典型治療	行為矯正術	團體治療	一般心理治療	自我分析深層治療	存在心理治療	超個人治療

(採自 Bugental, 1978)

驗來説，我們都無法描繪個人解放的超越水平。宗教、沈思、致幻劑 (或迷幻藥) 和自我超越服務等都可能達到這一境界，但是心理治療是一條最佳途徑。這一水平的典型治療是超個人心理治療 (見 508 頁) (Bugental, 1978)。

隨著治療目標水平的提高，心理治療由關注症狀的消除轉向關注自我的成長；由關心內容轉而關心過程、由尋求人與環境的協調一致轉到從自我中去獲得自由。由此開始一種流動的、開放的生命歷程，最終為個人的生活帶來全新的深刻變化，見表 6-3。

三、存在分析心理治療的實施過程

在明確存在分析心理治療的性質與目標以後，我們將闡述一下治療的適宜對象、時間以及實施的階段和步驟。顯然，這些對我們掌握和運用存在分析治療具有重要實用價值。

(一)　存在分析心理治療的對象與時間

在布根塔爾看來，適合於進行存在分析心理治療的患者應具備以下四個特徵：

1. 他強烈地感覺到對自己在人的意義的水平上生活方式的不滿，並且有一種真正的焦慮促使他到心理治療中去尋求鼓勵。

2. 他有一種對生命更大的效力和機會的幻想或理想，並且某些真誠的希望促使他到心理治療中去尋求激勵。

3. 他的年齡、生活境遇 (如家庭、職業等等) 以及經濟狀況足以允許並支持他進行深入而廣泛的心理治療。具體來説，患者一般在 25 歲上下，受過某種程度的高等教育，男女各半，已婚或有過婚姻史。他們通常擔任專業的、技術的或管理的職位，或正在為取得這種職位而作準備。一般説來，每週約見 3 次，歷時 2～4 年，共計 350～500 次。在尋求治療的初期，他們表現出來的問題通常都是性格障礙和神經症 (或神經官能症)。

4. 他是一個心理治療上的有心人，即他在心理上有一種**心向** (或**定勢**) (set) 來意識到主觀過程及其相互關係，並有一種真正的好奇心來探索這些主觀體驗。他強調，來訪者全身心地投入心理治療之中，是採用存在分析治

療的關鍵因素 (Bugental, 1965)。

(二) 存在分析心理治療的階段

布根塔爾在《尋求本真》(1965) 一書中指出，完善的存在分析心理治療包括了三個階段：

1. 第一階段　分析階段 (analytic phase)：又稱**心理治療階段** (psychotherapeutic phase)，是存在分析治療的開始階段。布根塔爾認為，治療的全部過程主旨在於發現、釋放、促進人類潛能的實現。他說："心理治療關注的是人的潛能的生與死" (Bugental, 1978, p.v.)。確切地講，他認為心理治療只能表達這一過程所包含的三個階段中的第一階段。因為心理治療主要目的在於消除個人在功能活動方面的局限，以使他獲得一種更為滿意的心理生活。

布根塔爾指出，分析階段 (心理治療階段) 的任務在於，將那些對個人在世上的存在具有**自敗型** (self-defeating patterns) 的存在方式呈現於他的意識之中。這些自敗型存在方式是個人在生活中設法逃避無法忍受的焦慮而形成的，或者通過文化而習得的。打個比喻，有個人要想獲得更好的體形，你將如何輔導他呢？第一步你得幫助他發現在飲食、鍛鍊、作息等方面的不良方式。正是這些不良方式造成他通向健康的障礙，而這些障礙又阻止他進一步建設性的發展。但是，在存在分析心理治療的分析階段，所完成的並不只是使來訪者擺脱其成長的障礙因素，隨著他體驗到對神經症存在方式的擺脱，他就會發現新的活力和目標，以促使他向更為完滿的體驗努力。再拿前面的比喻來説，隨著他在身體習慣上的改進以及體重恢復正常，並建立適當的作息制度，他就會感覺到自己具有新的能量和條件，因而能夠從事以前不能做的活動了。

布根塔爾認為，分析階段的中心任務是揭示和解決來訪者的抵抗。所謂抵抗是指來訪者尋求逃避存在焦慮的方式。上面兩句話包含了存在分析心理治療的核心內容，而且它們代表了人類經驗的一個重大發現，並對整個心理治療事業，具有重大的意義 (Bugental, 1965)。

布根塔爾認為，分析工作必須對症狀與焦慮進行層層深入的分析，直至發現存在焦慮。實質上，存在焦慮就是抵抗的意義，它就是對本真的在世存在的抵抗。治療者通過層層剝落的方式將來訪者的各種抵抗及其背後所潛藏的存在性中心主題顯露於他的意識之中，從而使其意識到自己的非存在，並向建設性的本真存在回歸。

抵抗分析 (resistance analysis) 是存在分析心理治療的一個關鍵性步驟。抵抗分析主要程序：(1) **主訴** (complaints)，即治療者必須耐心傾聽來訪者的主訴，從他訴説的內容與方式中洞悉其非存在的中心主題；(2) **干預 (或介入)** (intervention)，即治療者選擇適當的時機進行干預，從來訪者當下的存在方式著手對他加以引導，使其意識到在主訴過程中所表現出來的但他自己卻未能意識到的非存在；(3) **解釋** (interpretation)，即治療者將抵抗向來訪者進行解釋。在整個分析過程中，治療者要明確認識到，只有來訪者在意識中體驗到抵抗及其非存在性，而不是在理性上接受治療者強加的解釋，治療工作才能順利開展。

布根塔爾還指出，分析階段須重視**移情分析** (transference analysis)。他將那些利用別人作為迴避存在焦慮或神經症焦慮的方式，並在治療過程被患者投射到治療者身上的抵抗稱為**移情** (transference)。在治療過程中，布根塔爾主張首先處理那些非移情抵抗，因為移情性抵抗向治療者的投射正是在治療的初期發生的，而如果先處理了那些非移情性抵抗，就會為隨後有效地揭示並解決移情性抵抗舖平了道路。

但是，從完整而徹底的治療觀點來看，以抵抗分析與移情分析為重點的分析階段，雖然對於消除意識扭曲有重要作用，但是它還只是存在分析治療的開端和前奏，尚須進入一個新階段。

2. 第二階段　存在成長階段 (ontogogic phase)：是存在分析心理治療的核心階段。這一階段雖然與上一階段有某些重疊，但卻以喚起人的積極發展為主要特徵。它的任務在於，一旦來訪者的**情緒紊亂** (emotional disruption) 這一更為嚴重的障礙被消除之後，就要幫助來訪者更充分地實現其潛能。布根塔爾認為，存在成長是人格發展的成熟階段，是通過分析工作而解放的人性存在，努力促使其潛能的實現。因此，存在成長階段的治療不是傳統意義上以解除病痛為目的的心理治療，而是真正的人性探險，是對人類尚未知曉的潛能王國的探索，是人的存在獲得本體論自由中逐漸趨向全面而本真的發展歷程。從這個意義上説，存在分析心理治療家是人生的精神導師，因而存在分析心理治療對來訪者的人格發展提出更高的要求：他的存在必須是本真的，並以徹底開放的態度來審視人的存在境況，他對人性的潛能實現具有豐富的體驗。

3. 第三階段　超越階段 (transcendent phase)：是存在分析治療的最高階段，也是人類發展的理想階段。雖然很少有人達到這一水平，但是我們必須把它與上述兩個階段聯繫起來。在這一階段，一個人可以超越意識 (覺知) 與經驗的許多限度，並進而有可能實現與整個存在的同一。所謂個體與宇宙融為一體，這是人的本真存在的一個更高的層次。他指出，由於這一水平尚處於人的生命中的潛在狀態，西方世俗思想接觸它是較為晚近的事，加之超越階段獲得的方式及其呈現的形式又頗具個性化與創造性，因而目前對這一階段的認識是比較模糊的、粗略的，還難以在理論上進一步地加以概括 (Bugental, 1965)。

第五節　簡要評價

在我們比較全面而系統地介紹了布根塔爾的存在分析心理學以後，一般對他的人本主義心理學的理論框架、存在分析心理學的形成及其理論體系，以及存在分析心理療法的性質、目標和實施步驟均有了一個基本的了解。現在一個迫切需要解決的問題，就是如何評價布根塔爾的存在分析心理學在人本主義心理學整個發展過程中的地位與作用。下面我們分別評論一下布根塔爾的存在分析心理學的貢獻與局限。

一、主要貢獻

布根塔爾既是一位資深的心理治療家，又是一位重要的人本主義心理學理論家。他被選為美國人本主義心理學首屆主席絕不是偶然的。這一切說明布根塔爾在人本主義心理學史上具有重要地位。他的貢獻並不限於存在心理治療臨床事業上，更重要的是表現在對整個人本主義心理學的建立和理論建構上。

(一)　建構人本主義心理學的理論框架

正如前述，戈爾德斯坦是人本主義心理學的先驅；奧爾波特是人本主義心理學早期建立者之一；馬斯洛和羅傑斯是人本主義心理學的主要創建者；羅洛・梅是人本主義心理學存在主義定向的開拓者。

誠然，上述各位人本主義心理學大師的貢獻是巨大的、不可磨滅的，但是布根塔爾對人本主義心理學的產生與發展也做出了自己獨特的重大貢獻。這主要不是表現在思想啟蒙、組織策劃和個別學說的創建上，而是表現在對人本主義心理學整體理論框架的設計、基本理論綱領的制定和基本原理的建構上。其主要歷史功蹟如下：

1. 於 1962 年，布根塔爾在加利福尼亞心理學會會議上做了題為〈人本主義心理學：一個新的突破〉的演講。美國心理學家莎菲指出："在某種意義上說，這構成了關於美國人本主義心理學的第一篇'官方觀點'的文獻"(Shaffer, 1978, p.3)。它隨後發表在《美國心理學家》雜誌上 (1963)。

2. 在 1962 年，布根塔爾和彪勒概括地提出了人本主義心理學取向的"共同觀點"，反映在《人本主義心理學會的章程》之中，得到心理學中第三勢力廣大擁護者的認同。

3. 在 1964 年 11 月，在康涅狄格州賽布魯克召開了"新心理學"基本理論問題的研討會。作為會議組織者之一的布根塔爾親自委任了一個"理論委員會"，主席為克納普 (Robert Knapp)。由於這次特別會議對人本主義心理學理論的建構具有重要意義，因而 80 年代將人本主義心理學研究所改名為賽布魯克研究所。

4. 在 1967 年，布根塔爾編輯出版了《人本主義心理學的挑戰》一書。這是由 75 位人本主義心理學家理論建構的共同綱領和研究定向。

應當指出，布根塔爾活躍於 60 年代初期時，正面臨"人本主義心理學目的和方法十分混亂"的挑戰。當時有兩個不同的群體：一個群體對人本主義心理學的界定是，只要說明它不代表什麼就可以了。就是說，把美國人本主義心理學會視為一個反抗的群體，它不代表行為主義，在一定程度上也不代表精神分析。另一個群體提出建設性的主張，他們想把該學會認同於將人生意義和價值觀引入到主流心理學中。在這種歷史情況下，解決為什麼必須開拓人本主義心理學的研究取向，怎樣建構人本主義心理學的基本理論等問題就成了當務之急。布根塔爾的《新突破》、《挑戰》等論著正是針對這些問題做全面而系統的理論闡述。它澄清對建立心理學第三勢力的模糊認識，明確了人本主義心理學的研究定向，提出人本主義心理學的理論框架，建構了人本主義心理學的一些大理論。因此，人們把布根塔爾對人本主義心理學的最大理論貢獻看作是"對學會的目的和定向的最佳闡明"，並"成為這一時期的一個里程碑"(DeCarvalho, 1991)。

(二) 把存在心理學推進新階段

存在心理學本來是存在主義哲學被引進精神病學後產生的心理學定向。在 20 世紀 20 年代，由於第一次世界大戰使西方近代傳統的**理性主義** (rationalism) 精神支柱倒塌，而轉向對人非理性的內心世界的探究，從而在德國乃至西歐的一些國家興起了存在主義哲學。因它極其重視個人主觀經驗或體驗的研究，故對精神病學和心理學有著特殊的影響。瑞士心理學家賓斯萬格和鮑斯雖然對精神分析的方法比較滿意，但也發現弗洛伊德學說物理主義氣味太濃，一旦接觸重視個人價值的、富於人本主義精神的存在主義哲學，就馬上將它與精神分析結合起來。這樣就誕生了歐洲存在分析心理學。

羅洛・梅建立了美國本土化的存在心理學。它與歐洲存在心理學的共同點在於，在不同程度上把精神分析存在主義化。它們的不同點在於：(1) 歐洲存在心理學直接受到德、法等國存在主義哲學的影響，而羅洛・梅的存在心理學則受到更多地蒂利希等人的美國神學存在主義的影響；(2) 歐洲存在分析心理學雖然具有人本主義精神，但仍屬心理學中第二勢力即精神分析取向的範疇，而羅洛・梅的存在心理學則屬於心理學中第三勢力即人本主義心理學取向的範疇，亦即存在-人本主義心理學的定向。

布根塔爾的存在分析心理學是羅洛・梅的存在心理學的繼承與發展。兩者的共同特點：(1) 把人本主義心理學存在主義化。本來，存在主義是人本主義心理學共同的哲學基礎，但自我實現論的人本心理學家如奧爾波特、馬斯洛和羅傑斯等人的存在主義的觀點往往是自發的、片斷的、不系統的，而選擇論的人本心理學家 (即存在心理學家) 如羅洛・梅、布根塔爾等人，在運用存在主義哲學的理論、觀點、範疇、概念和術語說明心理學問題時，則是比較自覺的、多層面的和成體系的；(2) 把精神分析存在主義化。他們反對精神分析的理論，如潛意識決定論、人格三部結構論和力比多論，肯定精神分析的方法，如躺椅主訴、自由聯想、抵抗分析、移情分析、解釋等，並用存在主義本體論統帥精神分析的方法來探究人的境況及其存在方式，建立美國本土化的存在心理學。

布根塔爾的存在分析心理學與羅洛・梅的存在心理學的主要區別在於：

1. 在對存在心理學的建樹上，羅洛・梅是美國存在心理學的創始者，布根塔爾則是存在心理學體系的完善者。羅洛・梅引進了歐洲存在心理學，並建立了美國本土化的存在心理學。但這只是一個開端，布根塔爾在羅洛・梅的存在心理學的基礎上無論從廣度還是深度上都做了進一步的發揮，使美國存在心理學更加系統化和理論化。

2. 在對存在主義與人本主義的關係上，羅洛・梅的存在心理學具有人本主義的特徵，但他沒有從理論上論證兩者之間的關係，而布根塔爾專門闡述存在主義在人本主義心理學中的價值與地位。他認為，“最真實的存在主義是人本主義的，最合理的人本主義是存在主義的。兩者雖不等同，但是，其交叉領域對於我們進一步理解並更有效地豐富人類經驗而言，具有廣闊的前景”。因為“存在主義把人恢復到自己經驗的中心地位，並爲我們實現對人類最美好的願望提供了可能性，只要我們有勇氣和恆心來識透這些願望”(Bugental, 1965, pp.10～20)。

3. 在對心理學的性質與對象的看法上，羅洛・梅堅持心理學是關於人的科學，強調自我和自我意識中心論，突出人生意義與價值的探索，而布根塔爾則進一步把心理學視為關於人的主觀性的科學，更加突出人主體的內部探究，把主我、主我過程 (而不是自我、客我) 擺在心理學研究的首位。應當說，注重人主體的內部探究是人本主義心理學或存在心理學的共同特點，但是他們沒有像布根塔爾那樣把自我、客我、主我與人明確地區別開來。從一定意義上說，羅洛・梅等人是從自我水平上探索主我的，而布根塔爾則是從人回歸本真和超越層次上探究主我的。他特別指出，如果我們真正理解主我過程，那麼它在本質上並不依賴於自我和我們曾經驗的世界。反過來講，自我就是一個被主我過程所用的工具，但沒有它自身的存在。簡而言之，自我就是主我過程用以表達他的在世存在的容器，但自我絕不就是主我過程，正如汽車不是駕駛員一樣 (Bugental, 1965)。

布根塔爾的存在分析心理學的主觀唯心主義理論 (註 6-8) 前提雖然令人難以苟同 (見局限部分)，但它仍然具有一定的積極意義。

首先，存在分析心理學是對兩種反人性的關於常人心理模式的心理學的反抗。在布根塔爾看來，西方**臨床心理學** (clinical psychology) 與**人格心理學** (personality psychology) 通常以神經症患者為理解人的心理學主要框架，而**實驗心理學** (experimental psychology) 則以“黑箱”(black box) 或白鼠作為建構理論框架的基礎。他認為，實驗心理學有兩個局限：(1) 實驗心理學是一種部分機能心理學。雖然這一領域的研究也是必要的，但是我們不應該把實驗心理學混同於人的心理學，因為人的心理學關注的是整體的人；(2) 實驗心理學所提供的資料幾乎都是關於反應行為的資料，即關於作為客體 (客我) 的人的資料。布根塔爾認為，人類活動的最根本特徵是首創精神和主動性 (主我過程)。關於這一領域，實驗心理學毫無發言權 (Bugental, 1965)。

其次，存在分析心理學是對人的心理學的弘揚。主要表現在：(1) 回歸人的心理學。布根塔爾贊成人是世界中的第一位資源，反對主流心理學對人的貶低，主張把心理學由研究物的非人化的科學真正變為研究整個人的心理學；(2) 推進人的主觀性的研究。布根塔爾認為，人是能意識到的存在，意識是人的內在的主觀世界。因此，必須把人的主體的主觀性擺在心理學研究的首位。只有從顯在與潛在、表層與深層全方位地推進人的主觀性的內部探究，才能使心理學真正變成旨在探索人的“巨大意蘊”的心理學。

此外，存在分析心理學重視社會現實心理生活的研究具有一定的實用價值。存在分析心理學不同於學院心理學忽視人們日常生活中所遇到的各種問題，倡導有勇氣面向社會現實，強調在人際關係的存在中探索人的處境及其內心世界，並相信人有能力解決自己的問題。

註 6-8：**主觀唯心主義** (或**主觀唯心論**) (subjective idealism) 是唯心主義哲學的兩種基本類型之一。認為自我、個人的精神 (心靈、感覺、觀念、意志、情感等) 是唯一真實的存在和世界的本原，是第一性的；而世界上的一切事物，只存在於個人的心靈之中，或是個人心靈的產物，是第二性的。

(三) 進一步豐富心理治療的內涵

許多人本主義心理學家都對心理治療有所貢獻，其中貢獻最大者莫過於羅傑斯和布根塔爾。如果說羅傑斯是人本主義心理治療的開創者、非指導諮商和來訪者中心治療的創始人，那麼布根塔爾則在羅洛・梅的存在治療的基礎上，把存在分析心理治療進一步理論化、系統化和完整化。

布根塔爾對於心理治療的主要貢獻就在於：

1. 把心理治療提高到人性成長的教育性模式的高度　在他看來，心理治療既不是傳統病理學意義上對疾病的治療策略，也不是單純的心理創傷補救和不良行為矯正的方法技術，而是對人生意義的導引和喚起，是促進人性成長的舉措和實現。他說："從許多方面上講，'治療'這個詞有從醫學上和外科上康復疾病與損傷的含義，無法準確地用於諮商工作中的這三個水平"(Bugental, 1978, p.7)。就是說，治療還不能涵蓋諮商工作中"成長"、"解放"、"超越"三種存在水平更積極更高的目標。諮商不在於消極的補救，而在於積極的喚起。他認為，心理治療是對人性永無止境的探究，而不是對人的貫注。心理治療家必須認識到，他只是一個人再生的助產士，而不是這一再生的父親。心理治療就像是一個靈巧的學生在老師的指導下創作一件藝術品，如繪畫，其師的目的主要是想培養學生的繪畫才能，而不在於保證學生正在做的這幅畫成為一部傑作。可見，布根塔爾把心理治療由補救性和矯正性的治療模式進一步推進到成長性和喚起性的教育模式的新階段。

2. 擴展了心理治療的內涵和領域　他以開放的視野、批判的精神和兼容的態度，既批評了行為主義和精神分析的局限性，又吸收了一些療法的精華，更豐富了心理治療的內涵。存在-人本主義心理治療超越了傳統的心理治療的概念，從匱乏和成長兩種水平和諮商、治療、喚起三個維度來看待心理治療，為心理治療規定了順應、因應、更新、成長、解放、超越等六個層次的目標。它不僅關注症狀的克服，更關注自我成長；不僅要改變自我以保持與環境的協調一致，更要重視主我的建構，開始一種全新的、自由的、有創造性的生活。布根塔爾的心理治療思想突破了傳統的健康/病態的二分法，從成長的視角來看待來訪者，為心理治療開拓了廣闊的領域。

3. 把治療關係視爲治療性成長賴以發生的核心性媒介　它雖然就

其本身而言不足以誘導出來訪者內心深處的成長，但是要想使治療關係成為真切關係，並盡可能使之富於創造性，那麼這種關係是一個必備的條件。他認為，治療關係包括三個層面：(1) 現實關係，指雙方在時間、費用等方面的事務性安排，以及他們之間的親密程度、共同努力、相互尊重、相互理解等；(2) 移情，指來訪者投射到治療者身上的移情，以及治療者投射到來訪者身上的移情 (即反移情)；(3) 展示，指來訪者內在心靈生活的展現。它和移情不同，移情是來訪者以扭曲的方式將過去的關係帶入到當前治療者的身上，來訪者正是在展現他自己以及與治療者建立聯繫的全部方式中，呈現出他的主觀生活的一個橫斷面。其中，布根塔爾特別強調治療者對來訪者要充滿愛心、尊重、信任和理解。可見，他對治療關係的重視類似於羅傑斯的來訪者中心療法。但布根塔爾認為非指導式治療對治療者在治療中的作用有所低估，不能令人苟同。

二、主要局限

布根塔爾雖然在開闢人本主義心理學的存在主義新取向、建構人本主義整體理論框架上做出了重要貢獻，但是由於他本人的歷史局限性特別是存在主義哲學的根本缺陷，因而布根塔爾存在分析心理學也自然有其弊端。

(一) 具有主體哲學的傾向

主體性 (註 6-9) 問題是 20 世紀哲學的一大熱點，也是人本主義心理學探究的中心。

英美經驗主義心理學多以**無主體哲學** (non-subject-philosophy) 為理論根據，主要表現在：(1) 將人的自我消解為一系列凌亂、離散的經驗，取消心理主體；(2) 認識問題被意義問題取代，思維的地位被語言取代，人們關注的是語言與對象的關係，作為心理或思維的主體從哲學和心理學視野中消失；(3) 在科學哲學中，相當長一段時間內只談驗證的邏輯，而絕口不提發現的心理學。

註 6-9：**主體性** (subjectivity) 指人是認識和實踐活動的實行者。古希臘哲學已涉及到關於認識和實踐的主體的研究，直到近代，隨著哲學的重點由本體論轉為認識論，特別是當代人的價值和地位的提高，因而主體性問題已成為哲學研究的熱門話題。

人本主義心理學是以**主體哲學**(subject-philosophy) 為哲學基礎的。胡塞爾的現象學是最典型的主體哲學。在以其為指導的心理學中，一種帶邏輯意味而非心理意味的先驗自我是首要的存在，是意向性的基礎，而正是自我的意向作用，才使雜亂的經驗純化，呈現其本質結構。同樣，也正是自我的意向作用，才使得作為物理記號的聲音或文字具有意義。總之，自我是對象的依據、知識客觀性的來源。

至於人本主義心理學的新取向存在心理學，則更直接淵源於主體哲學的變型存在主義(見 23 頁)。其中心概念是“此在”(或定在)，“此在”並非是“自我”，而是“我的存在”。在存在主義看來，人的在世存在不是單純個體的自我概念，而是不依賴於客體而存在的主體範疇。

布根塔爾以突出“主我”為特徵的存在分析心理學正是當代西方主體哲學思想影響的表現。一方面，我們應該看到，布根塔爾的存在分析心理學對高揚人的主體性和創造精神，反對只有客我而無主我的機械論與還原論的主流行為主義心理學是有重要積極意義的。另一方面，我們也必須承認，布根塔爾的存在分析心理學只強調主體而忽視客體，甚至把客我、自我統統消融在主我中。他說：“所謂的‘客觀’事物，實際上是依賴於或從屬於另外一些明顯屬於主觀性的東西。”又說：“我們關於世界 (外在世界) 所做的任何陳述，都必然地、不可避免地是關於我們自己 (內在世界) 的理論的陳述”(Bugental, 1967, p.6)。可見，布根塔爾在強調主體性或主我的過程中，完全否認了客體的獨立性與客我的存在，以及客體對主體的制約性，這樣最終就不能不陷入主觀唯心論的境地。

(二) 具有無根本體論的傾向

布根塔爾和羅洛·梅一樣，從存在主義哲學出發，強調本體論在人本主義心理學中的首要意義，大談“存在本體論”或“本體論自由”。其實這些都來源於海德格爾的“基本本體論”和薩特的“現象學本體論”。他們認為傳統哲學研究本體論的方向不對。海德格爾指出：傳統的本體論在沒有弄清楚存在本身的含義以前，就回答它們是什麼，以“存在者”是什麼的問題代替了什麼是“在”的問題。在他看來，首先要研究存在究竟怎樣“在”，這是一切存在者存在的基礎和根源。要研究怎樣“在”的問題，首先應探討人的存在，因為只有人才能領悟到自己的“在”。他把這種領悟到自己在的人的存在叫做“存在”或“實存”，而把個人對在的領悟本身或各種特定的對在的領悟方式叫做“此在”。他認為，這種此在成為通向其他領域的門户，此在是不能通過感覺和思維的，個人只有處於煩、畏、死等心理狀態下才能體驗到本真的存在。

同樣，布根塔爾把人與世界統一的本真視為人存在的一種理想方式。但是，這種本真的統一並沒有客觀的現實基礎。主要表現在：(1) 他所謂的本真既不是解決主客觀關係，更不是使主觀符合於客觀，而是主體意識的潛在本性的實現。就是說，本真是把人直接體驗到自己的存在真實地展現和揭示出來。因此，布根塔爾的本真或本體論自由是沒有外在客觀基礎的主體精神論；(2) 他所謂的本真既不涵蓋客我或自我的內容，更沒有容納人的機體存在，而是脱離主體物質基礎的存在理想。因為主觀性 (意識) 只是人存在的一個方面，並不能構成其完整的本體論內涵。從人的存在構成來看，機體存在比主觀性是更為基本的事實，亦即人的機體存在是主體性的本體論基礎。不難理解，人的機體存在是世界進化的產物，主觀性是人的有機體存在在其與世界分化的進化過程中作為維繫與世界統一的必要性而產生的自然機制。因此，布根塔爾那種不以人的機體為基礎的本真或存在本體論是一種真正的“無根本體論”。

(三) 具有思辨哲學的傾向

布根塔爾往往偏重於理論假設和推論而缺乏實證性研究和科學驗證。本來，人性潛能假設是存在分析心理學的重要前提，也是存在-人本主義心理治療的動力基礎。但是，布根塔爾把潛能視為人的主觀性的潛在可能性難以擺脱兩個理論難題。

首先，與馬斯洛、羅傑斯相比，布根塔爾的潛能論缺乏科學的本體論基礎。這就是説，馬斯洛的似本能論、羅傑斯的機體智慧論是他們潛能論賴以存在的機體論的基礎，而布根塔爾的潛能論則無機體論的根據。

其次，布根塔爾的潛能論由於脱離有機體的存在，出於純粹理論的假設與推演，因而對潛能的性質只能做“形而上的玄思”，以致陷入哲學思辨的境地。事實上，馬斯洛、羅傑斯等人本主義心理學家的潛能論都以機體本體論為基礎，並以一些偉人、名人的歷史成就為參考系，對人將其潛在的主觀性外化為客觀存在這一歷史的實踐活動在範圍和程度上所能達到的可能性的一種人本主義的描述。相對的布根塔爾等存在-人本主義心理學家在這一方面則比較遜色。

本章摘要

1. 布根塔爾是美國存在分析心理學和存在分析心理治療的創建者，也是人本主義心理學的建立者之一。
2. 布根塔爾的存在分析心理學形成的原因：(1) 通過羅洛・梅並直接受到存在主義與現象學的深刻影響；(2) 在反對行為主義與批判繼承精神分析的過程中深受弗洛姆的人本-精神分析的重要影響；(3) 個人長期從事心理治療實踐的產物。
3. 布根塔爾的**存在分析心理學**主要特點：(1) 建構人本主義心理學的基本理論；(2) 開展對人的存在分析與存在-人本主義心理治療；(3) 採用現象學研究方法。
4. 人本主義心理學的總體理論架構既是存在分析心理學理論的起點，也是人本主義心理學的基本理論原則。包括：(1) 人本主義心理學的基本假定；(2) 人本主義心理學的定向；(3) 人本主義心理學的任務。
5. 存在分析是布根塔爾心理學的中心命題和理論基點：(1) 什麼是存在？認為存在不是指非人的客觀存在，而是指人的純粹的主觀性；(2) 怎樣進行存在分析？從人的境況和存在給予出發，經存在意識、存在焦慮等中介，促進人的潛能的全面實現而達到本真狀態。
6. **存在給予**是人存在的基石。它指人具有本體論意義的存在條件或狀態。主要有四個特徵：(1) **有限性**，指人的存在是有限的、特定的和不完整的；(2) **行動潛力**，指人的存在具有改變世界的行動潛力；(3) **選擇**，指人的存在具有自主選擇性；(4) **疏離**，指人在與他人相互聯繫的存在中日益增大疏離感。
7. **意識**是人存在的過程和首要條件。主要有三種形式：(1) **解放**，即打破主我與客我相混同的意識開放過程；(2) **實現**，即人的存在潛能比通常情況下得到更大的實現；(3) **超越**，即人的全面本真存在的一個假設的理想狀態。超越對解放與實現具有至關重要的作用，但也不能貶低解放與實現對生命意義的肯定。

8. **實現**是人本真存在的一個層次。實現有八個特徵：(1) 關注在性質上的改變；(2) 活動選擇性增強；(3) 參與感的增強；(4) 幸福目標的降低；(5) 對"如性"存在的欣賞；(6) 對經驗整體性的體認；(7) 從主客分裂中解放出來；(8) 中心性。

9. **焦慮**是人存在的體驗。它共有兩類：(1) **存在焦慮**，即人的境況的給予性中威脅相伴生的主觀體驗。包括命運與死亡焦慮、罪疚與懲罰焦慮、無意義與空虛焦慮、孤獨與疏離焦慮等四種形式；(2) **神經症焦慮**即歪曲現實和毀壞人的存在本真性所引起的焦慮情緒。布根塔爾把焦慮的意義視為人的存在與非存在、生命與死亡的分化基點。

10. **本真** (或**真誠**) 是人**在世存在**的一種理想。它指個人的存在與他自己的本性以及世界給予性處於完全和諧的狀態，亦即消解主客分裂、自我與世界分裂，與自己、與自然、與社會融為一體的存在狀態，類似於中國儒學所謂的"天人合一"狀態。布根塔爾有時把進入本真存在理想狀態稱為**如性**。

11. **存在需要**即**勇氣**是人的存在給予與本真實現的基本動力。他將勇氣的表現形式分為四種：即**尋根性**、**同一性**、**意義性**和**關聯性**；並將勇氣反應焦慮方式亦分為四種：即**信念**、**獻身**、**創造**和**愛**。

12. **存在分析心理治療**是以存在-人本主義為定向的心理治療。它在治療注意的焦點、誘發治療的動因、來訪者參與的最理想方式等三方面，與行動治療和精神分析有根本區別。其主要特點：(1) 重視來訪者整個人或人的整體，而非只注意外顯行為、內蘊潛意識和個別機能；(2) 重視個人的內在探究與主觀體驗，既肯定潛意識的價值，更強調意識的主導作用；(3) 重視來訪者的現實處境，相信其本身有能力選擇，克服扭曲，回歸本真。

13. 心理治療的性質不是對疾病的治療過程，而是一項哲學的探險事業。布根塔爾把心理治療的目標分為兩種水平 (**匱乏水平**、**成長水平**)、三個維度 (**諮商**、**治療**、**喚起**)、六個目標 (**順應**、**因應**、**更新**、**成長**、**解放**、超越)。存在分析治療包括分析階段、存在成長階段和超越階段。

14. 布根塔爾存在分析心理學的主要貢獻：(1) 建構人本主義心理學的理論框架，確定心理學中第三勢力的研究取向和任務；(2) 把存在心理學推進到新階段，進一步弘揚人的心理；(3) 擴展心理治療的內涵與領域，把心理治療由補救性和矯正性的治療模式推進到成長性和喚起性的教育模式。

15. 布根塔爾存在分析心理學的重要局限：(1) 片面強調主體而忽視客體，把客我、自我統統消融在主我之中，具有強烈的主體哲學傾向；(2) 否認人的本真存在的外在客觀根據，否認主體的機體存在基礎，具有“無根本體論”的傾向；(3) 熱衷理論假設和抽象推論，缺乏實證研究和科學驗證，具有思辨哲學的傾向。

建議參考資料

1. 車文博 (1996)：西方心理學史。臺北市：東華書局 (繁體字版)。杭州市：浙江教育出版社 (簡體字版) (1998)。
2. 林　方 (1989)：心靈的困惑與自救。瀋陽市：遼寧人民出版社。
3. 梅　利 (鄭玄藏譯，1997)：人本心理學入門。台北市：心理出版社。
4. 彪勒等著 (陳寶鎧譯，1990)：人本主義心理學導論。北京市：華夏出版社。
5. 舒爾茨 (楊立能等譯，1981)：現代心理學史。北京市：人民教育出版社。
6. Bugental, J. F. T. (1963). Humanistic psychology: A new break-through. *American Psychology,* 18, 563～567.
7. Bugental, J. F. T. (1965). *The search for authenticity: An existential-analytic approach to psychotherapy*. New York: Holt, Rinehart & Winston.
8. Bugental, J. F. T. (1967). *Challenges of humanistic psychology*. New York: McGraw-Hill.
9. Bugental, J. F. T. (1978). *Psychotherapy and process: The fundamentals of an existential-humanistic approach*. Reading. Mass: Addison-Wesley.

10. DeCarvalho, R. J. (1991). *The founders of humanistic psychology*. New York: Praeger.

11. Viney, W. (1993). *A history of psychology:Ideas and context*. Boston: Allyn & Bacon.

第七章

人本主義心理學的方法論

本章內容細目

方法論 (methodology) 是人本主義心理學的一個重要課題。因為方法論是哲學方法論、一般科學方法論和具體科學方法論的統一體，所以方法論直接關係著各個心理學派的哲學基礎、理論支柱和科學工具的問題。例如，馮特的內容心理學是以經驗論和二元論為哲學方法論，並以實驗內省法和民族心理學方法為具體科學方法；布倫塔諾的意動心理學是以唯理論和現象學為哲學方法論，以反省法或內部知覺法為具體研究方法；鐵納的結構心理學是以經驗批判論為哲學方法論，以實驗內省法為具體研究方法；機能主義心理學是以實用主義為哲學方法論，以實驗法為具體科學方法；弗洛伊德的精神分析是以非理性主義的唯意志論和唯能論為哲學方法論，以臨床觀察法為具體科學方法；完形心理學是以先驗論和現象學為哲學方法論，以現象論實驗法、拓撲學陳述和向量分析為具體科學方法；行為主義是以機械唯物論，新實在論和操作實證論為哲學方法論，以客觀觀察法、實驗法為具體科學方法；日內瓦學派是以康德範疇論、新結構主義和操作主義為哲學方法論，以臨床法為具體科學方法；認知心理學是以實證主義和結構主義為哲學方法論，以實驗法、電腦模擬法等為具體科學方法。

人本主義心理學是以存在主義和現象學為哲學方法論，以整體分析、現象學方法和個體特徵研究法等為具體研究方法。人本主義心理學方法論的基本特徵，就是反對方法中心主義、實驗主義和客觀主義，主張以解決問題為中心，把客觀實驗方法和主觀經驗方法整合起來。人本主義心理學的方法論不僅是批評行為主義和精神分析的理論武器，而且也是創建人本主義心理學的理論支柱。

學習和研究人本主義心理學的方法論，既有重要的理論意義，又有重要的實踐意義。它直接有助於了解西方心理學的主要弊端在於方法論的失誤，有助於認識科學方法論在心理學改革中的決定性作用，有助於理解主客觀兩種範式的整合是心理學方法論發展的大趨勢。

本章內容旨在探討下述六個問題：

1. 怎樣理解人本主義心理學的方法論及其特點。
2. 馬斯洛反對以方法為中心，主張以問題為中心的意義何在。
3. 為什麼人本主義心理學家提出整合客觀實驗和主觀經驗兩種範式。
4. 試析現象學方法的本質及其意義。

5. 簡評整體分析方法論的價值。
6. 奧爾波特的個體特徵方法述評。

第一節　人本主義心理學方法論概述

在了解人本主義心理學方法論之前，我們需要先對方法論的概念加以界定，在回顧心理學方法論歷史演變的基礎上，概述一下人本主義心理學的方法論。這樣不僅會使我們的討論有一個明確的理論前提，而且還會從歷史和現實兩個層面理解人本主義心理學方法論的基本理論框架。

一、方法論的內涵

方法論 (或**方法學**) (methodology) 是關於認識和改造世界的方法的基本理論。它包括：(1) **哲學方法論** (philosophical methodology) 是認識世界和改造世界、探索主觀與客觀相一致的最根本的方法論，它是各門科學方法論的概括和總結，具有普遍指導意義；(2) **一般科學方法論** (general scientific methodology) 是指適用於有關領域的各門學科，如系統論、訊息論 (或信息論)、控制論，帶有一般意義的方法論；(3) **具體科學方法論** (concrete scientific methodology) 是指涉及某一具體領域的方法論。三者互相依存、互相影響。

於 19 世紀 70 年代末，心理學從哲學中分化出來，成為一門獨立的科學，這是現代科學心理學發展的一個重要里程碑。但是此後心理學不但未擺脫哲學的影響，反而以哲學方法論的形式始終制約著心理學的發展。

縱觀現代心理學史，衆多西方心理學派其哲學基礎或方法論主要有兩大理論支柱：

1. **實證主義** (positivism)：即以強調感覺經驗、反對形而上學為基本特徵的哲學思潮。它堅持以事實為研究對象，主張運用觀察和推理等方法，目的不是探究事實的本質和始因，而是發現事實之間的不變關係。實證主義是現代科學心理學最主要的方法論。它主張應將人性現象的研究納入到物質研究的規範之中。實證主義心理學的主要特點：(1) 強調心理學對象的客觀性和可觀察性；(2) 堅持經驗證實原則；(3) 採用元素分析策略；(4) 主張以方法為中心和量化研究；(5) 貫徹還原主義方法論。

2. 現象學 (phenomenology)：即 20 世紀一種重要的西方哲學思潮。胡塞爾強調以“純粹意識”為對象，通過直接、細微的內省分析，體驗、理解和描述意識構成作用及主體在其特殊視界內經驗到的“生活世界”。20 世紀以來現象學在西方哲學和人文科學中一直具有重要的影響。德國意動心理學、完形心理學和人本主義心理學等均以現象學為其方法論基礎。現象學心理學的主要特點：(1) 強調心理學對象的主觀性，如人的本性、價值、經驗、需要、動機、人格等；(2) 堅持如實描述的現象學方法；(3) 提出以問題為中心，主張方法為對象服務，其意義為問題所規定；(4) 提倡質化分析和個案研究；(5) 貫徹整體論方法論。

二、人本主義心理學方法論的特點

人本主義方法論是人本主義認識方法的基本理論。它是用來研究人類存在的方法所必須具有“完全忠實於人類存在的全面豐富性”的能力 (Aanstoos, 1985)。人本主義心理學方法論的主要特點：

1. 反對方法中心論，主張以解決問題爲中心 人本主義心理學重視方法，但不同意傳統主流心理學特別是行為主義削足適履的方法至上主義，拋棄對人的內部心理過程的研究，堅持不以方法為中心而以問題為中心。這樣，才能有助於恢復研究對象決定研究方法的本來面目，弘揚心理學的人學性質，克服心理學中的機械論和非人化的傾向。

2. 反對實驗主義，主張方法的多元性 人本主義心理學不反對實驗，但是不同意將實驗法視為至高無上的、唯一的研究方法，堅持心理學方法論具有更大的包容性和多元性。奧爾波特、馬斯洛、羅傑斯等人均要求在心理學的研究中把自然科學方法與人文科學方法、西方研究方法與東方 (道家）研究方法、實驗方法與反省方法、縱向研究與橫向研究、整體分析研究與個體特徵研究、質化研究與量化研究有機地結合起來。

3. 反對方法論的單維性，主張建構系統方法論　人本主義心理學不反對在心理學研究中各種方法的互補性和兼收並蓄，但是不同意把各種方法等量齊觀、同等使用，強調突出心理學方法論的整體觀和系統論。奧爾波特提出**系統折衷主義** (systematic eclecticism) 的方法論原則，認為心理學的研究不應該是封閉的、還原論的、非理論的、反折衷主義的，應該是開放的、多元的、系統的、折衷主義的，把現象學方法和實驗方法有層次地整合起來，突出人類主觀性的核心作用 (DeCarvalho, 1991)。

4. 反對兩極對立的思維模式，提出整合主客觀兩種心理學範式的構想　馬斯洛認為，真正科學的理論決不是極端的片面的東西，而應該是一種整合的科學。他大聲疾呼要超越非此即彼的二歧式的思維，把人的生存中的兩極"一起納入它們本來就在其中的統一體"(林方譯，1987，96 頁)，真正從整合的意義看待人，確定人性和人的本質。因此，人本主義心理學家倡導將 20 世紀支配西方現代心理學的兩種範式即客觀的實驗範式與主觀的經驗範式有機地整合起來。

第二節　整合兩種心理學範式的構想

整合兩種心理學範式是人本主義心理學家在批判傳統主流心理學方法論弊端的基礎上，提出心理學方法論改革性的一大構想。下面我們分別介紹一下他們對方法中心論的批判與整合兩種心理學範式的理論內涵。

一、批判方法中心論

馬斯洛指出，科學研究常面臨這樣的選擇：(1) 研究那些實驗上簡單，但意義較小的問題；(2) 研究那些實驗上極為困難，但意義重大的問題。前者強調研究的精確性，可稱為**方法中心論** (method centrality theory) 或稱**方法中心主義** (method centralism)，以行為主義為典型；後者強調問題的重要性，可稱為**問題中心論** (problem-centered theory)，以人本主義心理學為代表。馬斯洛主張，科學最重要的本質就是解決問題，因而科學應研究重要問題，在研究過程中逐漸加強精確性。

人本主義心理學家認為，方法中心論是傳統心理學科學主義的表現，也是傳統科學特別是心理學的許多缺陷的根源。馬斯洛說：

> 方法中心就是認爲科學的本質在於它的儀器、技術、程序、設備以及方法，而並非它的疑難、問題、功能或者目的。(許金聲等譯，1987，14 頁)

馬斯洛對方法中心論的批評如下：

1. 它一味強調雅緻、完善、技術和設備，其後果往往造成減弱問題的創造性的意義、生命力及其重要性。馬斯洛認為：

> 一個實驗無論實際上多麼無足輕重，只要在方法上令人滿意，就很少受到批評。而一個大膽的、向理論基礎挑戰的問題，由於可能會遭到失敗，常常尚未開始被檢驗就被批評所扼殺。(許金聲等譯，1987，14 頁)

科學文獻中對於研究的批評，很少有某篇論文批評另一篇論文是無關緊要、過分瑣碎，或者意義不大。這樣，往往會使一些並沒有創造力的人成為科學家，而一個沒有創造力的科學家與一個啞巴講演者一樣是自相矛盾的。

2. 它往往將技師、設備操縱者，而不是把提問者和解決問題者推到科學的統帥地位。馬斯洛認為，科學界有一大批人是科學上的牧師，是禮儀、程序或者儀式方面的權威。真正的科學家，不僅應知道怎樣做，而且更重要的是知道為什麼而做。

3. 它不分青紅皂白地過高看重數量關係，過分強調表達的方式，而不是表達的內容，甚至把精確看成目的本身。

4. 它往往不由自主地使自己的問題適合自己的技術，而不是為了解決問題採取適合的技術。他們往往關心的是：用我現在掌握的技術和設備可以進行哪些課題，而不是我能夠為之奉獻精力的最關鍵最緊迫的問題是什麼。

5. 它強烈地把科學分成等級。在這個等級中，物理學被認為比生物學更科學，生物學又比心理學更科學，心理學則又比社會學更科學。按照這種等級觀，星體問題、鈉的問題或者腎功能的問題，似乎比失業問題、種族問題或者愛的問題更加重要。

6. 它往往過於刻板地劃分科學的各個部門，在它們之間築起高牆，使它們成為彼此分離的領域。馬斯洛對這種片面的科學方法作了一個生動的比喻，他列舉了一部精巧而複雜的自動洗車機，能把汽車刷洗得很漂亮，但它只能做這樣一件事，任何別的東西進入它的掌握都只能像一部汽車那樣接受洗刷。馬斯洛說：“假如你所有的唯一工具是錘子，那就會誘使你把每一件東西都作爲釘子來對待”(林方譯，1988，13 頁)。

7. 它在科學家與其他尋求真理的人之間製造了巨大的分裂。然而，在科學家與詩人、藝術家，及哲學家之間並沒有不可逾越的障礙。方法中心論者將它歸於不同的領域，但問題中心論卻將它們看成是互相幫助的協作者。

8. 它通常不可避免地產生出一種科學上的正統觀念，鼓勵科學家保持安全、明智、穩定，而不是大膽勇敢、開拓創新。這樣，不僅會阻礙新技術的發展，而且還會阻擋新問題的提出。

可見，方法中心論有兩個明顯的錯誤：一是把科學與科學方法相混淆，不是以科學的態度來解決方法問題，而是以方法中心或技術中心的態度來解決科學問題，陷入方法至上的科學主義的境地。二是把心理學的方法與對象的關係相顛倒，不是心理學的方法適應於心理學的對象，而是心理學的對象決定於心理學的方法，陷入拋棄人的內部心理過程研究的客觀主義的境地。馬斯洛指出：“科學方法中心傾向的一個主要根源似乎可能就是竭力追求盡可能的純客觀性”(許金聲等譯，1987，21 頁)。

二、試圖整合兩種心理學範式

從方法論來看，20 世紀西方心理學主要受兩種哲學範式的支配。

(一) 客觀實驗範式

客觀實驗範式 (objective-experimental paradigms) 是西方現代科學心理學最主要的方法論範式。19 世紀初，孔德 (見圖 7-1) 第一次對這一範式做了明確的闡述，他堅持從物理、生物、人類和社會等各種現象本質相同的觀點出發，認為人性是一種自然現象，人類科學是**社會物理學** (social physics)，應該把實證主義方法論引入人類科學，用自然科學方法研究人的心理活動。一個世紀以後，孔德的設想被行為主義創始人華生及其追隨者在實踐中推到了極端，他們排斥人的主觀內在心靈的探索如選擇、自由、愛、目的性和創造性活動等，把外在行為作為唯一的研究對象，主張在行為研究中全面使用客觀觀察法，把心理學建構成為一門物理學式的自然科學。華生宣稱，人與動物之間沒有分界線，因此可以在同樣的實驗條件下，同樣成功地對人和動物進行研究，進而提出了一種“自然科學的純客觀的實驗分支”的心理學。這種自然主義的研究取向統治美國心理學達半個世紀之久，至今在世界各國仍有相當廣泛的影響。

圖 7-1 孔 德

(Comte, Auguste, 1798～1857) 是 19 世紀法國哲學心理學家，是實證主義的創始人，是現代社會學的奠基者，也是行為主義心理學的先驅。

圖 7-2 胡塞爾
(Husserl, Edmund, 1859～1938) 是 20 世紀初德國哲學家，是現象學的創始人，也是完形心理學的先驅。

(二) 主觀經驗範式

主觀經驗範式 (subjective-experiential paradigms) 是西方現代心理學兩大方法論範式之一。20 世紀初期，德國現象學家胡塞爾 (見圖 7-2) 抨擊實證主義的態度或心理主義 (註 7-1)。他認為，因為人類有**本體論的特點** (ontological characteristics)，研究人性不應該模仿自然科學的機械模式，而應該提出一種在研究中能符合人的獨特存在的科學。1925 年，胡塞爾把這種新的科學命名為現象學心理學 (見 9 頁)，或內在經驗科學、主觀性科學和心理科學。

十年以後，為了反對胡塞爾的先驗現象學 (transcendental phenomenology)和先驗自我 (transcendent ego) 的概念，他的弟子海德格爾和薩特指出，胡塞爾在人類經驗的主觀性內部尋求先驗概念時走得太遠了，從而背離了他自己的現象學原則。通過要求回到主觀性，他們創造了現象學心理學中的一種存在主義思潮。薩特提出了一種**存在精神分析** (existential psy-

---

註 7-1：**心理主義 (或心理學主義)** (psychologism)有兩種含義：(1) 指心理學是解釋人類社會現象及其歷史形成與發展唯一的原理原則，具有唯心理論或泛心理論的內涵。(2) 指一切規範性科學，例如倫理學、教育學、邏輯學、美學等，均須採用心理實驗的方法，從事實證研究，才能使其成為嚴謹的科學，此處指第二種含義而言。

choanalysis)，賓斯萬格和鮑斯闡述了海德格爾的此在 (或定在) 的概念 (見 24 頁)，並提出**存在分析** (見 228 頁)。

長期以來，上述兩種範式相互指責、爭論不休，成為心理學方法論研究的熱點問題。現象學和存在主義心理學家認為心理學中的實證主義理念是哲學上不成熟的表現，而實驗心理學家則認為他們對意識和主觀性的研究是一種詩意的追求和幻想。這兩種範式的倡導者都相互攻擊對方天真地誤解了人類本性和心理學方法論。在奧爾波特看來，在許多方面它是洛克 (John, Locke, 1632～1704) 經驗論與萊布尼茲 (Gottfried Wilhelm Leibniz, 1646～1716) 唯理論之間的一種爭論 (註 7-2)；在尼采 (見 33 頁) 看來，它是阿波羅和狄俄尼索斯文化之間的爭戰 (註 7-3) (DeCarvalho, 1991)。

(三) 主客觀兩種範式的整合

主客觀兩種範式的整合 (synthesis of two modes) 是人本主義心理學方法論上的基本構想和主要特徵。

人本主義心理學的創建者都經過正統科學心理學的嚴格訓練，並且親自做過多年實證研究，他們不僅瞭解客觀實驗範式的長處，而且也非常清楚實驗心理學的不足。布根塔爾認為，實驗心理學雖然取得了大量的資料，為描述人類的經驗、形成一個更大的理論框架提供了重要基礎，但是它有兩大局限：(1) 實驗心理學是一種**部分機能心理學** (part-function psychology)。儘管研究部分心理機能是必要的，也是合法的，但是我們不應該把實驗心理學混同於**人的心理學** (human psychology)，因為人的心理學所關注的是整體的人。(2) 實驗心理學是一種**客我心理學** (Me psychology)。實驗心理學所提供的資料幾乎都局限於反應行為的資料，也就是說，它是關於作為對象 (客我) 的人的資料。他認為，人類活動的最根本的特徵是積極性和主動性 (主我行動過程) (I-process action)。關於這一領域，實驗心理學毫無發言權 (Bugental, 1965)。

註 7-2：**經驗論** (或**經驗主義**) (empiricism) 是一種主張經驗是知識的唯一來源而貶低或否定理性的認識論。**唯理論** (或**理性主義**) (rationalism) 則是一種只承認理性認識的可靠性而否定理性認識依賴於感性認識的認識論。

註 7-3：據古希臘神話傳說，阿波羅 (Apollonian) 是日神，狄俄尼索斯 (Dionysian) 是酒神。尼采在《悲劇的誕生》一書中提出，就終極目的和表現境界來說，有兩種不同的文化。日神文化 (或阿波羅文化) 表現客觀外部世界的傳統的理性文化；酒神文化 (或狄俄尼索斯文化) 則反映主觀內部心靈，直觀的現代的非理性文化。

在第二次世界大戰之後行為主義“黃金時代”期間，有些著名的美國心理學家對行為主義的人性觀和方法深感不滿，以反叛的方式創建了人本主義心理學。他們堅持折衷主義的方法論原則，試圖把對現象學和存在主義的理解引入到實證主義的方法中來，以實現客觀的實驗範式與主觀的經驗範式之間的整合。

馬斯洛在《動機與人格》(1954) 一書中第一次提出心理學哲學問題，表現了他對現象學和心理學中的方法問題的開創性看法。他認為，心理學模仿物理科學的模式，只能使心理學非人化，成為原子論和機械論的東西。因為心理學的研究對象是現實社會中的人，人類本性中的許多方面往往是靠主觀體驗到的，所以邏輯實證主義經驗論和存在神秘主義的私人主觀世界應該保持平衡，於是馬斯洛提出建構把這兩種方法綜合起來的心理學哲學。

馬斯洛長期從事比較心理學的研究，無論早年研究類人猿支配行為與性行為之間的關係，還是後來研究大學女生的社會人格，他都做了許多實驗和定量分析。此後他在做心理健康的先驅性研究中引發了許多問題，深感堅持傳統的信度、效度和程序標準在方法論上的嚴重缺陷，提出了改革研究方法的設想，開展了自然主義與現象學的嘗試性的研究。

馬斯洛把中國道家科學視為西方科學的一種重要補充。他認為，西方科學的組織、分類和概念化方法把我們的現實知覺轉向一個由心靈開創的抽象領域。這種消極的方面應該用道家不干涉的包容和經驗的沈思，或胡塞爾所說的“返回事物本身”來加以平衡。馬斯洛在道家科學的討論中指出了現象學知識的意義。有關人生的所有知識都必須先靠直接的個人經驗來知曉。沒有任何可替代經驗的東西。只有當人們從經驗上知道時，概念的理論的知識才是有用的。他要求心理學家心胸要寬大，與所研究的對象交融，有道家式的非侵入性 (不干涉) 的接納態度。

奧爾波特在方法論上要求堅持系統折衷主義，主張把在心理學歷史與體系中發現的一點一滴的真理都綜合起來。人格和行為有許多分別和聯合起作用的原因，每一種心理學思潮都把注意力完全集中在某一特殊方面。正如奧爾波特所理解的那樣，作為第三勢力的人本主義心理學的目標，是把每一種體系的部分真理在一種系統的折衷主義中整合起來。這種系統折衷主義不是封閉的、還原論的、無限制的，而是開放的、多元的、有選擇的。奧爾波特認為：

> 其目的在於獲得一種關於人性的全面的元理論，它能容納所有有效的部分資料：主觀的和客觀的，意識的和無意識的；機械的和整體的；社會的和個人的。它並不排除對人性的有效推理，只要這種推理和具體的人類體驗有關。(Allport, 1968, p.116)

系統折衷主義以完整的人的存在為參照點和理論的內在框架，堅決反對以非人的模型 (如動物模型和機械模型) 來研究人的模型，吸收和同化一切有關人性真實有意義的知識，認真研究人與其外部環境的關係 (環境)、與他人的關係 (共境) 和與他自己的自我的關係 (我境) (見 233～234 頁) (Allport, 1964)。

羅傑斯最初認為，實驗與經驗是研究心理治療的兩種合法的取向，每一種都有重要的真理，但卻是兩種對抗而不可調和的觀點。但是，到 60 年代中期，羅傑斯自身解決了這一衝突。他認為，有三種認識模式 (Rogers, 1959)：

1. 主觀或經驗的模式　指主觀知識是產生於人的經驗和內在參考框架。愛、恨、歡樂和類似的主觀判斷是個人的內在假設，只有當它和我們的內在參考框架相聯繫時才具有意義。我們和自己內外現實聯繫得越緊密、越明確，那麼我們的主觀假設就越正確。例如，在心理治療中，人們常常尋求那些最精確地描述內在經驗、情感和存在方式的話和假設。當某種關於內在自我的知識取代了模糊的知識時，常使人有一種很強的放鬆感。在心理治療中，由於自我認識的增強，人們常常和以前所持的假設發生衝突。此時判定的標準是個人的內在參考框架及其體驗世界的傾向，亦即內在自我及其價值取向成為確定是非和好壞的尺度。儘管主觀知識在日常生活中是基本的，但它畢竟是主觀的。除了對他本人之外，它很少或根本沒有什麼意義。但是，當我們用別人，或用客觀評價的方式檢驗我們的內在假設時，我們往往尋求相互聯繫的驗證，處於客觀認識的領域之內 (Rogers, 1955)。

2. 客觀或實驗的模式　指客觀知識依賴的是外部參考框架，即可觀察的事件和操作。當說同一種語言，具有類似的價值觀和關係框架的獨立觀察者對資料 (數據) 進行搜集、考察和檢驗時，他們得出類似的結論並設想這種知識不依賴於觀察者，是客觀的。在羅傑斯看來，這種方法只限於可觀察的事實。它也能把它所研究的東西變成被操縱和剖析的東西 (Rogers, 1963)。

3. 兩種模式的綜合 又稱為人際之間或現象學的認識模式。它是客觀方法與主觀方法的綜合。羅傑斯尋求從存在主義定向提出一種非機械論的模式，既保留邏輯實證主義的價值觀，又把人的主觀性置於該體系的核心。這種認識方式想通過可用的手段來客觀地瞭解一個人的現象學參考框架的主觀假設。其目的是深入人的私人世界，看看諮商者關於受輔者的假設——以及受輔者自己的假設——是否與他的內在參考框架有正確的相關。以這種更簡單，但並非總是正確的方式向人提出某些問題，或觀察他的行為。在受輔者中心治療中，諮商者創造安全的心理氣氛，鼓勵人揭示內在的參考框架，以便使治療者與受輔者自己的假設能得到驗證。因此，羅傑斯和馬斯洛、奧爾波特和歐洲的現象學及存在主義者一樣，都認為心理學研究應該以"回到事物本身去"為開端。關於人性的研究應該以現象學的知識為開端，然後才能進行客觀的實驗的和行為的研究 (DeCarvalho, 1991)。

第三節　人本主義心理學的研究方法

人本主義心理學的研究方法是人本主義心理學哲學方法論的具體運用，也是人本主義心理學科學研究的重要手段。它主要包括整體分析法、現象學方法和個體特徵研究法。下面讓我們把這三種研究方法分別加以評述。

一、整體分析法

整體分析法 (holistic-analysis method) 是馬斯洛提出的一種研究人格的方法。強調人格的整體性，主張在現實情境中對人格發揮功能作用的動態過程進行全方位的整體分析。

人本主義心理學家深受完形心理學家韋特海默、苛勒、考夫卡和勒溫，機體論者戈爾德斯坦，以及精神分析學家弗洛伊德、阿德勒等人的影響，他們不贊成對人的心理進行靜態的原子論的還原主義的分析，而主張用多元的動態的和整體的觀點研究社會活動中的人。奥爾波特堅持人格是一個完整的單位，而不是各種特質的簡單總和。因此，以整體論的觀點和方法研究人格是探討人類本性和個人價值的一個先決條件。馬斯洛強調，有機體是一個統一的整體，人類的經驗和人的主觀世界是作為一個整體發揮作用的，人的自我實現的傾向也是更加趨向完整化的，因此，在研究人的心理活動時必須採用整體分析的方法。戈布爾 (Goble, 1970) 指出：

> 馬斯洛對他稱爲原子論方法的那種研究方法採取批評態度。這種方法在物理學中十分普遍，它把事物分解成各個組成部分，然後再對這些組成部分作單獨的研究。馬斯洛認爲應該把人作爲一個整體、一個系統來研究。既然每個部分與其他部分緊密相關，那麼除非研究整體，否則答案將是片面的。大多數行爲科學家都企圖割裂出獨立的驅動力、衝動和本能來，對它作分別的研究。馬斯洛發現這麼做一般都不如整體論方法有效，後者認爲整體要大於其各部分的總和。(呂明等譯，1987，22 頁)

羅洛·梅 (見第五章) 的存在分析也屬於整體治療的範疇，強調既要考慮到病人的過去因素對致病造成的影響，又要從發展的視角洞察出病人未來的傾向。只有瞭解病人的整個存在，明確過去、現在和未來對他所具有的意義和聯繫，才能制訂出正確的治療方案，使病人找回人生的意義，有勇氣恢復自己的真實存在。

馬斯洛的整體分析法是針對還原論分析和原子論分析法而提出的。馬斯洛認為，人本主義心理學方法論“是整體論的而不是原子論的，是功能型的而不是分類型的，是能動的而不是靜態的，是動力學的而不是因果式的，是目的論的而不是簡單機械論的”(許金聲等譯，1987，363 頁)。馬斯洛用研究人體的胃的兩種不同方式生動地説明了整體分析法：一種是將死人的胃放在手術台上解剖，另一種是在現實情境中的研究，即在有生命的有功能的機體內的研究。前者，把胃作為一個孤立的分立的靜止的東西來看，它變成一塊死去的肉體組織；後者，把胃視為人體的一個生理消化器官的表現形式，並在同人體的其他表現形式之間的各種複雜多樣的相互關係 (如胃與食道、胃與肝、脾、腸道等器官的整個生化系統) 中來研究。他認為，整體分析法類似於第二種方法，對於研究人的心理生活要比第一種方法更有意義和價值。因此，他強調：

> 我們還是需要學會整體論的思考，而不是原子論的思考。所有這些“對立面”實際上是層次整合的，……擺脫二歧式模式和隔裂，使表面上不可調合的對立面趨向整合。(林方譯，1987，159 頁)

在馬斯洛看來，整體分析法包括下述四個基本要點：

1. 把某一人格綜合徵 (註 7-4)，既看作本身是一個複雜的結構整體，又作為一種同整個機體活動密切關聯的表現；

2. 研究的目的在於理解其自身內部各個方面之間的關係，它和整個機體的關係，以及它和機體其他表現的關係；

3. 研究的步驟並不是從人格特徵本身開始，而是先要對整個機體有所理解；

4. 對整體的理解是一個對整體和部分關係的反覆解析的過程，即從對整體的模糊理解出發研究其結構，通過分析發現理解中的問題或疑難點，再進行更精確、更有效的重建和再構。馬斯洛把這一過程又稱為**反覆研究法** (iteration technique)。

二、現象學方法

現象學方法 (phenomenological method) 是羅傑斯極力倡導的一種對人的意識體驗的直接描述法。人本主義心理學家“經常把現象學等同於一種研究主體的直接經驗和內省本性報告的方法”(DeCarvalho, 1991, p.65)。

人本心理學家在研究心理健康、人格的獨特性和心理治療過程中越來越深刻認識到，人的主觀性具有核心的地位和作用。在他們看來，人是一個統一的整體和經驗的主體，且具有獨立的存在給予性 (見第六章第二節)。布根塔爾有一句名言：“我在生活著我的生命，而不是被我的生命生活著”

註 7-4：**綜合徵 (或徵候群、特質群)** (syndrome) 有兩種含義：(1) 狹義指醫學上一組併發的多種徵狀的生理或心理異常；(2) 廣義則指綜合多種特質所形成的人格組織，或綜合多種動作所形成的行為組型。

(Bugental, 1965, pp.334～335)。

長期以來，傳統主流科學心理學的主要弊端，就是在研究對象上過分重視客觀行為研究而嚴重忽視主觀體驗的內容，在研究方法上片面強調客觀實驗法而極力排斥主觀觀察法。人本主義心理學把人的經驗和主觀體驗擺在心理學研究的突出地位，這既是西方心理學擺脫生物還原論和機械決定論的客觀主義的重大變革，又是促進心理學向人學回歸的重要標誌。

奧爾波特、羅傑斯、馬斯洛指出，完全關注外部行為，忽略具有個人意義的豐富世界，避開人的主觀性，將會把人類置於和老鼠及鴿子同樣的本體論存在的境地。他們認為應該考慮完整的人類經驗和人的主觀世界。他們堅信，只要心理學勇於向一切有意義的人類問題"開放"，必將使整個心理學領域充滿生機與活力。

人本主義心理學家大聲疾呼：心理學應該重視現象學方法，首先要如實地回答心理現象"是什麼"的問題，然後再去追問"它為什麼會如此？"在他們看來，現象學方法不是追究心理事實因果關係的解釋的方法，而是直接描述主觀體驗的領悟的方法。這就是說，現象學方法不在於認知、深究和解釋，而在於體驗、描述和理解。羅洛·梅明確指出，心理學應該採用現象學取向，研究確定的人。它應該研究真實狀況下的人，而不是我們自己的人性理論投射出來的人。人的現象學知識應該先於方法論和理論的預先假設。在這種情況下，羅洛·梅區分了"描述什麼"和"解釋什麼"。心理學家應該描述而不是解釋。對某一事件的起源和原因進行因果解釋不能描述該事件是什麼，解釋一件事情如焦慮是怎樣發生的，並不等於說這種焦慮就是人所體驗到的焦慮。心理學應該研究人類狀況的現象學，而不是尋求因果解釋 (May, 1958)。在此之後，才能把人的主觀體驗到的心理現象進行客觀的、量化的、實驗的和行為的研究。奧爾波特說：

> 如果一個人想研究某種現象，唯一可做的合理的事情就是把樣品放在眼前，直到它的基本特徵不可磨滅地沈入人的心中。此後，可用分析法和排除法來瞭解詳情。但是，除非首先掌握了基本的相互關係，否則分析就可能是無目的的。(Allport, 1942, p.143)

羅傑斯指出：一切知識，包括一切科學知識都是位於這個細微的、個人的、主觀的基礎之上的一個倒金字塔。在研究人性時，一個人應該相信自己的直覺，受那些主觀地驅使我們提出問題，感到困惑的體驗的指導，並對這種特殊現象進行研究。因此，人首先應該專注於他正在研究的特殊現象並從中得到體驗。人應該注意一切細微的體驗，忍受模稜兩可的矛盾，把個人投入進去，對正在研究的人形成真正“內在的”情感、態度和知覺。用羅傑斯的話來說：

> 這意味著像一塊海綿那樣吸收經驗，這樣它便把一切複雜的現象都吸收進來，使我的整個有機體自由地參與到對該現象的體驗中去，而不僅僅是我的意識的心靈。(DeCarvalho, 1991, p.125)

羅傑斯把現象學方法概括為下述三個步驟：(1) 通過自身內部的參考框架進行觀察，取得主觀知識；(2) 用他人的觀察來核對主觀知識，取得客觀知識；(3) 設身處地地理解他人 (見 198 頁)，取得**人際知識** (interpersonal knowledge)。羅傑斯認為，通過現象學方法可以深入個人的現象場或私人世界，理解人的主觀經驗，增強人與人的體驗，以尋求改變人類的本性及其存在方式。

在 70 年代初期，美國杜克大學吉爾吉 (Giorgi, 1975) 利用質化分析程序的最著名的研究方案，設計出用來研究那些由胡塞爾的研究經驗的現象學方法所提示的心理現象的研究程序。就現象學研究方案的基本問題，如描述程序、效度、信度、驗證等，《現象學心理學雜誌》曾發表了一期特別增刊 (Giorgi, 1986a)，指出了在許多現象學心理學的實際研究中，有一些共同的分析程序。現象學心理學方案的一個範例研究，是費希爾和沃茲 (Fisher, & Wertz, 1979, Wertz, 1985) 就犯罪性行為的存在體驗所進行的研究。其他一些由人本主義心理學家發展的開創性研究方案包括：穆斯塔卡斯 (Moustakas, 1990) 在底特律梅里爾-帕爾梅學院所進行的**啟發式研究** (heuristic research) 和巴里爾 (Barrell, 1986) 在西弗吉尼亞大學所進行的**體驗研究** (experiential research)。安斯托恩 (Aanstoos, 1987) 曾對人本主義研究方案進行了調查，並區分出五種基本的人本主義研究方案，即現象學方案、體驗方案、現象描述方案、啟發式方案、意象方案等，以及七種輔助方案如知覺方案、系譜方案、辯證方案、克爾凱郭爾方案、批判方案、描述方案-Ⅰ、描述方案-Ⅱ 等。他指出，這 12 種研究方案並沒有把全部人本主義研究方案包括無遺，而且還有很多方案正在發展之中。

三、個體特徵研究法

個體特徵研究法 (idiographic studies methods)，或稱**特殊規律研究法** (idiographic methods)、**形態發生研究法** (morphogenic studies methods) 是奧爾波特提出的一種研究人格獨特性的方法。它指通過對個別對象案例的分析來找出其特殊規律性，並依此提出對同類案例的推論和解釋。

奧爾波特創建個體特徵研究法，其主要理論根據如下：

1. 人格是一個有結構的整體，是由共同特質和個人特質所構成的獨特性。奧爾波特從生物學中得到啟發，他説分子生物學告訴我們，DNA 分子是生命普遍具有的建築用磚；而形態發生生物學教給我們，一切生命形式都是完全獨特的，心理學和生物學一樣，獨特性的研究落後於普遍性的研究。奧爾波特先後一直把人格界定為獨特 (1937)、特徵性 (1961)，多次重申瞭解某個特殊個體的唯一途徑是研究這個特殊的人。因此，注重研究個體而不注重研究支配全人類的普遍規律是一個貫穿奧爾波特研究活動始終的永恒主題。可見，奧爾波特倡導個體特徵研究法是和他一貫堅持個體的獨特性和重要性的理念有直接關係。

2. 奧爾波特受弗萊堡學派 (或海德堡學派) 創始人文德爾班 (Wilhelm Windelband, 1848～1915) 的影響而主張採用特殊規律研究法。該派係新康德主義的一個重要學派，認為自然科學是關於事實的科學，可稱為“規範化科學”，應使用一般化方法研究；而社會歷史是關於價值的科學，可稱為“表意化科學”，應使用個別化方法研究。奧爾波特讚賞文德爾班的觀點，對心理學的學科性質持有人文科學的傾向，堅持認為要避免使用一般規律研究法，因為它是研究群體、分析共性的方法，而共性只是一種抽象，不能對任何個體進行真正精確的描述。其實，世上絕不存在兩個完全相同特質結構的人，要想瞭解某個特殊個體的唯一方法只能是個體特徵研究法。

3. 研究人的心理必須遵循由特殊到一般的路線，不能簡單地由一般推論特殊。奧爾波特認為，心理學中以普遍法則特別是通過動物實驗所得出的理論，既不能説明人的複雜心理，更不能解釋個體的特異規律。人類心理學的研究應該以個體特徵的研究為基礎，然後才能概括出一般原理，促進普遍法則的研究。他堅持心理學研究應按照從特殊到一般，再從一般到特殊的路線。而且在進行由一般到特殊的解釋時必須參照個別案例的分析，才能做出切合實際的判斷。

個體特徵研究法在人本主義心理學研究中應用很廣，變式很多。如**臨床個案研究**(或**個案研究**) (case study)、**個人生活史研究**(或**個案史研究**) (case history study)、**個別訪談**(或**面談法**) (interview)、**人物傳記分析** (analysis of men biographies)，以及運用一切能夠反映個人生活真實體驗的資料包括日記、筆記、書信、作品、問卷調查、談話記錄等。

應當指出，**個案研究**與**一般研究**(或**普遍研究**) (nomothetic research) 雖有密切聯繫，但又有明顯區別。它表現在：(1) 一般研究探尋的是某一類事物共有的一般性，而個案研究則指向於說明個別事例的獨特性；(2) 一般研究的目標是解釋，包括因果性解釋，而個案研究則致力於理解，包括對意向與意義的理解；(3) 一般研究往往側重於對元素、因子、變量進行分離，而個案研究則將元素、因子、變量與其所屬的整體以及整體的背景相聯繫；(4) 一般研究極依賴於觀察和理性思考，而個案研究則倚重於想像和情緒；(5) 一般研究主要產生量化的陳述，而個案研究則主要產生質化的陳述。因為一般研究保持與價值中立或無關，即不作評價，而只進行真與謬的判斷，而個案研究則至少在兩種意義上引入價值：第一，它將人的活動以及人的產品與人的價值系統相聯繫；第二，個案研究對於作出價值判斷毫無遲疑，它不僅要作出善惡判斷和美醜判斷，而且還要作出內在價值判斷，即對於什麼是重要的或什麼是值得注意的作出判斷；(6) 一般研究尤其適合於對無機物的研究，而個案研究則主要適合於對個人存在的人格及其獨特活動和人類相互作用的研究 (Royce & Mos, 1981)。

〈珍妮來信〉 (Jenny, 1965) 是個體特徵研究法的一個典型範例。珍妮 (假名) 生於愛爾蘭，幼年移居加拿大。18 歲父親去世，依靠她一人維持弟妹六人的生活。她在 29 歲時丈夫去世，不久兒子出生，母子相依為命。後來孩子上大學，服兵役，就不斷與母親吵架。在 1926 年 3 月至 1937 年 10 月 (珍妮死) 為止，她在 11 年間寫了 301 封引人入勝的信。奧爾波特請 36 位評判者全部閱讀這些信，採用 198 個特質的名稱來描述珍妮的人格。當把相同性質的詞歸併之後，只用 8 個特質就能正確地描述珍妮的特徵。它們是：(1) 愛爭吵——多疑；(2) 自我中心；(3) 有獨立性；(4) 富戲劇性；(5) 多才多藝；(6) 具攻擊性；(7) 憤世嫉俗；(8) 多愁善感。

培葛用電腦做了因素分析，結果也得出 8 個因素：(1) 攻擊性；(2) 占有性；(3) 歸屬需要；(4) 自主需要；(5) 家庭認可需要；(6) 性欲；(7) 愛好文藝；(8) 自我犧牲 (Paige, 1966)。

奧爾波特認為，用電腦分析的結果並沒有得出更多的新東西。而評判者的主觀印象似乎更為豐富。正是由於這種個體化，奧爾波特才被認為是一個藝術家而不是一個科學家。

另外，馬斯洛的自我實現理論，也是從對他的兩位導師韋特海默、本尼迪克特 (Ruth Fulton Benedict，1887～1948) 的個案研究開始的。最初只是一種非科學的活動，做了一些個人觀察的雜記，後來他忽然發現從這兩個令人崇敬的範型能歸納出某些共同的特徵。這使馬斯洛認識到他所觀察的並不是兩個不可比較的個體，而是同一種類型的人，然後，他才試著觀察這一範型能否在他人身上發現，並把他的研究擴大到對大學生被試和其他類型被試的調查，以及利用各種資料對歷史上有成就的人物進行研究，概括出自我實現者的共同特徵。馬斯洛提出的動機層級理論，則是根據他的比較心理學研究和對人性的基本理解、臨床觀察和以後的自我實現研究進行整體分析所獲得的 (林方，1989)。

總之，人本主義心理學家主張，對研究方法採取開放、兼容和綜合的態度。馬斯洛通過個案分析法概括出自我實現者的 15 種人格特徵。羅傑斯和羅洛・梅在心理治療中也普遍採用了臨床觀察法、面談療法，並且還藉助實驗儀器設備進行治療。羅傑斯開創了採用現代錄音方法記錄治療過程，比傳統的事後回憶法能提供更全面真實的資料。他還在諮商過程中採用成套人格測驗和 Q 分類技術 (見 178 頁) 來瞭解受輔者現實自我與理想自我之間的差異及人格改變的情況。

第四節 簡要評價

人本主義心理學家十分重視心理學方法論的研究，在批判傳統主流心理學方法論弊端的基礎上，首次提出了將主客觀兩種心理學範式整合的構想。誠然，這不是一件輕而易舉的事，但卻是一個頗有遠見的創舉。下面我們對人本主義心理學方法論做一專門的評價。

一、主要貢獻

人本主義心理學家在方法論方面做出了重要貢獻。主要表現在促進心理學方法論的變革，提出主客觀兩種心理學範式的整合上。這一理論上的建樹既有重要的學術價值，又有廣泛的實踐意義。

(一) 促進心理學方法論的變革

一百多年來，隨著社會的發展，科學的進步，及研究方法的不斷改進，科學心理學有了飛速的發展。但是，由於各種原因迄今為止仍然存在著重研究方法輕研究對象、重客觀方法輕主觀方法、重原子論方法輕整體論方法、重自然科學方法輕人文科學方法等嚴重的問題，在很大的程度上阻礙了當代心理科學的發展。

人本主義心理學不僅在研究對象上把人的意識、經驗、潛能、價值和創造力提到了首位，而且在研究方法上進行了重大變革。主要表現在：

1. 反對方法中心主義，堅持研究對象決定研究方法的科學觀 從西方現代心理學史來看，佔據統治地位的主流科學心理學如行為主義，堅持方法中心論和決定論，以缺乏適當的方法為理由，拋棄人的主體內在意識的研究而把行為作為心理學的唯一研究對象。

人本主義心理學家堅決反對方法至上主義。認為這是一種非人的科學主義的理論框架。正如科赫 (Koch, 1959) 指出的，他們太熱衷於方法的精美而不是熱衷於對人類的理解，心理學好像是由它所尊奉的方法論而不是由它的研究對象來規定的。在人本主義心理學家看來，方法的重要性並不能成為以方法為標準選擇研究對象的理由，在研究方法和研究對象的關係上，是對象決定方法而不是方法決定對象。其實，以方法為中心而不以問題為中心的主張，是一種削足適履、本末倒置的非科學的心理學方法論。其結果限制了心理學研究的範圍，割裂了心理學與各門科學之間的聯繫，阻礙了心理學的進一步發展。馬斯洛指出：

> 以方法爲中心的科學家常常使問題去適應技術，而不是讓技術去適應問題。他們造出了一整套科學等級，其中物理學比生物學更“科學”，生物學比心理學更“科學”而心理學又比社會學更“科學”。這樣以來，人們就把各門科學隔離開來，並使它們之間壁壘森嚴。(呂明等譯，1987，20 頁)

相反，人本主義心理學堅持以問題為中心而不以方法為中心，提出“走出實驗室，進入社會”的主張，其重要意義在於恢復了研究對象決定研究方法，研究方法服務於研究對象的元理論 (註 7-5) 的本來面目，改變了心理學脱離活生生的人、脱離現實社會、脱離心理生活的弊端，擴展了現代心理科學研究的廣度和深度。

2. 反對科學主義，堅持自然科學方法與人文科學方法的統一 當馮特使心理學從哲學中分化出來而成為一門獨立科學時，曾開拓了自然科學(個體心理學) 和人文科學 (民族心理學) 兩種心理學定向。但是主流科學心理學一直以物理科學為樣板，力圖把心理學建設成為一門嚴格意義上的自然科學。因此，他們在研究心理學過程中只重視自然科學方法而忽視人文科學方法，陷入科學主義的境地。馬斯洛認為：

> 人類的心理學規律和非人類的自然規律在某些方面是相同的，但在某些方面又完全不同。人類在自然界中生存這一事實，並不意味著他們的法則和規律都要與自然界相同。……願望、擔憂、夢想、希

註 7-5：**元理論 (或後設理論)** (metatheory)，指某一廣泛知識領域中的基本假設。它並不是具體理論，只是建構理論的一般出發點和基本理論定向。訊息處理觀點有時被稱為認知心理學的元理論。

望，完全表現得不同於卵石、電線、溫度或原子。哲學和橋樑並不是以同樣的方式構成的。一個家庭和一塊水晶，必須以不同的方式來研究。我們關於動機和價值觀的論述，並沒有要使非人類的自然界主體化或心理化的意思。然而理所當然，我們必須使人性心理學化。(許金聲等譯，1987，8～9 頁)

因此，馬斯洛要求在研究方法上堅持多元論，除了運用自然科學方法之外，還要採用人文科學方法，如個人生活史研究、心理產品分析法、社會調查法、跨文化研究法，以及文學、歷史、法律、神學等學科所使用的方法。顯然，這是在心理學研究方法上弘揚人文精神、反對科學主義的一項重要改革，具有深遠的歷史意義。

3. 反對原子主義方法論，堅持整體分析法　**原子主義** (或**原子論**) (atomism)，與**元素主義** (或**元素論**) (elementalism) 屬同義詞。它是心理學發展初期受自然科學方法和概念的影響而出現的一種分析心理學的觀點。認為心理學可用原子主義方法將心理現象分解為若干心理成分或心理元素，它們可以是較小的、更簡單的人的心理內容或行為，作為理解心理學的獨立對象。聯想主義、構造主義和古典行為主義心理學則為主要代表。誠然，原子主義方法有助於研究心理現象的確定性、細緻性和深化，但是它容易把心理學的研究導致孤立、靜止和割裂化的境地。

應該看到，在西方現代心理學史上，完形心理學派第一次以整體觀取代構造心理學派的元素主義，引起心理學方法論上的變革。但是，完形心理學的整體觀主要限於知覺領域，更不完全科學，他們仍存在著重整體輕部分、重定性分析輕定量分析、重現實情境影響輕歷史因果分析，根本沒有徹底擺脱形而上學的羈絆。然而，人本主義心理學家則把整體主義的心理學方法論推進到了一個新的階段。

馬斯洛贊同當代英國著名哲學家波蘭尼 (Michael Polanyi，1891～1975) 的觀點，機械的原子還原論是當代科學病症在方法論上的源頭之一。因為原子主義把研究對象割裂為碎片，用原子-靜態論的形式，使科學活動本身變成了一種可悲的**標籤化** (或**標籤作用**) (labeling) 的過程。這種標籤化僅僅是某一項經驗的類別、範疇或標題中的一個例證或代表，它是一種部分的、象徵性的、有名無實的反應，而不是一種完整的反應。這樣，科學本身就被破壞了，馬斯洛指出：“原子論的思維方式是某種形式的輕微的心理變態，或者至少也是認識不成熟綜合徵（或徵候群）的一種徵狀”(許金聲等譯，1987，3 頁)。

馬斯洛認為，近十幾年來科學的發展實際上已經提供著這樣一種新科學觀，即人本主義和整體論的科學觀。人本主義是科學的真正本質，因為科學無法獨立於人類價值，科學永遠只能是人類主體的科學；而整體的規定則是科學方法論新的基本特質。在他看來，“宇宙總是一個整體，有著內在的聯繫；每一個社會總是一個整體，有著內在的聯繫；每一個人總是一個整體，有著內在的聯繫”(許金聲等譯，1987，序言，第 3 頁)。 正因為如此，我們就只能按著整體論的觀點，去觀察和研究世界，這是唯一科學的方法。

在傳統心理學中，心理學的原始資料往往被認為“分解為各種成分或基本單位的那種原本所有的複合狀態”，而在實際上，任何原始的心理學資料都不可能是什麼單獨的“肌肉痙攣”、“基本感覺”、“反射作用”之類，而必定是人的整體情境的結果。馬斯洛曾用“心理風味”形象地說明了這種整體論的觀點。他說：

> 一份菜雖由各種不同的成分所構成，但卻有它自己的特色，如一碗湯、一碟肉丁烤菜、一盤燉肉等。在一盤燉肉中，我們用了許許多多原料，卻調製出了一種獨一無二的風味。它的風味瀰漫在燉肉的所有原料之中。這裏，我們同樣既可以考慮逐個加起的獨立部分，也可以考慮雖由部分構成，但卻有一種“風味”的整體，這種風味不同於由單個部分所帶給整體的任何東西。(許金聲等譯，1987，369 頁)

人本主義心理學整體論方法論在吸收完形心理學整體論思想的基礎上又有新的發展：

1. 完形心理學指出整體不是部分或元素的總和，而人本主義心理學則更加強調整體不同於部分相加之和。馬斯洛明確表現了現代系統科學的整體觀，上述的“風味”整體正是系統論中所確證的**系統質** (system quality)。整體性的觀點是當代科學理論框架的突出特徵，在這一點上，馬斯洛比完形心理學更鮮明、更正確。

2. 完形心理學把整體視為先於部分、不可分解為部分的獨立存在，而人本主義心理學則把整體與部分視為同在的現實，既肯定整體對部分的決定作用，也不否定部分對整體的意義。

3. 完形心理學重整體輕部分、重質的分析輕量的分析，而人本主義心理學則大力倡導整體分析。馬斯洛說，新的科學方法論強調整體，但不是放棄部分和細節的分析，必須首先把握世界和對象的"整體特徵，總的結構，全部的構造和所有的相互關係"，然後再從總體的視角去"更爲細緻地分析整體的各個細節"(許金聲等譯，1987，384 頁)。只有通過這種整體分析 (或綜合分析) 而不是還原分析 (或分解分析)，才能更真實地透視對象的本質。

(二) 提出主客觀兩種心理學範式的整合

縱觀西方心理學史，基本上有兩種心理學範式：一是客觀實驗的範式，指心理學應以客觀方法 (如實驗法或自然科學方法) 研究主體外在的客觀行為。美國行為主義為典型代表。二是主觀經驗的範式，指心理學應以主觀方法 (如反省法或現象學方法) 研究主體內在的心理歷程。德國**意動心理學** (act psychology) 為典型代表。

長期以來，主客觀兩種心理學範式一直處於爭論不休的狀態。這一爭論不僅關係著對軟心理學和硬心理學 (註 7-6) 的態度問題，而且更關係著如何遵循一般公認的路線或觀點建構心理學研究取向和模式的問題。

人本主義心理學家在對心理學範式的研究上其特殊貢獻在於：

1. 轉換了二歧式的思維方式　針對人們往往總是願意從主觀與客觀兩極對立中去思考問題的情況，馬斯洛問道，我們為什麼不能擺脱那種非此即彼的兩分法，而不是尋求到一種辯證的理解呢？

馬斯洛倡導一個人學理論的總體原則，這就是**整合 (或統合、綜合、融合)** (integration) 原則。在他看來，真正科學的理論絕不是極端的片面的

註 7-6：**硬心理學 (或硬性心理學)** (hard psychology)，即在研究對象和方法接近或屬於自然科學的心理學，主要指用嚴格的實驗法精確研究客觀行為的心理學，如心理物理學、感知心理學、學習記憶心理學等。**軟心理學 (或軟性心理學)** (soft psychology)，即在研究對象和方法上接近或屬於人文社會科學的心理學，主要指用不確定的主觀方法 (如內省法、調查訪問和投射測驗等) 研究人的意識、體驗、人格的心理學，如社會心理學、人格心理學、變態心理學等。

東西，而應該是一種整合的科學。“我們的任務是把各種各樣的真理整合爲一個完整真理”(李文湉譯，1987，11 頁)。

縱觀人類歷史，特別是西方文明史，總擺脱不了那種荒唐的二歧分裂，即“非此即彼”的模式。在這種分裂和二歧式思維框架下，“我們製造了一個病態的‘此’和一個病態的‘彼’”。如人學中病態的理性 (傳統人學) 和病態的衝動 (現代人本主義)，心理學中病態的意識和病態的無意識，認識論中病態的經驗和病態的理念，以及病態的科學和人性，病態的應該和是，等等。馬斯洛認為，“我們一旦超越並解決了這種二歧式，一旦能把兩極一起納入它們本來就在其中的統一體”(林方譯，1987，96 頁)，就能掌握完全的真理，認識完整的世界。人本主義心理學家正是從轉變思維模式這一新的視角出發，考慮主客觀心理學範式的融合問題。

2. 弘揚了心理學中的人文精神 人本主義心理學家在批評主客觀兩種心理學範式的極端對立或分裂觀時，指出客觀主義、還原主義和實驗主義是現代心理科學危機的最大的理論根源。在他們看來，當前心理學的中心範式就是源於原子論的機械還原主義。它把心理現象複雜的結構簡化為可實證的要素，用失去整體機制的構件來説明系統的性質。這樣，人被簡化為一架沒有知覺、没有情性的機器，或乾脆被變成了一堆支離破碎的欲望和仇恨。主體的人從心理學中消失，人變成了物，至多人是被物的規律機械決定的物體。自然，心理學就變成了非人的理論。

人本主義心理學家指出，客觀主義是科學主義心理學的主要理論基石。客觀主義把可證實的經驗事實視為科學的普適性的標準，科學成了感性實驗的記錄。行為主義把可觀察到的客觀行為視為心理學唯一的研究對象，把客觀的方法視為唯一的研究方法，是心理學中客觀主義的典型表現。如果説還原主義是無人的，那麼客觀主義則是無價值的。馬斯洛指出：“科學方法中心傾向的一個主要根源似乎可能就是竭力追求盡可能的純客觀性”，“認爲 (1) 他們比自己的實際狀況更客觀，更少主觀；(2) 他們不關心價值”(許金聲等譯，1987，21 頁)。在人本主義心理學家看來，客觀主義從根本上排除了人對科學活動的參與，排除了科學中人的價值和評價性認知的可能性，造成事實與價值、知識與人的真正存在的主觀分裂，最終導致人的本質的異化。

實驗主義也是客觀主義的一種表現形式。傳統的主流心理學特別是行為主義完全否定主觀經驗研究的特殊價值，過份強調實驗室實驗和定量研究的意義，陷入實驗至上主義的境地。人本主義心理學家既不反對科學，也不反對實驗，但是他們反對科學主義與實驗主義。

人本主義心理學家在肯定實驗法對研究心理現象具有客觀性、精確性和實證性等優點的同時，指出實證法有兩大缺點：一是使研究主題狹隘化，局限於客觀的定量研究，難以研究人的主觀世界。如自尊心是個比較難客觀化或用精確性測量的概念，許多從我們自己的經驗得出的概念，很難像一般的概念得到證實。馬斯洛說："人們提供我們的是巧妙完成的、精細的和第一流的實驗，但這些實驗中至少有一半與長期存在的人類問題沒有關係……"(楊立能等譯，1981，404 頁)。二是實驗法不可能精心地控制實驗條件變化影響人的行為或經驗的偶然因素，以觀察它們的影響。在他們看來，實驗傳統可能阻止對人的一些根本問題的觀察，失去許多有價值的潛在東西，排除主觀的研究，造成心理學的"貧困"。因此，他們認為，把心理學的主觀東西單純歸結為行為，似乎是一種愚蠢的變態 (Child, 1973)。

3. 提出了整合兩種心理學範式的構想　一百多年來，從西方心理學史來看，科學心理學按著兩種不同的定向，有著兩種不同的研究方法圖式：一種是科學主義定向的主流心理學，把心理學看作自然科學，拋棄內在意識的研究而以行為為心理學的唯一研究對象，堅持主要採用實驗法，形成心理學研究中的實驗 (客觀) 範式。另一種是人文主義定向的非主流心理學，把心理學看作人文科學，以主體的意識經驗或內在體驗為心理學的首要研究對象，主張普遍採用內省法和現象學方法，形成心理學研究中的經驗 (主觀) 範式。

人本主義心理學家在倡導改變二歧式思維模式的基礎上，從整體論方法論出發，堅持人是主客體統一的存在，堅持經驗 (或心理) 是主觀的東西與客觀行為的共同體，明確提出整合兩種心理學範式的構想。馬斯洛認為：

> 一種綜合性的行爲理論必須既包括行爲內在的、固有的決定因素，又包括外在的、環境的決定因素。弗洛伊德學派只注重第一點，而行爲主義者只注重第二點。這兩種觀點需要結合在一起。僅客觀地研究人的行爲是不夠的，爲求完整的認識，我們也必須研究人的主觀。我們必須考慮人的感情、欲望、希望和理想，從而理解他們的行爲。(呂明等譯，1987，19 頁)

應當指出，整合主客觀兩種心理學範式的提出是西方心理學發展的必然邏輯，也是人類心理學未來的必然走向。誠然，人本主義心理學家還遠遠沒有解決這一艱鉅而複雜的理論建構，但是提出來這個問題本身就是一個創造和貢獻。把客觀實驗範式與主觀經驗範式整合起來的構想，其重要的理論意義在於：它摒棄了傳統心理學關於人的“分解-原子論-牛頓式方法”，第一次提出超越主觀和客觀二歧式對立的心理學框架，嘗試建構科學主體化與哲學人本主義的經驗實證化的雙向運動的理論，開闢了當代心理學發展的一種新的研究取向。其重要的現實意義在於：它必將引人深思，回顧過去心理學所走過的道路，設計未來心理學發展的圖式，推動心理學改革運動的開展。

二、根本缺陷

誠然，人本主義心理學家對傳統心理學方法論的批判是有積極意義的，對心理學方法論的改革和構想是有重要貢獻的。但是，由於人本主義心理學本身的哲學理論基礎並不是完全科學的，因而人本主義心理學方法論也是有其根本缺陷的。

(一) 缺乏兩種範式整合的正確指導理念

本來，馬斯洛曾提到要辯證地解決二歧式對立思維方式的問題，但是，在整合主客觀兩種心理學範式時，他卻沒有貫徹這一科學方法論。

由於缺乏正確的指導理念，人本主義心理學家提出的主客觀兩種心理學範式的整合，實質上並不是心理學中客觀範式與主觀範式的真正融合與辯證統一，而是現象學方法與實證主義的折衷與拼合。主要表現在：

1. 人本主義心理學把兩種心理學範式的整合看作是主觀經驗範式與客觀實驗範式在心理學中的容納、認可和並用。在他們看來，兩種心理學範式的整合並不是建構和採用一種主客觀統一的心理學範式，而是在心理學中既可使用實驗 (客觀) 範式又可運用經驗 (主觀) 範式。我們認為，兩種心理學範式中的具體方法是可以分別同時或相繼採用的，但是作為主客觀範式而言兩者應該是整合或融合的。

2. 人本主義心理學把主客觀兩種範式的整合看作是在現象學的統帥下容納和採用實證主義的方法。在談到客觀方法與主觀方法綜合的時候，羅傑斯曾明確指出："這種認識方式是想通過可用的手段來客觀地瞭解一個人的現象學參考框架的主觀假設"(Rogers, 1965, pp.182～194)。可見，人本主義心理學關於兩種範式的整合，不外是以主觀範式 (現象學) 為核心和主導、以客觀範式 (實證主義) 為手段和補充而已。奧爾波特、馬斯洛和羅傑斯一致認為，心理學研究應該以現象學知識為開端，然後才能提交給客觀的實驗方法。他們建議在可能的條件下對人的主觀體驗到的心理現象進行客觀的、量化的、實驗的和行為的研究。

(二)　對客觀方法批判較多而建樹不足

誠然，人本主義心理學家建議將主客觀方法綜合，並注意各種方法的容納，但是總體上說他們還是重主觀方法輕客觀方法，甚至有些人對實驗和定量研究持貶抑態度。

美國人本主義心理學家麥森指出，作為一場反抗運動的人本主義心理學反映了非理性主義崇拜者的觀點，他們對科學和理性懷有敵意，堅決要砸毀實驗室的偶像 (Royce, & Mos, 1981)。這種觀點顯然過於偏頗，我們反對那種實驗高於一切的實驗主義，但是心理學畢竟是以實驗科學而著稱，如果沒有實驗法恐怕也難以有現代的科學心理學。

人本主義心理學家雖提出把定量法與現象學方法結合起來的主張，但仍有些人反對在人性領域的研究中使用任何量化與計算分析法，他們試圖用語言資料及其分析法來代替這一傳統的研究方法。在他們看來，人的領域的基本特徵是意義，而意義在語言中表現它自身。數據研究方法歪曲了人的領域並因而誤解了它，這就好比試圖通過計算出一首詩的字數來理解其意義一樣 (Reason, & Rowan, 1981)。因此，他們堅持統計方法不應該用於檢驗主觀現象，企圖用精確的數量方式來標定內省判斷，最終被證明是不結果實且不能令人滿意的 (Tageson, 1982)。與此相關的，他們要求對心理測驗持慎重態度是對的，但卻存在某種否定的傾向。認為心理測驗得不償失，有五大弊端：(1) 測驗結果及其某些外推信息，對治療家與作為完整的人的患者之間的遭際 (或會心) (encounter) 產生干涉作用；(2) 治療家可能會不自覺地利用測驗信息作為一種抵抗，抵抗他對自己與患者關係中的未知方面；(3) 測驗導致非人化效應，把患者當作研究的客體或使其成為另外一個人理解的對象，而不是培養患者的自我理解，成為自己生活中負有責任的人；(4) 測驗的非公平性，導致不能客觀地看待自己和描述自己，使其量化的、統計上精確的數據陷入虛假的確定性；(5) 測驗在某種程度上剝奪了患者向他自己以及向治療家述說關於他自己生命的責任 (Bugental, 1965)。

人本主義心理學所特有的現象學方法屬於主觀方法的範疇，除具有開放性和直覺性等優點外，還有兩個主要缺陷：(1) 模糊性，指運用的概念通常遠離具體事實的關係，致使它們有一點模棱兩可，很難準確地說出其意義；(2) 缺少實證性，指個案分析中的事實、概念和判斷中與模糊性相關而缺少客觀性。如人的高峰體驗價值的研究和自我實現者的研究均不易得到證實。

本章摘要

1. 西方現代心理學的方法論，主要有兩大系統：(1) **實證主義**，如內容心理學 (第一代的孔德實證主義)、構造心理學 (第二代的馬赫主義)、新行為主義 (第三代的邏輯實證主義)；(2) **現象學**，如完形心理學 (胡塞爾現象學)，人本主義心理學 (現象學存在主義思潮)。
2. 人本主義心理學方法論的主要特點：(1) 反對方法中心論，主張以問題為中心；(2) 反對實驗主義，主張方法的多元性；(3) 反對方法論的單維性，主張建構系統方法論；(4) 反對二歧極端對立式思維，提出整合主客觀兩種範式的構想。
3. **方法中心論**的錯誤在於把科學與科學方法相混淆，把心理學的方法與對象的關係相顛倒，陷入科學主義與客觀主義，成為心理學許多"缺陷"的根源。
4. **客觀實驗範式**是傳統科學心理學最主要的方法論範式。以行為主義為主要代表，他們排斥人的主觀內在心靈的探索，把外在行為作為唯一的研究對象，採用客觀實驗法，把心理學建構成一門物理學式的自然科學。
5. **主觀經驗範式**是西方現代心理學方法論範式之一。以意動心理學為典型代表，把人的主觀性或意識經驗作為研究對象，採用主觀方法 (如反省法)，使心理學成為一門主觀經驗科學。

6. **主客觀兩種範式的整合**是人本主義心理學方法論中的基本構想和主要特徵。堅持折衷主義的方法論原則，試圖把現象學和存在主義引入實證主義方法中，以實現客觀的實驗範式與主觀的經驗範式之間的整合。

7. **整體分析法**是馬斯洛提出的一種研究人格的方法。它反對還原論分析和原子論分析，主張在現實情境中對人格發揮功能作用的動態過程進行全方位的整體分析。包括四個基本要點：(1) 把某一人格視為綜合特徵；(2) 強調理解人格內部各個層面之間的關係；(3) 先要對整個機體有所理解；(4) 對整體的理解是一個對整體與部分關係的反覆解析的過程。

8. **現象學方法**是羅傑斯大力倡導的一種對人的主觀經驗的直接描述方法。它是西方現代心理學擺脱生物還原論和機械決定論的客觀主義的重大變革，也是促進心理學向人學復歸的重要標誌。現象學方法包括了三個步驟：(1) 通過內部觀察取得主觀知識；(2) 通過他人觀察核對主觀知識而取得客觀知識；(3) 通過設身處地理解他人而取得人際知識。

9. **個體特徵研究法**是奧爾波特提出的一種研究人格獨特性的方法。他深受文德爾班的影響，避免使用一般規律研究法，主張遵循由特殊到一般的路線來研究人的心理。個體特徵研究法種類很多，如個案研究、個人生活史研究、人物傳記分析、個別訪談、日記、筆記、書信、問卷等。

10. **個案研究**與**一般研究**的區別：(1) 一般研究探尋共同性，而個案研究指向獨特性；(2) 一般研究旨在因果性解釋，而個案研究則致力於意義的理解；(3) 一般研究側重於元素分析，而個案研究更重於部分與整體之間的聯繫；(4) 一般研究依賴於觀察和理性思考，而個體研究倚重於想像和情緒；(5) 一般研究主要產生定量的陳述，而個案研究主要產生定性的陳述；(6) 一般研究更適合於無機物的研究，而個案研究更適合於對個人存在的人格及其獨特活動和人類相互作用的研究。

11. 人本主義心理學方法論的貢獻：(1) 促進心理學方法論的變革，如反對方法中心主義，堅持研究對象決定研究方法的科學觀；反對科學主義，堅持自然科學方法與人文科學方法的統一；反對原子主義方法論，堅持整體分析法。(2) 提出主客觀兩種心理學範式的整合，其重要意義：一轉換了二歧式的思維方式；二弘揚了心理學中的人文精神；三提出了整合兩種心理學範式的構想。

12. 人本主義心理學方法論的根本缺陷：(1) 缺乏正確的指導理念，把兩種範式的整合歸結為主觀經驗範式與客觀實驗範式在心理學中的並用，甚至只是在現象學的主導下容納和採用實證主義的方法；(2) 存在否定傳統的、客觀的、實驗的和定量的研究方法的傾向，人本主義心理學的研究方法具有很大的模糊性與難以證實性，缺乏研究方法上的具體建構。

建議參考資料

1. 戈布爾 (呂　明等譯，1987)：第三思潮——馬斯洛心理學。上海市：上海譯文出版社。
2. 車文博 (1996)：西方心理學史。臺北市：東華書局 (繁體字版)。杭州市：浙江教育出版社 (1998) (簡體字版)。
3. 林　方 (1989)：心靈的困惑與自救——心理學的價值理論。瀋陽市：遼寧人民出版社。
4. 馬斯洛 (許金聲等譯，1987)：動機與人格。北京市：華夏出版社。
5. 高覺敷 (主編) (1987)；西方心理學的新發展。北京市：人民教育出版社。
6. 彪　勒等著 (陳寶鎧譯，1990)：人本主義心理學導論。北京市：華夏出版社。
7. 彭運石 (1999)：走向生命的巔峰——馬斯洛自我實現心理學。見車文博 (主編) 20 世紀西方心理學大師述評叢書之一。武漢市：湖北教育出版社。
8. 葉浩生 (主編) (1998)：西方心理學的歷史與體系。北京市：人民教育出版社。
9. DcCarvalho, R. J. (1991). *The founders of humanistic psychology*. New York: Prager.
10. Royce, J. R. & Mos, L. P. (1981). *Humanistic psychology: Concepts and criticisms*. New York: Plenum.
11. Tageson, C. W. (1982). *Humanistic psychology: A synthesis*. Homewood, Ill: Dorsey.
12. Viney, W. (1993). *A history of psychology: Ideas and context*. Boston: Allyn and Bacon.

第八章

人本主義心理學的人性觀

本章內容細目

人性觀 (human nature viewpoint) 是人本主義心理學的理論基礎。人本主義心理學創建者認為，一種人性觀決定著心理學研究的觀點，證據的收集和解釋，以及心理學理論的建構。奧爾波特承認“一個人選定要遵循的這種心理學必然反映著一個人對人性的哲學先入之見”(Allport, 1967, p.271)。馬斯洛指出：每一個人，甚至連一歲大的孩子，都有人性的概念，因為若沒有一種人應怎樣行為的理論，是不可能生活的。每一位心理學家，不管他是多麼強調實證主義和反理論，他的心靈深處都有一套關於人性的哲學，就好像他受一張不完全明白的地圖指導自己，而他又否認這一點，以免受到新獲得知識的侵入和糾正。這張潛意識的地圖或理論比他在實驗室獲得的知識更多地指導著他的反應 (Maslow, 1956)。它要求我們注意到，一方面整個人本主義心理學是旨在提供一種新的人性觀，即以心理學研究成果為依據，闡發其對人性的哲學理解；另一方面人本主義心理學大厦又是在其人性觀的基石上建立起來的。正如馬斯洛所說的：

> 所有的人類關係，所有的人類制度，以及整個人類文化，都是以人性爲依據的。我確信，過去曾嘗試過的各種價值體系，……它們的失敗，主要是由於它們是建立在錯誤的人性和社會的概念之上的。(許金聲等譯，1987，333 頁)

可見，如果不從人本主義心理學的立論基礎——人性觀出發去剖析，顯然是不可能從根本上把握其理論實質並做出科學評價的。因此，人本主義心理學家非常重視人性的研究，並把人性觀置於人本主義心理學體系中的核心地位。認真研究人本主義心理學的人性觀是我們深入研究第三思潮的關鍵所在。本章內容旨在討論下述六個問題：

1. 人本主義心理學人性觀的本質及其主要特點。
2. 人本主義心理學在人性觀上同行為主義和精神分析的區別。
3. 馬斯洛似本能論略評。
4. 試評人本主義心理學中人性本善論的根據、內涵及其意義。
5. 簡析羅洛・梅的人性既善既惡論。
6. 怎樣從總體上評價人本主義心理學的人性觀。

第一節　人性觀概述

在了解人本主義人性觀基本理論之前，我們有必要對人性的概念加以界定，在回顧人性觀思想來源的基礎上，概述一下人本主義心理學的人性觀。這樣不僅會使我們的討論有一個明確的理論前提，而且還會從歷史和現實兩個層面深入理解人本主義心理學人性觀的實質。

一、人性的內涵

人性 (human nature) 是指人所具有的區別於一切動物的特性，亦即一切人 (包括古今中外，不分性別、年齡、種族、民族、國籍、階層、職業等等區別) 所普遍具有的共同屬性之總和。

馬斯洛認為，確定任何一個事物的本質，必須找到真正屬於該事物本身的特性，這種特殊的屬性必須是該事物區別於他物的基本規定。比如，我們確定動物性，主要是從生理基礎上找到屬於動物的生物本能特徵，再由這種本能在生物生存活動中功能的發揮來確定動物的特性。人性也應該如此，我們也要找到那種與人共生滅的、人所特有的東西。

在人本主義心理學家看來，**人性**就是人的內在本質，即人獨特的本體論存在狀態。他們認為，如果人的存在本身構成一個既不能還原為物質存在也不能還原為精神存在的領域，那麼關於人的存在的知識也必然是獨特而不可還原的。因此，如果我們試圖僅僅在物理科學或基督教傳統所具有的維度內來理解人性存在，那麼我們必將歪曲人性並失掉那些使人之所以為人的獨特方面 (Bullock, 1985)。

無論心理學中的第一勢力或第二勢力，均把人性生物學化，否定人類行為的社會歷史性，抹煞人的能動性和創造性，並“冷酷無情地把人看成是被動無助的，幾乎根本不能左右自己命運的動物”(呂明等譯，1987，17 頁)。

美國人本主義心理學家戈布爾指出：

行爲主義者們與弗洛伊德、達爾文如出一轍，把人僅僅視爲一個動物種類，與其他動物無本質區別，都有著破壞性、反社會的傾向。華生寫道：人是一種動物，與其他動物的唯一區別在於他表現出來的行爲類型。斯金納也說過：我所能觀察到的老鼠的行爲與人的行爲之間的唯一區別（除了在複雜程度上的巨大區別之外），只在言語行爲方面。(呂明等譯，1987，7 頁)

弗洛伊德精神分析也是如此，認為“人是一個受本能願望支配的低能弱智生物”(楊韶剛譯，1989，120～121 頁)。

在談到人性的結構和內容時，人本主義心理學家從生物學和文化的視角出發，認為人的**固有趨勢** (design) 或內在本質共有兩個方面：(1) 人的生物性，包括由遺傳因素決定的“解剖構造和機能”，在馬斯洛看來，没有人的身體存在的人性顯然是不可能的。但他同時也明確指出，簡單的生物決定論是不可能解釋人類本性的。(2) 人的精神性，包括“人的最基本需要、欲望以及心理能力”(許金聲等譯，1987，324～325 頁)。它是在遺傳因素的基礎上，在社會文化環境中發展起來的全部精神生活。馬斯洛強調：

精神生活是人的本質的一部分。它是人性的一個規定性特徵，没有它，人性便不成其爲充分的人性。它是真實自我的一部分，是一個人的自我同一性、內部核心、人的種族性的一部分，是豐滿人性的一部分。(林方譯，1987，320 頁)

馬斯洛認為，人的精神生活（價值生活、最高本性、深層本性）和動物生活（生物生活、低級本性、淺層本性）並不是兩個互相分割的領域，相反的，它們是一個整合的（而非互相排斥的）系列。因為：

所謂精神（超越的、價值論的）生活很明顯是根源於人的生物學本性。它是一種“高級的”動物性，其先決條件是健康的“低級”動物性，……，這種高級的、精神的“動物性”過於怯弱和柔嫩，很容易喪失，很容易爲強大的文化勢力剝奪，因此只有在一種支持人性並積極促進人性最充分發展的文化中才能廣泛實現。(林方譯，1987，322～323 頁)

二、人性觀的思想來源及其特點

人本主義心理學人性觀的產生並非是偶然的，而是有其社會歷史的必然性。從其現實的社會基礎來看，一方面是因為 20 世紀 50～60 年代，美國在物質生產高度發展和民衆生活大幅提高的情況下，弗洛伊德所論證的西方傳統的靈魂與肉體的對立觀，才第一次有可能為人的初級生物生活與高級精神生活的統一觀所取代，人性、價值、意義和自我實現等問題成為當代心理學研究的主題。另一方面是因為美國在物質繁榮的背後，又出現人性異化等嚴重精神裂變的情況下，才引起人們重視探討人性的問題，由人外部行為的研究轉向內在心靈的探索，把如何完滿實現人性提到心理學的主要日程上來。從其思想源來說，人性歷來是古今中外爭論的一大課題。中國古代就有**性善論** (doctrine of good human nature)，孟子提出，“人無有不善，水無有不下”(孟子・告子上)；**性惡論** (doctrine of evil human nature)，荀子認為，“人之性惡其善者僞 (同爲) 也”(荀子・性惡)；**人性有善有惡論** (doctrine of humanity capable of becoming either good or evil)，戰國時世碩提出，人性有善有惡，養其善則善長，養其惡則惡長；**人性無善無不善論** (doctrine of no good and no evil human nature)，告子認為，人性無所謂善惡，習於善則為善，習於惡則為惡等各種主張。在西方，對人性問題一直有兩種對立的觀點：一種是柏拉圖、康德、歌德、盧梭 (均見 22 頁) 的人性觀，以及文藝復興以來的西歐人道主義 (或人本主義) (第二章第一節) 的傳統，認為人具有潛在的善性，主張設計一種理性的社會，通過教育使人格得到發展。另一種是亞里士多德、馬基雅弗利、霍布斯和邊沁 (均見 22 頁) 的人性觀，認為人性由生物本能所決定，不可能有很大改變；人只有通過法律的約束、文明的行為，才能夠維持社會秩序。以馬斯洛、羅傑斯為代表的大多數人本主義心理學家的人性本善論可以追溯到第一種哲學人性觀。

人本主義心理學人性觀的主要特點有：(1) 它既反對把人物化，又反對把人動物化，同時又提出人性是人的內在本質，即人的獨特的本體論存在狀態；(2) 它既反對行為主義的**反本能論**，又反對精神分析的**本能論** (instinctive theory)，提出人性的基本性質是**似本能**；(3) 它既反對人性無善無惡論，大多數又反對人性本惡論，基本上堅持人性本善說；(4) 它既反對人性的先天決定論，又反對人性靜止不變論，並堅持人性成長、發展假說的**元理論** (352 頁)。因此，人本主義的人性觀"代表著一種不同的人性觀念，一種人的嶄新形象"(許金聲等譯，1987，前言，1 頁)。它不僅為人本主義心理學家討論諸如道德、教育和政治問題這類普通主題提供了參考框架，而且從長遠的觀點來看，正是人性觀構成了人本主義運動的共同基礎。

三、人性的似本能性質

似本能是馬斯洛表述人類需要本性的一個關鍵性概念。他在**本能** (instinct) 一詞後面加上了一個後綴"oid"，意為"似"、"像"等。所謂**似本能** (instinctoid)，就是指人類天生的但卻是微弱的基本需要的本性，它極易被環境條件所改造。換句話說，似本能的需要在某種程度上是由人種遺傳所決定的，但它們的表現和發展卻是通過後天學習獲得的。馬斯洛使用這一概念，是既要與否定本能的行為主義劃清界限，又要與本能決定論的精神分析劃清界限。

馬斯洛認為，人性的基本性質是似本能的。人本主義心理學人性觀的核心，就是堅持在人類有機體內部有一個本能的內核的觀點。他認為，人類天生的能力，天資和特質在那個內核中有一個生物學基礎。但是，這個生物學內核只是作為一種潛在原材料而存在的，它等待著個體對它進行主觀的開發和實現。這個內核絲毫不像一個力量強大的動物本能，而是一個非常細微、易受壓抑的或發達而又實現了的本能的殘跡 (DeCarvalho, 1991)。可見，人性的內核是一種不同於本能的似本能。就是說，它不是完全先天的、強烈迅猛的、不學而能的動物性的工具行為能力或滿足方式，而是屬於人的存在的一種高級的需要、衝動和欲望。如對友愛、合作、求知、審美、創造、公正等的基本需要。

在審視人性的基本性質時，人本主義心理學家既反對**本能論**又反對**反本能論**，而提出了**似本能**。馬斯洛指出，本能論者極力用人的遺傳來解釋人的一切特性，似乎人没有任何東西能夠完全脱離生理遺傳。如弗洛伊德把本我 (或本性) 視為生物本能和強烈的先天因素。反之，反本能論者則主張人的完整品質和特性無法用本能界說，如華生宣稱只能用刺激-反應這一機械決定論的模式來解釋。

馬斯洛指出，本能論與反本能論的嚴重錯誤在於受非此即彼的二歧式思維模式的束縛，他力圖尋求一種辯證的解決方法。他認為，那些本能論者僅僅是從低等動物本能的意義上來規定人性，其結果必然導致過分強調人與動物世界的連續性，而沒有去探討人與動物的根本差別。相反的，反本能論者認為人在進化到高級階段上似乎不再以本能為基礎，而被一種通過後天學習而獲得的適應性所取代，所以人類沒有自己的本能。這樣，在人性問題的研究上，就逐漸失去了科學的基礎，彷彿在生物科學、心理科學的意義上，人只與動物在生理機能上具有共通性，而人所獨特的本質則是脫離了人的生物性的"形而上學"(即哲學) 研究的對象。顯然，這就陷入了傳統的科學和人學相對立的誤區。

馬斯洛試問：有沒有"人類獨有的本能"，或者說人所獨有的科學意義上的特殊本性呢？為了解決這一難題，他建議應該架起科學與人性之間的橋樑，而不是去構築兩者相互遮蔽的屏障。這個橋樑不是別的，就是似本能的規定。馬斯洛說，除去現在人們對人性已做出的基本規定，"人還有一種更高的本性，這種本性就是似本能"(許金聲等譯，1987，前言，1 頁)。這是馬斯洛探尋人性科學基礎的一個理論基石。

馬斯洛關於似本能的內涵揭示如下：

1. 似本能是人的固有趨勢、內在本質、內部天性，或者說是人性的內核和集中表現。他說：

> 我們每個人都有種本質的內部天性，這種內部天性是似本能的、內在的、特定的、天然的，其中有似本能的基本需要、智能、天資、解剖的資質、生理或氣質的平衡、出生前的或出生時的損傷等。這種內部的核心，以自然傾向、癖好或內部傾向表現它自己。(李文湉譯，1987，171 頁)

2. 似本能是一種既類似於本能又不同於一般生物本能的東西。所謂它有類似生物本能的特徵，指的是似本能具有本能原基，有著可覺察的遺傳基礎，如人的欲望或基本需要至少在某種程度是先天給定的。所謂似本能又不同於一般生物本能或非本能，主要表現在：(1) 人的似本能不像生物本能那樣迅猛、強烈、固定，難以控制和湮沒，而是非常微弱可以被改變甚至完全消滅的東西；(2) 那些與人的似本能基本需要有關的行為或能力、認識或感情不一定是先天的，而可能是 (按我們的觀點) 經過學習或引導而獲得的，或是表現性的 (許金聲等譯，1987)。例如，在一個醜惡的社會中，人類的愛心和互相尊重是難以得到滿足的，所以，按理說人的似本能需要一個慈善的文化環境孕育它，使其出現、得到表現和滿足。而在一個極惡劣的環境下 (如法西斯集中營)，人們的這種似本能甚至完全被消滅。因此，似本能是一種不完全的、程度不同的本能。當然，它不完全是先定的本能，馬斯洛認為"人是沒有本能的，但看上去他卻的確有著本能的殘餘、似本能需要、內在的能力和潛力"(許金聲等譯，1987，150 頁)。這意思是說，在多數人身上，作為本能的這種遺傳決定因素是十分微弱的，而且還是零星片斷的，是本能的一些殘餘碎片，甚至只是本能的原基，根本不是在低等動物身上可以看到的那種完整的本能。

3. 似本能是人的一些潛能，但並不是最終實現物。因此，它們有一部生活史，應該從發展上看待它們。似本能大都是 (但非全部是) 由於心靈以外的決定因素 (文化、家庭、環境、學習等等) 的作用而實現、成型、或窒息的。

4. 似本能本質上是人所特有的東西。馬斯洛認為，一些似本能的需要只有人才有，或是由人與動物界中的黑猩猩所共有，如愛的衝動。通信鴿、鮭、貓等等，都有自己特殊的不同於其他物種的本能。為什麼人種不能有自己特殊的本性呢？隨著種系進化的發展，當我們在種系階梯中上升時，我們可能會發現新的 (更高級的) 欲望，如對訊息、對理解、對美 (如對稱、秩序、完美等) 的需要等，在本質上它們是似本能的，即在強弱程度上由機體結構和作用所決定的。人是所有動物中最富有科學、哲學、神學以及藝術精神的。但幾乎毋庸置疑，至少對某些人來說，這些都是像安全、愛、尊重等等一樣的似本能需要。不過，它們是本能的原基，而不是本能的殘餘。

5. 似本能一方面是一種非常微弱的本能，文化和教育可以輕而易舉地將其湮沒，因此可以認為文化教育的力量要比似本能強大得多；但這種似本能的需要在"另一種意義上說又是強大的，它們頑強地堅持要求獲得滿足，一旦受挫，就會產生病態後果"(許金聲等譯，1987，94 頁)，使人背離自己的本性。因為人的生存不僅僅是動物式的物質過程，他超出動物的根本質點正在於人的精神生活，人失去了支撐自己精神生活的基點，他就會生病，產生變態人格，使人徹底垮掉，從靈魂中死去。

6. 似本能的需要和理性是合作的而不是敵對的。雖然對不健康的人而言，似本能衝動和理解力可能是互相對立的，但是在健康人那裏並不是互相排斥的，而是指向同一個方向，即它們的結果或隱含的目標可能是同一的、合作的。

7. 似本能是一個完整的系統。馬斯洛強調人性的高度整體性質，認為人的精神生活是與低級的動物本能生活處在同一連續系統上的。它是人的生物生活的"最高部分"，但仍舊屬於它的一部分。他認為，這裏所說的精神生活很明顯是根源於人的生物學本性，它不過是一種高級的動物性，因為人的高級本性規定的先決條件是健康的低級動物性。這兩者在層次系統上是整合起來的，而不是互相排斥的。

8. 似本能的需要是人性發展的內在依據，而社會文化環境則是人性發展的外在條件。對於似本能的需要和社會文化環境在人性發展中的作用，馬斯洛曾有一個著名的比喻：

> 人的似本能需要作爲人的本性規定著人的發展，好比一顆橡樹籽可以説"迫切要求"成爲一棵橡樹，而社會文化環境對於人的成長來説是陽光、食物和水；但它不是種子。(林方譯，1987，80～81 頁)

也就是說二者的關係是種子與土壤的關係。作為內在依據和發展動力的似本能的需要規定著人性發展的方向，作為外部條件的社會文化環境對人性的發展只起促進或延緩的作用，而不能改變人的內在發展趨勢，至多使這種發展變態、倒退或夭折。人性的延續與動物本能或動物性完全依靠遺傳因素的傳遞方式不同，人性雖然也是通過遺傳因素以"胚胎"的形式延續和保存下來，但其具體表現和發展卻是後天獲得，有賴於社會文化環境提供條件。因此，人性的基本性質是似本能的。

四、人性的成長假設

人本主義心理學家認為，人性並不是一個靜態固有的概念，而是一個動態發展的範疇。因此，他們把**成長假設** (growth hypothesis) 視為人本主義心理學人性觀的基本假設和理論基石。

> 人本主義心理學創建者認爲：
> 做人，在生而爲人意義上的做人，同時也必須在成長爲人的意義上進行界定。在這個意義上，一個嬰兒只不過是一個潛在的人，必須在社會、文化、家庭中成長爲人。(許金聲等譯，1987，前言，12 頁)

他們堅信，一個人是正在成長過程中的存在。他們說，人的最佳狀態是前攝的 (註 8-1) (或內發的)、自主的、有選擇傾向的和可塑的，確實是持續不斷地成長的。他們認為，人類是一種有能力指引和改變生命歷程的指導動機或"計畫"的獨特有機體。在成長過程中，一個人必須設想他為自己存在的個體化和實現所負的最終責任。為了通過成長過程而達到最高層次，一個人必須完全發揮其機能 (羅傑斯，第四章)，或在機能上自主 (奧爾波特，第二章第三節)，自我必須是自動整合的和實現的 (馬斯洛，第三章)；必須有自我覺知感、中心感 (羅洛・梅，第五章)和本真的存在感 (布根塔爾，第六章)。他們還認為，成長過程決不僅僅是一種**發生學** (genetics)、生物學問題，或外部強化的列聯。他們指出，否認成長是心理治療時應主要關心的一種心理疾病。

儘管人本主義心理學創建者都同意，成長過程描述了人性的特點，但他們對該過程的確切原因，看法卻不一致。馬斯洛、羅傑斯甚至奧爾波特都相信，成長過程有一個生物學基礎，但他們都非常謹慎地避免回到**生物決定論** (或**生物觀決定論**) (biological determinism) 上去。馬斯洛認為，人性的本能內核包含著趨向實現的潛能。羅傑斯也認為，人類有機體有一種朝向完善內在潛能的有方向的實現傾向。但是，羅洛・梅和布根塔爾則認為，所有的生物學假設都太模糊。他們把成長過程解釋為，人是在應對存在列聯過程中面臨焦慮時的自我覺知和自我肯定的產物。奧爾波特、馬斯洛和羅傑斯相信，當提供了適當的成長和自我實現的環境和機會時，人性便是天生善的。羅洛・梅在一定程度上對人性也持樂觀態度，但他也相信，邪惡和焦慮作為選擇、責任心、意義和本真的促動者起著重要的作用 (DeCarvalho, 1991)。

現在讓我們分別考察一下人本主義心理學建立者對於人性成長假設的主

註 8-1：**前攝的** (proactive) 通常指對後來發生的事件、刺激或過程產生影響的事件、刺激或過程。

要觀點：

(一) 奧爾波特整體論和特質論的成長假設

奧爾波特試圖從系統折衷主義視角提出一種全面的、關於人性的元理論 (見 352 頁)。但是，他覺得即使折衷主義也不足以描述人類本性。他堅持整體論和特質論 (第二章第三節) 的觀點，認為人性是人格各個側面的集合，並構成一個內在的、有獨特模式的機構。奧爾波特把這個機構稱為有機體、人、自性或自我 (註 8-2)。由於它為我們的主觀價值觀、態度、動機、抱負、目標、意向以及自我覺知負責，因而指導著一個人的**成長過程** (process of becoming) (註 8-3)。他進一步指出，自我是自主的、有目的的、前攝的、有選擇傾向的；它是一個為未來制定計畫、自我驅動的行政長官和鬥士。奧爾波特強調，健康人格和動機是一個永無止境的成長過程。因為人類的動機是由當前的意識決定的，而且正改變著諸如抱負、價值觀、計畫和希望之類的結構傾向。這些傾向包含著一些長期的術語，而且是持續的、有動力的、有目的的、朝向未來的。這就是奧爾波特的動機機能自主性原則。這一原則和馬斯洛及羅傑斯提出的人性成長假設觀一樣具有自主性、前攝性、形成傾向和實現的特點。

(二) 馬斯洛人性積極成長傾向的假設

馬斯洛同意羅傑斯**積極成長傾向** (positive growth tendencies) (註 8-4) 觀點，即在人類有機體內部具有積極成長傾向，驅使著有機體越來越完滿地發展。馬斯洛認為，人性的內核是由在個體內部產生的基本需要欲望的似本

註 8-2：(1) **自我** (ego) 是弗洛伊德三部人格結構中的一個成分，指人格中的意識結構部分，是來自**本我** (id) 經外部世界影響而形成的知覺系統。它代表理智與常識，處於本我與**超我** (super-ego) 間，按照現實原則，充當仲裁者，監督本我，適當滿足。(2) **自我** (或**自己**、**自性**)(Self)，具有多義性，通常指個體所意識到自身存在的實體。它有主客體之分，主體自我是行為和意識經驗中覺知到的主體自身，而客體自我則是具有主體意義的客觀性心理內容。如"吾日三省吾身"，前一"吾"字是主體自我，後一"吾"字則是客體自我。自我還有實存和潛存之分，實存自我是個人意識經驗和行為表現的總體，而潛存自我則是個人潛在的原型和終極的目標。

註 8-3：**成長** (becoming) 是奧爾波特人格理論的術語，指個體在身心發展期間經由自主性的活動而趨向成熟的改變過程。本詞與成長 (或生長) (growth) 一詞稍有不同，更突出人的主動性和人格的成長。

註 8-4：**成長** (或**生長**) (growth) 是馬斯洛自我實現理論的術語，指個體隨著年齡增加而身心機能不斷拓展提高的過程。本詞與**發展** (development) 近似，有強調自然生長的含義。

能傾向組成的。按著他的觀點，滿足需要的驅力是似本能的，一旦基本需要得到滿足後，相對越來越高的需要就會出現。他把需要層次論頂端的自我實現需要視為人類本性的一個最重要的方面。在他看來，人的成長過程就是自我實現的過程。實現的過程既有文化的維度，也有心理學的維度。一方面，人種所特有的人體潛能是由家庭、教育、環境和文化塑造的；另一方面，它們又是由人自己決定的，受其選擇、意志和決策決定的，是由薩特 (見 24 頁) 所稱的主觀設計之類的東西決定的 (Maslow, 1971)。他強調，一個合作的社會必須創造條件，鼓勵似本能的人性得以自由表現，更重要的是它必須允許人類有機體通過主觀選擇積極地實現自己。馬斯洛的這種主觀選擇與薩特的存在主義 (見 23 頁) 有兩點不同：

1. 他沒有像薩特那樣否定決定論，把主觀選擇視為個人絕對自由的表現，認為選擇是由居於個體內部的物種所特有的生物內核決定的。個體必須認識身體的衝動，把**自我** (self) 作為一個生物體來愛戴和尊重，然後實現其潛能。

2. 他沒有像薩特那樣否定必然性、否定在自然界中是由人的實踐來實現整體化，而堅持只有人才是積極的機構、推動者和選擇者，是他自己的主人。即除了人性的生物學基礎外，作為主觀實體的人也要為其實現自己的存在和使之具有個人的特點而負責。

(三) 羅傑斯人性有方向形成傾向的假設

羅傑斯堅持用成長和發展的觀點來描述人性，並主張對發展過程必須既用生物的又用非生物的觀點才能理解。羅傑斯認為，一個“有方向的形成傾向”(formative directional tendency) (註 8-5) 滲透在宇宙中的所有存在之中，從水晶體到星球空間和活的有機體。他說，在活的有機體中，這種有方向的傾向成為一種**形成傾向** (formative tendency)。因為所有有機體都想保存、提高和再造它們自己；它們也希望擺脱外界控制而獨立，成為自我支配的，甚至超越自己的本性。儘管這種實現傾向可能會受有害環境的抑制，

註 8-5：**形成** (或**造型**、**組合**) (formation)，是羅傑斯人本主義心理學的用語，指人性和人格是承受和創造兩種指令在其相關形成場內的一種獨特的展現。本詞與“growth”，“becoming”有相似之處，但更突出人格的整合性、建構性和創造性。

但羅傑斯相信，只要有機體是活的，它就決不能被破壞。他指出，實現傾向並不包含有機體內所有潛能的發展。它是有選擇的、有方向的，只朝向積極目標的，例如，它不會實現憎惡、自毀或忍受痛苦的能力 (Rogers, 1979)。羅傑斯承認，在進化的某一時刻，人類有機體的形成傾向獲得了對自己的意識。依其看法，意識創造了一種符號化的能力，位於非意識的有機體機能的大金字塔頂端。羅傑斯說，有意識意味著認識到自己的成長和發展。意識也能使人理解其內在自我。他提出，如果一個人做出與自己的有機體相符的選擇，這些選擇即可稱為好的選擇，但這些選擇卻不是客觀的、真正的選擇，因為它們終究是由主觀實現傾向來決定，羅傑斯把它描述為“自主的嚮導”(Rogers, 1971)。羅傑斯認為，一個充分發揮機能的人，是和他自己的內在本性相聯繫的人；是一個相信和允許自己的有機體自由發揮其機能的人；是一個能從所有的機體潛能中選擇真正最滿意潛能的人 (Rogers, 1963)。羅傑斯還把這種實現傾向視為其以人為中心的心理治療方法的核心假設。

(四)　羅洛・梅平衡主客體對立的成長假設

羅洛・梅首先指出，人類生活和動植物不同，人有本性和存在的區別，有作為客體的自我和作為主體的自我的區別。作為客體，人類期望實現預先決定的外部現實及其社會環境的價值觀。作為主體，他們可以自由地按照個人對該客觀世界的內在意義看法來塑造其存在方式。在羅洛・梅看來，要逃避主、客體兩極中隱含的困境，和完全關注某一極都是不可能的。但是，人類的自由正是在這兩極之間的辯證關係中產生的。在這種情況之下，羅洛・梅和其他歐洲存在主義者一樣，都主張“人就是他的自由”(Man is his freedom.) (May, 1981)。

和奧爾波特、馬斯洛及羅傑斯等人本主義心理學家一樣，羅洛・梅也把人性看為一種**成長過程**。但和他們不同的是，羅洛・梅不相信這一過程是類似於種子長成植物那樣的單維度的機體成長。他認為，成長過程是由於人們想要平衡主客體兩極之間的辯證緊張或“對立作用”，平衡隱含在這種情況中的自由。羅洛・梅寫道：“人不是像一顆樹那樣自發成長的，而是當他以自己的意識計畫和選擇時實現其潛能的”(May, 1975, p.20)。在羅洛・梅看來，人生與成長是由於人所尋求的 (它應該成為的) 完善與人實際上的不完善這兩個極端之間的永久緊張造成的。羅洛・梅聲稱，一個健康的人格有能力、有勇氣忍受這兩極之間的辯證作用中產生的緊張，保持一種不斷變化的狀態，使緊張進入創造性的通道。他認為，正是這種積極與消極之間的兩極性，這種辯證的關係和擺動給人生提供了動力與深度 (May, 1982)。

(五) 布根塔爾人性本真成長的假設

布根塔爾認為，對本真的人來說，公開他面對存在焦慮是積極的 (用布根塔爾的話就是本體自發的) (ontogogic)，因為它迫使人們承認為其成長過程所負的責任。在這個過程中，他們實現了內在潛能並得到了更加本真的成長。在這個意義上說，自我實現或個人成長是由本真地因應生活的偶然性強加給我們的存在焦慮所引起的，而不是由身體的生物決定論引起的。只有認識到更多地內在的自我與環境，才能使人恰當而本真地成長 (Bugental, 1978)。他說，沒有意向性，一個人絕不可能真正地進行選擇，真正有一種把自己的存在作為存在的主體和創造者的感覺。布根塔爾指出，人性同時是覺知 (或意識) 也是選擇，它是一個“正在覺知和選擇的”流動過程。自我和世界所提供的選擇與同一性的核心是一個不斷發展的過程。“我從主觀上意識到這種持續不斷的過程”，或“我就是正在發展中的我”(I am the I-ing)。正是這種我-過程表現了本真性和自我實現。在這種情況下，布根塔爾的“正在形成中的人”(emergent man) 和馬斯洛的自我實現，羅傑斯的機體成長有很多共同之處，但沒有他這些同事的概念中所包含的發生學的含義。布根塔爾的正在形成中的人的自我實現是本真的一種產物，它自由地投身於選定的存在中心 (DeCarvalho, 1991)。

第二節　人性觀的兩種範式

在講述人本主義心理學家對人性的界定、人性似本能性質的揭示和人性成長假設闡釋以後，我們有必要在了解人本主義人性觀的基礎上進一步深入探討人本主義心理學的理論範式。下面我們分別闡述人性本善論和人性既善既惡論這兩種人性觀的理論範式。

一、人性本善論

人性本善論 (見 117 頁) 是馬斯洛和羅傑斯等人本主義心理學創建者所倡導的人性觀，也是人本主義心理學人性觀主導性的理論範式。

人本主義心理學性善論的思想由來已久。早在古希臘柏拉圖就把"善"視為最高理念，它是人一切善行的目的和唯一真實而永恆的價值基礎。與人的理性、意志、欲望三種靈魂相對應，他提出智慧、勇敢、節制三種美德，並認為其協調便是公正美德的實現。

中世紀文藝復興時期的人文主義思想家大膽反對神性、讚美人性，歌頌人的偉大與高貴，崇仰人的價值與尊嚴，讚揚人的美麗和力量，高喊把人的價值、幸福和希望從天國接回人間，表現出豐富多彩、熱情活潑又勇敢無畏且充滿理想的人道主義精神。

康德極力削弱神的勢力，提高人的地位。他指出，人是一種雙重的存在物，他既是感性的又是理性的，但人性的本質不在於感性欲望，而在於理性存在。因此，人的至善，將德行和幸福和諧起來，不僅是必然的，而且是可能的。

歌德認為，人是宇宙的高貴者，人無所不能，遠遠高於動物。人的本質就是人的自然本性，即"天生的、內在的美好性格"。他相信，人只有順其自然，方能成為健康、純樸、善良、友愛的人，反之，矯揉造作、違背自然者，不會美，只會醜。因此，人之美，無論道德美、心靈美、行為美，歸根到底，就是自然美。

盧梭提出自然人性善理論，認為在自然狀態中，人天性善良，具有憐憫同類的同情感。但在社會狀況 (文明狀態) 中，人卻滋生了野心、貪婪、虛偽、競爭等非道德性情感和欲望。這樣，人就變成了相對的存在，變成了依賴於他人和社會的碎片，成了習俗、輿論和偏見的奴隸。

與性善論相反，性惡論也有悠久的歷史淵源。古希臘亞里士多德認為，人在社會中是不平等的。有的人天生就是主人，有的人天生就是奴隸。富有者狂暴、貪婪，貧窮者下賤、狡詐，只有中等階級最好。因為激情與行動的過度和不足是惡行的特性，而適中則是美德的特性。馬基雅弗利強調，人的天性與其説向善，不如説向惡。他們是自私自利的、貪得無厭的、嫉妒的、膽怯的、變化無常和忘恩負義的，他們學壞容易，學好難。

霍布斯認為，人是兇惡的動物，人對人就像狼一樣。他把自私自利、自我保存視為人普遍的絕對本性。他說，在人的本性中，發生爭執的原因主要有三：一是競爭（求利）；二是猜疑（求安）；三是榮譽（求榮）。由此他把性惡論推向極端，給人性描繪了一個否定的悲劇性圖象。

邊沁認為，“個人的利益是唯一現實的利益”，“社會利益只是一種抽象，它不過是個人利益的總和”。他強調有利於資產者的就是有利於全社會的，而有利於資產者的就是道德的，功利就是道德的標準。

馬斯洛和羅傑斯把自我實現看作是一種經驗原則和道德理想，他們繼承了西方性善論的傳統思想，贊同盧梭浪漫主義的人性觀，認為人性本來是善的，但被社會破壞了，這和弗洛伊德所持霍布斯式觀點的性惡論形成鮮明對比，也和行為主義所持洛克式假設的人類適應環境的可塑性有明顯不同。

人本主義心理學家反對弗洛伊德的性惡論，認為弗洛伊德對人性的評價陷入極端決定論、宿命論和悲觀論的境地，完全專注於人性的黑暗面和惡劣的動物性，根本忽視人的友愛、合作、仁慈、慷慨等良好的秉性。馬斯洛指出，弗洛伊德這種人性觀是和他只根據神經症和精神病患者來研究人的心靈有直接關係。他說，一個人如果不理解**精神健康**(或**心理健康**) (mental health)，也就無法理解**精神病態** (psychopathy)；如果只研究病態的人，就會忽視或否定人類的潛在能力和可能達到的美好前景。

人本主義心理學家反對行為主義片面強調人與動物的連續性，用鴿子和白鼠等動物的研究成果來解釋人類的行為，其結果將人性完全生物學化，馬斯洛說：“各種行爲主義學派似乎都冷酷無情地把人看成是被動無助的，幾乎根本不能左右自己的命運”(呂明等譯，1987，17 頁)。事實上，行為主義理論大多基於對動物的研究，而馬斯洛發現在人類行為與動物行為之間有極大不同，而且他對動物本能就一定是壞的這一點也持懷疑態度。他認為，我們即使接受了人是從動物發展而來因而與動物有相同本能的前提，也不一定就意味這些本能是壞的。我們能說對人類繁衍必不可少的性衝動就一定是壞的嗎？但是，只用動物來進行研究，一開始就注定要忽視只有人類才有的那些能力，如殉道、自我犧牲、羞辱、愛情、幽默、藝術、美、良心、負疚、愛國、理想、詩情、哲學、音樂和科學 (呂明等譯，1987)。

馬斯洛斷言，人的本性是善的，至少是中性的(李文湉譯，1987)。羅傑斯的人性觀用一句話來概括，即“人性本善”(陳仲庚等，1986)。奧爾波特也持這一觀點。

性善論是以人本主義心理學的潛能論、似本能論以及實現論 (第三章第二節) 作為其理論支柱。

1. 從潛能論來看，人類有機體未來發展的潛在傾向是積極的。馬斯洛認為，愛是一種“泛人類的潛能”(許金聲等譯，1987，324 頁)。因此，惡人心中也有愛，只要惡人性格深處的這種愛有了表現的條件時，惡人就會變為健康的人。由於人的潛能是一種內在價值，因而內在價值觀就成了性善論的主要理論基礎。

2. 從似本能論來看，馬斯洛主張，“如果我們的本能衝動與其說是掠奪性的不如說是友愛性的；與其說是使人憎惡，不如說是令人讚美的”(許金聲等譯，1987，120 頁)。馬斯洛又說：“這些微弱的似本能傾向是好的、人們所期望的是健康的，而不是邪惡的”(許金聲等譯，1987，150 頁)。甚至可以說：“在人的本性中沒有一絲一毫趨向邪惡行爲的似本能傾向”(許金聲等譯，1987，136 頁)。羅傑斯也堅信“人類的基本本性在自由發揮機能時是富有建設性的和值得信賴的”(Rogers, 1961, p.27)。似本能論表明，人的獨特本能是一種高級的動物性，它為人性的善良性、建設性和可信賴性提供理論支持。

3. 從實現論來看，人本主義心理學家基本上都堅持人有成長和實現兩種傾向，決定著人具有一種積極、向上、前進、發展的良性驅力。羅傑斯把實現傾向看作是人性本善的中心能源和唯一動機。他說，這種實現傾向是人們內心最深層的、強烈的積極指向的趨向，它驅使個體朝著更複雜、更富獨立性、創造性和社會責任感的方向發展。他比喻，人生好比長在大海邊的一棵大樹，它筆直、堅強、活潑，且不斷地茁壯成長。馬斯洛贊同羅傑斯的觀點，認為如果人們能自由地成長和實現內在的潛能，他們做出的便是正確的選擇。他還進一步指出，自我實現者總是選擇對他們來說是美好的東西，這主要是因為其真正自我的內核是美好的，值得信任的和有道德的 (Maslow, 1968)。

總之，人本主義心理學家認為，性善論是人性中具有善良性、道德性、建設性、積極性、向上性、可信賴性的價值定向；是對人的成長和實現充滿樂觀主義精神的具體表現；是促進人性依循良性軌跡健康發展的導向信條。

馬斯洛對西方心理學中性惡論的主張進行了猛烈的抨擊，他說：

> 知識界的許多成員提出了一種以極度的絕望和玩世不恭爲特徵的觀點，這種極度的絕望和玩世不恭有時甚至墮落爲腐蝕性極强的惡毒和殘酷。事實上，他們拒不承認有可能改善人的本性以及社會，也不承認有可能發現人的內在價值或者對生活產生一種普遍的熱愛。
>
> 他們不相信有什麼誠實，仁慈，慷慨，柔情等等……。
>
> 這種絕望的支流文化，這種"比您更損"的態度，這種相信弱肉强食和悲觀失望，而不相信善意的反道德，受到了人本主義心理學的迎頭反擊。(許金聲等譯，1987，前言，2～3 頁)

馬斯洛不僅批判了**性惡論**的錯誤，而且還指出了性惡論給心理學和社會科學研究帶來的危害。主要表現在：

1. **人性與獸性相混同**　性惡論把某些動物身上表現出來的攻擊性看作是人類也必然具有的本性，把研究動物的結論硬套在人身上，甚至以對動物的研究取代對人的研究，這是無視人的尊嚴，把人降低到動物水平的令人無法容忍的"偽科學"(pseudo-science)。

2. **忽視人類高尚的心理境界**　性惡論把人類的心理境界定得太低，結果造成基於性惡論之上的心理科學在表現人類消極方面的成功一直比它表現人類積極方面大得多。

> 它向我們展示了人類大量的缺點、疾病、罪惡，但很少揭示人類的潛力、美德、可能的抱負、或者可能達到的心理高度。心理學似乎自願放棄其合法管轄區域的一半，而僅局限於另一半，即黑暗、平庸的一半。(許金聲等譯，1987，333～334 頁)

可見，性惡論不僅導致心理科學研究的狹隘化和低層次化，而且也不可能得出有關人心理的積極而有益的結論來。

3. **否定人性和人格改善的可能性**　性惡論錯誤地將遺傳與命運混為一談，都看成是無情的、不可抗拒的、不可改塑的，既然惡是人的本性，那麼人世間的一切罪惡如貪婪、攻擊、戰爭等等就成為無法避免的。“難怪人們發現在許多問題上弗洛伊德與希特勒同屬一個陣營”(許金聲等譯，1987，100 頁)。其實，性惡論否定了通過哲學、神學、心理治療等方式來改善人性、培養健康人格的可能性。

二、人性既善既惡論

人性既善既惡論是羅洛・梅等存在-人本主義心理學家所努力倡導的人性觀，也是人本主義心理學人性觀中一種非主導性的理論範式。

早在我國戰國時期世碩 (孔子的再傳弟子) 就曾提出人性有善有惡論，認為人性有善有惡，養其善則善長，養其惡則惡長。從王充 (27～約 97) 所輯錄的言論可看出他的這一主張。

> 周人世碩，以爲人性有善有惡；舉人之善性，養而致之則善長，惡性養而致之則惡長。如此，則此各有陰陽善惡，在所養焉。(論衡・本性)

人生來就具有善和惡兩種自然屬性，有如陰陽二氣一樣。世碩的人性有善有惡論突出了後天的養育薰陶，把養視為人性向善向惡的關鍵，意識到了人性所包含社會意義的一面。後來董仲舒 (B. C. 179～B. C. 104)、王充等都受到他的影響，均主張人性有善有惡 (黃楠森等，1990)。

羅洛・梅的人性既善既惡論深受存在主義神學家蒂利奇 (見 23 頁) 的影響，把歐洲流行的存在主義和現象學引入人本主義心理學的結果。羅洛・梅的《焦慮的意義》(1950) 和《人尋求自我》(1953) 向美國心理學家們介紹了源自克爾凱郭爾和海德格爾的觀點，在其後期流行的著作《愛與意志》(1969) 中，他強調了人類天生的悲劇方面，人們總是陷入厭煩、憂慮、沈淪、恐懼、絕望等主觀體驗之中，本來羅洛・梅相信性善論，但後來和布伯 (見 23 頁) 在密執安討論問題時，羅洛・梅說“人基本上是好的”，而布伯回答說，“人基本上是好的-和惡的”。此後羅洛・梅的論點是，我們必須容納一種關於我們世界和我們自身中存在惡的看法，不論那個惡多麼觸犯我們的自戀。這說明神學存在主義哲學家布伯對羅洛・梅的人性觀的形成有著重要影響。

羅洛・梅提出的人性既善既惡範式的理論內涵和主要根據如下：

(一) 理論內涵

1. 把人看作是一束具有一定結構的潛能。受到這種增強自身欲望驅策的潛能，既是建設性也是破壞性衝動的源泉。換句話說，我們是善惡混合的潛能束，人性中建設性傾向和破壞性傾向並存。羅洛・梅指出，如果這種增強自身的欲望結合在我們的人格中 (這正是心理治療的目的)，它將產生創造性，那就是說，它是具有建設性的。如果這種欲望脫了韁，它能支配整個人格，就像它在狂怒中，在戰爭期間的集體偏執狂 (或妄想狂) 中，或在強迫的性行為或壓迫行為中的所做所為，這時就會產生破壞的活動 (許金聲等譯，1987)。

2. 認為**魔力** (或**魔鬼之性**、**原始生命力**) (demon) 是構成人性的一個基本元素、原型功能和自然驅力。因此，羅洛・梅認為，最壞與最好、快樂與痛苦、善良與邪惡、幸福與悲哀都是相互依賴、相互聯繫的。沒有這一極，另一極也就失去了意義。而這種辯證對立作用背後的力量是人類肯定、維護和增進其存在的生物驅力、願望、欲望或衝動。羅洛・梅把這些力量的混合稱為魔力，這種魔力把對立作用的雙重張力區分為建設性的和破壞性的。如果把它整合到人格中，就會使人具有創造力，但是，如果沒有整合或完全集中到一個極端，它就會支配人格，並以破壞性手段表現出來 (May, 1977)。

3. 強調人性中具有一種**內在惡** (inner evil)。羅洛・梅說：

> 我們每一個人在自身內部也懷有同樣野蠻的衝動會引向謀殺、酷刑和戰爭。
>
> 我們文化中的惡也是我們自身惡的反映。
>
> 不承認“惡”這本身證明就是“惡”；它使我們成爲站在破壞狂一邊的幫兇。
>
> 我並不是在預言人類的厄運。我是說，假如我們忽略了惡，我們將向厄運靠近，而惡的發展和勝利很可能成爲苦果。(林方等譯，1987，454～456 頁)

在羅洛・梅看來，不正視惡的問題是人本主義運動中最嚴重的錯誤。

4. 著重指出惡在人的建設性與破壞性兩種潛能的統一體中居於支配地

位。羅洛・梅說：

> 在我們的愛中，我們也受權力欲所驅策，也有洩憤和復仇的動機。當這種欲望受到壓抑時，它會以某種形式發洩出來——它的極端形式是暗殺，荒野上謀殺的心理病理折磨，以及我們熟知的那些本世紀的恐怖。(林方等譯，1987，454 頁)

羅洛・梅認為人性是既善既惡的。如果惡的一極 (例如憤怒、敵意和貪欲) 得不到否認，那麼對立的一極就會出現，使它保持平衡。在 80 年代末的一次公開論戰中，羅洛・梅和羅傑斯就惡的問題展開了辯論。羅洛・梅指出，這位受輔者中心治療家否認人性中惡的一極是一種自戀式的危險錯誤。拒絕公開承認內在的魔力也是破壞性的一個方面。一個人越是和這種魔力一致，其建設性方面出現得就越多。只有當我們能對付這種邪惡時，我們所說的善才是有力量的和令人信服的 (May, 1982)。

(二) 主要根據

1. 實驗根據 羅洛・梅曾經用兩個實驗來證實人性中存在破壞性的傾向：

實驗一：米爾格拉姆 (Milgram, 1969) 實驗，即公開徵得 40 名 20 至 50 歲各種職業的被試者 (每小時四美元)，向被試者說明實驗的目的是對玻璃隔斷後的“學習者”(實驗者的同伴所扮演的假被試者) 進行教授，辦法是在他做出錯誤的反應時給予逐漸加強的電擊 (包括弱、中等、強、特強、劇烈、極劇烈、危險和極危險等不同等級的電擊，其實電擊是假的，不能真正打到學習者)。但實驗的真實目的是要觀察，人在增強電壓以懲罰學習者失誤時能走多遠。儘管學習者做出符合電擊程度的緊張、焦慮、癔症的痛苦表情，但被試者看到學習者總是學不會 (故意的) 就繼續增強電擊。實驗結果令米爾格拉姆震驚，也使我們讀到這些數字者驚駭，竟有 60% 以上 (26 個被試者) 的人寧願使電壓上升到一個可怕的高度，他們應該知道這麼高伏特的電壓會使玻璃隔斷那邊的人受擊致死的。米爾格拉姆寫道，他的研究主要是習以為常的破壞過程，那是由一般人順從命令完成的。米爾格拉姆指出，他的實驗結果和卡利中尉一案審判中所揭露的現象是相似的，卡利中尉因其在越南戰爭中於美萊的所做所為而受審，當時美國士兵曾接受卡利中尉的命令使許多婦女、兒童和老人遭到血腥屠殺。

實驗二：菲利浦・欽巴多的斯坦福囚禁實驗，即欽巴多及其助手把他的心理學班上的學生分為看守和囚犯，讓他們在一座建築物的底層經歷一次為期兩週的監禁。試驗期間，他發現囚犯開始辱罵看守，看守也以罵回敬。不久，看守便用短棍毆打囚犯，且暴行越來越嚴重，使欽巴多又驚駭又懊惱，不得不在一週後便中止這次實驗。

羅洛・梅說，這些學生起初彼此並無特殊的仇恨。他們都是中等階層的人，就和一般人一樣，他們肯定也會符合未來人的範疇。但其具有破壞的能力，且無須很多煽惑就能變成現實中行動的惡。惡的可能性就在表面下潛伏著。菲利浦・欽巴多與米爾格拉姆一樣，也是一位著名的心理學家，他不過是想要找出人在破壞和自我控制方面的可能性 (林方，1987)。

2. 臨床根據　羅洛・梅通過對羅傑斯心理治療的研究，認為受輔者中心療法總地來說很好，但有一個明顯的疏忽，即在臨床中沒有 (或不能) 處理受輔者的憤怒、敵意、消極——即惡——等情感。羅洛・梅認為，在治療過程中，不能只追求醫師和患者過份的同一化，這樣不但會剝奪患者自己作為一個主體依靠自身的力量去取得經驗，而且會掩蓋醫師及時發現患者對自己的反對態度。羅洛・梅指出：

> 惡的某些方面——憤怒，對醫師的敵意、破壞性——是有必要在治療中引發出來。個人的自律不是靠迴避惡才出現的，而是靠直接面對惡。醫師有必要認識並承認他們自己的惡——敵意、侵犯、憤怒——假如他們想要觀察並接受患者中這些經驗的話。(林方等譯，1987，452 頁)

羅傑斯在同羅洛・梅關於人類本性的公開辯論中，承認當今世界中有多得令人難以置信的、破壞的、殘暴的、惡毒的行為——從戰爭的威脅到户外無意義的暴行——但他從未發現這種惡是人性所固有的。在有利於成長和選擇的心理氛圍中，他從未聽說有任何人選擇殘暴的或破壞的道路。羅傑斯反對倒果為因，把外在的文化惡與內在的心理惡相混同。他指出，文化的影響才是造成惡劣行為的主要因素。而且堅持認為假如人性包含一種內在惡的因素，我們就看不出怎麼會有建設性傾向了。

第三節　簡要評價

在我們比較全面而系統地了解，人本主義心理學人性觀的基本概念、基本理論和基本精神以後，自然就會提出如何評價人本主義心理學人性觀的問題。下面讓我們從總體上對人本主義心理學人性觀加以評價。

一、主要貢獻

在非人化的傳統主流心理學占統治地位的局面下，人本主義心理學高揚心理學研究人性的旗幟，大力建構樂觀積極的人性觀理論是西方心理學思想史上一項重大的變革，具有很大的進步意義。在這裏，我們將從歷史與現實的對比中闡述人本主義心理學人性觀的主要貢獻。

(一)　促使心理學回歸於人性的科學

本來，從古希臘蘇格拉底開始，關懷、研究和認識人類自己就成為古代西方心理學思想最中心的主題，並且把心理學界定為一門探究人性的學問。但是，心理學從哲學中分化出來以後，由於科學主義的影響，傳統主流的科學心理學長期陷入非人性的物化心理學的境地。

人本主義心理學家嚴厲抨擊西方心理學中第一勢力與第二勢力扭曲心理學的性質和對象，從機械決定論和本能決定論的不同層面走向還原論，把以研究人性為主旨的心理學蛻變為一門非人化的心理學。行為主義公然把人與動物等量齊觀，摒棄人所特有的心靈，以機械的、簡單化的 S-R 過程來解釋人的行為，這樣不僅將人的心理活動整個降低到化學和物理的層次，而且必然導致人的心理學退化為物化心理學。同樣，以弗洛伊德為代表的精神分析公然把健康人與病人等量齊觀，不研究健康人的心理特別是居於主導地位的意識活動，專門探究潛意識及其**性力** (或**慾力**、**力比多**) (libido)，逕直地用本能決定論來解釋人和社會的一切活動，這樣不僅將人的高級心理活動整個降低到低級生物層次，而且也將健康人心理學退化為殘疾心理學 (第三章

第五節)。

正如馬斯洛所指出的：

> 如果一個人只潛心研究精神錯亂者、神經症患者、心理變態者、罪犯、越規者和精神脆弱者，那麼他對人類的信心勢必越來越小，他會變得越來越“現實”，尺度越放越低，對人的指望也越來越小……因此對畸形的、發育不全的、不成熟的和不健康的人進行研究就只能產生畸形的心理學和哲學。這一點已經是日益明顯了。一個更普遍的心理科學應該建築在對自我實現的人的研究上。(呂明等譯，1987，14 頁)

基於上述的理念，人本主義心理學家獨闢蹊徑，高揚心理學研究人性的旗幟，使心理學在當代新的歷史條件下回歸於人性的科學。馬斯洛指出：

> 目前正在發生一次人的形象的改變。這是從關於深入人們骨髓的人類本質的哲學開始的，其餘一切便隨之而來……人本主義的和第三思潮的人的形象明白無誤地表明有史以來我們一直沒有給人類本性以足夠的評價；而這種人的形象的改變就其後果來説無疑是一場革命。它能夠改變也將要改變世界以及世界上的一切事物。我處於這麼一個歷史關頭，能做出一些貢獻，並能與羅傑斯、戈爾德斯坦、奧爾波特這樣的第三思潮思想家相處，感到十分榮幸。(呂明等譯，1987，14 頁)

綜上所述，人本主義心理學的重要貢獻就在於：它促使心理學在學科性質和研究對象上發生了一次重大變革，即心理學開始由自然科學向人文科學轉化、由非人性的物化心理學向人性心理學轉化。

(二) 建構樂觀積極的人性觀

固然，我們不能全盤肯定人本主義心理學的人性觀，但是以馬斯洛、羅傑斯和奧爾波特為代表的人性觀確實有其積極合理的因素。

1. 人本主義心理學強調人的需要是人性的集中表現　在馬斯洛看來，人性即具體表現為五種似本能的基本需要，它包括了人的生理的、心理的和社會的需要等全部內容。因為人的自然需要、社會需要和精神需要正是人的自然屬性、社會屬性和精神屬性的具體表現，人的具體需要的豐富多樣性也正是人性的豐富多樣性的表現。因此，人本主義心理學家把人的需要視為人的本性的觀點是正確的。

2. 人本主義心理學家提出對人性觀的哲學理解　他們注意把人性同社會文化、價值觀、人生觀聯繫起來，突出人的精神性和內在價值，堅持尊重和維護人的至高無上的地位。馬斯洛認為人性觀"是一種範圍極廣的世界觀和一套完整的人生哲學的一個側面"(許金聲等譯，1987，前言，2 頁)。在他看來，人本主義心理學既提供了一種新的人性觀，又闡發了其對人性哲學的理解。"這一觀點有助於解決和超越哲學中許多古老的矛盾，例如生物性同文化、天生與習得、主觀與客觀、獨特性與普遍性之間的矛盾"(許金聲等譯，1987，111 頁)。儘管馬斯洛尚未能解決這些矛盾，但是能提出有關人性的一些矛盾關係問題就是很有意義的。至於有的問題馬斯洛的理解是頗具辯證哲學的蘊味。他說："認識一個人自己的深邃本性同時也就是認識一般人性"(林方等譯，1987，1 頁)。顯然，這裏道出了殊相 (個別) 中有共相 (一般) 的哲學內涵。

最後，人本主義心理學人性觀揭示了積極進取、奮發向上、樂觀主義的人生觀。舒爾茨指出：

> 馬斯洛提供了一個關於人性的樂觀主義理論，指出了我們所有的人都有成長的能力。他的自我實現的人，是最好的人性的討人喜歡的肖像。(李文湉譯，1988，157～158 頁)

因為馬斯洛認為**自我實現**是一個人的內在本性和潛能最充分、最正常的外露、展現和發揮的狀態，是人性的完美狀態，因此自我實現是人類的終極價值。

馬斯洛鼓勵他的研究生把奮鬥目標定得很高。他會問他們準備寫出什麼樣的偉大著作，或完成什麼樣的偉大任務。這類問題往往會使學生們發窘，他們想迴避這樣的問題，但馬斯洛問道：

> 假如你打算做個心理學家，那麼是一個積極進取的心理學家呢，還是做一個消極被動的心理學家？是做一個好的心理學家呢，還是做一個差的心理學家？假如你不渴望寫出偉大的新的第一流作品來，那麼誰來寫呢？假如你故意偷懶，少花點力氣，那麼，我警告你，

你今後一生都會不幸。你將總是避開力所能及的事，避開自己有可能做到的事。(呂明等譯，1987，60 頁)

誠然，人本主義心理學家承認改造社會文化環境對人性發展的作用，但更強調主觀努力對個人成長的重要性。因此，人本主義心理學人性觀充滿著對人的尊重、信任和期望，它不僅有助於建構一種健康的、積極的心理學，而且還有助於促進人格的健康發展、激勵人的自我實現。

二、根本缺陷

誠然，人本主義心理學人性觀在反對傳統心理學的非人化傾向，促使心理學回歸於人性科學的道路上走出了重要的一步，取得了往往被人低估了的歷史性的貢獻。但是，由於人本主義心理學家哲學基礎的局限與人的科學發展的滯後，因而人本主義心理學人性觀還不是真正科學的人性觀，尚有根本性的缺陷。

(一) 將人性與人的本質相混淆

本來，人性和人的本質是兩個具有不同內涵的概念。一般來說，人性是指人區別於動物的屬性，包括人的自然屬性、社會屬性和精神屬性。可見，人的一般本性，或者說人類的共性屬於人性的內涵。而人的本質則是指人之所以為人而區別於其他動物的最根本的特徵，即人性的內在根據，或者說最根本的人性。因為人的本質是在人性中產生支配和決定作用的屬性，一方面能夠從根本上把人與其他一切事物加以區別，另一方面又規定和制約著人性的其他的發展趨勢和狀態，是制約和規定人性發展的內在依據和內部動力機制。因此，人性是人的屬性中能區別人和其他動物的主要特徵，例如思維、語言、情感 (道德感、美感)、意志活動等，而人的本質則只能是人在一定社會關係中具有使用自己製造的工具改造自然的能力，亦即生產勞動能力，或為人的實踐性和社會性的統一。所以，既不能簡單地把人性等同於人的本質，也不能把人性的任一層面看成是人的本質。

人本主義心理學的主要創建者馬斯洛，總是把“人性”和“人的本質”視為同一的概念。例如，他在論及人的內在本質時，認為應包括人的生理構造、生理的和社會的需要、心理能力和精神生活在內的全部屬性；在談到作為人格發展的內驅力的"人性"時，他認為人性具有表現為五種似本能的基本需要，它們同樣也包括了人的生理、心理和社會的需要等全部內容。

顯然，馬斯洛混淆了"人性"與"人的本質"兩個不同層次的概念。他一方面把人性與人的本質二者等量齊觀、混為一談，另一方面又用人性概念取代了人的本質概念的內涵。其結果必然既不能揭示人的真正本質，也不能揭示人的發展規律、趨勢和動力。

事實上，作為人性內容的解剖構造不能規定人發展的趨勢和狀態，也無法用它來說明在由遺傳因素規定的大致相同的"解剖構造"這一物質基礎上發展起來的人類個體卻會形成如此巨大的差別。正如馬克思所說，"搬運夫和哲學家之間的原始差別，要比家犬和獵犬之間的差別小得多"(馬恩選集，1956，1 卷，124 頁)。人在自然屬性上的差異是微不足道的，用它無法揭示人在社會和精神方面的無限豐富性及其在個體之間表現出來的巨大差異性。

(二)　存在先驗人性論的遺跡

誠然，人本主義心理學家反對本能決定論，重視社會文化環境在人性發展中的作用，但是他們並沒有徹底擺脱超越後天經驗的**先驗人性論** (transcendental human nature theory) 的羈絆。

1. 人本主義心理學家認爲人性是由某種先天固有的、人的族類特徵或潛能所構成　在馬斯洛看來，"一個人並不想成爲什麼：他本來就是如此這般"(許金聲等譯，1987，122 頁)。此即人性的發展是人內在的"族類特性"或"潛能"的展開、發揮和顯露。他宣稱，人的似本能的需要，歸根到底植根於"一種個人自己內在的生物性、動物性和種族性"(許金聲等譯，1987，111 頁)。

人本主義心理學人性觀這一理論支點的錯誤在於：

(1) **誇大人性中先天的遺傳基因作用，忽視後天社會環境對人性的決定作用**：在馬斯洛看來，人的需要諸如歸屬需要或自我實現需要等歸根到底是植根於人的生物性之上，由遺傳基因早已規定好的。顯然，人類成員的身份絕不僅僅是一個"基因問題"而單純由遺傳因素決定的。事實上人性是人的遺傳因素與社會環境共同作用的結果。這一點，人本主義心理學也承認，可以說是它比行為主義環境決定論和精神分析本能決定論更具合理之處。人性的似本能性並非馬斯洛將人的本性歸結為生物本能之中，相反地，正是他試圖將遺傳因素與社會環境、人本主義價值 (人性) 與科學 (實證) 雙向建構之邏輯論證中的一個重要支點。但是它有兩項缺陷：一是過份強調先天遺傳因素的作用而忽視後天社會環境對人性發展的決定作用；二是過份強調社會文化環境或精神環境的作用而忽視社會物質環境或社會關係對人性發展的第一位的決定作用。馬斯洛曾直截了當地說過，對所謂良好環境的理解，更應"强調精神和心理的力量，而不是物質和經濟的力量" (許金聲等譯，1987，311 頁)。

(2) **誇大了人性是先天族類特性的顯現，忽視了人性在社會實踐活動中的建構**：在馬斯洛看來，人性是人的內在固有本性或潛能的顯露、展現和發揮。事實上人性並不是一個單純的人的內部本性的顯露過程，而是一個人在社會實踐活動中的建構過程。所謂社會實踐性是指人不能脫離社會而單純依靠自然賦予自身的特性進行活動和生存。人類在勞動中形成和發展起來的全部社會關係，對人性的發展產生了兩種作用：一是社會性發展不斷地限制和縮小人的自然屬性發生作用的範圍和強度；二是人的社會性發展決定了人雖然不能脫離那些使他得以產生的天然條件，但卻在壓縮人自然屬性作用的過程中不斷形成嶄新的特性或成份。因此，人性既不是單純遺傳因素的作用，也不是人內在本性的自然顯露，而是在社會實踐活動中主客觀互動作用的結果。其中，人的實踐活動對人性的建構具有決定性的意義。

現在讓我們從馬斯洛對人性基本假定的內涵考察其人性觀的傾向。其假定共有八項，每項有兩極，兩極之間具有連續性，可同時並存，但有程度不同之分。見表 8-1。

從表 8-1 可看出馬斯洛人性觀的基本傾向：

① **自由－決定論**：馬斯洛認為人類根本上是自由的，具有自主性、選擇性、創造性和自我實現性。

② **理性－非理性**：馬斯洛雖承認人具有非理性行為，但認為人的行為大都由理性所控制，並堅信人能夠理性地實現其潛能。

③ **整體－分子**：馬斯洛以"人性的高度整體性質"為基本信條，並與行為主義和弗洛伊德精神分析學的分析－分解－原子論－牛頓式方法是水火

表 8-1　馬斯洛對人性基本假定的解析表

自　由	—	✓	—	—	—	—	—	—	—	—	—	決定論
理　性	—	✓	—	—	—	—	—	—	—	—	—	非理性
整　體	✓	—	—	—	—	—	—	—	—	—	—	分　子
體　質	—	—	—	✓	—	—	—	—	—	—	—	環　境
主　觀	✓	—	—	—	—	—	—	—	—	—	—	客　觀
前　攝	✓	—	—	—	—	—	—	—	—	—	—	倒　攝
心態平衡	—	—	—	—	—	—	—	—	—	✓	—	心態不平衡
可　知	—	—	—	—	—	—	—	—	—	—	✓	不可知

(採自 Hjelle & Zigler, 1976)

不相容的。

④ **體質－環境**：馬斯洛既反對環境決定論，也不贊成生物決定論，但由於生理需要源於**體質** (constitution)，故相對來說傾向於體質論。

⑤ **主觀－客觀**：馬斯洛基於存在主義哲學堅持主觀人性觀，認為自我實現中的“自我是植根於主觀的假說”，因此研究人的主觀經驗比可以觀察到的行為更為重要。

⑥ **前攝－倒攝**：馬斯洛反對任何形式的決定論，提倡前攝 (或內發、順攝) 的觀點。他認為，自我實現是發生於個人內部，而無須環境刺激的**前攝性需要 (或內發性需求)** (proactive need)，故人的行為是高度前攝的、內源的、主動的。

⑦ **心態平衡－心態不平衡**：馬斯洛認為人的基本匱乏性需要追求的是心態平衡，而人的高級成長需要 (或存在需要) 則基於心態不平衡，所以人類永遠在奮力拚搏以追求自我實現。

⑧ **可知－不可知**：馬斯洛認為，在傳統心理學中人是不可知的，他主張改革和重構心理學，以便對人性能有較為綜合性的理解 (Hjelle, & Zigler, 1976)。

馬斯洛雖然強調人的自由性、理性、整體性、主觀性、內發性、動態平衡性有一定的正面意義，但是他忽視決定論、客觀、環境、外源性、心態平衡的價值則是錯誤的。顯然，這也反映了馬斯洛先驗人性論 (見 389 頁)

和自然主義 (見 159 頁) 的傾向。

2. 馬斯洛和羅傑斯等大多數人本主義心理學家認爲，人的本性是善良的，至少是中性的，邪惡並非人性所固有，而是不良的環境所造成 但存在-人本主義心理學家羅洛・梅等則主張人性既善既惡論，認為人性中建設性傾向和破壞性傾向並存，其中“內在惡”居於支配地位。這兩種人性論的理論範式，也是先驗人性論的兩種典型表現。

值得注意的，人性是人的共性與個性、一般人性與具體人性的統一。所謂共同人性 (或一般人性)，指存在於一般人類之中，貫穿於人類歷史階段之上，使人根本區別於動物的特性，它與獸性、神性是相對的。所謂具體人性 (或人的個性)，指的是表現不同歷史階段的具體人性，表現人性之間的差別。共同人性與具體人性既有區別又有聯繫。一方面具體人性包含著一般人性，無人的個性即無人的共性；另一方面一般人性或共同人性又是一個抽象概念，它總是通過具體人性表現出來。脱離了一般人性的具體人性，和脱離了具體人性的一般人性，都是不存在的。作為人類的一員，人必須具有一般人性 (共性)；而作為某一具體歷史條件下的人，他又必須具有具體人性 (個性)。在各個歷史時代，人性都是變化的；在同一社會共同體中，人性也是有差異的。但是在這些變化和差異中，又總積澱、存在一些相對穩定的東西，把這些相對穩定的、內附於人類的屬性抽取出來，就是人的一般本性。因此，把人的共性和個性、一般人性和具體人性割裂或對立起來，只承認共同人性或只承認具體人性，都是片面的、不正確的。

人本主義心理學的人性本善論和人性既善既惡論的錯誤就在於：

(1) **以抽象的共同人性取代具體的獨特人性**：本來，人性既是人類的普遍範疇，又是人類的歷史範疇；共同人性並非獨立存在的，而是以具體人性為其存在和表現的。無論性善論或既善既惡論，都只肯定了共同人性的抽象存在，而否定具體人性的實際存在。

(2) **以先驗人性論取代人性的社會歷史決定論** (註 8-6)：本來，人沒有先驗的本性，也沒有先驗的善惡傾向。因為善與惡並不是人與生俱來的，而是後天逐漸獲得的最基本的道德範疇。究竟人性是朝著善的、有益於社會和

註 8-6：**社會歷史決定論** (socio-historical determinism)，是決定論的一種理論形式，承認一切人的活動具有社會歷史規律性、必然性和因果制約性。

自身的方向發展，還是朝著惡的、危害人類的方向發展，這既取決於他們所處的社會歷史條件及其所從事的具體社會實踐活動的特點，同時也取決於他們在主觀上對社會歷史規律的認識及其價值觀。無論性善論或既善既惡論，都是把人性視為預先規定好的某種先驗本質。這樣，人本主義心理學家就否定了處在具體社會歷史條件下和特定社會關係中的現實人性，而堅持那種超社會的、超歷史的、先驗的和抽象的人性論。

本章摘要

1. **人性觀**是人本主義心理學的理論基礎。它決定心理學研究的觀點，證據的收集和解釋，以及心理學理論的建構。人性觀居於人本主義心理學的核心地位。
2. 人本主義心理學人性觀的產生既有其社會歷史必然性，又有其思想歷史淵源。以馬斯洛和羅傑斯等人為代表的大多數人本主義心理學家所主張的**性善論**，可追溯到柏拉圖、歌德、盧梭的人性觀及文藝復興以來西歐**人道主義**傳統的影響。
3. 人本主義心理學人性觀的主要特點：(1) 反對把人物化或動物化，認為人性是人的內在本質，即人的獨特本體論存在狀態；(2) 反對行為主義的**反本能論**和精神分析的**本能論**，主張人性的基本性質是**似本能**；(3) 反對人性無善無惡論，基本上堅持人性本善說；(4) 反對人性的靜止不變論，提出人性成長、發展假說的**元理論**。
4. 人性的結構和內容，馬斯洛認為包括兩方面：(1) 解剖構造和機能，即由遺傳因素決定人的身體存在；(2) 人的精神性，即人最基本的需要、欲望以及心理能力，它是在遺傳因素的基礎上，在社會文化環境中發展起來的全部精神生活。後者是人性的一個規定性特徵。
5. **似本能**是指人類天生的但卻微弱的基本需要的本性，它極易被環境條件所改造。馬斯洛把似本能看作是人性的基本性質，並以它作為探尋人性科學基礎的一個理論基石。

6. **成長假設**是人本主義心理學人性觀的基本假設。認為人性具有自主性、前攝性 (或內發性)、選擇性、形成傾向和實現傾向的特點。人要想達到成長的最高目標，就必須充分發揮機能 (羅傑斯)，或機能自主 (奧爾波特)，自我實現 (馬斯洛)；必須具有自我覺知感、中心感 (羅洛·梅) 和本真的存在感 (布根塔爾)。
7. 奧爾波特提出一種人性的**元理論**。認為人性是人格各個側面的集合，並構成一個內在的、有獨特模式的機構。他強調健康人格和動機是一個永無止境的成長過程。並依其機能自主原則自我持續的、有動力的、有目的的、朝向未來的成長。
8. 馬斯洛同意羅傑斯關於人具有**積極成長傾向**的觀點，認為人的成長過程就是自我實現的過程。它既是由社會文化環境塑造的，又是由人自己決定的。與薩特的“主觀設計”的區別，在於他沒有完全否定決定論、必然性和人的實踐。
9. 羅傑斯堅持用成長和發展的觀點來描述人性，認為有方向的**形成傾向**是人的內在趨勢。主張對發展過程必須既用生物的又用非生物的觀點才能理解。認為一個充分發揮機能的人是和他自己的內在本性相聯繫的人，是一個相信和允許自己機體自由發揮機能的人，是一個能從所有的機體潛能中選擇真正最滿意潛能的人。
10. 羅洛·梅把人性看作一種**成長過程**，但不相信這一過程是類似於種子長成植物那樣的單維度機體成長。他認為，人生與成長是由於人所尋求的 (它應該成為的) 完善與人實際上的不完善這兩個極端之間的永久緊張造成。在這種情況下，平衡隱含著“人就是他的自由”。
11. 布根塔爾強調人性同時是覺知 (或意識) 也是選擇，它是一個正在覺知和選擇的流動過程。布根塔爾的正在形成中的人和馬斯洛的自我實現、羅傑斯的機體成長有很多共同之處，但不同的是缺乏他們那種**發生學**的含義。布根塔爾的“正在形成中的人”的自我實現是本真的一種產物，它自由地投身於選定的存在中心。
12. **人性本善論**是馬斯洛和羅傑斯等人提倡的一種人本主義心理學人性觀主導性的理論範式。認為人性中具有善良性、道德性、建設性、積極性、向上性、可信賴性的價值定向。其理論支柱為：(1) 從**潛能論**來看，人類有機體未來發展的潛在傾向是積極的；(2) 從**似本能論**來看，人的本性是好的、令人讚美的，沒有一絲一毫趨向邪惡行為的似本能傾向；(3) 從**實現論**來看，他們基本上都堅持人有成長和實現兩種傾向，決定人具有一種積極、進取和發展的良性驅力。

13. **人性既善既惡論**是羅洛・梅等人所倡導的一種存在-人本主義心理學人性觀的理論範式。此一理論認為人性中建設性和破壞性兩種傾向並存，而內在惡則在其中居於支配地位。其主要根據：(1) 實驗根據，以米爾格拉姆的服從實驗、菲利浦・欽巴多的斯坦福"囚禁"實驗為支持；(2) 臨床根據，以羅傑斯等人心理治療中未重視受輔者的惡性情感的負面經驗為支持。

14. 馬斯洛對西方心理學中**性惡論**做了猛烈抨擊，並指出性惡論給心理學和社會科學研究帶來了很大的危害。如將人性與獸性相混同，忽視人類高尚的心理境界，否定人性和人格乃至社會改善的可能性等等。羅傑斯堅決反對羅洛・梅倒果為因，把外在環境的文化惡與人的內在心理惡相混同，明確指出文化的影響才是造成惡劣行為的主要因素。

15. 人本主義心理學人性觀的主要貢獻：(1) 高揚心理學研究人性的旗幟，使心理學在當代歷史條件下回歸於人性的科學；(2) 建構積極樂觀的人性觀，激勵人健康成長、奮發進取、自我實現。其根本缺陷：(1) 把人性與人的本質混為一談，並用人性概念取代人的本質概念的內涵；(2) 以抽象的共同人性取代具體的獨特人性，具有先驗人性論的傾向。

建議參考資料

1. 戈布爾 (呂明等譯，1987)：第三思潮：馬斯洛心理學。上海市：上海譯文出版社。

2. 車文博 (1996)：西方心理學史。臺北市：東華書局 (繁體字版)。杭州市：浙江教育出版社 (1998) (簡體字版)。

3. 林　方 (主編) (1987)：人的潛能和價值。北京市：華夏出版社。

4. 林　方 (1989)：心靈的困惑與自救——心理學的價值理論。瀋陽市：遼寧人民出版社。

5. 柯永河 (1982)：人性的園丁——羅嘉思。臺北市：允晨文化公司。

6. 馬斯洛 (許金聲等譯，1987)：動機與人格。北京市：華夏出版社。

7. 馬斯洛 (林方譯，1987)：人性能達的境界。昆明市：雲南人民出版社。

8. 馬斯洛 (李文湉譯，1987)：存在心理學探索。昆明市：雲南人民出版社。

9. 舒爾茨 (李文湉譯，1988)：成長心理學。北京市：三聯書店。

10. 馮　川 (主編) (1996)：羅洛・梅文集。北京市：中國言實出版社。

11. DeCarvalho, R. J. (1991). *The founders of humanistic psychology*. New York: Praeger.

12. Shaffer, J. B. P. (1978). *Humanistic psychology*. Englewood Cliffs, New York: Prentice-Hall.

13. Tageson, C. W. (1982). *Humanistic psychology: A synthesis*. Homewood, Ill: Dorsey.

14. Viney, W. (1993). *A history of psychology: Ideas and context*. Boston: Allyn & Bacon.

第九章

人本主義心理學的價值觀

本章內容細目

價值觀是人本主義心理學人性觀的核心，也是人本主義心理學的重要組成部分。

在正式闡述本章內容之前，我們先考察一下價值和價值觀這兩個概念的內涵。一般來說，**價值** (value) 是指客體對主體的意義。它與善、好、可取、值得、應當等概念具有共同意義。價值是在客體屬性與主體的選擇發生肯定性關係中生成。主體需要是價值尺度和主客體價值關係的核心。實踐是價值形成的現實基礎。在實踐中，通過主體對客體進行合乎目的性的改造才能在主客體之間建立起現實的價值關係。人的需要是多方面的、多層次的，它決定了價值的多樣性與複雜性。如社會價值與自我價值，物質價值、精神價值與綜合價值，內在價值、內化價值與外塑價值等等。作為社會與自我統一的人的價值是主體性價值，是創造一切價值的價值，是最高價值。而**價值觀** (values) 則為英文這個詞的複數，指人對價值的種種看法、觀念，是價值的觀點體系，亦即理論化、系統化的評價意識。在心理學中價值或價值觀是比**態度** (attitude)、**信念** (belief) 更廣泛的概念，通常指人生的理想或生活的意義。它是**世界觀** (world outlook) 和**人生觀** (human life outlook) 的重要內容，為人生提供理想、信念和價值導向。隨著時代的變遷，社會實踐活動的不同，人們往往具有不同的價值觀。

人本主義反對精神分析關於認同父母教誨的內化價值觀，和行為主義關於環境影響下形成的外塑價值觀，崇尚人性決定的個體內在價值觀。學習和研究人本主義心理學的價值觀不僅有助於深入理解和把握人本主義心理學的理論基礎與基本精神，而且還有助於瞭解傳統心理學不研究價值的弊端、當代心理學的覺醒和未來心理學的走向。本章內容旨在闡述下述六個問題：

1. 價值觀在人本主義心理學中的地位。
2. 人本主義心理學價值觀的本質及其主要特點。
3. 馬斯洛和羅傑斯的自然主義價值觀。
4. 奧爾波特的現象學價值觀略評。
5. 羅洛・梅的存在主義價值觀。
6. 從總體上評價人本主義心理學的價值觀。

第一節　價值觀概述

在開始研究人本主義心理學價值觀時，人們自然要提出這樣的問題：什麼是人本主義心理學的價值觀？它的結構包括哪些因素？人本主義心理學價值觀與精神分析、行為主義價值觀有哪些區別？在這裏，我們將分別闡述人本主義心理學價值觀的本質、結構和主要特點及其意義。

一、價值觀的內涵及構成

人本主義心理學家把價值觀視為一個人生哲學的範疇，認為它是給人的生活以意義 (meaning) 與目的 (purpose) 的一種理解系統或定向框架。

在人本主義心理學家看來，價值觀的結構主要有五個要素：

1. 內在本眞性　人本主義心理學家認為，價值觀是人類本性中的一種真實存在，即價值與人性具有同一性。在布根塔爾看來，人的生命中首要價值在於，"與世界的真實狀況協調一致地、並作爲世界的一部分而生活著" (Bugental, 1965, p.14)，這種價值叫做**本真**："在我們與存在的整體 (即世界) 融爲一體的限度內，我們就是本真的" (Bugental, 1965, p.33)。人本主義心理學家把人的本真價值同人的內在本性緊密地聯結在一起。這就是說，一方面，價值觀是人性整合的一部分，理解人類本性的基礎；另一方面，人性觀是價值的母體，人性是最重要的價值觀。馬斯洛指出："對人或人的本性作全面的定義必須包括內在價值在內，也就是說，要把內在價值作爲人的本性的一部分" (林方，1987，218頁)。因此，在人本主義心理學家看來，"一個闡述良好的人性觀是科學，特別是心理學中最重要的價值觀" (DeCarvalho, 1991, p.97)。

2. 意義傾向性　人本主義心理學家認為，價值是指導個人動機的主觀意義和傾向。因為"人類是意義定向的創造物，價值是所有意義的基礎，對意義的尋求是認識論和科學的核心問題" (Royce & Mos, 1981, p. xvii)。彪勒曾經指出：

> 意義指的是一種生活體驗的特殊內容，也是許多人生活中的重要因素。它使生活變得豐富、充實，更有價值。沒有意義的生活讓人感到沒有價值和空虛。弗蘭克爾把這種感受稱作存在的本真。意義似乎是人類存在中的關鍵因素。(陳寶鎧譯，1990，70 頁)

可見，他們把價值觀視為指導個人行為的主觀的意義與傾向系統。

3. 主觀選擇性 人本主義心理學家認為，價值具有兩極性的特徵，表現為有正價值與負價值。如有善與惡、好與壞、美與醜等等。因此，人們對於有價值的事物既不能採取漠不關心的態度，也不能堅持中立的態度，總要表現出喜歡或不喜歡、追求或逃避，兩者之中選擇其一。所以，價值觀並不是理論推測的產物，而是投身於自我選定的價值中心過程中做出的主觀選擇 (May, 1977)。

4. 自我評定性 人本主義心理學家認為，價值觀是“與自我有關而被感受到的意義”(Allport, 1968, p.164)，即意識幫助個體在自己內部找到的一種價值體系。價值觀是根據個人自己內心的尺度來評價的。人本主義心理學家把價值作為自我評價的結果來理解，認為價值觀並非獨立於評價過程和個人的選擇之外，它存在的只是對一個人投身於其中的重要事物的評價。

5. 自由與限定性 人本主義心理學家認為，價值觀既是人的自由選擇的產物，又是對人的文化及心理組成的決定論現實的反應。羅洛・梅認為，自由是我們評價能力最基本的前提條件。它是一切價值觀的根源，因為評價過程要依賴於自由。但羅洛・梅又承認，人是不可能完全擺脱**生命決定論** (life-determinism) 力量的。誰也不能擺脱他們身體的限定，或組成他們的心理及文化等的歷史現實的限定 (May, 1981)。

二、價值觀的特點

價值是人的本質力量在物上對象化的結果，而價值觀是滲透在精神文化和物質產品之中，因此作為人的精神科學的心理學是不可能迴避價值和價值觀的問題的。就這個意義上説，西方心理學無論堅持人本主義傳統，還是堅持科學主義傳統，他們都有特定的價值導向。在人本主義心理學以前，主要有兩種價值理論：(1) **內化價值觀** (internalization values)，是心理學第二勢力精神分析的價值觀，弗洛伊德認為，遵從快樂原則的**本我** (id) 和遵從現實原則的**自我** (ego) 都是非道德的，而遵從至善原則具有道德意義的**超我** (super-ego) 則是社會價值經由父母、教師和社會教育渠道內化的結果。由於家庭和學校的教誨或社會的規範都來自久遠的文化傳統，因而超我實質上就是種族價值傳統的內化。從價值觀的形成來看，弗洛伊德的價值理論是一種外因內化論。(2) **外塑價值觀** (external-shaping values)，是心理學第一勢力行為主義的價值觀，斯肯納 (見 27 頁) 認為，人的行為是社會選擇強化作用塑造形成的，社會文化生存競爭的價值決定人的行為取向。這就是說，人類的進化已進入文化生存競爭的階段，社會通過強化作用選擇符合社會價值的行為，淘汰違背社會價值的行為，以達到文化競爭場上的勝利。可見，斯肯納以達爾文 (Charles Darwin, 1809～1882) 的社會褒貶說為基礎的價值理論是一種外因決定論。

人本主義心理學價值觀的主要特點：

1. 反對價值中立說和無關說，既把價值視為人性的基礎和重要組成部分，又把價值觀看作心理學迫在眉睫的研究任務。

2. 反對精神分析的內化價值觀和行為主義的外塑價值觀，主張**內在價值觀** (intrinsic values)，認為價值觀植根於人性之中，即人性內部存在最高價值。

3. 人本主義心理學價值觀的理論框架，包括馬斯洛和羅傑斯的自然主義價值觀 (參見第三、四章)，奧爾波特的現象學價值觀 (參見第二章)，羅洛・梅的存在主義價值觀 (參見第五章) 三種形式。

4. 人本主義心理學價值觀的實質，主要是崇尚人的個體價值，即認為人所獨有的價值源泉在個體之中，包括個人成長的價值、自我實現的價值和回歸本真的價值。

三、價值觀的意義

1. 價值觀是人格組織的基礎　人本主義心理學家認為，價值觀在描述人的成長過程時具有重要的嚮導意義。每一個人必須有一種選擇或一套價值觀。奧爾波特指出，價值觀是人的未來定向的主觀意義和傾向。每當某件事情使人感到有意義時，他就會體驗到價值。價值觀是個人的一件“重大事情”(matter of importance)，但是它不同於一般事實之類的事情。因此，價值觀是目標 (goal)、情操 (sentiment)、希望 (hope)、態度 (attitude)、習性 (habit) 和官能 (faculty)，它們是人格結構的主要成份，給人以獨特性。它通過選擇個體對世界的知覺，向個體提供一種“普遍的良心”感，從而促進了健康個體的發展。這種良心指的是那些正確和需要的東西，以及影響行為和決策的東西，因此，價值觀在人的成長過程中起著關鍵性的作用 (Allport, 1955)。奧爾波特強調，既然價值觀是個人說明未來的一種傾向，那麼價值觀也就構成了一種對人格的進一步成長具有決定性影響的結構 (Allport, 1955)。馬斯洛也指出：

> 個人的價值觀念、目的和目標、意圖和計畫對於理解任何的人，甚至對於科學、預測和控制的人文目標，都是極爲重要的。(林方譯，1987，10 頁)

> 因此，我們需要一種有效的、有益的人類價值體系，這種體系是我們可以信仰的，並能夠爲它而獻身。(李文湉譯，1987，187 頁)

這是真理，是一種以經驗為基礎的世界觀。馬斯洛要求人們把自我實現視為人生的“最高價值”。他說：

> 沒有價值體系的狀態就是一種心理病態。人類需要一種生活哲學、宗教或一種價值體系，就像他們需要陽光、鈣和愛情一樣。沒有價值體系的人往往感情衝動，並持有虛無的、懷疑一切的態度。也就是說他的生活是毫無意義的。(呂明等譯，1987，103 頁)

2. 價值觀是人的心理健康的重要標準 人本主義心理學家認為，必須在人身上植入價值觀的營養藥。在馬斯洛看來，人的價值如愛、安全、尊重等人性中的似本能規定性 (見第八章第一節)，它們不是抽象的，而是人本身像骨骼和血管一樣，不可缺少的部分，就像人體對維生素 D 的需要一樣，假如你從食譜中排除所有的維生素 D，你將生病；而如果你剝奪了對孩子的愛，就會殺死他們。真理的剝奪會導致人的妄想狂；而美的剝奪，則使人抑鬱不安，甚至引起他們的頭痛、生理機制失調，這種超越性病態是由於一種存在價值被剝奪而引起的疾病（林方譯，1987）。

人本主義心理學家把無價值感看作是一種病態，並強調應當幫助他們形成道德觀。例如，心理學、教育和心理治療的任務不是發佈命令，而是促進人們發現自己內部的價值觀和闡述一種人生哲學。在他們看來，自我實現的人和機能充分發揮作用的人，均表現了普遍內在的人性價值觀，這些價值觀會導致心理健康。因此，這些價值觀應該成為那些不太幸運的人們的指導性的行為準則。

第二節　價值觀的理論架構

人本主義心理學的價值觀本質上是存在主義的。但各個人本主義心理學家對價值觀又有不同的理論表現形態，如馬斯洛和羅傑斯倡導自然主義價值觀，羅洛・梅和布根塔爾直接宣揚存在主義價值觀，奧爾波特則主張現象學價值觀。

一、自然主義價值觀

自然主義價值觀是馬斯洛和羅傑斯所倡導的一種人本主義心理學價值觀的理論架構。他們認為，人有高於一般動物的心理潛能，包括對真善美和公正等的價值追求，這種價值追求受人內在固有的動力支配，因而稱為**自然主義價值觀** (naturalistic values) 或**內在價值觀**。由於馬斯洛認為人性“本能”內核包含著趨向實現的潛能，羅傑斯認為人類有機體有一種朝向完善內在潛能的實現傾向，故又稱**自我實現價值觀** (self-actualization values)。

自然主義價值觀的基本出發點，認為：

> 不僅人是自然的一部分，自然是人的一部分，而且人必須至少和自然有最低限度的同型（和自然相似）才能在自然中生長。自然已使

> 人演化形成。人和超越人的東西的溝通因而無須說成是非自然的或超自然的。
>
> 人不能和非人的自然全然矛盾。他和自然不能完全不同，不然，他現在就不會存在。(林方譯，1987，329 頁)

基於這一觀點，馬斯洛、羅傑斯等人認為，人類最高的價值、精神生活和抱負就在“自然界”之中。

人本主義者總是企圖建立一個自然主義的、心理的價值體系，並試圖從人自己的本性中衍生出價值體系，而不必求助於人自身之外的權威 (李文湉譯，1987)。在他們看來，引導人類行動的價值必須在人和自然實在自身的本性中去尋求。不僅價值的所在是自然的，而且發現這些價值的程序也是自然的。

馬斯洛和羅傑斯在成長假設的基礎上提出了自然主義的價值觀。在他們看來，人本主義心理學人性觀的基石及其對價值觀的自然主義理解就是成長假設。現將其自然主義價值觀的主要觀點和論證概括如下：

1. 人性成長中的潛能是價值的內在的自然基礎　潛能決定價值，價值的實現則是潛能的發揮。人有高於一般動物的多種潛能，故人也有高於一般動物的多種價值。由此觀之，能量需要釋放，潛能需要發揮，價值需要實現，這是人的成長的自然傾向。

2. 人的本性是好的　人的本性是好的，至少是中性的；惡是衍生的，是人的基本需要受挫引起的。

3. 高級需要比低級需要有更大的價值　人的需要有層次結構，動機也有高低的層次。高級動機的出現有賴於低級需要 (基本需要、匱乏需要或 D 需要) 的滿足，但只有高級需要 (成長需要、存在需要或 B 需要) 的滿足才能產生更令人滿意的主觀效果，或更深刻的幸福感和豐富感。高級需要要比低級需要有更大的價值。但高級的精神或價值生活和低級的肉體或物質生活處於同一連續系統中。也就是說，精神生活是我們生物生活最高的一部分，但仍屬它的一部分。

4. 人的自我滿足在高層次上應當和利他主義一致　高級需要包括愛的需要或社會需要，需要層次越高，愛的趨同範圍就越廣，受愛的趨同作用影響的人數就越多，因此，人的自我滿足在高層次上應當和利他主義 (註 9-1) 是一致的。馬斯洛認為，**存在愛** (見 135 頁註 3-1) 是比較獨立的、更多自主的、較少嫉妒和威脅的、較少需要的，是更個別的、更無私心的，但同時又是更渴望幫助別人自我實現的、更為別人的成就而感到高興的，是更利他的、更慷慨的、更培育人的。

5. 創造潛能的發揮是人生價值追求的最高目標　創造潛能的發揮是人的最高需要，是人生價值追求的最高目標，這一目標的實現稱為**自我實現**。在馬斯洛看來，自我實現的創造性首先是人格，而不是成就。就是說，它不像一般人那樣強調其解決問題或製造產品的性質，而是突出創造性本身就是表現和存在，把"成就"視為人格實現的副產品。所以，自我實現的創造性就不是去製造某種東西，而是能夠充分地表現自身的本真存在 (林方，1987)。這樣，自我實現的創造性就像陽光普照一樣，散發和放射到整個人的生活中去，這是一種**內投** (或**內攝**) (introjection)，人將自我真正存在的價值"擴展到世界所包含的各個方面，從而，自我與非自我 (外部世界、他人) 之間的分離就能超越"(林方，1987，216 頁)。人在自我實現中既創造了人的自身又創造了人的世界，因而人的自我實現也是世界的實現。

6. 自我實現是一種高峰體驗　自我實現或創造潛能的發揮本身就是獎賞，它是一種"高峰體驗"，是一種極度歡樂狀態。如果我們能用高峰體驗中的那種人性最高境界去努力度過人生中每一時刻，人生就將是美好的，那個本來應該屬於我們自己的本真的存在價值就能實現出來。

7. 健康人有自發追求潛能價值實現的內在傾向　健康人有自發追求潛能價值實現的內在傾向，並有以此為依據的自我評價能力。這使人在困境面前能夠保持主動和自由。喪失自我評價能力就會導致病態。

8. 高級需要或創造潛能較低級需要微弱　不論低級需要或高級需要或創造潛能都是人的機體構成的作用，但高級需要和創造潛能較低級需要 (生理潛能) 微弱。它是一種似本能的微弱衝動，不像動物本能那樣牢固，因此，有賴於後天的學習和培養，才能得到充分的發展。

9. 潛能和價值與社會環境的關係是一種內因與外因的關係　人的

註 9-1：**利他主義** (**或利人主義**) (altruism)，與利己主義相對，指以增進他人福利為自身行為標準的人生觀點或態度。其思想行為有兩條原則：(1) 視利人重於利己；(2) 犧牲自己利於他人。

潛能和價值與社會環境的關係是一種內因與外因的關係。潛能是主導因素，環境是限制或促進潛能發展的條件。環境的作用歸根到底在於容許人或幫助人實現他自己的潛能，而不是實現環境的潛能。因此，對自身潛能和價值的自知或"自我意識"具有重要的意義，它有助於克服自身的弱點，進行自我改善，使自己的道德意識變得更堅強。本真、自由、自主、選擇和自我決定(而不是適應) 是人本主義心理學道德觀的基調。

10. 人的潛能和社會價值並無本質矛盾　人的需要的等級越高，必然也越少自私，最容易忘記自我和超越自我，創造潛能的發揮具有最高的社會價值。只有充分實現全部潛能或人性全部價值的人，才能成為自由的、健康的、無畏的人，才能在社會中充分發揮作用。理想社會的主要職能在於促進人的潛能的發揮。

以上對自然主義價值觀或內在價值觀的總體做了全景式的闡述。在馬斯洛看來，人的內在價值有兩種：一種是低級價值，指由基本需要或匱乏需要構成的生存價值，作為人性的一部分；另一種則是高級價值，指超越性需要的終極價值，作為人性本質的一部分、自我規定性和同一性的根本特徵。誠然，存在價值與生存價值都具有似本能性，屬於人的內在本性固有的價值，但兩者又有明顯的區別。因此，要想深入瞭解內在價值觀，還必須進一步研究馬斯洛的存在價值論。

存在價值 (being value) 的主要特點：

1. 價值的超越性　指存在價值不是由基本需要所激勵，而是由超越基本需要的需要 (成長需要或 B 需要) 所激勵。

2. 價值的抽象性　指存在價值不是由具體事物構成的物質價值，而是由抽象和概括生成的精神價值。如真理、美、新穎、獨特、公正、嚴密、簡潔、善、乾淨、效率、愛、誠實、單純、改善、秩序、文雅、成長、清潔、真確、寧靜、和平等等。

3. 價值的高級性　指存在價值不停留於基本需要的滿足，而是執著於"絕大多數人的生活意義"、"最高快樂或幸福"的追求。馬斯洛把這種高級的價值追求稱之為**超越性歡樂主義** (meta-hedonism)。

4. 價值的對象性　指存在價值不像生存價值那樣被所有人所期待，而被更健康和更成熟的人、年長的人、更堅強和更獨立的人、更有勇氣的人、更有教養的人所喜愛。

5. 價值的系統性　指存在價值不是一堆互相分離的枝條，而是一塊寶石的不同側面。獻身於真理的科學家和獻身於公正的律師兩者都是獻身於同一使命。他們每一位都已經發現，一般價值中最適合他的那一側面就是在他的終身事業中所奉獻的那一面。

馬斯洛認為，存在價值是自我實現者的人格特徵，是人類本質真正的理想存在狀態，是人性所能達到的最高境界。馬斯洛在《人性能達的境界》(1971) 一書中把人的存在價值概括為下述 14 種：

(1) **真**：誠實；真實；坦率；純真；豐富；本質；應該；美；純潔無瑕。

(2) **善**：正直；合意；應該；公正；仁慈；誠實。

(3) **美**：正直；形態勻稱；生機蓬勃；豐富；完整；完善；完全；獨特；誠實。

(4) **完整**：統一；整合；傾向單一；相互聯結；單純；組織；結構；秩序，不分離；協同；同法則和相結合的傾向。

(4a) **二歧超越**：接納；堅決；二歧、兩極、對立面、矛盾的整合或超越；協同 (即對立轉化為統一，對抗者轉化為相互合作或相互增益的夥伴)。

(5) **活躍**：過程；不死氣沈沈；自發；自我調整；充分運轉；變化但不失本真；表現自身。

(6) **獨特**：特有的風格；個人的特徵；不可比較；新穎；可感受到的特性；就是那樣；不像任何別的東西。

(7) **完善**：沒有多餘的；不缺少任何東西；一切都在合適的位置上，無須改善；恰當；正是如此；適宜；正當；完全；無可超越；應該。

(7a) **必然**：不可免；必須正像那樣；任何一丁點也不要改變；那樣就很好。

(8) **完成**：完結；終局；合法；事情已經完成；完形不再改變；目的實現；終點和末端；沒有缺失；全體；命運的實現；終止；頂點；圓滿封閉；新生前的死；成長和發展的終止和完成。

(9) **公道**：公平；應該；適宜；成體系的性質；不偏袒；不可免；無偏

私；必需。

(9a) **秩序**：合法則；正確；沒有多餘的東西；完善安排。

(10) **純真**：忠實；坦率；本質；抽象；無誤；基本骨架結構；問題的中心；不拐彎抹角；僅僅必需的東西；無修飾；沒有多餘的東西。

(11) **豐富**：分化；複雜；錯綜；全體；無缺失或隱藏；都在眼前；無所謂重要或不重要，即一切都同等重要；沒有什麼是不重要的；一切順其自然，無須改善、簡化、抽象、重新安排。

(12) **輕鬆自如**：自如；不緊張，不力爭，或無困難；優雅；完美的運轉。

(13) **興致勃勃**：玩笑；歡樂；有趣；高興；幽默；生氣勃勃；不費力。

(14) **自我滿足**：自主；獨立；除自身以外不需要任何別的東西；自我決定；超越環境；分立；依據自己的法則生活；同一性。(林方譯，1987)

馬斯洛認為，這些作為內在價值高層次的存在價值既不是彼此分離的，也不是互相排斥的，而是相互重疊或混合在一起的，是人的本真存在的各個側面。例如，真必須是完善、美的、內容豐富的，而美則應該是善的、真的和內容豐富的，等等。

為了說明存在價值對人的重要意義，馬斯洛把存在價值及其被剝奪後的致病結果與相對應的超越性病態 (註 9-2) 列表予以對照 (表 9-1)。

存在價值既是人本主義心理學內在價值觀的核心，又是馬斯洛構建人本主義心理學理論的真諦。

從理論層面來說，存在價值論具有重要意義。主要表現在：(1) 存在價值構成了自我實現者、高峰體驗自我特徵的靈魂與統帥。在馬斯洛看來，自我實現者蘊含著 15 種存在價值，並具有自我超越、關懷他人、富於高峰體驗、存在愛、創造力和新鮮認知等特性。他們處於高峰體驗時自我臻於完美狀態，並能覺知到世界是一個處處洋溢存在價值的世界。(2) 存在價值規定了心理治療的最高目標。許多心理學派均把達到至人、真人、自我實現、

註 9-2：**超越性病態** (metamorbidity; metapathology) 指存在動機不能得到適當表現而產生的心理紊亂，亦即人性缺憾、存在價值與人生意義喪失而造成的心理變態。此處指出 15 種超越性病態的表現。馬斯洛在前面闡述存在價值時只講了 14 種，此處又補充第 15 種“富有意義”一項，與其相對應的病態則是“無意義”。

表 9-1 存在價值和超越性病態對照表

存在價值	能致病的剝奪	對應的超越性病態
1. 真	不誠實	無信念；不信任；犬儒；懷疑主義；猜忌。
2. 善	惡	極端自私；仇恨；排斥；厭惡；只依靠自己，只為己；虛無主義；犬儒主義。
3. 美	醜	俗氣；特定的不愉快；喪失情趣；緊張；疲倦；市儈氣；蒼白。
4. 完整	混亂；原子論；喪失內部的聯繫狀態。	解體；世界正在"崩潰"；專斷。
4a. 二歧超越	非白即黑；喪失梯度或程度感；強制的極化；強制的抉擇。	非此即彼的思維；看什麼都是一場決鬥或戰爭或衝突；低動作；簡單化的生活觀。
5. 活躍	死氣沈沈；生活機械化。	死氣沈沈；機器人化；完全被動感；運動的喪失；厭倦；喪失生活熱情；經驗空虛。
6. 獨特	千篇一律，可以互換。	喪失自我感、個性感；覺得自己可以和他人互換，無個性特徵，覺得沒有人需要他。
7. 完善	有缺陷；草率；低劣手藝，濫竽充數。	沮喪（？）；失望；無所事事。
7a. 必然	偶因論；不一致。	混亂；不可預測；不安全；警戒。
8. 完成	未完成	永遠的未完成感；無指望；中止努力和競爭；試也無用。
9. 公道	不公正	無保障；憤怒；犬儒主義；不信任；無法無天；混亂的世界觀；極端自私。
9a. 秩序	無規律；混亂；權威破產。	不牢靠；疲憊；喪失安全感；不可預測；有必要警戒，驚醒，緊張，戒備森嚴。
10. 純真	混亂的複雜；不連貫；瓦解。	過於複雜；混淆不清；迷惑，衝突，失去方向。
11. 豐富	貧乏；極端。	沮喪；不自在；對世界不感興趣。
12. 輕鬆自如	吃力	疲勞；緊張；笨拙；粗野；僵硬。
13. 興致勃勃	幽默喪失	冷酷；沮喪；抑鬱寡歡；喪失生活熱情；喪失享受能力。
14. 自我滿足	機遇；偶然；偶因論。	依賴於觀察者；依賴成為責任。
15. 富有意義	無意義	無意義；失望；生活乏味。

(採自 林方譯，1987，313～314 頁)

個性化人格等理想視為心理治療的終極目標。其實這些理想人格均具有某些或全部存在價值，如誠實 (1)、善行 (2)、整合 (4)、自發 (6)、完善 (7) (8)、純真 (10)、豐富 (11)、優雅 (12)、歡娛 (13)、自足 (14)。

從實踐層面來講，存在價值論也具有重要意義。馬斯洛認為，存在價值也是人文教育、科學、藝術、宗教等追求的鵠的。事實表明，一個人的心理越健康，越有勇氣、自信心、精力和能力，就越喜愛和追求存在價值。同樣地，以存在價值為標準來評價著作、小說、詩歌、音樂、舞蹈，就會發現優秀作品必然趨近或富於存在價值。

二、現象學價值觀

現象學價值觀 (phenomenological values)，或**現象學價值圖式** (phenomenological schemata of value) 是奧爾波特所倡導的一種人本主義心理學價值觀的理論架構。

奧爾波特對價值觀圖式做了現象學觀察，並認為價值觀是人格組織的基礎，作為個人未來走向的主觀意義和傾向，指導人成長為一個機能自主的歷程。在奧爾波特看來，人格有一個**自我** (ego)，這個自我按著它的**意向** (intention) 參與了有機體的組織和那些影響其命運的事情。他將這種指導人格的意向命名為**價值圖式** (schemata of value)。他指出，心理學的一個重要任務就是研究個體獨特的價值圖式的普遍性，然後用這種具有普遍性的價值圖式來理解人格和指導人生歷程。奧爾波特把這種理解人格的方式稱為現象學價值圖式 (Allport, 1961)。

奧爾波特以現象學為基礎建構了他的現象學價值觀。現將其主要觀點和論證概括如下：

1. 人性觀是最重要的價值觀，是建立任何心理學的關鍵。

2. 把價值觀定義為“與自我有關而被感受到的意義”，即個人的主觀意義和傾向，具有指導人類動機的作用。他認為，意向性對人格的獨特性和成長為一個機能自主過程負責。奧爾波特把這種對人格的理解稱為現象學的價值觀。

3. 價值圖式是目標、情操、希望、態度、習性和官能，它們既是個人説明未來的一種傾向，又是人格的主要成份和構成人格成長具有決定性影響的結構。

4. 人類動機和未來主義者所持的價值觀的目的性有關。非病理性的人類動機和價值觀是具有未來傾向的，而不是停留於過去傾向的。因為健康的人是內發的、自主的、易變的和有選擇傾向的。驅使他們的價值觀，雖然植根於過去，但卻不依賴其根源，而且是有未來傾向的。相反，當動機及其潛在的價值觀是無意識的、持續的、本能的和有過去傾向時，個體便是有神經症的。

5. 雖然價值觀指導人格的發展，但在任何習得的動機系統中包含的價值觀和有關的張力 (或緊張) (tension) 卻是機能自主的 (見第二章第三節)，它產生於祖先的價值觀。例如，在非病態人格中，成人的動機不同於他們從中發展而來的兒童動機。他們所指導的價值觀和成長過程是機能自主的。奧爾波特認為人格結構中一些高級心理過程，如興趣、愛好、態度和生活方式等都可以用機能自主原理來解釋。例如，學生聽一門課起初可能很勉強，但後來會逐漸對它發生興趣，甚至成為他終生的主要興趣。價值觀和生活方式也可能通過早期的訓練由勉強而發展成為機能自主。這一類高級心理過程的發展能變成人格結構自我統一的核心。這種積極主動的價值觀，顯然同精神分析那種主張單純減少緊張而獲得體內平衡的消極動機理論和價值觀是迥然不同的。

6. 價值傾向既不可能對個體在某一時刻將要做什麼完全進行預測，也並非總是與他們的價值觀一致。有時人們會把外表掩藏起來，屈服於環境的壓力，或遵循個人的特質；有時他們所持的價值觀對其日常行為施加動態壓力，使人形成了一種個人的生活方式。奧爾波特指出，雖然難以確定個人的價值系統，但個體的生活哲學則是人格的主要特點。把生物學與個人的意義網絡聯繫在一起正是人格的明顯標誌 (Allport, 1955)。

7. 一個人持有各種不同的價值觀，但由於它們是成簇構成的，其中有較大的意向，也有較小和短暫的意向，在人格中有少量不可確定的價值觀。奧爾波特認為，通過研究這種可還原的一般評價傾向或動機，就可以最明確地理解人格。從斯普蘭格 (見 40 頁) 的研究中借用了某種觀點，他指出每個人都有六種價值動機 (理論的、經濟的、美學的、社會的、政治的和宗教的)，只是以不同的結合方式與強度存在於個體內心的。

8. 每一種價值觀類型都是一種理想的價值傾向和純真的肖像。六種價值觀的類型：(1) 理論型價值觀的人，對生活持一種認知態度，以發現真理為支配興趣，他們是經驗的、批判的和理性的，並尋求給知識以理性、秩序和系統；(2) 經濟型價值觀的人，主要關注實用和實際，極力尋求滿足其身體需要，積累財富和世俗水平上的富有。在他們看來，不實用或理論知識是一種浪費；(3) 美學型價值觀的人，藝術興趣濃厚，重視形式與和諧，高度評價優雅和對稱美，高度個人主義，把真理等同於美；(4) 社會型價值觀的人，是無私的、忘我的、利他的、仁慈的並且富有同情心的。這種人把愛人和褒揚他人作為目的。那些受理論、經濟和美學價值觀支配的人，在他們看來，似乎是冷淡而非人的；(5) 政治型價值觀的人，比其他人更看重權力，他們喜歡競爭、鬥爭、成就，承認他們的領導本領；(6) 理想的宗教型價值觀的人，尋求終極的神秘體驗，理解和與宇宙的一致。他們遠離世俗，在自我否認與沈思中生活 (Allport, Lindzey & Vernon, 1960)。

9. 與林賽和阜南合作共同設計了測量價值觀在人格中相對重要性的測驗。目的在於測量個體是怎樣以這六種價值觀來組織他的生活，以及構成其價值觀的層次是什麼。研究報告表明，他們這個量表產生了預期的結果。例如，牧師在宗教型價值觀方面得分最高；藝術系的學生在美學型價值觀方面得分最高；商業系的學生在經濟型價值觀方面得分最高。

10. 堅信價值觀是先驗存在的，是不可能從科學研究中衍生的。但是，某些道德概括化或普遍性是可以用科學來證實的。奧爾波特認為，價值觀是主觀的和獨特的，但是，和馬斯洛、羅傑斯一樣，他也認為有以人性為基礎的普遍特性，這些是應該進行科學研究的。他還認為，從心理學對人性的研究中是能夠衍生出價值觀來的，也就是通過某種自然主義的道德觀體系是能衍生出價值觀來的。當然，也有一些價值觀如個人的克制、禁慾主義、獨裁主義、烏托邦理論、享樂主義者的功利道德觀，在用社會科學進行認真研究時卻進展得很不順利 (Allport, 1968)。

三、存在主義價值觀

存在主義價值觀 (existential values) 是羅洛・梅 (見第五章第二節) 所倡導的一種人本主義心理學價值觀的理論架構。

羅洛・梅在許多著作中都對價值觀問題做過闡述，他把人視為“有道德的動物”，認為價值觀的基本作用是給人們提供存在感和本體論，要求人們意識到自已的身體與情感，鼓勵人們堅定人生信念，勇敢地負起責任和面對焦慮。因此，人正是運用價值觀作為評價人類存在的標準。

羅洛・梅以存在主義為基礎建構了他的存在主義價值觀。現將其主要觀點和論證概括如下：

1. 批評自然主義價值觀是單維度的、簡單化的和機體決定論的

因對馬斯洛、羅傑斯的成長假設的自然主義價值觀持批評態度，故羅洛・梅認為，這一理論架構有三個缺陷：(1) 單維度的：如人的成長全是向善的、正價值的，不能令人信服；(2) 從生物學中借用過來的：如馬斯洛的自我實現概念和羅傑斯的實現傾向均來自戈爾德斯坦的機體論，均強調是由人類有機體內部一個“本能”內核的生物學基礎決定的；(3) 太簡單化：道德的成長和植物生長或經濟發展不同，例如，我們的橋比古希臘的橋造的好，這並不等於說我們會變得比古希臘人好，就人類而言，僅僅成長並不意味著正確的成長。成長也可能是邪惡的，如癌症也是一種成長 (May, 1981)。

2. 價值觀的理論支柱是心理學與精神病學中的存在觀　羅洛・梅認為，個人是否心理健康，主要看個人對自己的存在是否感覺到真實或有價值。現代人患有心理疾病不是由於性本能受到壓抑，而是感到自我在“物-人-己”三個世界中喪失了人生的意義和存在的價值。而心理治療也不外乎尋求人生的意義，探索存在的價值，強化存在感。正如羅洛・梅所說的：

> 心理治療的目的，就是使病人重新體驗他的存在是真實的，使他更充實地體會到他自己的存在：體認他的潛能，並能發揮這些潛能。反之，心理疾患者的症狀由於他對自己的存在開始感覺曖昧，因而易於受外界的威脅，對自己的行爲逐漸失去控制。因此，心理治療家的任務，就是增强病人自我存在意識。(May, 1967, p.77)

3. 價值觀是理解人性的基礎　羅洛・梅認為，人並非自動地朝著發展其潛能的方向成長，按著成長假設，成長總是善的。如果他們不發展其潛能，他們就不能保持中立；如果没有積極的價值觀使人們相信什麼時候没有建設性的意義，人就會變得相當邪惡，未曾用過的力量就會變成破壞。在羅洛・梅看來，人類本性既惡又善，我們應當承認惡的方面，以便用我們的善把它平衡，使之中立化，而不是把惡投射到別人身上或破壞性地使用它。羅洛・梅指出，成長的價值觀沒有考慮到人性的原始生命力因素，但它也是成長的必要因素 (May, 1977)。

4. 價值觀是主觀選擇和文化積澱的結果 價值觀是在人性的理性與非理性水平、意識與潛意識水平中產生的。羅洛・梅認為，價值觀不是理論假設或推測的產物，而是主觀自由選擇和歷史文化積澱的結果。這就是說，價值觀有兩個來源，一方面是主觀有意識選擇的產物，即價值觀是人在投身於自我選定的價值中心過程中做出的主觀選擇；另一方面是在神話中象徵地表現出來的人類文明的集體水平或原型，它往往以潛意識的形式影響人的價值觀。羅洛・梅承認，人並非生活在真空中，他們發現自己存在於一種有著共同歷史、志趣和價值觀的文化中，對它們 (例如人性) 的研究是價值觀的一個重要內容。通過回顧人類累積的智慧史，我們可以重新發現在文化上遺傳的人類價值觀的原型是象徵地表現在我們的神話和符號中 (May, 1980)。

5. 價值觀的實質是主觀的評價過程 羅洛・梅把價值理解為個人評價重要事物的結果。例如，一個人把他真正高度評價的東西——家庭關係、財產、理想和生活目標——作為主觀投入和由於堅持個人選擇與權力而產生的具體現實來接受，而不是作為無意義的理論討論的產物。故羅洛・梅論證說，成長為一個人的過程與他把自我體驗為一個評價源的能力有關，與他肯定個人的目標與價值而不是適應外部標準的能力有關 (May, 1977)。羅洛・梅強調，在評價過程中，意義不在於價值觀，而在於使自己成為評價中心的過程，這個過程在人與人之間是不同的，在一個人的內部也是變幻不定的。人並非只有一個永遠尋求滿足的內在的固定中心，相反，有一種以核心價值觀為中心不斷發展的過程，它是心理整合與統一的標尺 (May, 1980)。

6. 自我覺知、自由、評價過程和中心性是人類價值觀的主觀根源 自我覺知和評價過程與中心性一樣也是價值觀的主觀根源。羅洛・梅認為，抽象和孤立的理論闡述並不能創造價值觀。只有價值觀的主觀體驗才能提供標尺，在這個標尺周圍人才能把自己當作一個人來認識。羅洛・梅指出，價值觀存在於評價過程和個人選擇之中。並且只有當一個人的動機和道德意識成為出發點時，價值觀才有意義。羅洛・梅反對那種消極、冷漠、服從、適應的道德觀，認為這種傾向是由於在社會中缺乏一種價值觀核心，是由於在個體內部喪失了自我覺知和一種有效的動機核心。他認為，唯一的選擇是對我們自己進行更深的理解，重新發現一個有力量而又整合的內在道德核心。為此，羅洛・梅寫道，它需要自我意識。因為以自己選定的價值核心為中心的過程要求人對自己的身體、情感和意向有所覺知。

7. 功能自主是成人價值觀的一大特點　在羅洛・梅看來，成人價值觀不是母親的愛與關懷的擴展，而是功能自主地從產生他們祖先的價值觀中發展起來的。但是，神經症的價值觀卻不是功能自主的。因為他們強迫地尋求滿足稀少的童年價值觀，將永遠不可改變的價值觀具體化為教條。因此，我們應該不僅從我們的價值觀所提供的核心來進行選擇和行動，而且應對它們進行繼續闡述和再評價，並使它們適應新的情況和人。

8. 焦慮是形成評價中心過程的條件　羅洛・梅認為，焦慮是一個人對他所關注的、評價的，或與我們的存在相認同的某件事物受到威脅時所做的反應。例如，死亡的威脅是最能產生焦慮的。只有當我們的價值觀比威脅更強大時，我們才能克服焦慮。但是，如果焦慮是對我們所高度評價的事情的一種威脅，那麼誰也無法完全擺脫焦慮。在這種情況下，羅洛・梅區分了兩種焦慮 (見第五章第二節)：(1) 正常焦慮，對闡述我們的價值觀起作用；(2) 神經症焦慮 (或神經質焦慮)，則阻礙自我覺知。當人們失去與自己的聯繫時，他們不再知道他們是誰，他們應該是什麼。羅洛・梅指出，與焦慮相聯的不安全感迫使他們尋求一個內在的價值中心，這樣他們就能克服焦慮的威脅。這種“正常的”焦慮和威脅是成比例的，它不包含無意識動機，若能建設性地產生這種焦慮，它就會成為建設性的人生刺激物，它是成長的一個整合的部分，對創造性表現是至關重要的 (May, 1980)。

9. 勇氣是評價過程的一個必要因素　在羅洛・梅看來，道德活動是內在動機和態度的表現——是一種被自我和堅持個人權力所選定和肯定的活動。在這個意義上說，雖然沒有人能真正地把價值觀教給別人，但卻可以促進人的評價活動，這是一種需要勇氣和投身於其中做出評價的行動，而且不必為自我選擇的個人目標和生活方式而道歉的活動。羅洛・梅強調，為自己的信念和首創精神挺身而出和甘冒風險是需要勇氣的，並把它視為英雄才具有的一種基本的人類品質 (May, 1977)。

10. 自由是自己選定的價值中心過程的先決條件　羅洛・梅認為，導致人的潛能完滿實現的任何道德體系，必須保證不放棄自由。人類的意志在計畫、想像和選擇價值觀中的意向性，懷疑、寫詩和研究自然的能力都以自由為先決條件。羅洛・梅強調，自由比生命本身更寶貴，因為有的人寧願為自己的自由或他們所愛的人的自由而死，也不願意放棄他們的價值觀。它是人類尊嚴、勇氣、誠實和愛的根源。例如，只有當愛是自由獲得的，而不是由於依賴和遵從時愛才有價值 (May, 1981)。誠然，人難以擺脱身體、心理及文化等歷史現實的限定，但羅洛・梅認為在這些現實內部仍有一些自由的餘地。在羅洛・梅看來，自由的含義是作為有中心的人，我們是在個人及社會水平上負責任地付諸行動的。一個人越是認識到他被決定的方式，他就越能自由地對這些決定性的力量做出反應。在這個意義上説，自由是意識的產物，是對人的文化及心理組成的決定論現實的反應。當一個人不是自知的時候，它往往受自己的本能和自主的歷史發展的決定，無意識地驅使個體的焦慮、恐懼、壓抑和童年狀況越多，人就越多地受他無法控制的力量擺佈。羅洛・梅指出，人們之所以尋求治療，是因為他們感到受了奴役；他們想獲得自由，選擇那些能控制其揭示自己的潛能和未來的價值觀。在他看來，價值觀中預先包含著自由，心理治療的目標也是給人以自由。因此，我們可以根據自由的意識和對價值觀的肯定是否有進步來測量心理治療的進展 (May, 1981)。

第三節　簡要評價

在比較全面而系統地闡述了人本主義心理學的價值觀以後，一般都會對人本主義心理學價值觀的內涵、結構、特點和意義有一個基本的了解。現在一個迫切需要解決的課題，就是如何評價人本主義心理學價值觀在西方心理學史發展中的地位與作用。下面我們分別對人本主義心理學價值觀的貢獻與局限加以詳細評論。

一、主要貢獻

人本主義心理學價值觀是人本心理學家反對科學主義和傳統主流心理學非人化傾向的表現，也是在心理學中將價值與人融為一體、弘揚人文精神的反映。下面我們集中談談人本主義心理學價值觀在西方心理學發展史方面的主要貢獻。

(一)　將人的價值引入心理學領域

傳統心理學特別是以自然科學為導向的科學心理學，基本上把人的價值排斥在心理學對象之外，西方心理學第一勢力行為主義幾乎把心理學推向機械主義的無價值的行為學的境地。

誠然，科學心理學的鼻祖馮特，特別是堅持人文科學傳統的心理學家如狄爾泰、斯普蘭格等人涉獵過人的價值的起源及其分類的問題。但是，這些探討多屬嘗試性的、片斷的、哲學視界的，還未自覺地把人的價值納入心理學研究對象和任務之中。

人本主義心理學家在人的價值這一重大問題上的主要貢獻在於：他們把價值觀由哲學視界引入心理學領域，並宣佈人的價值是心理學的科學研究的對象。

在心理學的歷史和體系中，還沒有任何群體的思想家能像人本主義心理學家那樣關心價值觀問題。他們指出，在我們生活的時代裏，最大的弊端是缺乏道德、無根、無望、空虛和缺乏值得信賴與為之奉獻的東西。在他們看來，這一方面是由於在過去嚴格的道德體系與相對主義的科學世界觀之間發生了時代的錯誤，而導致了價值定向的這種不確定性。由於不再毫不懷疑地接受養育了我們的價值系統，我們發現自己正處於必須對各種價值觀——有時甚至是相矛盾的價值觀——做出選擇的兩難處境。另一方面，科學已經和道德觀相分離，而且沒有提供一種可替代的東西。20 世紀令人矚目的科技進步錯誤地使我們相信，把道德觀與科學分離會改善人類的世界。其結果由於人類道德觀沒有相應地進步，現代世界的機械化便在機器意象的基礎上塑造了人類文明，使人成為它的奴僕。這樣，依賴於科技的人類就超過了人的道德感和需要的界限 (DeCarvalho, 1991)。

在人本主義心理學的創立者看來，心理學在澄清和處理當代道德困境方面起著主要作用。其目的是研究人在當代世界中的地位，擴展人的道德感，並用人類價值觀來指導科學技術的中立。他們認為，一種缺乏價值研究的心理學是既不必要也不可能的。迷戀於技術的心理學潛意識地抱有一種“無方向的無良心科學主義”，這也是一種價值觀 (May, 1977)。

人本主義心理學家批評美國心理學長期使自己與價值觀問題相疏遠，而他們卻敢於涉足哲學佔據的領域，第一次把人的價值提到心理學研究的主要日程上來。奧爾波特認為，“價值觀是建立任何心理學的關鍵”(Allport, 1967, p.21)。馬斯洛和羅傑斯也堅持認為“現在該是心理學家科學地研究價值觀的時候了”(Maslow, 1959, p.127；Rogers, 1964, 68(2)：160～167)。

(二) 對價值觀做了新的理論建構

人本主義心理學家除了把研究人的價值視為心理學的當務之急，還對價值觀問題進行了科學的研討。

在 1954 年時馬斯洛出版的《動機與人格》一書，被認為是人本主義心理學內在價值觀的奠基之作，也是人本主義心理學理論體系形成的標誌。1956 年 4 月馬斯洛等人發起創建人本主義研究會組織，第一次討論了人類價值的研究範圍。1957 年 10 月，馬斯洛以該會主席身份發起以“人類價值觀新知識”為主題的研討會，並進行討論。參加討論的還有研究道德、精神文化、美學、經濟學等方面的學者。1959 年，馬斯洛把兩年前這次研討會上的講演、發言稿編成《人類價值觀的新知識》一書出版，該書有馬斯洛的發言稿〈心理學的論據和人的價值〉，他還作了序。這是廣為傳播人本主義心理學內在價值觀的重要歷史文獻。

人本主義心理學家關於價值觀研究的專門論著主要如下：

奧爾波特的價值觀論著有：《價值觀研究》(與林賽和阜南合著，1931/1951/1960)、《個人價值觀的測驗》(與阜南合著，1931)、《價值觀研究的最新應用》(與坎特里爾合著，1933)、《評佩里價值領域的研究——對人類文明的批評》(1955)、《價值觀和我們的青年》(1961) 等。

馬斯洛的價值觀論著有：《正常、健康與價值觀》(1954)、《心理學的論據和人的價值》(1959)、《人類價值觀的新知識》(主編，1959)、《價值、成長和健康》(1960)、《青少年犯罪和價值失調》(1960)、《一次人類價值觀討論會的評論》(1962)、《事實和價值的融合》(1963)、《價值觀的科學研究》(1963)、《宗教、價值觀與高峰體驗》(1964)、《超越性動機理論：價值生命的生物根源》(1967) 等。

羅傑斯的價值觀論著有：《關於價值觀現代取向的探索：對成熟人的評價過程》(1964)、《托西安〈東方與西方文化價值觀〉的序言》(1975) 等。

羅洛・梅的價值觀論著有：《關於心理學家價值體系的研討會：心理學家應該做些什麼？》(1962)、《價值觀與未來》(1974)、《價值、神話和象徵》(1974)、《價值觀與評價》(1977)、《價值衝突與焦慮》(1980) 等。

布根塔爾的價值觀論著有：《價值觀與存在的統一》(1968)、《拉帕波特的〈為價值而價值的心理治療：經濟與治療互換〉》(1982) 等。

從人本主義心理學家的論著和研究來看，他們在人的價值問題的研究上取得了積極的成果。

首先，人本主義心理學家反對把心理學變成無價值的客觀主義科學，主張心理學是一門價值科學。在他們看來，客觀主義是西方主流心理學的非科學觀的理論基石。由於客觀主義把可證實的經驗事實性視為科學的標準，科學成了感性實驗的記錄，加之又把這種事實的普適性作為真理的標準，因而從根本上排除了人對科學活動的參與，排除了科學中人的價值和評價性認知的可能性，造成了事實與價值、知識與人的真正存在的主觀分裂，導致了心理學陷入無人性和無價值科學的局面。

馬斯洛十分讚賞英國著名物理化學家、哲學家波蘭尼 (見 353 頁) 的觀點，認為科學首先是不可還原為物的，科學是人創造的整體系統，它是人類主體的能動活動。同時，在整個科學認知形成的過程中，個體的參與是無時不在的。在作為實證科學基礎的經驗材料的形成中，在任何當下直接經驗的感性操作獲得中，都無法擺脱實驗參測者個人的理論參考框架和行為動作的介入，在此，科學的絕對客觀性標準從起點上就是虛假的。同樣，科學理論總體邏輯運演本身就是一定科學主體個體的價值、信仰，特別是個人對理論框架的特殊選擇和主觀偏好，所以任何科學理論框架都是以個人意向為先導範式的特定結果。從這個意義上講，科學認知是個人認知，這種個人的認知活動是真正的科學知識 (Polanyi, 1958)。

馬斯洛也反對科學中的客觀主義傾向。他認為，科學過去不是，現在不是，並且也永遠不可能是絕對客觀的。科學無法完全獨立於人的價值，科學永遠只能是人類主體的科學。馬斯洛認為：

> 科學是人類的創造，而不是自由的、非人類的，或者具有自身固有規律的純粹的"物"。科學產生於人類的動機，它的目標是人類的目標。科學是由人創造、更新以及發展的。它的規律、結構以及表達，不僅取決於它所發現的現實的性質，而且還取決於完成這些發現的人類本性的性質。(許金聲等譯，1987，1 頁)

所以，科學本身就是建立在人類價值觀基礎上的，並且它本身也是一種價值系統。

因此，馬斯洛認為：

> 傳統的不涉及價值的科學，或者不如說是那種想得到一種不涉及價值的科學的徒勞努力，已經受到了日益堅決的拒絕；本書正是這方面的一個例子。它比過去更爲坦白地恪守規範，更有信心地確認科學是尋求價值的科學家們在價值的激勵下所進行的探索；我斷言，這些科學家能夠在人性本身的結構中揭示出內在的、終極的、屬於整個種類的價值。(許金聲等譯，1987，前言，19 頁)

其次，人本主義心理學家反對外塑價值觀和內化價值觀，建構一種積極的內在價值觀。不論以刺激強化說為基礎的行為主義的外塑價值論，還是以生物本能說為基礎的精神分析的內化價值論，實質上都是從人與生物界的連續性出發的，没有突出人的價值觀的根本特點。人本主義心理學價值觀是以人的價值的內在性、自主性和創造性為主要標誌的。因此，要想真正理解人本主義心理學的價值觀的貢獻，必須從人本主義心理學與行為主義、精神分析三種西方心理學勢力的比較分析中才能真正領會。

人本主義心理學和行為主義在價值觀上的主要區別：

1. 內在與外在不同　行為主義根本否認人的行為有什麼"動因"，更不需要弗洛伊德關於"內部人"(指本我、自我和超我) 和道德觀念內化的假設，一切都只能歸因於外部環境。斯肯納認為，人進入社會以後的行為是一種與自然選擇作用類似的社會選擇作用塑造形成的。因此，斯肯納的“社會選擇論”便把弗洛伊德的價值動力學和道德觀念內化說轉變為徹底的價值外因論或外塑論。而人本主義心理學則提出人與一般動物的重要區別在於價值的內在性問題，同時強調人的行為的自主性和創造性，強調有機體自身的作用，並以 S-O-R (註 9-3) 的新公式取代行為主義否定人的意識或自我的 S-R 的舊公式。

2. 自我指導與行爲控制不同　行為主義外塑價值論最終旨在強調社會文化對人的行為的控制。斯肯納根據操作條件作用，曾做過精巧的動物實驗，來尋求行為控制的原理。他認為，環境對機體的作用不僅在機體反應之前 (作為刺激出現)，而且在機體反應之後 (作為選擇作用)；人的行為是由行為 (或操作) 自身引起後果的反饋作用所強化，這一切最終仍在於環境的選擇。至於斯肯納承認機體對環境有作用的一面，但他認為這種作用並不等於機體內部動因對行為具有決定作用，並不能證明人的自主性或“自主人”的價值。斯肯納說：

> 只有在事情還不能以其他方法進行解釋的時候，自主人的說法才充作一種解釋。他的存在依賴於我們的無知，而當我們對行爲取得較多了解時，他自然喪失其資格。科學分析的工作是要解釋一個人的行爲作爲一個物質系統如何與人種進化的條件和個人生活的條件相關聯。(Skinner, 1971, p.20)

由此他以外塑的文化價值取消了人的內在價值。而人本主義心理學則著重以人自身的內在滿足和自我指導原理說明人的價值。馬斯洛指出，強調人的內在價值，其結果必然要重視主體感受的價值而不依賴於環境的強化。羅傑斯特別強調機體評價 (註 9-4) 或自我指導能力 (指人對自我實現價值的自我評價) 的重要，認為環境強化 (指他人附帶條件的關懷) 與機體評價的矛盾是人的**異化** (或**疏離**) (alienation) 的原因。因此，羅傑斯認為心理治

註 9-3：**S-O-R** (刺激-機體-反應)，是新行為主義者托爾曼 (Edward Chase Tolman, 1886～1959) 在刺激與反應之間引進目的、認知、期望等作為中介變量 (以 S 為自變量，R 為因變量)，使 S-R 公式轉為 S-O-R 這一較複雜的公式。

註 9-4：**機體評價** (或**機體評估**) (organismic valuing)，指個體了解他的經驗是否同自己的實現趨向一致的參考系 (或參考框架)。而**機體經驗** (organismic experience)，則指人的內在自我最深層的情感和體驗，又稱機體水平的經驗 (詳見 177 頁)。

療的目的就是使受輔者更有自我指導能力，更不受外界的影響與控制，更能做出自主的價值選擇。

3. 適應與改造不同　行為主義的外塑價值論強調的是人對外界環境的適應。斯肯納說：

> 文化就像是行爲研究中的實驗場。它是一系列可能的强化條件，一個直到最近才開始被理解的概念。(Skinner, 1971, p.150)
> 現在提出的行爲技術學在倫理上是中性的，但用於文化的設計時，文化的生存便作爲一種價值標準起作用。(Skinner, 1971, p.148)

在斯肯納看來，理想的文化也就是適於生存的文化，理想的社會也就是善於運用行為科學塑造人的行為以適應社會本身生存價值的社會。而人本主義心理學的內在價值觀則強調的是人對社會的改造或創造。羅傑斯說：

> 當我進入生長的生活的氣氛時，我深刻地信賴自己，信賴別人，信賴整個人類。我願創造一種環境能使個人和人群甚至植物都能自由生長。(Rogers, 1980, pp.43～45)

人本主義心理學和精神分析在價值觀上的主要區別：

1. 自我實現和自我調節不同　精神分析的內化價值論強調**自我調節** (ego adjustment) 作用。在弗洛伊德看來，**本我**是人格的初始面，以生物本能為內驅力，其動力發源於**體素需要 (或組織需求)** (tissue needs)，動力系統是盲目自私的，只受**快樂原則** (pleasure principle) 支配。**自我**是人格的理智面，與潛意識本我不同，屬於一種意識的機能。自我的動力來自於本我，並盡力為本我的利益服務。因而自我與本我都是非道德的。當本我與外界發生衝突時，而由於外界和社會的強大，自我將根據**現實原則** (reality principle)，向本我表明外部現實，約束本我的盲目衝動，以保護機體免受傷害。**超我**是人格中道德的部分，它代表良心、自我理想，處於人格的最高層，按照**至善原則** (perfection principle)，指導自我，限制本我，達到自我典範。超我從幼年開始發展，成年時超我成為社會價值的代表，這時幼年父母的形象逐漸轉化為外界社會的非擬人形象，但不論父母的教誨或社會的戒律都來自久遠的文化傳統，超我實際上是種族價值傳統的內化，它的作用在於壓抑本我違背社會價值的潛意識衝動，或通過自我調節使潛意識衝動昇華，達到順應社會價值的境界。而人本主義心理學的內在價值論則以**自我實現**為人生追求的目標。在馬斯洛看來，自我實現往往被視為終極的狀態和遙遠的目標，能動地貫穿一生的動力過程，它既是一種存在，也是一種成長。由於人在自我實現中創造了人自身，也創造了人的世界，因而把自我實現的人所獻身的事業可以看作是人的內在價值的體現和化身。因此，馬斯洛強調健全文化的主要職能在於促進普遍的自我實現，而不在於依靠理性的約束。由於自我實現和社會價值的一致，馬斯洛對人類文明的遠景持樂觀的態度。

2. 對意識與潛意識關係的理解不同　精神分析的內化價值論堅持潛意識決定論，把**潛意識**視為人的心理深層的基礎和人類活動的內驅力，它決定著人的全部有意識的生活，甚至個人和整個民族的命運。弗洛伊德曾用大海中的冰山比喻人的精神的動力結構，認為精神的意識部分相當於露出水面的狹小山尖，而潛意識部分是隱匿在水面下的巨大冰層，以此強調潛意識動機在人的精神生活中的巨大決定作用。而人本主義心理學的內在價值論則強調自覺實現人的價值的意識作用。在他們看來，作為生物本能的追求雖然應當得到滿足，但是這種低級的追求畢竟是有限的、容易滿足的，而心理潛能或高級動機的追求特別是創造潛能的發揮卻是無窮無盡的，這方面的價值才是人類精神生活的追求和最終的決定性動力。因此，無論是自我實現或是自我選擇，意識均具有重要作用。

3. 潛能和本能不同　弗洛伊德的內化價值論的基質是**本能**，它是一個生物學的概念，指與生俱來的和不可更改的基本要求。本能的潛意識衝動和意識是相互對立的。生和死這兩種本能作用相反，又始終同時並存，似乎就是人的生命活動中一切矛盾鬥爭的根源所在。而人本主義心理學內在價值論的基質是**潛能**，它是一個機體論的概念，指人類比較微弱的先天傾向，有賴於後天學習才能鞏固和發展，它的實現和人的意識活動緊密地結合在一起。

4. 成長和緊張緩解不同　精神分析內化價值論與緊張緩解說相關。弗洛伊德根據熱力學理論提出人體內部的平衡機制。其基本假設是：人體有一個恆常的低能量水平作為最理想的心理平衡狀態，力比多的衝動未發泄時的高能量水平將引起內部緊張感，表現為一種強烈的欲望，只有發泄出來或得到滿足，才能使緊張緩解，使內部恢復平衡而引起快感。而人本主義心理學內在價值論則強調人的存在價值和成長需要，按照組織能量等級原理，不斷提出更高的追求，適當增加緊張感。奧爾波特、馬斯洛等人認為，緊張緩解模式僅僅是部分正確的，即只能解釋人的生理需要的追求。因為它對於大多數健康人的動機來說並無價值。在他們看來，健康人對人生的要求，比緊張縮減要更多。可以說，並非是減少緊張，而是增加緊張。事實上，創造所追求的不僅不是緊張的緩解，反而是不斷的高度緊張、壓力和為自己的成長不斷設置更高的目標。

5. **創造和昇華不同**　精神分析的內化價值論以力比多的昇華作為解決內部衝突的最佳方法。弗洛伊德認為，潛意識的本我和代表社會價值內化的超我總是處於對立狀態。解決這種內部對立和衝突有兩種途徑：一是對本能進行**壓抑** (repression)，即不知不覺地把不能被允許的念頭、情感和衝動壓入潛意識中去。如對痛苦體驗或創傷性事件的選擇性遺忘就是壓抑的表現。壓抑必須付出較大的自我能量，如處理不當也會有負面影響。二是通過理智的調節使本能的衝動轉入順應社會的軌道，找到能為社會所接受的發洩口。這後一種解決內部衝突的途徑，弗洛伊德稱之為力比多的**昇華** (sublimation)，包括以科學和藝術形式對人類文明的創造。而人本主義心理學內在價值論則把創造視為人內在價值的最高體現。在他們看來，創造是人的一種固有本性或潛能，不是力比多的衍生物，和弗洛伊德以力比多的昇華解釋科學和藝術的創造不同。換句話說，創造不是為了要給本能衝動去尋找出路，而是人性的一種自由的追求和展現。這種追求既會給人帶來高峰體驗的極大歡樂，又會給社會做出有益的貢獻。因此，在創造活動中，人性和社會價值會達到高度的統一。人本主義心理學家主張，人性既不需要壓抑，也不需要昇華，而應得到豐滿的實現。

由上述可見，人本主義心理學的內在價值觀是區別於行為主義外塑價值觀和精神分析內化價值觀的一種新的價值觀。儘管其理論基礎是存在主義和現象學的，但是這種價值觀卻浸透著人化的、積極的和樂觀主義的精神，可能成為激勵人奮發進取、主動創造的一種動力。

人本主義心理學家除了對價值觀做了理論建構外，還進行了實證研究。例如，奧爾波特通過個人獨特的面部表情、走路姿勢、言談方式和筆跡等方面的調查，研究了外顯行為和價值觀問題。為了研究價值觀，奧爾波特與他的合作者設計了一種量表，試圖測定個人在一生中對價值觀的重視程度。顯然，這是人本主義心理學家在開拓價值觀實證研究道路上的一項創舉。

二、根本缺陷

誠然，人本主義心理學的價值觀在西方心理學發展中是有重要貢獻的，但是由於人本主義心理學家的自身局限性及其存在主義和現象學的缺陷，人本主義心理學的價值觀也存在著一些難以克服的弊端。

(一)　具有主觀主義價值觀的傾向

正如前所述，價值是一個反映主體對客體屬性的肯定關係的範疇。人的價值是由主體的需要和客體的屬性兩個方面構成的。客體自身的屬性成為主體需要的價值對象，而主體的需要則使客體屬性得到價值認可；價值既是客體屬性的人化、主體化，又是主體需要的對象化、客觀化。這就是說，一方面，價值離不開人和人的需要。一個沒有人的世界，本身並無美醜、真假、好壞、有用無用之分，也就無所謂價值。另一方面，價值也離不開客體的屬性。糧食、蔬菜、水果、禽蛋等之所以有價值，在於它們包含有人們所必須的營養成份；如果去掉其提供養分的屬性，它們就沒有價值。可見，人的價值具有兩重性，它是價值主體與價值客體兩者的統一體。

人本主義心理學內在價值觀雖然承認人的價值受作為價值客體的身體和祖先文化遺傳的限定，但是其價值觀確實存在**主觀主義價值觀** (subjectivistic values) 傾向。

首先，人本主義心理學家忽視價值客體的作用，把價值觀完全歸結為人的主觀評價。奧爾波特認為：價值觀是主觀的和獨特的。羅洛・梅也認為：價值觀是主觀的評價過程。只有對價值觀的主觀體驗才能提供標尺 (DeCarvalho，1991)。誠然，人的價值取決於主體的活動，但又不能離開客體本身結構的來源。實際上，人的價值是一種在實踐基礎上客體以其自身的屬性滿足主體的需要以及主體的需要被客體滿足的效益關係。

人本主義心理學內在價值觀的弊端就在於：用**主觀** (subjectivity) 取代了主體。一般來說，主觀指人的心理、意識、精神，**客觀** (objectivity) 指人的心理、意識以外的物質世界，或認識的一切對象。而**主體** (subject) 指人，有情感、有意志的個人、群體或人類，是世界的認識者和改造者，**客體**

(object) 是指同主體相對立的客觀世界，是主體的認識和活動的對象。客體通常是指自然界或屬人世界的各種實存事物，有時也包括人類社會、思維在內。可見，主觀是一個精神性範疇，主體則是一個實體性的範疇。人本主義心理學把人的價值片面歸結為“主觀評價”或“主觀體驗”，既反映了西方現代哲學熱衷於人的主觀性研究而懷疑和否認主體的實體地位的特點，又表現了人本主義心理學內在價值觀以人的主觀性或精神價值摒棄價值客體的主觀唯心論的傾向。

其次，人本主義心理學家忽視人的價值的客觀現實基礎，把價值觀單純歸因為主觀來源和祖先價值觀。馬斯洛認為，價值觀產生於主觀的人性觀。奧爾波特認為，價值觀是先驗存在的，它產生於祖先的價值觀。羅洛・梅認為，價值觀是從人性的理性與非理性水平、意識與潛意識水平中產生的，它一方面是主觀選擇的產物，另一方面是文化上遺傳的人類價值觀的原型 (DeCarvalho, 1991)。誠然，人的價值觀有其主觀來源和歷史根源，但是，它既不是先天注定的，也不是歷史重演的，而是在現實社會實踐中主體創造的。事實上，主體的需要歸根到底是一定社會實踐活動的產物，而客體的價值屬性也只有通過人的社會實踐活動才能得到確證。因此，人本主義心理學家把價值視為先驗的存在，或把價值視為完全決定於人的主觀經驗與評價，正表現了他們先驗價值觀和主觀主義價值觀的色彩。

(二) 具有自然主義價值觀的傾向

人的價值 (社會價值和自我價值) 與物的價值、社會價值與自然價值不同。其主要特點有：(1) 人的價值是需要人主動追求才有的價值，不是自然界本身所提供的現成的價值；(2) 人的價值是人的活動所勞作改造的價值，不是自然發生的價值；(3) 人的價值是主體實踐從無到有所創造的價值，不是自然而然的價值；(4) 人的價值是人按照自己的目的、理想追求所創生的自然界所沒有的價值，不是對既成自然對象價值的簡單挖掘、展現、保護和利用。

人本主義心理學內在價值觀雖然具有人實現和表現自身超越本性的主體價值的性質，但是其價值觀確實屬於自然主義價值觀的範疇。

首先，馬斯洛、羅傑斯等人忽視人的價值的社會性，把價值觀歸結為自然價值的範疇。他們公開承認所創建的人本主義心理學價值觀是自然主義價值觀。馬斯洛堅持人的價值觀產生於自然界，因為指導其實現的價值觀就處在它們的機體內部，它們是自然主義的 (DeCarvalho, 1991)，所以“從人自己的本性衍生出價值體系，而不必求助於人自身之外的權威”(李文湉譯，1987，133 頁)。誠然，人的價值源於人的內部，由人自身自主自為創造的主體性價值，但是人的價值並不是一個“自我”在個人的孤立、封閉的小圈子裏“自我完善”的過程，而是一個“自我”與他人、與社會相互作用、相互促進的開放的運動過程。馬斯洛認為：

> 重視社會文化影響只適用於人類中的弱者。更多地影響自我實現者的是他們對自己以及自己的基本需要的理解，而不是社會的價值，因為後者有時並不是真正的價值。(呂明等譯，1987，102 頁)

因此，馬斯洛等人在人和自然存在自身的本性中建構的價值觀是一種典型的自然主義價值觀。

其次，人本主義心理學創建者忽視人的價值的實踐本性，把價值觀單純歸因為個人自然價值的產物。馬斯洛、羅傑斯認為，成長假設是人本主義人性觀的基石及其對價值觀自然主義理解的根源。馬斯洛解釋說：

> 人性的“本能”內核包含著趨向實現的潛能。同樣，羅傑斯認為，人類有機體有著一種朝向完善內在潛能的實現傾向。(呂明等譯，1987，97 頁)

可見，作為人類終極價值的**自我實現**，乃是一個人的內在本性和潛能最充分、最正常地外露、實現和發揮的狀態。誠然，承認價值的內在根據，把潛能與本能既區別又聯繫起來，不無一定道理。但是，人的價值並非如馬斯洛所描述的那樣是一種人的內部本性“顯露”出來的過程，而是在主客體相互作用的社會實踐中的一種“建構”過程。因此，以成長假設為基礎的價值觀完全忽略了人的實踐本性，提供了一種消極被動、孤立封閉的自然主義價值觀的理論框架。

本章摘要

1. **價值觀**是人本主義心理學人性觀的基礎和核心，也是人本主義心理學的重要組成部分。
2. 人本主義心理學價值觀的主要特點：既反對價值中立說和無關說，同時又反對精神分析的內化價值觀和行為主義的外塑價值觀，主張建構**內在價值觀**。
3. 人本主義心理學的內在價值觀有三種理論框架：自然主義價值觀 (馬斯洛、羅傑斯)、現象學價值觀 (奧爾波特)、存在主義價值觀 (羅洛·梅、布根塔爾)。
4. 人本主義心理學的價值觀是一個人生哲學的範疇，它是給人的生活以意義與目的的一種理解系統和定向框架。其實質就是崇尚人的個體價值，包括個人成長的價值、自我實現的價值和回歸本真的價值。
5. 人本主義心理學價值觀的結構有五個要素：(1) 內在本真性；(2) 意義傾向性；(3) 主觀選擇性；(4) 自我評定性；(5) 自由與限定性。
6. 人本主義心理學價值觀的意義：(1) 價值觀是人格組織的基礎；(2) 價值觀是人的心理健康的重要標準。
7. **自然主義價值觀**是馬斯洛和羅傑斯所倡導的一種人本主義心理學價值觀的理論架構。它以成長假設為基礎，以內在固有的潛能為動力，不僅價值追求是自在的，而且價值實現也是自然的。
8. **存在價值**是指區別於生存價值的一種內在固有的高級價值。它具有超越性、抽象性、高級性、對象性和系統性等特點。存在價值是人性所能達到的最高境界，也是自我實現者的人格特徵。馬斯洛把人的存在價值概括為 14 或 15 種。
9. **現象學價值觀**是奧爾波特所倡導的一種人本主義心理學價值觀的理論架構。認為價值觀是個人的主觀意義和傾向，對人類動機的未來定向起著指導作用。他們的意向性的本質為人格的獨特性和成為一個人的機能自主過程負責。他把這種指導人格構成的意向稱為現象學價值圖式。

10. **存在主義價值觀**是羅洛・梅所倡導的一種人本主義心理學價值觀的理論架構。認為價值觀的基本作用是給人們提供存在感和本體論，要求人們意識到自己的身體與情感，鼓勵人們堅定人生信念，勇敢地負起責任和面對焦慮。
11. 人本主義心理學與行為主義在價值觀上的主要區別：(1) 堅持價值內在性，強調人的行為的自主性、創造性及機體自身的作用；(2) 強調人的價值的自我感受、自我指導和內在滿足；(3) 強調人的價值在於對社會的改造或創造。
12. 人本主義心理學與精神分析在價值觀上的主要區別：(1) 強調自我實現是人生價值的最高目標；(2) 強調意識在自我實現和自我選擇中具有重要作用；(3) 強調人的內在價值的基質是潛能；(4) 強調人的存在價值和成長需要；(5) 強調創造是人的固有的本性和內在價值的最高體現。
13. 人本主義心理學價值觀的主要貢獻：(1) 打破了哲學獨占價值觀研究領域的局面，第一次把人的價值提到心理學研究的主要日程上來；(2) 建構了不同於行為主義外塑價值觀和精神分析內化價值觀的、新的內在價值觀的理論體系，並開創了價值觀的實證研究和測量。
14. 人本主義心理學價值觀的根本缺陷：(1) 具有主觀主義價值觀的傾向，即忽視人的價值的客體現實基礎，把價值觀完全歸結為人的主觀評價；(2) 具有自然主義價值觀的傾向，即忽視人的價值的社會實踐性，把價值觀歸結為人的自身本性或自然價值的範疇。

建議參考資料

1. 戈布爾 (呂明等譯，1987)：第三思潮——馬斯洛心理學。上海市：上海譯文出版社。
2. 車文博 (1996)：西方心理學史。台北市：東華書局 (繁體字版)。杭州市：浙江教育出版社 (簡體字版) (1998)。
3. 林　方 (1989)：心靈的困惑與自救——心理學的價值理論。瀋陽市：遼寧人民出版社。

4. 馬斯洛 (許金聲等譯，1987)：動機與人格。北京市：華夏出版社。

5. 馬斯洛 (胡萬福，謝小慶等譯，1988)：人類價值新論。石家莊市：河北人民出版社。

6. 馬斯洛等著 (林 方譯，1987)：人的潛能和價值。北京市：華夏出版社。

7. 馬斯洛 (林 方譯，1987)：人性能達的境界。昆明市：雲南人民出版社。

8. 馬斯洛 (李文湉譯，1987)：存在心理學探索。昆明市：雲南人民出版社。

9. 彪 勒 (陳寶鎧譯，1990)：人本主義心理學導論。北京市：華夏出版社。

10. 彭運石 (1999)：走向生命的顛峰——馬斯洛自我實現心理學。見車文博 (主編)：20 世紀西方心理學大師述評叢書之一。武漢市：湖北教育出版社。

11. Allport, G. W. (1931/1951/1960). *A study of values*. Boston: Houghton Miffin.

12. DeCarvalho, R. J. (1991). *The founders of humanistic psychology*. New York: Praeger.

13. Maslow, A. H. (1959). *Editor of new knowledge in human values*. New York: Harper.

14. May, R. (1977). Values and valuing. *Voices*, 12, 18～21.

15. Rogers, C. R. (1964). Toward a modern approach to values: The valuing process in the mature person. *J. Abnorm Soc. Psy.*, 68(2), 160～167.

16. Viney, W. (1993). *A history of psychology: Ideas and context*. Boston: Allyn & Bacon.

第十章

人本主義心理學的教育觀

本章內容細目

教育觀 (educational view) 是羅傑斯、馬斯洛教育改革思想的集中體現，也是人本主義心理學的主要應用領域之一。

人本主義心理學教育觀是當代西方國家具有代表性的一種教育學説。梅森 (Mason, 1970) 在《當代教育理論》一書中指出，人本主義是從 1900 年到 1970 年間對美國教育產生過重大影響的五大學説之一，其中羅傑斯"以人為中心"的治療理論被看成是這一教育學説的主要思想淵源。該書羅列的另外四大教育學説是：傳統的文科教育、進步教育、學科結構運動、教學機器和程序教學。梅森認為：

> 在第二次世界大戰以前，主要是前兩種學説，即傳統的文科教育和進步教育比較重要。但自第二次世界大戰以來，後三種學説，即學科結構運動、新行爲主義和人本主義心理學比較重要。(陸有銓譯，1984，34 頁)

嗣後，美國教育心理學家羅伯茲編輯的《四種應用於教育的心理學》一書 (Roberz, 1975) 也將人本主義心理學列入其中之一，其他三種是精神分析、行為主義和超個人心理學。喬伊斯和威爾 (Joyce & Weir, 1972/1981) 的《教學模式》一書在介紹四大教學流派時，把羅傑斯的**非指導教學**模式列於四大流派之一——"個人模式"之首，其他三大流派是訊息處理模式、社會互動模式和行為主義模式。加拿大華裔心理學家江紹倫所著的《教與育的心理學》(1982) 一書中指出"當今西方有三大學習理論，即人本主義心理學理論、刺激-反應 (S-R) 理論和認知理論"(江紹倫，1985，212 頁)。

我們研究人本主義心理學的教育觀不僅有助於瞭解人的學習的主要特點及其與動物學習的本質區別，而且還有助於瞭解傳統教育制度的弊端和教育改革的走向及其心理學的根據。本章內容旨在討論下述六個問題：

1. 人本主義心理學教育觀的主要特點及其理論基礎。
2. 簡評馬斯洛和羅傑斯的教育目的論。
3. 怎樣理解人本主義心理學的內在學習論。
4. 試析人本主義心理學的意義學習論。
5. 如何評價羅傑斯以學生為中心的教育心理學思想。
6. 如何評價人本主義心理學教育觀的貢獻和局限。

第一節　教育觀概述

在闡述人本主義心理學教育基本理論之前，我們先概述一下人本主義心理學的教育觀。主要是介紹人本主義心理學家對美國現行教育制度的批評和人本主義心理學教育觀的主要特點。

一、抨擊美國現行的教育制度

人本主義心理學家批評美國教育制度是人本主義心理學教育觀的起點。

首先，人本主義心理學家對美國教育制度的批評是對美國生活模式的抨擊。自 60 年代以來，人本主義心理學家越來越極大地關注教育領域。在他們看來，教育過程與教育體制既在很大程度上反映著社會生活方式，又顯現著人們對社會變革的要求。美籍德裔哲學家馬爾庫塞 (Herbert Marcuse, 1898～1979) 把美國年輕人對自己父母價值觀的背叛稱為“偉大的拒絕”。“年輕人革命”引起人們對青年人在其中度過很長時間的那些教育機構進行思考。

羅傑斯 (Rogers, 1973) 指出：

> 我們生活在一個日益無人格的環境之中，它由電子科學技術、工業技術、城市擁擠以及簡直是我們城市、工業和巨型大學、令人絕望的龐大結構所組成。(方展畫，1990，18～19 頁)

本來面對日益豐富的物質生活條件，個人理應轉向心理世界，探索更大程度的本真和實現，以得到精神上的更大充實和愉悦。相反，高科技文化卻導致了人類精神世界的空虛、孤獨和無助，成為人類自身的一種悲劇。羅傑斯説：

> 我們整個文化——通過風俗，通過活動，通過工會和資方的努力，通過家長和教師的態度——深深地致力於讓青年人遠遠避開真正的問題。他們無所事事，他們不承擔責任，他們在公眾的或政治的問

題上沒有發言權，他們在國際局勢中無足輕重，他們僅僅應該受到保護，免於對個人生活和群體生活的真正問題有任何直接接觸。(Rogers, 1961, p.293)

進而，羅洛・梅把現存的教育制度看作是正在成長的一代學到“焦慮”與“失望”的主要根源。他說：

學生的價值觀不可避免地被轉移到外部的標誌上，分數決定一切。他們只有按照一系列特定量表上的得分來體驗自己的價值。從外部世界來證實自己的價值使學生們的意識變得萎縮，降低了對自身的體驗。同時，並不只是外部標準本身有問題 (不論在哪方面，我們都不得不以外部標準衡量生活)，而且這些標準不是個人自己選擇的，而是由他人强加的。在教育方面則是由父母和學校權威人物强加的。(陳寶鎧譯，1990，102 頁)

年輕人的背叛寄於一種新的思想，就是在家庭和學校教育中，人們開始注意個人的需要和成長著的人的統合性。

鑒於這一點，羅傑斯對如何形成一種**純文化** (pure-culture) 進行了反思。顧名思義，它應是一種來自人自身的，或者說是以人的情感為特徵的文化，不被科學技術所左右。羅傑斯對其所憧憬的人類純文化做了如下描述：

患者能夠自由地十分强烈地體驗他的情感，就如同一種“純文化”那樣，沒有理智的禁錮或者警告，不讓它受到對立的感性知識所限制；我能同樣自由地體驗到我對這種感情的理解，對它沒有進行任何有意識地思考，對這種情感將引向何處無動於衷，沒有任何類型的判斷或分析思維，對這種理解過程中的徹底“放手”沒有任何知識的或情緒的障礙。(Rogers, 1961, p.202)

可見，人本主義心理學教育觀是對西方高科技社會泯滅人性和個性的一種影射，也是對西方發達社會導致人的危機的一種吶喊。正如舒爾茨所指出的：“人本主義心理學似乎正反映著對當代西方文化的機械主義傾向所表示的那種不安和不滿”(楊立能等譯，1981，407 頁)，他引用了亨托夫 (Hentoff, 1966) 的一句話來說明這種西方文化的基本特徵：

在一個加速理性化的、徹底系統化的社會中，我們都被標上了號碼

了——這是毫不誇張的，用機器計算號碼來證明你的存在。(楊立能等譯，1981，407 頁)

梅森更明確地指出：

當代社會生活許多方面的集體制度化傾向是有害的。學校必須抵制這種 20 世紀文化的特色。必須用關心並尊重個人需要以及他們之間具有個別差異的權力來抵消這種機械化和非人格的現象。(陸有銓譯，1984，262 頁)

其次，人本主義心理學家對美國教育制度的批評是對西方心理學第一勢力行為主義的批判。馬斯洛猛烈抨擊當時的美國教育制度，認為美國的教育制度主要是依據行為主義的條件作用和強化原理建立起來的，主要有兩大弊端：一是只重知識的灌輸，不重人的培養。無論兒童教育或大學教育，主要關心的是效率，目的是用盡可能少的時間、費用和人力，向大量的學生灌輸最大量的知識——在一個工業社會中生活所需要的知識。二是只追求背誦記憶，不重創造性的理解與思考。馬斯洛舉了一個十分有趣的例子說明這種方法的愚蠢：有一次一個心理學班級的學生串通一氣同教授開了一個玩笑。當教授講授條件作用時，學生們也開始向他施加條件作用。學生們聽講時做出非常理解教授講課內容的微笑反應，教授越講越高興，開始頻頻點頭，到講課快結束時，他已經不斷地在點頭了。但是當學生告訴這位教授事情的真相時，他立即中止了點頭，此後，學生方面不論怎樣地微笑也不能再使他點頭了。事實的真相使條件作用消失了。馬斯洛說："從這一點出發，我們應該問問自己，有多少課堂學習是受到無知支持的，其中又有多少會由於真知而破壞"(林方譯，1987，182 頁)。

馬斯洛舉出他自己的經歷說明行為主義教育觀的局限。他的第一個孩子使他懂得以前為之如痴如醉的行為主義無助於兒童的成長，顯得十分愚蠢。他的第二個孩子又使他懂得人甚至在出生前就是多麼不同，從此完全拋棄了華生的理論——給我兩個嬰兒，我能使一個成為這樣，一個成為那樣。他認為，任何一位父母都不能按照自己的意願任意造就自己的子女。孩子們有各自不同的成長傾向。教育者只有懂得這一點才能引導兒童逐步達到他們各自發展的最佳狀態。因此，馬斯洛堅信，任何有過孩子的人都不會成為行為主義者。

最後，人本主義心理學家對美國教育制度的批評也是對傳統教育制度的批判。羅傑斯認為：

> 就整體而言，我們的教育制度是這世代中最保守、最傳統性、最僵化、官僚習氣最重的制度。它能掌握著現代生活的真正問題嗎？抑或它在本身的傳統氛圍重壓下，繼續被認同和被退化的社會壓力所束縛。(Rogers, 1969, p. vii)

當今的時代，社會發展的趨勢，已超越了傳統教育的架構，迫切需要創建符合人性的教育模式。因此，羅傑斯大聲疾呼：對傳統教育修修補補是不行的，必須從根本上進行全面而徹底的教育改革，真正地建立起以人為中心的、具有民主精神的人本主義教育的新體制。

二、人本主義心理學教育觀的特點

人本主義心理學教育觀為**人本論** (humanistic theory)，是區別於行為主義和認知心理學的一種新的教育理論。其主要特點：

1. 來源於治療實踐和臨床經驗 人本主義心理學教育觀來源於長期的心理治療實踐和臨床經驗，而不是某種實驗的結果。當談論到羅傑斯思想形成的淵源時，他直截了當地說："最重要的，也是我相信影響我最深的，是曾經超過三十年任職爲心理學家和臨床心理治療家的經驗" (Rogers, 1964, p.2)。羅傑斯在治療實踐中首倡非指示療法和受輔者中心療法，提出"以人為中心"和人格的自我理論，並將這一理論應用和擴展於學習領域而形成其教育學說。

2. 哲學基礎是存在主義與現象學 人本主義心理學教育觀的哲學基礎是存在主義與現象學，而不是經驗論和唯理論。人本主義心理學家的教育理論，基本上都是以人性本善論、固有潛能論和內在價值論這三大理論為支柱的，並以主體生物學、內省生物學、生物現象學為根據。這些都滲透著存在主義和現象學的精神。如果說馬斯洛根據存在本體論和存在價值論撰著了《存在心理學探索》(1968)，那麼羅傑斯則進一步把存在主義和現象學推崇備至。他說：

> 雖然克爾凱郭爾生活在100年以前，但我不得不將他看作是個敏感的和洞察入微的人。我想以這篇論文〈人還是科學？〉向他表示我的謝忱，主要是基於這個事實：讀他的著作使我舒坦，使我更加願意相信並且表達我自己的經驗。(Rogers, 1961, pp.199～200)

事實上，羅傑斯將諸如"主觀經驗"、"自我意識"等存在主義哲學的基本命題視為他的理論框架的基本"構件"，極力強調"主觀選擇"、"個人自由"，將個人的意向看成高於一切的東西。

3. 主張開展教育改革運動　人本主義心理學教育觀的基點既反對傳統的教育思想，又反對現存的美國教育制度，主張開展教育改革運動。人本主義心理學家在批評依據行為主義條件作用建立起來的美國教育制度時，主要針對兩點：

> 一是美國式的生活風格，使許多人體驗到高度焦慮、孤獨感、疏離感和絕望感，他們的自我同一性受到威脅，沒有目標、沒有方向的彷徨徘徊，巨大的社會嘈雜包圍了他們。二是無力關注每一個人，不能幫助每個個體發展爲人的問題。(陳寶鎧譯，1990，96～97 頁)

由此他們提出實施人本主義的教育改革，以便改變社會的現狀，解脫人類社會面臨著的一場深刻的危機。

4. 倡導以學生爲中心的全人化教育　人本主義心理學教育觀的主要內容，包括：反對教育無目的論，倡導教人、做人、成人的教育，以培養自我實現或充分發揮作用的人；反對單純灌輸知識、機械強化和條件作用的外在學習，主張將情智教育融為一體，開展最佳成長的內在學習；反對以教師為中心的傳統式教學，主張把學生視為學習的主體，開展以學生為中心的學習，發揚學習自由和主動創造精神；反對學校課程脱離價值、價值中立和無目標的無意義，主張進行課程改革，實施意義學習和經驗學習；反對不良的師生關係和教學心理氛圍，主張學習是一種人際的相互影響，充分發揮教師在意義學習過程中促進者的作用。

第二節　教育目標及學習和課程理論

教育目標論、學習論和課程論是人本主義心理學教育觀的主要內容。在對人本主義心理學教育觀有了一個概括的了解以後，我們進一步探討人本主義心理學的教育目標論、學習論和課程論是完全必要的。

一、主張確立明確的教育目標

提出並確立明確的教育目標，是人本主義心理學區別於**實用主義心理學** (pragmatic psychology) 的主要之點。

以進步教育為旗幟的杜威 (John Dewey, 1859～1952) 的“教育無目的論”，長期在美國中小學教育中居於主導地位。杜威認為，教育目的即教育過程，教育過程在自身以外無目的；它就是它自己的目的。

人本主義心理學教育觀，深為關注的並不是建立一套成型的技術，而是成長的目標。一談到教育時，具有人本主義傾向的人就要問：“在教育孩子時，什麼是我們的目標？”“我們是什麼 (以及) 我們要為自己的生活做些什麼？”

(一)　馬斯洛的教育目標論

馬斯洛的教育目標論是他的人本主義心理學教育觀的核心，是由他的性善論、潛能論和內在價值論所決定。

馬斯洛從性善論 (見第八章第二節) 的觀點出發，認為人具有一種與生俱來的內在潛能，而這種積極向善的潛能又是人的內在價值的內核。基於這一基本思想，馬斯洛把傳統心理學稱為低上限心理學 (見 151 頁註 3-3)。他說，在一個 4 英尺高的低頂棚房間裏為人們測量身高，當然沒有人的身高會超過 4 英尺。馬斯洛指出，我們不僅要看到人是什麼，而且也應看到人可以成為什麼；不僅要看到人的表面和現狀，而且也應看到人的潛能和內在價值。馬斯洛有一句名言：“一個人能夠成爲什麼，他就必須成爲什麼”

(呂明等譯，1987，45 頁)。

馬斯洛認為：

> 做人，在生而爲人意義上的做人，同時也必須在成長爲人的意義上進行界定。在此意義上，一個嬰兒只不過是一個潛在的人，必須在社會、文化、家庭中成長爲人。(許金聲等譯，1987，前言，12 頁)

馬斯洛的潛能論 (見 117 頁) 把自我實現 (見 131 頁) 視為教育的終極目標。就是說，教育的根本目的在於開發潛能，完美人性，完善人格，成為世界公民。

馬斯洛以內在價值論 (見第九章第二節) 來告誡人們，要避免對自我實現的三種誤解：(1) 自我實現就是利己而不是利他；(2) 自我實現就是忽視自己對社會的義務和貢獻；(3) 自我實現就是只強調主動性而不要接受性。其實，在馬斯洛看來，理想的教育制度培養出來的"自我實現者都有一個他們信仰的事業，一個他們爲之獻身的使命"。換句話說，"自我實現的人所以會做他們所做的事，似乎是爲了終極價值的緣故才那樣做，這些終極價值似乎又是爲了捍衛一些具有內在價值的原則"(林方譯，1987，193 頁)。

(二)　羅傑斯的教育目標論

羅傑斯和馬斯洛一樣，從成長假設出發，且把自我實現視為教育的根本目標。羅傑斯認為，**自我實現者** (self-actualizing man) 就是充分發揮機能 (作用) 的人，即機能完善者。在他看來，自我實現有三層含義：

1. 自我實現是不斷進行的過程，並非是完成的固定的狀態。
2. 自我實現是人的豐富多彩、富有挑戰和意義的價值生命，並非是一味追求個人的愉悅生活。
3. 自我實現是人的真實自我或本我 (真我) 的實現，並非是假面具或門面後的隱藏者的存在。

羅傑斯在《學習的自由》(1969) 一書中，系統地闡述了人本主義教育改革的思想，進一步地闡發了他對教育目標的觀點。他認為，在加速變化和充滿矛盾的當代世界中，我們正面臨著一個全新的教育情境。在這種多變的時代中，要把學生教育成能充分發揮作用的人，羅傑斯主張教育目標應該是促進變化和學習，培養能夠適應變化和知道如何學習的人。他說：

> 只有學會如何學習和如何適應變化的人，只有意識到沒有任何可靠的知識、唯有尋求知識的過程才是可靠的人，才是有教養的人。現代世界中，變化是唯一可以作爲確立教育目標的依據。這種變化取決於過程而不取決於靜止的知識。(Rogers, 1969, pp.103～104)

可見，羅傑斯明確提出，培養目標應該是使學生成為“學會如何學習的人”、“學會如何適應變化的人”，從而成為能適應社會要求的“充分發揮作用”的人。

羅傑斯認為，按此教育目標培養出來的人的基本特徵：(1) 能充分發揮他所有的全部組織潛能；(2) 對社會和他人具有建設性和信任感；(3) 富於理性的、能適應社會要求的、具有面對現實的精神；(4) 對經驗能夠採取開放態度，富有創造性；(5) 不斷變化和發展，並能經常發現自己身上新的東西；(6) 行為既要符合規律性又有獨立自主性和自由感，不會被機械地加以預測和控制。

二、倡導內在學習和意義學習

內在學習和意義學習是人本主義心理學的兩種學習理論。它不僅是人本主義課程論的理論基礎之一，而且也是人本主義心理學教育模式形成的理論前提之一。

(一) 馬斯洛的內在學習論

內在學習是人本主義心理學區別於行為主義外在學習的一種學習理論。

馬斯洛認為，**外在學習** (external learning) 是單純依賴強化和條件作用的學習。其著眼點在於灌輸而不在於理解，屬於一種被動的、機械的、傳統教育的模式。在他看來，目前學生們浸透著外在學習的態度，並且像黑猩猩對撥弄者的技巧做出反應那樣對分數和考試做出反應。在美國一所最好的大學中，一個男生坐在廣場上讀一本書，他的一個朋友走過他的身邊問他為什麼讀那本沒被指定的書。讀一本書的唯一理由竟會是它可能帶來的外部獎賞。為了獲得“一紙文憑”或“賺取學位”可概括為這一外在教育的弊端。

馬斯洛認為，理想大學應反對外在學習，倡導內在學習。所謂**內在學習** (internal learning) 就是依靠學生內在驅動、充分開發潛能、達到自我實現的學習。這是一種自覺的、主動的、創造性的學習模式。在他看來，這種內在教育的模式會促使學生學習，動力是內發的，打破各種束縛人發展的清規戒律，自由地學他想學的任何課程，充分發揮想像力和創造性。在理想的大學中，任何需要內在教育的人都是可以得到的。馬斯洛說：

> 理想的大學將是一種教育的隱退，使你能試著發現你自己；發現你喜歡什麼，需要什麼；你善於做什麼，不善於做什麼。人們將選取種種主題，出席種種討論會，不敢十分肯定他們應走哪條路，但在尋找自己的使命，而一旦找到了它，他們便能很好地利用他們所受到的技術教育。換句話說，理想大學的主要目標將是自我同一性的發現，同時也是使命的發現。(林方譯，1987，183～184 頁)

可見，通過內在學習可發現一個人的自我同一性和發現一個人的事業，揭示一個人將為之獻身的聖壇。這就是學校和教師所應追求的使命的發現和個人的命運與歸宿的發現。

(二)　羅傑斯的意義學習論

意義學習 (**或有意義學習**) (significant learning) 是人本主義心理學區別於行為主義機械學習的一種學習理論。它與認知心理學的**意義學習** (**或意義化學習**) (meaningful learning) 是有所不同的。奧蘇伯爾 (David Paul Ausubel, 1918～　) 認為，意義學習是符號所代表的新知識與學習者認識結構中原有的知識建立非人為的和實質性的聯繫。它是在對事物理解的基礎上，依據事物的內在聯繫所進行的學習。而羅傑斯認為，意義學習則是指所學的知識能夠引起變化、全面地滲入人格和人的行動之中的學習。他說：意義學習，在我是指不再簡單地積累知識的學習。這種學習由於不局限於知識的簡單積累，而是通過一種滲入到這個存在各部分的滲透性的知識，將在個人的行為之中，在他為了未來而選擇的一系列活動之中，在他的態度和他的人格之中引起變化。這些變化主要有以下幾種：(1) 個人終於以不同的方式看待自己；(2) 他承認和接受自己的感情，更完整了；(3) 他對自己變得更有信心，更加獨立；(4) 他變得更像他喜歡做的那種人；(5) 他自己的知覺變得更靈活、更少僵化；(6) 他為自己採取的目標，更加現實；(7) 他的行為方式，更加成熟；(8) 他更改他的不良行為，即使積年已久，如嗜酒那種行為也改了；(9) 他變得更易為別人接受；(10) 他對待在自己身上和身外發生的事，變得更加開朗；(11) 他循著建設性的道路，改變他內在的個人特性 (Rogers, 1959)。

可見，認知心理學的意義學習屬於智育的範疇，即將新的學習材料如何納入已有知識的系統之中；而人本主義心理學的意義學習則是智德融為一體的人格教育和價值觀的薰陶。

羅傑斯認為，意義學習不僅證明了有意義的、內發的、經驗的學習的可能性，而且也表明了有意義的、依賴於自己的學習能夠激勵學生學習的可行方式。

在羅傑斯有意義學習的理論中，學習是以下述 10 個假設為基礎的。

1. 學習是學習者內在潛能的發揮　羅傑斯認為，人類具有學習的自然傾向或學習的內在潛能，在適當的條件下，這種學習、發現、擴充知識經驗的欲望能夠釋放出來。故教師必須根據學習者的天然學習需要進行教學。

2. 學習是有意義的心理過程　羅傑斯認為，學習不是機械的刺激與反應聯結的總和，而主要是學習者對外界情境或刺激的解釋或看法的形成。當學習者覺察到主題線索或學習材料的意義與他們的目的的關係時，就會產生有意義的學習。如果學習者是被有意義的和有關的材料所激勵，那麼他所能獲得的學習速度要比一般人快 3～5 倍。

3. 學習是學習者對自身狀態變化的覺察　學習者拒絕對自身組織構成威脅的學習。價值觀的確立是個人自身組織的一部分，如果個體的價值觀有了衝突或發生矛盾時，個體那部分的自身組織就會受到威脅。因此，當對其價值觀構成威脅時，或被學習者拒絕，或迫使學習者通過學習對價值進行重新評價。

4. 學習在外部威脅最小時對其內容才更易被覺知、理解和同化
例如，當要求一位不善於在衆人面前朗讀的人去學習朗讀表演，他會感到是一種威脅。但當衆人對他的朗讀技巧不予嘲笑，允許他慢慢按自己的方式表現，而又得到自我評價的鼓勵時，學習將會是有效的。

5. 學習如得以順利進行就必須把有意義的經驗與其他部分區別開來　通常，在對自身威脅低度的條件下，學習就能較自由地進行。並且有意義的經驗與那些較不重要的經驗是有差別的。作為對第四條假設的推論，這條假設是對前面原理的擴展。

6. 有意義學習大多是通過實際做獲得的　當人們帶著各種各樣日常社會的、哲學的以及實際自然界的問題，而有條件去實際做並與經驗相對照時，學習會更有成就。羅傑斯認為，通過實際做獲得學習是改進學習的一種最有效的方法。如要成為一名外科醫生，在教室裏學習和在手術室裏學習是不一樣的。

7. 對學習的促進是由學習者認眞負責地參與決定的　這個假設要求學習者選擇自己的定向，發現自己的學習方法，提出自己的問題，確定自己的學習進程並關心自己選擇的結果。最有意義的學習過程正是按照這種方式進行的。這種由學習者主動積極參與的學習，要比被動的學習有效得多。

8. 最持久的學習是學習者自己內發的，整個人作爲參與者而參加的　羅傑斯認為，最有效的學習是整個人的智力與情緒參與的學習。在這種創造性的學習情境中，一個重要的元素就是學習者自己了解自己的學習。因此，當遇到更為深刻的學習時，他自己就能決定是堅持還是放棄，不必求助於他人幫助判斷。

9. 自我評價比他人評價對學習更爲重要　羅傑斯認為，當學習者比較多地注意自我批評和自我評價而不是靠別人的評價時，獨立性、創造性、自力更生等因素都會對有意義的學習起促進作用。兒童不僅在早期時必須在這種學習氛圍中培養，而且要培養他們對自我評價、決策及可能產生的結果做好準備。

10. 學會學習的過程，使自己與變化的過程相結合，並對經驗持續開放　羅傑斯認為，當今世界上最有社會意義的有效學習是**學會學習的過程** (learning the process of learning)，對經驗持續開放，並將自己結合進變化過程。雖然靜態的學習 (訊息的獲得) 是必要的，但是當代文化要求變化已成為生活中的基本事實，人們不得不為適應而做出改變。“結合新的並根據不斷的變化鞭策學習，這始終是必須的” (Rogers, 1969, p.104)。

三、提出人本主義的課程理論

人本主義課程論 (humanistic theory of curriculum)，是在抨擊 20 世紀 60 年代學問中心課程的“非人性化”的浪潮中應運而生的。所謂**學問中心課程** (learning-centered curriculum)，即強調課程的學問性，重點放在認知的發展與智力的優異性上。到了 70 年代，以布魯納 (Jerome Seymour Bruner, 1915～) 重在掌握學科結構取向的理論為基礎的學問中心課程遭到抨擊，被認為使學生“非人性化”，並且妨礙了“完整人格”的實現。

事實表明，學問中心課程都是依據現代科學邏輯編製其知識內容，要求學生掌握學者“探究-發現式”研究方法的。其結果導致了學科內容上的高度理論性與抽象性，致使許多學生難以理解，造成“在過早的時期、過急地教授過多內容”的現象。同時，教學中嚴格的探究-發現的學術訓練，非但不能激發學生對學科的興趣，反而會引起他們的厭學和恐懼。

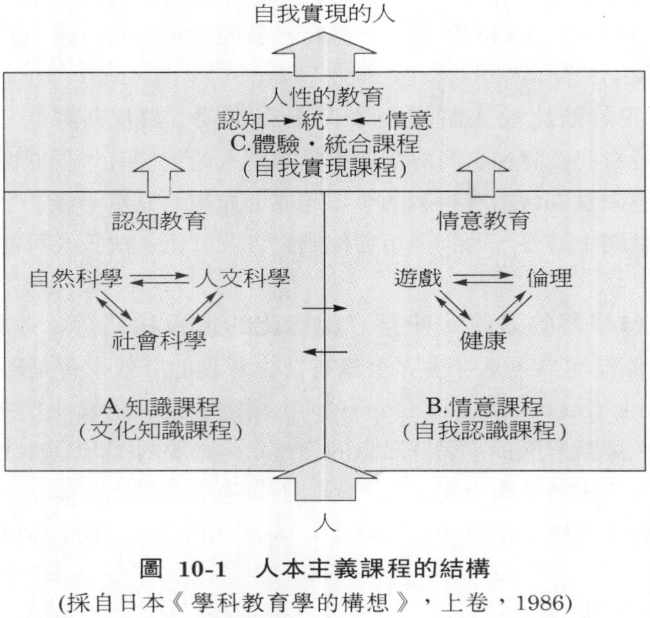

圖 10-1　人本主義課程的結構

(採自日本《學科教育學的構想》，上卷，1986)

人本主義課程又稱**人性中心課程** (humanity-centered curriculum)，是 20 世紀 70 年代西方教育發展的主要方向，也是人本化教育在課程論上的典型表現。它肯定人的情感 (或情意)、情緒和感情的重要性，堅持課程從“面向完整的學生”這一立場出發，主張統一學生的情感和認知、感情和理智、情緒和行為，強調開發人的潛能，促進人的自我實現。見圖 10-1 所示。

人本主義課程的主要特點：

1. 尊重學習者的本性與要求　學校的重心從傳授大學學者書齋的學問知識，過渡到尊重學習者的本性與要求。布魯納後來在課程論上由學問中心課程論轉向人本主義課程論。他認為，我們必須少說一些“學科結構”，更多地談論“學習者和他的學習結構”(鍾啟泉，1989)。這就是說，應該恢復學生在學習活動中的主體地位，必須尊重學習者的本性、需求、動機、興趣和愛好。

2. 強調認知與情感的整合發展　人本主義課程論不是對 60 年代學問中心課程改革運動的全盤否定，而是要把人的認知發展與整體人格的完善統一起來。其中把**情感教育 (或情意教育)** (affective education) 提到了突出的地位。在人本主義心理學家看來，人不僅是思維的存在，而且也是情感的存在。脫離了情感的智慧是空虛的、無意義的。因為不以價值與情感為基礎的智慧，往往使人淪為非人的狀態。因此，要想復興“人的學校”，促使學生整個人格的發展，就必須把認知學習與情意、情感培養相統合，心智發展與情緒發展相結合。

3. 承認兒童的學習方式同成熟學者的研究活動有重大的質的差異　人本主義心理學家認為，有效的學習方式是多種多樣的。探究-發現的研究方法既不是唯一的，更不是萬能的。學者的探究-發現方式主要運用於專業科學家的研究領域。如果把學問研究的方法擴及全部學習，無原則地加以濫用，這不僅會混淆學習與研究兩種活動質的區別，而且會直接影響到學習效果。奧蘇伯爾 (Ausubel, 1968) 指出，認為**接受學習** (reception learning) 是機械記憶，而**發現學習** (discovery learning) 才是有意義的說法是錯誤的，因為兩種類型的學習都有意義。以定論的形式呈現給學習者的接受學習也有有意義接受學習和機械接受學習之分。有意義接受學習必須滿足有意義的學習條件，例如新知識被認知結構中的原有觀念同化，被學習者理解，使原有的認知結構得以重新組織或改造等。可見，有意義接受學習過程並非是一個被動過程，而是一個新舊知識互動作用的過程。因此，與接受學習相對的，將學習的主要內容 (概念、規則) 未直接呈現給學生，只呈現有關線索和例證的發現學習，雖然，有助於學生獨立發現和解決問題，但它也不是解決一切教學過程中難題的萬能藥方。

4. 學校課程必須同青少年的生活及現實的社會問題聯繫起來 在人本主義心理學家看來，學校的課程要具有社會適切性，既不能脫離整個社會實際，又不能脫離學習者的生活，應把教學內容集中在該學問本身的知識上。事實上，現代的環境污染問題，不可能單靠自然科學來解決，還必須用經濟學、政治學、歷史學、地理學、藝術學等諸多人文科學、社會科學的學問知識。課程必須反映學際科學 (或跨學科) 的實際，沿著綜合化的方向開發。它要求超越學問中心課程的框架。而這正是 70 年代從學問中心課程邁向人本主義課程的改革動向。

人本主義心理學家力主學校課程人本化，主張開設三種類型課程：

(1) **學術性課程 (或知識課程)** (academic curriculum)：是指理解和掌握自然科學、社會科學和人文科學的學術 (科學) 知識的課程。這不僅是學問中心課程所追求的內容，而且也是人性中心課程所應包含的學術水準。

(2) **情感課程 (或情意課程)** (affective curriculum)：是指健康、倫理及遊戲這一類旨在發展非認知領域的能力的課程。它包括發展人的情緒、態度、價值、判斷力、技能熟練、音樂、美術，以及經過部分改革的體育、健康教育、道德、語文 (文學)、家政等學科。

(3) **體驗課程 (或綜合課程)** (experiential curriculum)：是指通過認知 (或知識) 與情感 (或情意) 的統一旨在喚起學生對人生意義的探求以實現整體人格的課程，又稱為**自我實現課程** (curriculum of self-realization)。它包括綜合地運用各門學科的知識，在新闢的課時裏 (含校外活動) 的體驗性學習。

與此相應，人本主義課程論在教學方法上的改革，強調學習者掌握學習方法。在"教學個性化"、"獨立學習"、"學習方法的學習"的主張下，倡導運用多種多樣的方法論原理的"主體學習"，是教學方法人本化的根本

所在 (鍾啟泉，1989)。

人本主義課程論是 20 世紀 70 年代情智協調發展的人本化教育思潮的反映。它不僅抨擊了重智輕情的非人性化的學問中心課程論的弊端，而且促進了人的潛能開發和自我實現。但在倡導尊重人的價值的同時，卻助長了學校基礎知識與基本技能訓練的**非理智主義** (non-intellectualism) 傾向，造成了兒童學業水平下降和紀律鬆弛的現象。於是，美國在 70 年代中期以後又興起了恢復基礎 (back to the basics) 的教育運動。

第三節　以學生爲中心的教學模式

以學生為中心的教學模式是人本主義心理學的教學模式。在這一節中，我們將先後闡明什麼是以學生為中心的教學模式？為什麼要建構以學生為中心的教學模式？落實這一教學模式主要有哪些途徑？教師在實施以學生為中心教學模式中的地位和作用如何？教師應有哪些職責和品質？無疑，對這些問題的了解直接有助於我們把握以學生為中心教學模式的精神實質，正確運用這一教學模式。

一、建構以學生爲中心的教學

為了建構以學生為中心的教學，就必須了解反對傳統的以教師為中心教學模式的重要性，了解以學生為中心教學模式的內涵、基本原理以及其主要形式。

(一)　反對以教師爲中心的傳統教學

傳統教學以教師為中心，學什麼，怎樣學，孰是孰非，誰優誰劣，一切都取決於教師的指示和評價。以學生為中心正是在批判和否定以教師為中心的基礎上提出的。

羅傑斯認為，各種不同特點的教學都可以座落在一個連續體的某一個位置上，傳統教學是這一連續體的一端，學生中心教育則是這個連續體的另一端。兩種教學思想是針鋒相對的。

羅傑斯指出，傳統教學有八個特點：

1. 教師是知識的擁有者，學生是容器，只能是知識的接受者。

2. 講授或某種方式的言語教學是灌輸知識的主要方法。考試往往是測量學生接受知識的手段。它們構成傳統教學的中心環節。

3. 教師是權力的擁有者，學生只能服從。而行政領導也是權力的擁有者，教師和學生都得服從。

4. 權威統治是課堂上必須遵守的政策。作為權威人物的教師被看作是知識的源泉，他們不論是受到極大的欽佩，還是根本被瞧不起，但教師總是中心。

5. 教師不信任學生，學生對教師的動機、真誠、公平、能力也常抱懷疑態度。

6. 管理學生的最好方法是使他們經常地或間斷地處於恐懼的狀態中。小學生常受蔑視，中學生怕考不及格、畢不了業，再加上升學就業的威脅，大學生和研究生負擔更重，怕得不了學位等。

7. 民主及其價值實際上受到踐踏和嘲弄。學生不參與選擇他們的個人目標、課程或學習方式。這些均早已被規定。在教師的選擇，或者對教育政策的看法等方面，學生沒有發言權。同樣的，教師也無權選擇他們的行政官員，教師也往往不能參與制訂教育政策。

8. 在傳統教育體系中，只重視智育，不重視整個人的全面發展。在小學中，正常兒童的好奇心和旺盛精力被約束，有時還被窒息。在中學，所有學生最強烈的興趣——性、情感的和生理的關係——被整個地忽視了，這種興趣確確實實不被看成是學習的兩個重要領域。中學對情感很少重視。大學這種狀況更甚，唯有心智是受到歡迎的 (Rogers, 1980)。

(二) 以學生爲中心教學的基本原理

羅傑斯從**人性本善論** (doctrine of good human nature) 和人格自我理論出發，以非指示療法 (1942)、受輔者中心療法 (1951)、當事人中心療法

(1974) 的實踐為依據，遷移和建構了以學生為中心的人本主義教學模式。

在 1953 年，美國哈佛大學組織了“課堂教學怎樣才能影響人的行為”的講習班，羅傑斯提出了“教學以學生為中心”的著名論斷。爾後，他做了“關於教和學的若干個人的想法”的演講。翌日早晨，有一位聽衆對他說：“您的講演使我們好些人昨晚睡不著”。因為羅傑斯在演講中以學生為中心的主張衝擊了當時“以教師為中心”的傳統觀念，使人耳目一新。

學生中心教育 (learner-centered education) 既反對把學生視為“受本能支配的低能、弱智的生物”，又反對把學生看作“較大的白鼠”和“較慢的電子計算機”，實質上就是重視人、尊重人，強調教學中人的因素第一。它包括兩個基本原則：(1) 學校和教師必須把學生看作“人”，真正尊重學習者。相信學生的本性是好的，是積極向上的。相信任何正常的學習者都能自己教育自己，發展自己的潛能，並最終達到自我實現；(2) 必須把學習者視為學習活動的主體，教學和教育都應以學生為中心。應尊重學生的個人經驗，並創造一切條件和機會，促進學生學習和變化。

於 1980 年，羅傑斯在《一種存在的方式》一書中，曾對以學生為中心的教學做了全面的剖析。現將以學生為中心教學的基本原理概括介紹如下：

1. 前提條件：在教學情境中被認為是權威人物的領導或個人，他們首先要自己有把握和安全感。在與別人的關係中也是這樣。因為他們對於別人能為他們本身設想的潛在能力有一種由衷的信任感。如果存在這前提條件，下面列舉的各條都可能得到貫徹。

2. 學習促進者 (教師) 和其他人——學生，可能還有家長和社團成員，分擔起對學習過程的責任。

3. 促進者提供學習資源——來自他的為人和經驗、來自書籍和其他材料，或者來自社團活動。教師鼓勵學生把個人的知識和經驗納入這種學習資源之中。促進者對外界的資源敞開大門。

4. 學生單獨或與別人協同制定自己的學習方案。探索尋求他們自己的興趣，正視這種資源財富，與此同時，他們每一個人也就他們自己的學習方向做出選擇，並對他們的選擇後果承擔責任。

5. 創造一種促進學習的氛圍：真誠、關懷、理解。這種氛圍盡可能從教師發起逐步擴大到學生與學生之間。

6. 學習集體的著眼點集中在促進學習過程的不斷發展上面。學習內容雖然也有意義，但居於第二位。這樣，成功地結束某個課題，不是在學生已經"學會所有他們需要知道的東西"之時，而是他們在"學會怎樣學到他們想要知道的東西方面取得顯著進步"之際。

7. **自律** (self-discipline) 是學習達到目標所必需的。學生把自律看作是他們自己的責任，自律要代替外加的紀律。

8. 學習評估主要由學生自己來做，其他學生和教師的**關心反饋** (caring feedback) 也影響和增強這種自我評估。

9. 在這種促進成長的氛圍中，學習更加深入、進度更快，而且在學生的生活和行為中普遍產生影響，較之傳統的課堂教學有過之而無不及。因為學習方向是學生自選的，學習是自發的，具有感情、激情以及理智的"完整的人"(whole man) 沈湎於這一過程之中 (Rogers, 1980)。

(三) 以學生爲中心的教學形式

人本主義的教學形式很多。較為高級的、適合大學的有：以主題為中心的相互作用方法 (註 10-1)，羅傑斯的學習自由模式；較為低級的、適合中小學的有：詢問法 (註 10-2)，開放課堂 (註 10-3)，夏山模式 (註 10-4)。這

註 10-1：**以主題爲中心的相互作用方法** (或**以主題爲中心的課堂討論**) (theme-centered method) 是心理治療家和教育家科漢 (Cohen, 1969) 創建的一種班級小組討論式的教學形式，以 25 人為宜，有些主題相當花費智力，有些則帶有個人情緒色彩。

註 10-2：**詢問法** (inquiry method) 是波斯特曼和威英特納 (Postman & Weingartner) 倡導的一種教師不斷地向學生提出問題的教學形式。它與上述以主題中心取向一樣也包含一種群體討論法，但教師更為主動，它突出了認知性而較少情緒和人際關係方面的因素。強調對知識的固有的解釋，其結果是每一種表面的解答只會導致新的問題。表現出明顯的存在主義原則，即"真理"是一種知覺，也是一種普遍接受的現實。

註 10-3：**開放課堂** (或**開放教室**) (open classroom) 或稱**開放走廊方法** (open corridor method) 是韋伯 (Weber, 1971) 為兒童設計的一種人本主義的學習方法。最初產生於英國，後來被美國許多公立小學所採納。它適用於較小的兒童 (大約 5～7 歲)，班級內擺放著各種有吸引力的遊戲和學習材料，兒童按著自己的興趣和速度來學習。他們可以單個自學，也可以二、三、四個兒童組成較小的群體。實行這種方法最好是在有多種智力水平和年級水平的群體中，從而形成一種愜意的異質性，讀書快的人能幫助讀書慢的人，比較成熟的 5 歲兒童可以找不太成熟的 7 歲兒童為伴。

註 10-4：**夏山模式** (Summerhill model) 是英國教育家尼爾 (Alexander Sutherland Neill, 1883～1973) 於 1921 年在英格蘭開辦的。**夏山學校** (Summerhill) 所採用的一種完全自由的教學形式。學校的規則和政策是在城鎮會議上決定的，學生和教員有同樣的發言權，不強迫兒童上課或做他們不願意做的事。夏山學校以自由學習環境的代名詞而聞名於世，在一些國家還建立了類似的學校。

些人本主義教學形式的共同特點：(1) 把愉快和有意義視為學習的動力，而不是把學習作為同別人競爭和謀取未來社會地位的工具；(2) 把學習者的情感和思想整合起來，而不只是教授理智內容；(3) 把教師的作用定位在催化 (catalytic) 和促進 (facilitative) 上面，而不是權威的角色。

下面專門介紹一下羅傑斯的**學習自由模式** (freedom-to-learn model)。羅傑斯堅信教師和學生雙方的自主性，強調討論式比講座式教學具有更大的優越性，主張學校領導應給予教師相當大的選擇教學方法和課程的自由，並認為真誠一致、無條件積極關注、設身處地的理解 (或同理心、感情移入) 和信任構成教育活動的重要成份。

羅傑斯概述了以學生為中心促進學習的各種方法。雖然主要指向大學課堂教學，但所討論的這些取向同樣適用於其他年級水平。

1. 課堂時間的利用　羅傑斯認為，一個班級及其指導者沒有理由要學生在他們規定的時間內進行學習。學生有責任根據他們希望授課的形式，如單獨授課或群體授課，安排部分的上課時間或特殊的上課時間。而教師也一樣，他們可以考慮課堂討論時間，或正規的講授形式的上課時間。雙方的希望與要求用亮牌 (標以授課形式與上課時間) 的形式進行交流。上講授課，教師可以選擇一個講授的主題，或者根據學生的需要作出調整。此外，一個教師對講授材料的選擇應該源於參與者的自發興趣，因為他自己也是一個參與者。有些教師喜歡利用不集中上課的時間來和學生進行個人約會，讓學生按他們所希望的學習時間簽約，上課的內容由他們來決定。如果一個學生對個人學習和經驗學習更感興趣，那麼他可以希望得到教師的幫助。如果他對學術問題感興趣，他就可以利用上課的時間查閱資料，與他人討論。總之，在學習選擇上學生是自由的。

2. 訊息源的選擇　學生的學習可採用不同的方式和從不同的訊息源來獲取學習的內容。一個學生為了獲取知識可以通過郊遊，從大自然中直接得到知識。他也可以向專家諮商或通過與學者的交流而獲得有益的啟示。現代科技的發展給學習者提供了許多自學的工具，如錄音、錄像等視聽設備。通過使用這些工具也可以增加知識。利用哪種方式，從哪種訊息源獲取知識，應依學生的意願而做出決定。當然，教師最有希望為他們做解釋和反饋。

3. 公約制　自由學習並不意味著教師放任自流。在羅傑斯的自由學習模式中提出了一種教師干預學生學習的教學方法——公約制 (註 10-5)。它是鼓勵學生與教師達成一個口頭或書面的契約，指明學生在這一學期所要做的工作的種類和數量，以及圓滿完成這些工作所能得到的分數。羅傑斯認為，這種方法至少可以使學生避免無目的、無方向地東碰西撞，使學習者對他前進的方向有某種基本的計畫，給學生一種秩序感和安全感。可以理解，學生完成規定的讀書任務和通過以讀某些書為基礎的考試，將使他獲得一定的分數，而多做一篇學期論文將使他獲得更高的分數，一篇學期論文、兩次課堂講述將使他獲得更高的分數。簽訂公約制也提供了師生之間的課外聯繫。

4. 差異分組 和公約制一樣，**差異分組** (differential grouping) 是通過不同的小組或“軌道”(tracks)，一個學生可以選擇他要遵循的兩條或更多的途徑。例如，在一堂心理學課上他可以參加較具有學術性的小組，參加講座，進行標準實驗，參加以此為基礎的簡短回答的考試。或者他也可以參加較具有經驗性的小組，寫作論文和進行課堂討論都是以學生個人對班級、對所閱讀的材料，和對他通過其他途徑如野外旅行和參加外部活動而瞭解到的有關他自己的情況所做的反應為基礎的。經驗小組中的學生甚至有可能志願地進行職業測驗和個人諮商，把它作為增加自我理解的一種方式。這些分組可以是靈活的，允許傳統的學術小組中的學生參加經驗小組的討論，反之亦然。

5. 分數的評定 儘管對分數的某些含義感到不快，但羅傑斯和其他運用這些實例的教師都不打算完全摒棄分數，因為 (1) 他們所為之服務的機構通常都堅持要評分；(2) 分數常常是學生們感興趣的，他們需要把分數用作允許他們獲得更高教育水平的許可證。在羅傑斯的模式中，強調的重點是讓學生決定他們的分數。教師和學生對於什麼樣的表現能獲得什麼樣的分數達成一種先驗的理解，簽訂這樣的個人公約制是一種方法。羅傑斯所用的另一種方法是要求學生在通過書面詳細評價他們自己研究的基礎上來給自己評定分數。如果羅傑斯對學生的評價和學生自我評價差距太大時，就要舉行一些討論會來解決。既然教師和學生一樣都有自由，因此不能強迫教師必須把學生包括在評定分數的過程中。教師總是自由地允許學生選擇決定他們是否願意獲得一個由教師確定的分數 (Shaffer, 1978)。

註 10-5：**公約制 (或契約法)**(contracts) 是 20 世紀 70 年代在美國興起的一種個別教學形式。

儘管許多證據表明評分是必要的和有用的，但也有些人本主義心理學家認為以評分為基礎把學生歸入聰明、愚笨與努力、懶惰等有害於人本主義與民主的學術環境。當然，教師有拒絕給學生評分的自由，學生也有是否希望被教師評定的自由。

人本主義心理學家把學習看作是師生之間或學生之間的一種人際的相互影響。馬斯洛孩提時代的環境，使他常感到孤獨和壓抑，他曾痛訴："我是那個地區僅有的一個猶太兒童。我曾進了白人學校，像黑人一樣，我是孤獨的、不愉快的。我是在圖書館和書堆中長大的。我沒有一個朋友"(Maslow, 1968, p. 37)。他認為，這種人際關係不利於人的成長，萌發了對人際關係的研究。他曾舉例說，假如父母用愛和尊重來對待孩子，那麼儘管他們可能會犯很多錯誤，但父母望子成龍的想法卻會如願以償。在他們看來，在師生之間這種人際的相互影響中，全部參與者均持有各自的經驗、智力、情感、價值觀、志向和技能，對整個情境必然產生影響。如果能夠建立良好的師生關係，教師便能引導學生開發自己的潛能，達到最佳的學習。

羅傑斯也十分強調師生關係對於學習的積極作用。正像在心理治療中把重點放在醫患關係上一樣，羅傑斯把教學的重點也放在師生關係或教師態度上。他說：

> 我們知道促進這種學習，關鍵不在於教師的教學技能，不在於他的課程計畫，不在於他的視聽設備，不在於他採用編序教學 (或程序教學)，不在於他的講授和演示，不在於圖書的豐富，雖然其中某一方面可能在某一時刻可以被用來作爲教學的重要資源，但是它們不是促進教學的關鍵所在。促進意義學習的關鍵乃是教師和學生關係的某些態度品質。(Rogers, 1969, pp.105～106)

二、教師的地位和作用

為了進一步闡述師生關係，就必須回答教師的地位和作用的問題。以學生為中心的教學與傳統的教學不同，教師不是教學的中心人物，不起組織、指示和評價的作用。羅傑斯說：

> 凡是可以教給別人的東西，相對地，都是無用的，對於他的行爲極少，或竟根本没有影響……能夠影響一個人的行爲的知識，只能是他自己發現並化爲己有的知識……教的結果不是毫無意義就是可能有害。(Rogers, 1985, pp. 10～12)

羅傑斯認為，“教師”這一術語是不幸的，因為這一術語使人想到的是一個把知識分配給學生的人。他相信人人都固有內在的學習動力，都能確定自己的學習需要，其所以不然，是受了學校 (社會) 的束縛。羅傑斯建議用“促進者”取代“教師”一詞，其目的就是要創造一種有益於學習的氛圍，把學生的“自由解放出來”，推動他的個性“充分地運轉”，以便能夠“人人自我確定”而敞開其創造力。

羅傑斯認為，教師在教學過程之中不是選擇者、組織者、計畫者、指導者、決定者和評估者，而是學生的促進者、鼓勵者、幫助者、輔導者、合作者和朋友，是盡職於學生的“侍人”(servant)。羅傑斯曾形象地把教師的作用比喻為“音叉”(tuning forks)，意為應聲而共鳴。

教育促進者按照上述的原則去行動，因而把每一個學生都當作具有他或她自己的感情的獨特的人看待，而不是作為授予某些東西的容器。這樣，教師就不是教學生怎樣學，而是提供學習的手段，由學生自己決定怎樣學。在學習中，教師只是顧問，就學生的學習問題知之為知之、不知為不知地應他們的要求參加討論，而非指導，更非操縱。這種以學生為中心的教學，傳播到歐洲往往被稱為**非指導教學** (nondirective education) 或稱**非指導式諮商** (見 190 頁)。

由此可見，人本主義心理學家既反對把教師視為教學中的權威人物和決定者，又反對無視學生的心理特點而單純傳授知識和發展智力，強調教師應以班級普通一員身份參加學生的活動，提倡以真摯、坦率的態度與學生平等相處，相互交流思想感情。因此，教師是學生進行有意義學習和學習如何學習的促進者，也是學生形成學習動機、實現學習目標、學會如何適應變化和改革的促進者。

三、教師的職責和品質

人本主義心理學家認為，教師的主要職責是：

1. 創造一種真誠、接受、理解的學習氛圍，使學生的真實自我從面具後面走出來，對自己的思想感受和存在感到無拘無束，愛怎麼樣就怎麼樣，成為一個本真 (或真我) 的新人。羅傑斯認為，只有在這種情況下，學生才能認清自身的價值，發揮自己創造的潛能。

2. 提供一些供學生隨意支配的學習資源，包括書籍、地圖、教科書、儀器、音像設備、工具、車間以及教師自己的知識、方法和情感等，只要學生認為有用，都可自由支配。

3. 鼓勵和誘導學生獨立思考，幫助澄清學生所考慮的問題和希望做的事情，以及幫助組織已被學生認可的經驗。

人本主義心理學家認為，教學成功的關鍵在於良好的師生關係，良好的師生關係又決定於教師良好的態度品質。教師必須具有下述三種態度品質：

1. 眞誠一致 (見 197 頁)　指教師在師生交往中應坦誠相待，如實地表達自己的觀點、想法和感情，特別是教師必須丟掉假面具，拋棄虛偽和欺詐。這樣才能夠在教學中建立良好的人際關係，形成一種理想的課堂心理氛圍。羅傑斯在〈促進學習中的人際關係〉(1967) 一文中指出，在教師應有的態度中，最基本的是誠實或真實。當促進者是一個真實的人，坦誠無遺，同學生建立關係時沒有一種裝腔作勢或者一種假面具，這個時候，他總是能富有成效的。這意味著：他體驗到的感情，對他、對他的意識是有用的，他能將這種感情訴諸生活，表現它們，並且能表述它們，假如這是適宜的話。這意味著他進入同學習者的一種直接的個人接觸，一人對一人地同學習者交談。這意味著他就是他自己，而不是克制自己 (方展畫，1990)。

當然，真實也有一個前提，即教師的這些觀點、想法和感情純屬他自己的真實感情如喜歡或厭惡，但決不能暗示這種活動實際上是好的還是壞的，或這位學生實際上是好還是壞，教師的好惡僅代表教師他自己。這樣一來，教師就成為有血有肉的人，不再是某門課程的“偶像”受到崇拜，也不是沒有自己的思想，僅僅是將知識傳給下一代的“傳聲筒”。

2. **無條件積極關注** (見 197 頁)　指教師對學生的各個方面能無條件地加以接納，相信學生自己有能力進行有效的自我學習。羅傑斯認為，具有這種高水平態度的教師，能完全接納學生在碰到新問題時所表現出來的畏懼和猶豫，並且接納學生達到目的時所表現出來的滿足。這樣的教師能接納學生偶爾的冷漠，鑽牛角尖的錯誤想法以及他實現主要目的的艱苦努力，能接納既干擾又促進學習的個人情感——與兄弟姊妹的競爭，對權威的仇恨，對個人適宜性的關注。在他看來，教師對學生的賞識或接納，是他對人類機體能力具有基本信心和予以信賴的一種具體表現。

3. **同理心** (見 198 頁)　亦即設身處地理解，按英語的詞義就是 under＋stand，即站在一定的立場上。因此，教師理解學生也就是掌握每個學生的素質、生活環境、成長經歷、性格傾向等等，都有一定的立場。羅傑斯認為，理解有兩種：一種是評價性理解，指教師在考察學生時，預先用自己的框框給以相對的評價 (如優點和缺點)。這是藉以瞭解學生的一種典型的傳統方法。另一種是設身處地的理解，指教師在考察學生時，以同情的態度體驗學生本身的所感所想來達到理解的方法。教師在這種理解中由於感情移入地瞭解學生的內心世界、學生的感情和想法，因而學生便會信任教師確能全面地把握他的自己的優缺點，並發展起師生間“憂樂與共”的行為來。

羅傑斯曾舉了這樣一個例子：傑伊是小學二年級的學生，平時好鬥、頑皮，說話慢吞吞，學習也遲緩。一次，他因罵人被送到校長那裏，並挨打。對此事，他的老師艾希林全無所知。在課外活動時，他捏了一個泥人，泥人“口袋”還有一條“手帕”。艾希林問這是誰，旁邊一位同學說：“可能是校長，他口袋裏有一條這樣的手帕。”傑伊說：“是的。”然後就把泥人的頭掰裂開來。艾希林小姐說：“你有時感到喜歡擰掉他的頭，是嗎？你對他太惱恨了。”傑伊又掰掉泥人的兩隻手，最後並將泥人搗爛。艾希林又說：“你現在必定感到好受多了。”傑伊微微一笑。在這個例子中，艾希林對傑伊的理解正是感情移入地理解。

綜合以上所述，以學生為中心是同以教師為中心相對立的人本主義教學模式。其核心思想是重視人、尊重人，把學生視為學習活動的主體，把教師視為學生學習活動的促進者。因此，在以學生為中心的教學模式中，儘管採取的具體形式多種多樣，但都要充分發揮學生學習的主動性、內發性和積極性，堅決反對教師成為學習活動的中心人物或絕對權威，把教師的作用定位在"催化"或"促進者"上面。

第四節　簡要評價

在我們比較全面而系統地介紹了人本主義心理學家的教育觀以後，一般對人本主義心理學教育觀的框架、教育目標論、學習論、課程論和以學生為中心的教學模式等都有了一個基本的了解。現在迫切需要解決的一個問題，就是如何評價人本主義心理學教育觀在西方心理學史和世界教育改革中的地位和作用。下面我們分別評論人本主義心理學教育觀的貢獻與局限。

一、主要貢獻

人本主義心理學教育觀是一種嶄新的教育心理學思想，也是一種對傳統教育觀的變革。它不僅豐富了人類學習理論的內涵，而且推動了當代教育改革的進程。

(一)　促進當代西方的教育改革

早在 18 世紀，法國啟蒙學者盧梭 (見 22 頁) 就竭力主張教育應以培養能保持人的本性的"自然人"為宗旨，提出了"適應自然"的教育方法。這是"以學生為中心"思想的雛形。但稍後德國心理學家和教育學家赫爾巴特 (Johann Friedrich Herbart, 1776～1841) 則與此相反，建構了"以教師為中心"的完整教學理論和固定的教學程序，強調的是對學生的"管理"或"控制"。從此，這種教學心理學思想一直在西方佔據著統治地位。到了 19 世紀末和 20 世紀初，美國心理學家和教育學家杜威又揚起了盧梭的旗幟，宣稱“教育即生活”、“學校即社會”，明確提出“以兒童為中心”，並主張**從做中學** (learning by doing) 的原理。由此針對傳統教育的“進步教育運動”在美國勃然興起，強調“教育要使學校適應兒童，而不是使兒童適應學校”，實現杜威“哥白尼式”的革命。第一次世界大戰後，進步教育開始衰落，1957 年以蘇聯發射第一顆人造地球衛星為導火線，進步教育瓦解，取而代之的是以布魯納所倡導的結構主義教育思想，並開展一場轟轟烈烈的課程改革運動。但是，這場改革又失敗了。

在這種歷史背景下，人本主義心理學教育觀的誕生決非偶然。一方面它順應了美國教育界面臨高科技化社會對人性的新需要，另一方面也反映了美國教育界經過 50 年代中期至 60 年代中期結構主義改革的“折騰”以後的一種“懷舊”情愫。

應該看到，羅傑斯的教學理論，包括教育目標觀、過程觀、經驗觀、活動觀等，均有杜威教育思想的影子。羅傑斯晚年直言不諱地承認：

> 我曾通過基爾帕特里克全面沐浴著約翰·杜威的思想。(Rogers, 1980, p.33)

> 一位學生發現，羅傑斯受到基爾帕特里克和杜威的影響……羅傑斯希望學生獨立地、創造性地思維；他希望深深地、整個兒地參與學習；同時希望這會導致人們對個人的觀點、態度、價值、行爲“重新組織”——按照杜威對該詞的理解。(Rogers, 1980, p.302)

美國斯坦福大學的蓋奇指出：

> 人本主義教育的目標和實踐類似於 20 世紀前半葉進步主義運動的目標和實踐……新的人本主義教育家也是關心杜威預見到的革命結果的改革家。(Gage & Berliner, 1979, pp.559～560)

但是，羅傑斯的“學生中心教育”並不是杜威的“兒童中心論”的一種簡單復歸和直接翻版，而是在新的歷史條件下的一種創造性的發展。所以，兩者相似並不等於相同，主要區別在於：

1. 出發點不同　杜威處於美國工業化運動蓬勃發展的年代，極需培養大批富有創新精神、更有效地運用科學知識、為社會謀財富的人。因此，反對傳統教育過分重視知識傳授、忽視受教育者運用和創造知識的能力，並把參與社會活動視為培養這種能力的唯一有效途徑。而羅傑斯則主要活動於第二次世界大戰以後的“後工業化社會”，即物質需要已獲得巨大滿足而精神生活卻由於高科技卻反而變得日益空虛，他竭力呼籲培養的新型人材不僅要有高度的智慧，而且也要有充實豐富的精神世界、情感世界，也就是培養情智合一的“完整的人”。因此，反對單純重視知識傳授或理性訓練的**唯智主義** (**或主智主義**) (intellectualism)，強調把智力因素與非智力因素統一起來，把人際關係和情感的互動作用視為培養完整的人的一種重要途徑。

2. 哲學基礎不同 杜威從“有用即真理”的實用主義哲學出發，把教育看成是生活本身，提出“教育即生活”、“學校即社會”等口號，並認為“學校作爲一種制度，應把現實的生活簡化起來，縮小到一種雛形的狀態”(趙祥麟等編譯，1981，4 頁)。他在芝加哥創辦了一所推廣“兒童中心論”的實驗學校，主張教育應該給人帶來更大的實效，竭力將諸如烹調、縫紉、手工等活動納入正規教育之中，並強調“這些科目不是附加在其他許多科目之外，作爲一種娛樂、休息的手段，或者作爲次要的技能的特殊科目而提出來的”(趙祥麟等譯，1981，7 頁)。而羅傑斯則是以存在主義和現象學為其教育觀的哲學基礎，突出人的存在價值、主觀選擇、自我、自主、自由、經驗或體驗、創造力，追求人格的完整和獨立。因此，人本主義心理學家要求學校教育必須培養“能進行自發的活動，並對這樣的活動負責的人”，“能理智地選擇方向和自定方向的人”(Rogers, 1951, p.493)。可見，羅傑斯等人把教育的宗旨不是放在知識的傳授或掌握上，而是放在自我實現和人格培養上。

3. 教學重點不同 杜威根據教育即生活的原理，工業化社會對人的首創精神的迫切需要，而特別重視教學中的認知因素，強調對知識的探索和發現，強調思維能力的訓練。因此，杜威主張：

> 教學藝術，一大部分在於使新問題的困難程度，大到足以激發出思想，小到加上新奇因素後自然地帶來疑難，足以使學生得到一些富於啟發性的立足點，從此產生有助於解決問題的建議。(趙祥麟等編譯，1981，184 頁)

而羅傑斯則重視情感和人際關係在教學中的重要作用。他在闡述情感和人際關係的動力功能時說：

> 情感伴隨著並且時常促進著有目的的行爲，這種情感同追求行爲的盡善盡美相關，這種情感的强度同已理解的爲了有機體的維繫和昇華的行爲意義有關。(Rogers, 1951, p.493)

因此，羅傑斯反對教學中只強調認知而摒棄情感的做法，重視建立良好的人際關係。

4. 教學策略不同 杜威出於對認知因素的重視，將他對人類思維規律的發現應用於課堂教學，提出著名的“思維五步”教學環節學說：(1) 提供疑難的情境；(2) 產生問題；(3) 作出有關的假設；(4) 對假設進行推理；(5) 驗證假設。這種教學策略由於教師事先已規定好了學生提問的方向和範圍，故教學程序比較明確，教學方法比較固定，因而學生在學習中會感到有規可循。而羅傑斯的學生中心論則決不允許教師對學生有任何人為的制約，只是當學生提出了各種不同的問題之後，在教師的“促進”之下，通過討論，澄清和形成大家共同感興趣的問題時，才明確了教學的方向、內容和範圍。可見，羅傑斯倡導的非指示教學模式既沒有明確規定的程序，更沒有比較固定的方法。

不難看出，人本主義心理學的教育觀並不是紙上談兵的空議或某種修修補補的改良，而是另闢蹊徑開展一場以人為中心的教育改革。它既是對傳統教育三個中心 (以教師為中心、以教材為中心、以課堂教學為中心) 的模式的有力衝擊，又是對當代西方教育改革的有力推動。羅傑斯曾宣稱：

> 我情不自禁地用這句話作爲結論：我們已經具備了理論知識、實踐方法和日常技能，用它們就能徹底改變我們整個教育體制。我們已知道在一種活動中怎樣將理智學習、所有的個人感情和構成全人意義學習的基本心理影響力揉合在一起。我們已知道怎樣將師範生培養成這樣一種變革的力量。(Rogers, 1980, p.286)

誠然，這段話不無過份之詞，但我們也不能夠否認羅傑斯的“學生中心論”確有其合理內核，並以其獨樹一幟的教學理論推動了西方 60 年代以來的教育改革運動。

羅傑斯以學生為中心的教學理論一問世，就在教育界引起強烈的反響，並受到國際上廣泛的矚目。日本學者評論說：“這個理論爲扭轉上述傳統教學的傾向、風潮，使之來一個 180° 的轉折，提供了充滿魅力的刺激”(鐘啟泉，1984，3 期，19～20 頁)。60 年代中期，羅傑斯向法國人介紹了自己的理論以後，很快人際關係派就在法國學術界占了優勢。僅在 1966 年至 1976 年的十年間，西歐、北美和日本談教育改革時，幾乎家家講“關係”，人人說“非指”(洪丕熙，1984)。70 年代，依據羅傑斯介紹，在國外對其教學理論的實驗研究就有：委內瑞拉的教師實驗班，羅馬附近的實驗班，巴黎小組促進者訓練計畫，日本長島的以人為中心的實驗班，波蘭市郊區一個游牧區內的實驗班等。美國伊利諾大學伯林納教授指出：

> 羅傑斯和佩爾斯 (見第四章第六節和第六章第四節) 闡明的概念及原理，已經引起了對當今所有的各種各樣的會心團體和敏感性小組 (註 10-6) 的廣泛注意，並促使它們迅速發展。(Gage & Berliner. 1979, p.560)

(二) 突破人的學習理論的建構

長期以來，口據主導地位的學習理論，無論是聯想學習理論 (古典條件制約學習論和操作條件制約學習論)，還是認知學習理論 (如認知地圖、符號完形論、啟發式學習論、訊息處理論)，基本上把人比作“大白鼠”或是“較慢的電腦”，主要通過對動物學習的研究所獲得的結果，來說明和推斷人的學習規律，抹煞了動物學習和人類學習的本質區別。這是傳統主流心理學的一大弊端。認知學習理論雖然主要研究人類的認知和學習過程，但機器畢竟不是人類，它是依靠人類為它們編製程序和提供數據、訊息的。須知，是人類而不是電腦有創造力，機器的功能無論如何先進，也無法完全模擬出人類的心理功能和社會本質屬性。所以，僅僅靠電腦的模擬功能來研究人類的複雜、高級的學習心理活動，也同樣是有很大局限的。

人本主義心理學學習理論則突破了長期以來兩大心理學派在學習心理研究上主要對動物學習進行實驗研究的偏向，直接開展對人的學習的研究。顯然，這對促使弄清人與動物學習的根本區別，把握人類學習心理的特點和規律，促進建構嶄新的人的學習理論，都是一個貢獻。

註 10-6：**敏感性小組** (或**感受訓練團體**) (sensitivity training group) 簡稱 **T-小組** (或 **T 團體**) (T-group)，指通過小組的人際溝通與互動，使受訓者認識自己、瞭解他人，從而提高效能的方法。

人本主義心理學家在學習理論體系中，突出地提出了原有兩大學習理論所忽視的重要問題。其中有些至今仍具有啟迪意義。

1. 注意激發學生學習的潛能和內驅力 提倡**內在學習**、**意義學習**和**自發學習** (self-initiated learning)，充分激發學生學習的潛能和內驅力，通過學習不僅能夠對知識達到真正的理解和運用，而且更重要的是將知識的獲得和品德的形成融為一體，使學習者的自我結構或人格日臻完善。羅傑斯在考取威斯康辛大學農學院時，剛開始曾聽了一位農作物學教授主講的課。在這門課程中所學的知識，他後來幾乎全都遺忘了。但由於當時正值第一次世界大戰，他因而清楚地記得這位教授是怎樣將農作物的實際知識同軍火作比較。在一次講課中，該教授用了這樣一個勸告作為結束語：

> "不要作該死的軍火貨車，要作一支槍"。這一句話隱含著一個深刻的哲理：知識首先是爲了運用而存在的。而這位教授的這段話之所以使他永誌難忘，正是因爲教授將深刻的哲理同當時的實際體驗 (第一次世界大戰) 有機地結合起來。(Rogers, 1961, p.281)

由此可見，人本主義心理學家反對被動的外在學習，抨擊機械地"填"與"灌"的教學方法，主張激發動機，進入有意義的學習，真正把學習的知識變成自己內心的精神財富的觀點是正確的。

2. 提倡學會學習和學會適應變化的學習觀 這一學習觀涉及羅傑斯所倡導的學習宗旨和教育目標的根本問題。因為時代在變化，社會在進化，人的教育、學習和知識也應不斷更新。羅傑斯殷切希望學校教育能真正按照人本主義的精神，為社會提供真正能適應變革需要的有用人才。就是說：

> 學校教育培養出了真正的學生，真正的學習者，創造性的科學家和學者，實踐家，以及這樣一種人：在現時所學到的東西和將來動態的、變幻莫測的問題及事實之間，他們能生存於一種美妙的但又是不斷變化的平衡之中。(Rogers, 1961, p.41)

可見，把培養"學會怎樣學習的人"、"學會怎樣適應和變化的人"作為教育目標，既符合社會的進化，也符合學習的規律。因此，學會學習和學會適應變化的學習觀是有積極意義的。

3. 重視學習者主動性、意識、情感和價值觀等心理因素的作用
羅傑斯認為，人類有機體是積極主動的、自我指導的和自我實現的主體。他既反對精神分析學說以潛意識決定論來說明人的意識和行為，也反對行為主義用環境決定論來否認意識的主動性，特別重視人的意識、體驗、價值、創造性等心理因素在學習中的作用。因此，人本主義心理學家把重視學習者的意願、情感、價值觀看作是學習理論的一項基本原則。羅傑斯要求學校教育必須克服知情分離傾向，把情感活動和認知活動有機地統一起來，培養學習者成為能夠應對任何變化的“完整的人”。他特別強調情感教育的重要性，認為“多少年來，我們所受的教育只是強調認知，摒棄與學習活動相聯繫的任何情感。我們否認了自身最重要的部分”。他援引麥克利西的話說：“沒有情感的知識不是知識，它只能導致民衆的不負責任和麻木不仁，導致滅頂之災”(Rogers, 1980, p.268)。可見，羅傑斯以學生為中心的教學理論，極大地突出了教學中的情感等非智力因素，形成了一種以知情協調活動為主線、將情感作為教學活動基本動力的教學模式。它受到美國以及世界許多國家學者的廣泛注目。美國教育心理學家羅伯茲認為：

> 因爲思維和情感幾乎總是彼此伴隨，所以，忽視我們適宜的情感教育是對我們最巨大潛能的一種阻礙……或許，人本主義教育的主要特點是重新認識情感在教育中的重要性。雖然我們傳統地根據弗洛伊德的觀點視情感爲對認知的干擾，但人本主義心理學家每每强調對教育的好處。(Roberz, 1975, p.291)

因此，突出情感在教學活動中的地位和作用，既觸及了一個被傳統教學理論忽視的重大課題，又反映了人本主義心理學教育觀的一大特色。

4. 強調創造力的培養　人本主義心理學家從時代的巨大變革和科技的迅猛發展的高度來看待人的創造力的重要意義。羅傑斯指出：

> 在一個建設性的、破壞性的知識不可思議地奔騰躍入一個幻想般的原子時代之際，真正的創造性適應，似乎顯示了人能同世界的千變萬化保持同步的唯一可能性。由於科學的發現和發明，我們學到的東西按幾何級數的比例增長，一個在總體上消極被動和在文化上僵化的民族，不可能對付成倍增加的問題。不僅個人順應不良和群體緊張，而且還有國際性毀滅，都將是我們因爲缺乏創造性而付出的

代價。(方展畫，1990，36 頁)

在 1952 年 12 月，羅傑斯應邀參加了美國俄亥俄州立大學召開的一次"創造性研討會"。這次會議使他對於創造性和培養創造性的原理產生了許多見解，後來在其〈走向創造性的理論〉(1954) 一文中，系統地闡述了**創造力** (creativity) 的本質、條件和培養創造力的方式。他在《論人的成長》(1961) 一書中還闢專章論述了創造力的問題。在他看來，創造性動機是人的自我實現同他的潛能相適應的傾向，是人的一種擴充、拓展、開發、成熟的推動力 (urge)。它常被隱埋在每一個人的心靈深處，如果有適當的環境條件，創造性就會釋放和表現出來。也可以說，自由創造既是人生的最高追求，又是人的價值的完美實現。羅傑斯對創造性做了這樣一些規定：(1) 創造性人皆有之，至少是創造性潛能人皆有之；(2) 人的創造性高低或者有無是可以洞察和感知的，主要通過創造性產品這一類成果來進行；(3) 任何創造性產品的結構必須是新穎而獨特的；(4) 創造性沒有好壞之分，伽利略和哥白尼的重大發現現在自然被認為是重大發明，但在他所處的時代，卻受到咒罵；(5) 創造性沒有等級，學生發明一種新遊戲同愛因斯坦提出相對論一樣，都是創造性的活動。他把開放經驗、內部評價、耍弄 (play with) 觀念、色彩、形狀、關係的能力視為創造性的三種內部構成因素，而把**心理安全** (mental security) 和**心理自由** (psychological freedom) 視為人的創造性的兩種外部條件。可見，人本主義心理學家在創造性方面的貢獻是其他心理學派難以相比的。

5. 重視建立良好的師生關係和創造最佳的教學心理氛圍　傳統教學基本上以教師為中心，師生之間的關係通常是給予和接受的關係，上級和下級的關係，甚至是主人與奴隸的關係。這種不平等的人際關係阻礙了師生之間的密切溝通和良性互動，嚴重損傷了學生的自信心和獨立性，因而壓抑了學生能力的發展，導致了教學質量的降低。羅傑斯向傳統的"三個中心"(見 460 頁) 的教學理論模式發出挑戰，力圖把教學活動的重點從教師引向學生，強調通過改善教學中的人際關係來提高學生學習的自主性。羅傑斯認為，良好的師生關係是教學中良好人際關係的主要表現，也是成功的教學活動的主要保證。在他看來，正像心理治療中良好的人際關係一樣，教學中良好的人際關係，主要決定於教師態度品質的**真誠一致**、**無條件積極關注**、

同理心 (見 455～456 頁) 這三大構件。由此，羅傑斯把教學活動的形態界說為師生之間人際關係的運動，課程內容、教學方法、教學手段等都有利於維繫教學中良性人際關係的形成和發展。同時，羅傑斯也十分重視教學心理氛圍 (註10-7) 對教學成敗的重要作用。他把教學心理氛圍視為一種**非意識智力** (nonconscious intelligence)，並斷言這種非意識智力在未來人身上大有用武之地，"它能支配人體的許多功能，能治療疾病，能創造新的現實。它能高瞻遠矚地看遙遠的事情，直接表達各種思想" (方展畫，1990，347 頁)。相反，不良的教學心理氛圍既會導致人際之間的戒防，從而不能有效地同化任何新經驗；又會因戒防的擴展而進一步惡化心理氛圍。羅傑斯指出，良好的教學心理氛圍主要是由教學中良好的人際關係形成的。它關係著人的潛能和自我能否最大限度地得到開發和實現，關係著人的創造能力和應變能力能否最有效地得到形成和發展。

二、根本缺陷

誠然，人本主義心理學教育觀有其思想之閃光，有其獨特之貢獻，但是其理論基礎並非完全科學，並且對教學中一些關係的見解也有偏頗之處。因此，我們在充分肯定人本主義心理學教育觀的貢獻時，也要對其誤區加以認真地批評。

(一)　具有自然主義教育傾向

人本主義心理學教育觀在反對扼殺人性和個性的傳統教育，扭轉教學中的專制主義，改變被動的機械式的外在學習模式等方面具有進步的意義。

但是，馬斯洛、羅傑斯等人的教育心理學思想基本上仍屬於自然主義教育思想的範疇。從其遠淵看，人本主義教育觀繼承了盧梭的自然教育思想。他主張人的教育必須與自然的教育趨向一致，回歸自然，順應天性，不加干涉和壓制，讓兒童自由發展。從其近因來看，美國人本主義教育觀又直接來

註 10-7：**教學心理氛圍** (teaching psychological atmosphere)，指教學活動中的心理環境和心理氣氛，亦即教學群體的意識、態度、情緒和人際關係的綜合狀態。其表現或是和諧、歡快、嚴肅、緊張、有秩序的氛圍，或是充滿敵意、喧嚣、苦悶、糾紛、無紀律的氛圍。

源於杜威的自然主義經驗論的思想。杜威的教育理論是建立在自然主義經驗論 (即實用主義哲學)、本能論生物學和社會學的基礎之上的。他把自然歸結為經驗，經驗為主觀與客觀相互作用的結果，其中主觀起決定性作用。進而認為教育即生長、教育即發展，教育是經驗的不斷改組和改造的過程。就是說，教育是生活的過程，而不是將來生活的準備。他又從教育即生活引伸出學校即社會，在這個小社會中的主人是兒童，所以他提出兒童中心論，要求學校中的一切人和舉措都要圍繞兒童來轉，在做中學。

人本主義心理學家的自然主義教育傾向，主要表現在：

1. 崇尚潛能決定論　本來，人本主義心理學重視發展學生潛能是有積極意義的。但是，如把發展潛能視為教育的基本出發點、唯一動因和根本目標，則是片面的、不正確的。

學校教育的本質特徵，就是實現社會發展需要和學生實際需要的統一。就是說，它一方面決定於社會發展的普遍規律，即決定於一定社會對年輕一代的要求；另一方面又決定於教育本身發展的特殊規律，即決定於學生的年齡特徵和人格特點的發展規律。

不難理解，如果學校中的教學只從社會需要出發，不切合學生的年齡特徵與知識水平，那就會成為主觀主義和教條主義的教學；反之，如果學校中的教學只顧迎合學生的心理，而不注意社會的實際需要，那就會成為形式主義和興趣主義的教學。我們必須使教學符合社會的需要和學生的特點，堅決反對主觀主義和形式主義兩種不良的教學傾向。

人本主義心理學關於發展潛能的思想，其要點是：(1) 潛能是一個人未來發展的內在傾向、能量和可能性；(2) 潛能是一種遺傳構成的不同於本能的似本能；(3) 潛能除了一般的生物潛能外，還有人所特有的心理潛能，如人的友愛、合作、求知、審美、創造、公正等高級需要或衝動；(4) 潛能是先天性的傾向，有賴於後天學習才能充分發展，教育目標在於幫助學生發揮自己的潛能；(5) 潛能的作用在於人對環境的主動性和創造性；(6) 人有高於一般動物的多種潛能，因而人也有高於一般動物的多種價值，這些人的存在價值構成了人格的基礎；(7) 潛能具有社會價值，人類的哲學、科學、藝術的發展都是相應的潛能的實現。

誠然，潛能只是一種假說，目前還無足夠資料加以界定和佐證。例如，在具有完整的人腦結構的狼孩身上，並沒有呈現要求實現潛能的需要。但問題還不止於此，主要是人本主義心理學家堅持潛能決定論。他們認為，人的高層需要、學習動機和價值觀是由人體先天遺傳而來的潛能決定的產物，而不是在一定社會條件下教育和學習的結果。事實上，學生從事學習，並非完全是個人潛能的自我實現，更重要的是社會需要在學生身上的反映。

可見，人本主義的學習理論，一方面把個人需要、學習動機和價值觀與社會客觀需要完全對立起來，另一方面又把人的高級的社會性需要與低級的生物需要完全等同起來，都同樣看作是天賦的、先定的，是由潛能所決定的生物性的自然特徵。因此，片面強調潛能在學習中的動力作用，把發展潛能視為教育的根本目標，既是一種貶低和脫離社會需要的遺傳決定論的生物學化的觀點，又是一種人的天性決定論的自然主義教育的觀點。

2. 傾向自發決定論　誠然，羅傑斯倡導以學生為中心是對以教師為中心的傳統教育的批判，對激發學生學習的主動性和內發性是有積極意義的。同時也應看到以學生為中心的教學並非完全否定教師的作用，而是否定傳統教學中忽視學生的要求、代替學生思考的指導，否定教師扮演所謂“教授”的角色。羅傑斯認為教師的作用在於促進學生潛能的實現，因此他主張應把“教師”改稱為“促進者”。羅傑斯不主張促進者放棄對教學活動的干預。相反，他要求促進者積極地參與教學的組織活動。正如戈曼所說：非指示性教學，或許可稱之為**非操縱教學** (non-manipulating teaching) 或者**非窒息教學** (non-suffocating teaching)。藉助於拒絕替學生思考以及為他們組織來打破學生的依賴性需要，據此而設計的教師的行為，構成了這種教學。這並不在任何意義上意味著某種指導是不必要的；相反，它意味著教師將自己的任務看成是促進學生的自我主導 (Gorman, 1969)。

但是，以學生為中心教學模式降低教師作用的弊端也是顯而易見的。因為學生是教育的對象，他們正處於學知識、長身體的時期，他們的知識和經驗還很不豐富，獨立思考和獨立工作能力還很有限，而教師是教育者，肩負著貫徹執行教育目標、教學計畫和教學大綱的任務，擔負著整個教學活動的組織工作，又聞道在先，具有更多的知識和經驗，所以，在教學中學生居於被指導的地位，而教師則起著主導作用。這就是說，在教學過程中，決定教什麼和如何教，決定培養學生成為什麼樣的人，不是學生，而是教師。但就學生的學習過程來說，學生是學習活動的主體，教師的指導是學生學好的外因，學生學習的主動性 (如學習動機、需要、興趣、態度等) 則是他們學好的內因。這就是說，教師的教是促進學生由不知向知轉化的充分必要條件，學生的學則是決定他們由不知向知轉化的基礎。因此，教師的主導作用和學生的主體地位是教學過程的本質及其規律決定的。

基於上述理由，教師和學生兩者起著互為主客體的作用，因此，以教師為中心是傳統教育的一大弊端，以學生為中心也是片面的。顯然，把教師的作用只看作是應學生之聲而“共鳴”的“音叉”或“侍人”，把教師的任務只看作是起“促進者”的角色，就是忽視和貶低教師在教學過程中的主導作用。至於人本主義心理學主張以學生自由活動為中心，由學生自己決定學習內容，這樣就會導致學校教學沿著自發決定論的原則走向自然主義教育的道路。其結果必然忽視教學內容的系統邏輯性，降低教育與教學的效能，影響學校的教學質量。

3. 取消一切約束和規章 傳統教育的“管”、“卡”、“壓”，嚴重影響學生的個性全面發展，應該予以廢除。但是，教育總是要有一定的要求、約束和規範的，否則就不成其為教育。人本主義心理學家幾乎要破除學校的一切規章制度。馬斯洛認為，在理想的大學中將不再有學分、學位、必修課。每一個學生都可以學他想學的任何課程。由於教師教的知識不是無用的就是有害的，只有學生自己發現和已有的知識才是最寶貴的東西，因而羅傑斯主張“放棄一切教學”，不向學員提出任何學習進度要求，一切都由學員自己主動選擇安排。他還要求“取消考試”，“文憑和評語也必須統統取消”。這種把教育與要求、自由與紀律、自主與制度截然對立起來的做法，就不可避免地最終會陷入削弱與取消教育、學校和教師的自然主義教育的境地。我們提倡在寬鬆、自由的學習氛圍中去學習教學計畫規定的教學內容。並且要求學生在不影響自己與別人學習的前提下，在選修課與課外興趣小組中進一步發揚自由學習的精神，但必須遵循學生的角色規範，遵守必要的規章制度，真正做到既樂於學習又會學習，既自由又受紀律制約，以適應當前的學習與未來的生活。

(二) 具有非理性主義教育傾向

人本主義心理學教育觀在反對唯智主義的傳統教育，重視和強化非智力因素在教學活動中的地位和作用方面是有積極意義的。

但是，由於以學生為中心的教學理論直接嫁接和移植於羅傑斯以受輔者為中心的心理治療理論和實踐，忽視了學校教學過程的特殊性，自然會導向非理性主義教育的境地。

誠然，心理治療理論遷移到教學理論中的做法也有其合理的地方，因為兩種活動都涉及到人的成長這個共同因素，有些精神和方法加以借鑑也是有益的。但是，教學與治療是有區別的，羅傑斯也說過：

> 在治療中，有助於認識一個人自我的資源在內部。幾乎沒有什麼治療者能提供的、有幫助的材料，因爲所涉及的材料存在於這個人內心。在教育中則不然。存在著許多知識、技術和理論材料，它們構成了供使用的原始材料。(Rogers, 1961, p.288)

他雖然看到了這個問題，但卻從根本上忽視了教學與治療的本質區別：(1) 教學目的和治療目的不同，治療要調整情緒，克服障礙，矯正人格，恢復健康，而教學則要開發潛能，掌握本領，實現自我，完善人格；(2) 學生的特點和病人的特點不同，開始接受治療的病人，具有意識到的感情，但他可能是無指望的和無用的人，而學生在入學之初或上課開始，則是充滿著希望和熱情的，相信自己會掌握知識，學好本領；(3) 教師的角色和治療者的角色不同，教師在教學活動中居於指導地位，起著主導作用，而治療者則在治療活動中居於輔導地位，起著促進者、幫助者的作用。

羅傑斯以受輔者中心治療法 (或當事人中心治療法) (見第四章第四節) 簡單地和徹底地類推到教學理論之中，既是他的以學生為中心教學模式致命之處，又是他的非理性主義教育傾向的根源所在。

人本主義心理學教育觀的非理性主義傾向，主要表現在：

1. 忽視系統科學知識和技能的學習　追溯心理學史，各個心理學派對知識和智力關係的理解往往各執一端。行為主義心理學強調學生對知識、技能的學習，而人本主義心理學則強調學生智力的發展，特別是要使學生掌握尋求知識的過程和知道如何學習，認為學習的知識內容是不重要的，技能是次要的。羅傑斯說：

> 我漸漸地明白：我不能藉助任何理智的或訓練有素的方法去幫助這

> 種面臨困境的人。依賴於知識、訓練、獲得被告知的一些東西的方法，没有任何用處。(Rogers, 1961, p.32)
>
> 我不是有意識用一種周密計畫的或者分析的方式做出反應，而僅僅只是用一種非反射性的方式對他人反應，我的反應依賴於（但不是有意識地）我對那個人的整個機體感覺。(Rogers, 1961, p.202)

因此，羅傑斯把經驗視為最高權威，追求於直接經驗的摸索，貶低科學系統知識掌握的價值。當代著名英國教育哲學家彼得斯（Richard Stanley Peters, 1919～　）專門撰文抨擊羅傑斯的《自由學習》一書，認為羅傑斯的教育學說是反理性主義的。梅森也指出："在較新的'非指示性'的探討方式中，有一種貶低知識的傾向"(陸有銓譯，1984，227 頁)。

2. 傾向情感主義　儘管羅傑斯不止一次地談到"知情合一"或"知情融為一體"，但實際上他過分強調了教學中情感這一非智力因素，對知識傳授和理性薰陶則表現得十分冷淡。與杜威的輕情感、重認知的風格相反，羅傑斯具有明顯的情感主義傾向。早在 20 世紀 40 年代初期，羅傑斯就指出，那些没有被認識到的情感因素是人自身最基本的部分，是認知活動的動力，因此他把諮商過程看作是遵循著病人的情感模式。由於他單純強調情感的極端重要性，以致許多人將他的非指示療法理解為僅僅是對病人情感的反應。雖然這種理解不見得非常全面，但是羅傑斯確實把情感視為教學活動中的決定性的動力因素。他說：

> 這種"没有感情的知識"使我們的軍人及作爲一個民族的我們，可以毫無愧疚地犯下難以置信的暴虐。我們不應忘卻東南亞戰爭中的事件。在狂轟亂炸越南和柬埔寨中，我們每每在殺戮無辜，但是，有點感謝我們成功地單獨劃分出來的認知教育，我們頭腦簡單，只知道理智事實，無須用情感來體驗我們的知識……。(Rogers, 1980, p.268)

可見，羅傑斯片面強調情感對認知的作用，完全忽視認知對情感的重要作用，其結果必然陷入情感主義的非理性主義的境地。其實，學生的所作所為，他的體驗和思想情感，不見得都是正確的、完全可以信賴的。不分青紅皂白都無條件地接納和設身處地的理解，這既與真誠難以相容，也不利於學生明辨是非。

綜上所述，人本主義心理學教育觀是人本主義心理學在教育領域中的重要理論與具體應用。不管它有這樣或那樣的缺陷，人本主義心理學教育觀在心理學史和教育學史上均留下了光輝的一頁。

本章摘要

1. **教育觀**是羅傑斯、馬斯洛教育改革思想的集中體現，也是人本主義心理學的主要應用領域之一。
2. 人本主義心理學教育觀的特點：(1) 來源於治療實踐和臨床經驗；(2) 哲學基礎是存在主義與現象學；(3) 主張開展教育改革運動；(4) 倡導以學生為中心的全人化教育。
3. 人本主義心理學家批評美國教育制度是人本主義心理學教育觀的起點。它既是對傳統教育的批判，又是對行為主義學習理論的批判，也是對美國生活模式的抨擊。羅傑斯把傳統教學概括為八個特點。
4. 人本主義心理學教育觀的內容：(1) 倡導教人、做人、成人的教育，以期達到自我實現；(2) 主張將情、智融為一體，開展最佳成長的內在學習；(3) 堅持把學生作為學習的主體，開展以學生為中心的學習；(4) 主張進行課程改革，實施意義學習和經驗學習；(5) 提倡學習是一種人際的相互影響，發揮教師“促進者”的作用。
5. **教育目標論**是人本主義心理學教育觀的核心。馬斯洛認為，教育的終極目標是自我實現，即開發潛能，完美人性，完善人格，成為世界公民。羅傑斯認為，教育的根本目標是培養學習者學會學習和學會適應變化，成為充分發揮作用的人。
6. **內在學習**是依靠學生內在驅動、充分開發潛能、達到自我實現的學習。它是人本主義心理學區別於行為主義外在學習的一種學習理論，是一種自覺的主動的創造性的學習模式。

7. **意義學習**是指所學的知識能夠引起變化、全面地滲入人格和人的行動之中的學習。它既不同於行為主義的機械學習理論，又不同於認知心理學屬於智育範疇的意義學習理論，而是智德融為一體的人格教育和價值觀的薰陶。意義學習是以 10 個假設為基礎的。
8. **人本主義課程論**是 70 年代在抨擊學問中心課程的“非人性化”的課程中應運而生的。主張開設學術性課程、情意課程和自我實現課程。
9. **學生中心教育**實質上就是重視人、尊重人，強調教學中人的因素第一。包括兩項基本原則：(1) 學校和教師必須把學生看作“人”，真正尊重學習者。相信學習者都能自我獨立、自我發現、自我指導、自我支配、自我創造、自我實現；(2) 必須把學習者視為學習活動的主體，教學和教育都應以學生為中心，創造一切條件，促進學習者學習和變化。
10. 以學生為中心教學的基本點：(1) 教師要有把握和安全感；(2) 師生分擔學習責任；(3) 促進者要提供學習資源；(4) 學生自己與別人協同學習方案；(5) 創造促進學習的氛圍；(6) 學習集體著重在促進學習進程；(7) 自律；(8) 學習評估主要由學生做；(9) 促進成長的氛圍。
11. 以學生為中心的典型教學形式：(1) 以主題為中心的相互作用方法；(2) 學習自由模式；(3) 詢問法；(4) 開放課堂；(5) 夏山模式。
12. 教師是學習者進行有意義學習和學會學習的促進者，不是教學中的權威人物和決定者。因把**學習**視為師生之間或學生之間的一種人際的相互影響，故教學成功的關鍵在於良好的師生關係，而良好的師生關係又決定於教師具有**真誠一致**、**無條件積極關注**和**設身處地理解**三種良好的態度品質。
13. 羅傑斯的**學生中心教育**並不是杜威的兒童中心論的一種簡單復歸和直接翻版，而是在新的歷史條件下的一種創造性的發展。羅傑斯的教學理論雖與杜威教育心理學思想有相似性，但在出發點、哲學基礎、教學重點和教學策略等四方面卻不同。
14. 人本主義心理學教育觀的主要貢獻：(1) 衝破了傳統教育心理學思想的束縛，把尊重人、理解人、相信人提到了教育首位，促進了當代西方的教育改革；(2) 突破了長期以來兩大心理學派主要對動物學習進行實驗研究的偏向，直接開拓了人的學習理論的建構，突出了學生學習主體的地位與作用。

15. 人本主義心理學教育觀的根本缺陷：(1) 崇尚潛能論和自發論，把自由與約束、規範截然對立起來，具有自然主義教育的傾向。(2) 忽視系統科學知識和技能的學習，片面強調情感動力的決定作用，具有非理性主義教育的傾向。

建議參考資料

1. 戈布爾 (呂　明等譯，1987)：第三思潮——馬斯洛心理學。上海市：上海譯文出版社。
2. 方展畫 (1990)：羅傑斯"學生為中心"教學理論述評。北京市：教育科學出版社。
3. 車文博 (1996)：西方心理學史。臺北市：東華書局 (繁體字版)。杭州市：浙江教育出版社 (1998) (簡體字版)。
4. 林　方 (1987)：心靈的困惑與自救——心理學的價值理論。瀋陽市：遼寧人民出版社。
5. 柯永河 (編譯) (1982)：人性的園丁——羅嘉思。臺北市：允晨文化實業公司。
6. 馬斯洛 (林　方譯，1987)：人性能達的境界。昆明市：雲南人民出版社。
7. 高覺敷 (主編) (1987)：西方心理學的新發展。北京市：人民教育出版社。
8. 高覺敷、葉浩生 (主編) (1996)：西方教育心理學發展史。福州市：福建教育出版社。
9. 彪　勒等 (陳寶鎧譯，1990)：人本主義心理學導論。北京市：華夏出版社。
10. DeCarvalho, R. J. (1991). *The founders of humanistic psychology*. New York: Praeger.
11. Rogers, C. R. (1961). *On becoming a person*. Boston: Houghton Mifflin.
12. Rogers, C. R. (1968). *The interpersonal relationship in the facilitation of learning*. The Virgil E. Herrick Memorial Lecture Series. Columbus, Ohio: Merrill.
13. Rogers, C. R. (1969). *Freedom to learn: A review of what education might*

become. Columbus, Ohio: Merrill.

14. Rogers, C. R. (1980). *A way of being*. Boston: Houghton Mifflin.

15. Shaffer, J. B. P. (1978). *Humanistic psychology*. Englewood Cliffs, NJ: Prentice-Hall.

第十一章

超個人心理學

本章內容細目

超個人心理學 (或**超個體心理學**、**超現實心理學**) (transpersonal psychology) 是 20 世紀 60 年代末在美國人本主義心理學發展中興起的一個新的心理學派，主要探究人類的心靈 (精神) 與潛能的終極價值和真我完滿實現的問題。其思想先驅者是詹姆斯 (見 55 頁)、榮格 (見 35 頁) 和弗蘭克爾 (見 213 頁註 4-11) 等，主要創建者和代表人物有馬斯洛 (見第三章)、薩蒂奇 (見 45 頁)、格羅夫 (Stanislav Grof) 等。1969 年創辦《超個人心理學雜誌》(JTP)，1971 年成立**超個人心理學會** (Association for Transpersonal Psychology，簡稱 ATP) (註 11-1)。

超個人心理學是西方一個正在發展中的心理學派，其理論體系仍處於探討階段。但超個人心理學卻建構了一種比人本主義心理學更寬闊、更開放的新範式，提供了一個“新形象、新概念和新界定”(Maslow, 1982, p.172)，打開了洞悉人類存在價值、高峰體驗或超越性經驗之門。因此，研究超個人心理學不僅具有特殊的學術價值，而且具有深遠的意義。本章內容旨在討論下述八個問題：

1. 解析超個人心理學的實質及其主要特點。
2. 怎樣理解超個人心理學產生的社會背景。
3. 超個人心理學是人本主義心理學的補充、擴展和提昇。
4. 為什麼說超個人心理學是西方科學和東方智慧的融合。
5. 剖析超個人心理學的人性觀。
6. 超個人心理學的意識譜和意識訓練解析。
7. 超個人心理治療的實質和價值如何。
8. 超個人心理學的評價。

註 11-1：1967 年 1 月，薩蒂奇在考慮如何充分表現這一新思潮的字眼時，他非常同意馬斯洛建議的用**超人本** (transhumanistic) 一詞，此詞是赫克斯利 (Huxley,1957) 提出的。2 月，薩蒂奇告訴馬斯洛他計畫創辦《超人本主義雜誌》或是《超人本心理學雜誌》；經過一番磋商和研討後，他們決定改用**超個人** (transpersonal) 一詞。1969 年薩蒂奇在馬斯洛的支持下，創辦了《超個人心理學雜誌》，成立了美國超個人學會 (ATA)，1971 年改為超個人心理學會 (ATP)。目前已有 50 多種學術期刊，定期刊登超個人心理學領域的各種理論性和實驗性的研究。

第一節　歷史背景

任何一種心理學思想、學說、主義和學派既不是從天上掉下來的，也不是從頭腦中臆造出來的，而是有它特定的社會基礎、思想淵源和科學背景。下面我們將對超個人心理學產生的社會背景、思想背景和科學背景加以闡述。

一、社會背景

超個人心理學的產生並不是偶然的，而是有其社會歷史的必然性。

自 20 世紀 50 年代以來，西方國家 (特別是美國) 隨著科技的突飛猛進和經濟的飛躍發展，人們的物質生活空前富裕，但西方社會卻籠罩在核毀滅、反戰運動、環境污染、生態失衡、種族衝突、價值瓦解、理想泯滅、人性裂變等深刻的危機之中，並嚴重地表現在人的自身之上。

事實證明，單純依靠經濟發展、科技進步，甚至民主政治還不能完全解決人類精神生活和價值追求的問題。可以說，人最不瞭解的也是他自己，而作為主要精神科學的心理學則是人理解自己和解救自己的一把鑰匙。然而，現今的實證心理學還遠遠不能為人的精神世界或是情感世界所面臨的重大問題，提供十分有效的解釋和抉擇。剛興起的人本主義心理學將其研究的重心已由外部空間的開拓轉向內部空間的探索，因而人性、主體性、獨特性、價值、尊嚴、自由和潛能被提到心理學的重要日程上來。幾乎上千種暢銷書，上萬個團體組織向數百萬美國人傳遞著人本主義心理學運動的訊息，人們有如被解放了似的歡迎它的來臨，它對美國社會文化的影響可謂是無遠弗屆。

但是，自 20 世紀 60 年代以來，美國高估自我價值的自戀型文化 (narcissistic type culture) (“我”的世代) 的發展，與人們對原本健康的人本理念的扭曲理解不無關聯。一時間“自我心理學”(註 11-2) 變成人們

註 11-2：自我心理學有兩種含義：(1) **自我心理學** (ego psychology)，指新精神分析由專注深層本我 (id) 的探究轉為研究現實層面的自我 (ego) 自主功能及其適應性發展的心理學。安娜・弗洛伊德 (見 100 頁) 是自我心理學的奠基者，哈特曼 (見 100 頁) 是自我心理學理論體系的創建者，艾里克森 (見 100 頁) 是當代自我心理學的最大理論權威。(2) **自我心理學** (self psychology)，統稱研究以自我為核心概念闡釋各種事件與過程的心理學。其研究的問題有自我觀念、自我意識、自我實現、自我歸因等。狹義則指美國人本趨向的自我心理學，已成新的自我心理學 (見第 556 頁)。

流行的口頭禪，如什麼自尊自重、自立自愛、自我接納、自我肯定、自我價值、自我成長、自我發展、自我改善、自我實現等等，其實這些術語無可厚非，不過，過份地宣揚個人高於一切，就會在這種自我中心主義的文化氛圍中使人們把自己看得比什麼都重要，如自愛變成自私，自由變成不負責任，自我肯定變成不顧他人，自我接納變成自我放縱，如此類推。

有些心理學家嚴厲批判了這種自我中心的文化。拉斯奇 (Lasch, 1979) 稱之為**自戀狂文化** (narcissistic culture)，維茲則稱之為**自私文化** (self-seeking culture)，並說：“(人本主義心理學) 已經變爲宗教……基本上是自我朝拜” (Vitz, 1977, p.37)。可見，人本主義心理學的研究僅僅限於個人或自我範圍內的問題，它根本不能涵蓋對超越水平的心理健康和意識狀態的研究。在這種社會文化背景下，又加上生態環境的破壞所激發的環保意識的影響，迫切要求人們重新認識自我、重新界定自己的角色，人已不再是以前那種孤立、分裂的“小我”，而是與整個有機體或“大我”和宇宙密切相聯、相互涵攝的一部分。他們認為，我們是休戚與共、存亡與共的，自私、個人中心、不負責任的心態必然導致自我毀滅。因而人類對與自我密不可分的大我產生了深切的關懷、熱愛和責任感。這樣，由熱衷研究小我的自我心理學發展出專門探究大我的超個人心理學必然應運而生。塔特指出：“如果我們沒有構造出一個合適的心理學，那我們就永遠不會構造出一個美好的世界” (Tart, 1975, p.4)。因此，超個人心理學是西方心理學適應解決人的高級精神活動奧秘的社會需要的產物。

二、思想背景

超個人心理學並不是西方文化的獨特產物，而是西方心理學與東方智慧融合的結果。

(一) 西方現代思想的先驅

超個人心理學有一短暫歷史但卻有一漫長的過去。作為人類關注的一個領域，超個人心理學可追溯到史前時代。就現代而言，美國心理學之父詹姆斯於 1902 年在《宗教經驗類型》一書中就探討過超個人的心理現象。他認為，人的精神生活有不能以生物學的概念和感官的滿足加以解釋的地方，所以我們可以通過一些現象來領會某種超越性價值，這表明人的機體能同超生物的力量接觸。他強調人有巨大的潛能尚待開發，人的意識只有很少一部分被人所利用，正像十個手指只有一個小指在活動。

榮格 (見 35 頁) 是第一個談論到“超個體潛意識”的人。這是 1917 年在他的論文〈潛意識結構〉中與“集體潛意識”交替使用的一個術語。就是說，榮格把集體潛意識也看作是一種超個人的潛意識。他認為，**集體潛意識** (collective unconscious) 是有史以來沈澱於人類心靈底層的普遍的共同的人類本能、經驗諸遺存儲庫，它們以原型構成存在，顯現為原始意象 (註 11-3)。它們作為人類的心理傾向性、制約性的普遍心靈規律，對人類行為、理解、創造發生重大的影響。榮格特別強調人能通過心靈的直覺活動，同不

圖 11-1　弗蘭克爾

(Victor Frankl, 1905～1997) 美國臨床心理學家，追求生命意義人格模式的建立者，意義療法之父，與弗洛伊德學派、阿德勒學派並列，被稱為維也納第三精神治療學派——存在精神分析學派。畢生有 27 本著作，譯本 23 種語言。主要著作有《醫生與心靈》(1955)、《精神治療與存在主義》(1967)、《無意識的上帝》(1978)、《意義的意願》(1981) 等。

註 11-3：**原型** (archetype) 和**原始意象** (primordial image) 係榮格分析心理學 (analytical psychology) 術語，即人類種族經驗積澱下來的原始觀念。兩者的區別；原型是預示知覺的普遍模式和共同傾向，如人格面具 (persona)、阿尼瑪 (anima)、阿尼姆斯 (animus)、陰影 (shadow)，這四種原型又受最重要的原型自我 (self) 和曼德拉 (mandala)的統攝。而原始意象則是原型的象徵表現和形象化表述。例如，知道 A＞B，B＞C，則 A＞C，這類先驗的知識就是原始意象中的原型表露。

斷擴大的領域（包括一切莊嚴的和神聖的價值）直接接觸，人類的深蘊本性是和這樣的理想境界協調一致的。

存在分析心理治療學家弗蘭克爾（見圖 11-1）不僅是**意義療法**（或**言語療法**）(logotherapy) 的創始者，而且是超越自我思想的倡導者。他親身經歷過德國納粹死亡集中營牢獄的苦難，劫後餘生，他對人性的解釋，對生命的意義與價值的看法，對迷失困惑的世道人心頗有啟迪。他認為，人性異於禽獸者的主要動機是追求生活的意義，即探求**意義意志** (will to meaning)。動物尋求的是快樂和征服，而人的本質則是追求人生的意義和價值。他指出，作為一個人，最根本的一點，就是對自己在生活中的責任要有明確的認識和堅定的信心。人不會滿足自我平衡、無任何壓力狀態，只有當富有責任感地應付困難、處理問題時，人才會感到生活的意義和幸福。

馬斯洛在其後期著作中曾多次提出超越性動機的概念，具有明顯的"超個人"的發展傾向。他區分兩類自我實現，認為高級的自我實現本身是非激勵的 (unmotivated)。它不是由於某種滿足體內匱乏性需要所引起的，而是一種對於不斷成長的追求。因此，自我實現本身便帶有自我超越的傾向。特別是高級的自我實現是帶有更多自我超越特徵的動機。馬斯洛曾明確提出要研究超個人心理學的問題，他說：

> ……沒有超越，不能超越個人，我們就會成爲病態的、狂暴和虛無的，要不然就會成爲失望的和冷漠的。我們需要某種比我們更大的東西作爲我們敬畏和獻身的對象。
>
> 我認爲，在我們能夠有一個健康的世界之前，需要完成的另一個任務就是闡明一種關於惡的人本主義和超個人心理學，它是出於對人性的同情和熱愛而寫的，而不是出於對人性的厭惡或絕望而寫的。（李文湉譯，1987，6 頁）

馬斯洛在 1969 年因心臟病嚴重而大幅度削減了工作量，但他仍為《超越個人心理學雜誌》創刊號撰寫了兩篇文章：《人性能達的境界》和《超越的種種意義》。由此可看出馬斯洛的思想已經由人本主義心理學進化到超個人心理學的新階段。他宣稱：

> 第三心理學逐漸讓位給第四（勢力），"超人本心理學"著眼於超越性經驗及超越性價值……這新運動的另一特色是再度神聖化，再

> 度靈性化。價值中立的科學有意剔除神聖性，將一切東西中性化，力求實證性，它只取可用的部分，也就是感官可以捕捉的資料；超人本思想則爲我們帶來了嶄新的一面，當你打開了價值及高峰或超越性經驗的那一扇門，整個嶄新的可能性便出現在眼前，有待你去發掘……我們所面對的是人的新形象，這是關鍵所在，其餘一切會隨之開展。(Maslow, 1969, pp.4～5)

人本主義心理學運動幕後的靈魂人物薩蒂奇在回憶自己轉向超個人心理學取向時說：

> (1966 年) 我感到人本的取向有所不足，它並未切實地納入我們的文化對"個人內在"的領域所開拓的深度，也未充分强調人在宇宙中的地位。我越來越意識到，自我實現的概念已不足以包容一切，這令我自己都很驚訝，因爲我一向以爲這個概念有如一把大傘，足以蔭庇好幾個時代無虞。我常與馬斯洛討論他的理論中的種種問題及限度……我所經驗到的這一轉變，發生得越來越快，有時我會思索這一轉變對我身爲《人本主義心理學雜誌》的主編以及與美國人本主義心理學會的關係和影響，我必須承認，在那段日子裏，我偶爾產生了罪疚感，感覺到自己對人本理想的不忠及不夠負責等等，然而不斷出現的某些現象與事件催促著我重新調整方向。(Sutich, 1976, pp.7～8)

由於發現人本主義心理學的缺陷，因而薩蒂奇和維奇又積極另創《超個人心理學雜誌》(1968) 和超個人心理學會 (1969)，促進了超個人心理學派的形成。

(二)　東方文化的影響

一百多年來，主流科學心理學一直沿循自然科學的傳統，力圖建構物理主義的心理學理論模式。其弊端正如超個人心理學家塔特所指出的，西方的科學心理學有它的文化局限性，使之無法適當地涉及人的精神方面，即人的潛能的巨大領域，它關係到對終極目的、上帝存在、生命意義、慈悲仁愛等等的體驗。

東方的傳統文化，特別是中國和印度的哲學心理學，如禪宗心理學、道家心理學、瑜伽心理學等等，均有悠久的歷史，並有解決人的精神問題的知識體系。

中國哲學心理學不同於西方哲學心理學，它不是知和悟分屬於哲學和宗教、缺少踐行支持的心靈玄學，而是對人的精神生活更深刻的體悟、解釋和修養的方式，並透過社會心理習俗塑造了本土文化特有的心理生活樣式。其中，儒家、道家和佛家的思想佔有特別重要的地位。雖然他們都認為只有人才能把握普遍的統一性，獲得人生的真實和善美，但是三家還有不同的側重面。儒家所關心的主要是人與社會的關係，主張“克己復禮”，強調人心對社會的開放和容納。道家所關心的是人與自然的關係，主張“無為”，順其天性，去除人為和強制，強調人心對自然的開放和容納。佛家所關心的是人與心靈的關係，主張體認本心或佛性 (菩提之心)，獲得覺悟和解脱，強調人心對自身的開放和容納 (葛魯嘉，1994)。可見，堅持人為貴、整體化、價值定向的思想傳統，弘揚“知心、養性、修行”的精神是中國哲學心理學的主要特色。

東方哲學和宗教早就對超越自我的心境和意識有過研究和實踐。

瑜伽 (yoga) 是發祥於古印度的一種神秘宗教。“瑜伽”梵文的原意是通過沈思達到人性與自然的融合。具體來説，它通過參禪打坐使心神安定，全身放鬆，心身統一，由此從凡世中解脱出來，達到頓然醒悟的地步。瑜伽有許多流派，有的以修身養性為主，有的以鍛練身體為目的。醫學上的瑜伽療法是採用坐禪各式各樣的體位，調整呼吸，集中冥想，使心身安定，解除緊張，恢復體內環境穩定和自然治療力。

佛教流傳到中國後發展為超然恬靜的禪宗教義，並和中國道教有某些微妙的融會，既主張個人清虛坐禪進入無我的心境，又著重破除人我界限而以“普渡衆生”為目的。禪宗佛教逐漸傳佈東南亞特別是日本以後，滲入日本各界的生活，深深濡染了日本人的社會態度和處世作風。本來瑜伽、禪宗等均有迴避人生、解脱痛苦的消極的空想成分，但作為一種超越自我的意識觀和意識訓練，對於當代物質生活富裕而精神仍感空虛的西方人卻具有很強的吸引力。到 1980 年，僅美國一國的統計，就有 600 多萬人學過瑜伽和禪等沈思術。

顯然，帶有宗教神秘色彩的東方意識觀、意識訓練和科學實證的西方心理學傳統是背道而馳的。即使強調人的內在價值的人本主義心理學家，很多人也不願越出自我實現的範圍，但是以馬斯洛為代表的一些學者卻從東方智慧中吸取了營養，並從人本主義心理學中分化出來形成一個超個人心理學的新學派。

奧爾波特在為《印度心理學》撰寫的序言中，他曾嚴詞批評西方心理學忽視東方心理學的心態：

> 在西方思想架構下的我們，竟對東方思想架構如此無知，實在不可原諒……熱衷於行動及行爲研究的美國心理學是否已稱職地處理了人類心智的所有能力？難道瑜伽所顯示的冥想力量只是荒誕無稽的幻境？心智鍛練所釋放的能力對我們西方人一點都沒有利用價值，這可能嗎？對東方思想的無知，使我們答覆某些問題時十分幼稚而離譜……從某方面來講，我相信，美國心理學若能採納本書作者所提到的有關冥想及不可缺的穩定人生哲學這類智慧，必有助於心理學的豐富和深化。(李安德，1994，194 頁)

後來，奧爾波特又在自己著作中重復這一批判時說："並不只有西方人才對人性懷有好奇探索之心，西方學者有意忽略東方的智慧，實是不可原諒的本位主義" (Allport, 1965, p.564)。

薩蒂奇和馬斯洛曾博覽東方修心養性之道，並常聚集在一起討論東方的觀點 (Sutich, 1976)。馬斯洛曾談到引起他對東方智慧興趣的緣由：有一次他參加完形心理學創始人韋特海默有關道家老子及禪宗的演講，他深有感觸地說："那些詞彙我以前從來沒有聽說過，這對我及許多在場的人都是個啟蒙" (Maslow, 1979)。馬斯洛曾明確指出："學院派的心理學過度限於西方化，實在需要汲取東方的資源" (Maslow, 1965, p.30)。

可見，長於人的心靈修養與超越自我訓練的東方心理學，在價值觀、人性觀、自我觀和體驗方法上對西方超個人心理學的產生有重要影響。

三、科學背景

於 20 世紀物理學革命和新的科學哲學 (註 11-4) 的誕生，不僅促進了

註 11-4：**科學哲學** (philosophy of science)，指從哲學視角考查科學的一門學科。它以科學活動和科學理論為研究對象，主要探討科學的本質、科學知識的獲得和檢驗、科學的邏輯結構等有關科學認識和科學方法論方面的基本問題。

與古代東方智慧的溝通，而且還提供了超個人心理學產生的有利條件。

(一) 新物理學的發展

在 20 世紀初，以量子力學和相對論為帷幕掀起的一場物理學革命，不僅從根本上推翻了經典物理學的基本觀念和**牛頓-笛卡兒** (Newtonian-Cartesian) 的機械論模式，而且提出了另一套新的世界觀構想和具有爭論性的哲學問題。如以完全不同的方式 (經驗與邏輯、個別與一般、相對與絕對、實體與屬性) 來認識時間與空間；對物質和場的關係的不同理解，質疑物質不再居首要地位；普遍的**硬性決定論** (hard determinism)、純粹客觀性及完全的可測性被視為"迷思"；因果關係也比以前所瞭解的複雜得多，存在一與多、直接與間接、內部與外部、主觀與客觀、主要與次要、決定性與非決定性的多種因果關係；世界不再是由一堆固定的零件所組成的巨大機器，它如今被看作是各個部分如蜘蛛網一般緊密相聯所構成的有機體。

令人驚奇的是，新物理學的開創者不斷發現，這新的世界觀和東方玄學及西方神秘主義傳統的發現竟然十分相近 (李安德，1994)。

丹麥著名物理學家、現代原子物理和原子核物理的開拓者之一玻爾 (Niels Henrik David Bohr, 1885～1962) 曾說：

> 對於類似原子理論的學問…… (我們必須求助於) 佛陀及老子那些大思想家關於認識論的課題，他們試著把自己這思想者與行動者和諧地融入存在的大舞臺上。(Bohr, 1984, p.4)

德國物理學家、哥本哈根學派的主要代表海森堡 (Werner Karl Heisenberg, 1901～1976) 提出類似的看法：

> ……第二次世界大戰以後的日本，對理論物理學 (指以坂田昌一、武谷三男為代表的基本粒子物理學派——作者註) 的重大貢獻，顯示出東方傳統的哲學觀念與量子理論的哲學基礎之間互通聲息。(Heisenberg, 1965. p.212)

美國物理學家、原子彈之父奧本海默 (Julius Robert Oppenheimer, 1904～1967) 也提出類似的結論：

> 由原子物理學的種種發現……所顯示的有關人類認識的一般概念並

非完全新穎、陌生或聞所未聞的。它曾出現在我們的歷史中，更是佛教及印度傳統的中心思想。我們即將發現的只是古老智慧比較精密、改進過的一張謄本而已。(Oppenheimer, 1984, p.4)

還有一些學者廣泛引證過新物理學及神秘主義的世界觀之間令人驚異的相通之處。心理學家萊沙恩曾做過一項實驗：他準備了一張列有 62 條引言的問卷，有些是出自現代物理學家，有些是出自神秘學家，在場許多被測試者無法猜出那些是出自物理學家，那些則出自神秘學家 (Leshan, 1975)。

可見，物理學革命及其新的科學哲學，既出現與古代東方智慧之間相通的聲息，又為西方超個人心理學的產生提供了有利的發展氛圍和條件。

(二)　西方科學發展的實證

誠然，東方文化對超個人心理學有很大影響，但是，仍有一些複雜的問題極待解決，如怎樣理解現代西方心理學和古代東方意識觀的分歧？能否用西方科學證明東方宗教和哲學的智慧？能否把東方的意識觀和意識訓練納入西方科學的架構？能否在兩者的融合中建構出一個新的統合體系？

超個人心理學家塔特承認，在西方科學和東方智慧之間一直存在著一條鴻溝，但他強調心理學研究應該突破這種東西方之間的分隔閉鎖狀態。"超個人的"也就是"精神的"，超個人心理學應該研究那些在許多文明中都承認的精神現象，使心理學真正成為一門充分發展的人的科學。

近年來，西方科學發展證明，人的意識狀態對人的軀體過程是有控制作用的。

1. 利用**迷幻藥** (hallucinogens) 或**致幻劑** (psychodelics) 如麥角酸二乙基醯胺 (lysergicacid diethylamide，簡稱 LSD) 和苯環啶 (phencyclidine，簡稱 PCP) 可以改變人的意識狀態。20 世紀 60 年代左右，美國年輕一代出於對戰爭、社會的不滿，寧願選擇一種與上一代完全背道而馳的生活方式。在那反文化、充滿代溝及嬉皮士的時代，成千上萬的年輕人為了逃避現實求助於迷幻藥，藉此而進入一種意識狀態的轉變，享受有些類似於高峰體驗與超越個人體驗的幻境。儘管迷幻藥的流行是不幸的，但卻引起心理學家對各種意識狀態的研究興趣，打開了超個人心理學研究的新途徑和新領域。格羅夫在利用致幻劑進行心理治療時，發現幾乎所有被試者都能超越心理動力水平，進入超越自我的高級意識狀態。

2. 利用**生物反饋(或生物回饋)** (biofeedback) 技術，使過去認為屬於自主神經系統和軀體過程的心率、血壓、胃腸活動和激素分泌等可以由意識的作用加以調節和控制。例如，一個人注視一架不斷提供有關血壓的視覺反饋的機器。每當血壓降至每一特定水平以下時燈便閃亮，於是被試者便分析當血壓下降時自己當時正在想些什麼或做些什麼，並努力重復這些思想和情緒以保持血壓的低下狀態。藉助這種生物反饋的訓練，被試者會得到關於自己某些生物狀態的訊息 (反饋)，並被強化以改變某種狀態。

3. 利用瑜伽功 (見 482 頁)、沈思 (註 11-5) 或禪功 (註 11-6) 可以經過意識訓練達到超越自我的心境。沈思 (或靜坐) 的方式很多，有修練者排除雜念以接受新的體驗的**開放性沈思**(或**開放式靜坐**) (opening-up meditation)，有修練者主動專注某些物體、字句或觀念而進入無念、無覺、無我狀態的**集中性沈思**(或**集中式靜坐**) (concentrative meditation)，還有廣泛流行於美國的簡便易行而獲得心靈平靜、與外界怡然共處、頗具舒適感的**超覺沈思**。可見，通過各種沈思會使人體驗到意識改變的狀態，失去了自我覺知，感到自己被融於某一更廣濶天地的意識之中。

因此，西方現代科學技術的發展，既為超個人心理學研究意識狀態的轉換提供了某些實證資料，又為研究超越自我的心境提供了一定的方法。

總之，人所具有的意識潛能要比我們通常所設想的大得多。超個人心理學家力圖實現對西方文化的超越，把西方的科學和東方的智慧統合起來，用西方的心理學概念和實證方法研究東方心理學所提出的意識觀和意識訓練中各種深邃的問題。在他們看來，西方心理學過份重視理性的分析與研究，陷入科學主義的境地；而東方心理學則堅持人文科學的傳統，強調在平靜的環境中通過悟性、直覺和集中注意體驗超越自我的高級心境。可以說，没有心靈的悟性、直覺的洞悉，人的智能的理解往往是狹隘的、表層的，而没有理性的分析研究，人的直覺的理解則常常是模糊的、有限的。

註 11-5：**沈思** (或**冥想**、**靜坐**) (meditation) 是一種控制和改變心理狀態的自我修練術。沈思的方式很多，其共同要素是放鬆身心，集中專注，重新訓練注意，把注意力集中到一個對象的某一點，排除雜念，改變意識狀態。

註 11-6：**禪功** (或**禪坐訓練**、**禪修**) (Zen gong) 是一種佛教通過調身、調心和調息進行養身修心的方法。

第二節　超個人心理學的理論內涵

在了解超個人心理學產生的歷史背景後，就會提出這樣幾個問題：什麼是超個人心理學？對超個人心理學有哪些誤解？超個人心理學有哪些研究領域？這些問題正是這一節所要探討的主題。

一、超個人心理學的特點

超個人心理學家拉喬依 (Lajoie, 1992) 和夏皮羅 (Shapiro, 1992) 曾對 1968 年至 1991 年期間有關超個人心理學的定義做了總結，列出了 40 個定義。這些定義大同小異地說明了超個人心理學的基本內涵、研究領域和學科特點。他們做了這樣言簡意明的概括："超個人心理學關注對人性的最高潛能的研究，關注對一體的、神聖的和超越的意識狀態的認識、理解和實現" (Lajoie & Shapiro, 1992, p.91)。

人本主義心理學是超個人心理學的基礎和來源，而超個人心理學則是人本主義心理學的補充、擴展和提昇。

超個人心理學的主要特點：

(一)　超個人心理學的研究對象

從研究對象來看，超個人心理學不研究人的現實水平的心理健康和意識狀態，而是以超自我、超時空的心理現象為研究對象。在他們看來，超個人是指意識的擴充能超越自我的範圍和時空的限制。超個人心理學不像傳統實證心理學那樣，只研究個體行為或自我界限內的個人行為，而是致力於超越水平的心理健康和意識狀態的研究。換句話說，西方的意識心理學包括人本主義心理學在內，所研究的對象都局限於個人的成長和個體的自我實現，且涉及的是人通常的覺醒意識和有限的自我意識，而超個人心理學則堅信人擁有意識的超越力量，能實現超個人的意識狀態，轉變人的體驗方式和深化人的心靈世界。薩蒂奇在強調超個人心理學與人本主義心理學這一主要區別時指出："心理學的探討已經進入一個新的領域，這個領域雖屬於'個人的'探討，卻已超越了人本研究的一般範疇" (Sutich, 1980, p.9)。因此，超個人心理學的研究對象是那些在當代心理學中沒有系統 (體系) 地位的人的終極能力和潛能，探究人的超越性的人性根源。

(二) 超個人心理學的研究中心

從研究中心來看，超個人心理學不是渴望以人 (或個人) 為中心，崇尚自由和尊嚴的心理學，而是以宇宙為中心，超越人類和人性的心理學。可以說，傳統西方科學心理學一直把獨立的個人和內在的自我作為研究的重心。獨立的個人是與他人和外界相分離的，內在的自我則是自我中心主義的，把個人的心理意識局限在極其有限的範圍之內。而超個人心理學則特別強調超越自我、超越個人，消解個人與他人和外界的分離，而達到一種忘掉個人的**無我** (non-self) 或**大我** (larger-self) 的狀態。馬斯洛說：

> 我認爲，人本主義的第三種力量的心理學是過渡性的，是更高級的第四種心理學，即超越個人的、超越人的、以宇宙爲中心的，而不是以人的需要和興趣爲中心的，超出人性、同一性、自我實現的那種心理學的準備階段。(李文湉譯，1987，6 頁)

(三) 超個人心理學的研究範圍

從研究範圍來看，超個人心理學並不是一般地研究人的本性、潛能、經驗、價值、創造力和自我實現，而是探究人類心靈與潛能的終極本源，包括非常廣泛的內容如超越自我的意識狀態、高級動機、人生價值、生活意義、人類幸福、宗教經驗、宇宙覺知、內在協同、人類協同、生死體認、意識領悟、精神通道、禪宗的理論與實踐等等。薩蒂奇指出：新近出現的超個人心理學 (第四力量) 尤其關心的是對下述概念進行實證的科學研究及其有關的研究結果給予可靠的補充，這些概念包括：成長 (或形成) (becoming)、個體和種族的超越需要 (或元需要) (meta-needs)、高峰體驗、存在價值、終極價值 (ultimate values)、統一意識 (unitive consciousness)、出神入化 (ecstasy)、神秘體驗 (mystical experience)、敬畏 (awe)、存在 (being)、自我實現、本質 (essence)、極樂 (或巨大幸福) (bliss)、驚奇 (wonder)、

終極意義 (ultimate meaning)、自我超越、精神 (或靈性、心靈) (spirit)、完整 (或同一、一體性) (oneness)、宇宙意識 (cosmic awareness)、個體和種族的協同、最高的人際知遇 (maximal interpersonal encounter)、日常生活的神聖化 (sacralization of everyday life)、超越的現象、宇宙的自我幽默與嬉戲 (cosmic self-humor and playfulness)、對最高的覺知 (maximal sensory awareness)、反應和表達，以及有關的觀念、體驗和活動 (Sutich, 1969)。由於心理學中的第一勢力 (行為論)、第二勢力 (精神分析論) 以及第三勢力 (人本論) 在內容上多未超越對個人心身研究的範圍，因而超個人心理學又稱為**高度心理學** (higher psychology)、心理學的**第四勢力** (fourth force)、**第四心理學** (fourth psychology) (Maslow, 1982)。

顯然，超個人心理學不是哲學而是心理科學：(1) **研究對象不同**：超個人心理學不是研究自然、社會、思維最普遍的規律，而是研究超自我、超時空的心理現象的特殊規律。因此，超個人心理學和哲學不是同一層面、同一水平的科學，而是抽象的形而上與具象的形而下兩種不同性質的科學之別；(2) **研究方法不同**：超個人心理學並不是採取思辨、推理、演繹的方法，主要是採取臨床個案研究、個別訪談、人物傳記分析、實驗、觀察、調查、問卷、測驗、量化、統計等實證方法。因此，超個人心理學並非哲學，它是由資深的心理學家運用心理學方法，專門從心理學視角來探討人類的經驗和行為，並在心理學刊物上發表他們各種理論性和實驗性的研究成果。

但是，超個人心理學和其他科學一樣，必有它自己的哲學方法論基礎。美國著名物理學家玻姆 (David Joseph Bohm, 1917～　) 說得好：

> 每一種解說都帶有某種哲學觀點，没有某種哲學觀點，你幾乎不可能做出一般性的解釋，……每一種觀點都有它的形而上學的假定。如果你說，這世界是經由原子建材所構成的，這便是形而上學，反正它無從證明。(Bohm, 1980, pp.28～35)

由於哲學是心理學的母體，心理學從哲學中分化出來形成為一門獨立科學以後，因心理學與哲學基本問題 (意識與存在的關係) 息息相關，所以心理學就更不能脫離開哲學的指導。馬斯洛對這種關係做過精闢的論述：

> 每一個人，連一歲大的小孩，都有一種人性觀。若對他人的行為表

> 現沒有任何理論概念，一個人根本無法活下去。每位心理學家，儘管他自稱爲實證主義者及反理論派也好，內心必然藏有整套的人性哲學，好似有一張半隱半現的地圖在指引著他，可是他卻否定它的存在，如此他便無須面對新得的知識而不斷修正，這樣才能不受侵擾。這潛意識的標示圖或理論對他的行爲反應的指導作用，遠遠超過他由實驗室證明出來的知識對他的影響。(Maslow, 1965, p.23)

值得一提的是，馬斯洛晚期思想隨著年紀越大，變得也越“哲學化”。他發現，不可能把心理學真理的探尋和哲學問題分割開。一個人怎樣思考不能不和他是什麼人有密切的聯繫 (林方譯，1987)。馬斯洛自己也曾說過：“這個第三種心理學是普遍世界觀的一個方面，一種新的人生哲學，一種新的人的概念，一個新的工作世紀的開端”(李文湉譯，1987，p.9)。同樣，第四種心理學也可以說是普遍的世界觀的一個方面，一種新的人生哲學。但是由此絕不能得出超個人心理學是哲學而不是心理學的結論。

二、對超個人心理學的誤解

超個人心理學通常研究的是一些非常人的而且同現實生活有一定距離的問題，因而人們用傳統的眼光比較難以理解。一般人對超個人心理學，常有下述幾種誤解：

(一) 超個人心理學和超心理學是一回事

超個人心理學和**超心理學 (或心靈學)** (parapsychology) 雖然均有超時空、超現實的特點，甚至前者還包容後者一些研究內容，但是決不能把兩者混為一談。

超個人心理學與超心理學的主要區別：

1. 學科性質有別　超個人心理學屬於心理學領域內的一個新興的人本主義心理學的分支或學派，號稱心理學的第四勢力，而超心理學則是科學心理學主流之外的另一種類似心理學的研究領域。

2. 研究對象有別　超個人心理學主要研究超常的心理健康和人類幸福問題，即以超越個人中心、自我封閉和自我滿足的意識狀態的研究為重點。

超心理學則研究那些顯然不能用自然科學原理解釋的超心理 (PSI) 現象。根據博考瓦拉斯的調查，他發現許多超個人心理學家根本不承認超心理學是它所研究的對象 (Boucouvalas, 1980)。

3. 研究內容有別　超個人心理學旨在探討尋求人類心靈與潛能的終極本源，其研究領域包括人生價值、宗教經驗、生死體認、意識領悟、宇宙覺知、內在協同、人類幸福等。而超心理學的研究範圍主要有兩大類：一類屬認知領域，指**超感知覺** (extra sensory perception，簡稱 ESP)，即超越通常感官能力所獲得的感知覺，包括**傳心術** (或**心電感應**) (telepathy) 和**千里眼** (clairvoyance)；另一類屬實體領域，包括**心靈致動** (psychokinesis，簡稱 PK)，即通過心靈的作用而使物體移動或運動。

4.產生條件有別　超個人心理學是現代科學和古代智慧、西方理性主義和東方神秘主義相結合的產物，而超心理學則屬於存在許多懷疑和爭論的研究領域，迄今為止，仍有人認為超心理學是一門披上現代科學外衣的心靈學或偽科學。關鍵在於目前尚未獲得一種可靠的方法與手段，以揭示這一超出人類常規經驗的人體特異功能的奧秘。

(二)　超個人心理學是哲學而不是心理學

我們知道，哲學是最高的智慧，即關於世界觀的學問。它既是一種理論思維形式，又是一種社會意識形態。哲學屬於藉助理論思辨的方法，通過原理、範疇等邏輯形式反映世界普遍規律的知識體系。“這個第三種心理學是普遍世界觀的一個方面，一種新的人生哲學，一種新的人生概念，一個新的工作世紀的開端”(李文湉譯，1987，p.5)。同樣，第四種心理學也可以說是普遍世界觀的一個方面，一種新的人生哲學。但是由此決不能得出超個人心理學是哲學而不是心理學的結論。

(三)　超個人心理學打上了宗教的烙印

科學心理學誕生以來，主流心理學一直未忽視宗教心理學這一重要的領域。馮特不僅是實驗心理學之父，而且在民族心理學和民間宗教方面也有不少專論。詹姆斯除了在哈佛大學做過宗教心理學演講以外，而且還出版了被視為宗教心理學經典著作的《宗教經驗的類型》(1902)。霍爾 (見 55 頁) 和他的老師詹姆斯一樣，也發表一些宗教心理學方面的演講和論述。他們的學生斯塔布克還出版了《宗教心理學——宗教意識形成的實驗性研究》專著(Starbuck, 1899)。目前，美國心理學會中設有宗教心理學分會，至少出版九種有關的學術刊物。

至於超個人心理學家對宗教經驗本身採取更加客觀、開放的態度，認為宗教現象是全人類共有的現象，絕不能把宗教經驗排斥在心理學研究之外。但是，這種研究無論是內容還是方法都不同於哲學、神學、宗教人類學和宗教社會學，心理學包括超個人心理學在探討宗教現象時，對宗教教義毫無興趣，主要是研究宗教信仰的心理機制和心理內涵。如意識形態、宗教象徵的心理效應，神話、宗教儀式、祈禱對心理和生理的功效，神秘經驗的心理特徵及功效，傳統的冥想技術對生理、心理及行為的影響，調整情緒、改進自我、自我實現的傳統修養方法，人與價值體系的傳統模式，不健全的宗教的遺害及健全宗教的治療功能等等。

應當指出，超個人心理學通常所使用的三個術語是“超個人”、“超越性”和“精神性”，它們也常常在宗教領域中出現，因而人們往往很容易產生超個人心理學是宗教學或宗教心理學的誤解。**超個人** (transpersonal)、**超越性** (transcendency) 的基本含義，是指超個人心理學不像傳統心理學那樣，只研究個體行為或自我界限內個人行為，而是研究超越自我、超越時空的心理健康、意識狀態和人類幸福等更為廣泛、更為深遠的問題。至於**精神性 (或靈性)** (spirituality) 是人性中最深最高的層次，亦即人內在的超越性、超個人、超理性的層次。它與生理、情緒、理性等層次一樣，屬於人的內在本質。有些學者對這一心理層次則用不同的術語加以表達。例如；羅傑斯所說的“超越性中樞”(transcendental center)；馬斯洛所說的“真我”(actual self)；阿薩吉奧里所說的“高層自我”(higher self) 或“超個人自我”(transpersonal self)；蘭克和弗蘭克爾所說的“靈性自我”(spiritual self)；榮格所說的“真我”(或“自性”) (self)；威利所說的“深度自我”(depth self) 等等。可見，上述三個術語的內涵比宗教一詞要廣，不可混為一談。宗教經驗是各種超個人 (靈性) 經驗中的一種形式，指對精神性層次的一種特殊的詮釋，視之為絕對的存在或終極境界的一種顯現，全憑他們對那絕對或終極境界作何認識。這就是說，並非所有超個人經驗都屬於宗教經驗，人們可能肯定靈性經驗或非宗教性的超越經驗，但宗教卻必須隱含著靈性的層次，人類歷史上幾乎普遍存在的宗教現象，正顯示出幾乎全人類都肯定內在的靈性層次的存在 (李安德，1994)。

因此，超個人心理學既非宗教，也不等於宗教心理學。當然，超個人心理學並未把宗教視為禁忌，認為宗教經驗和其他的人性經驗一樣值得研究，但是宗教經驗只是超個人心理學研究內容之一。

三、超個人心理學的研究領域

誠然，超個人心理學一般不反對人本主義心理學，並且把它作為自己研究的基礎，但是馬斯洛、薩蒂奇、格羅夫等人認為人本主義心理學還不能涵蓋超越水平的心理健康和意識狀態，因此超個人心理學以更高的超越性和更廣的涵括性補充和發展了人本主義心理學，建構了第四種心理學。

那麼，超個人心理學有哪些主要研究領域和內容呢？

(一)　人性觀

超個人心理學從更高更廣闊的視角來理解人和人性，堅決反對把人動物化和機器化的兩種還原論，強調人的主觀性、整體性，堅信人有高層次的意識狀態和幸福。這種人論和人性觀不但沒有否定人本主義心理學的基本觀點，相反能夠包容以前各心理學派的一切有積極意義的理論。

1. 人觀　人是什麼？超個人心理學對人的理解和人本主義心理學的看法既有聯繫又有區別。兩者的共同點：(1) 人不是一般的動物，也不是機器(包括電子計算機在內)，而是活生生的有思想情感的人；(2) 人不是體弱多病、弱智低能的生物，而是具有人性、潛能、尊嚴、價值和創造性的主體；(3) 人不是由感知、思維、情緒等心理元素堆積起來的東西，而是一個情智融為一體的以人格為存在形式的整個的人。

兩者的不同點：(1) 人本主義心理學以現實性為出發點，以人性為中心，只研究現實水平的心理健康和意識狀態的人；而超個人心理學則以超越性(靈性) 為出發點，以超人性為中心，研究追求超時空限制的心理健康與人生幸福的人；(2) 人本主義心理學以個體為出發點，以人 (個人) 為中心，只研究個體行為的人；而超個人心理學則以類體 (人類) 為出發點，以宇宙為中心，研究與世界協同 (天人合一) 的人；(3) 人本主義心理學以自我為出發點，以小我為中心，只研究個人的**自我實現** (self-actualization)，而超個人心理學則以超越自我為出發點，以大我為中心，研究**真我實現** (或**真我完滿實現**) (self-realization)。

美國超個人心理學家沃爾什和沃蕊 (Walsh & Vaughan, 1980) 認為，人的概念包括四個層面：

(1) **意識**：它是一切經驗的基礎。但我們通常的意識是處於一種壓縮的狀態。如果防禦性壓縮一旦放鬆，理想的意識狀態就會出現，我們會感到有很大的能量隨時可供利用。他們認為，意識是多層次的。有通常的意識狀態和改變的意識狀態，兩者具有不同的效用。其中真正"高級的"狀態，除具有低級狀態的一切特性以外，還具有一些超越低級狀態的能量，能更深刻地理解現實。因高級的意識狀態是經過訓練所達到的改變的意識狀態，故它具有很高的價值。他們認為，意識的不同層次是和現實的不同深度相對應的。譬如，一本討論相對論問題的書在一位物理學家來看可能是一部深刻揭示現實的光輝論著，而對於一位只受過普通教育的成人可能只是一種關於宇宙本質的奇談怪論，對於未開化的野人可能僅是一些印滿符號的紙張，對於動物則不過是一種有色的東西。可見，同一事物所引起的這些印象都是真實的，但它的意義層次卻是隨著觀察者的能力和訓練而變化的。

(2) **條件作用**：它是外部強加於人的一種制約，使人不得不依附於一定的條件，不能擺脱被動的處境，不利於意識狀態的提高。因此，超個人心理學家主張人的提高在於擺脱條件作用的羈絆。

(3) **人格**：超個人心理學只賦予人格以次要的意義，認為人格只是存在的一個方面。與通常的看法不同，說健康不是人格的改善，而是不絕對執著於某一人格特徵。

(4) **認同**：**認同** (或**自居作用**) (identification)，它包括外部認同、他人認同和內部認同、自我認同。其中內部認同往往僅限於對自己某些思想內容的認同，這些想法會成為一個人觀察一切其他經驗的出發點，使他不能意識到有更開闊的意識背景在起作用。結果是他的知覺、動機、信仰、行為和生活意義都受內部認同的影響並反過來又強化了內部認同。如一個自認膽小的人會變得越來越膽小，遇事畏縮，甚至草木皆兵。超個人心理學不僅重視認同的內涵及其價值，且認為不盲目機械模仿的非認同過程也有深遠意義。

他們主張防止認同的束縛作用，為趨向成長的認同敞開大門。

2. 人性觀　什麼是人的本性？西方心理學第一勢力行為主義以動物性否定人性的存在，第二勢力精神分析以生物 (本能) 取代人性的存在，而第三勢力人本主義心理學則明確肯定作為“人的內在本質”的人性的存在，並使人性又回歸於心理學。

在 20 世紀 60 年代中葉以後，超個人心理學從東西方文化相結合的觀點出發，否定傳統的人性論的理論模式，指出人本主義心理學人性觀的涵括性的不足，做了重要的修正與補充。

(1) **人性層面的擴大**：馬斯洛在《人性能達的境界》(1967) 一書中指出人本主義心理學忽略了人性內很重要的超越性 (或靈性) 層面，沒有理由先驗地排除這一人類普世經驗的現象。因此，超個人心理學的人性觀涵括較廣，它包括了靈性 (超個人) 的層面，見圖 11-2。

人本觀的範疇	層面	超個人觀的範疇
	4. 靈性層面	超個人觀的範疇
人本觀的範疇	3. 理性層面	超個人觀的範疇
人本觀的範疇	2. 情緒層面	超個人觀的範疇
人本觀的範疇	1. 生理層面	超個人觀的範疇

圖 11-2　人本與超個人心理學的人性觀比較
(採自李安德，1994)

馬斯洛指出，超越性 (靈性) 一詞一直被視為宗教的專享品，反應過度並予以排斥。因為“人有一種高級的和超越的本性，這是他本質的一部分，即是作爲一個進化物種一員的生物本性的一部分”(林方譯，1987，344～345頁)。他還說：

> 超越性 (靈性) 價值具有自然本性的意義，它們不專屬教會所有，它們也無需借用超自然的觀念來支持它們，它們本來就屬於廣義的科學領域之內，因此它們是全人類的責任。(Maslow, 1976, p.4)

(2) **人性需要的昇華**：人本主義心理學認為人類除了生理需要外還有心理需要，並且把自我實現或自我整合視為人的終極目標。超個人心理學基本同意這一觀點，但是馬斯洛晚年在此基礎上又提出了人更高的超越性需要，修改了聞名遐邇的需要層次論，提高了自我實現的水平。

在超個人心理學家看來，自我實現固然重要，但決不能忽略超越潛能的實現；如果缺了這一環，人性就不可能得到完滿的實現。由於人需要**自我超越** (self-transcendence)，不能停留在個人或自我之內，因而自我實現並非人性的最終追求，只能算是中程的目標。

菲爾曼和瓦爾吉 (Firman & Vargiu,1977) 便主張把成長分為兩個層面：水平式 (即自我實現) 和垂直式 (即自我超越)，兩者並行時才是人性的**真我完滿實現**，見圖 11-3。

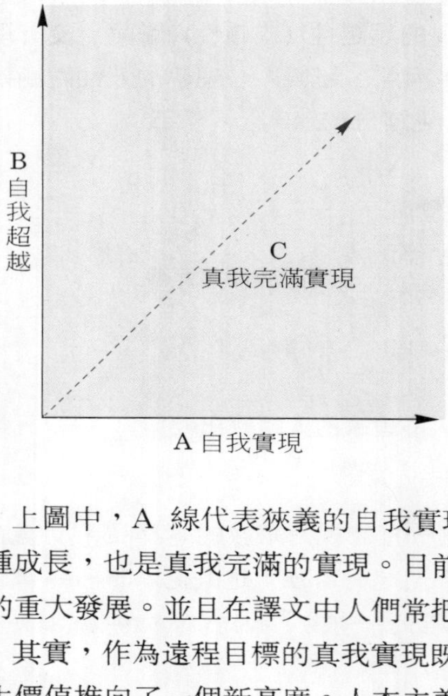

圖 11-3
自我實現與真我實現的區別
(採自李安德，1994)

上圖中，A 線代表狹義的自我實現，B 線代表自我超越，C 線融合了兩種成長，也是真我完滿的實現。目前學術界很少提到馬斯洛在自我實現論上的重大發展。並且在譯文中人們常把兩者混用，導致嚴重的誤解。

其實，作為遠程目標的真我實現既提高了人性正常和健全的標準，又把人生價值推向了一個新高度。人本主義心理學重視人性的正常和健全一面，比弗洛伊德以病人觀察正常人是一個進步，但超個人心理學認為這還是不夠的，它特別強調應以各傳統文化中的偉人、聖賢、天才、英雄，殉道者為楷模，企圖為年輕一代樹立一個理想的人格模式。並且在肯定人本主義心理學把價值與意義重新引進心理學研究範圍這一發展趨勢時，超個人心理學進一步把價值與意義擺在人類生活的核心地位。它打破傳統的忌諱，特別強調研究終極價值的意義。顯然，當人們面臨痛苦和死亡時，不會不考慮“終極關懷”(或臨終關懷) 的問題。這確是極其普遍而重要的人性經驗，心理學不應忽略這一重要課題。

(3) **人性非理性層面地位的提昇**：人類心理生活除了理性 (註 11-7) 層面之外，還有其他重要的非理性 (註 11-8) 層面，不宜忽略。但近兩個世紀以來，學校教育一直存在偏向於理性的發展，到 20 世紀 60 年代左右，人本主義心理學企圖扭轉這種片面發展的傾向，重視情感的特殊價值，以保證人格的和諧成長。

超個人心理學基本同意人本主義心理學的觀點，更徹底地批判了理性主義教育的弊端。它不僅忽視了理性以下的層面如生理和情緒層面，而且還否定了理性以上的靈性層面如直覺 (註 11-9) 層面。東西方傳統文化表明，凡是創新性的活動均含有超越理性 (註 11-10) 的心理因素。就是說，理性只是人性中的第三層面，而超理性的非理性才是人性的第四層面或最高層面。因此，超個人心理學家認為，由於理性主義的偏見所造成的把“非理性”視為“不合乎理性”甚至“反理性”的誤解，必須予以澄清和更正。其實，直覺雖然不是理性層面，屬於非理性的範疇，但它並不違反理性。超個人心理學家肯定直覺的“超理性的本質”既是對人性非理性層面地位的提昇，又是對人性豐富內涵的深層揭示。

(二)　意識譜

從人觀和人性觀來看，超個人心理學把意識擺在極為重要的地位。因為意識論是超個人心理學的核心和基礎，而行為主義以強化論為理論基礎，精

註 11-7：**理性** (reason) 是運用邏輯思維 (概念、判斷、推理) 方式進行活動的一種整合心理功能。

註 11-8：**非理性** (irrationality) 是理性之外的各種心理因素，主要包括本能、欲望、情感、意志等心理成份。非理性並不反對理性，而**反理性** (antireason) 則反對和否定理性的心理功能。但有時非理性與反理性又作為同義語。

註 11-9：**直覺 (或直觀)** (intuition)，有兩種含義：(1) 指直接感覺，即人的感官從外界事物的直接作用中獲得的感覺、知覺和表象的總和，故稱為感性直觀。(2) 指人的思維不經過推理而直接把握事物本質的一種認識，這種直覺又稱為理智直觀。它是通過反省自己的主觀意識獲得事物本質的方法。因它不同於依靠邏輯思維的理性，但又能直接深邃地洞察事物的本質，故理智直觀是一種超越理性的非理性活動。

註 11-10：**超越理性** (transreason) 是超越一般理性的精神或心靈活動，屬於人的靈性的領悟的最高層面，如直覺。

神分析以潛意識為理論基礎，所以它們不是極力貶低意識，就是完全排斥和取消意識，使意識成為附屬品甚至在心理學中根本無立錐之地。但人本主義心理學和超個人心理學使意識的研究重新回到了中心的位置，並使心理學又成為關於意識的科學。提到研究日程上的基本問題有：心靈是怎樣活動的？人的意識有哪些主要維度？意識是個人的還是宇宙的？用什麼方法擴展人的意識？各種意識狀態如何分類和轉換？怎樣最佳地進行意識訓練？

超個人心理學和人本主義心理學在研究意識的問題上是有區別的。主要表現在：(1) 人本主義心理學通常研究的是常態的覺醒意識，而超個人心理學則熱衷於研究非常態的超越意識；(2) 人本主義心理學主要關注的是意識內容，如知覺、情感、思想、自我概念等等，而超個人心理學則更重視研究意識的本身及意識轉變狀態；(3) 人本主義心理學特別注重現實表層分化意識狀態的研究，而超個人心理學則執著探索超現實的深層整合的意識狀態。

人的意識的不同層次既與現實的不同深度相應，又與人的意識訓練的不同水平相關。人的意識狀態決定著人對現實的理解和把握。同一事物對於不同的意識狀態，可能具有完全不同的意義。例如，同一尊佛像，藝術觀賞者和宗教信仰者看到的可以是完全不同的東西。

超個人心理學家通過對東西方文化傳統的考察尋找到了各種意識譜，為意識心理學的研究提供了重要的參考框架。

1. 維爾伯的意識譜說　超個人心理學家維爾伯 (Ken Wilber) 在統合自我心理學、精神分析、分析心理學、人本主義心理學和超個人心理學研究成果的基礎上，於 1977 年提出**意識譜說** (consciousness-spectrumhypothesis)，成為超個人心理學意識觀的理論基礎。他認為，人格是意識的多層次表現，正如在物理學中電磁譜是電磁波的多重表現一樣。換句話說，意識譜是對人的本體的多維度的研究，譜中各層次是以對個人本體的不同理解為標誌的，見圖 11-4。

維爾伯把人的意識分為四個層次：(1) **心靈層** (mind)：即宇宙意識層或最高本體層，指人最內在的意識是和宇宙認同的意識。在這一水平上，人的意識和宇宙融為一體，我 (Self) 與非我 (not-self) 界限完全消解。它並非意識的異常狀態，而是意識的惟一真實狀態，一切其他水平的意識實際上都是幻覺。**超個人束** (transpersonal bands) 是超越自我的心理叢或系統，它

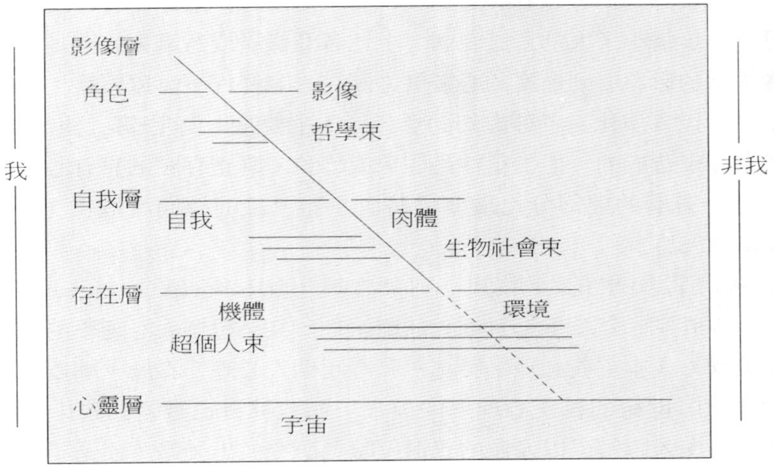

圖 11-4　維爾伯的意識譜簡圖

(採自 Walsh & Vaughan, 1984)

說明：本體的主要層次由橫線表示，幾組三條線則代表層次輔助束。斜切線代表我和非我的界限，例如，對於一個和他的角色認同的人。影像、肉體以及環境都顯得是外於我的，外在的，異己的，因而是潛在的威脅。我和非我的界限被超個人束突破而消失於心靈層。

代表輔助心靈的譜區；(2) **存在層** (existential)：指人僅僅和他存在於時空的心身機體認同，這是我和非我、機體和環境之間第一次劃開界限的層次。在這一水平上，人的理性思維開始活動，他的個人意願開始發展。同時，他的意識範圍也在縮小。存在層的上界是**生物社會束** (biosocial bands)，它是個人生物社會層面的東西。它是文化前提、家庭關係、社會注釋，以及語言、邏輯、倫理和法全面滲透的社會慣例等等的內化基質。個人的生物社會束的不同決定個人存在意識和經驗的差異；(3) **自我層** (ego)：指人僅僅和他的自我意象的認同。在這個層次，人的有機整體分裂為一個與肉體脫離的精神或自我和一個作為自我奴僕的身軀。這一有機整體自身的心身分裂，進一步縮小了人的意識範圍或本體意識。與這一層次相輔的是**抽象束** (或**哲學束**) (philosophical bands)，指人的抽象思維和自我意識的系統；(4) **影像層** (shadow)：指人僅僅和自我意識的某些部分的認同，或者和一定的角色認同，而把其餘的部分當作不合意的影像 (或陰影) 排斥在自我之外。這實際上更進一步縮小了人的意識範圍。上述各意識層或意識束之間是交互作用的。從最低的影象層到最高的心靈層之間在一定條件下可以轉換。最為真實的心靈層所以會演化為各種虛幻的意識層，主要是因為主-客二重分割、我-非我二重分裂造成的。但二重性是假象或幻象。真正存在的只有心靈和宇宙的統一。心靈層的虛幻分化最終仍將由主體意識的認同所取代 (Walsh & Vaughan,1984)。

2. 阿薩吉奧里的蛋形圖 阿薩吉奧里 (Roberto Assagioli, 1888～1974) 既是精神綜合論 (註 11-11) 的創始人，又是超個人心理學的先驅，曾一直任美國《人本主義心理學雜誌》和《超個人心理學雜誌》編委。他不取法於歐洲 19 世紀的科學心理學的模式，而依據自己豐富的臨床經驗和對東方經典的深入瞭解，以人類的普遍經驗為研究的出發點，建構了一個融會東西方心理學的理論體系。他曾將該學派關於意識與潛意識的基本概念及它們之間的關係用蛋形圖加以表示，見圖 11-5。

(1) **低層潛意識** (under-unconsciousness)：指人類與動物相通之處，其中大部分代表著人的動物性的一面，如本能、衝動、驅力、生理機械反應等。基本上和弗洛伊德所發掘和描述的潛意識，包括人類原始不文明的部分如有時表現在犯罪衝動和暴力行為中，和被壓抑下去的東西如恐怖症、強迫性的思想行為、妄想、幻覺及噩夢。

(2) **中層潛意識** (moderate-unconsciousness)：類似精神分析的**前意識** (preconscious)，在覺醒狀態不難接觸其內容，但與低層潛意識不同的是中層潛意識很容易藉著**反省 (或內省)** (introspection) 而引入意識層次，有時甚至只要反問一下就行。如“你是大學生嗎？”“你的心理學老師是誰？”這些問題在未提出以前還不在你的意識領域，而是藏在中層潛意識中。

註 11-11：**精神綜合論** (psychosynthesis) 是意大利心理學家阿薩吉奧里於 20 世紀 20 年代提出的一種人格理論。它以精神分析為基礎，採納了弗洛伊德的一些概念如潛意識等，但又與精神分析完全不同。它把人格表現與超個人自我的深邃目標結合起來，更注重人的價值觀與期望值。他認為，人格是一個複雜的系統結構，由低層潛意識、中層潛意識、高層潛意識、意識、意識中心自我、高層自我、集體潛意識等七部分所構成。所謂精神綜合即指這一複雜的人格結構的和諧整合，以實現超個人的價值和獲得生命意義的最終目的。20 世紀 60 年代，精神綜合論傳到北美，被許多熱衷於人類潛能運動的心理學家和超個人心理學家所接受。

1. 低層潛意識
2. 中層潛意識
3. 高層潛意識
4. 意識界
5. 意識中心自我
6. 高層自我，超個人自我，真我
7. 集體潛意識

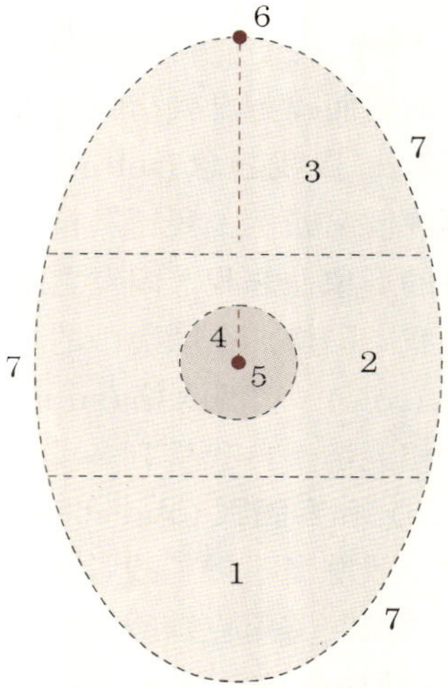

圖 11-5　阿薩吉奧里的蛋形圖

(採自 Assagioli, 1976)

說明：虛線表示一區的內容能夠與其他的區域彼此互相滲透，例如潛意識的內容可以進入意識；反之亦然。另外，每個區域也都有擴大和縮小的可能。

(3) **高層潛意識** (higher-unconsciousness)：指直覺、慧見、靈感、遠大抱負、高峰體驗、靈性及超群的動力之源等等。這是弗洛伊德所沒有發現的，也是人本主義心理學所未提到的，而超個人心理學則特別地重視這一豐富而廣泛的精神領域。馬斯洛認為，高層潛意識是“人格中早就存有的一種‘高級電路’，就像低層潛意識一樣，操縱了我們的喜怒哀樂。高峰體驗、創造能力、美學觀點以及靈性 (超越性) 修養，都是這些高層能力的表現，它是實現我們內顯的完善境界的自然趨向” (Maslow, 1984, p.175)。可見，這是構成人的人格、能力和創造性活動的最高層次。

(4) **意識界** (**或意識域**) (field of consciousness)：指人與環境互動時所直接意識到的東西，如知覺、感受、念頭、欲望、意象、記憶、計畫等等，它的內涵不斷變化。意識界能擴大或縮小，故阿薩吉奧里的“蛋形圖”中以虛線表達。

(5) **意識中心自我** (conscious centre self)：指純粹意識的中樞，與意識內容是截然不同的兩回事。它比意識內容更先天、更超越，它是自我認同及一體感的一貫中心。在這裏，要弄清兩個問題：一是不要把自我和自我觀念相混淆。廣義而言，**自我** (self) 指我所擁有的一切，如身體、感覺、情緒、思想、理性等等；嚴格而論，自我指純粹自我意識及意志中樞，和我所擁有的東西不能同日而語。**自我觀念** (self-idea) 並非自我，而是一個人對自己的觀念或對自己的評價。顯然，我認為自己如何和實際上我如何是兩回事。就像鏡子內所顯現的形象並非我，因為它既非活的，又無意識，它只是我的形象，極不完全的我；同樣，在腦海中的自我形象，也不是真我。二是不要把自我與人的**角色** (role)、**次級人格** (subpersonality)、**人格認同** (personal identification) 相混淆。自我具有多重性，自我與角色不能相等同，又有**主體我** (subject self) 和**客體我** (object self) 之分，但是主流心理學長期一味專注於客體我之上，絲毫不提“觀者”“覺者”的主體性，致使心理學出現“中心無主”的現象。艾里克森所說的“覺識中心”，狄克曼所說的“觀者自我”，阿薩吉奧里所說的“純粹意識中樞”等均是在這種思想背景下提出來的。

(6) **高層自我** (higher-self)：或稱超個人自我、真我，指超越我所有一切的主宰，超越我們複雜多元性的一體核心，超越變化無常的認同之一貫核心，超越意識內容的純粹意識中樞或覺者。認識到真我不是一蹴可就的，必須經歷一個漫長而艱辛的過程。當我們把真我與假我混淆不清時，就好比在湖中尋找月亮，找錯了方向，我們必須經過“非認同”的過程才能轉方向，越過假我而向上瞻望，這樣才能驚鴻一瞥真我之境。儘管這只是極膚淺而非圓滿的一瞥，但仍能帶給我們心理生活很大的益處，而且已找到了正確的方向，開始朝向空中尋找月亮。但是，這個純粹意識中心自我 (見“蛋形圖”第 5 項) 只是那高層自我 (第 6 項) 向下的投影，就像追尋真月的過程一樣，我們也能不斷在追尋真我的過程中進步。圖形中以 5 至 6 的虛線來表達。表示它們並非兩個不同的自我，而是對真我兩種不同的體驗而已。阿薩吉奧里指出：記住……事實上這並不是兩個獨立的自我，而是一個真我，兩種不同程度的自我實現而已，因此在一般的日常活動中的自我與圓滿實現的超越自我之間，有許多中間的階段或層次，愈來愈廣闊、清晰、圓滿。

(7) **集體潛意識** (collective unconscious)：阿薩吉奧里雖借用榮格的術語，但含義卻有所不同，主要指個人自我所紮根的宇宙性大我那一層面。其實，沒有人能完全生活在群體之外，處於徹底孤立的境地，他總是“部分之我”，屬於那更廣大的現實的一部分。美國著名社會心理學家索羅金在論及高層潛意識時曾經指出，人基本上植根於並且屬於那更大的整體之內，他說“(高層潛意識) 可能將人與宇宙性的高層潛意識聯繫在一起；就好像人的(低層) 潛意識與生理物理性的宇宙相互聯繫；意識及社會文化性的宇宙也相互聯繫”(Sorokin, 1967, p.114)。

(三)　意識轉變狀態

意識狀態及其改變是超個人心理學研究重點之一。塔格森認為，**意識轉變狀態** (altered states of consciousness，簡稱 ASCs) 是指一個人“明顯感覺到其心理功能模式發生一種質變，即他感覺到的不只是一種量變 (或多或少的警覺狀態，或多或少的視覺意象，更加敏銳或更加遲鈍等)，而且他的心理過程在某種性質或某些性質上是不同的”(Tageson, 1982, p.198)。

究竟有多少意識轉變狀態？怎樣對它們進行可靠的分類和區分？什麼條件或刺激形式下會導致它們的出現？它們對人的生理、心理和行為有什麼影響？在體驗的主體上，它們會產生什麼現象學的經驗，並如何將其與正常的覺醒狀態的內容區別開來？在這些體驗和它們的效果之間，我們能否識別出任何模式、規律性？努力發現這些問題的答案是迅速發展這一領域的關鍵。

美國心理學家克里普納 (Krippner, 1972) 已區分了 20 種不同的**意識狀態** (states of consciousness，簡稱 SoC)，其中前 19 種意識狀態是相對於最後一種，即正常的覺醒狀態而言的。這些狀態被認為具有相對的獨立性，而且相互之間又有某種程度的交疊。這 20 種意識狀態如下：

(1) **做夢狀態** (dreaming state)：主要特徵是伴隨**快速眼動** (rapid eye movement，簡稱 REM) 和**腦電圖** (electroencephalogram，簡稱 EEG) 缺少 α 波。

(2) **睡眠狀態** (sleeping state)：缺少快速眼動，出現高幅 α 波。

(3) **入睡狀態** (hypnagogic state)：其特徵是睡眠周期剛開始時的那種清晰的意象。

(4) **朦朧狀態** (hypnopompic state)：意象發生在睡眠週期的後期。

(5) **警覺過敏狀態** (hyperalert state)：一種覺醒狀態，特徵是注意力高度集中和警覺程度的提高，通常發生在性命攸關的時刻，或也可表現為對某些藥物的反應。

(6) **昏睡狀態** (lethargic state)：特徵是心理活動明顯減弱，類似於重度抑鬱症 (depression) 狀態，或類似於因低血糖和疲勞引起的狀態。

(7) **狂歡狀態** (state of rapture)：特徵是出現強烈積極的或快樂的情緒和情感，如有時產生於狂歡的宗教儀式中。

(8) **癔症狀態** (state of hysteria)：特徵是強烈否定和破壞的情緒，如在狂暴行動中，恐懼和憤怒中。

(9) **分裂狀態** (state of fragmentation)：特徵是人格重要部分得不到整合，如精神病 (psychosis)、多重人格 (multiple personality)，或其他分裂狀態。

(10) **倒退狀態** (regressive state)：一種意識明顯地與個人年齡失當的狀態，如某些形式的催眠性返童指令所引起的狀態。

(11) **沈思狀態** (meditative state)：特徵是知覺模式的改變和擴展，包括某種統一感 (sense of unity) 和自我超越感 (self-transcendence)、感知覺增強、強烈情感體驗和永恆感 (timelessness)。這些狀態通常是通過踐行某種熟練的修練技術而自我引發的，並因而在很大程度上受到主體的自我控制。所謂**神秘體驗** (mystical experience) 通常是沈思狀態的典型特徵。

(12) **恍惚狀態 (或茫然狀態)** (trance state)：如在催眠中時所發生的狀態，特徵是提高易受暗示性 (suggestibility)、警覺狀態 (alertness) 和對單一刺激的集中注意。

(13) **遐想狀態** (reverie)：一種清醒時的沈思幻想狀態。

(14) **白日夢狀態** (daydreaming state)：一種清醒時的夢想境界。

(15) **內部掃描** (internal scanning)：一種頭腦中連續搜索訊息狀態。

(16) **木僵狀態** (stupor)：伴隨特徵是對外來刺激感受能力極大降低。

(17) **昏迷狀態** (coma)：完全没有能力感受外來刺激。

(18) **儲存記憶狀態** (stored memory)：通常是指某一恍惚狀態的一個方面，特徵是過去的某一經驗生動地重現或被憶起。

(19) **擴大意識狀態** (expanded conscious state)：知覺的改變模式，有時同在沈思狀態發現的模式相似，但由致幻劑引起的並不受主體的控制。

(20) **正常覺醒意識狀態** (normal waking consciousness)。

在上述 20 種不同的意識狀態中，除睡眠和做夢、催眠、精神病狀態、致幻或擴大意識狀態、沈思或神秘狀態外，絕大多數狀態還沒有得到深入細緻的研究 (Pelletier & Garfield, 1976)。所幸的是，後三類研究與自我超越這一超個人心理學的主題有特別的相關。

佩里蒂爾和加菲爾德 (Pelletier & Garfield, 1976) 所著的《東方和西方的意識》一書仔細描述和分析了意識轉變狀態。他們認為，急性精神病發作、致幻狀態和極度沈思狀態可以被看作是一個連續統一體，前兩者是更多發作的和短暫的，很少在主體的控制之下，由目前不太瞭解的生物化學和個人內部變量相結合而產生的。從現象學的觀點來看，有一點很清楚，所有這三種狀態主要包括了自我超越的勢不可擋的經驗。社會現實的正常體驗發生嚴重的分裂，個體充滿了對現實的神秘感，而正常覺醒意識狀態則明顯地缺少畏懼感。

(四)　意識訓練

超個人心理學家認為，人生的意義在於擺脱日常虛幻的分化意識狀態，進入高級的意識狀態或和最高本體認同的意識狀態。當前，超個人心理學的研究主要集中於找到進行**意識訓練** (training of consciousness)，改變意識狀態，達到自我超越境界的途徑和方法。超個人心理學家現在正以系統的實驗研究在西方發展的沈思或禪功的理論和實踐，特別是對超覺沈思 (或超覺靜坐) 的研究。超覺沈思是參照印度瑜伽功並適合西方人非宗教需要的一種意識訓練形式。

超覺靜坐 (或**超覺沈思**) (transcendental meditation，簡稱 TM) 的要點是端正姿勢、調整呼吸、閉目安神、內視自己、控制感覺，把意識集中一點，逐漸進入萬念皆空的境界。主要包括下述三個連續進行階段：

第一步，調整姿勢：其基本姿勢是靜坐。傳統使用的靜坐方式是“結跏趺坐”，此種方式較難掌握。現在用於強身治病可以採用“穩坐”姿勢，即盤腿而坐。首先使左腿彎曲，腳尖的一半插入右大腿的下邊，然後再使右腿彎曲，插入左腿肚子下邊。為了保持上身正直，可以坐在一個厚座墊上。雙目輕閉，下頜稍微內收，面向正前方，兩肩自然下垂，兩手掌輕輕放在大腿的中央位置，手指並攏，手腕放鬆。

第二步，調整呼吸：即所謂“調息”。根據呼吸系統功能接受“隨意神經”和“自主神經”雙重支配的特點，調息可以通過自主神經系統調整內臟器官和大腦。靜坐是調息的準備。開始是自然呼吸 (胸式呼吸)，慢慢練深呼吸 (腹式呼吸)。先儘量慢慢鼓肚子，深深地吸一大口氣；接著再慢慢憋肚子，把氣緩慢地吐出來。經長期反復鍛鍊後，呼吸次數可以逐漸減少。剛開始 1 分鐘 10 幾次，以後減到 7～8 次，最少可減到 5～6 次。為了排除雜念，集中精神，可應用“數息法”，即默數呼吸次數。練習腹式呼吸，同時數息，心身結合，效果最好。可以達到萬念俱空，腦像晴空一樣地清澈明快。

第三步，默念真言：即默念具有真理性的詞句。此時要繼續原來的平緩的腹式呼吸，但自動停止數息。默念真言時腹式呼吸比數息時變淺、稍輕。要雙手抬起，在體前正中央處搭在一起，右手在下，左手在上，拇指抬高，右拇指指甲頂在左手拇指指肚上部。佛教徒在超覺靜坐時，採用的真言《南無妙法蓮華經》(Nam myoho renge kyo)。因旨在強身治病，故可選擇有益於心身健康的真言，如可採用《黃帝內經・素問》中“志意和，則精神專直，魂魄不散，五臟不受邪矣。”“精神內守，病安從來。”原則是，選擇的真言應是真實的、代表人們的願望、信念和經過努力能夠促使其成功的座右銘 (車文博，1990/2000)。

超個人心理學家把超覺沈思或靜坐視為調節注意和擴大覺知的一種有效方法。它能使知覺系統針對自我感進行微觀審查，通過對自我的反思就會達到自我的超越。在西方沈思訓練中，既可集中沈思，也可保持知覺隨各種經驗的流動而無選擇的開放。在沈思的過程中能相繼出現一系列意識狀態的變化，最終達到意識的**豁然開朗 (或頓然覺悟)** (enlightenment)，或心靈層意識狀態，或**心靈豐滿** (mindfulness)，或心靈和宇宙的認同狀態 (佛教用語稱為般若波羅蜜或大智度) (註 11-12)。

超個人心理學家科恩費爾德 (Kornfield, 1980) 指出，要想達到“心靈豐滿”(指對真正現實的認同) 這一高級意識狀態，就需要一些基本條件。在佛教心理學看來，意識豁然開朗的因素來自心靈的七種特性，這些特性是健康心靈所不可缺少的。見圖 11-6 所示。其中，最重要的是心靈豐滿，隨

註 11-12：(1) 般若波羅蜜，全稱般若波羅蜜多。般若是梵文 praijna 的音譯，意為智慧；波羅蜜多是梵文 pāramitā 的音譯，意為到彼岸。般若波羅蜜多，即通過佛教的特殊智慧到達涅槃之彼岸。亦可譯為“智度”。(2) 大智度，即偉大、廣大之意；智度，是般若波羅蜜的意譯，即憑藉佛教智慧而得以解脫，大乘佛教所講的“六度”之一。這裏“大智度”連用，表示對佛教的這種解脫方式的讚嘆。

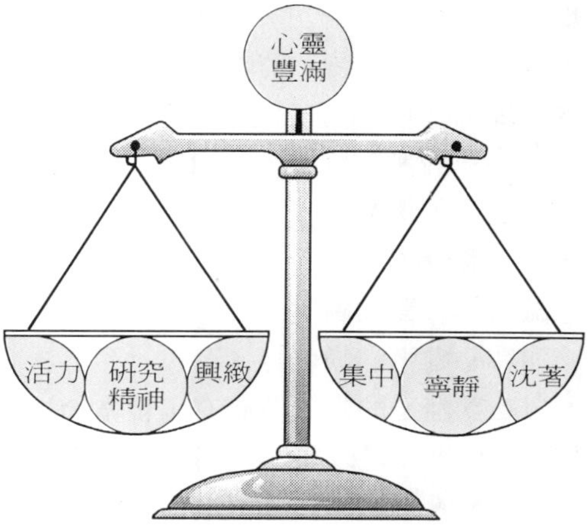

圖 11-6　意識開朗的因素

(根據 Broadbent, 1958 資料繪製)

之而來的是兩組特性：一組是**活力** (energy)、**研究精神** (investigation) 和**興緻** (rapture)；另一組是**集中** (concentration)、**寧靜** (tranquility) 和**沈著** (equanimity)，這兩組特性必須保持平衡。前三項是非常積極的心靈特性，其中活力表示保持覺知敏銳的努力，研究精神表示深入探索自身體驗的能力，興緻表示心靈中的歡欣和興趣。這三種特性必須由第二組特性來調節和平衡。其中集中是使活力聚集於一點的能力，寧靜指內在的肅靜和默然的研究，沈著是不受興緻或經驗變化影響的平衡狀態。西方心理學的傳統是強調第一組特性，但科恩費爾德認為，缺乏第二組特性的培養會使第一組特性的發展失去平衡，結果會損害心理能力的利用。

但是，真正達到超覺沈思或最終進入超個人心境並非人人都能輕易做到的。古代東方只有極少數有道高僧能夠修煉覺悟，當代西方也只很小一部分超覺沈思訓練者能夠達到理想的精神境界。

為了使更多的訓練者能夠達到超越自我的狀態，超個人心理學家曾以科學實證的方法研究和驗證超覺沈思的理論與實踐。這一研究經歷了三個發展階段：開始是審查沈思訓練所引起的反應和訓練收效所需要的時間，然後考察沈思和其他因素和被試者的年齡、背景、人格因素等的相互關係，最後是找出可能和有效的有關機制。

超覺靜坐具有重要的心理效應。主要表現在：(1) 有助於身心放鬆，調整情緒，減輕焦慮，增強知覺的敏銳和清晰度，提高定位於大腦右半球的技能如記憶和分辨音樂的能力，增進心理健康水平。(2) 有助於增強自信、自尊，促進自我實現，提高學習和工作效率。(3) 有助於矯正吸毒、酗酒和治療諸如高血壓、冠心病、潰瘍病等。一些**心身疾病** (或**心身症**) (psychosomatic disorder)，緩解**緊張症** (catatonia) 和**恐怖症** (phobia)。(4) 有助於昇高覺知，改變意識狀態，開放對經驗的態度，產生自我超越和人我合一的體驗，達到豁然開朗和心靈豐滿的境界。

科學研究表明，對超覺靜坐的生理機制有了相當的揭示。主要表現在：(1) 超覺靜坐和放鬆訓練引起人對以前緊張刺激的脫敏，呼吸顯著變緩，氧消化量及二氧化碳排出量減少，心率減緩 (Benson & Friedman, 1985；Shapiro, 1985)；(2) 超覺靜坐會引起生理喚醒度的降低，血液激素水平改變，膽固醇含量減少，腦血流穩定，大腦兩半球相對活躍的轉換，自主神經系統激活與安定平衡的遷移；(3) 超覺靜坐引起腦電波徐緩而較高的同步反應，呈現 **α 波** (alpha wave)。α 波是腦波的一種，頻率約 8～12 Hz，表示個體處於鬆懈，不注意狀態。佔優勢的趨勢，這些波形與深沈的放鬆是和諧一致的。超覺靜坐的生理狀態與通過其他放鬆機制如催眠、生物反饋及深度肌肉放鬆所引起的生理狀態沒有什麼不同 (Holmes,1984)。

超覺靜坐的效果在很大程度上制約於訓練者的人格和背景因素。主要包括：(1) 訓練的堅持性，對內在體驗的興趣，較穩定的情緒，日常生活中較高的自我控制力等，在很大程度上決定著超覺沈思的效果；(2) 有精神分裂史或有精神病跡象的人不宜進行非常嚴格的超覺沈思訓練，否則很可能誘發精神病。但對於住院患者，在醫師指導下進行沈思訓練有時能促進治療。

(五) 超個人心理治療

所謂**超個人心理治療** (或**超現實心理治療法**) (transpersonal psychotherapy) 是以超個人心理學理論為基礎的一種高層次的心理治療。

西方心理療法大多在意識譜上均有自己的位置。譬如，以精神分析理論為基礎的自我水平的心理治療，旨在使患者的意識水平由局限於精神的某一側面擴展到包容精神的各個側面；以人本主義理論為基礎的存在水平的心理治療，旨在突破心身分裂的意識水平，擴展到包容整個機體。行為治療雖然存在忽視意識水平和治療關係的根本缺陷，但行為矯正法仍不失其存在的價值。超個人心理治療是在承認各種心理療法的相對價值的基礎上產生的。

超個人心理治療力圖突破人我分裂和主客體分裂的意識水平，擴展到超越自我的意識狀態，促進人的成長，實現豐滿人性。可見，超個人心理治療的目的在於激發人的內在能源，促進自然康復，真正成長為超越自我的人。實質上，這是一種新的世界觀、人生觀、價值觀的表現。因為超越自我意味著由自我認同轉變為宇宙認同，由增進自我轉變為獻身社會。

超個人心理學家沃菡 (Vaughan, 1986) 提出三個基本概念以闡明超個人心理治療的主要理論和實踐。

1. 環境 (context)　指實施超個人心理治療所必要的心理環境。在沃菡看來，超個人心理治療是一種開放系統，力圖超越傳統西方個人心理健康狹隘模式的局限，擴展人的心理空間的廣度和深度，促進人的意識或精神世界的成長和人性的高度豐滿。這就是說，超個人心理治療是通過直接作用於意識以改變心理環境 (意識狀態) 來體驗人性的真諦的。因此，環境對於超個人心理治療具有非常重要的意義。

要想建立良好的超個人環境必須從多層面著手。首先，醫師的信念、意向和價值觀是建立超個人環境的決定性條件。患者是否有信心探索超個人的精神領域，在很大程度上取決於醫師是否堅信他自己的超個人體驗。醫師的信念不是要看他在口頭上說的多麼美妙，而主要表現在他對治療過程中出現的障礙所採取的態度如何。

其次，意識既是治療的對象，又是治療的手段。沃涵認為，改變狹隘的意識狀態和建立超個人心境，都必須通過意識的自身活動才能實現。並且治療過程也不是直接解決某一問題本身，而是創造條件使問題迎刃而解或被適當地超越。正如捕魚者不是直接向饑餓者供魚而是教他捕魚的方法一樣。應該相信，只要提供機會，人的**內在智慧** (或**直覺醒悟**) (awakening intuition) 就會作為一種整合與醫治的力量出現。這裏所說的提供機會主要指引導受輔者擴大自身的意識狀態。引導方法要因人而異。逆反誘導是常用的引導方法之一。譬如，過於專斷的人可能需要有較多的順隨，太順隨的人則需要較多的獨立思考；事事依賴自己的人可能需要接受幫助，遇事極力尋求外力支持的人則需要學會自立自強和敢於自己承擔責任。逆反誘導的目的不在於解決各個人的實際問題，而在於打破習以為常的意識幻覺，達到意識的擴展，收到長期的療效。正如布根塔爾所說的，行為的改變是副產品，發現生活中更高的尊嚴與價值和更多的選擇與意義才是根本。因此，醫師必須認識到意識在決定療效中的核心作用。

此外，及時清除障礙也是超個人心理治療重要的環境條件。目前尚無特別有效的方法一定能引導到超越自我的醒悟或轉變，但要清除通向超越的障礙卻有許多事情要做。其中有兩大障礙：一是缺乏信心，即對能否達到超個人心靈豐滿的境界信心不足或疑慮重重，這和醫師的態度密切相關。二是貽誤時機，即沒有及時抓住心靈頓悟的時機。事實表明，意識往往是豁然開朗的，曠日持久將會導致徹底失敗。如果醫師在遇到困難時就認為意識狀態的轉變是很長時間甚至許多年才能實現的事，這必然會誤導受輔者這樣去想。

2. 內容 (content)　指一切超越自我的體驗，包括人在高層次的意識狀態中所感受到的超個人的經驗。

沃茲認為，有了超個人心理治療的環境條件，有利於對超個人內容的探索，但超個人內容的領悟和確定仍有賴於受輔者自己的努力。還應該明確的是，超個人的內容和治療的內容是兩個既有聯繫又有區別的範疇。不同點在於：治療的內容是多層次的，如有自我層的、存在層的、超個人層的，在任何層次上出現的心理衝突問題都需要得到治療，故治療內容並非全是超個人的。而超個人的內容是高層次的，屬於精神或意識高度成長即實現豐滿人性的範疇，並不是超個人心理治療本身直接目標所在。聯繫點在於：超個人體驗對於心理治療和健康發展具有潛在價值和根本意義，而治療問題的解決和深入發展也必然有助於超個人經驗的探索。

3. 過程 (process)　指超個人心理治療所經歷的過程。它包括以下三個階段：

(1) **認同** (identification)：主要解決自我層發展的問題，如發展自身力量，提高自尊，拋棄負面的自我意識。這一階段得以順利完成，就能使人增強責任感，由依賴他人轉向自我決定。

(2) **解除認同** (disidentification)：相當於解決存在層的發展問題。個人面臨的問題主要是生活的意義和目的，開始超越角色、財產、活動、關係等等的認同。這時，自我目標或個人滿足的追求往往成為無意識的。這一階段問題的解決表現為**自我消亡** (ego death) ——雖然承認人有軀體、情感、思想、觀點，但人並不等於這些東西，人所認識的自我實際上是不存在的。人開始解除與**自我** (ego) 認同而進入與個人的**自身** (self) 或本體認同的階段，自身這時成為自己心理過程的超然旁觀者。這是一個內在的解放過程。

(3) **自我超越** (self-transcendence)：指一種認同過程的遷移或認知範圍的擴大，即由自我認同轉為宇宙認同，由增進自我轉向獻身服務。從超個人的自身來看，意識和意識的對象或內容是不同的。變化的思想和情緒是意識的內容，一切經驗都可以看作是純粹的、不變的超個人覺知的內容。達到這樣的認識，便進入自我超越階段，這時全部個人的遭遇都變得不重要了。人不再覺得自己是孤立的，而是更廣大的存在的一部分，和每一件東西都有密切的關係。因此，自我超越的實質是人的自我認同向宇宙認同的轉化，是天人合一的新世界觀、人生觀和價值觀的產物 (林方，1989)。

第三節　簡要評價

從上面關於超個人心理學的產生背景、理論內涵和研究領域的介紹中，我們對於超個人心理學的來龍去脈、研究對象和主要特點等均有了基本的瞭解。現在的問題是，如何評價超個人心理學？是全盤否定或肯定，還是有分析有批判地肯定和否定，依我們看後者的兩點論比前者的一點論要好。

一、主要貢獻

儘管超個人心理學研究的課題是超現實的，其理論觀點是令人費解難懂的，但它卻蘊含著超前的思想和智慧。因此，我們對超個人心理學絕不能採取完全排斥和否定的態度，要在認真研究的基礎上充分肯定其積極層面和歷史價值。

(一) 開啟西方心理學與東方智慧溝通之先河

現代科學心理學既是在西方文化的氛圍中誕生的，又是在西方文化的影響下發展的。因為人總是生活在特定的文化圈之中，他們的心理、意識和行為從來都不是一張白紙，必然打上某種文化的烙印。因此，無論是在實驗心理學的故鄉德國，還是在當代世界心理學發展中心的美國，其研究的理論框架、闡釋理論、干預手段等無不隱含著西方文化精神。

但是，許多實證心理學家一直把西方科學心理學奉為超越西方文化的世界心理學。超個人心理學家明確指出，不僅以科學主義為導向的實證心理學是西方文化歷史的構成，就是人本主義心理學也是典型西方文化的產物，也就是說，它是美國文化的產物。特別表現在極端重視個人主義、自主獨立、自我肯定和自我實現以及非常強調成就的重要性上。正如心理學史家波林所指出，美國人的成功哲學 (success philosophy)，“基於個人的機遇和野心，所以是產生大衆的民主 (人人皆國王)、實用主義 (淘金王國的哲學) 和心理學內外一切形形色色的機能主義背景”(高覺敷譯，1981，578 頁)。實用主義既確定了美國“新世界文化”的基調，也確定了 1890～1913 年美國心理學的基調。

超個人心理學家雖然肯定了人本主義心理學的積極作用，但卻一直努力洞開西方心理學與東方智慧溝通之門。

首先，他們批評西方心理學的中心論和本位主義，勇敢承認西方心理學的文化局限性。馬斯洛、奧爾波特等人指出，主流心理學“過於西方化”，把西方心理學視為心理學的本體與核心，並要求世界各國以美國心理學為其建構的樣板。奧爾波特認為這是“不可原諒的本位主義”和西方心理學中心論。坎貝爾 (Campbell, 1975) 在他當選美國心理學會主席的致詞中直言不諱地斥責這種傳統心理學“夜郎自大的心態”。

其次，他們指出西方心理學研究人性具有明顯的局限性。本來心理學是關於人性的科學。但自科學心理學誕生以來，由於長期深受科學主義、元素主義、還原主義的束縛，不是肢解和消解了人，就是把人變成了物 (大白鼠或電子計算機)，人和人性根本没有成為心理學研究的主題。

西方心理學雖得人本主義心理學運動之助，但仍未能完全擺脱傳統心理學狹隘範式之陰影。著名心理學家艾里克森 (見 100 頁) 在指責西方心理學的局限性時寫道：

> 當我們進入最後階段 (發展的第八階段：完善)，不能不承認我們西方文化確實沒有像東方文明一般，容納人生的全部的觀念……事實上，我們更驚訝地發現 (直到目前爲止，除了幾個少數例外)，西方心理學是如何有意視而無睹人生的整個連鎖關係。(Erikson, 1964, p.132)

奧爾波特在概述了印度人性發展理論以後，得出結論說：

> 看到西方心理學沒有一派……的人性觀內……論及了這整個連鎖關係，這實在是令人深省的現象……由此可見，印度有關基本人性的模式好似遠比西方任何一學派所涵蓋得更加完整。(Allport, 1965, pp.564～565)

最後，他們公開呼籲吸收東方心理學的精華。超個人心理學家反對一味追隨美國心理學的模式，一直倡導學習東方優秀的文化傳統，把心理學的研究重心轉向人類的普遍經驗，真正建構出融合東西方精華的超文化或世界性的心理學來。美國心理學家坎貝爾強調，應當好好地探索東方的精神遺產，決不可過於自負地漠視東方文化的價值。

超個人心理學家維爾伯和哈佛醫學院的兩位教授於 1986 年合著的《意識的轉換》一書中指出：

> 本書以各種不同卻密切相關的方式企圖明列出人類成長與發展的模式的整個層次圖，這個模式所包括的發展階段，不只來自普通心理學及精神病學的研究分析，同時也是根據世界上各大沈思及默觀傳統的實證經驗。本書所有的作者均公認，如果普通心理學及默觀傳統中各個派別都能聯合在一起採長補短，我們必會找到一個更加完備而整合的人類發展的思想。(李安德，1994，208 頁)

超個人心理學從東方心理學中得到最大的啟示在於：

1. 他們找到了一個更具包容性的人和人性的範式。如果說西方心理學具有科學主義的傳統，那麼東方心理學則具有鮮明的人文主義特色。托馬斯 (Thomas, 1988) 在其《人的發展的東方學說》一書中指出，印度、佛教、儒家、神道及回教等五大東方傳統，展現了人類發展的各種理論。由於亞洲心理學偏重於人性的精神修養和超個人心境的磨鍊，因而給予超個人心理學以極大的影響。超個人心理學家頓時發現了根本不同的世界觀、人生觀、價值觀和人的模式，特別是把自我視為超個人的整體的一部份的獨特見解。這是因為西方心理學明顯地忽略了人與宇宙這一環的關係，並且完全忽略了自我本是"整體中部分之我"這一事實。隨著超個人心理學的興起，過度個人主義的自我觀遭到愈來愈廣泛而嚴厲的批評。

2. 他們還意外地發現了東方相當深奧而複雜的意識譜，以及各種調整情緒、放鬆身心、集中心力、鍛鍊意志、啟迪心靈和導致高峰體驗和其他超個人經驗的方法。顯然，這些東方智慧是對西方心理學的重要補充，也是超個人心理學形成的重要思想來源。

因此，超個人心理學並不是單純西方文化的產物，而是對西方文化的超越，並與東方智慧融合的結果。應當說，超個人心理學在反對西方文化霸權主義、衝破對東方智慧的輕蔑和無知、促進東西方文化溝通方面，其卓識是超前的，貢獻是重大的，影響是深遠的。

(二) 開拓心理學更高的研究領域

傳統心理學的研究領域非常狹窄，研究範圍也十分有限。主要表現在：(1) 從時間空間來看，科學心理學僅研究了現實水平的心理與行為，根本未涉及超時空的意識狀態或精神世界的問題；(2) 從心理層次來看，主流心理學僅僅研究了感性、理性和非理性水平的心理與行為，根本未涉及超越理性的高層次的精神活動；(3) 從研究主體來看，西方心理學無論是行為主義、精神分析，還是人本主義心理學，他們都僅僅研究個體或自我界限內的個人行為，基本上不涉及超個人或超自我的研究。

超個人心理學從西方科學與東方智慧相結合的基本觀點出發，突破了西方傳統文化的屏障和西方實證心理學的界限，更全面和深入地揭示了全部人性潛能和人類全部經驗，提出了超個人或超自我的第四層次的心靈說。

馬斯洛把精神性或超越性視為人的更高的內在本性，是人的存在本質中的一部分。在揭示這一精神性層次的內涵時，他說：

> 超越是指人類意識最高而又最廣泛或整體的水平，超越是作爲目的

而不是作爲手段發揮作用並和一個人自己、和有重要關係的他人、和一般人、和大自然、以及和宇宙發生關係（整體的層次整合意義是已設定的；認識和價值的同型也一樣）。(林方譯，1987，271 頁)

馬斯洛把超越的意義概括為 35 種，其中主要含義如下：

1. 超越是一種忘我的心境，和變得專心一意、入迷、集中注意時的心境一樣。
2. 超越個人的軀體，與存在價值等同。
3. 超越時空，人和整個人類打成一片。
4. 超越文化，超越型自我實現者是世界公民。
5. 越超自我、自私和自我中心。
6. 作爲神秘體驗的超越，同他人、整個宇宙的存在相融合。
7. 超越死亡、痛苦、疾病、邪惡等等。
8. 超越即接受自然的世界，以道家的方式聽其自然，超越自我的低級需要。
9. 博愛是超越的一種形態，實現人際協同。
10. 超越二歧式（極化、黑與白的對立、非此即彼等）思維。
11. 超越也意味著能變作神聖的，而不僅僅停留在世人的水平。
12. 達到高峰體驗和高原體驗就是一種超越。
13. 超越普通的、日常的人性，追求非凡的、超越性的人性。人能成爲目的本身，成爲"神"，成爲一種完美，一種本質，一種存在，莊嚴而神聖。(林方譯，1987，261～271 頁)

弗蘭克爾一再指出：自我實現雖重要，卻不是人的終極目標，它使得自我超越的重要性被忽略了 (Frankl, 1978)。他大聲疾呼："我們不能忽略超越性層面，因爲那是人之所以爲人之處" (Frankl, 1969, pp.ix～x)。確實，超越自身的"自由自覺的存在"是人的特性。因為人是雙重本質的存在，人既有生命的本質，又有超生命的本質。人之所以成為人、能夠走出動物家族，首先就得突破生物物種的限制，然後又突破個人自我的限制，充分説明人既是異於他物自我肯定性的存在，又是與萬物一體的自身他物的存在；也就是説，人既是一種特異的存在，同時又必須看作最為普遍化的存在（高清海，

1996)。顯然，這就是人的精神性或超越性之必然。

馬斯洛在責難學院派心理學排除人的超越性的層次時說：

> 精神性生活是存在本質的一部分，也是人性的界定性特質，人性缺少了它，便不再是完整的人性，它是真我、自我認同、內在核心、特殊品類及圓滿人性的一部分……縱然傳統的、價值中立的科學，套用物理學模式，把它排斥於現實界之外，它仍然可以回歸爲人本科學及修煉的對象。(Maslow, 1976, p.314)

蘭克 (見 35 頁) 嚴厲批判了弗洛伊德的還原主義，他說：

> 我們和人類的遠祖相通之處乃是精神性的自我，而非原始的自我，但我們不甘承認，因爲我們以活在純粹理性的平面而自豪，於是，我們否定那些非理性 (超越理性) 的生命力，認爲它們屬於我們原始性的過去，而不願在我們當下的精神性需求中認出它們來。(Rank, 1958, p.63)

世界各國特別是東方，有許多思想家都承認人的超越性 (或精神性、靈性) 層次的存在。著名分析心理學家榮格於 1921 年在《心理類型》一書中承認人具有四種層次上的功能：感覺 (生理層次)、情感 (情緒層次)、思維 (理性層次)、直覺 (超理性層次)。

北京大學教授湯一介指出：內在的超越性是中國各派哲學共具的觀點；直至今日，這類傳統心理學仍活在中國人心中，由喪禮及祭祖的儀式中便可見一般。在現代中文著述裏，作者一提到比較深刻的經驗或存在較深的層次時，也都喜歡用“心靈”一詞，而不用心理 (湯一介，1988)。

哈佛大學杜維明博士認為：

> (儒家的自我) 是一個靈性發展的動態過程，就本體論而言，自我亦即我們的本性，均是來自天命，因此從它本來圓滿之境來看，它是神聖的。由此觀之，自我是既內在又超越的，它既屬於我們內在本有的，同時又屬於上天的……這正是偉大的文化理想以及精神價值從生之根源……自我的結構中天生便有超越之境的强烈渴望……這種對超越境界的渴望，從深遠處來看，也就是自我超越的渴望，超越現實存在的自我，以實現理想中的自我。(Tu Weiming, 1988, pp.245～247)

表 11-1　人類發展歷程

先前境界	平常或正常境界	超越境界
先理性的	理性的	超理性的
先邏輯的	邏輯的	超邏輯的
先觀念的	觀念的	超觀念的
先言詞的	言詞的	超言詞的
先自我的	自我的	超乎自我的
次常的	正常的	超常的
先個人的	個人的	超個人的
先二元的	二元的	超二元的
潛意識的	意識的	超意識的
先分析的	分析的	超分析的
先文化的	文化的	超文化的
依附性的	獨立的	連鎖關係的

(採自李安德，1994)

沃什伯恩 (Washburn, 1980) 和維爾伯 (Wilber, 1982) 指出，根據超個人心理學的觀點來看，人類發展歷程或是人類經驗的架構，可分為先前境界、平常或正常境界和超越境界等三個階段 (見表 11-1)。

西方主流心理學因以個人為本位，以自我或小我為中心，以平常、正常或一般為理想狀態，故它只重視前兩個階段的研究，而把超越的境界排斥在心理學範式之外。馬斯洛把那種一般的理想目標視為患了“凡夫俗子症”。他說：

> 没有超越，不能超越個人，那麼我們就會成爲病態的、狂暴的和虛無的，要不然成爲失望的和冷漠的。我們需要某種‘比我們更大的東西’作爲我們敬畏和獻身的對象。(李文湉譯，1987，6 頁)

超個人心理學接納人的精神性層面，強調超越自我境界的追求，在很大的程度上，這和它吸收東方文化中的人觀密切相關。在東方，個人主義的味道遠比西方淡化得多。重視宇宙性層面是中國傳統文化的一大特點。如“四海一家”、“天人合一”、“以天下為己任”、“修身、齊家、治國、平天下”、“天地與我並生，萬物與我為一”、“犧牲小我，完成大我”等一類話，充分表現了中國文化對更大的整體或宇宙的深切關注和追求。1987 年 10 月至 1988 年 3 月，一群學者在美國哈佛大學先後召開了 6 次科際及跨文化學術會議，專門討論了中國、印度以及日本的人格觀念，顯示出東方文化特別意識到他們屬於大我的一部分，他們對更大整體的重視遠超過了個人。老子在《道德經》中解釋聖人之偉大，是因為“非以其無私耶？故能成其私”，吳經熊將其翻譯為“不正是因為他的無我，故能成就真我？”超個人心理學家的主張和老子的見解是一致的，即缺少自我超越的層次，人們就不可能實現真我。換句話說，只有無我，才能成為真我。莊子也以弔詭的方式表示出這種境界：“至人無己，神人無功，聖人無名”(莊子・內篇)，他們雖有所成就、名位及自我，卻好似沒有一樣，因為他們不執著它們，故能超越 (李安德，1994)。

可見，超個人心理學超越了西方心理學個人本位主義或自我中心主義的局限性，弘揚了東方文化中宇宙協同的天人合一的思想和整體主義的精神。這樣不僅提高了人生的理想定向與終極價值，而且進一步提昇了心理學研究對象的層次與深蘊。

(三) 擴展超個人心理學的應用

二十多年來，超個人心理學有了相當發展，目前已有 50 多種有關的學術期刊，定期刊登意識、沈思、宗教、死亡、象徵、神話原型、生物反饋、東方心理學、精神活性藥物 (psychoactive drugs) 等超個人心理學方面的理論性、實驗性和應用性的研究成果。另外，美國心理學會內還設立了宗教問題研究心理學家協會 (Psychologists Interested in Religious Issues，簡稱 PIRI)，擁有 1,200 位會員。

1. 組織管理上的應用 要想了解超個人心理學在組織管理領域中的應用，必須了解馬斯洛需要層次論的發展，即由純人本的層面演進到超人本或超個人層面的過程。

衆所周知，馬斯洛在 1954 年出版的名著《動機與人格》一書中明確提出作為人本主義心理學理論支柱的需要層次論。他由下而上地列出人性的五大需要：(1) 生理需要 (最基本)；(2) 安全需要；(3) 歸屬與愛的需要；(4) 尊重需要；(5) 自我實現需要 (最高層)。

但進入 60 年代前後，馬斯洛開始感到這一需要層次理論的架構不夠完整。在他來看，人本主義心理學的最高理想：自我實現，並不能成為人的終極目標。他越來越意識到，一味強調自我實現的層次，會導向不健康的個人主義，甚至於自我中心的傾向。

在此思想背景下，馬斯洛提出超越自我、超越自我實現的問題。馬斯洛在逝世前一年，1969 年發表了一篇重要論文〈Z 理論〉。在該文中對他的需要層次論做了反思、修正與補充，並為組織管理心理學提供了一個 Z 理論的人性需要觀的理論根據。

Z 理論	6. 最高需要 (超越或超個人需要)
Y 理論	5. 自我實現需要
	4. 受人尊重需要
	3. 歸屬與愛的需要
X 理論	2. 安全需要
	1. 生理需要

馬斯洛曾用不同的詞來描述新加的最高需要，如超人本、超個人、超人性、超自我、超越性、靈性、精神性、神秘的、有道的、天人合一等等，說明人的需要將由以人類為中心轉化為以宇宙為中心。最高層的高峰體驗、高原體驗均屬於這一層次，Z 理論也是在這一最高需要理論的基礎上建立起來的。因 Z 理論摒棄了美國企業管理中過份強調個人、急功近利及缺乏高瞻遠矚的偏向，倡導把日本企業管理中的團體意識、社會長遠利益和美國科學管理中嚴謹周密的管理制度融為一體的管理模式。可見，馬斯洛促進了超人本的高層次管理理論的應用與發展。

2. 教育領域中的應用　超個人心理學家還將其人性觀及更為完整的人性發展理論擴展到教育領域。首先，超個人心理學在教育工作中的應用，有助於提高價值追求與教育目標，打破傳統的以個人為本位的教育思想的羈絆，克服庸俗低級的人生觀，自覺加強精神修養，不斷淨化人的心靈，達到人生最高的精神境界。其次，超個人心理學在教育工作中的應用，有助於在增進人的心身健康的基礎上專心致志，增強智慧，昇華理性，產生直覺，發明創造。可見，在教育工作中正確貫徹超個人的心理學思想對實現人的德、智、體、美和諧發展有所裨益。

3. 心理治療上的應用　心理治療是超個人心理學的一個理論來源，也是超個人心理學的一個應用領域。超個人心理治療家除了使用人本主義心理療法外，還採用其他一些方法。主要有：合氣道、沈思治療法、匿名戒酒會、佛教的領悟沈思、基督教心理治療法、整合性心理治療法、榮格心理治療法、意義治療法、曼德勒治療法、氣功、森田療法、內觀治療法、西藏心靈治療法、超覺沈思法、瑜伽心理治療法等等 (註 11-13)。

二、根本缺陷

誠然，超個人心理學有其正面意義和獨特價值，但是由於它本身缺乏堅實的理論基礎和可靠的科學根據，往往幻想多於現實、激情多於理智，概念含混，思想晦澀，整個理論尚處於不成熟無體系化的狀態之中。因此，超個人心理學的問題不少，缺陷也很明顯。

(一)　具有理想主義色彩

超個人心理學是對西方後工業社會價值觀崩潰導致人們精神困惑和信仰危機的一種反抗，也是一些有識之士渴望建構“美好世界”的一種追求。因

註 11-13：(1) **合氣道** (aikido) 是日本的一種武術鍛鍊流派，旨在求得與宇宙精神和諧一致。(2) **沈思治療法 (或冥想、靜坐)** (meditation) 是通過一定儀式或修鍊秘訣而體驗到一種意識改變狀態。如印度瑜伽、中國氣功、日本坐禪、禪宗沈思、超覺沈思、鬆弛反應等等。目前有人把它分為開放式沈思與集中式沈思兩大類。(3) **匿名戒酒會** (Alcoholics Anonymous，簡稱 AA) 是一種用教名或姓氏的首字母自願參加的自助或互助戒酒的組織。在世界 92 個國家中有 100 萬會員。(4) **佛教的領悟沈思** (Buddhist insight meditation) 是佛教徒實施精神訓練的方法，旨在達到精神專一和“非反應性的”覺知境界。(5) **基督教心理治療法** (Christian psychotherapy) 是以《聖經》為準則來解決心理衝突和控制行為的一種療法。(6) **整合性心理治療法** (integrative psychotherapy) 是一種整合人本主義、行為主義和精神分析為一體的心理治療，即以內心、人際和超個人為重點的三維立體的一元模型。(7) **榮格心理治療法** (Jungian psychotherapy) 是基於分析心理學的心理治療，旨在通過引用神話、傳說、小說中的原型，幫助病人正確面對集體潛意識，促使精神疾患得以康復。(8) **曼德勒治療法** (Mandala therapy) 是類似於夢的分析的一種著重於領悟的對話式心理治療。(9) **森田療法** (Morita's therapy) 是日本森田正馬倡導的一種治療神經症的方法，即通過絕對臥床、職業治療和日常生活體驗，訓練患者自然克服焦慮和疑症。(10) **內觀治療法** (naikan therapy) 是日本吉本伊信創造的一種通過深刻反省治療神經症和輕度心理障礙的方法。(11) **西藏心靈治療法** (Tibetan psychic healing) 是由許多沈思術構成的一種通過領悟宇宙真實性質進行治療的方法。

此，在一個“人人為自己，只有上帝為大家”的社會裏，無疑，它是有積極意義的。

但是，超個人心理學最大弊端就是缺乏嚴格的科學基礎。主要表現在：

1. 缺乏科學的世界觀和方法論的理論基礎 儘管人具有超越性，但沒有正確的哲學指導，卻難以講清超個人、超自我的科學內涵，揭示人的終極潛能、終極價值的具象內容，往往不是流於一般的比較模糊的解釋，就是限於“宇宙覺知”、“人類協同”等一類比較思辨的令人費解的論述。

2. 缺乏良好的社會保障條件 儘管超個人心理學家提出的超越個人中心、自我封閉和自我滿足的意識狀態，追求人生的最高意義是非常有價值的，但是社會理想與理想社會是相互制約、密不可分的。顯然，只有理想追求，而沒有理想社會作為實施的保證條件，那麼再好的理想也會像古今中外流傳的“天下為公”“世界大同”一樣成為人們的幻想和空想。

3. 缺乏嚴格的科學研究和驗證 儘管他們在對自我意識和同一性的研究方面已得出與傳統西方觀念明顯不同的結論，認為我與非我之間的界線是可以消除的，研究自我正是為了忘記自我並和宇宙萬物合而為一，但是至今尚未形成嚴密的科學理論體系或統一的理論框架，確鑿的科學實驗證據亦遠非充足，有些問題還處於爭論或待定之中。

《美國心理學百科全書》指出，超個人心理學應得到兩種證據的支持，即理論的和實證的。該書認為，超個人模式是從大量集中的概念網路中衍生出來並從中獲得了支持，反過來這些概念又衍生於幾種西方心理學、東方心理學與哲學、意識狀態、沈思、生物反饋，最近對健康理論的建構，以及令人驚訝的還有當代物理學中的一些相互重疊的方面。至於實證的材料或數據的支持卻令人苦惱地稀少。有相當多的資料是關於沈思 (Shapiro, 1980)，有些是關於意識的轉換狀態 (Tart, 1975)，但幾乎沒有關於格外健康的個人 (Walsh & Shapiro, 1983)。

沃爾什和沃菡在談超個人心理學的局限性時指出：

> 第一，有一個明顯不適當的實證經驗的基礎，這和其他大多數學派同樣糟糕，但是如果超個人心理學確實是對東方智慧和西方科學的一種有效綜合，那麼其工作者必須盡其所能地保證他們的工作確實屬於認真的科學研究。另外，超個人心理學模式尚未與其他西方心

理學和心理療法廣泛地整合起來。

超個人心理學可能是流行的雙刃劍。越來越多的人受它吸引，有些人顯然在理論和實踐方面表現得很不嚴肅。(Corsini, 1984, p.443)

可見，超個人心理學尚未完全成熟，仍欠缺堅實的科學基礎，不乏理想主義的色彩。

(二) 具有神秘主義跡象

神秘主義(或玄秘主義) (mysticism) 是一種宗教唯心主義的世界觀。主張人和神或超自然力量之間直接交往，並藉此領悟到宇宙的秘密。神秘主義產生於遠古時代，因人在自然力面前無能為力，於是出現了對人的保護神的崇拜，人們與其直接交往並祈求它們的幫助。後來逐漸產生了具有一整套神秘儀式的宗教團體及運用咒語 (mantra) 的修煉活動。古代東方哲學和宗教中的意識觀和意識訓練帶有的神秘色彩，恐怕是超個人心理學神秘主義跡象的來源之一。另一個神秘思想的來源則是克爾凱郭爾、布伯等人宗教存在主義的影響。他們認為，最高的認識形式是啟示、直覺；直覺同入神狀態、徹悟有同等價值。人藉此可以見到神秘的“超自然”的神。

應當指出，超個人心理學是崇尚自然、反對宗教迷信的。因此，它不具有傳統的神秘主義傾向，即把神視為最高的目的，藉助於信仰，經過幾個階段，達到神人一體狀態。超個人心理學的神秘主義跡象不是從通常意義上來界定的，它是從特殊意義上來理解的。主要表現在它把神與自然、人、靈魂相等同，或者說把自然、人、靈魂神化，用類似神學的語言來表述和解釋超個人或超自我的精神境界。

下面我們引用馬斯洛的一些神秘的表述和解釋：

這種超越感或來自敏銳的完善終端體驗，或來自完善高原體驗，這時，人能成爲目的本身，成爲“神”……我甚至能在主觀上有和僅僅屬於神的品格相等的感受，如全知，全能，和無所不在 (即，在一定意義上人能在這樣的時刻變成神，聖賢，神秘主義者)。(林方譯，1987，270～271 頁)

請大家留意一下像“啟示”、“天堂”、“拯救”等字眼的自然主義用法的含義吧。科學史正是一門又一門的科學從宗教中誕生分化

> 出來的歷史……如果我們從高峰體驗所具有的最美好、最深刻、最普遍和最人道的意義上看，這類體驗到的確可以被看成是真正的宗教體驗。因此，對這方面的研究可能產生一個最重要的結果，即把宗教拉到科學領域中來。(林方譯，1987，368 頁)

> 對高峰體驗的研究不可避免地要提出一個困難的問題，對這個問題的解答一定會成爲下一個世紀心理學的注意中心。這就是古代某些神秘主義者和神學家稱之爲“大同意識”或其他什麼名稱的問題。正如篤信宗教的人所説，這個問題就是怎樣在這個世俗世界上度過聖潔的一生，怎樣使人生具有永恆的意義，怎樣在這不完善的世界上始終保持著對至善至美的理想，怎樣在假、醜、惡的塵埃中永不忘記對真、善、美的追求。(林方譯，1987，380 頁)

> 在高峰體驗中，人們常常能直接窺見上帝的本質，而永恆性也似乎成了現實世界本身的特徵，或者換種説法，天堂就在我們的身邊，從大體上來看，它在任何時候都可以達到，我們隨時都可以步入天堂，逗留幾分鐘。(林方譯，1987，381 頁)

超個人心理學的神秘主義跡象除神秘的表述和解釋外，還同一些因課題研究的晦澀、費解所導致的神秘感有關。例如宇宙覺知、內在協同、精神通道、生死體認、超越感知、最高人際知遇、宇宙自我幽默與嬉戲等等。

超個人心理學也遭到人本主義心理學內外學者的挑戰和批評。早在 60 年代末《超個人心理學雜誌》創刊的時候，羅洛・梅就同薩蒂奇説：“按照我的判斷，心理學本身是研究個人的，要想使心理學拋棄或‘越過’(這是前綴字 trans 的字面含義) 個人，這是一種自相矛盾的想法”(May, 1986)。後來他又公開發表〈超個人還是超越〉(1986) 一文，批評超個人心理學。著名理性-情緒療法創始人艾里斯 (Ellis, 1986) 雖然羅列了超個人心理治療有六條優點，例如：給人們以希望；激發人們採取行動改變自己；一些強迫性儀式和禁欲主義可能對某些低挫折承受力的人有幫助；包含一些人本主義的與和平取向的教意；懷疑唯科學主義和片面的物質主義，倡導獨特的開放態度；反對低效率的心理治療等，但卻又指出超個人心理治療有 32 條局限、危害或潛在危險，並認為它的基礎與許多恐怖分子所持的虔誠的、權威主義的、反經驗主義哲學同出一轍。

儘管如此，超個人心理學是西方心理學史上的新生事物，它提出的課題具有超前性、前沿性和哲理性，很可能將來會成為心理學、哲學等學科或跨學科研究的話題。

目前，超個人心理學在美國乃至全世界有日益擴大之勢。70 年代初美國超個人心理學會會員不到一百人，90 年代初達到三千人左右。1975 年組建加州超個人心理學研究院，1986 年改為美國超個人心理學研究院 (亦譯為美國精神心理研究院)，批准具有碩士、博士學位授予權。1973 年格羅夫創建國際超個人學會。歐洲超個人心理學會 (名為 Eurotas) 於 1987 年成立，包括比利時、法國、意大利、荷蘭、克羅西亞、德國、挪威、波蘭、匈牙利、俄羅斯、西班牙、瑞典和英國等 13 個國家，先後召開了五次國際性會議。日本 1996 年召開超個人心理學會首屆大會。中國臺灣 70 年代末就曾認真討論將超個人心理學確定譯為"精神學"、"精神心理學"，稍後又開展有關的講座及其應用，出版了一些超個人心理學專著。中國大陸 90 年代以來逐漸開展了一系列超個人心理學的學術研究和交流。2000 年 7 月美國中美精神心理研究所與北京大學中文系、岳麓書院、華中師範大學教科院聯合在武漢市召開"心理輔導與中西文化"首屆國際學術研討會，討論的主要問題：(1) 人本主義心理學與儒家思想的比較；(2) 榮格心理學與中國文化；(3) 西方人本主義心理學與超個人心理學的新發展；(4) 道家學説對西方人本心理學和超個人心理學的影響；(5) 禪學與精神分析；(6) 釋夢：東方對西方；(7) 儒、釋、道的心理基礎；(8) 心理輔導：自律與他律；(9) 心理治療抑或精神治療；(10) 儒道互補與中國傳統人格結構；(11) 心理治療的文化特性與本土化問題；(12) 儒家人性觀與價值觀對於心理治療的意義；(13) 道家思想及養生方法對於心理治療的意義；(14) 中醫的心理治療。

本章摘要

1. **超個人心理學**是 20 世紀 60 年代末在美國人本主義心理學中興起的一個探究人類心靈 (精神) 與潛能的終極價值與實現心理學派，號稱心理學的**第四勢力**。主要創建者有馬斯洛、薩蒂奇、格羅夫等。
2. 超個人心理學的主要特點：(1) 不研究現實水平的心理健康和意識狀態，而以超自我、超時空的心理現象為研究對象；(2) 不是渴望以人 (或個人) 為中心，崇尚自由和尊嚴的心理學，而是以宇宙為中心，超越人類和人性的心理學；(3) 不是一般地研究人的本性、潛能、價值和自我實現，而是探究人類心靈與潛能的終極本源、終極價值和終極實現。
3. 超個人心理學是適應解決人的高級精神活動的西方社會需要的產物，是西方科學 (新物理學、致幻劑和生物反饋技術)、心理學與東方智慧 (超越自我的心境和意識的理論及修鍊) 融合的結果。
4. 超個人心理學雖與哲學關係密切，並與宗教學甚至**超心理學**研究內容有某些重疊，但它是一個心理學的分支，既不能等同於宗教學，更不能與超心理學混為一談。
5. 超個人心理學與人本主義心理學最主要的區別：(1) 它以超越性為出發點，以超人性為中心，研究超時空的心理健康與人生幸福；(2) 以超個人 (或類體) 為出發點，以宇宙為中心，研究世界協同；(3) 它以超自我為出發點，以大我為中心，研究真我完滿實現。
6. 超個人心理學與人本主義心理學的聯繫：(1) 人本主義心理學是超個人心理學產生的母體和基礎；(2) 超個人心理學則是人本主義心理學的重要補充和進一步擴展。
7. 超個人心理學的研究領域：(1) **人觀**，強調人是一個活生生的、智情融為一體的、整體性的主體；(2) **人性觀**，提出人性具有更高級的超越性層面；(3) **意識觀**，著重研究意識譜、意識狀態的轉換以及深層的整合；(4) **意識訓練**，強調超覺沈思在意識訓練中的重要性；(5) **超個人心理治療**，旨在擴展超自我的意識狀態，實現完滿的人性。

8. 沃爾什和沃菡把人的概念分為四個層面：(1) **意識**，強調經過訓練轉換為高級意識狀態；(2) **條件作用**，主張人的提高在於擺脫條件作用的束縛；(3) **人格**，只是人存在的一個方面，不能把健康單純歸結為人格的改善；(4) **認同**，防止認同的束縛作用，為趨向成長的認同敞開大門。
9. 超個人心理學的人性觀包括生理、情緒、理性 (前三者為人本心理學人性觀的範疇) 和超越性 (或精神、靈性、超個人) 等四個層面。它既擴大了人性的層面，又揭示了人性的底蘊。
10. 維爾伯的**意識譜説**是超個人心理學意識觀的主要理論基礎。他把意識分為四個層次：(1) **心靈層**，即人最內在的意識是和宇宙認同的意識；(2) **存在層**，即人和他存在於時空內心身機體的認同；(3) **自我層**，即人和他自我意象的認同；(4) **影象層**，即人和自我意識的某些部分的認同。
11. 阿薩吉奧里的蛋形圖是融會了東西方心理學關於意識與潛意識的理論圖式。包括七個層面：(1) **低層潛意識**，大部分代表人的動物性層面；(2) **中層潛意識**，類似前意識；(3) **高層潛意識**，直覺、靈感、高峰體驗和創造性活動的最高層次；(4) **意識界**，人與環境互動時所直接意識到的東西；(5) **意識中心自我**，純粹意識的中樞；(6) **高層自我**，超個人自我、真我；(7) **集體潛意識**，專指宇宙性大我那一層面。
12. **意識轉變狀態** (ASCs) 是指心理過程在量或質上的不同變化。克里普納把意識狀態分為 20 種，除正常覺醒狀態外，均被認為是重疊的和半獨立存在的。
13. **意識訓練**是改變意識狀態達到自我超越境界的途徑。**超覺沈思**是參照瑜伽功並適合西方人非宗教需要的一種有效的意識訓練形式。制約意識**豁然開朗**有七種心靈因素：心靈豐滿、活力、研究精神和興緻、集中、寧靜和沈著。超覺沈思既有重要的心理效應，且又有特定的生理機制。
14. **超個人心理治療**是以超個人心理學理論為基礎的一種高層次心理治療。實質上它是由自我認同轉變為宇宙認同，由增進自我轉變為獻身社會的一種新的世界觀、人生觀和價值觀。沃菡以**環境**、**內容** (超越自我的體驗) 和**過程** (**認同**、**解除認同**、**自我超越**) 三個基本概念闡明了超個人心理治療的主要理論與實踐。
15. 超個人心理學的主要貢獻：(1) 抨擊了西方心理學中心論和本位主義，洞開了東西方心理學溝通之先河；(2) 肯定了研究人的超越性心理層面的重要價值及深遠意義，建構了一種比人本主義心理學更寬闊、更開放的新範式；(3) 擴展了超個人心理學的應用，促進了管理心理學、心理治療學、教育心理學以及宗教心理學的發展。

16. 超個人心理學的根本缺陷：(1) 缺乏了嚴格的科學基礎、統一的理論體系、充足的實驗驗證，具有理想主義的色彩；(2) 存在某些神秘的表述和解釋、有些課題研究非常晦澀和令人費解，具有神秘主義的跡象。

建議參考資料

1. 牛格正 (1982)：心理學的第四勢力——超個人心理學。臺北市：桂冠圖書公司。
2. 李安德 (1994)：超個人心理學——心理學的新範式。臺北市：桂冠圖書公司。
3. 李紹崑 (1998)：精神學研究。臺北市：臺灣商務印書館。
4. 車文博 (1996)：西方心理學史。臺北市：東華書局 (繁體字版)。杭州市：浙江教育出版社 (1998) (簡體字版)。
5. 林　方 (1989)：心靈的困惑與自救——心理學的價值理論。瀋陽市：遼寧人民出版社。
6. 馬斯洛 (林　方譯，1987)：人性能達的境界。昆明市：雲南人民出版社。
7. 馬斯洛 (李文湉譯，1987)：存在心理學探索。昆明市：雲南人民出版社。
8. 馬斯洛等 (林　方主編) (1987)：人的潛能和價值。北京市：華夏出版社。
9. 劉翔平 (1999)：尋找生命的意義——弗蘭克爾的意義治療學說。見車文博 (主編)：20 世紀西方心理學大師述評叢書之一。武漢市：湖北教育出版社。
10. Corsini, R. (Ed.) (1984). *Transpersonal psychology* (Ⅰ) (Ⅱ). Vol. 3. New York: John Wiley & Sons.
11. Grof, S. (1985). *Beyond the brain:Birth, death and transcendence in psychotheray*. Albany, NY: State University of New York Press.
12. Murphy, G., & Murphy, L.B. (1968). *Asian psychology*. New York: Basic Books.
13. Sutich, A.J. (1980). Transpersonal psychotherapy: History and definition.

In S. Boorstein (Ed.), *Transpersonal psychotherapy*. Palo Alto, CA: Science and Behavior Books.

14. Tart, C.T. (1975). *Transpersonal psychologies*. New York: Harper and Row.

15. Walsh, R.N., & Vaughan, F. (Eds.) (1993). *Paths beyond ego: Transpersonal dimensions of psychology*. Los Angeles: J. P. Tarcher/Perigee.

16. Wilber, K., et al. (Eds.) (1986). *Transformations of consciousness: Conventional and contemplative perspectives on development*. Boston, MA: New Science Library.

第十二章

回顧與展望

本章內容細目

在前述的十一章中，第一章是針對人本主義心理學的導論及其產生背景（社會、哲學、科學和心理學）的剖析；第二、三、四、五、六章則是對人本主義心理學的先驅、創建者思想的綜合性述評，屬於本書的核心部分；從第七至十一章則係對人本主義心理學的專題性研究，以揭示人本主義心理學的方法論、人性觀、價值觀、教育觀和超個人心理學的實質，這是本書理論的昇華。

本章既是對人本主義心理學的總結，同時又是對人本主義心理學未來的展望。在這一章裏，首先，從思想邏輯與歷史邏輯統一的視角，沿著西方人學發展的軌跡，揭示了人本主義心理學從思辨性探討到科學性研究、從人本主義心理學到存在-人本主義心理學再到超個人心理學取向發展的內在思想邏輯。其次，從總體上多層面地闡述了人本主義心理學所做出的往往被人低估了的重要貢獻，批判了人本主義心理學尚未根本超越傳統人道主義的理論框架和自然主義的弊端，論述了人本主義心理學在西方心理學史上的重要地位和深遠影響。最後，展望了人本主義心理學未來的走向和發展的趨勢，預示了心理學將要進入第三次更廣泛更深刻的整合——科學主義與人本主義的整合、主觀範式與客觀範式的整合。

無疑，我們對人本主義心理學的回顧與展望，有助於掌握人本主義心理學發展的總規律，有助於汲取人本主義心理學的歷史經驗，有助於了解人本主義心理學未來發展的走向，有助於進一步發展人類心理學的科學事業。本章內容旨在研討以下六個問題：

1. 解析人本主義心理學發展的內在邏輯。
2. 目前國內外對人本主義心理學有哪些評價。
3. 從總體上評價人本主義心理學的貢獻與局限。
4. 對人本主義心理學發展前途有哪些不同看法。
5. 人本主義心理學對西方心理學派有哪些主要影響。
6. 展望人本主義心理學未來發展的趨勢。

第一節　人本主義心理學的內在邏輯

人本主義心理學既是西方人學長期影響的結果，更主要的是美國本土人本主義心理學內在思想邏輯發展的產物。其中，主要有下述四個趨勢、走向或轉化：

一、從思辨性研究走向科學性探討

即把人的心靈活動由專門的哲學研究擴展到具體科學研究的領域。

無論人文主義、人道主義，還是人本學、新人本主義（註 12-1），它們都不同程度地頌揚了人性、價值、自由、選擇、人權、博愛和人道主義，但是，這些研究尚停留在少數哲學家運用抽象思辨的方法進行哲學研究的範圍之內。

人本主義心理學是現代心理學擺脫了思辨哲學（註 12-2）的基礎所發展起來的。它力圖在較高層次上將人性與科學、價值與知識、“應該”與“存在”整合起來，成為一種科學的、現實的人本主義。而生態學、機體整體學的發展則成了思辨性人本主義哲學到科學人本主義心理學的主要科學背景。

註 12-1：(1) **人文主義** (humanitas)，一是指歐洲文藝復興時期反對封建專制和宗教神學的人性論和人道主義的社會文化進步思潮；二是指與中世紀神學對立的人文學科，即以人和自然為對象的世俗文化的研究，現泛指關於人類社會各種文化現象的學問。(2) **人本學** (anthropology)，通常指關於抽去人的具體歷史條件和社會關係去研究人的哲學學說，如費爾巴哈 (Ludwig Feuerbach, 1804～1872)。(3) 人道主義與人本主義同義，英文均為 humanism 一詞，泛指關懷人、尊重人，以人為中心的世界觀，亦即研究人的本質、價值、地位和個性發展等等的哲學思潮和理論，包括生命哲學 (lebensphilosophie)、哲學人類學 (philosophical anthropology)、現象學和存在主義等。

註 12-2：**思辨哲學** (又譯玄思哲學) (speculative philosophy) 是一種不從經驗出發，企圖從概念中推出實在，使客觀世界服從於人的思維構造出來的一般法則的哲學。

二、從人本心理學取向走向存在-人本心理學取向

即對存在主義由前期比較片斷的自發的接受，到後期比較自覺的主動的採納。

從奧爾波特起，為了改變傳統心理學忽視主觀性的問題，他曾經提出向美國心理學輸入存在主義之血的問題。馬斯洛除撰寫了《存在心理學探索》(1962) 外，在研究對象、宗旨和方式上也和存在主義一致。如個人的主觀體驗、價值、尊嚴和獨特性等。這些並非是歐洲存在主義直接影響的產物，而是美國本土存在主義思想的反映。因此，在對人本主義心理學哲學基礎問題上，如果用“根源論”來解釋，倒不如用“平行發展論”來說明更合適。

但是，後期人本主義心理學建立者羅洛・梅既是歐洲存在主義和現象學心理學思想的直接傳播者，又是美國心理學中存在主義運動的積極推動者。他攻讀過克爾凱郭爾的著作，深受德裔美國神學存在主義哲學家蒂利希的教誨。羅洛・梅主編了第一部向美國介紹存在主義與現象學心理學的“聖經”《存在：精神病學與心理學的一個新維度》(1958)，還組織了兩次存在心理學研討會，並創辦了兩個有關存在心理學的刊物。事實上，羅洛・梅是美國存在主義心理學取向的主要代表與核心人物。羅洛・梅還強化了馬斯洛、羅傑斯、奧爾波特、布根塔爾和美國存在心理學的最終一致性，直到 20 世紀 60 年代中期，才確立了存在-人本主義心理學取向。因此，後期人本主義心理學建立者均把自己的心理學或心理治療冠以“存在”二字，如羅洛・梅稱之為“存在心理學”、“存在心理治療”，布根塔爾稱之為“存在分析心理學”、“存在分析心理治療”，顯然，這是一種由現象學方法上昇到存在主義本體論，即由認識論人學的現象學向本體論人學的存在主義的轉化。

三、從自我實現論走向自由選擇論

即由前期強調自我潛能的發現和展示到後期追求個人設計和選擇。

以馬斯洛、羅傑斯為主要代表的自我實現論，從性善論 (人性論)、潛能論 (價值論)、動機論 (動力論) 出發，提出人具有自我實現的傾向或自我成長的假設，強調竭盡一切發現自我、展現人性、達到完美。顯然，這是弘

揚人的尊嚴與價值，使人性能達到最高的境界。但它也是一種自然主義價值觀的表現。當然，馬斯洛也有選擇的思想，特別是羅傑斯也將“自由選擇”的思想注入了自我實現論之中。

羅洛·梅、布根塔爾則是人本主義心理學中自我選擇論的主要代表。他們從人具有善惡兩種潛能出發，強調意志在面對未來困境時敢於進行抉擇的重要作用。在羅洛·梅看來，自由選擇既是人整個存在與生活的基礎，又是人心理健康不可缺少的條件。羅洛·梅與奧爾波特的觀點一致，認為：

> 在心理上有多種選擇的人，比只有少數選擇者更自由。如果某人只有一種技巧，只知道一個答案，他就只有一種自由選擇；反之，如果他的經驗很豐富，他知道許多解答的方法，則這個人就必然有更多的自由選擇。(Allport, 1969, p.85)

在布根塔爾看來，由於人自身的有限性，面對無限的未知世界，人總是按照自己的價值取向，通過自主選擇而採取相應的行動，以建立與保持自己存在的同一性和主體地位。

後期人本主義心理學的建立者由堅持自我實現論轉向突出自由選擇論，主要和他們自覺接受歐洲存在主義哲學思想有直接關係。克爾凱郭爾認為，人之所以偉大，在於他有自由。薩特更加極端，認為人的自由是不受任何限制的，人應對自己的行為絕對負責。他步隨海德格爾，以為人的價值完全在自由選擇之中。因此，自由選擇是存在-人本主義心理學與存在主義的共同主題。

四、從追求個體自我走向超越自我

即由個人中心論到類體或宇宙中心論。

無論是早期或後期人本主義心理學家，大多數都傾向於**個人本位主義** (individual departmentalism) 或**自我中心主義** (egocentrism)。因為人本主義心理學所探索的人、人性、人的潛能、人的價值、人的心理成長、人的內心體驗、人的潛能的實現等等，均著眼的是個人、個體的自我、自我的實現。1960 年前後，馬斯洛開始感到原來構建的需要層級論 (五層) 尚不夠完整，作為人本主義心理學的最高理想的自我實現，並不能成為人的終極目標。他越來越意識到，一味強調自我實現的層次，就會導向不健康的個人主義，甚至於自我中心的傾向。

在 20 世紀 60 年代下半期，馬斯洛、薩蒂奇等不少人本主義心理學家日益發覺人本主義心理學範式的局限性。這並不是説幾十年來人本主義思潮走錯了路，而是説應該把人本主義心理學引向更開放更寬闊的方向。薩蒂奇在談到自己的轉變過程時曾寫道：

> (在 1966 年) 我感到人本心理學取向有所不足，它並未切實地納入我們的文化對“個人內在”的領域所開拓的深度，也很少强調人在宇宙中的地位。我越來越意識到，自我實現的觀念已不足以包容一切，這令我自己都很驚訝，因爲我一向以爲這個觀念有如一支大傘，足以蔭庇好幾個世代無虞。(Sutich, 1976, 8(1)：7～8)

自 1966 年起，馬斯洛越來越從個體自我轉向超越自我的新取向，他看出超個人心理學為人提供了“一個新形象、新概念或新界定，並可同時包容弗洛伊德式的深度及高層次的本性，或更高的潛能”(Maslow, 1982, p.172)。他解釋説：“我所做的，是在人的本我或本能或是生物性的特質之上，添加一層更高的需要及最高的形而上需要”(Maslow, 1982, p.190)。馬斯洛還在日記中寫道：“我所嚮往的乃是超越性心理學，我覺得它極具開發的潛能……超乎人本或個人的……心理學，也就是第四心理學”。(Maslow, 1982, p.267)

於 1967 年 9 月 14 日，馬斯洛在講演中公開宣布超個人心理學的肇始。在《超個人心理學雜誌》(1969) 創刊號上發表〈人性能達到的境界〉一文中寫道：

> 第三心理學逐漸讓位給第四 (勢力)，超人本心理學著眼於超越性的經驗和超越性的價值……這一新運動的另一個特色便是再度神聖化，再度靈性化。價值中立的科學有意剔除神聖性，將一切東西中性化，力求實證性，它只取可用的部分。也就是感官可以捕捉的資料；超人本思想則爲我們帶來嶄新的一面，當你打開了價值及高峰或超越性經驗的那一扇門，整個嶄新的可能性便出現在眼前，有待你去發掘……我們所面對的是人的新形象，這是關鍵所在，其餘一切會隨之開展。(Maslow, 1969, pp.4～5.)

薩蒂奇寫道：情況愈來愈明顯，“超個人”的這股新勢力不只是 (人本心理學的) 自然演變，超個人學說的基本假定和以“成長”為基本取向的人本立場極其不同，新的範式已經出現 (Sutich, 1968)。一年後，薩蒂奇再次強調超個人心理學與人本主義心理學的根本區別在於：“心理學的探討已經進入一個新的領域，這領域雖屬於“個人的”探討，卻已超越了人本主義心理學研究的一般範疇”(Sutich, 1980, p.9.)。這就是說，人本主義心理學範式已由一味追求個人、自我、小我向探尋類體、超越自我、大我方向轉化。

由上述可見，人本主義心理學內在思想邏輯的發展軌跡是：由思辨性人本主義思潮走向科學性人本主義心理學；由人本主義心理學取向走向存在-人本主義心理學取向；由強調自我實現論走向突出自由選擇論；由強調個人中心論走向追求宇宙中心論。

第二節　對人本主義心理學的總評價

目前，人本主義心理學已經成為西方心理學五種研究取向之一，與生物學、行為主義、精神分析、認知心理學一起以理論多元化的視角來解析人的心理及其行為的機制。並且從組織上、教學上和科研上已被正式納入學院心理學之中。人本主義心理學在心理學界已贏得了一席之地，這畢竟是公認的事實 (孫名之等譯，1994)。

但是，國內外對人本主義心理學的具體評價卻其說不一，在短期內恐怕很難得到共識。目前，主要有三種評價：

1. 重大變革論　持這一種觀點者多數是從宏觀整體的縱向視角進行評價的，其中既有心理學史家和理論心理學家，更有全部人本主義心理學家。他們深刻地批判了西方心理學第一和第二勢力機械的與生物的兩種非人化的還原論，直接將心理學回歸於人性科學的本來面目，必將從研究對象、方法和理論上導致心理學中一場新的革命。這種看法對人本主義心理學的貢獻給予高度肯定，但對其帶有科學性的問題、缺陷往往估計不足。

2. 懷疑否定論　持這一種觀點者大多數是從學科性質 (心理學是科學而不是哲學)、研究方法特別是科學主義視角來進行評價的，基本上都是實驗心理學家。他們把人本主義心理學視為"詩人的或哲學的心理學"(DeCarvalho, 1991, p.151)，認為其本身的概念比較模糊，研究方法不精確，科學性不強，有些基本觀點已包含在完形心理學理論、整體論和機體論心理學之中。這種看法雖抓住了人本主義心理學的根本弊端，但是由此懷疑人本主義心理學取向獨立存在的價值，把人本主義心理學與科學心理學截然對立起來，低估、輕視和排斥人本主義心理學也是不可取的。

3. 重要補充論　持這一種觀點者主要是從以科學心理學為主體、以人本主義心理學為補充的視角進行評價的，其中多數是持折衷、兼容、統合立場的心理學家，也包括一些比較嚴謹的心理學史家和理論心理學家。他們認為，人本主義心理學在對學科性質、研究對象、方法論和未來心理學發展戰略諸方面提出的問題極為重要，有些屬於高瞻遠矚、真知灼見，給人的啟迪很大，但是他們往往理論研究多於具體研究，特別是缺乏有力的實驗或經驗的支持，雖然對人本主義心理學做出全面而準確的評價還為時過早，但它不失為科學心理學的一個重要的補充。

我們認為，上述三種評論各有道理，但既不能評價過高，也不能低估其影響，從總體上講，人本主義心理學的貢獻是重大的，帶有變革性的，當然它的缺陷也是根本性的、不可忽視的。

一、主要貢獻

人本主義心理學是西方心理學史上一次重大變革。其貢獻是多方面的，從理論上講，它對第一勢力行為主義與第二勢力精神分析做了深刻的批判，並在建構一系列理論的基礎上提出主客觀範式整合的新構想。從實踐上講，人本主義心理學在組織管理、教育改革和心理治療等方面均有重大的貢獻。

(一)　把人的本性與價值提到心理學研究對象的首位

人本主義心理學有力地抨擊了傳統心理學的生物還原論和機械決定論，把人的本性與價值第一次提到了心理學研究對象的首位，開拓了心理學研究人類許多高級精神生活的新領域。

人本主義心理學家在批判西方心理學第一和第二勢力的弊端時充滿革命激情，且頗有説服力。一方面表現在人本主義心理學家正確批判了行為主義把人與動物相等同，以刺激-反應的公式取代人的內在心理歷程的研究，陷入了機械還原論和環境決定論；另一方面表現在人本主義心理學家正確批評了精神分析把病人與正常人相等同，以潛意識的功能取代人的整個心理生活的研究，陷入了生物還原論和悲觀論。安斯托思 (Anstoos, 1994) 指出：

> 心理學在整個 20 世紀的大多數時光是致力於非人性的研究，那些關在籠子裏的、饑餓的、發生了變異了的白鼠成了主要對象。在過去的 20 年發生了一種轉變，認知主義取代了行爲主義，成爲心理學的主要範式，於是，白鼠出去了，計算機模型進來了。但是唯一不變的仍然是心理學中真正人的邊緣狀態。(Wertz, 1994, p.6)

可見，傳統主流心理學存在著嚴重的貶低人性和非人化的傾向。

人本主義心理學突破了行為主義和精神分析的理論範式，在心理學的研究對象、內容、方法和心理治療諸方面獨樹一幟，建構了一個新的心理學理論體系。特別是傳統的真、善、美及其價值論問題，長期以來由於傳統科學方法的無能為力而不得不推給非科學主要是文學與宗教作為信仰來處理。馬斯洛的理想是改善科學方法和擴大科學權限，以彌合當代已發展到十分嚴重地步的科學與信仰的分裂，使人類的崇高抱負也能由科學的推動而獲得人類的普遍認同。因此，人本主義心理學和超個人心理學把人的本性、潛能、價值、創造力和自我實現提到心理學研究對象的高度，這在人類心理學史上來說是一個創舉。彪勒指出：人本主義心理學的革命性就在於：

> (1) 它提出了一種積極的人的模式；(2) 它的倡導者承認他們自己的存在，認爲生活是主觀進行的，就像它產生的那樣。人本主義心理學家首先是人，其次才是科學家。(陳寶鎧譯，1990，24 頁)

顯然，人本主義心理學把心理學看作是一門重要的人學，它在使心理學走上研究人或人性的科學道路上做出了歷史性的貢獻。

布根塔爾指出：

> 人本主義心理學是西方心理學史上的“一場重大的突破”，同時也是“人關於自身知識的一個新紀元”。它在人類狀況方面會發生的變化，將同我們在過去那個世紀已看到的物理學方面的變化同樣深刻。(呂明等譯，1987，149 頁)

傳統心理學主要沿著馮特所開闢的關於意識元素分析心理學自然基礎研究的下行路線發展，而人本主義心理學則逕直探討意識經驗和社會生活的關係，打開了心理學研究向上或向社會價值方面發展的通道，再次從主體內部出發擴大了心理學研究的領域，豐富了關於人類精神生活研究的內涵，如人的價值、生活意義、自我實現、意識轉變狀態、超越自我、高峰體驗、生死體認、宇宙覺知、人類協同等等。《紐約時報》曾評論說：“‘第三思潮’是人類瞭解自身過程中的又一塊里程碑”(呂明等譯，1987，1 頁)。

(二) 突出人的動機系統與高級需要的重要作用

人本主義心理學批判了傳統心理學把人獸性化、非人格化和無個性化的傾向，闡明了動機的巨大作用和需要層次理論，突出了人的高級需要所具有的更大的價值。

美國著名心理學史家舒爾茨指出：

> 當前的許多社會批評家認爲西方文化，特別是美國文化，已經使人失去了人性、失去了人格和個性，甚至到這樣的程度，竟把人看作巨大社會機器的一個無限小的部分。據説人已不再被看作人類了，而是看成人事上、統計上和平均意義上的人了。作爲個體，我們也成爲失去個性和缺少能力去主動決定我們自己生活過程的人了。
>
> 人本主義心理學似乎正反映著對當代西方的機械主義傾向所表示的那種不安和不滿。人本主義心理學家認爲，行爲主義即使不是反人性的，也是非人性的，他們否認這樣一種概念，即人像動物一樣，也是以機械的和劃一的方式來對他的環境或他的早年經驗作出反應的。(楊立能等譯，1981，407 頁)

十分明顯，行為主義以重點研究“外顯行為”而使人失去人性，並降低為“一隻較大的白鼠或一架較慢的計算機”；而弗洛伊德的精神分析則聲稱“人是一個受本能願望支配的低能弱智的生物”，把人貶為一個性惡的反社會的動物。人本主義心理學和超個人心理學在反對把人獸性化、非人格化和無個性化，突出人性、人的價值和尊嚴、人的主動性和獨特性、自我實現、超越自我、豐滿人性方面，既有積極的現實意義，又有深遠的歷史意義。

馬斯洛提出的**需要層次論** (第三章) 對人類動機心理學是一大貢獻。主要表現在：(1) 指出需要是調動人的主體積極性的內在動力，突出了滿足需要在人的發展方面的重要性；(2) 看到了人與動物在需要問題上的區別，認為低層次需要是人和動物所共有，高層次需要則為人所特有的，基本克服了傳統心理學人獸不分的弊端；(3) 把人的需要看成是一個多層次、多水平的系統，探討了人的需要的性質、結構、種類、發生和發展的規律；(4) 分析了人的各層次需要及其相互關係，特別強調了高層次需要的出現以低層次需要的基本滿足為條件，但只有高層次需要的追求和滿足才使人更充實、更幸福；(5) 首次提出了超個人的動機或超越性動機的概念，認為自我超越並不是一種沒有任何基礎就能自發出現的心態，而是人性一種合乎規律的高度發展和執著追求。

應當指出，人本主義心理學特別是超個人心理學非常重視人的精神生活及其內在價值。馬斯洛撰寫了不少有關超越層次的著作，甚至修改他那聞名遐邇的需要層級論，在自我實現之上又增添了自我超越一項，可是學術界往往仍停留在馬斯洛早期的需要理論上，卻很少提到這一重大的發展。馬斯洛認為，人有一更高即超越的本性，這是他的存在本質的一部分 (Maslow, 1970)。他責難學院派心理學極力排除超越性層次這一重要層次時指出：

> 精神性 (或靈性) 生活是存在本質的一部分，也是人性的規定性特質，人性缺少了它，便不再是完整的人性，它是真我、自我認同、內在核心、特殊品類及圓滿人性的一部分……。然傳統的、價值中立的科學，套用物理學模式，把它排除於現實界之外，它仍然可以回歸爲人本科學研究及修鍊的對象。(Maslow, 1976, p.314)

羅傑斯和馬斯洛一樣，他晚年也非常強調人的精神性或超越性層次的需要，投入了超個人心理學的運動。在他們看來，人本主義心理學的“自我”和超個人心理學的“超自我”相比，它十分渺小、狹窄、孤立、封閉，具有濃厚的個人色彩，這很容易導向自我崇拜和自我中心的軌道。而超個人心理學的最大貢獻在於，指出“自我”基本上原是屬於大我的一部分 (self-aspart-of-a-larger-self)，也就是說，自我根本上是與一個更大的整體密不可分、相融相契的一部分。這個“大我”在不同的傳統文化中被賦予了不同的名稱：大我、宇宙我、普遍性之我、上帝、道、婆羅門、天……等等。一句話，不論你如何指稱它或詮釋它，人類確有回歸這更大的整體之需求(李安德，1994)。顯然，重視人的精神性或超越性的需要，既表現了超個人心理學對西方文化局限性的超越，又表現了西方心理學與東方智慧融合的走向。無疑，這是有深遠的理論價值和現實意義的。

(三) 提出實驗-客觀範式與經驗-主觀範式整合的新構想

人本主義心理學批判了傳統心理學中方法論的僵化、二歧式思維和實驗主義，而提出將**實驗-客觀範式** (experimental-objective paradigm) 和**經驗-主觀範式** (experiential-subjective paradigm) 整合起來的新構想，突出了開放研究、整體分析和多學科或跨學科研究方法的重要意義。

人本主義心理學堅持根據心理學研究對象決定心理學方法的原則，反對以方法為中心而主張以問題為中心，這既是對行為主義以方法為準則選擇研究對象的一種反抗，又是對各種各樣方法中心主義的一種批判。不僅如此，人本主義心理學家還抨擊了自馮特開始主流心理學長期依據牛頓-笛卡兒範式仿效自然科學來建構其理論模式，其結果導致了心理學陷入機械論、還原論、元素主義和簡單化的境地。

人本主義心理學的先驅弗洛姆深刻指出：

> 學院派的心理學，有意模倣自然科學以及實驗室中衡量計算的方法來處理一切問題 (除靈魂以外)。它只設法瞭解在實驗室中可觀察到的那一部分的人，並且宣稱良知、價值判斷、認識善惡等，只是形而上的觀念，不屬於心理學的範疇。他們寧可研究與科學方法相吻合的枝節問題，也不願發明新方法來研究有關人的重要課題，使得心理學離開了它的主題——靈魂，只關注機械反應、反向作用、本能的問題，卻忽略了人類的種種特質：愛、理性、良知、價值。(Fromm, 1950, p.6)

馬斯洛在批評行為主義遵循自然科學範式研究人時指出：好似把人當作一件東西，一個客體，和研究金屬或光線所使用的方法、觀念、程序、定義及心態幾乎同出一轍，這種科學作風一直被稱為**機械化** (mechanomorphic) (Maslow, 1969)。

人本主義心理學不僅指出了心理學史上實驗範式與經驗範式之間的尖銳對立，而且還闡明了主觀範式與客觀範式兩者的折衷融合。雖然奧爾波特、馬斯洛和羅傑斯都非常熟悉實驗心理學，但他們從一開始研究人類心理學的主觀方面，就認識到行為研究和實驗方法的有限性。馬斯洛常把自然的物理世界與自我的經驗世界的不同特點加以比較，堅信那種物理學家的抽象世界並不比現象學家的經驗世界更真實。他在《科學心理學》(1966) 一書中曾談到，在心理學的研究中，心理學家可以達到不同於實證心理學的另一種客觀性，即它不是像研究岩石或電流時那種遠離人的價值、意願的"非關切性客觀"，而是研究人的領域中那種身心投入的"關切性客觀"。正像是母親對孩子的瞭解和熱戀者對戀人的瞭解一樣。它表明這樣獲得的瞭解才能消除與對象的分隔和距離，真正使對象成為自己內心生活的重要構成，並且在心靈上融為一體。馬斯洛還認為有些旁觀者能比體驗者更容易看到，後者在這裏是被認識的現實的一部分。猶太人或黑人對於我們社會的認識要比我們內部的人有更多得多的旁觀者客觀。因此，他認為這兩種客觀具有互補的性質 (林方譯，1988)。

人本主義心理學家建議把實證主義心理學和他們所理解的現象學及存在主義整合起來。儘管他們既受到美國主流心理學的排斥，又遭到現象學和存在主義圈內人士的強烈譴責。但是他們提出把現象學方法與實驗方法有層次地整合起來的主張，這在心理學史和體系中即使不是唯一的，也是很罕見的 (DeCarvalho, 1991)。

人本主義心理學在方法論上的積極意義在於：(1) 反對心理學中僵死的方法論和實驗主義，主張對研究方法採取開放、兼容和綜合的態度。(2) 反對心理學研究中的自然主義和客觀主義，主張突出人的主體和主觀的作用，實現實驗 (或客觀) 和經驗 (或主觀) 兩種範式的結合。(3) 反對心理學研究中的元素主義，強調整體分析的方法論的意義。

(四) 促進組織管理與教育改革及心理治療的發展

人本主義心理學提出以人為中心的理論、動機層次理論、受輔者中心療法，對強化組織管理、教育改革和心理治療均有重要的應用價值。

馬斯洛的需要層次理論不僅已成為**行爲科學** (behavioral science) 的一個理論基石，而且也是西方**管理科學** (managerial science) 和**管理心理學** (managerial psychology) 的一個重要的理論支柱。現代新的管理科學的宗旨，不是像傳統管理學那樣，把人作為物和機器來看待，而是要把人作為人來管理。人不同於物的根本之點，就在於人有自己內在的精神世界，有物質需要之上的主觀需要。馬斯洛的**動機論** (見 118 頁) 使人們認識到人的需要的金字塔，除了低層次的基礎需要如生理需要、安全需要以外，還有高層次的需要，包括自我實現和對真、善、美的追求。正如馬斯洛說的："人生活在穩定的價值觀的體系中，而不是生活在毫無價值觀的機器人世界裏" (呂明等譯，1987，32 頁)。它推動傳統的經濟理論和管理科學發生了革命性的改變，基於**經濟人** (economic man) 假定的依靠物質刺激進行管理的 **X 理論** (X-theory)，相繼被**自我實現人** (self-actualizing man) 假定的依據滿足較高級需要和超越性需要進行管理的 **Y 理論** (Y-theory) 與 **Z 理論** (Z-theory) 所取代。因為新的管理科學的變革的質點是還管理學以應有的人性。所以馬斯洛強調指出："這不是什麼新的管理訣竅，什麼'鬼把戲'，或能夠用來操縱人的膚淺技術，不是爲了更有效地利用人去達到剝削的目的。這是一種對人性理解的真正革命" (Maslow, 1971, p.238)。

羅傑斯"以人為中心"的理論是人本主義心理學教育觀的核心和基礎。其主要貢獻在於：(1) 衝破了傳統教育模式和美國現存教育制度的束縛，把尊重人、理解人、相信人提到了教育的首位，促進當代西方教育改革運動的發展；(2) 突破了長期以來西方兩大心理學派 (刺激-反應學習理論和認知學習理論) 主要對動物學習進行實驗研究的偏向，直接開拓了人的學習理論的建構，在突出學生學習主體的地位與作用、提倡學會適應變化和學會學習的思想、倡導內在學習與意義學習的理論、弘揚情感非智力因素的動力功能、注重創造力的培養、建立民主平等的師生關係、創造最佳的教學心理氛圍等諸方面做出了貢獻。

人本主義心理治療是當代西方心理治療的三大流派之一，同時也是人本主義心理學理論的實踐基礎。人本主義心理學既有其廣泛的社會背景和哲學根據，又有其現實的科學實驗基地。馬斯洛把心理治療領域稱之為一座"未被開採的金礦"，人本主義心理學家是第一個淘金者。可以說，人本主義心理治療是科學人本主義形成和存在的實踐王國，而人本主義心理學理論則主要是這一心理治療實踐的昇華結果。

人本主義心理治療既反對自然主義的生物醫學模式，又反對機械決定論的行為主義醫學觀點，而為當代生物-心理-社會新的醫學模式提供了一個人本主義心理學的理論根據。在他們看來，真正的心理健康就是趨向追求和達到自我實現，而干擾、阻撓或者改變自我實現的進程就是心理病態。至於心理治療則是指那些能夠幫助人回到自我實現軌道上來的療法 (許金聲等譯，1987)。

人本主義心理治療既反對了弗洛伊德學派又不贊成成長學派。前者“傾向於把任何東西都病理化 (在極端情況下)，因爲他們沒有看到人走向健康的可能性，因爲他們對任何東西都是透過黑色眼睛來看的”(林方譯，1987，44 頁)。在弗洛伊德那裏，基本需要的缺失成為心理疾患永恒的陰影，由此導致悲觀論。後者如施瓦爾茨 (Gary E.Swartz) 等則過於樂觀，“傾向於透過玫瑰色的眼睛看東西，而且他們總是迴避病理問題、弱點問題和成長失敗的問題”。兩者之間，“一個似乎是全部邪惡和罪孽的神學；另一個似乎是根本沒有邪惡的神學。因此，兩者同樣是不正確的和不現實的”(林方譯，1987，45 頁)。

人本主義心理治療不僅要滿足和提供缺失性王國中人所被剝奪的基本需要，而且也要促進存在王國中的人的豐滿人性和人格完善。因此，人本主義心理治療的主要著眼點不是病態或問題，而是人的成長和自我實現，堅信人具有內在的建設性傾向和自我指導能力，重視人的整體性和人際關係，強調通過輔導者和受輔者設身處地的理論、積極的關懷和耐心的引導，使其障礙消除而恢復健康。

據海因克 (Herink, 1980) 所編的《心理治療手冊》的不完全統計，目前世界上心理治療法有 250 多種。馬斯洛認為，現在心理治療的主要方式有七種：(1) 通過表露 (動作的完成、釋放、宣洩)；(2) 通過基本需要的滿足 (給予支持、擔保、保護、愛戀、尊重)；(3) 通過威脅的轉移 (保護、良好的社會、政治、經濟狀況)；(4) 通過洞察力、知識和理解的改善；(5) 通過建議和權威；(6) 直接攻其病症；(7) 通過肯定的自我實現、個性化或成長。由此可見，前六種治療方式，大都與人的基本需要 (除去物質方面的生理需要) 的缺失和滿足有關。馬斯洛認為，基本需要之滿足並非心理治療的完結，只是“通向全部治療的最終明確目標，即自我實現之路的重要一步”

(林方譯，1987，288 頁)。

馬斯洛把**領悟**(或**頓悟**) (insight) 和**徹悟** (complete enlightenment) 視為心理治療的最高層次和最重要的環節。在他看來，心理治療不僅是外在的對症下藥，而且更在於使受輔者人格的恢復和自我徹悟式的格式塔心理轉換。只有通過立足於受輔者的自我理解和自身徹悟，才能使他真正自己認識自己，自己戰勝自己，從而認識到人性的完美境界，並看到自己與健康的完善人格之間的差距，再真正依靠自己的力量走向真正的自我實現。這才是心理治療的最終目的和真正的治人之本。

在衆多的人本主義心理治療法中，使用最廣、影響最大的是羅傑斯的以人為中心治療法 (當事人或案主中心治療法、來訪者或受輔者中心療法)。該療法旨在促進和協助來訪者依靠自己的能力自己解決問題羅傑斯在開創以人為中心的治療模式、創造團體治療的新形式、建立良性互動的諮訪關係、使用現代化治療工具等方面均做出了重要的貢獻。

此外，人本主義心理治療法還有會心團體 (或交朋友小組)、現實治療法 (註 12-3)、真實治療法 (註 12-4)、存在心理治療法、存在-人本主義 (或人本-存在治療法)、存在分析心理治療法、現象學心理治療法 (註 12-5) 超個人心理治療法等 (車文博，2000)。因此，人本主義心理學家羅傑斯、羅洛・梅、布根塔爾等人對心理治療的貢獻是巨大的，並使人本主義心理治療在臨床心理學領域中佔有支配地位。

(五) 推動哲學世界觀的積極變革

發生在 17 世紀西歐的科學革命，對近代世界觀起了一種定型的作用。它留給人們的是一種科學主義、理性主義的世界觀。科學、工具理性被賦予了至高無上的地位。“主客二分”和還原論的思維定勢是這種世界觀的基本特徵。它把主觀與客觀、理性與價值、合規律性與合目的性、決定論與選擇

註 12-3：**現實治療法** (reality therapy) 是美國精神科醫師格拉澤 (Glasser, 1965) 所創建的一種不滿意精神分析專注過去而主張幫助病人面對現實的心理療法。

註 12-4：**真實治療法** (realness therapy) 是美國學者斯特恩所倡導的一種認識現實、發現真實自我的心理療法。

註 12-5：**現象學心理治療法** (phenomenological psychotherapy) 是基於胡塞爾哲學和意動心理學的一種治療方法。治療者的責任就是把來訪者的價值觀、罪疚感和焦慮加以分析處理，發掘出成熟的“主意”，達到歡樂、創造性、和諧與其他積極目標。

論、科學主義與人文主義絕對對立起來，片面強調其中的一個方面。其總體特徵是：重知覺輕直覺、重客觀輕主觀、重事實輕價值、重契約輕習俗與傳統、重物質輕精神。這種世界觀成了一種佔支配地位的意識形態，並獲得了宗教的意義。這種機械論的世界觀決定了各門學科的性質和發展。不僅是物理學，而且生物學、心理學等學科都不可能不受到這種世界觀的支配。但人本主義心理學力圖克服自然主義人性觀的理論局限，提出諸如似本能論、需要層次論、高峰體驗論、積極人性論、主客觀兩種心理學範式整合論等等，促使心理學從自然主義向人文主義的轉化，樹立了一座以人為本、以人為貴的西方心理學史上的新的里程碑。人本主義心理學突破了傳統的機械論世界觀，不僅在促使心理學的學科性質和研究對象上發生了一次重大變革，而且對於哲學世界觀的變革也起到了積極作用。

二、根本缺陷

誠然，人本主義心理學的貢獻是不可低估的，但是由於在人性的先天與後天、自然性與社會性等關係的問題上的理解仍有偏差，因而人本主義心理學的局限與誤區也是不容忽視的。

(一)　未擺脱自然主義的羈絆

人本主義心理學過分強調人性自然因素的作用，忽視宏觀社會環境和社會實踐在形成和發展現實人性中的決定性意義。馬斯洛公開承認："我們認爲我們的研究是經驗的和自然主義的"(胡萬福等，1988，278 頁)。

衆所周知，人的本性或人性是區別於動物而為人所普遍具有的共同屬性的總和，是由人的社會性和自然性這兩個基本成分構成的基礎，而社會性則是人性的昇華和統帥。兩者始終相互依存和相互制約，處於對立統一之中。

傳統心理學大多都把人性歸結為人的自然性或生物性。人本主義心理學反對弗洛伊德關於人性和社會相衝突的悲觀看法，主張把人的本性及其與社會生活的關係作為人本主義心理學研究的主題。應當説這是有積極意義的。但是，人本主義心理學的核心理論，如動機論、價值論、人格論等，主要是對人性自然因素的研究，即力圖揭示人的本性是由自然演變過程中逐漸形成的人類所特有的似本能的內在潛能所決定。據人本心理學家看來，在生物進化的過程中，自然所賦予人類的特性，與本能相類似。由此形成了一個基本的邏輯框架：似本能──→人性──→心理生活──→人類社會文化生活。顯然，這不是從人的社會規定性的視角看待人與自然的關係，而是從自然人性出發看待人與社會的關係。這種研究雖然也是一種必要的科學研究的領域，但是它忽視了人的個性、價值和創造性賴以實現的社會環境和歷史制約性，以致脫離了社會生活的影響來看待人的屬性的進化，並不能從總體上或根本上對人的本質或人性做出真正科學的回答。人本主義心理學的根本缺陷就在於，它不是從宏觀的社會物質生產關係中去研究人的本性，而是從封閉的主體內在世界中去尋找人性的根源。

十分明顯，馬斯洛需要層次論的主要局限：(1) 他認為人類的基本需要是由體質或遺傳決定的、與生俱來的。這就把人的生物性需要和社會性需要混同起來了。人與動物的需要既有連續性又有質的區別。人的社會性需要是動物所沒有的，即或與動物所共有的生物性需要，從人呱呱落地吸第一口氣時就已經處於社會環境的影響之下；也打上了社會的烙印。人的需要不僅具有社會性，而且它是社會歷史發展的結果。然而，馬斯洛需要層次論是建立在先天潛能的基礎上，而不是把人的需要和享受視為由社會產生的。因此，馬斯洛從根本上離開了人的社會條件、歷史發展和人的生活實踐來考察人的需要及其層次性；(2) 他認為需要的發展是人類自身固有的生物特性的發展和展現。由於馬斯洛把人看成是超越時空、超越社會、超越文化影響的抽象的"自然人"的先天本性和內在價值發展趨勢的自我實現和顯露。顯然，馬斯洛需要層次的發展觀是建立在"自然生長論"和生物主義的基礎之上，外部條件和社會環境只獲得某種輔助或配合作用的地位。

許多人本主義心理學的先驅和建立者，都具有自然主義 (第三章) 的傾向。克萊科在對人本主義進行總結時指出大多數都贊成下述全部或大部分的觀點：(1) 自然界是存在的全部；(2) 人是大自然的產物；(3) 人類的意識依賴於身體，因此男人和女人都不是永生的；(4) 一個人能夠通過推理和科學方法變得成熟起來和解決各種問題；(5) 所有的價值觀都以自然宇宙為基礎；(6) 道德奮鬥的最高目標是地球上的人生的幸福和提高；(7) 最好的社會秩序是允許作為個體的人擁有自由和福利 (Klemke, 1981)。

人本主義心理學的先驅戈爾德斯坦認為："如果自然主義是指謂那些將自然科學方法應用於生物學的人，那麼我承認我在論證中表現出自然主義的特徵，其實自我實現就是實現機體自身內在本性的價值”(胡萬福等，1988，280 頁)。羅傑斯和馬斯洛一樣，把先定的成長假設既視為人性本善論的基石，又視為自然主義價值觀的根源。看來人性觀、價值觀、自我實現觀等等均產生於人的機體內部，而不必尋找人自身之外的權威。可見，人本主義人性觀和價值觀的自然主義、機體主義、生物主義傾向是三位一體的。

(二) 滲透個人本位主義精神

人本主義心理學過分強調個人在自我實現中的作用，忽視社會發展、社會實現對個人自我實現的決定性意義，具有個人本位主義傾向。

人本主義自我實現論雖對激勵人的主動性和創造潛能的發揮具有積極的意義，但他們往往把個人價值的實現置於社會價值實現的對立面上，即過分強調“自我”而忽視了社會方面。個人在實現自己的努力中，“自我”的努力固然重要，但也必須有良好的社會條件，否則就會流於空想或走入迷途。因為個人實現與社會發展或社會實現是相輔相成、缺一不可的。其中，個人實現是社會發展、社會實現的因素和條件，而社會發展、社會實現則是個人實現的目的和歸宿。事實上，個人的自我實現只有通過追求理想社會目標的實現，依靠各種社會條件的支持，個人的價值和自我的潛能才能得到充分的表現與發揮；而社會的發展也只有依靠個人努力和自我實現，社會的理想和遠大的目標才能得到真正的實現。

美國心理學史家舒爾茨在評論人本主義心理學時曾指出：他們想要每一個人都成為自我實現的、完全實現的、完美的人，而且當別人不是這樣的時候，他們就不安了。其實，自我實現並不單純決定個人的努力，還制約於許多社會條件。主要有：(1) 受教育很少的、勉強受雇於最低級職業的、沒有較好前途的一個人，怎麼可能有自我實現的僥倖情況呢？這樣的人永遠不能上昇到生理和安全需要之上。(2) 我們的職業或行業就能阻礙或者支持自我實現的嘗試。那種看來會促進自我實現的工作，是那些人們以他們自己的方式自由完成的工作。(3) 自我實現的機會，也可能受到經濟狀況的限制。在嚴重經濟蕭條時期 (例如，20 世紀 30 年代) 對許多人來說，肉體上能一天天活下來，這已經是很成問題了。可是，在富裕的年代，諸如 20 世紀 60 年代和 70 年代早期，滿足生理和安全需要是比較容易的。人類潛能運動 (見 36 頁) 在富裕的年代中，尤其是在中產階級年輕人中間興旺起來，這不是偶然的。不再擔心金錢或安全，他們就能無拘無束地把思想用到豐富和擴大他們的生活上去 (李文湉譯，1988)。

因此，人本主義自我實現論的根本缺陷就在於，它片面強調自我實現中個人的力量而忽視社會的作用，片面強調實現理想的自我而忽視實現理想的社會，滲透著個人本位主義精神。

人本主義心理學家從存在主義哲學出發，崇尚自我，實現自我選擇、自我設計，強調追尋個人價值。著名美國心理學史家舒爾茨在批評羅傑斯的自我心理學時曾指出：

> 這個理論似乎是要把個體引導到完全自私和自我放縱的生活狀態上去。重點完全放在爲自己而體驗、感受和生活上，而沒有把重點也相應地放在除了"我"和"我的"每一瞬間的新鮮體驗之外的，對事業、目的或人的熱愛、獻身或義務上。(李文湉譯，1988，78 頁)

美國年輕一代都急於尋找生活的意義。事實表明，美國大衆終於在個人發展、自我成長及自我實現中尋找到了意義，可是我們也已看到，一、二十年來所發展出來的自我中心傾向，使自我實現的理想蒙上了一層陰影。這小我的觀念實在太狹隘了，過於自我專注會帶給人窒息之感，這絕不是人生的真諦，也非終極的目標 (李安德，1994)。

人本主義心理學不是從人類社會發展的高度去觀察人的動機發展，因而它的動機金字塔的頂峰只能是個人的自我實現，仍然不足以解釋人類為真理而獻身的崇高的精神與行為。馬斯洛到了晚年已看到這個矛盾，所以提出超個人心理學，以彌補從個人出發追尋人的價值的動機論之不足。

應當指出，超個人心理學是 20 世紀 60 年代末美國人本主義心理學發展中興起的一個心理學派，即西方心理學第四勢力。馬斯洛、薩蒂奇等認為人本主義心理學模式已不能涵蓋超越水平的心理健康和意識狀態，提出建立超個人心理學的構想。如果說人本主義心理學是渴望以人為中心，崇尚自由和尊嚴的心理學，那麼超個人心理學則是以宇宙為中心，超越人類和人性的心理學。因此，超個人心理學更強調超越自我或自我超越作為一種最高級價值的社會意義。達到這一境界的人被認為主要是由忘我服務精神推動的，他同情他人的處境，能對他人的需要提供無私的幫助，改善和建立良好的人際關係。由於自我中心意識的消除，我和非我的界限完全被突破，這樣的人將更關心社會利益，直至達到和全人類、全宇宙的認同。超個人心理學反映了在人性扭曲和人性異化的社會裏人們對人性淨化和昇華的渴望，也符合了人性由低級向高級發展的規律。這是超個人心理學的積極意義所在。

但是，超個人心理學尚處於醞釀、探索和初創階段，它既沒有形成完整的理論體系，又沒有確定成熟的研究內容，特別是存在著神秘主義色彩，且在許多問題上缺乏實證的研究和科學的檢驗。所以，目前對超個人心理學尚須進一步靜觀，還很難做出最後的評價。

(三)　缺乏實證性的檢驗和支持

人本主義心理學過分強調經驗 (主觀) 範式的重要性，缺乏有力的實驗分析與佐證，難以涵蓋現代心理學的全部內容，尚不能成為整個心理學主導的研究模式。

本來，人本主義心理學家提出把實驗 (客觀) 範式和經驗 (主觀) 範式兩者整合起來，這是一個很好的方法論構想。但在實際研究中，大多偏重於現象學的描述和經驗性的分析，停留於橫向研究 (註 12-6)，而缺乏縱向研究 (註 12-7) 的檢驗，**樣本** (sample) 較小而實驗較少，**信度** (reliability) 和**效度** (validity) 不無問題，有力的實驗支持顯然不足。

應當承認，意動過程的研究要比認知過程更複雜、更難進行實驗的控制和分析，這恐怕是人本主義心理學重視主觀體驗、整體分析和現象學方法而忽視和缺乏實驗研究的一個客觀方面的原因。馬斯洛承認，他的需要層次理論很難獲得精確的實驗證實。他說：

> 如果說這種理論從臨床的、社會的、人學的角度來看頗爲成功，但從實驗室和實驗的角度來看則不甚成功，那是一點也不錯的。它同大多數人的個人經驗極爲吻合，並向他們提供了一種清晰的理論架構，使得他們更能深入地體悟自己的內心生活。在大多數人看來，它具有一種直接的、親身的、主觀的可信性。然而，它卻仍然缺乏實驗的檢驗和證實。而我尚未想出適當的辦法在實驗中對它進行檢驗。(許金聲等譯，1987，4 頁)

註 12-6：**橫向研究** (cross-sectional study) 指通過在同一特定時間內比較不同年齡組的被試來研究發展傾向的一種方法。

註 12-7：**縱向研究** (longitudinal study) 指在持續較長的一段時間內重復測定一些相同的被試，以探索有關發展的規律和特點的一種研究方法。

不過，對人本主義心理學理論還是可以進行實證性檢驗的。國內外一些學者以馬斯洛的需要層次理論為研究的基本架構，並使用客觀的測量方法來測定各種需要強度或滿足程度。如耶若夫 (Aronff,1967) 使用**語詞(句) 填充測驗(或語句完成測驗)** (sentence completion test，簡稱 SCT)，來測定並比較西印第安兩種相異文化的人民的需求，以探討心理需要層次跟社會制度和幼年經驗的關係。再如，楊國樞 (1981) 也以馬斯洛的需要層次理論為架構，將環境品質與生活素質各分為三個等級，同時列出涉及各類需求 50 項心理指標，作為進行生活素質的心理學研究的依據。據舒爾茨 (Schultz, 1976) 介紹，需要層次理論 (尤其是生理的和安全的需要) 為工業界所採用並得到證實。此外，適應於個人定向量表 (註 12-8) 研究的發展，也已獲得驗證。

人本主義心理學理論缺乏實驗性驗證，尚屬於探索性嘗試。對此，馬斯洛毫不諱言地說：

> 我就是騰不出時間來進行一些計畫周詳、控制嚴謹的研究。它們將要耗費許多時間。尤其這對我有限的生命而言 (罹患心臟病—作者註)，要逐一驗證這麼多觀念，實非力所能及。
>
> 我自己只從事一些小規模但可立即獲得結果的試驗性研究。一般而言，研究對象至多也只有十來個。這些成果如公諸於世，似乎略嫌不妥，但卻使我個人相信，它們是真確的，終有一天會獲得證實。(莊耀嘉，1982，188 頁)

人本主義心理學家大多都崇尚存在主義和現象學，過分強調主我而忽視客我 (見 175 頁)，過分強調理論假設、推演或類推而忽視實證研究，深深打上了主體思辨哲學和無根本體論印記。

人本主義心理學的研究方法缺乏科學的嚴謹，選擇被試者缺乏客觀的標準，有些概念也缺乏一致性和明確的意義。美國心理學家吉爾根 (Gilgen, 1982) 對羅傑斯的人格與治療理論的主要批評有：

註 12-8：**個人定向量表 (或個人取向量表)** (personal orientation inventory) 係美國學者蕭斯純 (Shostrom, 1963) 所編製，由美國教育與工業服務社出版。用於評估一個人自我實現程度的標準化測驗。共 150 個題目，均為二選一的形式。主要測量人的價值觀念及行為表現，包括內心定向、他人定向、時間定向三個方面。

> (1) 人生來具有自我實現傾向的假設未經證明；(2) 自我實現概念含混不清；(3) 受輔者 (或來訪者) 中心療法只適於某些輕度心理失調患者；(4) 這種療法往往對在人格理論、變態心理學和普通心理學上很少受過正式訓練的諮商工作者很有吸引力；(5) 過於强調自我感覺良好，而忽視對他人的義務。(劉力等譯，1992，260 頁)

個別人本主義心理學家甚至拒絕科學心理學，認為科學心理學的研究方法只能有利於對那些孤立的行為事件進行科學分析，而無助於理解人性。這種觀點雖對突現人的整體研究不無價值，但企圖拋棄一切科學研究方法則未免荒謬。美國心理學家史密斯 (Smith, 1973) 說得很好："我們不能爲了達到'科學的'心理而犧牲人類的福利，也不能爲了求得一種人本主義心理學而犧牲科學化" (Smith, 1973, p.6)。

迄今為止，人本主義心理學不但沒有很好地把實驗範式和經驗範式整合起來，反而由於人本主義心理學的研究對象局限於人的本性、價值、潛能、經驗、創造力、自我實現以及自我超越等高層面的意動上，加之現象學研究方法的模糊性，因而人本主義心理學還不能涵蓋人的各個層面心理的全部研究領域，成為心理學統一的研究模式。但人本主義範式不失為科學主義範式的一種重要的補充。美國心理學家查普林和克拉威克 (Chaplin & Krawiec, 1979) 指出：

> 馬斯洛的動機結構和其自我實現者的特徵，都是比較廣泛的概念，不可能經受慣例的操作實驗分析。然而，大多數的心理學家都會同意說，他已喚起對一系列曾被傳統心理學家所忽視 (甚至可以說輕視) 的人類行爲的注意。……馬斯洛的開拓研究有較深厚、較淵博的傳統，足以和實驗家的工作媲美，並作爲後者的補充。(林方譯，下册，1984，107～108 頁)

美國著名心理學史家舒爾茨又指出：

> 馬斯洛的態度、方法——人本主義的、或第三勢力的心理學——被許多人看作是受歡迎的、反抗行爲主義的機械主義傾向和精神分析的悲觀主義傾向的解毒劑。(Schultz, 1977, p.60)

第三節　對人本主義心理學的展望

在對人本主義心理學做了總體評價以後，我們對人本主義心理學的貢獻與局限有了比較全面的了解，進一步人們自然就要求要展望一下人本主義心理學的未來。

一、對人本主義心理學前途的看法

人本主義心理學的未來前景如何？目前還是一個未解之謎。它是心理學界既關注又困惑的一個問題。主要有下述三種看法：

1. 樂觀論　認為人本主義心理學是當代西方心理學的新取向之一，它代表著心理學的發展方向，未來心理學有可能統一在人本主義的旗幟下。美國心理學史家舒爾茨預測："用不了太久就會證明，這個運動 (指人本主義心理學運動─作者註) 在變革心理學的性質上將是多麼成功；而這個運動的追隨者，今天正以馬斯洛創建它時的同等熱情，高舉人本主義的旗幟向前" (李文湉譯，1988，121～122 頁)。美國學術界有些人甚至認為，到下一世紀，馬斯洛將取代弗洛伊德、華生而成為心理學界最有影響的先驅人物 (呂明等譯，1987)。羅傑斯於 1973 年也提出過科學心理學向人本心理學轉化的問題。他說："在我看來，行為主義者走了一段路才來承認人的選擇、決定和主觀評判的能力，把它們請回心理學領域。換言之，他們在自己的研究中正迅速地成爲人本主義的了" (Sexton, 1983, p.82)。這種看法雖不無根據，但對未來心理學的發展似乎看得過於簡單，對人本主義心理學的缺陷和科學心理學的影響均估計不足。

2. 揚棄論　認為人本主義心理學雖然有些思想值得借鑒和吸收，但是它在研究方法、一些觀點和概念上科學性不強的問題恐怕是難以克服的致命弱點，且哲學味太濃又無成熟的完整的理論體系，加上後繼無人，因而"人本主義心理學熱"已逐漸降溫，甚至開始出現危機，未來它不是仍居於非主流心理學的從屬地位，就是被科學主義心理學所融化、揚棄或取代。否則，如果按著人本主義心理學的範式來規劃未來心理學的發展，那就會導致心理學的消解。這種看法雖有其道理，但卻有兩個問題值得商榷：其一，不能把人本主義心理學說成是哲學。美國著名心理學史家墨菲講得很中肯：人本主義心理學“這些傾向和努力既不能認爲是體系化的哲學，也不能算作清楚明白的心理學體系；而毋寧說主要是許多不連貫的、有時甚至是自我矛盾的對哲學與科學的當前建設的反抗，反對經院哲學與科學心理學二者遠離生活”(林方、王景和譯，1980，654 頁)。其二，不能對心理學的未來採取非此即彼的二歧式思維。就是說，不能把心理學的未來簡單地歸結為不是走向人本主義就是走向科學主義，很可能是兩者的綜合或整合。

3. 待觀論　認為人本主義心理學發展的時間還比較短，人本主義心理學運動對整個心理學的影響究竟有多大，未來發展如何，一時還看不清楚，有待進一步觀察，才能最後定論。有些西方心理學家認為，試圖對人本主義心理學作出任何評價，還為時過早。它的影響究竟大到什麼程度，尚待以後證明，但它肯定值得我們給以仔細而又審慎的注意 (楊立能等譯，1981)。持這一慎重態度者還為數不少。

二、人本主義心理學發展的趨勢

阿特金森等 (Atkinson, et. al, 1990) 在美國著名的教科書《心理學導論》中指出，取向多元，日趨整合是世界心理學發展的一大趨勢。

自 20 世紀以來，心理學出現兩次較大的綜合的趨勢：第一次是 30 年代以來，學派林立、各執一端的局面有了改變，出現了相互吸收、採長補短的趨勢。例如，新行為主義者托爾曼衝破了刺激-反應 (S-R) 這個簡單公式，試圖在二者之間引進中間變量，深入到認識過程的內部機制中，至少不再否認意識的研究，並受完形學派的影響而注意整體行為的研究。又如，完形學派也注意了行為的研究，勒溫還提出了認為行為 (B) 等於個人 (P) 和環境 (E) 的函數 (f) 的行為公式，即 B＝f(PE)。

第二次是50年代以來，西方心理學由衆多學派形成了兩大系統 (科學主義與人本主義)、五大取向或五大理論 (行為論、精神分析論、人本論、認知論、生理科學觀) (張春興，1991)。其中，人本主義心理學屬於在人本主義基礎上的綜合，形成了與行為主義 (第一勢力) 和精神分析 (第二勢力) 既有對立又有統一的第三勢力和第四勢力。而認知心理學則屬於在科學主義基礎上的綜合，包括各鄰近學科之間的相互交叉、彼此滲透，呈現出心理學綜合化、整體化的大科學的研究趨勢。顯然，第二次綜合比第一次綜合要廣泛而深入。

不難看出，人本主義心理學的未來將進入人類心理學史上第三次更廣泛更深入更罕見的整合，即實驗 (客觀) 範式與經驗 (主觀) 範式的整合、科學主義研究取向與人本主義研究取向的統合，試圖建構一種相對統一的心理學理論模式。

衆所周知，實證心理學認為人本心理學對人的主觀性的研究，是詩人的想像和哲學的沈思，而不是科學的心理學；而人本心理學則認為實證心理學以研究物的方式來研究人，是對人的主觀性的歪曲和否定，故不可能是真正科學的心理學。事實上，無論是實證心理學或人本心理學，都在自己的研究中濾掉了對方的長處。顯然，缺少任何一方都難以建構真正人化的心理學。

美國心理學家德卡瓦胡在《人本主義心理學創立者》一書結論中指出：

> 今天，雖然歐洲存在主義和現象學心理學家堅持不把自然科學的方法和概念相同化，但是人本主義心理學家的確試圖進行這種整合。例如，賽布魯克研究所、人本主義心理學指導方案和研究中心，均致力於教授各種研究方法，包括實驗取向。把人本主義心理學作爲一種學派來看待的概念是過時的。人本主義心理學發現了研究“人性科學”的方式。正是這種研究人性的折衷取向不排除有效的研究方法，運用實驗主義、解釋學 (註 12-9)、啟發式、現象學、系統研究和較小的神秘取向。例如，某些人本主義心理學家考慮了一般系統論 (註 12-10) 的自然科學技術。在這種情況下，人本主義學

註 12-9：**解釋學** (hermeneutics) 是一種有關意義的理解和解釋的理論或哲學。它產生於 19 世紀上半葉，20 世紀形成一個有相當影響的哲學流派。古典解釋學是一種人文科學的認識論和方法論，而現代解釋學變成了一種對存在意義解釋的本體論研究。本世紀 60 年代以來現象學解釋學把它又看作一種方法論，強調本體論只能存在於解釋的方法論之中，應研究多重意義結構，從表面意義揭示隱蔽意義，並從各種解釋之間的衝突獲得被解釋的存在。

註 12-10：**一般系統論** (general systems theory) 是美籍奧地利生物學家貝塔朗菲 (Ludwig von Bertalanffy, 1901～1972) 於 20 世紀 40 年代所提出，它是現代系統論或系統科學的基礎，即揭示系統的構成、行為、功能和發展規律性的理論。

> 的主觀方面——特別是其治療實踐——和一般系統論的方法論已經結合起來，以便爲發展和評價人本主義心理學中的理論、方法和研究提供一種框架。(DeCarvalho, 1991, p.152)

根據人本主義心理學家的研究，主觀經驗範式與客觀實驗範式的整合，可能有下述幾種形式：(1) 思想上的整合，即將人本主義與科學主義融合起來，徹底打破以牛頓-笛卡兒模式建構自然科學式心理學的理論框架，力圖把心理學建構成一門以人本主義心理學為思想指導、以科學心理學為主要研究方法的人文科學。(2) 層次上的整合，即堅持心理學研究人類本性應該從"回到事物本身去"為開端，首先獲得現象學的知識，然後才能提交給客觀的實驗的和行為的實驗室方法進行實證研究。(3) 方法上的整合，即將客觀方法與主觀方法、現象學方法與實驗方法、定性分析與定量方法整合起來。羅傑斯認為：

> 這種認識方式是想通過可用的手段，來客觀瞭解一個人的現象學參考框架的主觀假設。目的是深入人的私人世界，看看治療者關於受輔者 (或來訪者、當事人) 的假設——以及受輔者自己的假設——是否與他的內在參考框架有確鑿的關係。這種更簡單，但並非總是正確的方式是向人提出某些問題，或觀察他的行爲。在受輔者中心治療中，諮商者創造一種安全的心理氛圍，鼓勵人揭示內在的參考框架，以便使治療者與受輔者自己的假設能得到驗證。(Rogers, 1965, pp.182～194)

毫無疑問，人本主義心理學對心理學領域做出了重大的，但常常是低估了的貢獻。它對行為主義進行的持久而有時相當激烈的批評，有助於打破行為主義在 20 世紀中期美國心理學中的壟斷地位。在美國之外，主要是在南美，人本主義心理學就像行為主義在美國一樣流行 (DeCarvalho, 1991)。

人本主義心理學家對人的價值與尊嚴的重視、對人類生活意義的關注已深入人心，幾乎被所有心理學家和各個心理學派所認同和接受。其主要影響如下：

1. 對認知心理學的影響　人本主義心理學促使認知心理學家開始重視意義問題的研究。本來，認知心理學和人本主義心理學均反對行為主義的生物還原論，突出人的意識經驗的研究，並主張把心理學的重點由刺激-反應轉到有"意義"的符號性認知活動。但是，由於電腦在心理學研究中的廣泛運用，致使認知心理學家沈醉於以電腦模擬來研究人的認知過程，把複雜的認知過程還原為電腦的訊息流程，並以電腦的結構摸擬人的認知結構。這樣，在這場電腦化的過程中就使心理學喪失了對意義的研究。許多心理學家質問，如果說行為主義以動物的模式研究刺激-反應對人類生活沒有意義的話，那麼以機器的模式探討認知過程又意義何在？美國著名認知心理學家布魯納 (Jerome Seymour Bruner, 1915～) 在《意義的活動》(1990) 一書中指出，認知心理學已偏離了最初的發展軌道，拋棄了意義的探討，鑽入技術性的訊息處理過程的牛角尖中，脫離了人類生活的實際。他呼籲認知心理學家回到原來的出發點上，探討對人類生活有意義的問題。布魯納的這一觀點，足以證明人本主義心理學對主流認知心理學所產生的影響。

2. 對精神分析心理學的影響 本來人本主義心理學批判吸收了精神分析一些思想理論，且新弗洛伊德主義者許多又是人本主義心理學聯盟的重要成員，但人本主義心理學一經形成後又反過來對當代新精神分析學派產生相當影響。迄今為止，精神分析的發展已有五種理論模式：(1) 弗洛伊德的**本我心理學** (id psychology)，堅持以先天本能衝動與被壓抑性欲為根本驅力的潛意識心理學；(2) 美國的新精神分析取向的**自我心理學** (ego psychology)，是古典精神分析的新發展，將自我或自我功能作為精神分析研究的主要對象，認為自我自主地發揮作用，而不受潛意識衝動或性本能的決定性影響；(3) 英國**克萊因學派** (school of Klein)，或稱**對象關係理論** (object relation theory)，它強調內部對象和外界對象與自己關係的研究，是重視內在世界而區別於突出對外界適應的自我心理學的一個流派；(4) 瑞士**存在分析學派** (school of existential analysis)，把精神分析與存在主義相融合的一個流派，強調從人在世界中存在的方式及其相互關係中，探討心理疾病的形成的機制和治療的方法；(5) 美國人本趨向的**自我心理學** (self psychology)。後者是當前精神分析最流行的一個學派，其主要代表科赫特 (Kohut Heinz, 1923～1981) 就深受人本主義心理學的影響。他把精神分析的研究對象重新定義為個體的主觀體驗，顯然這和人本主義心理學是一致的。科赫特特別關注**自我** (self)，專門探討了自我發展中的各種問題，提出了一套有關自我發展的理論模式，這些觀點也同人本主義心理學的自我實現理論是吻合的。因此，有些心理學家認為科赫特的傑出貢獻是"在精神分析和人本主義心理學之間架起了一座橋樑"(Kohut, 1985, p.904)。

3. 對行爲主義的影響 人本主義心理學猛烈抨擊了行為主義以自然科學為楷模，不惜以研究物的模式來研究人，極力把心理學自然科學化。有些行為主義心理學家在人本主義心理學的影響下認識到：

> 在公衆及我們自己學科內的許多人眼中，行爲理論……已同令人討厭的形象聯繫在一起，包括流涎的狗、木偶、把人當作動物一樣擺弄和操縱，結果是那些希望貶低他們不贊成的思想或實踐的人僅需要把這些思想和實踐稱作行爲主義的……。(Bandura, 1974, p.585)

因此，人本主義心理學思潮促使行為主義心理學家不得不反思人在心理學中的地位，開始強調人的理性能力，主張研究人類學習的獨特性，進而又產生了新的新行為主義 (即第三代行為主義)。

應當承認，人本主義心理學還不是一門十分成熟和完整的科學，更沒有成為世界心理學的主流。如果說人本主義心理學已基本擺脱了初期發展中無地位、無資金、無設備的困境，並被公認為世界心理學的五大取向之一，那麼就其影響的廣度和深度來説，人本主義心理學和認知心理學還相距甚遠。

根據人本主義心理學所存在的問題和所受到的挑戰，布根塔爾 (Bugental, 1967)、吉爾吉 (Giorgi, 1994)、戴維森 (Davidson, 1994)、波爾金霍恩 (Polkinghorne, 1994) 等認為，人本主義心理學未來發展主要有下述四種走向：

1. 建立科學結構是未來人本主義心理學的生命力所在 人本主義心理學指出，傳統主流心理學堅持的是自然科學的框架和標準。他們表面上對實驗控制比較嚴謹，數量統計比較精確，似乎相當科學，但由於堅持以動物模型或機械模型來解釋人的模型，其結果並不能真正科學地説明人的活生生的心理生活。相反，人本主義心理學採用的現象學方法表面上比較模糊，似乎科學性不強，但其心理學理論和學説卻符合人的心理生活實際，既能治療心理疾患，又能提高教育和管理工作的績效。

但是，主流心理學往往懷疑甚至指責人本主義心理學的科學性問題，儘管這不完全是事實，但是有些概念如自我實現、高峰體驗、超越性需要等等

(見第三章)內涵不一致，現象學方法比較模糊，理論觀點缺乏檢驗，又無完整的科學體系但也難以否定。

吉爾吉在分析人本主義心理學面臨危機的根源時指出："人本主義心理學沒有選擇一個像它的抱負那樣激進的框架。它試圖把具體的人重新列入心理學，但卻拋棄了科學背景，使人類存在未能進行科學的研究"(Wertz, 1994, p.308)。這也就是說，人本主義心理學還沒有完全進入**理論-學術心理學**(theoretical-academic psychology)，在很大程度上停留在心理治療的經驗層面上。因此，如果成為人的基本方面擺脫了心理學的自然科學取向的框架，那麼建構一個與其不同的、人的科學的框架，就變成邏輯的必然了。

坎吉米 (Cangime, 1974) 在一篇關於未來學 (註 12-11) 的文章中預見：

> 一種專業心理學家的新的類型甚至是由於科學地探討人本主義心理學的結果。他們是實驗的人本主義心理學家。這樣一種心理學家將使人本主義心理學和科學心理學協調起來，而今天正好缺少這種協調。(Sexton, 1983, p.84)

坎吉米認為，最近關於意識和認知心理學的興起似乎支持這個預見。

2. 尋求新的方法是人本主義心理學未來發展的一個重要趨勢　人本主義心理學當今急需解決的問題是發展出自己的方法與標準，以使其研究結果的普遍性和精確性能更好地確定與證實，並把心理學變成一門以人為取向的真正的科學。

在對"科學"的態度和使用方面，人本主義心理學家的分歧很大。有些人徹底排斥科學，認為它不適於對富有意義的人類經驗進行人本主義研究；有些人則主張發展出新的方法來滿足對人類經驗的人本主義研究；還有一些人則不加改變地接受了量化研究方法 (Giorgi, 1987)。同時，在當代醫學與社會科學中，認為使用**交叉科學** (interdisciplinary) 的方法來滿足關於人類機能活動的**生物-心理-社會模式** (biopsychosocial model) 的要求，已成為不言自明之理 (Engel, 1977, 1980)。在戴維森看來，人本主義心理學家

註 12-11：**未來學** (futurology) 研究人類社會未來的一們綜合性科學。從科技和社會的發展動態的研究，探討選擇、控制甚至改變或創造未來的途徑。研究範圍涉及各個領域。德國社會學家弗勒希特海姆 (Ossip Flechtheim, 1909～) 1943 年在美國首創。50 年代後迅速發展。狹義的未來學是探討幾十年後未來社會發展前景的學科，以世界性、高度綜合性與遠期戰略性為特徵。廣義的未來學還包括預測研究，因而有人主張將廣義的未來學稱為"未來預測學"或"預測學"。

不僅能從與他們在社會科學與醫學的同事們的交叉學科的合作研究中獲益匪淺，而且也能夠通過他們對人類經驗的複雜、豐富且有意義的本性的理解而做出他們自己的獨特貢獻。一個特別有價值的貢獻將是發展出以一種嚴密而且是經驗的方式來研究意義的複雜性與豐富性的方法。為了完成這一任務，我們需要克服這樣一種懷疑，即認為這種方法將有損於人性形象的獨特性。在這一方面，人本主義心理學可以從考察下列例證中獲益，如歌德 (見 22 頁) 和柯勒律治 (Samuel Tayler Coleridge, 1772～1834) 等科學藝術家們對想像與方法之間平衡的主張。雖然人本主義心理學家在想像方面已經是十分強大的，但它還可以參考下列人物對質的方法和描述研究的論述，他們是格爾茲 (Geertz, 1973；1975)、吉爾吉 (Giorgi, 1970；1985)、波爾金霍恩 (Polkinghorne, 1983；1988)、布魯納 (Bruner, 1986)、米什爾 (Mishler, 1986) 和斯潘思 (Spence, 1982)。

人本主義心理學作為從對白鼠與鴿子進行實驗的行為主義時代成長起來的新觀點，它謹防的正是為了科學的目的而使用科學方法的做法。的確，在這種做法中，在我們積累大量無關且沒有價值的事實的過程中，我們失去的正是人性。但我們不能據此認為，任何方法都將會使我們理解人類機能活動的努力歸於失敗。相反，我們應在對人類經驗認識的基礎上提出新的研究方法。**人種誌** (ethnography) 、現象學和記述研究等方法，促進了對人的一生 (life-span) 的研究。它們將為我們達到意義、動因 (agency)、創造、價值等這些使我們感興趣的方面提供途徑。文藝復興大師們也為我們提供了這一教訓。米開朗基羅 (Michelangelo, 1475～1564) 和列奧納多・達・芬奇 (Leonardo da Vinci, 1452～1519) 在他們對人體的細緻結構的掌握上，證明了他們專業化的藝術性，如果我們能夠照此方式詳細地注意到人的主觀性的細緻處，那麼我們將會在發展一種與其人本主義傳統相稱的心理科學的道路上穩步前進 (Wertz, 1994)。

3. 明確研究重點將是未來人本主義心理學發展的主要領域　主流心理學家批評人本主義心理學要“少一些夸夸其談，多一些踏實的研究與成果”，人本主義心理學在總結過去 30 多年所走過的歷程時也涉及今後向何處去、加強科學研究工作的問題。

戴維森認為，從心理學的傳統焦點即病態 (pathology) 上轉移到人類機能活動更為健康 (health) 的方面，這是人本主義心理學早期重大貢獻之一。但是，儘管這擴大了心理學的領域，從而將愛、創造性等論題包括到心理學研究之中。不過有些人認為超個人心理學的發展給人本主義心理學帶來非科學化的危機，他們往往關注各種神秘現象，如特異功能、出神入化、神秘體驗、生死體認、精神通道、宇宙自我、幽默與嬉戲等等。而這些神秘現象似乎並沒有重大或更廣泛的現實意義，且同主流心理學的距離更加遙遠。

未來人本主義心理學研究什麼？研究重點應該放在何處？這既涉及到人本主義心理學的未來導向問題，又關係著人本主義心理學能否成為一門與人休戚相關的普通而重要的人學。

誠然，超個人心理學對激發人的超越自我的理想追求、批判現存制度的弊端、實現人生更大的價值具有積極的意義，因此作為心理學第四勢力的超個人心理學既有存在的價值，也有進行研究的必要。但它所探討的問題畢竟有些與廣大民衆的現實性生活有相當距離，且又有晦澀、費解和神秘主義的東西，因而大多數人本主義心理學應當傾注全力投身於人本主義心理學這一大廈科學而穩固的建築上，而不應標新立異地去轉移研究重心。

在戴維斯看來，如果我們將精力主要集中在那些目前最需要我們的社會機構和心理治療者所幫助的人身上，這將會與人本主義心理學的目標更為一致，即促進自由與成長，並且也有助於我們的研究對主流心理學產生更大的影響。研究那些無家可歸者，研究那些嚴重的心理疾病者，研究那些**性虐待** (sexual abuse) 以及其他創傷事件的遭遇者，研究那些藥物依賴者或慢性病患者等等，對他們的體驗進行研究，將為我們提供機會以研究人類機能活動在極端情況下的承受能力與效力範圍。我們可以在費希爾和維爾茲 (Fischer & Wertz, 1979) 關於受到非法待遇的體驗、哈根 (Hagan, 1986) 關於貧困的母親對子女照顧不周、德羅爾 (Draucker, 1992) 關於亂倫、萊因 (Laing,1965) 關於精神分裂症的社會背景和政治背景，以及戴維森和斯特勞思 (Davidson & Strauss, 1992) 關於嚴重心理障礙的康復等的研究中發現大量這種例證。這類研究不僅將對那些迫切而廣泛注意的領域做出重大貢獻，而且將有助於我們把那些“邊緣化”的個體重新置於我們關於人類的肖像 (image) 的中央。通過他們身上認識到我們大家都擁有的人性的核心，我們將會在促進他們的自由、改善他們的狀況，並為我們自己的科學研究提供合理性等方面邁出了重大的一步 (Wertz, 1994)。

4. 強化理論建樹是未來人本主義心理學發展的主要走向之一 以

實證主義 (positivism) 為哲學方法論的傳統心理學，特別是佔統治地位半個多世紀的行為主義，給心理學帶來兩個明顯的惡果：一是對理論建構的輕視，導致盲目的實證研究和嚴重的理論貧困。奧爾波特直截了當地指出：

> 由孔德倡導的實證主義的出現，已經導致了一種本質上非理論化的傾向。結果，在報紙、雜誌和教科書中塞滿了特殊的和個別的調查研究，而理論的興趣卻降低到最低程度。(周曉虹，1994，129 頁)

顯然，在對方法和技術崇拜的同時，必然會出現排斥乃至拋棄理論的傾向。二是對其他心理學理論傳統的排斥，使心理學的發展缺乏必要的高瞻遠矚和豐富的文化內涵。

人本主義心理學是西方心理學史上比較重視理論建構的一個重要運動。但是，人本主義心理學存在一個特別值得重視的問題是，破的多，立的少，即批判的多，建樹的少。戴維森認為，人本主義心理學運動使心理學更加**人性化** (humanizing)——即促使心理學家們發展出關於人的非還原論模型及其研究方法——但他們現在開始擔憂：也許這一運動的前景超不出對行為主義和精神分析的抗議 (protest) (Giorgi, 1987；Rogers, 1978；Tennessen, 1981)。其他一些人則開始懷疑，儘管人本主義心理學在這一抗議過程中是成功的，但它現在是否應該被對已闡明的人性現象的更為科學的研究所超越呢？例如**認知發展心理學** (cognitive developmental psychology) 和**神經科學** (neuroscience) 就可以算是兩個流行的範例 (Smith, 1882)。羅傑斯早就警告說：

> 如果人本主義心理學只變成一種反抗運動，那它的影響就只能是暫時的。我的看法是，人本主義心理學並沒有很好地從反抗運動轉向正面的研究，我們正處於人本主義心理學史上的關鍵時期——這是創建的一代正在消失的時代——除非我們想接過火炬對現代的困境做出創造性的反應，否則，這場運動就會完全中止。(Rogers, 1964, pp.1～5)

人本主義心理學家簡德林在回顧第三勢力的歷程時指出："人本主義心理學的失誤之一是沒能成功地把它的理論與哲學基礎同它之外的心理學、社會科學和其他學科相互溝通" (Gendlin, 1992, p.450)。通常人本主義心理學的概念被主流心理學家視為非學的，在這種情況下，如何把這些理論概念從溝通的障礙變成溝通的橋樑，使人本主義心理學的理論同其他心理學理論相互接軌，就成為未來人本主義心理必須解決的重要課題。

因此，加強基本理論的研究，加強後備隊伍的建設，加強同其他心理學派的溝通，增強理論建構的完整性，提高理論論證的科學性，是未來人本主義心理學發展的當務之急。為此，應該做好下述的“三基”理論建構：

1. **基本概念的界定與統一**　人本主義心理學既是不同於心理學第一勢力和第二勢力的一種心理學運動，又是包容更廣泛的 (而不是排他的) 後弗洛伊德和後實證主義的科學。在他們看來，行為主義與精神分析兩種觀點與其説是錯誤或不正確，不如説是有局限性和有偏頗。它們的精華非常適合一個更大的、包容更廣泛的結構。人本心理學則是一個特殊的、包容廣泛性或層次整合性或整體論的例子 (林方譯，1987)。

科學是一系列概念、範疇的網路系統，而人本主義心理學也不例外。就目前而言，主要有兩個問題：一是人本主義心理學的一些基本概念如超越性需要、超越性病態和高峰體驗，尤其是自我實現等缺乏明確的界定和統一的內涵。二是人本主義心理學在使用行為主義和精神分析的概念時又沒有闡明兩者的聯繫與區別，如行為主義將獲得描述、預測與控制客體對象 (動物：人與人以下的動物) 的能力作為自己的目標，而人本主義心理學則試圖以這樣的方式來描述人及其經驗，以使人們能夠更好地預測與控制他們自己的經驗 (因而這也就隱含了這樣一層含義，即人們能夠更好地抵制別人的控制) (Bugental, 1967)。

2. **基本觀點的規定與明確**　人本主義心理學把人的獨特性作為自己研究的對象，但在其內部卻有兩種不同的觀點：

世俗人本主義者史密斯 (Smith, 1982；1986；1990) 認為，人在本質上是一種生物有機體，它的獨特性是通過它在進化的階梯上的位置而獲得的。這種觀點認為，人類已進化到如此程度，以至於突破了一定的質的界限，從而使自己與其他有機體區分開來，這主要表現在它獲得了如語言、自我反省等能力上。從本體論上講，這種觀點可以被稱為**實現唯物論** (emergentist materialism) (Slavney & McHugh, 1987)，它是通過研究“高級”心理活動而為人本主義心理學提供了一個獨特的領域，意義、語言、文化等正是通過這種“高級”心理活動才成為可能。

超個人心理學家如維爾伯 (Wilber, 1979；1981；1989) 認為，人是通過它與**神性** (sacred) 之間的精神聯繫而獲得其獨特性的。這種觀點認為，人是神性的一種體現，是按著造物者的形象被創造出來的，因而通過它所具有的啟蒙的潛能而與其他創造物相區分。這種觀點的根基可以回溯到新柏拉圖主義者、奧古斯丁 (Aurelius Augustinus, 354～430) 以及東方宗教傳統的**流射論** (emanationist views)。在這種觀點看來，人本主義心理學的一個妥貼的焦點，就是研究**精神** (spirituality) 在日常生活中是通過什麼方式體現出來並被歪曲和異化的。

人本主義心理學最終仍堅持存在主義的哲學，試圖闡明人的本體論獨特性。如果仔細考察他們的成熟觀點，我們就會發現，他們主要是把人規定為與周圍的物質世界、社會-政治世界、精神世界三者之間的意向性關係。因此，人本主義者不能因為他們研究的領域的獨特性，就忽視使這一領域成為獨特的那些構成三種關係的網絡 (Wertz, 1994)。

3. 基本理論的建構與系統化　人本主義心理學有許多基本理論，如自我實現論、需要層次論、內在價值論、自然主義人性論等，並有相當廣泛的影響。但也存在不少問題：(1) 大理論研究的多，小理論研究的少；(2) 大理論因人而異，整個人本主義心理學尚缺乏相對統一的理論範式；(3) 人本主義心理學內部在大理論問題上尚存在明顯分歧，如性善論與既善既惡論之爭等。

回顧西方心理學史，在理論研究和理論建構上已經歷了兩個歷史階段：第一階段，從 19 世紀 80 年代至 20 世紀 20 年代，主要是建構學派或學派的**大型理論** (或**大型體系**) (major system)，各執一端，互相對抗。第二階段，從 20 世紀 30 年代至 80 年代左右，主要是建構**小型理論** (或**微觀體系**) (miniature system)，只限於解釋一種心理事實的理論，不用以解釋一般現象的理論。此時各派對立有所緩和，出現互相吸收、採長補短的現象，特別是熱衷於建構小型理論成為近來心理學發展的趨勢。未來心理學的走向，很可能是小理論的大綜合、大理論的新建構、大小理論的和諧發展。

鑒於整個西方心理學發展的軌跡，和人本主義心理學自身發展的實際，未來人本主義心理學基本理論建構的大趨勢很可能是這樣：

1. 大的基本理論的完善與一致 以自我實現論為例，人本主義心理學內部起碼有兩大分歧：多數人主張的自我實現，英文為 self-actualization，指個人的自我實現；而超個人心理學家所主張的自我實現，英文為 self-realization，指真我 (或超自我) 完滿實現。兩者如何協調一致，尚需要研究。另外，有人指出馬斯洛、羅傑斯等人混淆了人本主義目標與獲得這些目標的手段。就是說，把自我實現本身當成了目標，而沒有把它看成是為開展研究和促進人類的成長提供了一個出發點。弗里德曼指出：我們不可能把成長過程轉變成一個目標，而不使它變得空洞而無意義。我們並非因爲集中於自我而成長的，相反我們是因爲從自我中走出來而參與別人和世界而成長的 (Friedman, 1976, p.37)。看來問題不在於“自我實現”本身，而在於“實現什麼”。人本主義心理學還未提出真正科學的標準。馬斯洛晚年用超個人的“精神性”也難以根本解決這個問題。因此，對像自我實現論這樣大的基本理論的完善與一致是未來人本主義理論建構的一個重要的方面。

2. 強化小理論的建構，促進大小理論協調發展和系統化 以兩種範式的統合為例，大多數人本主義心理學家贊成這一主張，認為它是重大而明智之舉。但是，也有少數存在心理學家持異議，認為把主觀經驗範式與客觀實驗範式統合起來，既沒有必要，也根本不可能。羅洛・梅認為，雖然實證方法在考察人類有機體的生物方面起過主要作用，但對於理解人類存在的本體論特點卻幾乎沒有什麼意義 (DeCarvalho, 1991)。

因此，未來人本主義心理學的理論建構，除了要提高大的基本理論的效度和信度以外，還要大力加強對人的不同層面的心理活動的微觀人本主義心理學理論的建構，力爭在其大小理論協調發展的基礎上加以系統化。

應看到，以人為本、以人為貴、以人為重的人本主義心理學的方向是正確的，必將成為人類未來心理學發展的靈魂與時代精神。但是，人本主義心理學要想變成主流心理學，實現主觀與客觀兩個範式的整合，也遠非易事，尚須在實證研究上的突破，在理論建構上的飛躍。否則，很可能會被認為：

> 人本主義心理學與其説是一種心理學理論，不如説是一種哲學道德思想。用嚴格的科學標準來衡量時，人本主義心理學算不上是真正對人的心理活動的客觀研究。它更多的是對人類天性發展的一種希望。(荆其誠，1990，251 頁)

本章摘要

1. 人本主義心理學的內在邏輯：(1) 從思辨性研究走向科學性探討；(2) 從人本主義心理學取向走向存在-人本主義心理學取向；(3) 從自我實現論走向自由選擇論；(4) 從追求個體自我走向超越自我。
2. 目前國內外對人本主義心理學的三種評價：(1) 重大變革論，認為人本主義心理學是心理學史上一場反對還原主義將心理學回歸於人性科學的革命；(2) 懷疑否定論，認為人本主義心理學是"詩人的或哲學的心理學"根本没有獨立存在的價值；(3) 重要補充論，認為人本主義心理學仍不失為科學心理學的一個重要的補充。
3. 人本主義心理學的地位與影響：人本主義心理學是西方心理學三種勢力之一，它對心理學做出了重大的，但卻常常是被低估了的貢獻。它促進了主流心理學行為主義重新思考人在心理學中的地位，強化了認知心理學突出意義問題的探討，推動了新精神分析加強個體主觀體驗和自我心理學的研究。人本主義心理學在許多國家特別是在南美、歐洲一些國家頗為流行。
4. 人本主義心理學的主要貢獻：(1) 有力地抨擊了傳統心理學的生物還原論和機械決定論，把人的本性與價值第一次提到了心理學研究對象的首位，開拓了研究人類許多高級精神生活的新領域；(2) 有力地批判了傳統心理學把人獸性化、非人格化和無個性化的傾向，闡明了動機的巨大作用和需要層次理論，突出了人的高級需要所具有的更大的價值；(3) 有力地批評了傳統心理學中的方法論的僵化，二歧式思維和實驗主義，提出了將**經驗-主觀範式**和**實驗-客觀範式**整合的新構想，突出了開放研究、整體分析和多學科或跨學科研究方法的重要意義；(4)提出以人為中心的理論、動機層次理論、受輔者中心療法，對強化組織管理、教育改革和心理治療均有重要的應用價值。
5. 人本主義心理學的根本缺陷：(1) 過分強調人性自然因素的作用，忽視宏觀社會環境和社會實踐在形成和發展現實人性中的決定性意義，具有自然主義傾向；(2) 過分強調個人在自我實現中的作用，忽視社會發展和社會發現對個人自我實現的決定性意義，具有個人本位主義傾向；(3) 過分強調經驗 (主觀) 範式的重要性，缺乏實證性的檢驗與支持，具有主觀主義傾向。

6. 對人本主義心理學的前途有三種看法：(1) 樂觀論，認為未來心理學將可能統一在人本主義旗幟之下；(2) 揚棄論，認為人本主義心理學開始出現危機，未來它不是仍然居於非主流心理學的從屬地位，就是被科學心理學所融化、揚棄或取代；(3) 待觀論，認為目前對人本主義心理學前途進行評價，為時尚早，須待觀而定。
7. 未來人本主義心理學發展的大趨勢，將進入人類心理學史上第三次更廣泛更深入更罕見的整合，即經驗 (主觀) 範式與實驗 (客觀) 範式的整合、人本主義研究取向與科學主義研究取向的整合，試圖建構一種基本統一的心理學理論模式。其整合的形式有思想上的整合、層次上的整合和方法上的整合等三種。
8. 未來人本主義心理學發展的走向：(1) 建立科學結構，提高科學理論水準是人本主義心理學未來的生命力所在；(2) 尋求新的方法，研究富有意義的人類經驗是人本主義心理學未來發展的一個重要趨勢；(3) 明確研究重點，集中探討廣大健康民衆現實的心理生活是人本主義心理學未來發展的主要領域；(4) 強化理論建樹，促進大小理論協調發展和系統化是人本主義心理學未來發展的主要走向之一。

建議參考資料

1. 車文博 (1996)：西方心理學史。臺北市：東華書局 (繁體字版)。杭州市：浙江教育出版社 (1998) (簡體字版)。
2. 車文博 (1995)：二十世紀西方心理學發展的軌跡及其未來走向。社會科學戰線，5 期，29～43 頁。

3. 林 方 (1989)：心靈的困惑與自救——心理學的價值理論。瀋陽市：遼寧人民出版社。

4. 荊其誠 (1990)：現代心理學發展趨勢。北京市：人民出版社。

5. 高覺敷 (主編) (1989)：西方心理學的新發展。北京市：人民教育出版社。

6. 舒爾茨 (楊立能等譯，1982)：現代心理學史。北京市：人民教育出版社。

7. 黎 黑 (李 維譯，1998)：心理學史 (上、下册)。杭州市：浙江教育出版社。

8. DeCarvalho, R.J. (1991). *The founders of humanistic psychology*. New York: Praeger.

9. Frank, N. Magill (Eds.) (1996). *International encyclopedia of psychology*. Volume One, Tuo, British: Salem Press.

10. Giorgi, A. (1994). Whither humanistic psychology? In F. Wertz (Ed.), *The humanistic movement: Recovering the person in psychology*. Lake Worth, FL: Gardner Press.

11. Giorgi, A. (1987). The crisis of humanistic psychology. *The Humanistic Psychologist,* 15, 5～21.

12. Leahey, T. H. (1992). *History of psychology: Main currents of psychological thought* (3rd ed.). Englewood Cliffs, NJ: Prentice-Hall.

13. Schultz, D. (1996). *History of modern psychology* (6th ed.). New York: Harcourt Brace & World.

14. Smith, M. B. (1990). Humanistic psychology. *Journal of Humanistic Psychology,* 30, 6～21.

15. Tageson, C. W. (1982). *Humanistic psychology: A synthesis*. Homewood, Ill: Dorsey.

16. Walsh, R., & Vaughan. F. (Eds.) (1980/1993). *Paths beyond ego: Transpersonal dimensions of psychology*. Los Angeles: J. P. Tarcher/Perigee.

附　　錄

附錄一：人本主義心理學史年表

年代	人物生卒年	重要事項
紀元前：1000	古希臘德爾斐（阿波羅）神廟門前	有一石刻銘文："認識你自己（know thyself）！"
600	梭倫（Solon，約 638～559 B.C.）	古雅典著名政治家和詩人，提出："毋過"，教人要有自知之明。
	泰勒斯（Thales, 624～546 B.C.）	古希臘第一位哲學心理學家，最早提出"自知"思想。
	赫拉克利特（Herakleitos, 540～480 B.C.）	古希臘辯證法心理學思想的代表，他的名言："我尋找過我自己"，"認識自己，好好思想，這是屬於一切人的"。
400	普羅泰戈拉（Protagoras, 約 490～420 B.C.）	古希臘智者派的主要代表，其哲學命題："人是萬物的尺度"。
	伯里克利（Pericles, 495？～429 B.C.）	古希臘雅典著名政治家，提出："人是第一重要的"。
	蘇格拉底（Socrates,469～399B.C.）	古希臘著名哲學家，提出"心靈的轉向"的主張，由認識自然轉向自身——"認識你自己"。
300	亞里士多德（Aristotle, 384～322 B.C.）	古希臘偉大思想家，提出"人是政治動物"，是人類自我認識史上的一個重大飛躍。
	斯多阿派（Stoi, 約 300 B.C. 成立）	古希臘羅馬時期的重要哲學流派，把"順應本性而生活"作為人生哲學的原則。
	伊壁鳩魯（Epicurus, 約 341～270 B.C.）	西方快樂主義人生哲學的先驅，主張"以人為本"，認為人生最高價值就是追求快樂。
200	特倫斯（Publeus Terentius Afer, 190？～159 B.C.）	古羅馬時期喜劇作家、拉丁詩人，他的詩中的一句箴言："我是人，凡是人的一切特性，我無不具有"，成為文藝復興時期的戰鬥口號。

年代	人物生卒年	重要事項
	盧克萊修 (Titus Lucretius Carus, 94～55 B.C.)	古希臘羅馬時期原子論心理學思想的系統化者、詩人，主張人有"自由意志"，人成獸成人全靠自己。
	西塞羅 (Cicero, 106～43 B.C.)	古羅馬時期思想家，認為人有"天賦觀念"，教育是使人完善的有效途徑之一。
紀元後： 1200	但丁 (Alighieri Dante, 1265～1321)	義大利的偉大詩人，認為"人的高貴就其成果而言超過了天使的高貴"。
1300	彼脱拉克 (Francesco Petrarca, 1304～1374)	義大利詩人、學者，人文主義的第一個代表，被稱為"人文主義之父"。宣佈："我自己是凡人，我只要求凡人的幸福"。"除了靈魂以外，沒有任何東西值得讚賞"。
	薄伽丘 (Giovanni Boccaccio, 1313～1375)	義大利早期人文主義"三傑"之一，認為人是一種自然的存在，是能思考的動物，人人都有追求幸福的權利。著有《十日談》(1348～1353)。
1400	達·芬奇 (Leonardo da Vinci, 1452～1519)	義大利傑出人文主義者和心理學思想家，他聲明："人是最高級最完美的動物"。人應以經驗為人類的導師，以理性為經驗的舵手，以科學為實踐的統帥。
	彭波那齊 (Pietro Pomponazzi, 1462～1525)	義大利著名人文主義者，主張人不應追求死後"不朽的幸福"，人的幸福就在今生今世。
1500	蒙台涅 (Michel Eyquem de Montaigne, 1533～1592)	法國著名人文主義者和散文作家，主張自然人"没有別的，只有自己"。他強調人之為人，必須控制自己，撫愛自己，豐滿自己。
1600	培根 (Francis Bacon, 1561～1626)	西方近代哲學奠基者之一，主張從身心交互影響來研究人性，強調人在謀求公益中求得個人發展和完善。
	霍布斯 (Thomas Hobbes, 1588～1679)	英國經驗主義心理學先驅，認為人是自然的產物，其整個活動與鐘錶的運動無異。他的極端性惡論對於西方人學影響很大。著有《論人》(1658)。
	洛克 (John Locke, 1632～1704)	英國經驗主義心理學的創始者，認為人的活動是由人的欲望所決定，人的欲望又取決於外物對人的身心作用，而人的本性就是追求快樂和幸福。

年代	人物生卒年	重要事項
	斯賓諾莎 (Benedictus Spinoza, 1632～1677)	荷蘭理性主義心理學家，認為人的本性就是在理性命令下追求幸福和快樂的生活。它是西方理性人道主義思想的前奏之一。著有《簡論神、人及其幸福》(1862)。
1700	蒲　伯 (Alexander Pope, 1688～1744)	18世紀英國新古典主義詩人，認為"自我愛"與"理性"是支配人性的兩種天然能力，最終"使愛自我和愛社會合而為一"。它開了以後盧梭、愛爾維修的自然人權論與社會契約論之先河。著有《論人》詩札。
	休　謨 (David Hume, 1711～1776)	英國經驗主義心理學的重要代表，認為人性 (包括知性、情感和道德) 是一切科學的"首都"或"心臟"。他的從利己走向利他的人學思想對於後來英國功利主義影響較大。著有《人性論》(1739～1740)。
	亞當・斯密 (Adam Smith, 1723～1790)	英國古典政治經濟學奠基人，認為人性天生為善，自愛使人向己，仁愛使人為他，但仁愛是人性的核心。由此提出"經濟人"與"道德人"的雙重人格理論，並倡導利益動機與德性行為相和諧的"合宜"價值觀。
	伏爾泰 (Francois-Marie Arouet Voltaire, 1694～1778)	18 世紀法國啟蒙運動的領袖和導師，認為"人是善與惡、快樂與痛苦的混合物"。並把平等、自由視為人的一種天賦權利。他成為西方最偉大的人道主義思想家之一。
1700	拉・美特利 (Julien Offray de La Mettrie, 1709～1751)	法國唯物主義心理學思想的早期代表，提出"人是機器"的著名論斷，認為人生的幸福就是感官自然欲望的滿足。著有《人是機器》(1747)、《論幸福》(1748)。
	盧　梭 (Jean-Jacques Rousseau, 1712～1778)	18世紀法國啟蒙運動的傑出思想家，提出自然人性善理論，認為人天性善良，在社會狀態中卻滋生了非道德性情感與欲望。人人都享有自由、平等的自然權利。著有《論人類不平等的起源和基礎》(1755)。他成為西方人道主義思潮中別具一格的一家之言，具有非理性主義的性質。
	狄德羅 (Denis Diderot, 1713～1784)	法國唯物主義的傑出代表，認為人性既有自愛自利性，又有利他本能。強調沒有美德，也就談不上幸福。著有《駁愛爾維修的"論人"》(1775)，其人學思想成為法國 18 世紀人道主義思潮的主要組成部分。

年代	人物生卒年	重要事項
	愛爾維修 (Claude－Adrien Helvetius, 1715～1771)	18世紀法國唯物主義心理學思想家，認為趨樂避苦的自愛情欲是人的本性和偉大的力量，並提出“教育萬能論”。著作有《論幸福》(1741～1751)、《論精神》(1758)、《論人》(1769)。他的人學理論推動了法國大革命，並對 19 世紀空想社會主義產生重要影響。
1720	康　德 (Immanuel Kant, 1724～1804)	德國古典哲學創始人，認為人性的本質不在於其感性欲望，而在於其理性存在。主張使人幸福、偉大、有價值、有尊嚴，進入自由、獨立、平等的合法狀態。著作有《實用人類學》(1798)，他對現代西方的人學、人類學及社會心理學有一定影響。
	歌　德 (Johann Wolfgang von Goethe, 1749～1832)	德國偉大的詩人、科學家、思想家，認為人的本質就是人的自然本性，即“天生的、內在的美好性格”。人之美是自然美，但需要培育和修養，使感性與理性、認識與實踐得到和諧的統一。著有《浮士德》(1773～1831) 等。
	叔本華 (Arthur Schopenhauer, 1788～1860)	現代的西方非理性主義思潮和唯意志論的開創者，主張生命意志是人最根本的本體，認為人性既惡且善，故利己和同情都在支配著人類行為，人的道德無法拯救人類於痛苦和絕望之中。著有《論人的意志自由》(1836) 等。
1800	費爾巴哈 (Ludwig Andreas Feuerbach, 1804～1872)	德國古典哲學中唯物主義的代表、哲學家，創立“人本學”，把人理解為抽象的生物學的人，認為人是自然的產物，人具有類本質，即理性、意志和愛。其抽象人道主義對當時有一定影響，但後來受到馬克思的批判。著有《未來哲學原理》(1843)。
	齊克果 (或克爾凱郭爾) (Sören Aabye Kierkegaard, 1813～1855)	丹麥神秘主義者，存在主義和非理性主義人學思潮的先驅，認為人的真正存在並不是理性，而是作為孤獨個體的主觀精神存在。包括恐怖、厭煩、憂鬱和絕望等。著有《恐懼概念》(1844)、《生活道路的諸階段》(1845) 等。
	狄爾泰 (Wilhelm Dilthey, 1833～1911)	德國現代生命哲學的奠基者，整體主義心理學家，主張從人類精神文化的發展中解釋人的生命本質，又從人的生命中反溯人類歷史文化的底蘊。它對西方人學思潮的發展具有獨特的影響。著有《精神科學緒

年代	人物生卒年	重要事項
		論》(1883)、《論描述和分析的心理學思想》(1894) 等。
	詹姆斯 (William James, 1842～1910)	美國功能主義心理學、實用主義哲學和人本主義心理學的先驅，提出挖掘人的特性，探討意識、自我、情緒體驗、自由意志、宗教經驗、深層意義，甚至神秘主義的東西，表現了美國心理學中的人本主義傳統。著有《心理學原理》(1890)、《宗教經驗類型》(1961/1902) 等。
	尼　采 (Friedrich Wilhelm Nietzsche, 1844～1900)	德國哲學家、詩人，反對傳統價值，強調強力意志，提出"超人"模式，對西方存在主義乃至現代人本主義思潮影響巨大。著有《人性的、太人性的》(1878)、《權力意志》(1901) 等。
1850	胡塞爾 (Edmund Husserl, 1859～1938)	德國哲學家，現象學派創始人、完形心理學的先驅。通過對純粹意識內的存在的研究，進而揭示人的"生活界"的本質，從純粹主觀性出發達到"交互主觀性"的世界。其基本特徵是現象學方法論原則及在此基礎上建立的反科學主義的人道主義。它既被存在主義所接受，又成為現代西方許多人文科學的基本方法論。著有《純粹現象學和現象學哲學的觀念》(1913) 等。
	席　勒 (Ferdinand Canning Scott Schiller, 1864～1937)	英國哲學家，主張用人本主義取代實用主義，認為哲學應該將人的整個本性作為自己的基本前提，研究個人心靈的全部豐富多彩的東西。著有《人本主義》(1903)、《人本主義研究》(1907) 等。
1870	舍　勒 (Max Scheler, 1874～1928)	德國現象學的重要代表，現代哲學人類學的創始人之一，提出價值現象學和價值倫理學，認為人的價值的基礎是"價值情感"其中最本質的構成"愛"則是人格的核心。他是西方人學思想發展史上一位關鍵性人物，對存在主義、人格主義和哲學人類學均有直接影響。著有《人在宇宙中的地位》(1928) 等。
	卡西爾 (Ernst Cassirer, 1874～1945)	德國新康德主義的主要代表，提出"文化人本學"亦即"人的哲學"，考察了人類自我認識的發展歷史和現實危機，又從文化人類學角度論述了人的本性。它對西方現代人學哲學、人類學、文化學和符號美學均有

年代	人物生卒年	重要事項
		重大影響。著有《人論》(1944)。
	榮　格 (Carl Gustav Jung, 1875～1961)	瑞士心理學家和精神病學家，分析心理學的創始人，超個人心理學思想的先驅，打破西方文化對心理學局限，重視吸收東方的智慧，強調精神的先定傾向，主張把靈性作為人性的一個最高的層面，關注人的超越性、直覺、神秘體驗、人類協同、終極目標的探索，以追求真我的實現。著有《尋求靈魂的現代人》(1933)、《未被發現的自我》(1964)、《心理學與宗教》(1969)、《曼德羅象徵主義》(1972)、《心理學與東方》(1978) 等。
	馬丁·布伯 (Martin Buber, 1878～1965)	德國宗教存在主義的主要代表，反對傳統理性主義的觀念哲學，主張從人的關係自身直入人的真實存在。他的人的存在關係或關係存在的思想，是一種披著宗教外衣的存在主義人學。著有《我與你》(1922)、《人與人之間》(1947) 等。
	戈爾德斯坦 (或戈爾德斯泰因) (Kurt Goldstein, 1878～1965)	德裔美籍機體論心理學的主要創始人，人本主義心理學的先驅。堅持機體的整體性和人格的統合性，強調內在潛能和自我實現驅力在發展中的重要作用。為人本主義心理學提供了機體論的理論基礎和自我實現論的理論來源。著有《機體論》(1939) 等。
1880	雅斯培 (或雅斯貝爾斯) (Karl Jaspers, 1883～1969)	德國存在主義的主要代表和心理學家，反對傳統的理性唯心主義和實證經驗主義，主張哲學的根本任務在於描述人的存在狀態和意義。它帶有宗教信仰主義成份，但人本主義傾向仍很明顯。著有《普通精神病理學》(1913)、《世界觀心理學》(1919) 等。
	霍　妮 (Karen Horney, 1885～1952)	著名女精神分析學家，社會文化派的先驅和代表、基本焦慮論的創始人。強調社會和環境條件在塑造人格上的重要性，指出理想自我與真實自我之間的衝突是神經症的主要原因，開創了心理學中的社會文化定向。著有《我們時代的神經症人格》(1937)、《自我分析》(1942)、《我們的內在衝突》(1945)、《神經症與人的成長》(1950) 等。

年代	人物生卒年	重要事項
	蒂利奇 (Paul Tillich, 1886～1965)	德裔美國宗教存在主義哲學家，認為現代人處於煩惱困境中，只能給以終極關懷，以生的意志和存在的勇氣來肯定自己，以期能夠得到拯救。對存在-人本主義心理學影響很大。著有《存在的勇氣》(1952)、《信仰的動力》(1957)、《文化神學》(1959)等。
	阿薩吉奧里 (Roberto Assagioli, 1888～1974)	美國超個人心理學先驅，心理綜合的創始人，強調人的不同水平或層次的潛意識與意識、自我與超自我的統合，突出"高層自我"、"超個人自我"、"真我"的重要價值。著有《意志的行動》(1974)、《心理綜合——高層心理學》(1975)、《心理綜合——一種原理和方法的指南》(1976) 等。
	海德格 (或海德格爾) (Martin Heidegger, 1889～1976)	德國現代哲學家，存在主義的創始人，建立存在主義人學，其核心是探討人 (此在) 的實際存在 (在世之在) 狀態、對人的實在的領悟、人與"在"(物之世界) 和"他在" (人之世界) 的本體關係、以及人的現實異化與價值可能性。著有《存在與時間》(1927)、《德國大學的自我主張》(1933)、《現象學的基本問題》 (1975) 等。
1890	默　里 (Henry Alexander Murray, 1893～1988)	美國著名人格心理學家，人本主義心理學奠基者之一。堅持整體主義取向，強調人的動機的重要性與複雜性，建構人格學，為人本主義心理學的創建做出了積極的貢獻。著有《人格的探索》(1962/1938)。
	彪　勒 (Charlotte Bertha Bühler, 1893～1974)	德裔美籍人本主義心理學家，曾任人本主義心理學會主席 (1965)，著有《人本主義心理學導論》(1972)。
	墨　菲 (Gardner Murphy, 1895～1979)	美國心理學史家，人本主義心理學建立的參與者和支持者，主張心理學應研究人的主體，建構人的生物-社會理論。著有《近代心理學歷史導引》(1948/1929)、《人格：從起源和結構進行生物社會探索》(1947)、《亞洲心理學》(1968) 等。
	奧爾波特 (Gordon Willard Allport, 1897～1967)	美國人格心理學奠基者，人本主義心理學建立者之一。確定以為本體的人本主義定向，崇尚人的尊嚴與價值，提出機能自主理論，為人本主義自我心理學做出了重要貢獻。著有《人格：一種心理學的解釋》

年代	人物生卒年	重要事項
		(1937)、《成長：人格心理學的基本看法》(1955)、《人格的模式與成長》(1961)、《心理學中的人》(1968)。
1900	弗羅姆 (Erich Fromm, 1900～1980)	西方著名的社會思想家，人本主義精神分析學家。把弗洛伊德對人的微觀世界 (心理-人格結構) 的研究和馬克思關於人的宏觀世界 (社會經濟文化-心理結構) 的理論結合起來，創立人道主義的"人學"理論。它對於現代西方人學以及人本主義心理學有重要影響。著有《逃出自由》(1941)、《自為的人》(1947)、《愛的藝術》(1956)、《禪與精神分析》(1961)、《馬克思關於人的概念》(1961)、《心理學與文化之論述》(1963)、《人之心》(1964) 等。
	羅傑斯 (Carl Ransom Rogers, 1902～1987)	美國人本主義心理學創始人之一，提出自我理論和充分發揮機能的人格模式，創造來訪者中心療法和以學生為中心的學習理論，為人本主義心理學的產生與發展做出了重大貢獻，在全世界產生廣泛而深刻的影響。著有《諮商與心理治療》(1942)、《來訪者中心治療》(1951)、《論人的成長》(1961)、《學習的自由》(1969)、《一種存在的方式》(1980) 等。
	安傑爾 (Andras Angele, 1902～1960)	美國人本主義心理學的先驅，堅持從整體上研究人，認為人格是一個生物圈系統，自由律和同步兩種驅力的相互作用促使人格的整體發展，具有機體主義色彩。著有《人格科學的基礎》(1941)、《精神病及其治療的一個整體原理》(1965) 等。
	弗蘭克 (Victor Frankl, 1905～1997)	人本主義心理學思想的先驅，是從精神分析學派跨入存在主義的心理學家，認為人的本性係探求和理解人生的目的與意義，具有統合、自由、責任三大特徵，並創造意義療法以啟發病人尋找人生活的意義與價值。著有《人對意義的探索》(1962)、《心理治療與存在主義》(1967)、《對意義的大聲疾呼》(1979)、《從意志到意義》(1981) 等。
	凱　利 (George Alexander Kelly, 1905～1967)	美國人本主義心理學的先驅者之一。參考並支持人本主義心理學的建立，首創個人構念的人格認知理論、固定角色療法和設

年代	人物生卒年	重要事項
		計角色構念測驗。著有《個人構念心理學》(2 卷，1955、1963)
	薩　特 (Jean Paul Sartre, 1905～1980)	現代法國著名哲學家、文學家，存在主義哲學大師，堅持"存在先於本質"的觀點和"以人為中心"的主題，強調自由選擇來謀劃自身的一切，展示自身存在的意義，奠定了存在主義人學的哲學本體論基礎。著有《存在與虛無》(1943)、《存在主義是一種人道主義》(1946) 等。
	馬斯洛 (Abraham Harold Maslow, 1908～1970)	美國人本主義心理學的主要創建者，心理學第三勢力的領導人，開創人本主義心理學的新取向，建構人類需要層次論、自我實現理論、內在學習理論和 Z 理論管理，開拓超個人心理學的新領域，為人本主義心理學的產生與發展做出了巨大的貢獻。著有《動機與人格》(1970/1954)、《存在心理學探索》(1968/1962)、《宗教、價值觀和高峰體驗》(1981/1964)、《科學心理學》(1966)、《人性能達的境界》(1971) 等。
	羅洛·梅 (Rollo Reese May, 1909～1994)	美國人本主義心理學的建立者之一，存在主義心理學主要代表，建構存在本體論、存在人格論、存在焦慮論、存在分析治療論，為存在-人本主義心理學以及自由選擇論的人本主義取向做出了開創性的貢獻。著有《焦慮的意義》(1977/1950)、《人尋求自我》(1953)、《存在：精神病學與心理學的新維度》(1958)、《存在心理學》(主編，1961)、《愛與意志》(1969)、《價值觀及其未來》(1974)、《自由與命運》(1981)、《存在的發現：存在心理學著作》(1983)、《我追求的美》(1985)、《存在心理學》(與施奈德合著，1994) 等。
	布根塔爾 (James Frederick Thomas Bugental, 1915～　)	美國人本主義心理學建立者之一，首任人本主義心理學會主席，在建構人本主義心理學理論框架、開創存在分析心理學、發展心理治療等方面有突出貢獻。著有《人本主義心理學：一種新的突破》(1963)、《尋求本真：一種心理學的存在分析取向》(1981/1965)、《心理治療與過程：一種存在-人本主義取向的基礎》(1978)、《心理治療學家的藝術》(1987) 等。

附錄二：人本主義心理學大事記

項目 內容 時間	人物	主要活動	出版論著或刊物
1937 年	奧爾波特	提出人格學 (personology) 的新思想	出版《人格：一種心理學的解釋》
1939 年	羅傑斯 羅洛·梅		出版《問題兒童的臨床治療》 出版《諮商藝術》
1942 年	羅傑斯	提出非指導式諮商治療，開啟了美國人本主義心理治療的先聲。	出版《諮商與心理治療》
1943 年	馬斯洛 羅洛·梅	對行為主義取向不滿，開始探討“不合傳統”的主題，人本主義心理學思想萌芽。	發表〈人類動機理論〉一文 出版《諮商服務》
1950 年	羅洛·梅	獲得哥倫比亞大學第一個臨床心理學博士學位，探討焦慮的本體論意義。	出版《焦慮的意義》
1951 年	羅傑斯	提出來訪者中心治療法 (又譯受輔者中心療法)	出版《來訪者中心治療》
1953 年	羅洛·梅	著重研究自我與存在的關係問題	出版《人尋求自我》
1954 年	馬斯洛 羅傑斯	通過郵寄油印作品的方法聯絡 125 名具有共識的學者，成為 60 年代初《人本主義心理學雜誌》的第一批訂户和贊助者，和美國人本主義心理學會的成員。	出版《動機與人格》，標誌人本主義心理學奠基之作。 出版《心理治療與人格改變》
1955 年	奧爾波特		出版《成長：人格心理學的基本看法》
1956 年 4 月	馬斯洛等人	發起並創立人本主義研究會組織，首次討論了人類價值的研究範圍。	
1957 年 10 月	馬斯洛為主席，參加者包括有倫理學、文化、美學、經濟學方面的學者	召開以“人類價值新論”為主題的研討會，駁斥價值中立説，引起對價值觀研究的重視。	
1958 年	約翰·庫亨	首次系統闡發人本主義心理學基本主張。	出版《人本主義心理學》

內容 項目 時間	人物	主要活動	出版論著或刊物
1958 年	羅洛·梅	主持召開關於存在心理學和存在心理治療研討會，在美國引起人們對存在心理學的關注。	出版《存在：精神病學與心理學的新維度》(與安傑爾等合編)，公認美國存在分析心理學的權威著作。
1959 年	馬斯洛主編	將兩年前研討會的發言稿、講演彙集成書，並作序。	出版《人類價值新論》，開始廣泛傳播人本主義心理學的重要歷史文獻。
1960 年	奧爾波特 羅洛·梅 (主編)		出版《人格與社會交往》 出版《存在心理學》(1981/1960)
1961 年	奧爾波特 羅傑斯 薩蒂奇 (主編)	編委有：戈爾德斯坦、羅洛·梅、馬姆佛德、弗洛姆、安傑爾、穆斯塔卡斯等人	出版《人格的模式與成長》 出版《論人的成長》 《人本主義心理學雜誌》(JHP) 由內部刊物 (1958) 正式向外公開出版，成為開發人本主義心理學主張，批判行為主義和精神分析的主要陣地。
1962 年	馬斯洛 布根塔爾	在加里福尼亞心理學會會議上發表題為《人本主義心理學：一個新突破》的演講	出版《存在心理學探索》 翌年發表在美國心理學的權威雜誌《美國心理學家》上，被認為是對美國人本主義心理學基本觀點的第一次正式系統闡述的里程碑。
1963 年夏	馬斯洛和薩蒂奇組織、奧爾波特等資助	美國人本主義心理學會 (AAHP) 在費城正式成立，該會有 75 人參加，布根塔爾任主席，並宣佈人本主義心理學的四項基本原則，標誌人本主義心理學的誕生。	
1964 年	馬斯洛		出版《宗教、價值觀和高峰體驗》
夏		美國人本主義心理學會第二屆年會在洛杉磯召開，參加者約有 200 人，分四組研討，表明人本主義心理學的影響。	
11 月	奧爾波特、布根塔爾、馬斯洛、羅傑斯、羅洛·梅等許多知名學者	在康涅狄格州的老賽布魯克召開特別會議，專門討論了"新心理學"的基本理論問題，並成立了理論委員會。	
1965 年	布根塔爾		出版《尋求真誠：一種心理學的存在-分析取向》
11月	彪　勒	被選為人本主義心理學會主席。 翌年，會員達 500 人，此時該會	

時間＼內容＼項目	人　物	主　要　活　動	出版論著或刊物
		仍限於一個反抗性的群體，面臨著"人本主義心理學的目的和方法，十分混亂"的挑戰。	
12月		美國人本主義心理學會和《人本主義心理學雜誌》同主辦單位布蘭戴斯大學脫鉤，合併為一個不營利的教育研究所。	
	馬斯洛	人本主義心理學會的新聞通訊關注教育問題，如刊登人本主義心理學教學報告、人本主義教學計畫，以及用人本主義心理學開辦的學校和教學計畫等。	出版《健康的心靈管理》
1966 年初		反思人本心理學之不足，準備提出新概念，以包容弗洛伊德式的深度和人的高層次本性。	
秋		在索諾瑪州立學院心理學系製訂了第一個人本主義心理學碩士教學大綱。	
	馬斯洛		出版《科學心理學》
1967 年	奧爾波特	去世	
	羅洛·梅		編輯出版《存在研究雜誌》(油印)，以後改為《存在心理學與精神病學雜誌》。
	羅洛·梅		出版《心理學與人類困境》、《存在心理治療》
	布根塔爾		出版《人本主義心理學的挑戰》
9 月 14 日	馬斯洛	在講演中公開宣佈超個人心理學的肇始。	
1968 年	馬斯洛	在《存在心理學探索》再版序言中寫道："第三勢力心理學是過渡性的，為第四心理學即超個人或超人本心理學舖路"。	
		薩蒂奇把《人本主義心理學雜誌》的主編職務交給維奇 (Miles Vich) 擔任 (從 1963 年起一直為雙主編)	
	奧爾波特		出版《心理學中的人》
	羅洛·梅		出版《夢的符號》
1969 年	麥森	被選為美國人本主義心理學會主席	
		西佐治亞學院由大學教學會製訂了全新的心理學取向的學士和碩士大綱。馬斯洛的弟子阿朗斯 (Myr-	

時間＼內容＼項目	人　　物	主　要　活　動	出版論著或刊物
		ons Arons) 幫助建立了這個系，成功地開設了最新的改革課程，至今仍非常流行。	
	薩蒂奇在馬斯洛的支持下	突出超越性價值和再神聖化兩大特色	正式公開出版《超個人心理學雜誌》(J.T.P)，並成立超個人學會(ATA)。
	馬斯洛		發表〈Z理論〉一文。
	羅洛·梅		出版《愛與意志》，被視為"里程碑式的著作"，暢銷美國，流傳世界。
		美國人本主義心理學改名為人本主義心理學會 (AHP)，成為一個國際性的組織。	
	羅傑斯		出版《學習的自由》
	塔　特		出版《意識狀態的改變》
1970 年	馬斯洛	去世	
		在舊金山創建人本主義心理學學院(HPI)，作為紀念馬斯洛的一個教育和研究機構，並適應人本主義心理學教育的需要。	
		彪勒被選為人本主義心理學會國際顧問委員會主席。	出版《現象學心理學雜誌》
	羅傑斯		出版《羅傑斯論交朋友小組》
	弗蘭克-戈布爾		出版《第三思潮：馬斯洛心理學》
1971 年夏		人本主義心理學學院一年級開設的課程是由索諾瑪州立學院推廣部承擔的，二年級在舊金山開設"分科"("branch")。一年級錄取了 30 名學生，但到了二年級便有來自全國各地的 170 名學生，比預計要多得多。	
		超個人心理學會 (ATP) 成立 (由 ATA 改名)	
		在荷蘭阿姆斯特丹召開人本主義心理學國際邀請會議，進一步擴大了國際影響。歐洲一些國家、以色列、印度、中南美洲諸國均相繼建立國際分會。	
		美國心理學會正式接納美國人本主義心理學會為其第 32 分會，即人本主義心理學分會 (AHP)。至此得到美國主流心理學界的正式承認。	
	馬斯洛		出版《人性能達的境界》，生前自選的一部有關人性與社會關係問題

內容 項目 時間	人物	主要活動	出版論著或刊物
			的文集。著重論述了超越性需要，其核心是宇宙、宗教和神秘的存在領域。
1972 年	羅洛·梅 彪勒和艾倫		出版《權力與純真》 出版《人本主義心理學導論》
1972 年	 塔 特	人本心理學會舉辦或參與在倫敦、斯德哥爾摩、莫斯科、香港、廣州、北京、東京和夏威夷的會議。	 出版《意識狀態和特有的科學狀態》
1973 年	 蔡爾德		出版《國際改變意識狀態雜誌》 出版《人本心理學與研究傳統》
1974 年	羅傑斯	將來訪者中心治療法改名為以人為中心療法 (或當事人中心治療法)	
1975 年	 塔 特 羅洛·梅	美國加入人本主義心理學發展中心的有281個單位，其他13個國家有52個單位也加入了這個中心，負責傳播人本主義取向的組織、開業人員和發展中心的有關訊息。	 出版《超個人心理學》 出版《創造的勇氣》
1976 年	布根塔爾 阿薩吉奧里		出版《尋求存在同一性》 出版《心理綜合》
1977 年	維爾伯		出版《意識譜》
1978 年	格羅夫 布根塔爾 沙 菲	創立國際超個人學會 (I.T.A)，屬於跨學科的學術組織。	 出版《心理治療與過程：一種存在-人本主義取向的基礎》 出版《人本主義心理學》
1980 年	羅傑斯 羅洛·梅 薩蒂奇 沃爾什和沃菡 (主編) 鮑考瓦拉斯		出版《一種存在的方式》 出版《性與幻想》 發表〈超個人心理治療：歷史與解說〉 出版《超越自我：超個人心理學》 出版《超個人心理學：一種場的運作略圖》

項目／內容／時間	人　　物	主　要　活　動	出版論著或刊物
1981 年	羅洛·梅 羅伊斯和莫斯		出版《自由與命運》 出版《人本主義心理學：概念與批判》
1982 年	 塔吉森	人本主義心理學學院改名為賽布魯克學院。目前其他用人本主義心理學教學大綱的機構有：聯合研究生院、菲爾丁學院、底特律人本主義研究中心、佛羅里達的沃爾登大學、匹茨堡的杜奎森大學。	 出版《人本主義心理學：一種綜合》
1983 年	羅傑斯 羅洛·梅		出版《20世紀80年代的學習自由》 出版《存在的發現：存在心理學》
1985 年	羅洛·梅 格羅夫		出版《我追求的美》 出版《智能的超越：出生、死亡和心理治療的超越》
1986 年	維爾伯		出版《意識狀態的轉換：傳統的和當代的觀點的發展》
1987 年	羅傑斯 布根塔爾	去世	 出版《心理治療家的藝術》
1991 年	狄卡瓦爾霍		出版《人本主義心理學創立者》
1992 年	弗里德曼		出版《人的形象和對話：超越人本主義心理學》
1994 年	羅洛·梅 羅洛·梅和施奈德	去世	 出版《存在心理學》
1997 年	梅　利		出版《人本主義心理學入門》

附錄三：西方心理學三種勢力比較表

學派＼內容＼項目		(1) 產生時間	(2) 創始人或代表人物	(3) 哲學基礎	(4) 科學基礎	(5) 研究對象	(6) 研究任務
第三勢力	人本主義心理學	1962	馬斯洛 羅傑斯 奧爾波特 羅洛·梅 布根塔爾	人道主義傳統 存在主義 現象學 道家哲學 瑜珈	生物學 生態學 習性學 機體整體學 文化人類學 精神分析 整體心理學 完形心理學	健康人或精英：人性、意識、價值、體驗	研究人的潛能、需要、尊嚴、價值、創造力和自我實現等更富有人生意義的根本問題
第二勢力	精神分析心理學	1900	弗洛伊德 阿德勒 榮格 霍妮 沙利文 馬丁納 弗羅姆	唯意志論 唯能論 解釋學	物理學 進化論 精神病學 意動心理學	病人：潛意識	研究潛意識、情欲動機、人格等深層心理動力問題
第一勢力	行爲主義心理學	1913	華生 托爾曼 赫爾 斯肯納	機械唯物論 新實在論 操作實證論	巴甫洛夫條件反射學説 別赫切列夫反射學 數理邏輯 動物心理學 功能心理學	動物：行為(S-R)	研究預測和控制行為的問題

(7) 學科性質	(8) 研究方法	(9) 主要貢獻	(10) 根本局限
人文科學	1. 反對以方法為中心而主張以問題為中心 2. 整體分析 3. 現象學方法 4. 個體特徵研究法，如對個案、生活史、自傳、日記、書信等的研究	1. 開闢研究人類高級精神生活的新領域 2. 突出人的高級需要與動機系統的重大作用 3. 提出將實驗 (客觀) 與經驗 (主觀) 兩種範式統合的新構想 4. 提高以人為中心的心理治療、組織管理和教育改革的巨大效能	1. 自然主義傾向 2. 個人本位主義精神 3. 缺乏實證性的檢驗和支持
精神醫學心理學哲學	1. 反對以方法為中心而主張以問題為中心 2. 研究方法：臨床觀察法 3. 治療方法：自由聯想法、移情、釋夢、解析	1. 開闢潛意識研究的新紀元 2. 開創動力心理學、人格心理學、變態心理學的新領域 3. 促進人際關係心理學、自我心理學、跨文化心理學、心理歷史學的發展 4. 促進生物-心理-社會醫學模式的誕生與心理治療迅速發展	1. 非理性主義傾向 2. 心理主義傾向 3. 神秘主義傾向
自然科學	1. 反對以問題為中心而主張以方法為中心 2. 客觀方法：觀察法、實驗法、條件反射法、言語報告法、測驗法	1. 促進心理學：打破主觀主義的束縛，走向客觀研究的道路 2. 促進實驗心理學、動物心理學和兒童心理學之發展 3. 促進學習理論的新建構與教學改革手段的現代化 4. 促進應用心理學的廣泛發展和交叉學科的誕生 (如：行為科學、行為矯正等)	1. 還原主義傾向 2. 機械主義傾向 3. 客觀主義傾向

參考文獻

王一多 (1997)：評馬斯洛的人性論 (一) (兼論人性的社會學基礎和社會學基礎)。西南民族學院學報 (哲社版)，2 期，99～104 頁。

王一多 (1997)：評馬斯洛的人性論 (二) (對馬斯洛健康人格的質疑)。西南民族學院學報 (哲社版)，3 期，90～96 頁。

王天成 (1997)：認識論的奠基與心理邏輯的統一——兼談胡塞爾由現象心理學向先驗現象學的轉變的意義。長白學刊，4 期，39～41 頁。

王延平 (主編) (1992)：西方社會病。北京市：人民日報出版社。

王重鳴 (1990)：心理學研究方法。北京市：人民教育出版社。

王啟康 (1995)：論道德自我。心理學探新 (南昌)，15 卷，2 期，2～9 頁。

王登峰、張伯源 (主編) (1992)：大學生心理衛生與諮詢。北京市：北京大學出版社。

王登峰、謝　東 (1993)：心理治療的理論與技術。北京市：時代文化出版公司。

王極盛 (1984)：試論我國心理學的方法論。心理科學通訊 (滬)，2 期，33～38 頁。

戈布爾 (呂明、陳紅雯譯，1987)：第三思潮——馬斯洛心理學。上海市：上海譯文出版社。

戈爾德斯坦 (1971)：從機體角度探討動機問題。見林方 (主編)：人的潛能和價值。北京市：華夏出版社。

日本信州大學學科教育研究會 (1986)：學科教育學的構想 (上卷)。

牛保明 (1995)：析馬斯洛“自我實現理論”的成因。殷都學刊 (安陽)，1 期，85～87 頁。

牛格正 (1982)：心理學的第四勢力——超個人心理學。台北市：桂冠圖書公司。

方　文 (1995)：重審實驗。社會學研究 (京)，2 期，32～38 頁。

方展畫 (1990)：羅傑斯“學生為中心”教學理論述評。北京市：教育科學出版社。

文崇一 (1989)：中國人的價值觀。臺北市：台灣東大圖書股份有限公司。

北京大學西語系資料組 (1971)：從文藝復興時期到十九世紀文學家及藝術家有關人道主義人性論言論選集。北京市：商務印書館。

北京大學哲學系外國哲學史教研室 (編譯，1957)：古希臘羅馬哲學。北京市：三聯書店。

北京大學哲學系外國哲學史教研室 (編譯，1961)：西方哲學原著選讀 (上卷)。北京市：商務印書館。

卡西爾 (甘陽譯，1985)：人論。上海市：上海譯文出版社。

申荷永 (1991)：關於心理學史研究中的幾個問題。心理科學 (滬)，3 期，51～52 頁。

丘　敏 (1987)：人本主義思潮是心理學的第三力量——試論人本主義心理學對精神分析的繼承關係。心理學探新 (開封)，3 期，87～91 頁。

弗　恩 (傳鏗編譯，1988)：精神分析學的過去和現在。上海市：學林出版社。

弗洛伊德 (張燕雲譯，1987)：夢的釋義。瀋陽市：遼寧人民出版社。

弗洛伊德 (孫名之譯，1996)：釋夢。北京市：商務印書館。

弗洛伊德 (高覺敷譯，1984)：精神分析引論。北京市：商務印書館。

弗洛伊德 (高覺敷譯，1987)：精神分析引論新編。北京市：商務印書館。

弗洛伊德 (劉福堂等譯，1987)：精神分析綱要。合肥市：安徽文藝出版社。

弗洛伊德 (林塵、張喚民、陳偉奇譯，1986)：弗洛伊德後期著作選。上海市：上海譯文出版社。

弗洛伊德 (楊韶剛譯，1989)：一個幻覺的未來。北京市：華夏出版社。

弗洛姆 (尚新建譯，1986)：弗洛伊德的使命。北京市：三聯書店。

弗洛姆 (申荷永譯，1986)：弗洛伊德思想的貢獻與局限。長沙市：湖南人民出版社。

弗洛姆 (張燕譯，1986)：在幻想鎖鏈的彼岸。長沙市：湖南人民出版社。

弗洛姆 (李健鳴譯，1987)：愛的藝術。北京市：商務印書館。

弗洛姆 (都本偉、趙桂琴譯，1988)：人之心。瀋陽市：遼寧大學出版社。

弗洛姆 (歐陽謙譯，1988)：健全的社會。北京市：中國文聯出版公司。

弗洛姆 (胡萬福等譯，1988)：價值、心理學與人類生存。現代外國哲學社會科學文摘 (滬)，1 期，21～25 頁。

老　子：道德經。見諸子集成 (三)。北京市：中華書局。

考夫曼 (陳鼓應等譯，1987)：存在主義。北京市：商務印書館。

吉爾根 (劉力、李漢松、劉軍譯，1992)：當代美國心理學。北京市：社會科學文獻出版社。

朱智賢 (1987)：心理學的方法論問題。北京師範大學學報 (社科版) (京)，1 期，52～61 頁。

朱智賢 (1989)：朱智賢心理學文選。北京市：人民教育出版社。

朱智賢 (主編) (1989)：心理學大詞典。北京市：北京師範大學出版社。

朱智賢、林崇德、董　奇、申繼亮 (1991)：發展心理學研究方法。北京市：北京師範大學出版社。

朱智強 (1989)：馬斯洛的需要層次論述評。武漢大學學報 (社科版)，2 期，124～126 頁。

安娜耶夫 (龔浩然等譯，1993)：人——未來世紀的熱點。北京市：北京廣播學院出版社。

江紹倫 (邵瑞生、皮連生等譯，1985)：教與育的心理學。南昌市：江西教育出版社。

江光榮 (1995)：心理諮詢與治療。合肥市：安徽人民出版社。

江光榮 (1998)：人性的迷失與復歸——羅傑斯以人為中心的理論。見車文博 (主編)：20世紀西方心理學大師述評叢書之一。武漢市：湖北教育出版社。

沙蓮香 (主編) (1988)：人格的健康與治療手册。北京市：中國人民大學出版社。

李　錚 (1990)：評現代西方心理學中的人本主義。安徽師範大學學報 (社科版) (蕪湖)，2 期，150～155 頁。

李　紅 (1995)：論人格心理學的元研究。西南師範大學學報 (哲社版) (重慶)，1 期，24～29 頁。

李　維 (1997)：世紀之交心理科學的現狀及其走向。上海社會科學院學術季刊，4 期，118～126 頁。

李亦菲、張　侃 (編譯，1993)：八十年代後期最有影響力的心理學研究機構和心理學家。心理學動態 (京)，1 卷，1 期，60～65 頁。

李亦園、楊國樞 (1972)：中國人的性格。台北市：中央研究院民族學研究所。

李安德 (1994)：超個人心理學——心理學的新範式。台北市：桂冠圖書公司。

李東白 (1984)：諮商的理論與技術。台北市：復文圖書出版社。

李連科 (1985)：世界的意義——價值論。北京市：人民出版社。

李桂蘭 (1995)：試析西方人格理論中的健康人格模式。唐都學刊 (西安)，2 期，46～49 頁。

李國慶 (1995)：簡論西方心理學中關於需要問題的研究。殷都學刊 (安陽)，3 期，77～81 頁、117 頁。

李將鎬 (1996)：對東方心理諮詢的模式的探索。心理科學 (滬)，19 卷，3 期，180～182 頁。

李紹崑 (主編) (1998)：精神學研究，第一輯。台北市：商務印書館。

李紹崑 (1991)：美國心理學界。台北市：商務印書館。

李幼蒸 (1987)：現象學。見中國大百科全書，哲學 2 卷，997～999 頁。北京市：中國大百科全書出版社。

李曉文 (1996)：自我 (self)心理學對精神分析學說的發展。心理科學 (滬)，19 卷，5 期，310～312 頁。

李超然 (1994)：理解生命。北京市：中央編譯出版社。

李德順 (1987)：價值論——一種主體性的研究。北京市：中國人民大學出版社。

李德顯 (1996)：關於大學生自我概念發展的研究。心理科學 (滬)，19 卷，1 期，58～59 頁。

李漢松 (1988)：西方心理學史。北京市：北京師範大學出版社。

李鵬程 (1998)：胡塞爾傳。石家莊市：河北人民出版社。

車文博 (主編) (1990)：心理治療指南。長春市：吉林人民出版社。

車文博 (主編) (1991)：心理諮詢百科全書。長春市：吉林人民出版社 (簡體字版)。台北市：曉園出版社 (1995) (繁體字版)。

車文博 (主編) (1992)：弗洛伊德主義論評。長春市：吉林教育出版社。

車文博 (1993)：當代中國人社會心理的特點及其走向。光明日報 (學術版) (京)，8 月 9 日。

車文博 (1995)：統合主客觀心理學範式建構中國大心理學體系。社會科學戰線 (長春)，5 期，4～7 頁。

車文博 (1995)：二十世紀西方心理學發展的軌跡及其未來走向。社會科學戰線 (長春)，5 期，29～43 頁。

車文博 (1996)：人本主義心理學的理論建構及其意義。社會心理科學 (天津)，1～2 期，11～19 頁。

車文博 (1996)：西方心理學史。台北市：東華書局 (繁體字版)。杭州市：浙江教育出版社 (1998) (簡體字版)。

車文博 (1987)：心理學基本理論的研究。見王甦等 (主編)：中國心理科學。長春市：吉林教育出版社。

車文博 (主編) (1998)：弗洛伊德文集 (五卷)。長春市：長春出版社。

車文博 (1998)：論布根塔爾的存在分析心理學。見楊鑫輝 (主編)：心理學探新論叢，1 輯。南京市：南京師範大學出版社。

杜　威 (趙祥麟、王承緒編譯，1981)：杜威教育論著選。上海市：華東師範大學出版社。

坎　托 (西亞南等譯，1991)：文化心理學。昆明市：雲南人民出版社。

呂漁亭 (1983)：羅洛‧梅的人文心理學：人之基本結構的探討。台北市：輔仁大學出版社。

別利克等 (黃德興譯，1992)：馬斯洛的理論——在創立綜合理論的道路上前進了一大步。現代外國哲學社會科學文摘 (滬)，6 期，34～37 頁。

吳　倬等 (1992)：現代西方人學名著選評。北京市：中國人民大學出版社。

吳　鼎 (1987)：輔導原理。台北市：五南圖書出版公司。

吳文侃 (主編) (1990)：當代國外教學論流派。福州市：福建教育出版社。

吳偉士 (又譯武德沃斯) (謝循初譯，1962)：西方心理學派別。北京市：人民教育出版社。

何　蔚 (1990)：羅傑斯個性理論述評。河南大學學報 (哲社版) (開封)，3 期，68～71 頁。

佐　斌 (1994)：西方管理心理學的人性觀。高師函授學刊 (武漢)，5 期，16～19 頁。

沈　杰 (1996)：社會心理學中兩種研究取向的歷史作用及其綜合趨勢。社會科學輯刊 (瀋陽)，3 期，25～30 頁。

沈玉龍 (1995)：反心理主義的現象學——超越心理主義和反心理主義之爭。內蒙古社會科學 (呼和浩特)，2 期，27～33 頁。

汪　潮 (1995)：人本主義心理學的教育心理學思想述評。上海師範大學學報 (哲社版) (滬)，1 期，138～144 頁。

汪鳳炎 (1997)：述評現代西方心理學發展的三個新動向。江西師範大學學報 (哲社版)，3 期，80～83 頁。

余瀟楓 (1995)：自我與人格。浙江大學學報 (社科版) (杭州)，3 期，29～34 頁。

宋廣文 (1995)：西方人本心理學的健康人格觀及其教育啟示。國外社會科學 (京)，3 期，10～15 頁。

周　謙 (主編) (1992)：學習心理學。北京市：科學出版社。

周曉虹 (主編)，申荷永 (副主編) (1990)：現代西方社會心理學流派。南京市：南京大學出版社。

周曉虹 (1994)：現代社會心理學的危機與後現代社會心理學的興起。江蘇社會科學，4 期，132～139 頁。

邵瑞珍 (主編) (1990)：教育大辭典5——教育心理學。上海市:上海教育出版社。

阿特金森等 (孫名之、梁寶勇等譯，車文博審訂，1994)：心理學導論 (上、下冊)。台北市：曉園出版社。

阿　羅 (陳志武等譯，1987)：社會選擇與個人價值。成都市：四川人民出版社。

林　方 (1981)：一個新興的心理學派——美國人本主義心理學的興起及理論概述。心理科學通訊 (滬)，4 期，52～58 頁。

林　方 (1982)：馬克思主義和人本主義心理學。心理學報 (京)，2 期，143～

156 頁。

林 方 (1983)：馬斯洛動機論和行為科學。心理學報 (京)，3 期，260～267 頁。

林 方 (1984)：如何評價人本心理學。心理學探新 (開封)，4 期，22～32 頁。

林 方 (1985)：評西方人本主義心理學——兼論經濟改革中的某些心理學問題。中國社會科學 (京)，2 期，69～88 頁。

林 方 (主編) (1987)：人的潛能和價值。北京市：華夏出版社。

林 方 (1989)：心靈的困惑與自救——心理學的價值理論。瀋陽市：遼寧人民出版社。

林 方 (1989)：我國現代價值觀探討。中國社會科學 (京)，3 期，121～134 頁。

林正大、婁雪梅等 (1995)：青少年心理健康指標體系的初步研究。上海師範大學學報 (哲社版)，2 期，115～119 頁。

林孟平 (1998)：輔導與心理治療。香港：商務印書館。

林崇德、俞國良 (1996)：心理學研究的中國化：過程和道路。心理科學 (滬)，4 期，193～198 頁。

金盛華 (1996)：自我概念及其發展。北京師範大學學報 (社科版)，1 期，30～36 頁。

牧口常三郎 (馬俊峰、江暢譯，1989)：價值哲學。北京市：中國人民大學出版社。

秉塔連科 (董進泉等譯，1986)：弗洛姆——一位精神分析學家和存在主義者。現代外國哲學社會科學文摘 (滬)，1 期，26～29 頁。

佩克利斯 (許德金、黃紹曾譯，1988)：開發人的潛力。北京市：北京出版社。

威爾遜 (林和生等譯，1987)：論人的天性。貴陽市：貴州人民出版社。

范和生 (1995)：論需要的螺旋體動態結構。安徽大學學報：哲社版 (合肥)，5 期，83～85、92 頁。

胡 復、劉粵生 (1988)：二十世紀心理學的訊息範型論——人本主義心理學的出現及其發展趨勢。新疆師範大學學報 (哲社版) (烏魯木齊)，4 期，55～59 頁。

胡寄南 (1985)：研究人的心理的基本方法——內省的自我分析法。見胡寄南心理學文選。上海市：學林出版社。

胡塞爾 (倪梁康譯，1986)：現象學的觀念。上海市：上海譯文出版社。

胡塞爾 (李幼蒸譯，1992)：純粹現象學和現象學哲學的觀念，1 卷。北京市：商務印書館。

胡塞爾 (呂祥譯，1988)：現象學與哲學的危機。北京市：國際文化出版公司。

柯永河 (1982)：人性的園丁——羅嘉思。台北市：允晨文化公司。

柏忠信 (編) (1983)：西方社會病。北京市：三聯書店。

查普林、克拉威克 (林方譯，1984)：心理學的體系和理論 (上、下册)。北京市：商務印書館。

科　里 (黃德祥編譯，1988)：諮商與心理治療的理論與實施。台北市：心理出版社。

科　恩 (佟景韓等譯，1987)：自我論。北京市：三聯書店。

洪丕熙 (1984)："以學生為中心"——羅傑斯的教學原則和它的影響。外國教育資料 (滬)，2 期，23～24 頁。

袁貴仁 (主編) (1988)：人的哲學。北京市：工人出版社。

袁貴仁 (1991)：價值學引論。北京市：北京師範大學出版社。

袁曉松 (1996)：論心理需要是宗教信仰的一個深層動力和重要原因。內蒙古師範大學學報 (社科版) (呼和浩特)，4 期，34～40 頁。

夏征農 (主編) (1993)：哲學辭海。台北市：東華書局。

馬文駒、王承璐 (1983)：馬克思主義哲學與心理學方法論。心理科學通訊 (滬)，2 期，1～4 頁。

馬文駒、李伯黍 (主編) (1991)：現代西方心理學名著介紹。上海市：華東師範大學出版社。

馬克思：政治經濟學形而上學 (《哲學的貧困》第二章)。馬克思恩格斯選集 (1956)，1 卷，124 頁。北京市：人民出版社。

馬欣川、滿　晶 (1994)：現代人本主義心理學家論人的本質。東北師範大學學報 (哲社版) (長春)，6 期，87～91 頁。

馬建青 (1992)：輔導人生——心理諮詢學。濟南市：山東教育出版社。

馬斯洛 (許金聲等譯，1987)：動機與人格。北京市：華夏出版社。

馬斯洛 (李文湉譯，1987)：存在心理學探索。昆明市：雲南人民出版社。

馬斯洛 (許金聲、劉鋒等譯，1987)：自我實現的人。北京市：三聯書店。

馬斯洛 (林　方譯，1987)：人性能達的境界。昆明市：雲南人民出版社。

馬斯洛 (林　方譯，1988)：科學心理學。昆明市：雲南人民出版社。

馬斯洛 (林　方譯) (1988)：人的潛能和價值。北京市：華夏出版社。

馬斯洛 (主編) (胡萬福、謝小慶等譯，1988)：人類價值新論。石家莊市：河北人民出版社。

秦基亮 (1992)：精神分析心理治療理論的超越——霍妮神經症焦慮理論初探。山西師範大學學報 (社科版) (臨汾)，4 期，86～90 頁。

荆其誠 (1990)：現代心理學發展趨勢。北京市：人民出版社。

荆其誠 (主編) (1991)：簡明心理學百科全書。長沙市：湖南教育出版社。

徐碧波 (1994)：人本主義心理學與人的現代化。湖北大學學報 (哲社版) (武漢)，4 期，102～106 頁。

席　勒 (麻喬志等譯，1966)：人本主義研究。上海市：上海人民出版社。

高申春 (1997)：布根塔爾存在——分析心理學述評。心理科學 (滬)，20 卷，1 期，73～77 頁。

高申春 (1999)：人性輝煌之路——班杜拉社會學習理論。見車文博 (主編)：二十世紀西方心理學大師述評叢書之一。武漢市：湖北教育出版社。

高峰強、秦金亮 (1999)：革命的號角——華生行為主義心理學。見車文博 (主編)：二十世紀西方心理學大師述評叢書之一。武漢市：湖北教育出版社。

高玉祥 (1989)：個性心理學。北京市：北京師範大學出版社。

高清海 (1994)：主體呼喚的歷史根據和時代內涵。中國社會科學 (京)，4 期，90～98 頁。

高清海 (1996)：人的天人一體本性——轉變對“人”的傳統觀念。江海學刊 (南京)，3 期，80～86 頁。

高清海 (1996)：轉變認識“人”的通常觀念和方法。人文雜誌 (西安)，5 期，2～5 頁。

高清海 (1997)：人的類生命、類本性與類哲學。長白論叢 (長春)，3 期，1～10 頁。

高覺敷 (主編)，張述祖、車文博、彭祖智、沈德燦 (副主編) (1982)：西方近代心理學史。北京市：人民教育出版社。

高覺敷 (主編) (1985)：心理學史。北京市：中國大百科全書出版社。

高覺敷 (1986)：高覺敷心理學文選。南京市：江蘇教育出版社。

高覺敷 (主編)，李伯黍、劉恩久、孫名之 (副主編) (1989)：西方心理學的新發展。北京市：人民教育出版社。

高覺敷 (主編)，郭本禹、葉浩生 (副主編) (1995)：西方心理學史論。合肥市：安徽教育出版社。

高覺敷、葉浩生 (主編) (1996)：西方教育心理學發展史。福州市：福建教育出版社。

海德格爾 (陳嘉映、王慶節譯，1987)：存在與時間。北京市：三聯書店。

孫生文 (1994)：關於馬斯洛需要層次論的描述問題。河南大學學報 (社科版) (開封)，4 期，52～56 頁。

孫延軍 (1996)：高質量心理生活的當代標準。吉林大學社會科學學報 (長春)，3 期，7～11 頁。

孫慶民 (1992)：論科學哲學與西方心理學科學觀的形成。江蘇社會科學 (南京)，5 期，67～70 頁。

莊子內篇，逍遙遊、大宗師。見諸子集成 (三)，北京市：中華書局。

莊耀嘉 (編譯，1982)：人本心理學之父——馬斯洛。台北市：允晨文化公司。

彪　勒 (陳寶鎧譯，1990)：人本主義心理學導論。北京市：華夏出版社。

陶宏斌 (1995)：馬斯洛的高峰體驗理論述評。黃岡師專學報 (黃州)，1 期，71～75 頁。

陶宏斌 (1995)：現代西方心理學哲學方法之困境初探。教育研究與實驗 (武漢)，3 期，42～47 頁。

陶宏斌、郭永玉 (1997)：現象學方法論與現代西方心理學。華東師範大學學報 (教科版)，4 期，61～67 頁。

郭本禹、汪鳳炎 (1997)：拉岡。台北市：生智文化事業有限公司。

郭為藩 (1982)：自我心理學。台北市：開山書店。

郭為藩 (1985)：人格心理學理論大綱。台北市：正中書局。

郭祖儀 (1989)：心理學的三次思潮與人類的需要。陝西師範大學學報 (哲社版) (西安)，2 期，88～93 頁。

郭祖儀 (1991)：馬克思恩格斯的需要建構思想與心理科學的研究。陝西師範大學學報 (哲社版) (西安)，3 期，49～56 頁。

郭永玉 (1995)：精神分析社會文化學派的形成。國外社會科學 (京)，特刊，25～29，12 頁。

郭永玉 (1996)：庫恩的範式革命與心理學革命。心理科學 (滬)，19 卷，6 期，378～379 頁。

郭永玉 (1996)：心理學欠缺人文精神，教育學欠缺科學精神。教育研究與實驗 (武漢)，2 期，18～19 頁。

陳澤川 (1982)：羅傑斯的教學觀。心理學探新 (開封)，1 期，50～56 頁。

陳澤川 (1983)：人本主義心理學的人格觀。心理科學通訊 (滬)，5 期，50～55 頁。

陳　立 (1997)：平話心理科學向何處去。心理科學 (滬)，5 期，385～389 頁。

陳仲庚、張雨新 (編) (1986)：人格心理學。瀋陽市：遼寧人民出版社。

陳金寬 (1995)：禪宗《壇經》心理學思想研究。鄭州大學學報 (社科版)，5 期，18～22 頁。

陳沛霖 (1984)：心理學中需要問題的探討。心理學探新 (開封)，2 期，17～20 頁。

陳沛霖 (1988)：論自我發展中的受動性和主動性。華中師大學報 (哲社版) (武漢)，3 期，108～116 頁。

陳素虹 (1991)：羅傑斯人格理論中的人際關係動力學思想。河北師範大學學報 (社科版) (石家莊)，4 期，50～55 頁。

培　里 (劉繼編選，1989)：價值與評價——現代英美價值論集粹。北京市：中國人民大學出版社。

梅　利 (鄭玄藏譯，1997)：人本心理學入門。台北市：心理出版社。

梅　森 (陸有銓譯，1984)：西方當代教育理論。北京市：文化教育出版社。

梅　遜 (陸有銓譯、傅統先校，1984)：西方當代教育理論。北京市：文化教育出版社。

梅尚筠 (1993)：羅傑斯"非指導性教學"思想述評。徐州師範學院學報 (哲社版)，1 期，133～135 頁。

曹玉文 (1996)：弗洛姆的動態社會性格理論。北京大學學報 (哲社版)，3 期，104～109 頁。

曹錦清 (1988)：現代西方人生哲學。上海市：學林出版社。

許　燕 (1992)：評西方人格理論的健康觀。高等師範教育研究 (京)，增刊，41～46 頁。

許金聲 (1985)：馬斯洛需要理論的一個關鍵概念。心理學報 (京)，1 期，31～37 頁。

許金聲 (1987)：馬斯洛的自我實現論。百科知識 (京)，4 期，10～13 頁。

許金聲 (1988)：走向人格新大陸。北京市：工人出版社。

許金聲 (1994)：馬斯洛的高峰體驗論。大衆心理學 (滬)，6 期，33～47 頁。

梁金泉 (1991)：馬斯洛人本主義心理學的方法論。福建師範學院學報 (哲社版) (福州)，4 期，128～134 頁。

梁寶勇 (1986)：羅傑斯治療簡介。心理科學通訊 (滬)，6 期，41～45 頁。

張　松 (1991)：羅洛·梅存在心理治療的基本思想。心理學探新 (南昌)，2 期，52～57 頁。

張　旭 (1994)：略談馬斯洛的需要理論。安徽師範大學學報 (哲社版) (蕪湖)，2 期，78～82 頁。

張一兵 (1989)：馬斯洛的人本主義心理學的哲學確證。人文雜誌 (西方)，3 期，40～48 頁。

張一兵 (1991)：西方人學第五代。上海市：學林出版社。

張人駿、朱永新、袁振國 (1987)：諮詢心理學。上海市：知識出版社。

張小喬 (1993)：心理諮詢治療與測驗。北京市：中國人民大學出版社。

張玉平 (1994)：馬斯洛需要層次論的運用及其局限。中山大學學報 (社科版) (廣州)，1 期，120～123 頁。

張世富 (1982)：人本主義與行為主義教育心理學中的論爭。教育研究 (京)，10 期，67～71 頁。

張汝倫 (1986)：意義的探究——當代西方釋義學。瀋陽市：遼寧人民出版社。

張利燕 (1990)：心理學中的生態學傾向。心理學動態 (京)，1 期，16～19 頁。

張春興 (1989)：張氏心理學辭典。台北市：東華書局 (繁體字版)。上海市：辭書出版社 (簡體字版)。

張春興 (1991)：現代心理學。台北市：東華書局 (繁體字版)。上海市：上海人民出版社 (1994) (簡體字版)。

張桃梅 (1989)：略論人本主義心理學“學生為中心”的教育思想。西北師範大學學報 (社科版) (蘭州)，3 期，90～93 頁。

張祥龍 (1998)：海德格爾傳。石家莊市：河北人民出版社。

張斌賢、褚洪啟等 (1994)：西方教育思想史。成都市：四川教育出版社。

張愛卿 (1996)：論人類行為的動機——一種新的動機理論構理。華東師範大學學報 (教育科學版) (滬)，1 期，71～80 頁。

張嘉瑋 (1992)：評羅傑斯現象學的人格理論。東北師範大學學報 (哲社版) (長春)，3 期，92～96 頁。

項宗萍 (1985)：羅傑斯的心理研究方法。心理科學通訊 (滬)，4 期，35～39 頁。

黃心川 (1987)：印度佛教哲學。見中國大百科全書，哲學 2 卷，1104～1107。
北京市：中國大百科全書出版社。

黃希庭 (1987)：試論心理學研究方法論問題。西南師範大學學報 (哲社版) (重慶)，1 期，1～7 頁。

黃希庭、張進輔、李紅等 (1994)：當代中國青年價值觀與教育。成都市：四川教育出版社。

黃希庭 (1998)：人格心理學。台北市：東華書局 (繁體字版)。

黃海澄 (1994)：價值、感情與認知 (上)。暨南學報 (哲社版) (廣州)，3 期，1～10 頁。

黃海澄 (1994)：價值、感情與認知 (下)。暨南學報 (哲社版) (廣州)，4 期，1～12 頁。

黃楠森等 (主編) (1990)：人學詞典。北京市：中國國際廣播出版社。

黃贊梅 (1996)：論非指示性原則在中國心理諮詢運用的局限。心理學探新 (南昌)，16 卷，1 期，13～16 頁。

賀嶺峰 (1996)：自我概念研究的概述。心理學動態 (京)，4 卷，3 期，41～44 頁。

彭　飛 (1982)：個性心理學中的幾個基本理論問題。北京師範大學學報 (社科版)，4 期，1～10 頁。

彭聃齡 (1984)：行為主義的興起、演變和沒落。北京師範大學學報 (社科版)，1 期，15～23 頁。

彭運石、王　旭 (1991)：弗蘭克爾存在分析人格理論述評。湖南師範大學社會科學學報 (長沙)，6 期，26～30 頁。

彭運石 (1999)：走向生命的巔峰——馬斯洛自我實現心理學。見車文博 (主編)：二十世紀西方心理學大師述評叢書之一。武漢市：湖北教育出版社。

彭新波、高　華 (1996)：實證主義在西方心理學發展中的方法論意義。湘潭師範學院學報，2 期，84～87 頁。

雅斯貝爾斯 (王玖興譯，1963)：新人道主義的條件與可能。見中國科學院哲學所西方哲學史組編：存在主義哲學。北京市：商務印書館。

雅斯貝爾斯 (王玖興譯) (1994)：生存哲學。上海市：上海譯文出版社。

雅羅舍夫斯基 (王玉琴等譯；車文博總審校，1981)：國外心理學的發展與現狀。北京市：人民教育出版社。

景懷斌 (1997)：西方心理學百年發展的思路與思考。國外社會科學 (北京)，5 期，2～6 頁。

華　生 (臧玉淦譯，1925)：行為主義觀點的心理學。上海市：商務印書館。

華　生 (周先庚譯，1984)：行為主義者所看到的心理學。見張述祖等 (審校)：西方心理學家文選。北京市：人民教育出版社。

華　爾 (馬清槐譯，1962)：存在主義簡史。北京市：商務印書館。

曾文星、徐　靜 (1987)：心理治療。北京市：人民衛生出版社。

普羅高夫 (曹元勇譯，1995)：超心理學的創造性個體。文藝理論研究 (滬)，1 期，89～93 頁。

喬拉德、蘭茲曼 (劉勁等譯，1990)：健康人格——人本主義心理學觀。北京市：華夏出版社。

喬蘭德 (許金聲、莫文彬譯，1989)：健全的人格。北京市：北京大學出版社。

舒爾茨 (楊立能等譯，1982)：現代心理學史。北京市：人民教育出版社。

舒爾茨 (李文湉譯，1988)：成長心理學。北京市：三聯書店。

傅　榮 (1996)：論心理諮詢的理論模式。湖南師範大學社會科學學報 (長沙)，2 期，70～74，82 頁。

馮　川 (主編) (1996)：羅洛·梅文集。北京市：中國言實出版社。

溫泉潤 (主編) (1992)：矯正人生：心理治療學。濟南市：山東教育出版社。

楊　清 (1980)：現代西方心理學主要派別。瀋陽市：遼寧人民出版社。

楊大春 (1995)：沉淪與拯救——克爾凱戈爾的精神哲學研究。北京市：人民出版社。

楊永明 (主編) (1994)：人生十大規律。西寧市：青海人民出版社。

楊永明 (1998)：人生十大心理矛盾。西安市：陝西人民教育出版社。

楊中芳、高尚仁 (合編) (1991)：中國人•中國心 (一、二、三冊)。台北市：遠流出版公司。

楊國樞 (1982)：心理學研究的中國化：層次與方向。見楊國樞、文崇一 (主編)：社會及行為科學研究的中國化。台北市：中央研究院民族研究所。

楊國樞 (主編) (1997)：本土心理學的開展。台北市：桂冠圖書公司。

楊韶剛 (1993)：戈爾德斯坦的機體論心理學。吉林大學社會科學學報 (長春)，5 期，71～76 頁。

楊韶剛 (1995)：羅洛•梅的存在分析觀闡釋。吉林大學社會科學學報 (長春)，1 期，27～31 頁。

楊韶剛 (1995)：後現代主義思潮與人本主義心理學。長白學刊 (長春)，6 期，22～25 頁。

楊韶剛 (1995)：人本心理學的教育取向及其啟示。外國教育研究 (長春)，6 期，8～13 頁。

楊韶剛 (1996)：存在心理治療探析。吉林大學社會科學學報 (長春)，3 期，12～16 頁。

楊韶剛 (1998)：美國本土存在心理學——羅洛•梅存在心理學研究。博士論文手稿，33～34，59 頁。

楊韶剛 (1999)：尋找存在的真諦——羅洛•梅存在心理學。見車文博 (主編)：二十世紀西方心理學大師述評叢書之一。武漢市：湖北教育出版社。

楊鑫輝 (1995)：中國傳統心理治療探討。南京師大學報 (社科版)，4 期，50～55 頁。

葉奕乾 (1990)：人格心理學。西寧市：青海人民出版社。

葉海平 (1992)：論精神分析學的思維方式及其局限性。上海大學學報 (社科版)，2 期，15～21 頁。

葉浩生 (1987)：羅洛•梅和他的存在主義心理學。心理學探新 (開封)，3 期，92～96 頁。

葉浩生 (1988)：存在分析述評。心理學探新 (開封)，2 期，53～57 頁。

葉浩生 (1991)：存在主義心理學的理論及其特徵。南京師範大學學報 (社科版)，1 期，62～67 頁。

葉浩生 (1994)：現代西方心理學流派。南京市：江蘇教育出版社。

葉浩生 (1997)：對西方心理學發展的幾點看法。心理學動態 (北京)，1 期，

1～5，52 頁。

葉浩生 (1997)：心理學的分裂與心理學的統一。心理科學 (滬)，20 卷，5 期，469～470 頁。

葉浩生 (1998)：實證主義的衰落與理論心理學的復興。南京師範大學學報 (社科版)，1 期，65～69 頁。

葉浩生 (1998)：西方心理學發展中的若干傾向之我見。心理學報 (北京)，4 期，204～210 頁。

葉浩生 (主編) (1998)：西方心理學的歷史與體系。北京市：人民教育出版社。

葛魯嘉 (1994)：超個人心理學對西方文化的超越。長白學刊，2 期，84～88 頁。

葛魯嘉 (1995)：心理文化論要——中西心理學傳統跨文化解析。大連市：遼寧師範大學出版社。

葛魯嘉 (1996)：心理學的科學觀與統一觀。吉林大學社會科學學報 (長春)，3 期，1～6 頁。

葛魯嘉 (1996)：超個人心理學對西方文化的超越。長白學刊 (長春)，2 期，84～88 頁。

葛魯嘉、周　寧 (1996)：從文化與人格到文化與自我。求是學刊 (哈爾濱)，1 期，27～31 頁。

葛魯嘉、王　麗 (1995)：天命與中國民衆的心理生活。長白論叢 (長春)，5 期，21～24 頁。

葛魯嘉 (1999)：文化困境與內心掙扎。見車文博 (主編)：二十世紀西方心理學大師述評叢書之一。武漢市：湖北教育出版社。

雷　伯 (李伯黍等譯，1996)：心理學詞典。上海市：上海譯文出版社。

奧　圖 (劉君業譯，1988)：人的潛能。北京市：世界圖書出版公司。

蓋乃誠、陳本泉 (1995)：自我概念與自我生態系統——自我生態學簡介。山東師大學報 (社科版) (濟南)，2 期，61～64 頁。

趙國祥 (1996)：論馬斯洛的動機理論。河南大學學報 (社科版) (開封)，1 期，96～100 頁。

滿　晶、馬欣川 (1993)：羅傑斯“以學生為中心”的教學思想述評。外國教育研究 (長春)，3 期，1～5 頁。

赫　勒 (邵曉光等譯，1988)：人的本能。瀋陽市：遼寧大學出版社。

赫根漢 (何瑾、馮增俊譯，1986)：人格心理學導論。海口市：海南人民出版社。

樓培敏 (1987)：異軍突起的人本主義心理學。社會科學 (滬)，9 期，53～56 頁。

樓培敏 (1993)：論當代心理學的三大走向——科學主義、人本主義和文化主義。學術季刊 (滬)，87～95 頁。

潘 菽 (1984)：心理學簡札 (上、下册)。北京市：人民教育出版社。

潘 菽 (1985)：人的實質的自然方面。心理學報 (京)，1 期，1～14 頁。

潘 菽 (1985)：辯證唯物論的心理學方法論。見潘菽心理學文選，495～526 頁。南京市：江蘇教育出版社。

潘 菽 (1987)：潘菽心理學文選。南京市：江蘇教育出版社。

潘 菽 (1988)：論個人實現與社會實現的心理學説——兼評“自我實現”的心理學説。中國社會科學 (京)，6 期，61～76 頁。

潘新顯 (1988)：人本主義心理學與美國的對立文化運動。貴州師範大學學報 (社科版) (貴陽)，2 期，93～97 頁。

蔡笑岳、丁念友 (1995)：人性的觀點及其心理表徵。西南師範大學學報 (哲社版) (重慶)，4 期，47～51 頁。

墨 菲 (王卓君、吕迺基譯，1991)：文化與社會人類學引論。北京市：商務印書館。

墨 菲、柯瓦奇 (林方、王景和譯，1980)：近代心理學歷史導引。北京市：商務印書館。

滕 君 (1995)：當代西方心理學第三種思潮的創生及其哲學價值 (存在主義哲學與馬斯洛心理學)。求是學刊 (哈爾濱)，3 期，37～39 頁。

黎 黑 (李維譯，1998)：心理學史 (上、下册)。杭州市：浙江教育出版社。

黎 黑 (劉恩久等譯，1990)：心理學史——心理學思想的主要趨勢。上海市：上海譯文出版社。

黎 黑 (陳仁勇譯，1987)：心理學史——心理學主流思想的發展。中和市：野鵝出版社。

魯賓遜 (楊韶剛等譯，1988)：現代心理學體系。北京市：社會科學文獻出版社。

劉 兵 (1995)：試論科學史研究中的心理史學方法。哈爾濱師專學報，2 期，8～12 頁。

劉穿石 (1993)：論西方心理學史中質的研究與量的研究的關係。南京師範大學學報 (社科版)，3 期，49～50 頁。

劉穿石 (1996)：文化——人格互動理論述評。心理學探新 (南昌)，16 卷，1 期，3～8 頁。

劉恩久、王啟康、李 錚等 (1986)：心理學簡史。蘭州市：甘肅人民出版社。

劉翔平 (1987)：論現象學在西方心理學史中的方法論的意義。心理學探新 (開封)，4 期，79～86 頁。

劉翔平 (1988)：實證論與西方心理學的科學觀。南京師範大學學報 (社科版)，3 期，24～29 頁。

劉翔平 (1999)：尋找生命的意義——弗蘭克意義治療學說。見車文博 (主編)：二十世紀西方心理學大師述評叢書之一。武漢市：湖北教育出版社。

劉華山 (主編) (1998)：學校心理輔導。合肥市：安徽人民出版社。

劉新生 (1994)：西方社會心理學家關於自我概念的理論。社會心理學研究 (京)，3 期，43～46 頁。

劉學蘭 (1992)：西方心理學研究方法的發展規律及趨勢。湖南師範大學學報 (社科版) (長沙)，4 期，93～97 頁。

劉學蘭 (1992)：論馬斯洛問題中心原則。心理學探新 (南昌)，4 期，8～10 頁。

樂國安 (1986)：評西蒙對人的本質的認識。心理學探新 (開封)，2 期，14～21 頁。

樂國安 (1999)：從行為研究到社會改造——斯金納行為主義心理學。見車文博 (主編)：二十世紀西方心理學大師述評叢書之一。武漢市：湖北教育出版社。

鄭　鋼 (1996)：當前青少年價值觀的研究及其發展趨勢。心理學動態 (京)，4 卷，1 期，1～7 頁。

鄭日昌、陳永勝 (1991)：學校心理諮詢。北京市：人民教育出版社。

鄭希付 (1991)：現代西方人格心理學史。開封市：河南大學出版社。

鄧明昱、郭念峰 (主編) (1992)：諮詢心理學。北京市：中國科技出版社。

駱大森 (1985)：對當前美國心理學產生過重大影響的心理學家和著作。心理科學通訊 (滬)，2 期，60 頁。

霍斯頓 (孟繼群、侯積良等譯，1990)：動機心理學。瀋陽市：遼寧人民出版社。

曉　洲 (1994)：現代西方社會心理學中關於自我研究的基本理論概述。甘肅社會科學 (蘭州)，6 期，25～27 頁。

盧　梭 (李常山譯，1982)：論人類不平等的起源和基礎。北京市：商務印書館。

盧文格 (李維譯，1989)：自我的發展。瀋陽市：遼寧人民出版社。

錢銘怡 (1990)：心理諮詢。北京市：光明日報出版社。

錢銘怡 (1995)：心理諮詢與心理治療。北京市：北京大學出版社。

龍曉東 (1992)：評羅傑斯與斯金納關於人類行為控制問題。心理學探新 (南昌)，4 期，4～8 頁。

龍曉東 (1993)：羅傑斯與弗洛伊德人格理論比較研究。長沙水電師院學報 (社科版)，3 期，12～16 頁。

龍曉東 (1996)：評羅傑斯以患者為中心治療的理論。長沙水電師院學報 (社科版)，1 期，53～58 頁。

謝小慶 (1998)：教育研究中定量方法的局限性。心理發展與教育 (京)，1 期，53～56 頁。

韓進之 (1983)：馬斯洛個性理論評述。心理學探新，2 期，35～43 頁。

韓進之、姜秀娟 (1987) 羅傑斯個性理論述評。遼寧師範大學學報 (社科版)，3 期，13～17 頁。

薩　特 (陳宣良等譯，1987)：存在與虛無。北京市：三聯書店。

薩　特 (周輔成譯，1987)：存在主義是一種人道主義。見中國科學院哲學所西方哲學史組編：存在主義哲學。北京市：商務印書館。

薩　特 (徐懋庸譯，1963)：辨證理性批判。北京市：商務印書館。

羅吉斯 (劉焜輝譯，1990)：諮商與心理治療。台北市：天馬文化事業有限公司。

羅洛·梅 (馮川譯，1987)：愛與意志。北京市：國際文化出版公司 (簡體字版)。台北市：志文出版社 (繁體字版)。

羅洛·梅 (吳士餘譯，1988)：創造與勇氣。內蒙古烏盟師專學報 (呼和浩特)，1～2 期，92～95 頁。

羅傑斯 (洪丕熙譯，1984)：關於教和學的若干個人想法。外國教育資料 (滬)，2 期，25～28 頁。

羅傑斯 (馬文駒輯選，1985)：人在行為科學新世界中所居的地位。見現代西方心理學名著選讀。上海市：華東師範大學出版社。

羅森茨韋克 (于行譯，1985)：美國心理學與世界心理學。國外社會科學 (京)，1 期，28～31 頁。

鐘又彬 (1988)：中國心理分析——認識領悟心理治療。瀋陽市：遼寧人民出版社。

鐘又彬 (1992)：現代心理諮詢——理論與應用。北京市：科學出版社。

鐘啟泉 (1984)：著眼於人際關係的教師模式 (之二)，外國教育資料 (滬)，2 期，14～22 頁。

鐘啟泉 (1984)：著眼於人格發展的教育模式 (之三)。外國教育資料 (滬)，3 期，13～20 頁。

鐘啟泉 (1989)：現代課程論。上海市：上海教育出版社。

Aanstoos, C. M. (1985). Definition of humanistic psychology. *Humanistic Psychologist*, 13 (2), Inside Cover.

Aanstoos, C. M. (1994). Mainstream psychology and the humanistic alternative. In F. J. Wertz (Ed.), *The humanistic movement: Recovering the person in psychology*. FL: Gardner Press.

Abraham H. Maslow (1970). A bibliography. *Journal of Humanistic Psychology*, 10, 98～110.

Allport, G. W., Lindzey, G., & Vernon, P. E. (1931/1950/1960). *A study of values*. Boston, MA: Houghton Mifflin.

Allport, G. W. (1937). *Personality: A psychological interpretation*. New York: Holt, Rinehart & Winston.

Allport, G. W. (1931). What is a trait of personality? *Journal of Abnormal and Social Psychology,* 25, 368～371.

Allport, G. W. (1942). The psychologist's frame of reference. *Psychological Bulletin,* 37, 1～28.

Allport, G. W. (1955). Review of R. B. Perry, realms of value: A critique of human civilization. *Journal of Abnormal and Social Psychology*, 50, 154～156.

Allport, G. W. (1964). Imagination in psychology: Some needed steps (York University Lecture Series), In *Imagination and the University*, pp. 63～82, Toronto: University of Toronto Press.

Allport, G. W. (1965). *Pattern and growth in personality*. New York, NY: Holt, Rinehart & Winston.

Allport, G. W. (1967). Gordon W. Allport. In E. G. Boring & G. Lindzey (Eds.), *A history of psychology in autobiography*, Vol. 5, pp.3～25. Englewood Cliffs, NJ: Prentice Hall.

Allport, G. W. (1966). The religious context of prejudice. *Journal for the Scientific Study of Religion,* 5, 447～457.

Allport, G. W. (1968). *The person in psychology: Selected essays*. Boston: Beacon Press.

Allport, G. W. (1969). *Becoming: Basic considerations for a psychology of personality*. New Haven, CT: Yale University Press.

Aronoff, J. (1967). *Psychological needs and cultural systems*. New York: Van Nostrand.

Assagioli. R. (1974). *The act of will*. New York, NY: Penguin Books.

Assagioli, R. (1976). *Psychosynthesis: A manual of principles and techniques*. New York, NY: Penguin Books.

Ausubel, D. P. (1968). *Educational psychology: A cognitive view*. New York: Holt, Rinehart & Winston.

Bandura, A. (1974). Behavior theory and the models of man. *American Psychologist*, 29. 859～869.

Bandura, A. (1977). Self-efficacy: Toward a unifying theory of behavioral change. *Psychological Review*, 84, 191～215.

Benjafield, J. G. (1996). *A history of psychology*. Boston: Allyn & Bacon.

Benson, H. (1985). *Beyond the relaxation response*. New York: Berkley.

Binswanger, L., (1963). *Being-in-the-world: Selcted papers of Ludwig Binswanger*. New York: Basic Books.

Block, J. (1978). *The Q-sort method in personality assessment and psychiatric research*. Palo Alto: Consulting Psychologists Press.

Block, J. (1971). *Lives through time*. Berkeley: Bancroft.

Bohm. D. (1980). Issues in physics, psychology and metaphysics: A conversation. *Journal of Transpersonal Psychology*, 12 (1). 28～35.

Boring, E. G., & Lindzey, G. (1967). *A history of psychology in autobiography*. Englewood Cliffs, NJ: Prentice Hall.

Boucouvalas, M. (1980). Transpersonal psychology: A working outline of the field. *Journal of Transpersonal Psychology*, 12 (1), 46.

Broadbent, D. E. (1958). *Perception and communication*. London: Pergamon Press.

Bruner, J.(1986). *Actual minds, possible worlds*. Cambridge: Harvard University Press.

Buber, M. (1957). I and Thou. *Psychiatry*, May, Vol. 20, 135～155.

Bugental, J. F. T. (1963). Humanistic psychology: A new break-through. *American Psychologist*, 18, 563～567.

Bugental, J. F. T. (1965). *The search for authenticity: An existential-analytic approach to psychotherapy*. New York: Holt, Rinehart & Winston.

Bugental, J. F. T. (Ed.) (1967). *Challenges of humanistic psychology*. New York: McGraw-Hill.

Bugental, J. F. T. (1976). *The search for existential identity: Patient-therapist dialogues in humanistic pschotherapy*. San Francisco: Jossey-Bass.

Bugental, J. F. T. (1978). *Psychotherapy and process: The fundamentals of an existential-humanistic approach*. Reading, Mass. : Addison-Wesley.

Bugental, J. F. T. (1995). *Existential-humanistic psychotherapy: New perspectives*. New York: Guilford Press.

Bugental, J. F. T. (1995). *Depth existential therapy: Evolution since World War II*. New York: Oxford University Press.

Bugental, J. F. T. (1996). Rollo May (1909～1994). *American Psychologist*,

April, 418～419.

Bullock, A. (1985). *The humanist tradition in the west.* New York: Norton.

Butler, J. M., & Haigh, G. V. (1954). Changes in the relation between self-concepts and ideal concepts consequent uponclient-centered counseling. In C. R. Rogers & R. F. Dymond (Eds.), *Psychotherapy and personality change*, pp.55～75. Chicago: University of Chicago Press.

Cain, D. J. (1990). Celebration, reflection and renewal: 50 years of Client-Centered Therapy and beyond. *Person-Centered Review*, 5 (4), 357～363.

Cain, D. J. (1987). Carl Rogers: The man, his vision, his impact. *Person-Centered Review*, 2 (3), 283～288.

Campbell, D. T. (1975). On the conflicts between biological and social evolution and between psychology and moral tradition. *American Psychologist*, 30, December, 1103～1126.

Capra, E. (1984). *The Tao of physics* (2nd ed.). New York, NY: Bantam Books.

Chaplin, J. F. (1968). *Dictionary of psychology*. New York, NY: Dell Publishing.

Chiang, H. M, & Maslow, A. H. (1997). *Editor of the healthy personality: Readings.* New York: Nostrand, Reinhold.

Child, I. L. (1973). *Humanistic psychology and the research tradition: Their several virtues.* New York: John Wiley & Sons.

Corsini, R. (Ed.) (1984). *Encyclopedia of psychology* (Vol.2). New York, NY: John Wiley & Sons.

Davidson, L. (1992). Review of E. Husserl, ideas pertaining to a pure phenomenology and to a phenomenological philosophy. Second book: Studeis in the phenomenology of constitution. *Journal of Phenomenological Psychology*, 23, 33～48.

Davidson, L., & Cosgrove, L. (1991). Psychologism and phenomenological psychology revisited, Part I: The liberation from naturalism. *Journal of Phenomenological Psychology*, 22, 87～108.

DeCarvalho, R. J. (1991). *The founders of humanistic psychology.* New York: Praeger.

Deikman, A. J. (1977). The missing center. In N. E. Zinberg (Ed.), *Alternate states of consciousness*, p. 241. New York, NY: The Free Press.

Draucker, C. B. (1992). The healing process of female adult incest survivors: Constructing a personal residence. *Image*, 24, 4～8.

Engel, G. L. (1980). The clinical applicatin of the biopsychosocial model. *American Journal of Psychiatry*, 137, 535～544.

Englar. B. (1979). *Personality: An introduction*. Boston: Houghton Miffin.

Erikson, E. H. (1958). *Young man Luther*. New York, NY: Norton.

Erikson, E. H. (1969). *Gandhi's truth*. New York, NY: Norton.

Erikson, E. H. (1964). *Insight and responsibility*. New York, NY: Norton.

Evans, R. I. (1975). *Konard Lorenz: The man and his ideas*. New York: Harcourt Brace Jovanovich.

Evans R. I., & Rogers, C. R. (1975). *The man and his ideas*. New York: Dutton.

Ewen, B. R. (1980). *An introduction to theories of personality*. New York: Academic Press.

Firman, J., & Vargiu, J. (1977). Dimensions of growth. *Synthesis*, 3-4, 61～120.

Fischer, C. T., & Wertz, F. J. (1979). Empirical phenomenological analysis of being criminally victimized. In A. Giorgi, R. Knowles, & D. L. Smith (Eds.), *Duquesne studies in phenomenological psychology*, pp. 135～158. Pittsburgh: Duquesne University Press.

Fischer, C. T. (1996). *A humanistic and human science approach to emotion*. San Diego, CA: Academic Press.

Frager, R. (1989). *Transpersonal psychology: Promise and prospects*. New York, NY: Plenum Press.

Frank, T. (Ed.) (1965). *Humanistic viewpoints in psychology*. New York: McGraw-Hill.

Frankl, V. E. (1969). *The doctor and the soul: From psychotherapy to logotherapy*. New York, NY: Bantam Books.

Frankl, V. E. (1975). *The unconscious God: Psychotherapy and theology*. New York, NY: Simon & Schuster.

Frick, W. B. (1994). *Humanistic*. New York, NY: Plenum Press.

Friedman, M. (1976). Aiming at the self: The paradox of encounter and the human potential movement. *Journal of Humanistic Psychology*. 16, 5～34.

Fromm, E. (1961/1950). *Psychoanalysis and religion*. New Haven, CT: Yale University Press.

Gage, N. L., & Berliner, D. C. (1992/1979). *Educational psychology* (5th ed.). Boston: Honghton Mifflin.

Geertz, C. (1973). *The interpretation of cultures*. New York: Basic.

Geertz. C. (1975). On the nature of anthropological understanding. *American Scientist*, 63, 47～53.

Gendlin, E. T. (1962). *Experiencing and the creation of meaning*. New York: Free Press.

Gilgen, A. R. (1982) *American Psychology Since World War* II: *A profile of discipline*. Westport, CT: Greenwood Press.

Gilliland, B. E., James, R. K., & Bowman, J. T. (1989). *Theories and strategies in counseling and psychotherapy* (2nd ed.). Englewood Cliffs, NJ: Prentice Hall.

Giorgi, A. P. (1970). *Psychology as a human science: A phenomenologically based approach*. New York: Harper & Row.

Giorgi, A. P. (1975). An application of phenomenological method in psychology. In A. Giorgi, C. T. Fischer. & E. L. Murray (Eds.), *Duquesne studies in phenomenological psychology*, pp. 82～103. Pittsburgh: Duquesne University Press.

Giorgi, A. P. (Ed.) (1985). *Phenomenology and psychological research*. Pittsburgh: Duquesne University Press.

Giorgi, A. P. (1987). The crisis of humanistic psychology. *The Humanistic Psychologist*, 15(1), 5～21.

Goldstein, K. (1971/1963/1940). *Human nature in the light of psychopathology*. New York: American Book.

Goldstein, K. (1959). *The organism*. New York: American Book.

Goldstein, K., & Scheerer, M. (1941). Abstract and concrete behavior: An experimental study with special tests. *Psychological Monographs*, 53, 73～85.

Goldstein, K. (1947). Organismic approach to the problem of motivation. *Transactions of the New York Academy of Sciences*, 9, 218～230.

Gorman, A. H. (1974/1969). *Teachers and learners*. Boston: Allyn and Bacon.

Graham, W., & Ballown, J. (1973). An empirical test to Maslow's need hierarchy theory. *Journal of Humanistic Psychology*., 13, 97～108.

Grof. S. (1985). *Beyond the brain: Birth, death and transcendence in psychotherapy*. Albany, NY: State University of New York Press.

Grof, S. (1993). *The turning point*. New York: Bantam.

Hagan. T. (1986). Interviewing the downtrodden. In P. Ashworth, A. Giorgi & A. de Koning (Eds.), *Qualitative research in psychology*, pp.

332～360. Pittsburgh: Duquesne University Press.

Hall, C. S., & Lindzey, G. (1978). *Theories of personality* (3rd ed.). New York: Wiley.

Hall, M. H. (1968). A conversation with Abraham H. Maslow. *Psychology Today*. 2, 54～55.

Heisenberg, W. (1965). The role of modern physics in the present development of modern thinking. In F. T. Severin (Ed.), *Humanistic viewpoints in psychology*, p.212. New York, NY: McGraw-Hill.

Hergenhahn, B. R. (1984). *An introduction to theories of personality* (2nd ed.). Englewood Cliffs, NJ: Prentice-Hall.

Herink, R. (Ed.) (1980). *The psychotherapy handbook*. New York: Meredian.

Hjelle, L. A., & Ziegler, P. J. (1976). *Personality theories: Basic assumptions research, and application*. New York: McGraw-Hill.

Holdstock, T. L., & Rogers, C. R. (1977). Person-centered theory. In R. J. Corsini. (Ed.), *Current personality theories*. Itasca. Ⅲ. : Peacock Publishers.

Holmes, D. S. (1984). Meditation and somatic arousal reduction: A review of the evidence. *American Psychologist*, 39, 1～10.

James. W. (1890). *The principles of psychology* (Vol. 1). New York, NY: Henry Holt.

James, W. (1897). *The will to believe and other essays on popular philosophy*. London: Longmans, Green & Co.

James. W. (1961/1902). *The varieties of religious experience: A study in human nature*. New York, NY: Macmillan.

James, W. (1892/1962). *Psychology: Briefer course*. New York, NY: Collier Books.

Jourard, S. M. (1971). *The transparent self: Self-disclosure and well-being* (Rev. Ed.). New York: D. Van Nostrand.

Joyce, B., & Weir, M. (1981/1972). *Models of teaching*. Englewood Cliffs, NJ: Prentice-Hall.

Kahn, E. (1985). Heinz Kohut and Carl Rogers: A timely comparison. *American Psychologist*. 40, 893～904.

Kaufmann, W. (1956). *Existentialism*. Cleveland: World Publishing.

Kierkergaard, S. (1969). *The sickness unto death*. Princeton Univesity Press.

Klemke, E. D. (1981). An introduction. In J. A. C. S. Auer & J. Hartt (Eds.), *Humanism vs. theism*, Ⅶ～Ⅸ. Iowa state University Press.

Koch, S. (Ed.). (1959) *Psychology: A study of a science*. New York: McGraw-Hill.

Kockelman, J. J. (1994). *Edmund Husserl's phenomenology*. Purdue University Press.

Krippner, S. (Ed.) (1972). The plateau experience: A. H. Malsow and others. *Journal of Transpersonal Psychology*, 4 (2), 107～120.

Kvale. S. (1986). Psychoanalytic therapy as qualitative research. In P. D. Ashworth, A. Giorgi & A. J. J. de Koning (Eds.), *Qualitative research in psychology*, pp. 155～184. Pittsburgh: Duquesne University Press.

Kvale, S. (1990). Postmodern psychology: A contradicto in adjecto? *Humanistic Psychologist*, 18, 35～54.

Kvale, S. (1992). *Psychology and postmodernism*. Thousand Oaks, CA: Sage.

Lajoie, D. H., & Shapiro, S. I. (1992). Definitions of transpersonal psychology: The first twenty-three years. *Journal of Transpersonal Psychology*, 24 (1), 91.

Lasch, C. (1979). *The culture of narcissism*. New York, NY: Norton.

Leshan, L. (1975). *The medium, the mystic, and the physicist*. New York, NY: Ballantine Books.

Maslow, A. H. (1987/1954). *Motivation and personality* (3rd ed.). New York, NY: Harper & Row.

Maslow. A. H. (1956). A philosophy of psychology. *Main Currents*, 13, 27～32.

Maslow, A. H. (1959). Psychological data and value theory. In A. H. Maslow (Ed.), *New Knowledge in human values*, pp. 119～136. South Bend, IN: Regnery/Gateway.

Maslow, A. H. (1968/1962). *Toward a psychology of being*. New York: Nostrand.

Maslow, A. H. (1964). *Religion, Values and Peak-Experiences*. Columbus: Ohio State University Press.

Maslow, A. H. (1965). *Eupsychia Management*. Homewood Ⅲ. : Irwin-Dorsey.

Maslow, A. H. (1966). *The psychology of science*. South Bend, IN: Gateway Editions.

Maslow, A. H. (1968). The farther reaches of human nature. *Journal of*

Transpersonal Psychology, 1, 1～9.

Maslow, A. H. (1959). *Editor of new knowledge in human values*. New York: Harper.

Maslow, A. H. (1969). Theory Z. *Journal of Transpersonal Psychology*, 1 (2), 31～47.

Maslow, A. H. (1969). Various meanings of transcendence. *Journal of Transpersonal Psychology*, 1, 56～66.

Maslow, A. H. (1970). New introduction: Religions, values, and peakexperiences. *Journal of Transpersonal Psychology*, 2 (2), 89.

Maslow, A. H. (1971). *Humanistic psychology: Interview with Maslow, Murphy and Rogers*. Columbus, Ohio: Merrill.

Maslow, A. H. (1976). *The farther reaches of human nature* (2nd ed.). New York : Viking.

Maslow, A. H. (1979). A dialogue with Abraham Maslow. *Journal of Humanistic Psychology*, 19 (1), 23.

Maslow, A. H. (1984). Quoted by S. F. Wallock, East-West psychology. In R. Corsini (Ed.), *Encyclopedia of psychology*, Vol.1, p.406. New York, NY: John Wiley & Sons.

May, R. (1967/1939). *The art of counseling*. New York: Abingdon.

May, R. (1940). *The springs of creative living: A study of human nature and god*. Nashville: Abingdon-Cokesbury.

May, R. (1977/1950). *The meaning of anxiety*. New York: Ronald Press; rev. ed., New York: Norton.

May, R. (1953). *Man's search for himself*. New York: Norton.

May, R. (1959). Toward the ontological basis of psychotherapy. *Existential Inquiries*, 1, 5～7.

May, R. (Ed.) (1960). *Existential psychology*. New York: Randorn House.

May, R. (1961). Existential psychiatry: An evaluation. *J. Relig. & Health*, 1, 31～40.

May, R. (1967). *Psychology and the human dilemma*. New York: Norton.

May, R., Angel, E., & Ellen Berger. H. F. (1958/1967). *Existence: A new dimension in psychiatry and psychology*. New York: Basic Books.

May,R. (1967). *Existential psychotherapy*. Toronto: Canadian Broadcasting Company Publications.

May, R. (1969). *Love and will*. New York, NY: Norton.

May, R. (1970). Yes begins with a no. *Time Magazine*, June 22, 66～70.

May, R. (1975). *The courage to create.* New York: Norton.

May, R. (1977). Values and valuing. *Voices*, 12, 18～21.

May, R. (1980). Value conflicts and anxiety. In I. L. Kutash & L. B. Schlesinger (Eds.), *Handbook on Stress and Anxiety*, pp. 241～248. San Francisco: Jossey-Bass.

May, R. (Ed.) (1981). *Existential psychology*. New York: Random House.

May, R. (1981). *Freedom and destingy*. New York: Norton.

May, R. (1982). The problem of evil: An open letter to Carl Rogers. *Journal of Humanistic psychology*, 22, 10～21.

May, R. (1986). Transpersonal or transcendental. *Humanistic Psychologist*. Vol. 14, 12, p. 90.

May, R. (1991). *The cry for myth*. New York: Norton.

McLeod, J. (1996). *The humanistic paradigm*. London, England: Sage Publications, Inc.

Mishler, E. G. (1986). *Research interviewing: Context and narrative*. Cambridge: Harvard University Press.

Misiak, H., & Sexton,V. S. (1973). *Phenomenological, existential, and humanistic psychologies*: *A historical survey*. New York: Grune & Stratton.

Moustakas, C. (1985). Humanistic or humanism? *Journal of Humanistic Psychology*, 25, 5～12.

Murphy, G. (1966/1947). *Personality: A biosocial approach to origins and structure.* New York, NY: Basic Books.

Murray, E. L. (Ed.) (1987). *Imagination and phenomenological Psychology*. Pittsburgh: Duquesne University Press.

Murray, H. A., et al., (1938). *Explorations in personality: A clinical and experimental study of fifty men of college age*. New York: Oxford University Press.

Paige, J. M. (1966). Letters from Jenny: An approach to the clinical analysis of personality structure by computer. In P. J. Stone, et al., *The general inquirer: A computer approach to content analysis*. Cambridge, Mass: M. I. T. Press.

Pelletier, K. R., & Garfield, C. (1976). *Consciousness: East and West*. New York: Harper & Row.

Phares, E. J. (1991). *Introduction to personality* (3rd ed.). New York: Harper Collins.

Polanyi, M. (1958). *Personal knowledge*. Chicago: University of Chicago Press.

Polkinghorne, D. E. (1982). What makes research humanistic? *Journal of Humanistic Psychology*. 22, 47～54.

Polkinghorne, D. E. (1983). *Methodology for the human sciences: Systems of inquiry*. Albany: State University of New York Press.

Polkinghorne, D. E. (1988). *Narrative knowing and the human sciences*. Albany: State University of New York Press.

Polkinghorne, D. E. (1990). Psychology after philosophy. In R. N. Williams & J. E. Faulconer (Eds.), *Reconsidering psychology: Perspectives from continental philosophy*, pp. 92～115. Pittsburgh: Duquesne University Press.

Polkinghorne, D. E. (1991). Qualitative procedures for counseling research. In C. E. Watking & L. J. Schneider (Eds.), *Research in counseling*, pp. 163～207. Hillsdale, NJ: Lawrence Erlbaum.

Polkinghorne, D. E. (1991). Two conflicting calls for methodological reform. *Counseling Psychologist*, 19, 103～114.

Polkinghorne, D. E. (1992). A postmodern epistemology of practice. In S. Kvale (Eds.), *Psychology and postmodernism*, pp. 146～165. Lond: Sage.

Polkinghorne, D. E. (1994). Research methodology in humanistic psychology. In F. J. Wertz (Ed.), *The humanistic movement: Recovering the person in psychology*. FL: Gardner Press.

Raimy, V. C. (1943). *The self-concept as a factor in counseling and personality* organization. unpublished doctoral dissertation, Ohiostate University.

Rank, O. (1950/1930). *Psychology and the soul*. Philadelphia, PA: University of Pennsylvania Press.

Rank, O. (1958/1941). *Beyond psychology*. New York, NY: Dover.

Reason, P., & Rowan, J. (Eds.) (1981). *Human inquiry: A sourcebook of new paradigm research*. New York: John Wiley & Sons.

Reeves, C. (1977). *The psychology of Rollo May*. San Francisco: Jossey-Bass.

Robert R. Carkhuff. (1969). *Helping and human relations* (Vol. 1 & 2). New York: Holt, Rinehart & Winston.

Robert T. B. (1975). *Four psychologies applied to education: Freudian, be-*

havioral, humanistic, transpersonal. New York: Wiley.

Rogers, G. R. (1942). *Counseling and psychotherapy*. Boston, MA: Houghton Mifflin.

Rogers, C. R. (1951). *Client-centered therapy*. Boston: Houghton Mifflin.

Rogers, C. R. (1955). Persons or science? A philosophical question. *American Psychologist*, 10, 267～78; *Cross Currents*, 1953, 3 (4), 289～306.

Rogers, C. R. (1959). A tentative scale for the measurement of process in psychotherapy, In E. A. Rubinstein & M. B. Parloff (Eds.), *Research in psychotherapy*, pp. 96～107. Washington D. C. : APA.

Rogers, C. R. (1961). *On becoming a person: A therapist's view of psychotherapy*. Boston: Houghton Mifflin.

Rogers, C. R. (1963). The concept of the fully functioning person. *Psychotherapy: Theory, Research, and Practice*, 1 (1), 17～26.

Rogers, C. R. (1963). Towards a science of the person. *Journal of Humanistic Psychology*, 3 (2), 72～92.

Rogers, C. R. (1964). Toward a modern approach to values: The valuing process in the mature person. *Journal of Abnormal and Social Psychology*., 68 (2), 160～167.

Rogers, C. (1964). Some questions and challenges facing a humanistic psychology. *Journal of Humanistic Psychology*, 5, 1～5.

Rogers. C. R. (1965). The therapeutic relationship: Recent theory and research. *Australian Journal of Psychology*, 17, 95～108.

Rogers, C. R. (1965). Some thoughts regarding the current philosophy of the behavioral sciences. *Journal of Humanistic Psychology*, 5 (2), 182～194.

Rogers, C. R. (1969). *Freedom to learn: A view of what education might become*. Columbus, Ohio: Merrill.

Rogers, C. R. (1970). *Carl Rogers on encounter groups*. New York: Harper & Row.

Rogers, C. R. (1971). Interview with Carl Rogers. In W. B. Frick (Ed.), *Humanistic Psychology: Interviews with Maslow, Murphy and Rogers*. Columbus, Ohio: Merrill.

Rogers, C. R. (1968). *The interpersonal relationship in the facilitation of learning*. Columbus, Ohio: Merrill.

Rogers, C. R. (1963). Actualizing tendency in relation to motives and to consciousness. In Jones, M. R. (Ed.), *Nebraska Symposium on motivation*. Lincoln: University of Nebraska Press.

Rogers, C. R. (1966). Client-centered therapy. In S. Arieti (Ed.), *American handbook of psychiatry*. New York: Basic Books.

Rogers, C. R. (1974). In retrospect: Forty-six years. *American Psychologist.*, 29 (2), 115～123.

Rogers, C. R. (1977). *Carl Rogers on personal power*. New York: Delacorte.

Rogers, C. R. (1979). Foundations of the person-centered approach. *Education*, 100 (2), 98～107.

Rogers. C. R. (1980). *A way of being*. Boston, MA: Houghton Mifflin.

Rogers, C. R. (1985). Toward a more human science of the person. *Journal of Humanistic Psychology*, 25, 7～24.

Royce, J. R., & Mos, L. P. (1981). *Humanistic psychology: Concepts and criticisms*. New York: Plenum.

Rush, F. L. (1967). *Psychology and life*. Glenview, ILL.: Scott, Foresman.

Sahakian, W. S. (1982). *History and systems of social psychology*. New York: McGraw-Hill Hemisphere.

Sardello, R. (1992). *Facing the world with soul*. New York: Harper.

Schneider, K. J., & May, R. (1995). *The psychology of existence: An integrative, clinical perspective*. New York, NY: McGraw-Hill.

Schultz. D. (1996/1975). *History of modern psychology* (6th ed.). New York: Harcourt Brace & World.

Schultz, D. (1976). *Theories of personality*. Monterey, Calif. : Brooks/Coles.

Shaffer, J. B. P. (1978). *Humanistic psychology*. Englewood Cliffs, NJ: Prentice-Hall.

Shapiro, D. H. (1980). *Meditation: Self-regulation strategy and altered state of consciousness*. New York: Aldine.

Shapiro, D. H. (1985). Clinical use of meditation as a self-regulation strategy: Comments on Holme's 1984 conclusions and implications. *American psychologist*, 40, 72～84.

Shapiro, W. (1991). A whole greater than its parts? *Time*, February 25.

Skinner, B. F. (1971). *Beyond freedom and dignity*. New York: Knopf.

Skinner, B. F. (1977). Herrnstein and the evolution of behaviorism. *American Psychologist*, 32, 1006～1012.

Slavney, P., & McHugh, P. (1987). *Psychiatric polarities*. Baltimore: Johns Hopkins Press.

Smith, D. (1982). Trends in counseling and psychotherapy. *American Psychologist*, 37, 802～809.

Smith, M. B. (1969). *Social psychology and human Values*. Chicago: Aldine.

Smith, M. B. (1973). On self-actualization: A transambivalent examination of a focal theme in Maslow's psychology. *Journal of Humanistic Psychology*., 13 (2), 6, 17～33.

Smith, M. B. (1978). Perspectives on selfhood. *American Psychologist*., 33 (12), 1053～1063. (See also: Smith, M. B. (1990). Humanistic psychology. *Journal of Humanistic Psychology*, 30 (4), 6～21.)

Smith, H. (1982). *Beyond the post-modern mind*. New York, NY: Crossroad.

Smith, M. B. (1986). Toward a secular humanistic psychology. *Journal of Humanistic Psychologist*, 13 (2), 7～26.

Smith, M. B. (1990). Humanistic psychology. *Journal of Humanistic Psychology*, 30 (4), 6～21.

Sorokin, P. A. (1967). *The ways and power of love*. Chicago, IL: Henry Regnery.

Spiegelber, H. (1972). *Phenomenology in psychology and psychiatry*. Evanston: Northwestern University Press.

Starbuck, E. D. (1899). *The psychology of religion: An empirical study of the growth of religious consciousness*. New York, NY: Charles Scribner's Sons.

Straus. E. (1966). *Phenomenological psychology: Selected papers*. New York: Basic Books.

Sutich, A. (1961). Introduction. *Journal of Humanistic Psychology*, 2, viii.

Sutich, A. (1962). American Association for Humanistic Psychology: Articles of association. *Journal of Humanistic Psychology*, 2, 96～97.

Sutich, A. (1969). Statement of purpose. *Journal of Transpersonal Psychology*, 1. 42～47.

Sutich, A. (1969).The growth-experience and the growth-centered attitude. In A. J. Sutich & M. A. Vich (Eds.), *Readings in humanistic psychology*. New York: Free.

Sutich, A. J., & Vich, M. A. (Eds.) (1969). *Readings in humanistic psychology*. New York, NY: The Free.

Sutich, A. J. (1976). The emergence of the transpersonal orientation: A personal account. *Journal of Transpersonal Psychology*, 8 (1), 6～8.

Sutich, A. J. (1980). Transpersonal psychotherapy: History and definition. In S. Boorstein (Ed.), *Transpersonal psychotherapy*, p. 9. Palo Alto, CA: Science and Behavior Books.

Tageson, C. W. (1982). *Humanistic psychology: A synthesis*. Homewood, Illinois: Dorsey.

Talbot, M. (1981). *Mysticism and the new physics*. New York, NY: Bantam Books.

Tart, C. T. (Ed.) (1969). *Altered states of consciousness: A book of readings*. New York: John Wiley &Sons.

Tart, C. T. (1975). *Transpersonal psychologies*. New York: Harper & Row.

Tart, C. T. (Ed.) (1977). *Transpersonal psychologies*. New York, NY: Harper & Row.

Tennessen, H. (1981). The very idea of a 'humanistic psychology'. In J. R. Royce & L. Mos (Eds.), *Humanistic psychology: Concepts and criticisms*, pp. 253～260. New York: Plenum Press.

Thomas P. M. (Ed.) (1988). *Oriental theories of human development*. New York, NY: Peter Lang.

Tillich, P. (1952). *The courage to be*. New Conn: Yale University Press.

Toch, H. (1997). *Corrections: A humanistic approach*. Guilderland, NY: Harrow and Heston Publishers.

Toulmin, S. (1972). *Human understanding: The collective use of concepts*. Princeton, NJ: Princeton University Press.

Toulmin. S. (1990). *Cosmopolis: The hidden agenda of modernity*. New York: Free Press.

Tu Wei-ming (1985). Selfhood and otherness in Confucian thought. In A. R. Marsella et al. (Eds.), *Culture and self: Asian and Western perspectives*, pp. 245～247. New York, NY: Tavistock Publications.

Tu Wei-ming (1988). On Confucian religiousness. *International Confucian-Christian Conference*, p. 11. Hong Kong, June 8-15.

Valle, R. S., & King, M. (Eds.) (1978). *Existential-phenomenological alternatives for psychology*. New York: Oxford University Press.

Vaughan. F. (1986). *The inward arc: Healing and wholeness in psychotherapy and spirituality*. Boston. MA: New Science Library.

Viney, W. (1993). *A history of psychology: Ideas and context*. Boston: Allyn and Bacon.

Vitz, P. C. (1977). *Psychology as religion: The cult of self-worship*. Grand Rapids, MI: William.

Wallach, M. A., & Wallach, L. (1983). *Psychology's sanction for selfishness: The error of egoism in theory and therapy*. San Francisco, CA: W. H. Freeman & Co.

Walsh, R., & Vaughan F. (Eds.) (1993/1980). *Paths beyond ego: Transpersonal dimensions of psychology*. Los Angeles: J. P. Jarcher/Perigee.

Walsh, R., & Shapiro, D. (Eds.) (1983). *Beyond health and normality: Explorations of exceptional psychological well-being*. New York: Van Nostrand Reinhold.

Walsh, R., & Vaughan, F. (1984). Transpersonal psychology. In R. Corsini (Ed.), *Encyclopedia of psychology*, Vol. 3, p. 443. New York, NY: John Wiley & Sons.

Watson, J. B. (1914). *Behavior: An introduction to comparative psychology*. New York: Holt.

Watson, J. B. (1930/1924). *Behaviorism*. (rev. ed.). Chicago, IL: University of Chicago Press.

Watson, R. I. (1968). *The great psychologists from Aristotle to Freud* (rev. ed.). Philadelphia, PA: J. P. Lippincott.

Watts, A. (1961). *Psychotherapy East and West*. New York: Pantheon Books.

Welch, I. D., Tate, G, A., & Richards, F. (Eds.) (1978). *Humanistic psychology: A source book*. Buffalo, NY: Prometheus Books.

Wertz, F. J. (Ed.) (1994). *The humanistic movement: Recovering the person in psychology*. Lake worth, FL: Gardner.

Westcott, M. R. (1988). *The psychology of human freedom: A human science perspective and critique*. New York, NY: Springer-Verlag.

Westcott, M. R. (1983). You are not alone, Joe Rychlak. *New Ideas in Psychology*, 1 (3), 231～237.

Wilber, K. (1977). *The spectrum of consciousness*. New York: Doubleday.

Wilber,K., et al. (Eds.) (1986). *Transformations of consciousness: Conventional and contemplative perspectives on development*. Boston, MA: New Science Library.

Wilbur, K. (1979). *No boundary*. Los Angeles: Center Publications.

Wilbur, K. (1981). *Up from Eden: A transpersonal view of human evolution*. Boulder: Shambhala.

Wilbur, K. (1989). Two humanistic psychologies? A response. *Journal of Humanistic Psychology*, 29, 230～243.

Young, M.E. (1993). Theoretical trends in counseling: A national survey. *Guidance and Counseling*, 9 (1), 4～9.

索　引

說明：1. 每一名詞後所列之數字為該名詞在本書內出現之頁碼。
2. 由字母起頭的中文名詞排在漢英名詞對照之最後。
3. 同一英文名詞而海峽兩岸譯文不同者，除在正文內附加括號有所註明外，索引中均予同時編列。

一、漢英對照

一　畫

一元動力論　monistic dynamism　182
一致感　consistency　170
一般心理治療　general psychotherapy　312
一般系統論　general systems theory　554
一般研究　nomothetic research　349
一般科學方法論　general scientific methodology　333

二　畫

人　Person　292
人文主義　humanitas　531
人本心理學　humanistic psychology　3
人本主義心理學　humanistic psychology　3
人本主義心理學會　Association of Humanistic Psychology　47
人本主義課程論　humanistic theory of curriculum　444
人本論　humanistic theory　436
人本學　anthropology　172,531
人生觀　human life outlook　398
人性　human nature　116,365
人性中心課程　humanity-centered curriculum　445
人性化　humanizing　561
人性本善論　doctrine of good human nature　117,377,448
人性有善有惡論　doctrine of humanity capable of becoming either good or evil　367
人性無善無不善論　doctrine of no good and no evil human nature　367
人性論　theory of human nature　22
人性觀　human nature viewpoint　364
人物傳記分析　analysis of men biographies　349
人的心理學　human psychology　340
人的活動　human activity　116
人的科學　sciences of man　172
人的哲學　philosophy of man　172
人的價值　human values　116
人格　personality　12,78,89,253
人格心理學　personality psychology　37,322
人格主義　personalism　37,303
人格主義心理學　personalistic psychology　37
人格自我心理學　personality self-psychology　166

人格自我發展　personality self-development　185
人格理論　personality theories　181
人格異常　personality disorder　262
人格認同　personal identification　502
人格障礙　personality disorder　262
人道主義　humanism　22
人種誌　ethnography　559
人際世界　with-world　234
人際知識　interpersonal knowledge　347
人際情境　human context　290
人際關係　interpersonal relations　182,290
人學　homonology　172
人類成長中心　human growth center　36
人類潛能運動　human potential movement　36
人類學　anthropology　172
入睡狀態　hypnagogic state　503
力比多　libido　152,182,238,247,385

三　畫

下意識　subconsciousness　291
千里眼　clairvoyance　491
大全　all being　305
大我　larger-self　488
大型理論　major system　563
大型體系　major system　563
小型理論　miniature system　563
小組治療　group therapy　171
干預　intervention　317

四　畫

不存在　nonbeing　232
中介變量　intervening variable　27
中介變項　intervening variable　27
中層潛意識　moderate-unconsciousness　500
互動作用　interaction　67
介入　intervention　317
元素主義　elementalism　353
元素主義心理學　elementalism psychology　7
元素論　elementalism　353
元理論　metatheory　352,368
內化　internalization　27
內化價值觀　internalization values　401
內在動力論　intrinsic dynamic theory　63
內在惡　inner evil　382
內在智慧　awakening intuition　509
內在傾向　intrinsic tendency　117
內在價值觀　intrinsic values　118,401,403
內在學習　internal learning　441,462
內投　introjection　405
內疚　guilt feeling　255
內省　introspection　27,500
內省心理學　introspective psychology　174
內容　content　510
內部探究治療　inner search therapies　309
內部掃描　internal scanning　504
內部經驗　internal experience　32
內發性需求　proactive need　391
內識心理學　understanding psychology　38
內攝　introjection　405
內驅力　drive　65
內觀治療法　naikan therapy　520
公約制　contracts　452
分析階段　analytic phase　316
分裂狀態　state of fragmentation　504
化約主義　reductionism　14

友愛 philia 247
友誼 philia 247
反主流文化 counterculture 20
反本能論 anti-instinctive theory 119,367,368
反省 introspection 500
反理性 antireason 497
反意志論 irrational anti-voluntarism 251
反覆研究法 iteration technique 345
尤賽琴社會 Eupsychia society 156
尤賽琴管理 Eupsychia management 156
心向 set 315
心身系統 psychophysical systems 79
心身疾病 psychosomatic disorder 508
心身症 psychosomatic disorder 508
心理主義 psychologism 339
心理玄學 metapsychology 309
心理生物學 psychobiology 41
心理交談 psychological interviewing 288
心理安全 mental security 464
心理自由 psychological freedom 464
心理治療階段 psychotherapeutic phase 316
心理空間 psychological space 266
心理面談 psychological interviewing 288
心理疾病 mental illness 58
心理病態人格 psychopathic personality 5
心理健康 mental health 12,378
心理動力學 psychodynamics 182
心理訪談 psychological interviewing 288
心理場 psychological field 266
心理場地 psychological field 266
心理需要 mental need 121
心理劇 psychodrama 36
心理潛能 mental potentiality 117
心理學主義 psychologism 339
心理整合 mental identity 201
心理變態 psychological deviation 262
心象 image 206
心電感應 telepathy 491
心靈致動 psychokinesis 491
心靈層 mind 498
心靈學 parapsychology 490
心靈豐滿 mindfulness 506
方法中心主義 method centralism 336
方法中心論 method centrality theory 336
方法崇拜 methodolotry 28
方法論 methodology 332,333
方法學 methodology 333
木僵狀態 stupor 504
牛頓-笛卡兒 Newtonian-Cartesian 484

五 畫

世界觀 world outlook 398
主我 I 292
主我過程 I-process 299
主客觀兩種範式的整合 synthesis of two modes 340
主智主義 intellectualism 459
主訴 complaints 317
主體 subject 425
主體自我 subjective self 175
主體我 subject self 502
主體性 subjectivity 23,324
主體哲學 subject-philosophy 325
主觀 subjectivity 425
主觀主義價值觀 subjectivistic

values 425
主觀性 subjectivity 10,23
主觀唯心主義 subjective idealism 233,322
主觀唯心論 subjective idealism 322
主觀經驗範式 subjective-experiential paradigms 339
以人為中心療法 person-centered therapy 189,190
以主題為中心的相互作用方法 theme-centered method 450
以主題為中心的課堂討論 theme-centered method 450
代溝 generation gap 18
充分發揮機能者 fully functioning person 183
功能自主 functional autonomy 83
半意識 subconsciousness 291
去極化 desacralization 140
去聖化 desacralization 140
古典精神分析 classical psychoanalysis 33
外向 extraversion 12
外在學習 external learning 440
外部動力論 extrinsic dynamic theory 63
外傾 extraversion 12
外塑價值觀 external-shaping values 401
幼稚心理學 immature psychology 108,149
本我 id 34,152,175,238,373,401,422
本我心理學 id psychology 35,100, 211,556
本真 authenticity 302,399
本能 instinct 118,368,423
本能決定論 instinctive determinism 118
本能論 instinctive theory 367, 368
本體感 ontological feeling 236
本體論 ontology 231
本體論自由 ontologic freedom 300
本體論的特點 ontological characteristics 339
本體論的給予性 ontological given 290
本體奮力的浮現 emergence of proprium striving 92
未來學 futurology 558
正效應 positive effect 121
正常焦慮 normal anxiety 243
正常覺醒意識狀態 normal waking consciousness 504
玄思哲學 speculative philosophy 531
玄秘主義 mysticism 522
玄學 metaphysics 303
生之本能 life instinct 152
生命全期發展心理學 life-span developmental psychology 100
生命決定論 life-determinism 400
生命意義 meaning of life 213
生物反饋 biofeedback 486
生物-心理-社會模式 biopsychosocial model 558
生物回饋 biofeedback 486
生物決定論 biological determinism 372
生物社會束 biosocial bands 499
生物能量分析 bioenergetic analysis 308
生物學化 biologicalization 4
生物還原論 biological reductionism 296
生物觀決定論 biological determinism 372
生的本能 life instinct 152
生長 growth 373
生活空間 life space 177,266
生理需要 physiological need 123

生產性性格　productive character 154
白日夢狀態　daydreaming state 504
白鼠心理學　rat psychology 2
矛盾情感　affective ambivalence 13

六　畫

交叉科學　interdisciplinary 558
交朋友小組　encounter group 36,173,203
交朋友小組治療　encounter group therapy 202
交流分析　transactional analysis 36,308
先驗人性論　transcendental human nature theory 389
共境　with-world 227,234
共識　consistency 170
再聖化　resacralization 140
同一性　identity 17,304
同一性感受　identity-experience 144
同性戀　homosexuality 111
同情心　sympathy 95,198
同理心　empathy 10,198,465
合氣道　aikido 520
因應　coping 311
因應行為　coping behavior 29
因應諮商　coping counseling 311
因變量　dependent variable 120
在世存在　being in the world 302
妄想狂　paranoia 13
如性　suchness 302
存在　existence 232
存在　presence 309
存在（主義）分析學派　existential analysis school 263
存在-人本主義心理治療　existential-humanistic psychotherapy 263
存在人格構成　existential personality construct 253
存在之愛　being love 135
存在分析　existential analysis 228,340
存在分析心理治療　existential-analytic therapy 308
存在分析心理學　psychology of existential analysis 224,286
存在分析理論　existential-analysis theory 286
存在分析論　theories of existential analysis 231
存在分析學派　school of existential analysis 556
存在分析學説　existential analysis theory 228
存在心理治療　existential psychotherapy 224,263
存在心理學　existential psychology 224
存在主義　existentialism 23
存在主義心理學　existential psychology 9,224
存在主義取向　existential approach 224
存在主義治療　existential therapy 263
存在主義價值觀　existential values 412
存在本體論　ontology of being 231
存在成長階段　ontogogic phase 317
存在的愛　existential love 305
存在的解放　existential emancipation 313
存在病態　metapathology 160
存在神經症　existential neurosis 276
存在焦慮　existential anxiety 301
存在給予性　existential given 297

存在感　sense of being　235
存在愛　being love　135,405
存在精神分析　existential psychoanalysis　263,339
存在-精神分析心理治療　existential-psychoanalytic psychotherapy　263
存在認知　being cognition　133,145
存在需求　being need　121
存在需要　being need　121
存在需要　existential needs　303
存在價值　being value　135,406
存在層　existential　499
存在觀　being cognition　145
安全感　security　95
安全需要　safety need　124
成長　becoming　233,373
成長　growth　312,373
成長假設　growth hypothesis　70,371
成長過程　process of becoming　373,375
成長際遇　growthful encounter　289
成長需求　growth need　121
成長需要　growth need　121
成長遭遇　growthful encounter　289
成長遭際　growthful encounter　289
成熟人格心理學　maturational personality psychology　81
曲解　distortion　187
有限性　finiteness　298
有意義學習　significant learnig　441
有機體　organism　71
次文化　subculture　20
次級人格　subpersonality　502
死之本能　death instinct　152
死的本能　death instinct　152
肉欲　lust　247
自己　Self　373
自由　freedom　253
自由意志　free will　13
自助小組　self-help group　203
自我　ego　33,89,152,175,373,401,410,422,511
自我　self　12,72,89,93,174,175,185,374,502,556
自我　Self　292,373
自我中心主義　egocentrism　533
自我中心主義　self-centeredness　138
自我中心性　self-centeredness　256
自我內在世界　own-world　234,235
自我分析　ego analysis　313
自我心理學　ego psychology　35,211,477,556
自我心理學　self psychology　477,556
自我同一性　self-identity　31
自我同一感　sense of self-identity　90
自我作為認識者的出現　emergence of the self as knower　92
自我形象　sense of self-image　91
自我更新　self renewal　312
自我承認　self-acceptance　95
自我肯定　self-affirmation　257
自我肯定　self-confirmation　227
自我威脅　ego-threat　95
自我客觀化　self-objectification　96
自我重建　self-reconstruction　269
自我消亡　ego death　511
自我動機　ego motive　83
自我接受　self-acceptance　207
自我接納　self-acceptance　95,207
自我理想　self-ideal　185
自我理論　self-theory　174

自我異化　self-alienation　187
自我疏離　self-alienation　187
自我統一追求的出現　emergence of proprium striving　92
自我統一機能自主　proprium functional autonomy　85
自我統一體　proprium　89
自我統合　self-identity　31,185
自我發展治療　self-developmental therapy　202
自我評價　self-evaluation　185
自我超越　self-transcendence　496, 511
自我意象　self-image　312
自我意象　sense of self-image　91
自我意識　self-consciousness　81, 228,237,259
自我概念　self-concept　175,176,177
自我實現　self-actualization　45,59, 61,65,66,116,131,387,405,423,427, 494
自我實現人　self-actualizing man 542
自我實現心理學　self-actualization psychology　108,116,130
自我實現者　self-actualizing man 439
自我實現型的創造力　creativity of self-actualization　136
自我實現型高峰體驗　peak experience of self-actualization　143
自我實現傾向　self-actualization tendency　70,181
自我實現需要　self-actualization need　126
自我實現價值觀　self-actualization values　403
自我實現課程　curriculum of self-realization　446
自我認可　self-acceptance　95
自我認同　self-identity　31
自我認同感　sense of self-identity 90
自我認定　self-identity　185
自我層　ego　499
自我確證　sense of self-identity　90
自我調節　ego adjustment　422
自我論　self-theory　174
自我擴伸感　sense of self-extension 91
自我擴展感　sense of self-extension 91
自我關係　self-relationness　259
自我覺知　self-awareness　259
自我覺察　self-awareness　259
自我觀念　self-concept　175,176
自我觀念　self-idea　502
自私文化　self-seeking culture　478
自身　self　89,511
自居作用　identification　494
自性　Self　373
自性　self　89
自信　self-confirmation　227
自律　self-discipline　450
自重　sense of self-esteem　90
自敗型　self-defeating patterns　316
自尊感　sense of self-esteem　90
自尊需求　esteem need　125
自然主義　naturalism　159
自然主義價值觀　naturalistic values 403
自然焦慮　natural anxiety　301
自發學習　self-initiated learning 462
自戀狂文化　narcissistic culture 478
自變量　independent variable　120
自變項　independent variable　120
至善原則　perfection principle　422
行為心理學　behavioristic psychology　4
行為主義　behaviorism　26

行為主義心理學 behavioristic psychology 4
行為和思想的特徵 characteristic behavior and thought 79
行為科學 behavioral science 542
行為塑造 behavior shaping 308
行為論 behaviorism 26
行為矯正術 behavior modification techniques 311
行動治療 action therapy 308
行動潛力 potential to act 298
西藏心靈治療法 Tibetan psychic healing 520

七 畫

佛教的領悟沈思 Buddhist insight meditation 520
似本能 instinctoid 118,367,368
似動現象 apparent motion 56
低上限心理學 low-ceiling psychology 151
低俗化 desacralization 140
低層潛意識 under-unconsciousness 500
克萊因學派 school of Klein 556
利人主義 altruism 405
利他之愛 agape 247
利他主義 altruism 405
均等原則 equalization principle 64
均等過程 equalization process 64
均衡作用 homeostasis 86
均衡原則 equalization principle 64
均衡感 sense of proportion 95
完形心理學 Gestalt psychology 56
完形治療 Gestalt therapy 308
完形治療法 Gestalt therapy 204
完滿人性 full humanness 131
形成 becoming 233
形成 formation 374
形成傾向 formative tendency 374
形而上學 metaphysics 28
形容詞檢核表 adjective check list 213
形容詞鑒定法 adjective check list 213
形態發生研究法 morphogenic studies methods 76,348
快速眼動 rapid eye movement 503
快樂原則 pleasure principle 14, 422
我 self 89
我-你關係 I-Thou relationship 114, 170
我境 own-world 234
抗拒 resistance 33,295
投注 thrownness 13
更新 renewal 312
沈思 meditation 486
沈思治療法 meditation 520
沈思狀態 meditative state 504
沈著 equanimity 507
決心 determination 252
決定性傾向 determination 79
決定論 determinism 23,227
狂歡狀態 state of rapture 504
系統折衷主義 systematic eclecticism 335
系統質 system quality 354
角色 role 502
角色扮演 role playing 309
言語療法 logotherapy 480
身體勇氣 physical courage 258
防衛方式 defense mechanism 184
防衛機制 defense mechanism 28, 302
防禦機制 defense mechanism 28, 184,302

八　畫

亞文化　subculture　20
享有動機　abundancy motive　121
依變項　dependent variable　120
來訪者　client　192
來訪者中心療法　client-centered therapy　190
具體科學方法論　concrete scientific methodology　333
具體態度　concrete attitude　70
受輔者　client　192
受輔者中心療法　client-centered therapy　190
和平之桌心理學　psychology for peace talk　113
和談心理學　psychology for peace talk　113
周圍世界　world around　233
固有趨勢　design　366
宗教緊張　religious stress　255
定位説　positioning theory　43
定勢　set　315
性　sex　247
性力　libido　238,385
性本能　libido　182
性虐待　sexual abuse　560
性格　character　41,80
性格障礙　character disorder　303
性欲　sex　247
性惡論　doctrine of evil human nature　34,367,380
性善論　doctrine of good human nature　117,367
抽象束　philosophical bands　499
抽象態度　abstract attitude　70
抵抗　resistance　33,295
抵抗分析　resistance analysis　317
昏迷狀態　coma　504
昏睡狀態　lethargic state　504
昇華　sublimation　424
治療目標的存在水平　being levels of therapeutic goals　312
治療目標的匱乏水平　deficiency levels of therapeutic goals　311
治療成長目標的存在水平　being levels of therapeutic growth goals　312
治療者　therapist　192
泛性論　pansexualism　227
直覺　intuition　497
直覺醒悟　awakening intuition　509
直觀　intuition　497
知的需要　need to know　125
知者自我開始出現　emergence of the self as knower　92
知識課程　academic curriculum　446
社會人　social man　155
社會決定論　social determinism　29
社會物理學　social physics　338
社會勇氣　social courage　258
社會倫理心理學　social moral psychology　115
社會整合　social integration　255
社會歷史決定論　socio-historical determinism　392
空虛感　feeling of unreality　245
表現行為　expressive behavior　29
表達行為　expressive behavior　29
非存在　nonbeing　232
非指示療法　nondirective therapy　190
非指導式諮商　nondirective counseling　190,454
非指導教學　nondirective education　432,454
非理性　irrationality　497
非理性主義　irrationalism　279
非理性經驗　irrational experience　232

非理智主義 non-intellectualism 447
非窒息教學 non-suffocating teaching 467
非意識智力 nonconscious intelligence 465
非操縱教學 non-manipulating teaching 467

九 畫

信念 belief 398
信念 faith 304
信度 reliability 549
保險統計預測 actuarial predictions 29
促動者 facilitator 192
促進者 facilitator 192
前意識 preconscious 500
前攝性需要 proactive need 391
前攝的 proactive 372
勇氣 courage 257,303
品行 character 80
品格 character 80
契約法 contracts 452
宣泄 catharsis 309
宣洩 catharsis 309
客我 Me 292
客我心理學 Me psychology 340
客體 object 425
客體自我 objective self 175
客體我 object self 502
客觀 objectivity 425
客觀性 objectivity 23
客觀實驗範式 objective-experimental paradigms 338
後成説 epigenesis 100
後設理論 metatheory 352
思辨哲學 speculative philosophy 9,531
恍惚狀態 trance state 504
持續性機能自主 perseverative functional autonomy 85
流射論 emanationist views 563
活力 energy 507
相互作用 interaction 67
研究精神 investigation 507
科學哲學 philosophy of science 483
約拿情結 Jonah complex 150
美的需要 aesthetic need 126
美國人本主義心理學會 American Association of Humanistic Psychology 46,151
衍生説 epigenesis 100
衍生需求 metaneed 121,160
致幻劑 psychodelics 485
面談法 interview 178,349

十 畫

倒退狀態 regressive state 504
個人世界 own-world 235
個人本位主義 individual departmentalism 533
個人生活史研究 case history study 349
個人同一性 individual identity 228
個人取向量表 personal orientation inventory 550
個人定向量表 personal orientation inventory 550
個人治療 personal therapy 313
個人特性 personal feature 132
個人統合 individual identity 228
個人潛能 personal potency 131
個人潛意識 individual unconscious 254
個人獨特性 personal uniquely 79
個別化 individualization 254
個別治療 individual therapy 172
個別訪談 interview 349
個性 individuality 254

個性　selfhood　93
個性化　individuation　254
個性化人格　individuation personality　154
個案史研究　case history study　349
個案研究　case study　32,349
個體化　individuation　254
個體性　individuality　254
個體特徵研究法　idiographic studies methods　348
個體預測　individual predictions　30
個體潛意識　individual unconscious　254
冥想　meditation　486,520
原子心理學　atomistic psychology　7
原子主義　atomism　353
原子論　atomism　353
原始生命力　daimon　250
原始生命力　demon　250,382
原始意象　primordial image　254, 479
原始療法　primal therapy　308
原型　archetype　254,479
哲學方法論　philosophical methodology　333
哲學束　philosophical bands　499
夏山模式　Summerhill model　450
夏山學校　Summerhill　450
差異分組　differential grouping　452
恐怖症　phobia　508
恐懼　fear　242,303
挫折忍耐力　frustration tolerance　95
挫折容忍力　frustration tolerance　95
效度　validity　549
核心　nucleus　12
案主　client　192
案主中心治療法　client-centered therapy　190
格式塔心理學　Gestalt psychology　56
格式塔治療　Gestalt therapy　204
格式塔療法　Gestalt therapy　308
氣質　temperament　80
特殊天才型的創造力　exceptional genius creativity　136
特殊規律研究法　idiographic methods　76,348
特徵　character　41
特質　trait　41,81
特質心理學　trait psychology　81
特質理論　trait theory　12
特質群　syndrome　345
病人　patient　192
病態人格　psychopathic personality　5
病態焦慮　morbid anxiety　243
真我完滿實現　self-realization　494, 496
真我實現　self-realization　494
真性神經症　real neurosis　238
真誠　authenticity　302
真誠一致　congruence　197,464
真誠一致　genuineness　197,464
真實自我　real self　177
真實我　real self　177
真實治療法　realness therapy　544
神性　sacred　563
神秘主義　mysticism　522
神秘體驗　mystical experience　504
神經官能症　neurosis　4,218,239,310
神經科學　neuroscience　561
神經症　neurosis　4,72,218,239,310
神經症焦慮　morbid anxiety　239, 243,301
神經質焦慮　neurotic anxiety　239
純文化　pure-culture　434

純粹心理學 pure psychology 32
缺失性需要 deficiency need 120
缺失愛 deficiency love 135
缺失認知 deficiency cognition 146
缺陷心理學 cripple psychology 108
茫然狀態 trance state 504
訓練團體 training group 36
迷幻藥 hallucinogens 485
追求統我的形成 emergence of proprium striving 92
追求優越 striving for superiority 182
馬拉松集體治療 Marathon group therapy 203
高度心理學 higher psychology 489
高原體驗 plateau experience 133, 143
高峰經驗 peak experience 141
高峰體驗 peak experience 133, 141
高層自我 higher-self 502
高層潛意識 higher-unconsciousness 501

十一畫

做夢狀態 dreaming state 503
健康人格 healthy personality 5, 213
健康人格心理學 health personality psychology 81
健康型自我實現 healthy self-actualization 132
偏執狂 paranoia 13
副現象 epiphenomenon 11
動力組織 dynamic organization 79
動力結構 dynamic organization 79
動力論 dynamic theory 33,181
動機 motivation 12,81
動機功能獨立 functional autonomy of motivation 83
動機論 motive theory 118,542
動機論 theories of motivation 33
匿名戒酒會 Alcoholics Anonymous 520
參與 participation 258
曼德勒治療法 Mandala therapy 520
問題中心論 problem-centered theory 336
唯名論 nominalism 28
唯能論 energetics 192
唯理論 rationalism 340
唯智主義 intellectualism 459
唯意志論 rational voluntarism 251
唯樂原則 pleasure principle 14
唯靈論 spiritualism 303
基本需求 basic need 120
基本需要 basic need 120
基督教心理治療法 Christian psychotherapy 520
強化 reinforcement 152
強迫重復原則 repetition-compulsion principle 14
從做中學 learning by doing 458
患者 patient 192
情意教育 affective education 445
情意課程 affective curriculum 446
情感矛盾 affective ambivalence 13
情感教育 affective education 445
情感課程 affective curriculum 446
情緒疾病 emotional illness 12
情緒紊亂 emotional disruption 317

符號化　symbolization　184
接受學習　reception learning　445
教育觀　educational view　432
教學心理氛圍　teaching psychological atmosphere　465
啟發式研究　heuristic research　347
敏感性小組　sensitivity training group　461
敏感性訓練小組　sensitivity training group　203
敏感性培養　sensibility cultivation　258
條件性正向關懷　conditioned positive regard　186
條件性積極關注　conditioned positive regard　186
欲望　desire　118
深層治療法　depth therapy　313
理性　reason　244,497
理性主義　rationalism　278,320,340
理性運用者的自我形成　sense of self as rational coper　91
理智自我　sense of self as rational coper　91
理想主義　idealism　160
理想自我　ideal self　177
理想我　ideal self　177
理解心理學　understanding psychology　38
理論-學術心理學　theoretical-academic psychology　558
現象域　phenomenal field　28,175
現象場　phenomenal field　28,175
現象經驗　phenomenal experience　177
現象學　phenomenology　25,334
現象學心理治療法　phenomenological psychotherapy　544
現象學心理學　phenomenological psychology　9,224
現象學方法　phenomenological method　345
現象學取向　phenomenological approach　224
現象學價值圖式　phenomenological schemata of value　410
現象學價值觀　phenomenological values　410
現實自我　actual self　177
現實自我　real self　177
現實性知覺　realistic perception　95
現實治療法　reality therapy　544
現實原則　reality principle　14,422
現實神經症　real neurosis　238
畢生發展心理學　life-span developmental psychology　48,100
異化　alienation　421
疏離　alienation　421
疏離　separateness　298
移情　transference　317
移情分析　transference analysis　317
第一勢力　first force　26
第三勢力　third force　2
第四心理學　fourth psychology　489
第四勢力　fourth force　489
統合　integration　355
統合感　identity　17
統我　proprium　89
統我性機能自主　proprium functional autonomy　85
統我模式性原理　principle of proprium patterning　88
組合　formation　374
組織能量等級原理　principle of organizing the energy level　88
組織需求　tissue needs　422
被拋　thrownness　13
訪問　interview　178
設身處地理解　empathy　10,198

責任 responsibility 305
軟心理學 soft psychology 355
軟性心理學 soft psychology 355
通過會面而治癒 healing through meeting 170
連續統 continuum 303
連續體 continuum 303
造型 formation 374
部分機能心理學 part-function psychology 340

十二畫

創造 creativity 305
創造力 creativity 136,464
創造性性格 productive character 154
創造勇氣 creative courage 258
博愛 agape 247
尊重需要 esteem need 125
尋根性 rootedness 304
悲觀主義 pessimism 34
掌握和勝任的原理 principle of mastery and competence 88
描述心理學 understanding psychology 38
普通型高峰體驗 general peak experience 142
普遍研究 nomothetic research 349
森田療法 Morita's therapy 520
殘疾心理學 cripple psychology 108,149
焦慮 anxiety 238,260,301
焦慮本體論 ontology of anxiety 238
焦慮-信號説 theory of anxiety-semiotic 239
焦點意識 focal consciousness 291
無主體哲學 non-subject-philosophy 324
無我 non-self 488
無條件正向關懷 unconditional positive regard 187
無條件絕對尊重 unconditional positive regard 197
無條件積極關注 unconditional positive regard 187,197,464
無意識 nonconsciousness 291
發生學 genetics 372
發泄 abreaction 309
發展 development 373
發展動機 development motive 83
發現學習 discovery learning 445
硬心理學 hard psychology 355
硬性心理學 hard psychology 355
硬性決定論 hard determinism 484
結構心理學 structural psychology 11
結構主義 structuralism 7,56,110
結構關係 structural relation 38
虛無的恐懼 fear of nothing 241
超人本 transhumanistic 476
超心理學 parapsychology 490
超我 super-ego 152,175,373,401,422
超個人 transpersonal 476,492
超個人心理治療 transpersonal psychotherapy 508
超個人心理學 transpersonal psychology 48,476
超個人心理學會 Association for Transpersonal Psychology 476
超個人束 transpersonal bands 498
超個體心理學 transpersonal psychology 476
超現實心理治療法 transpersonal psychotherapy 508
超現實心理學 transpersonal psychology 48,476
超越 transcendence 300,314
超越自我的人 self-transcendence 213

超越性　transcendency　304,492
超越性的愛　transcendent love　305
超越性病態　metamorbidity　408
超越性病態　metapathology　160, 408
超越性需要　metaneed　121,160
超越性歡樂主義　meta-hedonism 406
超越型自我實現　transcendental self-actualization　132
超越理性　transreason　497
超越階段　transcendent phase　318
超感知覺　extra sensory perception 491
超覺沈思　transcendental meditation　36,486,505
超覺靜坐　transcendental meditation　36,505
開放式靜坐　opening-up meditation 486
開放走廊方法　open corridor method　450
開放性沈思　opening-up meditation 486
開放教室　open classroom　450
開放課堂　open classroom　450
集中　concentration　507
集中式靜坐　concentrative meditation　486
集中性沈思　concentrative meditation　486
集體潛意識　collective unconscious 254,479,502
順應　adjustment　302,311

十三畫

傳心術　telepathy　491
傳記法　biographical method　42
塔維斯托克小組訓練　Tavistock group training　203
微觀體系　miniature system　563
意向　intention　251,410
意向性　intentionality　25,268
意向治療　intentional therapy　265
意志　will　251
意志自由　freedom of will　213
意志自由　will freedom　237
意動心理學　act psychology　355
意義　meaning　18
意義化學習　meaningful learning 441
意義性　meaningfulness　304
意義治療法　logotherapy　23
意義意志　will to meaning　213, 480
意義學習　meaningful learning 441,462
意義學習　significant learning　441
意義療法　logotherapy　480
意識　awareness　177,259,298
意識　consciousness　232,259,291
意識中心自我　conscious centre self 501
意識扭曲　distortions of awareness 302
意識狀態　states of consciousness 503
意識流　stream of awareness　298
意識界　field of consciousness　501
意識訓練　training of consciousness 505
意識域　field of consciousness　501
意識轉變狀態　altered states of consciousness　55,503
意識譜説　consciousness-spectrum hypothesis　498
感受訓練團體　sensitivity training group　203,461
感情移入　empathy　10
愛　love　305
愛欲　eros　247
愛欲論　theory of eros　247

愛與意志本體論 ontology of love and will 247
新弗洛伊德主義 neo-Freudism 34
新精神分析 neopsychoanalysis 34
會心團體 encounter group 36,173, 203
會心團體治療 encounter group therapy 202
極端決定論 extreme-determinism 192
溝通 communication 170
溝通分析 transactional analysis 36,308
瑜珈功 yoga 36
當事人 client 192
當事人中心治療法 person-centered therapy 189
經濟人 economic man 155,542
經驗 experience 177
經驗主義 empiricism 29,340
經驗-主觀範式 experiential-subjective paradigm 540
經驗論 empiricism 29,340
罪疚感 guilt feeling 255
罪惡感 guilt feeling 255
群體潛意識 collective unconscious 254
腦電圖 electroencephalogram 503
解放 emancipation 300,313
解除認同 disidentification 510
解釋 interpretation 317
解釋心理學 interpretative psychology 38
解釋學 hermeneutics 554
詢問法 inquiry method 450
遊戲治療 play therapy 171
道德勇氣 moral courage 258
遐想狀態 reverie 504
過程 process 510
頓悟 insight 237,300,544
頓然覺悟 enlightenment 506

十四畫

匱乏之愛 deficiency love 135
匱乏認知 deficiency cognition 133,146
匱乏需求 deficiency need 120
團體治療 group therapy 171, 312
團體動力學 group dynamics 204
寧靜 tranquility 507
實用主義 pragmatism 192
實用主義心理學 pragmatic psychology 438
實現 actualization 300
實現的傾向 actualization tendency 181
實現的愛 actualizing love 305
實現唯物論 emergentist materialism 562
實證心理學 positive psychology 27
實證主義 positivism 333,561
實驗心理學 experimental psychology 38,322
實驗-客觀範式 experimental-objective paradigm 540
對象關係理論 object relation theory 556
徹悟 complete enlightenment 544
態度 attitude 398
慣例動機 routine motive 82
榮格心理治療法 Jungian psychotherapy 520
構造心理學 structural psychology 11
構造主義 structuralism 7,110
構造論 structuralism 56
漸成說 epigenesis 100
睡眠狀態 sleeping state 503
管理心理學 managerial psychology 542

管理科學 managerial science 542
精英 elite 5
精神 spirituality 563
精神分析學派 psychoanalytic school 263
精神性 spirituality 492
精神疾病 mental illness 58
精神病 psychosis 218
精神病態 psychopathy 378
精神健康 mental health 378
精神綜合論 psychosynthesis 500
綜合 integration 355
綜合徵 syndrome 17,57,345
綜合課程 experiential curriculum 446
緊張症 catatonia 508
語句完成測驗 sentence completion test 550
語詞 (句) 填充測驗 sentence completion test 550
認同 identification 494,510
認同體驗 identity-experience 144
認知失調論 cognitive dissonance theory 152
認知-目的論 cognitive teleologism 4
認知者自我的形成 emergence of the self as knower 92
認知發展心理學 cognitive developmental psychology 561
認識與理解的欲望 desire to know and understand 125
需求 need 66,118
需要 need 66,118
需要的優勢 dominance of need 129
需要動機 need motive 82
需要層次論 need hierarchy theory 45,118,120,539
領悟 insight 544
領悟心理治療 insight psychotherapy 191,265
領會心理學 understanding psychology 38

十五畫

價值 value 40,398
價值條件 conditions of worth 183
價值圖式 schemata of value 410
價值觀 values 398
增強 reinforcement 152
審美需要 aesthetic judgement need 126
影像層 shadow 499
徵候群 syndrome 17,57,345
慾力 libido 152,182,238,247,385
樣本 sample 549
標籤化 labeling 353
標籤作用 labeling 353
潛能 potentiality 117,233
潛能論 organic potential theory 117
潛意識 unconsciousness 33,291, 423
潛意識決定論 unconscious determinism 33
適應 adaptation 302

十六畫

學生中心教育 learner-centered education 449
學院心理學 academic psychology 7
學問中心課程 learning-centered curriculum 444
學習自由模式 freedom-to-learn model 451
學習團體 training group 36
學術性程課 academic curriculum 446
學會學習的過程 learning the process of learning 443

操作主義 operationalism 192
整合 integration 355
整合性心理治療法 integrative psychotherapy 520
整體分析法 holistic-analysis method 343
整體主義心理學 holistic psychology 37
整體治療 holistic therapy 265
整體動力論 holistic-dynamic theory 108,130
整體論人格研究 holistic personality research 48
整體論心理學 holistic psychology 37
橫向研究 cross-sectional study 549
機能完善者 fully functioning person 183
機能健全者 fully functioning person 183
機動自主 functional autonomy 83
機械化 mechanomorphic 541
機械形態觀 mechanomorphic view 296
機械論 mechanistic theory 181
機體主義心理學 organismic psychology 37
機體動力觀 organismic dynamics 63
機體評估 organismic valuing 421
機體評價 organismic valuing 421
機體意識 organismic awareness 289
機體經驗 organismic experience 177,421
機體潛能論 organic potential theory 117
機體論心理學 organismic psychology 37,60,185
機體整體觀 science of organic entirety 62
機體覺知 organismic awareness 289
積極成長傾向 positive growth tendencies 373
興緻 rapture 507
融合 integration 355
親密 intimacy 94
諮客 client 192
諮商 counseling 168
諮商心理學 counseling psychology 169
諮詢 counseling 168
諮詢心理學 counseling psychology 169
選擇 choice 298
選擇 selection 12
靜坐 meditation 486,520

十七畫

優勢需要 dominant need 129
儲存記憶狀態 stored memory 504
壓抑 repression 424
應付行為 coping behavior 29
應用心理學 applied psychology 32
應對 coping 311
應對諮詢 coping counseling 311
環境 context 509
環境 world around 233
環境決定論 environmental determinism 29
矯正的情緒體驗 corrective emotional experience 309
禪功 Zen gong 486
禪坐訓練 Zen gong 486
禪修 Zen gong 486
縱向研究 longitudinal study 549
臨床個案研究 case study 349
臨床心理學 clinical psychology 322
謠言強度公式 rumor-intensity for-

mula 101
豁然開朗 enlightenment 506
還原主義 reductionism 14
還原論 reductionism 14,227

十八畫

擴大意識狀態 expanded conscious state 504
朦朧狀態 hypnopompic state 503
歸因論 attribution theory 152
歸屬和愛的需要 belongingness and love need 125
癔症狀態 state of hysteria 504
豐滿人性 full humanness 131
軀體我 sense of bodily self 90
軀體感 sense of bodily self 90

十九畫

邊意識 marginal consciousness 291
關心反饋 caring feedback 450
關係治療法 relationship therapy 35
關聯性 relatedness 304
類似本能 instinctoid 118
類型 type 80
願望 wish 251

二十畫

獻身 commitment 304
覺知 awareness 259,298
覺知扭曲 distortions of awareness 302
覺知流 stream of awareness 298
覺察 awareness 177
警覺過敏狀態 hyperalert state 503
躁鬱性精神病 manic-depressive psychosis 218
躁鬱症 manic-depressive psychosis 218

二十一畫～二十四畫

驅力 drive 65
魔力 demon 382
魔鬼之性 demon 382
權威 authority 18
變相 distortion 187
變態心理學 abnormal psychology 2
變態行為 abnormal behavior 4
邏輯新實證主義 logical positivism 11
邏輯經驗主義 logical positivism 11
邏輯實證主義 logical positivism 11
邏輯實證論 logical positivism 192
驚覺 vigilance 259
體內平衡 homeostasis 86
體素需要 tissue needs 422
體質 constitution 391
體驗研究 experiential research 347
體驗課程 experiential curriculum 446
靈性 spirituality 492

英文字母起頭名詞

B-愛 B-love 135
B-認知 B-cognition 133
B-需求 B-need 121
B-價值 B-value 135
D-愛 D-love 135
D-認知 D-cognition 133
D-需求 D-need 120
Q 分類 Q-sort method 178
Q 分類技術 Q-sort technique 178
Q 分類法 Q-sort method 178
Q 技術 Q-sort technique 178
T-小組 T-group 461

T-小組　training group　203
T-團體　T-group　461
T-團體　training group　36,203
X 理論　X-theory　155,542
Y 理論　Y-theory　155,542
Z 理論　Z-theory　155,542
α 波　alpha wave　508

二、英漢對照

A

AA＝Alcoholics Anonymous
AAHP＝American Association of Humanistic Psychology
abnormal behavior　變態行為　4
abnormal psychology　變態心理學　2
abreaction　發泄　309
abstract attitude　抽象態度　70
abundancy motive　享有動機　121
academic curriculum　知識課程，學術性程課　446
academic psychology　學院心理學　7
act psychology　意動心理學　355
action therapy　行動治療　308
actual self　現實自我　177
actualization　實現　300
actualization tendency　實現的傾向　181
actualizing love　實現的愛　305
actuarial predictions　保險統計預測　29
adaptation　適應　302
adjective check list　形容詞檢核表，形容詞鑒定法　213
adjustment　順應　302,311
aesthetic judgement need　審美需要　126
aesthetic need　美的需要　126
affective ambivalence　矛盾情感，情感矛盾　13
affective curriculum　情意課程，情感課程　446
affective education　情意教育，情感教育　445
agape　利他之愛，博愛　247
AHP＝Association of Humanistic Psychology
aikido　合氣道　520
Alcoholics Anonymous　匿名戒酒會　520
alienation　異化，疏離　421
all being　大全　305
alpha wave　α 波　508
altered states of consciousness　意識轉變狀態　55,503
altruism　利人主義，利他主義　405
American Association of Humanistic Psychology　美國人本主義心理學會　46,151
analysis of men biographies　人物傳記分析　349
analytic phase　分析階段　316
anthropology　人本學，人類學　172,531
anti-instinctive theory　反本能論　119,367,368
antireason　反理性　497
anxiety　焦慮　238,260,301
apparent motion　似動現象　56
applied psychology　應用心理學　32
archetype　原型　254,479
ASCs＝altered states of consciousness

Association for Transpersonal Psychology　超個人心理學會　476
Association of Humanistic Psychology　人本主義心理學會　47
atomism　原子主義,原子論　353
atomistic psychology　原子心理學　7
ATP＝Association for Transpersonal Psychology
attitude　態度　398
attribution theory　歸因論　152
authenticity　本真,真誠　302,399
authority　權威　18
awakening intuition　內在智慧,直覺醒悟　509
awareness　意識,覺知,覺察　177,259,298

B

B-cognition　B-認知　133
B-love　B-愛　135
B-need　B-需求　121
B-value　B-價值　135
basic need　基本需求,基本需要　120
becoming　成長,形成　233,373
behavior modification techniques　行為矯正術　311
behavior shaping　行為塑造　308
behavioral science　行為科學　542
behaviorism　行為主義,行為論　26
behavioristic psychology　行為心理學,行為主義心理學　4
being cognition　存在認知,存在觀　133,145
being in the world　在世存在　302
being levels of therapeutic goals　治療目標的存在水平　312
being levels of therapeutic growth goals　治療成長目標的存在水平　312
being love　存在之愛,存在愛　405
being need　存在需求,存在需要　121
being value　存在價值　135,406
belief　信念　398
belongingness and love need　歸屬和愛的需要　125
bioenergetic analysis　生物能量分析　308
biofeedback　生物反饋,生物回饋　486
biographical method　傳記法　42
biological determinism　生物決定論,生物觀決定論　372
biological reductionism　生物還原論　296
biologicalization　生物學化　4
biopsychosocial model　生物-心理-社會模式　558
biosocial bands　生物社會束　499
Buddhist insight meditation　佛教的領悟沈思　520

C

caring feedback　關心反饋　450
case history study　個人生活史研究,個案史研究　349
case study　個案研究,臨床個案研究　32,349
catatonia　緊張症　508
catharsis　宣泄,宣洩　309
character　性格,品行,品格,特徵　41,80
character disorder　性格障礙　303
characteristic behavior and thought　行為和思想的特徵　79
choice　選擇　298
Christian psychotherapy　基督教心理治療法　520
clairvoyance　千里眼　491
classical psychoanalysis　古典精神分析　33

client 來訪者,受輔者,案主,當事人,諮客 192
client-centered therapy 來訪者中心療法,受輔者中心療法,案主中心治療法 190
clinical psychology 臨床心理學 322
cognitive developmental psychology 認知發展心理學 561
cognitive dissonance theory 認知失調論 152
cognitive teleologism 認知-目的論 4
collective unconscious 集體潛意識,群體潛意識 254,479,502
coma 昏迷狀態 504
commitment 獻身 304
communication 溝通 170
complaints 主訴 317
complete enlightenment 徹悟 544
concentration 集中 507
concentrative meditation 集中式靜坐,集中性沈思 486
concrete attitude 具體態度 70
concrete scientific methodology 具體科學方法論 333
conditioned positive regard 條件性正向關懷,條件性積極關注 186
conditions of worth 價值條件 183
congruence 真誠一致 197,464
conscious centre self 意識中心自我 501
consciousness 意識 232,259,291
consciousness-spectrum hypothesis 意識譜說 498
consistency 一致感,共識 170
constitution 體質 391
content 內容 510
context 環境 509
continuum 連續統,連續體 303
contracts 公約制,契約法 452
coping 因應,應對 311
coping behavior 因應行為,應付行為 29
coping counseling 因應諮商,應對諮詢 311
corrective emotional experience 矯正的情緒體驗 309
counseling 諮商,諮詢 168
counseling psychology 諮商心理學,諮詢心理學 169
counterculture 反主流文化 20
courage 勇氣 257,303
creative courage 創造勇氣 258
creativity 創造,創造力 136,305,464
creativity of self-actualization 自我實現型的創造力 136
cripple psychology 缺陷心理學,殘疾心理學 108,149
cross-sectional study 橫向研究 549
curriculum of self-realization 自我實現課程 446

D

D-cognition D-認知 133
D-love D-愛 135
D-need D-需求 120
daimon 原始生命力 250
daydreaming state 白日夢狀態 504
death instinct 死之本能,死的本能 152
defense mechanism 防衛方式,防衛機制,防禦機制 28,184,302
deficiency cognition 缺失認知,匱乏認知 133,146
deficiency levels of therapeutic goals 治療目標的匱乏水平 311
deficiency love 缺失愛,匱乏之愛 135

deficiency need　缺失性需要,匱乏需求　120
demon　原始生命力,魔力,魔鬼之性　250,382
dependent variable　因變量,依變項　120
depth therapy　深層治療法　313
desacralization　去極化,去聖化,低俗化　140
design　固有趨勢　366
desire　欲望　118
desire to know and understand　認識與理解的欲望　125
determination　決心,決定性傾向　79,252
determinism　決定論　23,227
development　發展　373
development motive　發展動機　83
differential grouping　差異分組　452
discovery learning　發現學習　445
disidentification　解除認同　510
distortion　曲解,變相　187
distortions of awareness　意識扭曲,覺知扭曲　302
doctrine of evil human nature　性惡論　34,367,380
doctrine of good human nature　人性本善論,性善論　117,367,377,448
doctrine of humanity capable of becoming either good or evil　人性有善有惡論　367
doctrine of no good and no evil human nature　人性無善無不善論　367
dominance of need　需要的優勢　129
dominant need　優勢需要　129
dreaming state　做夢狀態　503
drive　內驅力,驅力　65
dynamic organization　動力組織,動力結構　79
dynamic theory　動力論　33,181

E

economic man　經濟人　155,542
educational view　教育觀　432
EEG＝electroencephalogram
ego　自我　33,89,152,175,373,401,410,422,511
ego　自我層　499
ego adjustment　自我調節　422
ego analysis　自我分析　313
ego death　自我消亡　511
ego motive　自我動機　83
ego psychology　自我心理學　35,211,477,556
ego-threat　自我威脅　95
egocentrism　自我中心主義　533
electroencephalogram　腦電圖　503
elementalism　元素主義,元素論　353
elementalism psychology　元素主義心理學　7
elite　精英　5
emanationist views　流射論　563
emancipation　解放　300,313
emergence of proprium striving　本體奮力的浮現,自我統一追求的出現,追求統我的形成　92
emergence of the self as knower　自我作為認識者的出現,知者自我開始出現,認知者自我的形成　92
emergentist materialism　實現唯物論　562
emotional disruption　情緒紊亂　317
emotional illness　情緒疾病　12
empathy　同理心,設身處地理解,感情移入　10,198,465
empiricism　經驗主義,經驗論　29,340
encounter group　交朋友小組,會心

團體 36,173,203
encounter group therapy 交朋友小組治療,會心團體治療 202
energetics 唯能論 192
energy 活力 507
enlightenment 頓然覺悟,豁然開朗 506
environmental determinism 環境決定論 29
epigenesis 後成説,衍生説,漸成説 100
epiphenomenon 副現象 11
equalization principle 均等原則,均衡原則 64
equalization process 均等過程 64
equanimity 沈著 507
eros 愛欲 247
ESP＝extra sensory perception
esteem need 自尊需求,尊重需要 125
ethnography 人種誌 559
Eupsychia management 尤賽琴管理 156
Eupsychia society 尤賽琴社會 156
exceptional genius creativity 特殊天才型的創造力 136
existence 存在 232
existential 存在層 499
existential analysis 存在分析 228,340
existential analysis school 存在(主義)分析學派 263
existential analysis theory 存在分析學説 228
existential anxiety 存在焦慮 301
existential approach 存在主義取向 224
existential emancipation 存在的解放 313
existential given 存在給予性 297
existential love 存在的愛 305
existential needs 存在需要 303
existential neurosis 存在神經症 276
existential personality construct 存在人格構成 253
existential psychoanalysis 存在精神分析 263,339
existential psychology 存在心理學,存在主義心理學 9,224
existential psychotherapy 存在心理治療 224,263
existential therapy 存在主義治療 263
existential values 存在主義價值觀 412
existential-analysis theory 存在分析理論 286
existential-analytic therapy 存在分析心理治療 308
existential-humanistic psychotherapy 存在-人本主義心理治療 263
existential-psychoanalytic psychotherapy 存在-精神分析心理治療 263
existentialism 存在主義 23
expanded conscious state 擴大意識狀態 504
experience 經驗 177
experiential curriculum 綜合課程,體驗課程 446
experiential research 體驗研究 347
experiential-subjective paradigm 經驗-主觀範式 540
experimental psychology 實驗心理學 38,322
experimental-objective paradigm 實驗-客觀範式 540
expressive behavior 表現行為,表達

行為 29
external learning 外在學習 440
external-shaping values 外塑價值觀 401
extra sensory perception 超感知覺 491
extraversion 外向,外傾 12
extreme-determinism 極端決定論 192
extrinsic dynamic theory 外部動力論 63

F

facilitator 促動者,促進者 192
faith 信念 304
fear 恐懼 242,303
fear of nothing 虛無的恐懼 241
feeling of unreality 空虛感 245
field of consciousness 意識界,意識域 501
finiteness 有限性 298
first force 第一勢力 26
focal consciousness 焦點意識 291
formation 形成,組合,造型 374
formative tendency 形成傾向 374
fourth force 第四勢力 489
fourth psychology 第四心理學 489
free will 自由意志 13
freedom 自由 253
freedom of will 意志自由 213
freedom-to-learn model 學習自由模式 451
frustration tolerance 挫折忍耐力,挫拆容忍力 95
full humanness 完滿人性,豐滿人性 131
fully functioning person 充分發揮機能者,機能完善者,機能健全者 183
functional autonomy 功能自主,機動自主 83
functional autonomy of motivation 動機功能獨立 83
futurology 未來學 558

G

general peak experience 普通型高峰體驗 142
general psychotherapy 一般心理治療 312
general scientific methodology 一般科學方法論 333
general systems theory 一般系統論 554
generation gap 代溝 18
genetics 發生學 372
genuineness 真誠一致 197,464
Gestalt psychology 完形心理學,格式塔心理學 56
Gestalt therapy 完形治療,完形治療法,格式塔治療,格式塔療法 204,308
group dynamics 團體動力學 204
group therapy 小組治療,團體治療 171,312
growth 生長,成長 312,373
growth hypothesis 成長假設 70,371
growth need 成長需求,成長需要 121
growthful encounter 成長際遇,成長遭遇,成長遭際 289
guilt feeling 內疚,罪疚感,罪惡感 255

H

hallucinogens 迷幻藥 485
hard determinism 硬性決定論 484
hard psychology 硬心理學,硬性心理學 355

healing through meeting 通過會面而治癒 170
health personality psychology 健康人格心理學 81
healthy personality 健康人格 5, 213
healthy self-actualization 健康型自我實現 132
hermeneutics 解釋學 554
heuristic research 啟發式研究 347
higher psychology 高度心理學 489
higher-self 高層自我 502
higher-unconsciousness 高層潛意識 501
holistic personality research 整體論人格研究 48
holistic psychology 整體主義心理學,整體論心理學 37
holistic therapy 整體治療 265
holistic-analysis method 整體分析法 343
holistic-dynamic theory 整體動力論 108,130
homeostasis 均衡作用,體內平衡 86
homonology 人學 172
homosexuality 同性戀 111
human activity 人的活動 116
human context 人際情境 290
human growth center 人類成長中心 36
human life outlook 人生觀 398
human nature 人性 116,365
human nature viewpoint 人性觀 364
human potential movement 人類潛能運動 36
human psychology 人的心理學 340
human values 人的價值 116
humanism 人道主義 22
humanistic psychology 人本心理學,人本主義心理學 3
humanistic theory 人本論 436
humanistic theory of curriculum 人本主義課程論 444
humanitas 人文主義 531
humanity-centered curriculum 人性中心課程 445
humanizing 人性化 561
hyperalert state 警覺過敏狀態 503
hypnagogic state 入睡狀態 503
hypnopompic state 朦朧狀態 503

I

I 主我 292
I-process 主我過程 299
I-Thou relationship 我-你關係 114,170
id 本我 34,152,175,238,373,401,422
id psychology 本我心理學 35,100, 211,556
ideal self 理想自我,理想我 177
idealism 理想主義 160
identification 自居作用,認同 494, 510
identity 同一性,統合性 17,304
identity-experience 同一性感受,認同體驗 144
idiographic methods 特殊規律研究法 76,348
idiographic studies methods 個體特徵研究法 348
image 心象 206
immature psychology 幼稚心理學 108,149
independent variable 自變量,自變項 120
individual departmentalism 個人

本位主義 533
individual identity 個人同一性,個人統合 228
individual predictions 個體預測 30
individual therapy 個別治療 172
individual unconscious 個人潛意識,個體潛意識 254
individuality 個性,個體性 254
individualization 個別化 254
individuation 個性化,個體化 254
individuation personality 個性化人格 154
inner evil 內在惡 382
inner search therapies 內部探究治療 309
inquiry method 詢問法 450
insight 頓悟,領悟 237,300,544
insight psychotherapy 領悟心理治療 191,265
instinct 本能 118,368,423
instinctive determinism 本能決定論 118
instinctive theory 本能論 367,368
instinctoid 似本能,類似本能 118,368
integration 統合,綜合,整合,融合 355
integrative psychotherapy 整合性心理治療法 520
intellectualism 主智主義,唯智主義 459
intention 意向 251,410
intentional therapy 意向治療 265
intentionality 意向性 25,268
interaction 互動作用,相互作用 67
interdisciplinary 交叉科學 558
internal experience 內部經驗 32
internal learning 內在學習 441,462
internal scanning 內部掃描 504
internalization 內化 27
internalization values 內化價值觀 401
interpersonal knowledge 人際知識 347
interpersonal relations 人際關係 182,290
interpretation 解釋 317
interpretative psychology 解釋心理學 38
intervening variable 中介變量,中介變項 27
intervention 干預,介入 317
interview 面談法,個別訪談,訪問 178,349
intimacy 親密 94
intrinsic dynamic theory 內在動力論 63
intrinsic tendency 內在傾向 117
intrinsic values 內在價值觀 118,401,403
introjection 內投,內攝 405
introspection 內省,反省 27,500
introspective psychology 內省心理學 174
intuition 直覺,直觀 497
investigation 研究精神 507
irrational anti-voluntarism 反意志論 251
irrational experience 非理性經驗 232
irrationalism 非理性主義 279
irrationality 非理性 497
iteration technique 反覆研究法 345
IV＝intervening variable

J

Jonah complex 約拿情結 150
Jungian psychotherapy 榮格心理治療法 520

L

labeling 標籤化,標籤作用 353
larger-self 大我 488
learner-centered education 學生中心教育 449
learning by doing 從做中學 458
learning the process of learning 學會學習的過程 443
learning-centered curriculum 學問中心課程 444
lethargic state 昏睡狀態 504
libido 力比多,性力,性本能,慾力 152,182,238,247,385
life instinct 生之本能,生的本能 152
life space 生活空間 177,266
life-determinism 生命決定論 400
life-span developmental psychology 生命全期發展心理學,畢生發展心理學 48,100
logical positivism 邏輯新實證主義,邏輯經驗主義,邏輯實證主義,邏輯實證論 11,192
logotherapy 言語療法,意義治療法,意義療法 23,480
longitudinal study 縱向研究 549
love 愛 305
low-ceiling psychology 低上限心理學 151
lust 肉欲 247

M

major system 大型理論,大型體系 563
managerial psychology 管理心理學 542
managerial science 管理科學 542
Mandala therapy 曼德勒治療法 520
manic-depressive psychosis 躁鬱性精神病,躁鬱症 218
Marathon group therapy 馬拉松集體治療 203
marginal consciousness 邊意識 291
maturational personality psychology 成熟人格心理學 81
Me 客我 292
Me psychology 客我心理學 340
meaning 意義 18
meaning of life 生命意義 213
meaningful learning 意義化學習,意義學習 441,462
meaningfulness 意義性 304
mechanistic theory 機械論 181
mechanomorphic 機械化 541
mechanomorphic view 機械形態觀 296
meditation 沈思,沈思治療法,冥想,靜坐 486,520
meditative state 沈思狀態 504
mental health 心理健康,精神健康 12,378
mental identity 心理整合 201
mental illness 心理疾病,精神疾病 58
mental need 心理需要 121
mental potentiality 心理潛能 117
mental security 心理安全 464
meta-hedonism 超越性歡樂主義 406
metamorbidity 超越性病態 408
metaneed 衍生需求,超越性需要 121,160
metapathology 存在病態,超越性病態 160,408
metaphysics 玄學,形而上學 28,303
metapsychology 心理玄學 309
metatheory 元理論,後設理論 352,368

method centralism　方法中心主義　336
method centrality theory　方法中心論　336
methodology　方法論,方法學　332,333
methodolotry　方法崇拜　28
mind　心靈層　498
mindfulness　心靈豐滿　506
miniature system　小型理論,微觀體系　563
moderate-unconsciousness　中層潛意識　500
monistic dynamism　一元動力論　182
moral courage　道德勇氣　258
morbid anxiety　病態焦慮,神經症焦慮　239,243,301
Morita's therapy　森田療法　520
morphogenic studies methods　形態發生研究法　76,348
motivation　動機　12,81
motive theory　動機論　118,542
mystical experience　神秘體驗　504
mysticism　玄秘主義,神秘主義　522

N

naikan therapy　內觀治療法　520
narcissistic culture　自戀狂文化　478
natural anxiety　自然焦慮　301
naturalism　自然主義　159
naturalistic values　自然主義價值觀　403
need　需求,需要　66,118
need hierarchy theory　需要層次論　45,118,120,539
need motive　需要動機　82
need to know　知的需要　125
neo-Freudism　新弗洛伊德主義　34
neopsychoanalysis　新精神分析　34
neuroscience　神經科學　561
neurosis　神經官能症,神經症　4,72,218,239,310
neurotic anxiety　神經質焦慮　239
Newtonian-Cartesian　牛頓-笛卡兒　484
nominalism　唯名論　28
nomothetic research　一般研究,普遍研究　349
non-intellectualism　非理智主義　447
non-manipulating teaching　非操縱教學　467
non-self　無我　488
non-subject-philosophy　無主體哲學　324
non-suffocating teaching　非窒息教學　467
nonbeing　不存在,非存在　232
nonconscious intelligence　非意識智力　465
nonconsciousness　無意識　291
nondirective counseling　非指導式諮商　190
nondirective education　非指導教學　432,454
nondirective therapy　非指示療法　190
normal anxiety　正常焦慮　243
normal waking consciousness　正常覺醒意識狀態　504
nucleus　核心　12

O

object　客體　425
object relation theory　對象關係理論　556
object self　客體我　502
objective self　客體自我　175
objective-experimental paradigms　客觀實驗範式　338

objectivity　客觀,客觀性　23,425
ontogogic phase　存在成長階段　317
ontologic freedom　本體論自由　300
ontological characteristics　本體論的特點　339
ontological feeling　本體感　236
ontological given　本體論的給予性　290
ontology　本體論　231
ontology of anxiety　焦慮本體論　238
ontology of being　存在本體論　231
ontology of love and will　愛與意志本體論　247
open classroom　開放教室,開放課堂　450
open corridor method　開放走廊方法　450
opening-up meditation　開放式靜坐,開放性沈思　486
operationalism　操作主義　192
organic potential theory　潛能論,機體潛能論　117
organism　有機體　71
organismic awareness　機體意識,機體覺知　289
organismic dynamics　機體動力觀　63
organismic experience　機體經驗　177,421
organismic psychology　機體主義心理學,機體論心理學　37,60,185
organismic valuing　機體評估,機體評價　421
own-world　自我內在世界,我境,個人世界　234,235

P

pansexualism　泛性論　227
paranoia　妄想狂,偏執狂　13
parapsychology　心靈學,超心理學　490
part-function psychology　部分機能心理學　340
participation　參與　258
patient　病人,患者　192
peak experience　高峰經驗,高峰體驗　133,141
peak experience of self-actualization　自我實現型高峰體驗 143
perfection principle　至善原則　422
perseverative functional autonomy　持續性機能自主　85
Person　人　292
person-centered therapy　以人為中心療法,當事人中心治療法　189,190
personal feature　個人特性　132
personal identification　人格認同　502
personal orientation inventory　個人取向量表,個人定向量表　550
personal potency　個人潛能　131
personal therapy　個人治療　313
personal uniquely　個人獨特性　79
personalism　人格主義　37,303
personalistic psychology　人格主義心理學　37
personality　人格　12,78,89,253
personality disorder　人格異常,人格障礙　262
personality psychology　人格心理學　37,322
personality self-development　人格自我發展　185
personality self-psychology　人格自我心理學　166
personality theories　人格理論　181
pessimism　悲觀主義　34

phenomenal experience 現象經驗 177
phenomenal field 現象域,現象場 28,175
phenomenological approach 現象學取向 224
phenomenological method 現象學方法 345
phenomenological psychology 現象學心理學 9,224
phenomenological psychotherapy 現象學心理治療法 544
phenomenological schemata of value 現象學價值圖式 410
phenomenological values 現象學價值觀 410
phenomenology 現象學 25,334
philia 友愛,友誼 247
philosophical bands 抽象束,哲學束 499
philosophical methodology 哲學方法論 333
philosophy of man 人的哲學 172
philosophy of science 科學哲學 483
phobia 恐怖症 508
physical courage 身體勇氣 258
physiological need 生理需要 123
PK＝psychokinesis
plateau experience 高原體驗 133,143
play therapy 遊戲治療 171
pleasure principle 快樂原則,唯樂原則 14
positioning theory 定位說 43
positive effect 正效應 121
positive growth tendencies 積極成長傾向 373
positive psychology 實證心理學 27
positivism 實證主義 333,561
potential to act 行動潛力 298
potentiality 潛能 117,233
pragmatic psychology 實用主義心理學 438
pragmatism 實用主義 192
preconscious 前意識 500
presence 存在 309
primal therapy 原始療法 308
primordial image 原始意象 254,479
principle of mastery and competence 掌握和勝任的原理 88
principle of organizing the energy level 組織能量等級原理 88
principle of proprium patterning 統我模式性原理 88
proactive 前攝的 372
proactive need 內發性需求,前攝性需要 391
problem-centered theory 問題中心論 336
process 過程 510
process of becoming 成長過程 373,375
productive character 生產性性格,創造性性格 154
proprium 自我統一體,統我 89
proprium functional autonomy 自我統一機能自主,統我性機能自主 85
psychoanalytic school 精神分析學派 263
psychobiology 心理生物學 41
psychodelics 致幻劑 485
psychodrama 心理劇 36
psychodynamics 心理動力學 182
psychokinesis 心靈致動 491
psychological deviation 心理變態 262
psychological field 心理場,心理場地 266

psychological freedom 心理自由 464
psychological interviewing 心理交談,心理面談,心理訪談 288
psychological space 心理空間 266
psychologism 心理主義,心理學主義 339
psychology for peace talk 和平之桌心理學,和談心理學 113
psychology of existential analysis 存在分析心理學 224,286
psychopathic personality 心理病態人格,病態人格 5
psychopathy 精神病態 378
psychophysical systems 心身系統 79
psychosis 精神病 218,504
psychosomatic disorder 心身疾病,心身症 508
psychosynthesis 精神綜合論 500
psychotherapeutic phase 心理治療階段 316
pure psychology 純粹心理學 32
pure-culture 純文化 434

Q

Q-sort method Q 分類,Q 分類法 178
Q-sort technique Q 分類技術,Q 技術 178

R

rapid eye movement 快速眼動 503
rapture 興緻 507
rat psychology 白鼠心理學 2
rational voluntarism 唯意志論 251
rationalism 唯理論,理性主義 278,320,340
real neurosis 真性神經症,現實神經症 238
real self 真實自我,真實我,現實自我 177
realistic perception 現實性知覺 95
reality principle 現實原則 14,422
reality therapy 現實治療法 544
realness therapy 真實治療法 544
reason 理性 244,497
reception learning 接受學習 445
reductionism 化約主義,還原主義,還原論 14,227
regressive state 倒退狀態 504
reinforcement 強化,增強 152
relatedness 關聯性 304
relationship therapy 關係治療法 35
reliability 信度 549
religious stress 宗教緊張 255
REM＝rapid eye movement
renewal 更新 312
repetition-compulsion principle 強迫重復原則 14
repression 壓抑 424
resacralization 再聖化 140
resistance 抗拒,抵抗 33,295
resistance analysis 抵抗分析 317
responsibility 責任 305
reverie 遐想狀態 504
role 角色 502
role playing 角色扮演 309
rootedness 尋根性 304
routine motive 慣例動機 82
rumor-intensity formula 謠言強度公式 101

S

sacred 神性 563
safety need 安全需要 124
sample 樣本 549
schemata of value 價值圖式 410

school of existential analysis 存在分析學派 556
school of Klein 克萊因學派 556
science of organic entirety 機體整體觀 62
sciences of man 人的科學 172
SCT＝sentence completion test
security 安全感 95
selection 選擇 12
Self 自己,自我,自性 373
self 自我,自身,自性,我 12,72,89,93,174,175,185,374,502,511,556
self psychology 自我心理學 477,556
self renewal 自我更新 312
self-acceptance 自我承認,自我接受,自我接納,自我認可 95,207
self-actualization 自我實現 45,59,65,66,116,131,405,423,427,494
self-actualization need 自我實現需要 126
self-actualization psychology 自我實現心理學 108,116,130
self-actualization tendency 自我實現傾向 70,181
self-actualization values 自我實現價值觀 403
self-actualizing man 自我實現人,自我實現者 439,542
self-affirmation 自我肯定 257
self-alienation 自我異化,自我疏離 187
self-awareness 自我覺知,自我覺察 259
self-centeredness 自我中心主義,自我中心性 256
self-concept 自我概念,自我觀念 175,176,177
self-confirmation 自我肯定,自信 227
self-consciousness 自我意識 81,228,237,259
self-defeating patterns 自敗型 316
self-developmental therapy 自我發展治療 202
self-discipline 自律 450
self-evaluation 自我評價 185
self-help group 自助小組 203
self-idea 自我觀念 502
self-ideal 自我理想 185
self-identity 自我同一性,自我統合,自我認同,自我認定 31,185
self-image 自我意象 312
self-initiated learning 自發學習 462
self-objectification 自我客觀化 96
self-realization 真我完滿實現,真我實現 494,496
self-reconstruction 自我重建 269
self-relationness 自我關係 259
self-seeking culture 自私文化 478
self-theory 自我理論,自我論 174
self-transcendence 自我超越,超越自我的人 213,496,511
selfhood 個性 93
sense of being 存在感 235
sense of bodily self 軀體我,軀體感 90
sense of proportion 均衡感 95
sense of self as rational coper 理性運用者的自我形成,理智自我 91
sense of self-esteem 自重,自尊感 90
sense of self-extension 自我擴伸感,自我擴展感 91
sense of self-identity 自我同一感,自我認同感,自我確證 90
sense of self-image 自我形象,自我意象 91
sensibility cultivation 敏感性培養

258
sensitivity training group 敏感性小組,敏感性訓練小組,感受訓練團體,感受訓練團體 203,461
sentence completion test 語句完成測驗,語詞(句)填充測驗 550
separateness 疏離 298
set 心向,定勢 315
sex 性,性欲 247
sexual abuse 性虐待 560
shadow 影像層 499
significant learnig 有意義學習,意義學習 441
sleeping state 睡眠狀態 503
SoC＝states of consciousness
social courage 社會勇氣 258
social determinism 社會決定論 29
social integration 社會整合 255
social man 社會人 155
social moral psychology 社會倫理心理學 115
social physics 社會物理學 338
socio-historical determinism 社會歷史決定論 392
soft psychology 軟心理學,軟性心理學 355
speculative philosophy 玄思哲學,思辨哲學 9,531
spiritualism 唯靈論 303
spirituality 精神,精神性,靈性 492,563
state of fragmentation 分裂狀態 504
state of hysteria 癔症狀態 504
state of rapture 狂歡狀態 504
states of consciousness 意識狀態 503
stored memory 儲存記憶狀態 504
stream of awareness 意識流,覺知流 298
striving for superiority 追求優越 182
structural psychology 結構心理學,構造心理學 11
structural relation 結構關係 38
structuralism 結構主義,構造主義,構造論 7,56,110
stupor 木僵狀態 504
subconsciousness 下意識,半意識 291
subculture 次文化,亞文化 20
subject 主體 425
subject self 主體我 502
subject-philosophy 主體哲學 325
subjective idealism 主觀唯心主義,主觀唯心論 233,322
subjective self 主體自我 175
subjective-experiential paradigms 主觀經驗範式 339
subjectivistic values 主觀主義價值觀 425
subjectivity 主體性,主觀,主觀性 10,23,324,425
sublimation 昇華 424
subpersonality 次級人格 502
suchness 如性 302
Summerhill 夏山學校 450
Summerhill model 夏山模式 450
super-ego 超我 152,175,373,401,422
symbolization 符號化 184
sympathy 同情心 95,198
syndrome 特質群,綜合徵,徵候群 17,57,345
synthesis of two modes 主客觀兩種範式的整合 340
system quality 系統質 354
systematic eclecticism 系統折衷主義 335

T

T-group T-小組,T-團體 461

TA＝transactional analysis
Tavistock group training 塔維斯托克小組訓練 203
teaching psychological atmosphere 教學心理氛圍 465
telepathy 心電感應,傳心術 491
temperament 氣質 80
theme-centered method 以主題為中心的相互作用方法,以主題為中心的課堂討論 450
theoretical-academic psychology 理論-學術心理學 558
theories of existential analysis 存在分析論 231
theories of motivation 動機論 33
theory of anxiety-semiotic 焦慮-信號說 239
theory of eros 愛欲論 247
theory of human nature 人性論 22
therapist 治療者 192
third force 第三勢力 2
thrownness 投注,被拋 13
Tibetan psychic healing 西藏心靈治療法 520
tissue needs 組織需求,體素需要 422
TM＝transcendental meditation
training group T-小組,T-團體,訓練團體,學習團體 36,203
training of consciousness 意識訓練 505
trait 特質 41,81
trait psychology 特質心理學 81
trait theory 特質理論 12
trance state 恍惚狀態,茫然狀態 504
tranquility 寧靜 507
transactional analysis 交流分析,溝通分析 36,308
transcendence 超越 300,314
transcendency 超越性 304,492
transcendent love 超越性的愛 305
transcendent phase 超越階段 318
transcendental human nature theory 先驗人性論 389
transcendental meditation 超覺沈思,超覺靜坐 36,486,505
transcendental self-actualization 超越型自我實現 132
transference 移情 317
transference analysis 移情分析 317
transhumanistic 超人本 476
transpersonal 超個人 476,492
transpersonal bands 超個人束 498
transpersonal psychology 超個人心理學,超個體心理學,超現實心理學 48,476
transpersonal psychotherapy 超個人心理治療,超現實心理治療法 508
transreason 超越理性 497
type 類型 80

U

unconditional positive regard 無條件正向關懷,無條件絕對尊重,無條件積極關注 187,197,464
unconscious determinism 潛意識決定論 33
unconsciousness 潛意識 33,291,423
understanding psychology 內識心理學,理解心理學,描述心理學,領會心理學 38
under-unconsciousness 低層潛意識 500

V

validity 效度 549
value 價值 40,398
values 價值觀 398
vigilance 驚覺 259

W

will 意志 251
will freedom 意志自由 237
will to meaning 意義意志 213,480
wish 願望 251
with-world 人際世界,共境 227,234
world around 周圍世界,環境 233
world outlook 世界觀 398

X

X-theory X 理論 155,542

Y

Y-theory Y 理論 155,542
yoga 瑜珈功 36

Z

Z-theory Z 理論 155,542
Zen gong 禪功,禪坐訓練,禪修 486

人本主義心理學 / 車文博著. -- 第一版. -- 臺北市：
臺灣東華書局，2001
面；　公分. -- (世紀心理學叢書之 6)
參考書目：面
含索引
ISBN　957-483-091-8 (精裝)

1. 心理學 - 哲學，原理

170.18　　90004217

張 春 興 主 編
世紀心理學叢書 6

人本主義心理學

著　　者　車 文 博
發 行 人　卓 鑫 淼
責任編輯　徐 萬 善　徐 憶　劉威德　李森奕
法律顧問　蕭 雄 淋 律 師
出　　版　臺灣東華書局股份有限公司
臺北市重慶南路一段一四七號三樓
發行部：北市峨眉街一〇五號
電話　(02) 23114027
傳真　(02) 23116615
郵撥　00064813
編審部：北市重慶南路一段一四七號七樓
電話　(02) 23890906・23890915
傳真　(02) 23890869
排　　版　玉山電腦排版事業有限公司
印　　刷　正大印書館
出版日期　2001 年 5 月
第一版第一次印刷
行政院新聞局　局版臺業字第 0725 號

定價　新臺幣 700 元整（運費在外）